Special Issue
on SuZhou Training School of Fine Arts

苏州美专研究 专辑

主编 刘伟冬 黄惇　执行主编 夏燕靖

南京大学出版社

《艺术学研究》苏州美专研究
主办：南京艺术学院研究院
出版：南京大学出版社

《艺术学研究》编委会
编委会顾问：(按姓氏笔划为序)
于润洋　中央音乐学院
冯健亲　南京艺术学院
张道一　苏州大学艺术学院
邹建平　南京艺术学院
奚传绩　南京艺术学院

编委会主任：
刘伟冬　南京艺术学院

编委会委员：(按姓氏笔划为序)
于　平　文化部文化科技司
王耀华　福建师范大学音乐学院
田　青　中国艺术研究院非物质文化遗产研究保护中心
叶松荣　福建师范大学音乐学院
朱良志　北京大学哲学系
伍国栋　南京艺术学院音乐学院
仲呈祥　中国文学艺术界联合会
刘承华　南京艺术学院人文学院
刘立滨　中央戏剧学院
阮荣春　华东师范大学艺术研究所
许　平　中央美术学院设计学院
杨永善　清华大学美术学院
张晓凌　中国国家画院
易中天　厦门大学人文学院
周　星　北京师范大学艺术与传媒学院
周　宪　南京大学文学院
居其宏　南京艺术学院研究院音乐学研究所
赵塔里木　中国音乐学院
郑曙旸　清华大学美术学院
凌继尧　东南大学艺术学院
徐昌俊　天津音乐学院
贾达群　上海音乐学院作曲系
秦　序　中国艺术研究院音乐研究所
曹意强　中国美术学院美术学系
黄　惇　南京艺术学院研究院艺术学研究所

本卷主编：刘伟冬　黄惇
执行主编：夏燕靖

本期执行编辑：夏燕靖　李安源　陈洁　史洋　杨德忠
装帧设计：葛　芳

责任编辑：赵　秦

艺术学研究专辑
Study of art

卷首语

刘伟冬(南京艺术学院副院长)

　　与早十年创办的上海美专相比,苏州美专的建校和发展历史似乎显得有些波澜不惊。这所学校在从 1922 年最初的暑期课程培训班,到 1952 年并入华东艺术专科学校的 30 年中,走得极其艰难,却又是一步一个脚印,充实而又光辉。以颜文樑为首的一批年轻人满怀着对艺术的热情和信念,试图通过艺术和艺术教育来改造中国社会。也正因为有着这样的信念,他们热烈似火,同甘共苦,义务教学,不计酬劳,甚至拿出自己的积蓄来弥补办学经费的短缺,像他们这样对艺术和艺术教育的赤诚精神在当下的社会中已经变得极其陌生了。

　　20 世纪 30 年代的苏州美专还算不上一个亮丽的大舞台,但颜文樑却在这里唱出了现代美术史上最华美的绝唱,可以说是前无古人,后无来者。他将在欧洲留学期间购置的 460 余件石膏像和 1 万余册图书用邮船运回了苏州美专。这一批财富意义非凡,它在当时不仅以品质和数量成为全国美校收藏之最,甚至惠及到解放后大陆的许多美术院校。颜文樑以一己之力,做成这样的事情,是需要一种精神、一种气魄、一种胸襟和一种眼光的。更为可贵的是,颜文樑本人并没有把这件事情看作是一个惊天动地的壮举,他丝毫没有沽名钓誉的念想,而是以一种平常心态和平时手段做着他认为一个艺术教育者应该做的事情。

　　20 世纪 30 年代的苏州美专虽然地处相对闭塞的姑苏城,但它却能把握时代的脉搏,与时俱进地把实用美术——印刷工艺等引入到教学体系中;到 50 年代又开办了动画专业,实现了艺术与技术的融合,为社会培养了许多优秀的美术实用型人才,其中不少人成为了新中国动画电影的领军人物。现在,当我们回顾这段历史时,便会发现当年他们的所想所为是何等了不起,他们的足迹仍然在历史的深处熠熠生辉,并像灯塔一样为我们引领着方向。

　　我们编著的《上海美专研究》出版后,获得了社会的一致好评,被认为是研究上海美专乃至中国现代艺术教育史的一部力作。作为南京艺术学院校史系列研究的一个重要部分,《苏州美专研究》早已列入我们的研究和出版计划中,我们从前面的成功中获得的不仅仅是鼓励,同时也是巨大的压力。与上海美专相比,苏州美专的史料在收集和整理上难度较大,这就需要我们以一种披沙淘金的态度和方式来走近历史的原点。为了对历史和学术负责,不辜负各方的期待,为百年校庆再献上一份贺礼,我们在这本书的编撰过程中投入了更多的精力,尤其是执行主编夏燕靖教授花费了许多心血。事实上,我们团队中的每一个成员都为这部书的出版贡献了智慧和精力,这也在很大程度上确保了这本书的质量和价值,对此,我是有充分的信心的。

卷首语

目录

Study of art

Contents

Documents and Memories

Oral History

A Collection of Historical Materials

Editor's Notes

颜文樑论艺术与艺术教育

本刊辑

颜文樑是我国现代美术教育事业的重要奠基人,又是我国当代著名的油画家。他在长达大半个世纪的教育生涯中,始终严以律己、宽以待人,以严谨的治学风范教导着求知若渴的学子,用其毕生的精力发展艺术教育事业,以他追求艺术锲而不舍的精神和崇高的人格力量影响着一代又一代后学。为了更好地传播颜文樑艺术与艺术教育思想,我们特从颜文樑撰写的代表著述中节选出他的言论,再现他对艺术与艺术教育的独到见解,希望能给读者呈现出颜文樑富有学理思考的另一面。

关于艺术与艺术教育的功能作用

吾国今后艺术教育之趋向,当以经济为其标,道德为其本。易言之即以实用艺术为普遍之研究,而寻求生产上之发展,进而研究纯粹的、美的、鉴赏的艺术。以真为目的,以善为标准,而达于美之极致。前者属于经济,后者属于道德,二者兼取,供今日艺术教育上之应用,间接上必有利益,可断言之。

年来国人恒以艺术教育不切实用为虑;而研究艺术者,亦好自鸣高,不屑从事与艺术至有关联如工产品等任务。历年各艺术专校所造就,除服务教育外,无他事;而一般学子,亦莫不一至毕业,遑遑以出路为急务,此皆舍本求末之道也!

颜文樑(1920 年)

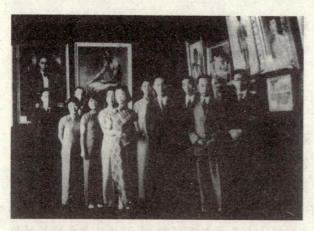
1935年，颜文樑（右二）、胡梓中、黄觉寺和部分同学合影

艺术之为用至广，于工商界尤甚。我国工商界之各种出品，多因陋就简，其亟待于艺术界之改善而增加其产量者，至为急切！在民国二十二年上半期对外贸总额，凡十万万七千六百万元，内输入之工产品占七万万七千九百三十二万元，其一种外贸充溢与土货衰落之现象可知！苏俄五年计划中，最堪注目者，为提倡"生产教育"，即实业与教育联合为一。（最近有合并教育与实业二部为一个行政机关之实现）国家专设各种工艺学校，各工艺学校中更分若干单科工艺专校：如建筑专科，电力工程学专科，纺织专科，装饰专科等，每个单科专校，又复与各工厂密切相关，学生得在工厂实习；而工厂职员，亦得在各关系专校研究。故研究与实习，有充分之联络，欧美各国，急起直追，不遗余力。此生产品之得以改善，生产量之因以激增，固意中事也。

故在今日而言"生产教育"者，舍美术与实业互相合作外不为功。否则，从事实业者，只知不绝产量；国民之爱好与否不问也；社会之需要与否不问也；日夜制造，悉成废物。彼从事美术者，只知描写自然，啸吟林泉，不肯分其一部分之劳力为工艺品服务，及至毕业期近，惶惶焉尽于教育界思出路，拥塞一途，人才过剩，是两失其益者也。

（引自颜文樑《从生产教育推想到实用美术之必要——告本校实用美术科同学辞》，载《艺浪》1933年第9、10期合刊。）

期望提升全社会的美育水平

我们如果留心过去艺术教育的情状而加以分析，则18世纪以前的艺术，其所教育趋向于美的装饰的，而也是再现的。19世纪后的艺术教育则趋于实用的、综合的，而也是创造的。前者是"模拟自然"以装饰社会美化人生。

后者是"创造自然"以为用社会达人生于善。明乎此理则艺术教育今后之趋向与趋向之若何途径,我人已可了然心中。

在画会发起之先,鄙人与左先生互相切磋,情投意合,遂相约将所绘之画联合外界作品发起美术画赛会,籍以提高社会审美观念。

发起画赛,以竞进步;组织美会,以资磋磨;设立美术校,以造就后起英秀;开办美术馆,以提倡社会文化,今日之些微成绩,虽不能与欧美相颉颃,然在草创时代未始非表示我苏艺术界之合作精神,此则尤为鄙人等私心欣慰者也。鄙人等希望我山明水秀之苏州成为世界美术之中心,而光华灿烂之美术世界更从我美会微光中发现,此鄙人等所馨香祷祝者也。

(引自颜文樑《十年来我苏艺术事业之报告》,载《沧浪美》1928年,画赛会十周年纪念特刊)

美术在文化各部门中,常常是最前进的,而且她与社会关系也往往比其他各部门来得密切而易深入,这是因为美术具备着几种优越的条件:其一,她不必藉文字或语言之助,可以使人一览即了,打破知识上的隔阂,她根本本身就是文字或语言。其二,她不受时间上的限制。其三,因为她是属于空间的,所以上下古今,中外各地,都可以不受限制而罗列在同一时间,同一地域中。因之美术在世界任何各国中,因为

1937年,颜文樑在苏州写生

她最能代表一国的文化,于是美术馆之设立,在任何一个都市中都可以寻到伦敦、巴黎、梵蒂冈的美术馆,都是超乎一切美术馆的艺术大集成,等而下之的,如比利时、西班牙、荷兰等国,也有辉煌的美术馆可以睥睨一切。一个民族没有代表民族文化的美术陈列馆,那么这个民族,多少是落后而表现其衰退。

上海是东方第一大商埠,因为交通便利的关系,文人画士,都集中在这里,所以也形成了文化的集中地。可是,一直到现在,上海还没有一个美术馆,使来往各国的外人,目为异徵!而拥有市民四五百万人的上海市,连一

个像日内瓦一样的美术馆而不可得,这岂非是一个大笑话!四五百万市民,处在同一个都市,没有精神上的慰藉的美术馆以调剂身心,致云云众生,日在世俗的氛围中讨生活,不要说外国人士一踏进来有大戈壁之感,即数百万市民也窒息在那种单调、沉默、无灵感的空气中而透不过气来了。我于是期望国内热心美术、热心社会文化、热心民族艺术的人士,奋起而图之。

（引自颜文樑《期望筹设全国性之美术馆议》,载《艺浪》1947年第4卷第2期）

1937年,颜文樑（前排左三）、朱士杰（前排右二）、陆寰生（前排右三）与部分同学合影。

1946年,苏州美专全体师生欢迎校董主席吴引等先生。

艺术要帮助人们认识社会,认识自然,从而促使社会进步。

忍耐,是从事艺术事业所必需的精神。忍,就是忍受,对于困难、艰苦、曲折,要忍之受之;耐,就是耐心,耐劳,就是经得起长久的考验。事业成功的先决条件是因忍耐而能坚持。贵在坚持。

（引自林文霞《颜文梁》,上海:学林出版社,1982年版）

关于"诚"字,就是作画要坚持写实作风和画家对艺术的热诚的意思。艺术首先是一个热诚的感情,所以这个字他认为在作画中是很重要的。

（引自颜文梁《怎样批评绘画》,载《沧浪美》1928年(画赛会十周年纪念特刊)）

我们确信艺术在人类的思想和生活上有特殊的价值,……我们更确信艺人是热情的播种者。艺术者是做"拯民救国的工作",开办美术学校是为了"谋艺术的进步,和社会的改善"。

（引自颜文梁《我所希望于艺术界者》,载《沧浪美》1928年第2期）

艺术是快乐的、创造出既真又善且美

我画画快乐,把快乐给了别人,别人感到快乐,我自己更快乐。

（引自《颜文梁》[画集]自序,上海人民美术出版社,1985年版）

完成创作要有恒心。凡事都由一成一败互相伴随而生。成不可过喜,因为成之后,也许有失败跟随而来的;败不足忧,失败之后,往往因接受教训而得到成功。据我在绘画上的经验,也有这样的道理存在其间,经过一次成败,增进一次阅历。尤其在失败之时,若失败而懊丧灰心,这才是真的失败。因失

颜文梁在写生

败而作改革,则失败为成功之母,关键即在于此。

(引自林文霞《颜文梁》,上海:学林出版社,1982 年版)

什么叫艺术?凡是通过对某一事物的再现,创造出既真又善且美的形象,这形象能激动人们的感情,启发人们的思想,给予人们以美的享受,这就是艺术。

(引自林文霞《颜文梁》,上海:学林出版社,1982 年版)

艺术要帮助人们认识社会,认识自然,从而促进社会进步。

(引自林文霞《颜文梁》,上海:学林出版社,1982 年版)

做事情必定要有竞争之心,搞艺术也是如此。竞争不是损人,而是竞赛。有竞争才有进步。

(引自林文霞《颜文梁》,上海:学林出版社,1982 年版)

个人为艺向宗写实,以须表现自然与社会之真实和美,要能使人民看了获得快乐并有益于身心,而促使人类进步。

美是有形式的、有感情的。先有形式,后有感情。我主张美先要有一个形式。

我觉得美是适宜。适宜就是恰恰正好。

我主张真实,先有真实,后有美。没有真就没有美。美要附在真实上面。美不会悬在空中,美不能独立。

美一定要从真里出来,真善美是我的主张。

真善美是我们艺术家追求的宗旨。而真是善与美的基础,不真何来善美,不美不善者必失真,因此,我们画家首先要求真。

(引自林文霞《颜文梁》,上海:学林出版社,1982 年版)

在社会已经到了进化的地方,无论其文化水准如何低,到底"我防你吃,你卸我吃"那种伎俩用不到,也不像野蛮时代为人子的要尽那种惨无人道的义务。人与人之间,有着一个"爱"字,同时也有一个"美"字。因为爱,人类遂有了父子、兄弟、夫妇;因为美,人类也有了文化。

(引自颜文樑《谈文与野》,载《美术年鉴》,上海市文化运动委员会 1948 年出版)

1982 年颜文樑 90 寿诞在上海市文联与文艺家联谊合影

风格是怎么产生的？好像走路、跳舞、唱歌，在表现纯熟时，优美的风格自然产生。风格不能模仿而来，一经模仿，优美的风格即会失真，剩下的只有做作而已。

（引自林文霞《颜文梁》，上海：学林出版社，1982 年版）

科学不是美，但艺术利用科学能产生美。科学与美术是有联系的，透视学、解剖学、色彩学都是科学，画家不能不利用科学。

（引自颜文樑《画论》，上海：学林出版社，1982 年版）

专题研究

Study of art

惜　缘

——我所知道的苏州美专旧事片段

冯健亲

　　尽管上海美专比苏州美专早创办十年,然而,我最早知道的美术学校则是苏州美专。那是读初二或初三时的事,由于我自幼喜爱图画,一位表兄送我两本美术专业书,一本是由天马出版社出的陈子佛先生编著的《图案基础》,当时我正在为美术老师红茶先生编著的建筑图案集画插图,这本书帮了很大的忙,我也由此比较正规系统地了解了基础图案,数年后凭借了这点基本功居然侥幸地考进了华东艺专,意外地埋下了与苏州美专的命定缘分。另一本则是由商务印书馆出版的黄觉寺先生编著的《素描画述要》,这本书不仅使我了解了素描画,还知道了苏州美专,因为书中苏州美专的石膏像陈列室的照片着实使我神往。于是我托亲友打听苏州美专招不招初中毕业生,结果令人失望,因为怎么也打听不到这所学校的所在。但谜底则在1957年考进华东艺专后自然解开了:原来1952年全国高等院校院系调整将上海美专、苏州美专与山东大学艺术系美术、音乐两科合并成华东艺术专科学校,这样,苏州美专当然就此不复存在了。不过我与苏州美专之间有着众多的不解之缘。

　　黄觉寺先生是苏州美专的主要创办人之一,他不仅担任教务主任、副校长等要职,还主持编辑《艺浪》等刊物。那时办学办刊需要极大的奉献精神与运作能力,黄先生正是这样的贤达能人。在教学上,他是苏州美专西画教师中的中坚力量,这在《素描画述

苏州美专 30 周年校庆门楼（1952 年）

要》中便有充分的体现。这本书的出版年代大约在 20 世纪 30 年代（书中未有具体的出版年月）,然而其内容与今日之基础素描教材相比也毫不逊色。

该书还有起点高的特色,书中的插图范例都是西洋画中的大师级人物,如达·芬奇、拉斐尔、米开朗基罗、伦勃朗、安格尔等等,如此阐述,不仅传授了素描画的基础知识和技能,更开阔了读者的眼界修养。我自幼就从中得到启蒙,可谓一生中之大幸。凑巧的是我大学毕业后的第一份工作就是当素描课助教,尽管之后在专业上有多次改变,但素描与色彩始终是我从教的主打课程。直到21世纪初,我编写的两课教材还被列为国家"十一五"规划教材,追根溯源则不能忘记黄先生《素描画述要》一书的启蒙作用。黄觉寺先生应该是我至今未见过面的真正的素描启蒙老师。

华东艺专于1958年迁校至南京,1959年升格为南京艺术学院。我于1957年入学华东艺专,1961年毕业于南京艺术学院油画专业,成为华东艺专末届生与南京艺术学院的首届本科毕业生。毕业后我留校并被分配在油画教研室当素描课助教,指导教师马承镳先生为我定制了三年进修计划,前两年除了跟马老师随堂教学外,其余时间几乎全部用于画石膏像素描。当时校址坐落在丁家桥,美术系的教学楼居然是1910年南洋劝业会的展馆旧址,其中有一间大展厅除屋顶是铁皮外,其余全是木材建造。苏州美专颜文樑校长从欧洲购得的大部分石膏像就陈列在这里,我当时是学校明确指定的也是唯一的素描助教,因此被特许可以在展厅内进修石膏像写生。《素描画述要》中苏州美专素描室照片中的情景居然活生生地展现在我的眼前,现在回忆起来仍有梦幻般感觉。差不多有一年左右的时间我日以继夜地在木板陈列室内画石膏像,就此为我打好了终身受用的造型基础,回忆起来必须要深深地感谢颜先生为我们创造的基业。只可惜在文革初期破"四旧"的某个晚上,红卫兵小将把这批珍贵的石膏像砸了个稀巴烂,还将残片堆成三四米高的"白色小山",第二天叫被打成牛鬼蛇神的老教师们扛着石膏残片在校园内游街示众,回想起来真似噩梦一般。后来我得知那些砸石膏的小将亦后悔莫及,但石膏像再也无法复原。我当年日夜写生所留下来的石膏写生画则尤显珍贵,而胜利女神、残缺躯体、布鲁特斯等作品则成为难得遗存的孤品。

1966年10月我结婚成家。当时的我由于刚从农村社教工作队返校而没有受到红卫兵小将的冲击,正巧学校在水佐岗的一套住房因怕被造反派强占,就分配给年轻的宋杰老师和我,于是我结婚后不到一年竟然住上了只有高级知识分子才能享用的别墅式住房。当然,这是一幢十分破旧的独幢小楼,两家合住一层而显得十分拥挤。小楼有两层,楼上住着朱士杰先生一家。朱先生是苏州美专开办时的元老级人物，我们成了邻居，这又一次使我续上了与苏州美专的情缘。

苏州美专的开创者是颜文樑、胡粹中、朱士杰三人，当时的苏州美术界把颜、胡、朱趣称为"眼乌珠"，寓意是说三人独具慧眼，是美术界的有识之士。然而朱先生恰是比颜先生还要沉稳内敛之人，确实是温良恭俭让的模范。毛主席语录上说，革命不是请客吃饭，不能温良恭俭让，朱先生却是南艺十年浩劫中唯一没有关进"牛棚"的老教师。颜先生为苏州美专立了"忍、仁、诚"的校训，朱先生则是最坚决的践行者。然而，朱先生在专业与事业上绝对是破旧创新的勇将，他爱油画，就从自制颜料开始，作画则无师自通，经长期磨炼而自成一家。他的油画看起来很精致，画速却飞快，一起写生时别人才画一半他往往已大功告成，甚至开始了第二张。朱先生的油画既有浓厚的民族气息，又兼具鲜明的江南特色。我借着邻居之便不仅能随时欣赏其原作，还能在作画时得到他亲自动手改画、示范之优待，实在是受益匪浅。

朱先生还是个多面手，动手能力特别强。1933年春，苏州美专开办实用美术班，下设印刷制版工场，这在当年的美术院校中属开创性的举动，而主持者就是朱士杰先生。我和朱先生做邻居时他已经年近古稀，但动起手来事必躬行，我向他学会了照相术，从冲胶卷、印照片到放大照片都是他手把手教会的，他还教我自制印相机和放大机，甚至放大机上的皮老虎也是用黑卡纸自制的，到现在回忆起那段经历仍然充满着无限的甜蜜与眷恋。

经朱士杰先生的介绍，我曾经到上海登门拜访了颜文樑先生，那已是十年浩劫之后的事了。颜老虽已年迈，却正思变法，他热情地向我展示了十多幅新作，形象上仍保持着写实严谨的风格，色彩却特别鲜艳，甚至到了大红大绿的程度。我内心则更倾心于他早年的"灰调子"油画，尤其是那些在欧洲留学时的写生作品。在我的请求下，颜老无保留地给我看了那批原作，这些作品我早就收集了整套印刷品，但只有看了原作后才能领悟到其中的真谛。颜老和朱先生的作品有相似特点，"大胆铺色、精心收拾"，这样就有既整体又不失细节的画面效果，而所有这些感受只能通过看原作才能有所发现，这次造访对我油画技法的提高确有突破性收获。还有一点值得一记的是，颜先生对作品的保存十分精心，小幅油画都有夹板做框，五幅一组装入盒内，十盒左右放入一抽屉，再装在特制的立柜里。因此，需要看什么画立马就可以找出来。这种严谨认真而井井有条的作风既是颜先生的行事风格，亦是苏州美专从创建起就具备旺盛生命力的关键所在。

20 世纪 90 年代起,我挑起了南京艺术学院院长的重担。坎坎坷坷二十年,亦取得了一些应该取得的成绩,分析原因,除有院党委的正确领导外,母校的优秀办学传统确实使我在诸多关键时刻能够保持清醒的认识。上海美专的"闳约深美与不息变动"和苏州美专的"忍、仁、诚"经常使我遇事不慌甚至绝处逢生。颜先生在解释苏州美专校训时说:"忍就是要忍耐,对于艰苦困难、曲折,要忍之受之,要经得起长久的考验,事业成功的先决条件是能忍耐,能坚持;仁就是要心慈,待人要宽厚;诚是艺术家首先应该具备的条件,只有为人诚实,才能画出真实的画来。"他认为做到了"忍、仁、诚"三字,也就达到了真、善、美的境界。纵观苏州美专 30 年的办学历程,正是凭借这样的精神支柱从创业到兴旺发达,为我国近现代的美术教育做出了卓越的贡献。可贵的是,这种精神至今仍是我们南京艺术学院的优秀传统之一,并且继续发挥着积极而有效的作用。

（作者单位:南京艺术学院）

颜文樑绘画和美术教育思想研究

尚　辉

【内容摘要】　本文从绘画和美术教育思想两个方面阐述颜文樑毕生的绘画创作方法和艺术教育理念。绘画方面,由颜文樑的代表作品《厨房》谈起,阐述透视学在其绘画中的运用,以及绘画中光色嬗变的三个阶段,体现了颜文樑坚持西画的艺术态度和严谨的艺术作风。在艺术教育方面,文章着重阐释了颜文樑美术教育思想的建构,由"艺术进步与社会改善的统一"、"真、善、美与写实主义的统一"、"科学与艺术的统一"、"纯美术与实用美术的统一"四个部分组成,展现了颜文樑对艺术的真诚和高人一等的洞察力,为中国现代写实绘画的兴起铺设了技术、技巧和观察方法的桥梁,也为推动中国近现代早期艺术教育做出了巨大贡献。

【关键词】　颜文樑　西画　透视学　光色变化　美术教育思想

第一章　透视学在绘画中的运用

第一节　作品《厨房》的历史价值

　　1920 年作于苏州的《厨房》(粉画,48.5×64 厘米,家藏)是颜文樑吸收欧洲文艺复兴绘画美学观点创造出的一个再现日常现实生活的空间世界,全景式的构图描绘了中国江南旧式厨房的生活场面。向阳推开的两扇窗户,解开了密封透视盒子式灶间的褐暗,弥漫着晚间夕阳的氤氲;余光散射,铺洒在面对窗子的那堵白墙上、斑驳的砖地上,最后收敛在临窗的桌面上,杯盏碗壶还闪烁着亮光;近窗悬挂这的古铜色的筐篮,在尽力挽留最后一丝逝去的光。灶台上烛火燃亮了,矮小的座炉在暗霭的墙根跳着火苗。等待着的两个孩子,一个伏案,一个观望;两只嬉戏的猫儿,似乎是噼啪跳动的火苗外的唯一声源。

　　《厨房》着迷于空间立体实物的表现,对数十种物体所处的空间位置及质感的把握,使人感到这种特定空间是深度的、触觉的、连续的、完整的,蕴含着一种不受时间限制的稳静气息。这个密封的透视盒子,透视主点偏在右方近于黄金分割律的位置,如果从实物中抽象出来,其中有正面、侧面、斜面、直线、曲线,圆形、方形、不规则形,光、影、高低、左右、前后的等距离和不等距离的各种透视变化,可以说这个密封透视盒子式的灶间,是一个透视学上诸原理法则的总集合。

颜文樑写生照(约 80 年代)

作品《厨房》诞生的年代,恰恰处于规模空前的关于东西文化问题论战的高潮——五四时期。这场论战,既是清朝末年中学西学之争的延续,又是在新的时代条件下社会政治矛盾激化的反映。论战的问题内容丰富,涉及面广,但比较集中于东方文化与西方文化的关系问题。辩论由文化革命而至社会革命,又从社会革命反馈至文化革命。

在我国文化发展史上,虽然历来存在着本土文化与外来文化的关系问题,但是,把东方文化和西方文化作为对立着的两大体系来进行分析、比较、评判、论辩,却是近代的事。明末清初欧洲传教士及商人频繁往来,形成了一阵"西学东渐"的风潮。但是由于那个时期,输入的多为新异的自然科学和技术,而政治、道德、哲学及各种社会思想方面涉及不多,中国人对于西方各种究竟是怎样的国家不甚了解。所以,那时候文化学术上虽然也曾产生过一些纷争,但是并没有构成两种性质的文化对立,没有使统治集团的政治统治受到惊魄般的震动,更没有因此而掀起社会思潮大变革的风暴。由此也就理解了"透视学"在中国绘画中历史命运的背后所隐藏着的文化背景及深刻的社会根源——当时并没有形成用一种文化取代另一种文化,以改变国家民族命运的严重局面。

当资本主义列强的坚船利炮打开了中国紧闭的国门之后,矛盾发生了根本的转变。中国所面临的西洋文明,已经不仅仅是一种见所未见、闻所未闻的新奇的"外来文明",而是一种在政治上、经济上影响着中华民族存亡的力量了。一向自恃的"天朝大国",突然在列强的欺凌中,已经变成落伍的弱者,这就使一些头脑较为清醒的人不能不看到仅仅依靠本国固有的传统文化已经无法改变这种局面。改变传统文化的需要已经迫在眉睫了。而且，这种需求由于世界上有一种截然不同的文化形态的存在，在对照中愈感强烈。

一次社会变革，一个民族振兴，首先依赖于一次规模空前的文化上的启蒙运动；而文化上启蒙运动的兴起又必需注入新的血液。这种新的血液无外两种来源，一是重新发现灿烂的传统文化遗产，二是吸收外来文化的营养。世界文化历史的发展，无一可脱离这两种来源。当高于本土文化的外来文化传入时，本土文化便会受到威胁，便会有危机感、失落感，近代中国历史对西方文化的排斥和抗拒，就是在这种情况下产生的。这是一种文化心态，从这种文化心态的背后，可以看到西方文化艺术为我们这个历史悠久的民族所接受的艰难曲折性。正是基于这一点，《厨房》所闪烁的西方文化的光辉才这样引人注目。

《厨房》创作的年代，是塞尚在宾夕法尼亚绘制《圣·维克多山》（布上油画，65.1×81，1904～1906）之后的第 14 年。塞尚在那幅有名的风景画中，"采取把近景画得比实际距离更远的办法。于是，他把近景和远景从他们在自然界中的实际位置上抽象出来了，并把画家本人的立足点也取消了"[1]。这在西方绘画史上是一个历史性的巨大转变，从文艺复兴开始的由数不清的画家巨匠辛辛苦苦高筑起来的"透视学"堤岸，被塞尚一下子推倒了，从此洞开了现代艺术的门扉。

显然，摆在颜文樑那样一代有志于新美术的先驱者面前的西方艺术，存在着两种选择：一是具有欧洲深厚文化传统的古典绘画，一是刚刚起步不久的现代绘画。作为一种历史的选择，究竟哪种道路更符合国情、更能推动中国的艺术进步？"五四"新文化运动的倡导者之一陈独秀，对这一选择的认识是清醒的。他当时曾满怀感慨地在《新青年》上发表了《答吕澂来信》的文章，大声疾呼要学习西画的写实精神。保持这种清醒认识的还有康有为、梁启超，他们都曾撰文强调输入写实主义的必要。从广义上说，一个民族的文化对另一个民族有吸引力，往往不是两者的相近点，而是异族文化形式、特征最鲜明的地方。民族文化的相互交流往往也就是走向各自的反面、融会那些自己所没有的长处。"今世为东西文化融和时代。西洋之所长，吾国自

---

〔1〕［意］文杜里：《走向现代艺术的四步》中译本，中国文联出版公司，1987 年版，第 42 页。

当采用。"蔡元培所谓"西洋之所长",就是"用科学方法以入美术"[1],这是中国延续两千余年的传统艺术所没有的。

其实,细心比较一下,中国的新文化运动与欧洲文艺复兴在许多历史条件上都有相似之处。这两次世界历史上著名的思想启蒙运动,都高举着两面旗帜。在欧洲以人文主义和科学反对封建神学、经院哲学、僧侣主义、禁欲主义;在中国,以民主和科学反对孔教、礼法、贞节、旧伦理、旧政治、旧艺术、旧宗教。它们在欣赏世俗性文化的同时,又在追求科学的真知灼见,以科学的态度、求真的精神认识一切,改造一切。或许正是新文化运动与文艺复兴诸多的共同点,才使中国的艺术家们希望科学也能焕然中国艺术的新貌;文艺复兴的艺术方向,无疑也成为中国艺术家们作出历史选择的参照座标。《厨房》的典范意义,也就在于它在中国文化与西方文化的交汇点上所作出的历史选择;它以严谨的法则、出色的秩序、正确的比例营造的空间氛围赋予了中国绘画新的生命;《厨房》所燃烧的近代西方文明的科学火种,展示出了中国文化的开放与进步。

《厨房》诞生的年代,比中国第一篇现代文学作品——鲁迅《狂人日记》的发表晚两年,而与成为白话诗真正取代文言旧诗标志的郭沫若《女神》的创作同年。这不是事件的巧合,而是以一种文化形态代替另一种文化形态划时代转变的历史必然。它表明了新美术与新文学在发展上的同步性。

虽然关于颜文樑早期思想嬗变的文献资料已很难挖掘得到,但他思想嬗变的脉络已经体现在这一时期的一系列作品之中。如《卧室》(水彩,17.5×26厘米,家藏)、《老三珍》(粉画,62×48厘米,家藏)、《画室》(粉画,25×16里面,1921,1929年曾在法国国家春季沙龙展出,已佚)等。这一系列作品,奠定了他整个一生的画风,即使后来留学巴黎,其艺术风貌也没有太多的变化。因此,这一时期也基本形成了他的世界观、艺术观。更确切地说,颜文樑是个地地道道的具有实践意识的画家,他不是以语言文字,而是以他在不断能得到外来文化信息的古城苏州的实践,来表达他的敏锐感觉及对进步文化的追随。

《厨房》就是其众多绘画作品的一个代表,它是中国现代美术史上具有典范意义的作品,它是五四时期新美术运动的一个划时代的里程碑,具有巨大的史学价值。

---

[1] 蔡元培:《在北大画法研究会之演说词》,1919年10月25日《北京大学日刊》。

第二节　颜文樑《美术用透视学》著作

《厨房》集中体现的透视学诸原理法则，表明画家对透视理论理解的深入程度。早在 1913 年前，颜文樑便研读《论画浅说》一书中的《透视》一章，这是他正式接触透视学的开始，然而，"唯过于简略，仅足浅尝"。及至 1913 年于友人处得商务印书馆出版沈良能编译《透视学》一书，方与友人"共作探讨，并以书中理论，观察实景，自此有志于透视学之研究"。1928 年，颜文樑写出《透视浅说》刊载于本年出版的《沧浪美》。《透视浅说》分两个部分来介绍透视学的理论，第一部分为名词解释，包括画幅、视平线、主点、相距点、地线、天际点、地

颜文樑著《美术用透视学》页面

点、视平点；第二部分为透视画举例，如城门的正视形、距离相等的树的渐灭形、从灭线阶级求出各物的大小、正方形桌斜置的形式、石桥在视者的右、门户的正视形、窗户正视形、高下不同的窗户正视形等。在透视画举例里，不仅主要阐述了简单的正视形透视，而且涉及到难度较大的余角透视（如正方形桌斜置的形式）。在透视学中，"灭点"概念的确立是至关重要的。《透视浅说》中关于灭点的有主点、相距点、天际点、地点、视平点，基本上具备了灭点的几种分类。这些概念在今天不难为人们理解，而在 20 世纪初并非易事。杨祖述曾在《颜文樑先生的两三事》一文中说："记得当年沈良能翻译了一本《透视学》，其中关于俯视的消失点，译成了'由此一点而入地也'这样一句比较费解的文言文。颜老先生就反复研究、思考，花了整整半年的时间把它弄通了。他就通俗地用自己的话来讲课，使我们一听就明白了。"[1]可见传播、吸收这种理论的难度。在二十世纪二三十年代，颜文樑为此而做出了自己可贵的贡献。

1955 年，颜文樑在杭州屏风山疗养院开始编写《美术用透视学》，并于 1957 年由上海人民美术出版社出版。该书以 16 万字的篇幅、540 余帧插图

〔1〕 杨祖述：《颜文樑先生两三事》，《上海美术通信》第 15 期。

而成为当时国内同类出版刊物中最详备的一种。谨严缜密,学以致用,深入浅出成为该书鲜明的特色。

谓其谨严,则指该书在选材、排列上,由浅入深,由简至繁的渐进程序。如第一部"透视原理"的目次:第一章关于几何图、第二章关于透视图的基本常识、第三章直角线与对角线的透视、第四章余角透视、第五章灭线阶级、第六章复角透视、第七章圆形、第八章多角形、第九章阴影和反影。谓其缜密,该书以两个部分二十四个章节所展开的庞大结构,使其在概念、原理、法则及应用的各个方面都得到详尽的论述。如第九章阴影和反影的透视,是一般专著、读者所忽略的部分,该书不仅将其列为一章,而且深入细致地分析了"自然光"、"人工光"、"水面的反影"、"镜面的反影"各类具体条件下的光影透视现象,可谓滴水不漏。

学以致用的思想在《透视浅说》中已得到初步的体现。该书又以大半个篇幅构成的第二部"透视应用",详尽地讨论了从房屋建筑的透视、树的组成透视、山石的透视、云的分类透视、烟的透视、浪的透视、船的透视、人体的透视,以至折纹的透视、兽类的透视、鸟类的透视、摄影的透视等与美术相关的各类具体物体的透视现象。其中,尤以树的组成透视、云烟的透视和浪船的透视为其他论著所未涉及,体现了作者对透视应用的延伸思考。在第二部"透视应用"的扉页,著者说:本部"虽然没有甚么新的学理,但它是全部学习过程中一个重要的组成部分,没有这一消化作用,规律和法则是不能得到它的应有的实践意义和效能的"。颜文樑这部著作为读者学以致用迈开了端正的一步,他盼望读者"在生活中或作画时,随时随地能作进一步的观察和体验"。

该书作为一部理论教科书,难免枯燥与乏味;可贵之处,在于它把许多规律和法则化作生动的比喻、通俗的语言,深入浅出、易懂好记。

作为美术用透视学,美术与透视的关系,是著者尤为关切的一个问题。他在《透视浅说》的开首说,靠阿尔贝蒂所发明的透视学,"能够使绘画得到极准确的构图。西欧画家在十五世纪以后,都是非常讲究的,至于他在绘画上贡献力的怎样伟大,已经为六百年来的画家所公认……但是有一句话要首先声明的,透视学是绘画起稿上必经的途径,不是包括绘画全部完成的功夫。他的效力是用在一个画家除了感情之外助成其作品的一种方法,进言之就是我们明白了透视学,绘画未必即好。"在《美术用透视学》专著的前言中,他又说"本书内容主要是分析物体在各种情况下的画面投影和它们的变化规律。但一幅成功的绘画,在技法方面,还要有造型、色彩、质感、量感、线条、光度和空气的变化等一系列的综合因素(这些都直接或间接影响着画面的透视效果)。所以除本书所述者外,学者还应该从多方面继续学习和研究。"著者既没有低估也没有夸大透视理论在美术上的作用,其态度是中肯的。

当然,在 20 世纪,无论是 20 年代,还是 50 年代,作为再现写实艺术的基础理论专著的出现,其内涵绝不仅仅限于透视学本身的容量,而是富有相当的时代精神的。

第二章　颜文樑绘画中光色的嬗变

作为中国现代美术的先驱、西方绘画的传播者,颜文樑深谙欧洲绘画光与色的精髓。他矢志不移,终生从事西画艺术的探究,不误它途。在他近一个世纪的生命旅程中,因对光色的不同追踪而呈现出了灿烂夺目的艺术嬗变过程。

第一节　光感的追踪(1912—1927)

站立在新旧时代交界线上的颜文樑,他的开端是至关重要的。吴门传统文化的濡染、家学渊源,并未确定他一生艺术发展的方向;而无心插柳遵父命考至上海商务印书馆的两年半学徒生活,却影响了他整个艺术生涯发展的道路。在那里,颜文樑首次接受了西画艺术的教育,教材以日本美术学校所编的《洋画讲义录》与江苏两汇师范学堂教习日本人村井雄之助所编的画帖为主。在铜版室,除刻蚀铜版外,兼习机器铜版制版术,指导技师为日本人渡边金之助。这些对颜文樑打下了怎样的西画功底,现在无从知晓了。但有一个细节很能反映他对西画的理解力。铜版室内高大的机器所造成的晦明变化是复杂的,这些光影下的茶壶、皮鞋、雨伞等常成为他的写生对象,他尤其倾心描绘渡边刻蚀铜版时的工作背影及办公桌玻璃版所映下的悬挂的煤气灯影像,由此可见他对室内光影的敏感及迷恋。在铜版室的一年,不仅掌握了当时较为先进的制版术,而且从事了自文艺复兴丢勒开始的西方版画制作的实践。版画艺术所特有的工整严谨及由画幅尺寸限制而要求的精工细雕,对颜文樑以后细腻画风的形成及其对微小画幅的偏爱都产生了潜移默化的影响。1911 年,颜文樑调至绘图室,正式师从西画家西岗正识,

这是他接触的第一位西画家,他的教诲让艺窦初开的颜文樑获益匪浅。

1912 年,颜文樑辞别商务印书馆,回苏州潜心自学西画。这一时期的艺术时间有以自制油画材料作的《石湖串月》和《飞艇》,及 1917 年为上海来青阁书坊作的水彩风景十六幅。现在仅存十六幅中的《柳浪闻莺》、《平湖秋月》、《六和挂帆》等十一幅印刷品,这也是现在能看到的颜文樑最早的西画作品。现在仍保存在颜文樑家人手中的一幅当时为其外婆画的水彩写生,形体准确,色彩透明,保留了即兴写生的新鲜感,而他的水彩风景设色精致,碎笔点绘,层次丰富。其中《天平初夏》对蓊郁树木的描绘、《冷泉品茗》对倒影层次的渲染,及《邓尉探梅》对阴云骤变的捕捉,都显示出画家对画面光感统一认识的加深。这些水彩风景,既可以看出在当时他对欧洲古典画风特别是荷兰风景画每物必细风格的吸收,又可以发现他在一定程度上对作品进行后期脱离实景的加工和对景写生的同时按中国审美观念赋予理想化的痕迹。这些风景还不是完全意义上的临景写生,其中某些局部光源的散乱及树木阴阳向背关系的晦涩,显示了画家对西画明暗画理的自我摸索过程。

1911 年 9 月的苏州美术画赛会,展出了当时苏州、上海、南京、北平等地的中西画家作品,开拓了颜文樑的眼界,终于统一了画面光源。而且,这一时期颜文樑酷爱表现室内空间效果,聚集光束,追求光影的戏剧性。作品有《岳父》(粉画,35×50 厘米,1919 年家藏)、《画室》(粉画,25×16 厘米,1919 已佚)、《厨房》(粉画,48.5×64,1920 年家藏)、《苏州卧室》(水彩,17.5×26 厘米,1920 年)、《肉店》(粉画,47×62 厘米,1921 年家藏)。

尽管画家本人并没有把这一时期的作品标为系列组画,但这些作品却构成了系列的特色——由一个主光源而解开的包裹着的透视盒子式的室内场景,透视主点偏向画面的右方;画家表现出的兴趣,不是对自然物象光色的被动模拟,而是对用光规律的主动探寻,并通过对光束主旋律的描绘,统一画面构成的主次关系,强化画面主体,凝聚视觉中心。这种由高度集中的单一光源所发射的光线使空间具有定向性运动而赋予它们生命感的审美境界,是自文艺复兴以来画师们孜孜以求的理想。可以说,十六、十七世纪是欧洲绘画一个注重"明暗对比"的时代,这一时期的画家们无不对绘画用光有着极大的兴趣和精深的研究,出现了一批被誉为全欧艺术家的人物:达·芬奇、卡拉瓦乔、委拉斯贵兹、拉图尔、普桑、洛林、维米尔、伦勃朗……光线在这些巨匠的笔下,有着追踪黑暗的边界线而穿过物体的表面,从而使同意的物体时隐时现;有时又突然地破坏了物体那熟悉的外形,造成某种超出视觉经验的怪诞形式。在他们的笔下,炫目的光线、跳跃的影子以及神秘莫测的明暗往往给人难以忘怀的印象。正如法国批评家保罗。非欧对伦勃朗的评价:"他的光出自他本人,他的头脑和他的心,它是代表心灵、爱情、智慧与感觉,也更胜于太阳的光芒。"

颜文樑这一时期的作品正是对十六、十七世纪这些古典绘画大师艺术的追踪,当时他未能去欧洲亲自体察这些大师的足迹,但他以东方人的理解方式再现了他身边富有浓郁生活情趣的场景,它们贴近自然,洋溢着东方的情调。

第二节　光色的融合(1928—1985)

一、光色融合之一——西洋水(1928—1934)

苏州美术学校的创办,开始了几乎耗尽颜文樑大半生心血的美术教育生涯。因此从 1921 年的《肉店》后,至 1928 年留法前,很难看到这一段时间的作品。现在能够看到的唯一作品是入选 1928 年元旦苏州美术画赛会,并刊载在当年《沧浪美》——画赛会十周年纪念特刊上的一幅老人全身素描。它沿袭了光感追踪时期的风貌,在淡灰色的色纸上,以白色粉画笔强调受光的部分,结构准确、素描扎实,唯双手的解剖结构不甚准确。它在整体上远远超过十年前为其岳父作的那幅写生。

1928 年 9 月的赴法留学,使颜文樑暂时解脱校长之职的琐事冗务,他再一次全身心地投入绘画创作中,形成了光色融合的第一阶段。许多人认为画家这一时期风貌的形成,主要是"在巴黎由于美校的熏陶和欧洲各国历代艺术大师作品的影响"[1]使然。事实上,人们忽略了颜文樑在到达巴黎之前的五幅作品,是在海船上写生完成的,而且这五幅充满印象派光色的作品那样异于第一时期并与欧旅作品完全一致,说明画家光色融合的突变早于欧洲之前。这五幅写生,即《越南西贡》、《鸟瞰香港》、《印度洋夜航》、《红海吉布蒂之晨》、《斯里兰卡停泊》(均纸版油画,25×17厘米,1928年9月,家藏)。因受时间、条件限制,这些作品皆临景一次性完成,保留了相当多即兴挥毫造成的画面新鲜感。除第一幅之外,其他四幅均以表现天空与海波为题,它们与第一个时期以复杂透视盒子式的室内景物为表现对象是大异其趣的。因为单调的没有复杂构成的海面,留给画家足够的精力去观察由气候和时差造成的光色变化——或者是云月弄影的灰蓝色夜晚,或者是雾重难解的乳黄色黎明,或者是波光粼粼的血色残阳,画家都力尽以简洁的手法捕捉稍纵即逝的光色效应。

那么,为何说颜文樑在留法前夕已完成光色融合的突变?原因在于,首先要承认这样一个前提,即在颜文樑艺术成长的关键时期,印象主义画派已经经历了半个世纪,印象主义绘画对户外光研究的科学性价值,已深入人心,从事绘画研究的人或多或少都受到了影响,所以西画在中国传播的蓬勃发展推动了颜文樑光色融合的突变。再次,颜文樑自行试制优化材料,反映了画家所具备的科学实验头脑,这与印象派光色理论是科学技术启发的结果等理论不谋而合。另外,颜文樑赴法时年龄最长,他的世界观、艺术观都基本成形并渐趋稳定。这也是很重要的一个因素,它表现了画家与现代派风起云涌的法国艺术风貌变化不大的内在连续性。

1929年颜文樑开始在巴黎国立高等美术学校接受正规的学院派美术教育。现在遗留下来的油画《人体》、《莎克丽娜像》及临摹日范的《罗拉》印刷品,可以反映他在人物造型训练方面的进步。但对素描坚实的追求影响了对光色的敏感度,因此这个时期的风景写生往往以素描关系取代色彩关系。如《巴黎圣母院》、《巴黎先贤寺》色彩贫弱,阴影灰黑,与轮船上的写生有天壤之别。《英国议院》、《巴黎铁塔》则囿于建筑物的具体结构而显得呆板僵死,色彩也很污浊。唯《巴黎脱洛卡特罗》、《巴黎凯旋门》(均纸版油画,25×17厘米,1929年,家藏)造型坚实、彩色厚重,颇得现实主义大师库尔贝的风范。库尔贝的"美乃是存在于自然之中"的现实主义审美理想已成为画家创

---

〔1〕 黄觉寺:《颜文樑》画册序文,上海人民美术出版社,1985年版。

作思想的指导原则,但也常常揉进一些印象主义观察光色的方法。这两幅画是画家到巴黎后吮吸新营养的结果,应该说是画家艺术生涯中的一个里程碑,因为他再也没有跳出印象主义和库尔贝写实主义之外。

　　1930年是颜文樑留法画作最为殷实的一年。五月,他与刘海粟、孙福熙、杨秀涛、吴恒勤同游意大利二十余日,油画写生十四幅。其中《罗马遗迹》、《佛罗伦萨广场》、《威尼斯水巷》、《威尼斯伯爵宫》、《威尼斯圣保罗教堂》(均为纸版油画,25×17厘米,1930年,家藏)不仅极为出色,而且又远离库尔贝的坚实,靠近印象主义洋溢着光色情调的画风。

颜文樑《威尼斯圣保罗教堂》(油画,1930年)

　　摆动在库尔贝写实主义和莫奈、比沙罗、西斯莱印象主义之间的颜文樑,在当时并未自觉地意识到这一点。用他自己的话说:"关于印象派,当时我不大喜欢,但自己不知不觉也受到了印象派的影响。印象派的色彩是不错的。那时我只晓得要画得真实。有时候,匆促画出一幅画来,人家说我是印象派。一个画家不必研究各种派别,只画自己的画,因为一研究,作画的时间就没有了。评论谁是什么派，那是理论家的事。"[1]这些朴素的语言从侧面反映了颜文樑绘画创作的思想，他虽然没有明确自己作品的风格归类，但言外之意并不与笔者的分析相悖，恰恰是吻合的；他自己作品的存在，才是最有说服力的明证。印象主义忠实地描写眼前瞬间的景致，可以说是把库尔贝的写实主义向前推了一步，它们之间并没有根本的艺术观念的冲突，只是印象主义画家更加注意色彩和笔触的运用，不再把它们拿来作叙述事物性质的语言罢了。因此，作为擅长风景写生的颜文樑，常常把印象主义的光色表现揉进自己的写实画风，是理所当然的。

这一光色融合时期一直延续到回国后的最初几年。1934 年，颜文樑与苏州美专师生去浙江普陀旅行写生，作《潮音洞》、《前祠大殿》、《普陀市街》、《普陀乐土》、《普陀前祠》、《普陀山门》、《远眺佛顶山》、《千步沙》八幅作品（均为纸版油画，25×17 厘米，1934 年，家藏）。其中《普陀市街》和《普陀乐土》体现了画家依然存留的对色光的敏锐感受力。粘稠厚实的色彩，果断有力的笔触，准确生动地把握了中国江南空气的色彩灰度。

二、光色融合之二——故乡土（1935—1966）

光色融合第二阶段的展开，既是画家个人内在艺术发展的必然走向，又离不开建国初期社会精神面貌、文化心态及艺术受政治钳制外在环链的作用。一方水土养一方人，气候、风俗、文化、传统成为无时无刻不潜移默化地影响着艺术家的重要因素。颜文樑也没有逃脱这一规律。从 1930 年欧学归国至 1949 年中国社会政治的巨变，其间虽经八年抗战，先后主要致力苏州美专的办学，但这近二十年的中国文化积淀是不容忽略的。从时间和空间上，这都使他远离光色融合第一阶段的审美座标。随着年龄的增长和涉世的深入，人的性情、心态往往是回归的。徐悲鸿、刘海粟等许多西画大家皆执笔染素，不能说不是内在合理性使然。颜文樑虽没重拾中国的笔墨，却往往体现在提炼、熔裁的创作过程中，体现在让油画语言符合东方人细腻的审美要求上。1952 年全国大专院校进行院系调整，颜文樑调任中央美院华东分院副院长，以主要的经历从事教学和创作。

艺术摆脱不了社会政治对它的影响，特别是当一个国家政治、经济制度及民族精神、民族文化发生根本变化的时候，这种影响的体现尤为明显。比如许多反映行中国建设、新社会精神面貌巨大变化的作品，其审美愿望便是

---

〔1〕 林文霞整理：《颜文樑》第 22 页，上海，学林出版社，1982 年版。

能够通过十月革命后苏联现实主义的创作道理体现出来,所以在建国初期,随着《中苏友好同盟互助条约》的签订而一呼百应生发中国画坛全盘"苏化"的倾向。这时,苏联所提倡的现实主义审美表现方式与颜文樑"个人为艺向宗写实,以须表现自然与社会中之真实和美,要能使人民看了获得快乐并益于身心,而促使人类社会进步"[1]的主张相一致的,或者说苏联现实主义的审美理想明晰了他大半生的审美追索。

这一时期颜文樑的作品是注重内蕴表达的,是注重特殊光色氛围下富有诗的意境的追求的;在形色关系上,往往以色就形,强调对象的素描关系,强调对象富有叙事性的质感表现。这一风貌特征无疑是苏化的结果。"用油画笔画素描"成为这一时期颜文樑许多作品的最好注脚,《国庆十周年》、《人民大道》、《百果丰收》这些具有主体性往往耗费他数月心血的作品,确实常常因拘泥于准确形体的表达而失去动人的色彩光辉。

在研究颜文樑这一时期风貌形成的过程中,还不应忽略在五十年代末中国花坛上关于油画"民族化"问题的提出及如何对待印象派绘画的争论。抨击印象主义"逃避社会的重大事件,撇开阶级社会中人与人之间的矛盾和斗争,排斥了劳动人民在艺术创作上的地位"的极端观点慢慢占了上风。对印象主义画派的贬低,在当时夹杂着某些政治性的需要,是苏化一边倒而产生的对欧洲其他绘画风格及流派的排斥,这种文艺思潮对曾留学法国受到印象主义画派洗礼的颜文樑来说并非是有利的。因为画风的改变在某种意义上也是迫于形势。难能可贵的是,在标志着画家风格形成的一系列优秀作品中依然体现出了印象主义光色与东方意境表达的水乳交融。

从这一时期颜文樑的代表作《浦江夜航》(纸版油画,41×31厘米,1950年,上海历史博物馆藏)、《深夜之市郊》(纸版油画,62×36厘米,1954年,私人收藏),而至《轧钢》(纸版油画,28×35厘米,1960年,家藏,1963年入选全国美展)、《傍晚灯光雪景》(纸版油画,25×37厘米,1963年,私人收藏),再及《雪霁》(布上油画,122×88厘米,1956年,家藏),我们可以看到画家对描绘橙黄色灯光的倾心。灯火由小而大、由微弱而显著,比例在画幅上不断扩展,成为这些作品意蕴表达相贯通的一条线索。这些作品并非实地写生,而是汇集了此一时、彼一时、东一地、西一地灯光和雪景的感受和印象,逐步提炼、熔裁而成的。或许正是这种适当摆脱第一物象的创作审美距离,才帮助

---

〔1〕 林文霞整理:《颜文樑》自序,上海,学林出版社,1982年版。

画家在用光色表现东方的情调和深邃两方面作出了探索。《浦江夜航》和《雪霁》不仅以其深邃、完美的意境，而且以其卓越娴熟的技法成为颜文樑个性风格的标志。

　　光色融合的第二阶段是颜文樑绘画创作的盛期，作品的数量约占总数的三分之一；作品的面貌也不局限于上面提到的五幅。画家仍相当多地去旅行写生，捕捉中国山水的光色，记录一时一地的观感心得，寄托他对自然的赤子之爱。特别是在政治风潮叠起的五、六十年代，坚持不表现政治内容的风景画创作，来之尤为艰辛。如画家曾于1953年和1960年先后两次进京参加文代会期间，作油画《天坛》、《中山公园》、《玉带桥》、《颐和园》等。往返于苏、沪、杭之间的授课余暇，则作《西泠远景》、《远眺葛岭》、《三潭映月》、《虎丘》等。当然，更多的还是表现了他身边的景物，如《浦江黎明》、《上海外滩》、《郊区风景》、《韶光》等。其中《城隍山鸟瞰》、《水城门》、《苏州留园》、《九龙壁》和《大禹陵》，以放逸、潇洒的笔触捕捉了午后的阳光和变幻的色彩，作品透露出质朴与浑厚，表明画家对故乡风土所特有气质理解的加深。《南湖旭日》、《浦江黎明》和《上海外滩》则谨严细密而不失之新鲜生动，以其色彩的瑰丽和色层的厚实展示了画家对晨雾和早霞在水天相接间变幻的描写天赋。《卧室》、《家园一角》和《韶光》倾心于居室家园——自己所熟悉、所珍爱的一草一木的表现，那嫩绿的草地、清新的空气和斜射进室内带着朝露的初阳，仿佛不仅仅是一幅画，而是垂暮之年的画家对自然、生命的挽留和依恋。

　　这一时期颜文樑的作品也产生了另一种趋向，过分注重形体的素描关系及过多时间的精雕细刻，磨损了他的艺术激情和画面的即时感染力。如

颜文樑《渔火人象》（油画，1950年）

《国庆十周年》、《人民大道》、《百果丰收》和《百花争艳》，这些曾耗费他数月乃至几年心血得以完成的作品，虽然在某些局部的表现上仍然很精到，但在整体感觉上总显得缺少某些能够拨动读者心弦、激发读者共鸣的东西。对此，画家本人不是没有觉察。他曾说：

"吾人有时因过分心细致有所失。"[1]然而,囿于他的性格及早年刻蚀铜版的训练已使他难于自拔。单调、呆板和零碎在相当的程度上阻止了画家所能达到的纯净、质朴与完美的境界;而且,这种趋势随着年龄的老化、感觉的迟钝和眼疾的病变愈来愈明

颜文樑《秋韵》(油画,1940年)

显,渐渐地成为后期影响画风特征的重要因素。

三、光色融合之三——意象诗(1967—1985)

如果说标志着颜文樑个人风格最突出时期的作品,画家还只是均衡地把握了油画的光色与东方意蕴完美结合的话,那么,在他的晚年则加重了东方意蕴的含量。他的每一幅画,都像一首耐人咀嚼的意象诗。一九六六年夏季那场惊心动魄的大浩劫,开启了他光色融合的第三阶段。在文化大革命中,颜文樑与大多数艺术家一样,备受身心的折磨,留给画家许多痛苦的记忆与酸楚的情感。这种忧患情感的积淀对意象光色创作方式的形成,是至关重要的。因为发愤而作,寓情于景,"以奴仆命风月",不仅更接近中国画的创作模式,而且这本身就是中国传统文化的精髓。一九六九年五月被宣布"解放"的颜文樑得以回到上海淮海中路新康花园的故居,避开外世,回忆、默记、叠加、组合昔日过往匆匆而又让他激动不已的短景片段,创作出一系列意象诗般的风景。当然,由于年迈而步履维艰,在客观上阻止了画家像正常人那样外出写生、获取更多的新感受。他生活在回忆中,创作在旧梦里。

从八十岁到九十岁这段耄耋之年,画家依然孜孜以求地去实践"画到生命最后一息"的诺言。他画出了《春》(中山公园)、《夏》(襄阳公园)、《秋》(龙华公园)、《冬》(静安公园)、《春光好》、《夕照明》、《祖国之荣光》、《雪景》等风景组画。这些作品大都注重诗意的表达与意境的营造,在创作的思维模式与审美心理的构成上,在具体的艺术语言与表现手法上都更加接近中国画

〔1〕 颜文樑:《美术琐谈》油印件,第1页。

家所具有的那种气质与禀赋。虽然颜文樑不像其他的西画家那样晚年摭拾笔墨,但他晚期的作品向我们昭示了只有东方人才具有的审美心态与价值观念,仿佛每一幅画都镌刻着中国五千年的历史特征。这是颜文樑既区别又相同于其他中国西画先驱者的地方。

当然,在七十年代画家并非绝对足不出户,像《一串红》、《雁来红》、《蜀葵花》、《毛家塘》、《途中》等仍然以外光写生为主,只不过因视力衰退而用笔奔放、粗犷,色彩也概念主观得多。超过奔放、粗犷的限度,就会转化为粗糙和潦草。不可讳言,画家晚期的许多作品都是有这种趋势的,特别是他的艺术生命即将终结的时候。1985冬,当颜文樑完成《沧浪美》、《沧浪夏夜》最后一笔的时候,画家同时也就为他将近九十年的绘画生涯划上了饱满的句号。从沧浪起步,又回归原点,画家以他的画笔去抓住随梦而流逝的沧浪绿荫,以他的色彩去回荡随风而飘远的夏夜校园歌声;他永远钟情于他的沧浪,他把这种怀旧、依恋、痴心也永远凝固、定格在他的绝笔之中。

颜文樑未能实现他"死在画架旁"的愿望,在绝笔的两年零六个月后才燃尽他的生命之烛。

第三节 颜文樑色彩学笔记

颜文樑写生色彩学见诸 1962 年刊载《美术》第四、六期的《色彩琐谈》、1978 年上海人民美术出版社出版的单行本《色彩琐谈》、1979 年 10 月 22 日发表在《华侨日报》的《简谈色彩》、1981 年《新美术》第一期的《色彩学上的空间透视》及由林文霞整理 1982 年学林出版社出版的《颜文樑作品. 画论. 生平》的"画论部分"。其中,尤以林文霞整理的"画论"最为详备。

"画家与非画家的感觉是一样的,但是画家要掌握表现感觉的方法;仿佛病人同医生的服药效果一样,但是医生要懂得病情和药理,这是不同之处。"[1]作为我国第一代油画家并以写实色彩贯彻终生的颜文樑,抱着这种像医生一样"要懂得病情和药理"的愿望,对色彩写生及观察做出了他们那一代人可贵的探索与有益的总结。

五十年代初正是颜文樑绘画风格逐渐鲜明的时期,大量的教学工作也迫使他把长期的实践经验用笔记或随笔的文体记录下来,《色彩琐谈》就是在那个阶段成书的。作者在此书的"写在前面"中曾说:"色彩琐谈两百余

---

〔1〕 林文霞整理:《颜文樑》,第 121 页,上海,学林出版社,1982 年版。

则,原是我平日教学和作画的心得,其中也有一部分是参考了其他美术和科学书籍的笔记,东鳞西爪,不成系统。其中可能还有一些不妥之处或将来因科学发展而需要改正的地方。总之,是拉杂写成的。"从五十年代至七十年代,我国对色彩学的研究先后出版过《颜色视觉》([苏]谢尔盖等著,郭恕可、赫葆源译,科学出版社,1958 年 1 月)、《绘画色彩方法论》(温肇桐编著,商务印书馆,1958 年 6 月)、《色彩》(陕西省群众艺术馆编,任国钧著,长安美术出版社,1959 年 4 月)、《色彩学指南》([苏]Н. Г. 鲁金著,李婉贞译,中国财政经济出版社,1964 年 5 月)、《色彩与艺术》(刘盛夫编著,广东省工艺美术包装装潢工业公司,1976 年 8 月)及《绘画色彩知识》(张英洪、陈培荣编著,上海人民美术出版社,1979 年 1 月)[1],这些色彩学研究大都以教科书的形式系统、全面地介绍了色彩学的概念、原理及其在绘画上的应用。而"以拉杂写成的"《色彩琐谈》不在其系统的理论价值,在于它把观察与思考、感觉与经验、理论与实践互为表里地融会贯通起来;《色彩琐谈》异于其它教科书式色彩学研究的特质,就在于它时时闪露出作者的真知灼见与给人启迪的智慧火花。

颜文樑不是思辨力极强的理论家,而是一个真诚、纯朴、敏锐的画家。他的写生色彩学以笔记的方式记录了他在绘画实践中所获得的认识、体会和经验,扑捉了许多倏忽闪现的思想火花。尽管这些像珍珠般闪烁的思想火花是零散而纷杂的,并未用逻辑与程式的绳索将它们穿系起来,但这珍珠的光彩永远不会失色。

第三章　颜文樑美术教育思想的建构

中国现代美术教育的兴起,是在西方美术的刺激下产生的。它作为现代教育的组成部分,把传授知识技能视为一种社会事业,从根本上动摇了中国传统美术教育富有宗法以为的师徒传授方式。新式美术学校的建立,成为引进西方美术的中心;现代中国的各种新美术,都是与新式美术学校共命运的。

作为一个现代美术教育家,颜文樑在他将近一个世纪的生命旅程中,把自己毕生的精力倾注到中国现代美术教育的开拓之中,其影响较之于他的

[1]　温肇桐:《美术理论书目》(1949—1979),上海人民美术出版社,1983 年版。

绘画本身对中国现代美术发展的贡献可能还要大些。他的美术教育思想既是他个人终生不渝审美追求的体现，又是新文化启蒙运动的大潮中"教育救国"、"美育救国"的一个组成部分；他的美术教育思想的建构，实在他开拓性的办学实践中不断形成、发展、完善起来的。

第一节　艺术进步与社会改善的统一

"谋艺术的进步、社会的改善"不仅是构成颜文樑美术教育思想最重要的一块基石，而且本身就是他矢志不移从事艺术实践和艺术教育的出发点。颜文樑并非一开始就认识到这一点的。在他十六岁那年参观南京陆军学堂时曾萌发投笔从戎的心愿，以为"强国必先强兵，文事无益于国"，后因应父命考至商务印书馆而改变了航线；自二十一岁始至他创办苏州美术暑期学校的三十岁止，先后在苏州任教于桂香小学、钱业小学、振华女学，并同时兼任吴江中学、太仓第四中学、苏州女子第二师范、苏州第一师范五所学校的图画教员。在这期间，他目睹了美术师资的缺乏及社会对美感教育的需要，而意识到普及美术教育和培养新型美术人材的重要，遂与杨左等同仁在国内率先发起美术画赛会，以期用"活泼的、民众的、十字街头的艺术代替死的、贵族的、独享的、被压迫的艺术"。[1] 关于美术画赛会发起的动机，颜文樑曾于1928年的《十年来我苏美事业之报告》一文中说："在画会发起之先，鄙人与左先生互相切磋，情投意合，遂相约将所绘之画联合外界作品发起美术画赛会，藉以提高社会审美观念。"[2]"提高社会审美观念"的提出，标志着颜文樑美术教育思想质的飞跃，"由此益加努力从事研究及提倡。引起之事为美术会、美术校、美术馆"。[3] 以画赛会、美术会、美术学校和美术馆四位一体而构成的艺术运动，有力地推动了苏州地区乃至全国艺术形势的发展，从而也孕育出颜文樑美术教育理想的雏形。

艺术对社会的贡献还不仅仅限于能够"提高社会审美观念"，在"百端待举的新社会，我们有领导、改革之责"。[4] 显然，颜文樑美术教育思想与改造

〔1〕 黄觉寺：《最近中国艺术界的新倾向》，载《沧浪美》第二期苏州美术画赛会出版股，1928年版。
〔2〕 颜文樑：《十年来我苏美事业之报告》，载《沧浪美》——画赛会十周年纪念特刊，1928年版。
〔3〕 同上。
〔4〕 颜文樑：《我所希望于艺术界者》，载《沧浪美》1928年第2期。

社会现实的良好愿望结合在一起,而进一步发出"谋艺术的进步,和社会的改善"[1]的呐喊。从某种意义上讲"艺术进步"确实能够推进"社会改善",这也是当时许多艺术家共同抱有的一个宏大的"艺术救国"的理想,颜文樑也正式抱着这个理想而从事美术教育的。关于"美"与"爱"对社会文明的影响作用,在颜文樑撰写的《谈文与野》一文中得到更加具体的阐述。他说:"人与人之间,有着一个'爱'字,同时也有一个'美'字。因为有着一个爱,人类遂有了父子、兄弟、夫妇,因为有这一个美,人类也有了文化。"[2]在作出这样一番比较之后,他揭示出美术运动的现实意义——"二次世界大战的结果,人谓倒退了一个世纪,岂非过言。在有些人认为大时代的现在,谈艺术不是太迂远,不过世界上多留一点'爱',多留一点'美'来谈谈美术运动,使残酷野蛮,或者也能消泯于未然吗?"[3]由此可见,在"多留一点爱,多留一点美"的背后,多多少少流露出他艺术教育主旨中的人本主义味道。这使得颜文樑的艺术教育思想高出了他同辈人许多。

颜文樑对美术在提高人们道德情操、审美境界作用的认识上有其独到的见解:"美术在文化各部门中,常常是最前进的,而且她与社会关系也往往比其它各部门来得密切而易于深入,这是因为美术具备着集中优越的条件:其一,她不必藉文字或语言之助,可以使人一览即了,打破了知识上的隔阂,——她根本本身就是文字或语言。其二,她不受时间上的限制。其三,因为她是属于空间的,所以上下古今,中外各地,都可以不受限制而罗列在同一时间,同一地域中。"[4]正是基于这种认识,他才强调美术馆在社会审美教育

颜文樑与朱士杰会影(80 年代)

〔1〕 颜文樑:《我所希望于艺术界者》,载《沧浪美》1928 年第 2 期。
〔2〕 颜文樑:《谈文与野》,载《美术年鉴》(1948 年),上海市文化运动委员会出版。
〔3〕 同上。
〔4〕 颜文樑:《期望筹设全国性之美术馆议》,载《艺浪》第 4 卷第 2 期,1947 年出版。

中的作用,"因为她最能代表一国的文化……一个民族而没有 代表民族文化的美术陈列馆,这个民族,多少是落后而表现其衰退。"[1]颜文樑不仅意识到美术在提高人们道德情操、审美境界进而推动社会改善方面的特殊作用,而且为怎样才能贯彻这样的社会审美教育提出了具体的方案。这是他自一九一九年发起美术画赛会之时起便一以贯之的思想,不过这种思想的脉络是愈来愈清晰明了罢了。

从艺术能够"提高社会审美观念"而至"谋艺术的进步,和社会的改善",颜文樑美术教育思想在与现实生活的关系上迈进了更高的一步,虽然这种以美术教育来提高中华民族文化素质的"乌托邦"理想未免过于脱离当时的社会现实,这种改造社会的宏愿未免过于幼稚和单纯,但它的确代表了像颜文樑那一代人创榛辟莽从事现代美术教育所发自肺腑的心声,他们站立在国家民族的高度,顺应时代的潮流,发出了向能够反映现代生活观念的艺术进军的号令。

颜文樑谆谆教导他的学生:"艺术要帮助人们认识社会,认识自然,从而促使社会进步",[2]"社会是一个花园,艺人,便是这园中的播种者"。[3] 作为一个新思想、新艺术的倡导者,颜文樑用他们自己所拥有的这种对艺术的理解与愿望当作他创办苏州美专进行美术教育的指导原则。

第二节 真、善、美与写实主义的统一

与徐悲鸿一样,矢志不移地坚定写实主义道路构成了颜文樑美术教育思想的另一基石。表面看来,这种教育思想无非是对一种艺术风格流派追求的结果,其实,它的背后隐藏着倡导者的人生哲学及对中华民族人伦道德、文化思想的一种阐发。颜文樑把"忍、仁、诚"三字定为苏州美专的"校训",作为知道全校师生的行为准则,并且在每年心声入学时阐说一次,平素加以督导,以使全校师生达到"真、善、美"的高尚境界,这表明他的教育目的首先在于陶融德性,培养健全的人格。以"黑和白"为校色,取二色所象征的庄严与纯洁。他还为本校学生编选"修养格言",这些名人语录与其说是"学生修养格言",不如说是苏州美专创办者本人对艺术的信仰与美术教育的思

---

〔1〕 颜文樑:《期望筹设全国性之美术馆议》,载《艺浪》第4卷第2期,1947年出版。
〔2〕 林文霞整理:《颜文樑》,上海:学林出版社,1982年版,第12页。
〔3〕 颜文樑:载《沧浪美》1928年第2期。

想，它在与"谋艺术的进步、社会的改善"相承接的同时，也具体规定了写实主义的审美追求和创作方式。

不过，苏州美专是培养美术专业人才的学校，故对这校训的解释又增添了一层新的内涵。关于"忍"字，颜文樑曾说："忍耐，是从事艺术事业所必须的精神。忍，就是忍受，对于困难、艰苦、曲折，要忍之受之；耐，就是耐心，耐劳，就是经得起长久的考验。事业成功的先决条件是因忍耐而能坚持。贵在坚持。"[1]关于"诚"字，"就是作画要坚持写实作风和画家对艺术的热诚的意思。艺术首先是一个热诚的感情，所以这个字我以为在作画中是很重要的"。[2]"诚"不仅指对艺术的热诚感情，而且指诚于物的再现写实作风，这是颜文樑关于"诚"字由对艺术的态度而转化为一种艺术表现形式的新诠释。他常常把再现的艺术形式与"真、善、美"的内涵联结在一起。再现写实的艺术，在颜文樑看来才算得上是"真"而不"伪"的艺术。由"真"而能"善"，"真"、"善"才能构成美。"真"和"诚"一样，不仅仅是做人的道德准则和对待艺术的态度，而且在颜文樑的眼中，是写实主义的审美理想和创作方式的代名词，是一幅优秀作品所必备的品格。

关于"真"与"诚"和写实主义的统一性，在颜文樑对法兰西十九世纪绘画的崇拜中也可看出。他说："十八世纪后之法兰西，其艺术灿然与日月同其明度。若安格尔 Ingres 普吕东 Prud'hon 德拉克罗瓦 Delacroix 微支 Madame Vigee Lebrun 柯罗 Corot 米勒 Millet 等，吾当推之为法兰

苏州美专南园画会（1936 年）

西之宝，尊之为法兰西之魂。吾人非徒以直追造化，巧夺天工，以誉其妙，盖其艺术已臻乎真。所谓'真'，在能传达情绪与表现一国的国民性，即在一画

〔1〕 林文霞整理：《颜文樑》，第7页，上海：学林出版社，1982年版。
〔2〕 颜文樑：《怎样批评绘画》，载《沧浪美》——画赛会十周年纪念特刊。

幅上,足以窥见一国之文化,社会之背景,以及国民之生活。"[1]而二十世纪现代派的艺术,在颜文樑看来则是"伪"和"丑"的。苏州美专反对什么样的画风,提倡什么样的画风与颜文樑对"真"与"诚"的双重理解密切相关。再现的写实主义,既是他本人的审美理想和创作原则,也是他一贯倡导的美术教育思想主旨。

"什么叫艺术?凡是通过对某一种事物的再现,创造出既真又善且美的形象,这形象能激动人们的感情,启发人们的思想,给与人们以美的享受,这就是艺术……我主张真实。先有真实,后有美,没有真就没有美。美要附在真实上面。美不会悬在空中,美不能独立……真善美是我们艺术家追求的宗旨。而真是善与美的基础,不真何来善美,不美不善者必失真,因此,我们画家首先要求真。"[2]这些精彩的言论,更加清晰地揭示了"向宗写实"的思想根源,由追求人格的完善而波及一种艺术审美观念的形成,并求得他们之间的统一性,这是颜文樑美术教育思想发展的脉络。也可以说,是这些信念坚定了他终生孜孜以求的艺术教育道路。

第三节 科学与艺术的统一

吴品先女士曾撰文记述颜文樑为激发学生们的科学兴趣,在一次课堂上拿出六只瓶子,里面装上亚麻仁油、火油、松节油、酒精、麻油、水六种不同液体,然学生一一嗅别[3]。这次的化学授课内容何以出现在绘画课上?如果我们去细心度颜文樑有关绘画颜料的论述便会了然于心。关于油画用油的特性,颜文樑研究得非常深入细致,这是他同时代的许多西画家中绝无仅有的;他让学生去嗅别各种不同的油,似乎在启发、诱导学生去摸清、掌握绘具材料的特性。当然,这并不是科学实验,但这点理性精神昭示了颜文樑学术教育思想中科学与艺术相统一的特征。

颜文樑是我国早期屈指可数的几位研究并传播头数学的画家之一,而且是将透视理论运用到自己绘画实践中最突出的一位。早在1928年他便撰写出《透视浅说》刊载于该年的《沧浪美》上。在这篇文章的开篇作者指出:"透视学是绘画起稿必经的途径,不是包括绘画全部完成的功夫。他的效力

〔1〕 颜文樑:《法兰西近代之艺术》,载《艺浪》第2卷第1期,1934年出版。
〔2〕 林文霞整理:《颜文樑》画论部分,上海:学林出版社,1982年版。
〔3〕 吴品先:《记青年时代的颜老师》,载《上海美术通讯》第17期。

是用在一个画家除了感情之外助成其作品的一种方法,进言之,就是我们明白了透视学,绘画未必即好。若然不明透视学,绘画一定是错。"这段文字阐明了绘画与透视的辩证关系,对于再现性的写实画风来说,优秀的作品确实需要借助科学的透视理论,所以作者得出了这样的结论。

此外,在颜文樑写生色彩学的散论里也处处可以俯拾到科学的光色火花。一部《色彩琐谈》不时在细致的观察和丰富的经验背后闪烁出作者理性思想的光辉。它让人们能够按照这理性的阶梯而登至驾御色彩的境地。感性与理性的统一、经验与理论并用,这是颜文樑美术教育思想中科学与艺术相统一的连结点。他常常告诫学生:"一方面凭实际见到的颜色去写生取得经验,另一方面则要研究空气的透视原理,知道它所以然的道理,一个是经验,一个是理论,客观与主观二者结合起来就有把握了。"[1]

无论透视学还是写生色彩学,都源于这位新艺术倡导者的审美理想;或者说,透视学和色彩学是达到"真"与"诚"的具体步骤。用他自己的话说,就是"科学不是美,但艺术利用科学能产生美。科学与美术是有联系的,透视学、解剖学、色彩学都是科学,画家不能不利用科学"。[2] 当然,颜文樑所倡导的科学与艺术的相统一的观点,也反映出他否认艺术教育就是天才教育的思想。他从法国运回四百六十余尊写生石膏所表现出的对素描基础教育的重视,及他总结的"油画用笔八法",乃至整个《色彩琐谈》无不是通过科学的训练方法揭去创作神秘的外衣,让一个初学者渐进地步入艺术的殿堂。

第四节　纯美术与实用美术的统一

作为中国现代美术教育的先驱人物,颜文樑以他的先见之明率先倡导并身体力行实用美术教育,这使得他的教育思想比那些除梦想培养艺术家外,忽视或根本不予考虑实用美术的同代人高出许多。他洞察时弊,指出:"年来国人恒以艺术教育不切实用为虑,而研究艺术者,亦好自鸣高,不屑从事与艺术至有关联如工产品等任务。历年各艺术专校所造就,除服务教育外,无他事;而一般学子,亦莫不一至毕业,遑遑以出路为急务,此皆舍本求末之道也!"[3]这种现象有悖于他一以贯之的"谋艺术的进步,社会的改善"

〔1〕 林文霞整理:《颜文樑》画论部分,上海:学林出版社,1982 年版。

〔2〕 同上。

〔3〕 颜文樑:《从生产教育推想到实用美术》,载《艺浪》第 9、10 期合刊,1933 年出版。

美术教育的主旨,原因在于社会需求与校园教育严重脱节,造成"两失其益"的后果。

1933年9月,苏州美专增设使用美术科并正式招生,专辟印刷、铸字、制版、摄影工场以备实习,颜文樑亲自赴沪,迭经往返,终与上海谦信洋行签约订购德印印刷制版设备,使之成为当时国内首屈一指的集设计、制版、印刷于一体的实用美术科。1936年颜文樑撰写了《艺术教育今后之趋向》[1]一文,更加明确了实用美术教育的方向。他首先作了横向比较,揭示了工艺与美术的结合是世界美术教育的发展方向——"欧洲各国艺术教育,除提倡纯粹美的艺术外,无不亟图实用艺术之发展;使艺术不单专为鉴赏而作,同时也与工艺联络,以期达于实用"。接着列举由纯美术转向实用美术的有点:

1. 辅助工艺品之美观;

2. 艺术因实用之故而得易普遍;

3. 因利用人类爱好艺术之天星,而生产品得易推销;

4. 发展研究者之个性;

5. 实用美术因社会接触较多,社会易受美的感化;

6. 实用品上有美的装饰,则无形中人人能得到艺术之陶冶;

7. 艺术家出品因与实用品合作,则艺术需用之处更繁,可使多数艺术家易寻职业;

8. 学生能将鉴赏艺术在实用上研究,必能多得同趣。

颜文樑在文章的最后进一步阐明了美术与实用美术的辩证统一是相辅相成、相互激励的,而且把这种辩证的统一纳入了真善美中国传统文化的体系及个人教育思想的核心之中,让人感悟和触摸这统一的根源。1950年迎来新中国解放的苏州美专,又增设了动画科两个班,成为全国艺术院校中的首创专业,它是颜文樑实用美术教育的一个新的开拓。

纵观颜文樑美术教育思想的建构,是以"艺术进步与社会改善相统一"为核心,而贯穿于其他三个方面的。从"谋艺术的进步、社会的改善"出发而融会中国"真、善、美"传统文化教育的精髓,由对"真"、"诚"的双重理解而倡导"写实主义",进而才可能强调"科学与艺术的统一"并以素描基础训练、透

---

〔1〕 载于《艺浪》第2卷第2、3期合刊,1936年出版。

视学、解剖学、写生色彩学等科学手段达到再现写实的审美理想；也只有把"谋艺术的进步、社会的改善"作为圆心，才能辐射出"美术与实用美术相统一"的理论建构。作为一个美术教育思想体系，它们是一个不可分割、支解的整体。当然任何思想的产生，都不可能游离或超脱时代，它既是一定社会政治、经济、文化的需要，又是这个社会政治、经济、文化的产物，并无形地被戳上了这个社会鲜明的时代烙印。如果我们透视一下民国初期文化教育界的

颜文樑在寓所留影（1971 年）

思想变迁，就不难发现颜文樑与当时一批有志之士所共同抱负的社会责任感和倡导中国现代美术教育指导思想的一致性。

　　颜文樑是一位用毕生精力去实践自己艺术理想的教育家，从画赛会起步而发起海红坊暑期美术学校，再至美专在沧浪亭的真正确立，颜文樑为经费筹措、校址选定而四方奔波，反应了筚路蓝缕、创榛辟莽的艰辛与执著。他平易近人，淡泊名利和天生所具备的感召力与凝聚力，使胡粹中、朱世杰、黄觉寺、陆寰生等同道终生追随在他的左右，成为他美术教育思想的坚定实践者。作为优秀的教育家，他更以自己的人格风貌感染和影响那些曾亲炙过他的教诲的学生，而且这种感染力大大超过了知识本身的容量。作为一座独具风格的大学，苏州美专终于以其严谨的学风、写实的画风及优美的校园景观赢得了社会的青睐，并成为颜文樑美术教育理想的试验园、播种地。

（作者为《美术》杂志执行主编）

论苏州美专

李立新

一、城市与精神

一座城市有一座城市的精神,而体现苏州这个古老城市精神的正是"苏州美专"。所有关于苏州的印象,有一个共同点:小桥流水,塔影钟声,园林戏曲,精致典雅。这个中国东南部的文化、经济中心,近代以来,再次呈现出开放、繁华、发达的景象,而能持续发展的因素,离不开苏州人的"毅力"、"审美"和"经验"。现在看来,苏州美专校训"忍、仁、诚",充分体现了上述因素,因此,"忍、仁、诚"不只是苏州美专的精神,也是苏州这座城市精神的高度概括。

图1 苏州美专校门

30年苏州美专,最让后来者怀想不已的,很可能正是这种精神。在我看来,这种精神,是生机、是美学,既艺术,也学术,乃艺术教育之理想。

有人会说苏州城里还有所百年老校——原"东吴大学",为何担当不起苏州这座城市的精神象征?因为东吴大学是所教会学校,它颇有影响的专业是法学,苏州是非常艺术化的城市,谁能将法律与昆曲、评弹、年画、园林、刺绣、吴门画派相提并论,苏州美专虽不是也不可能是综合性大学,不能直接服务于工业、农业、经济和社会,但苏州美专在苏州现代史上所发挥的作用,却是一些综合性大学所难以比拟的。

伴随着中国东南部的文化、经济中心的重新崛起,苏州美专在某种程度上介入其中,深深地影响着这一历史进程。

二、沧浪之美

"沧浪之水清兮,可以濯吾缨;沧浪之水浊兮,可以濯吾足。"这一段话是屈原《渔父》一文中的名句。苏州美专30周年,有很多话要说,与诸多直接的专业教育论述方式不同,我选择另一种记录策略,从苏州美专所处的地理环境、文化生态开始,去触摸那忽远忽近、神奇莫测的成功事实。之所以如此,除了苏州美专的校址建于按《渔父》名句构筑的"沧浪亭"外,还缘于阅读了居于"沧浪亭"畔的清人沈复所撰《浮生六记》,那种充满幽情雅致的记述、凄风苦雨式的人生体验,让我暂且放弃专业的考量,先说些"世说新语"般的闲话。这对于读者来说,可能更显亲近,更富人情味,对苏州美专的历史真实也更为可信。

图2　苏州美专校刊《艺浪》

北宋诗人苏舜钦修筑"沧浪亭"时,也许只为远离官场而隐居,"觞而浩歌,踞而仰啸,野老不至,鱼鸟共乐"(苏舜钦《沧浪亭记》)。确有隐逸的味道,在中国文化中,隐逸是和渔父的意象相联的,因此,苏舜钦自号"沧浪翁",筑园冠名"沧浪亭"。而在《渔父》中,屈原的执著和渔父的旷达构成了2000多年中国文化的某种范形,衍生出一种精神符号。而《浮生六记》至情至性、崇尚艺术,以真实而自然的创作思想,记述平凡人的自我人生,其中对生命"自由"和"美"的极力追求所体现出来的"人性觉悟",也正是这种文化精神的体现。

"沧浪之水"也就演绎出一系列"沧浪之美"。

屈原撰《渔父》,虽然短小,却是文化史、思想史上的一个经典;苏舜钦筑

"沧浪亭"，虽少精巧，却构作自然，是园林史上、建筑史上的一个经典；沈复述《浮生六记》，虽属小品，却承继传统，开启后者，其独特价值成为文学史上的一个经典；颜文樑创"苏州美专"，虽为短暂，却独树一帜，成为美术史上，教育史上甚至文化史上的一个经典。

三、成功者在毅力

在我访问、接触过的苏州美专校友中，他们对母校都有强烈的认同感，而苏州美专最值得骄傲的，不是"沧浪亭"优美的校园环境，不是那座气势雄伟的"希腊式"建筑，也不是那些从古希腊、罗马，文艺复兴雕塑上直接翻制而来的460多件"石膏像"，而是充溢在沧浪亭艺术氛围之中、流传在美专人口耳之间、时时引领美专人创造行为的"眼乌珠"。

谁是"眼乌珠"？谁的"眼乌珠"？谈苏州美专，颜文樑、胡粹中、朱士杰三位声名显赫，三人均生于苏州，1922年共同创办了苏州美专，颜、胡、朱三姓用吴音联结，称"眼乌珠"。"眼乌珠"颇有"领袖"、"眼光"、"最珍贵的"之意，苏州人形容一个人缺少"方向"，不明事理，就说此人没有"眼乌珠"。而苏州美专的方向、事理是由"颜胡朱"引领的，"颜胡朱"是苏州美专的"眼乌珠"，苏州美专的骄傲，也是苏州城市精神之"睛"，苏州的骄傲。

"眼乌珠"之首是颜文樑，他所立美专校训"忍、仁、诚"是一种行为准则，而非理想目标。依照这一准则，才能抵达艺术的理想高度。这里蕴涵着一种古老的文化思路："君子欲讷于言而敏于行"，这里延续着一种古老文化的范形："执著与自由"。

苏轼《晁错论》云："古之立大事者，不唯有超世之才，亦必有坚忍不拔之志"。真有大成就者，必须有"毅力"。27岁的颜文樑，已经画出了那幅著名的在巴黎春季沙龙获奖的《厨房》，这个时候，颜氏还未去欧洲留学，仅随日人松冈正识学过不到一年的油画，但却用10年时间，从商务印书馆铜版室练习生到中小学、师范图画教员，从月份牌到剧社布景，从画材试制到组织画赛会，已奠定下宽厚的基础和练就了坚韧的毅力，可以说他是无师自通并有发展自家的眼光与思路。他成名后平实、澹定，从不说大话、空话，保持艺术家一贯的本色。几乎所有留洋归来的画家最后都会兼画中国画或改画中国画，而颜文樑则始终走自己的油画之路，从没改弦易辙。如果没有坚强的毅力和执著的定力，也就不能有如此的把持。

"毅力"是苏州美专的基本品格及学术精神，虽不像那座希腊式建筑那样一目了然，却长期浸淫在美专师生的思想深处。苏州美专诞生于"动荡之世"，30年艰辛又辉煌的历程均得益于这个"毅力"（忍），颜氏35岁赴法留学，4000册书籍、460多件石膏像从欧洲运回，新教学大楼的落成，教育部批准立案，注重学科拓展，战时迁校、战后复校等等，都需要颜师及全体师生不屈不挠、流血流泪，才构建出如此发展的空间。

图3　20年代的颜文樑

颜文樑常引西哲亚罗士多德之言赠学生："二少年之别，不在才能而在毅力"，严格的基础训练，脚踏实地的治学风气，培养出董希文、莫朴、李宗津、俞云阶、李咏森、黄觉寺、罗尔纯、宋文治、杨之光、钱家骏、阿达等一批杰出的艺术家与教育家。我坚信，他们的成功完全得益于沧浪亭读书环境下孕育起来的对"艺术"的执著追求。

四、艺术、教学、披荆斩棘

1932年，对大多数中国人来说，并没有什么特别的地方。但对于苏州美专人来说，这一年的夏秋之交是个可喜的季节，许多方面都给美专人以希望：8月，雄伟的希腊式新校舍落成，带来了建筑形式上新艺术的震撼；10月，教育部正式批准"苏州美术专科学校"定名、立案，并开始筹建"实用艺术科"；12月，举行建校10周年纪念活动，举办美术展览会。政府立案、社会认可，全校师生充满喜悦和憧憬，这颇有普天同庆的感觉。

作为校长的颜文樑，在"大师"与"大楼"之间，并不轻视学校的硬件建设，因为这是教学的基本，他吃尽了校舍不敷使用的苦头。在苏州美专的教学体制与建筑形态上，有着中外古今共存相融的关系，在沧浪亭的校园里，70余亩校舍分东西两区，西区为古典式园林建筑。有清香馆、面水轩、翠玲珑、看山楼、闻妙香室、见心书屋等等，作办公和宿舍用，可谓曲径相通、宁静幽雅。东区为希腊式大楼，以优美的爱奥尼柱子为廊。三层上为西画人体教室、图案教室、中国画实习室三间，中为办公室、美术馆、教具室五间，下为理论教室等六间。

图4　苏州美专希腊式教学大楼

如果说,要对中国近代以来大学建筑的中西格局进行评介,苏州美专的校园建筑在当时无疑排列第一,因为这里凝聚着东西方建筑文化的精髓。沧浪亭中西建筑巨大差异的共存,也蕴含着苏州美专艺术教育理念的中西兼融,在典雅幽静的园林里,在新式登场的希腊大楼中所发生的有趣故事,连同人物、课程、教具、图画、工艺、房子,构成了苏州美专历史的重要部分。

苏州美专的艺术教育,最突出的地方在哪里? 用现在的话来说,是注重学科的发展。

1932年,鉴于当时国内工业化的蓬勃兴起,借教育部立案批准苏州美专之机,筹设实用艺术科,以应社会工业发展之所需。1946年,借战后复校之机,筹划动画科,以应艺术类型之变,填补艺术教育之空白。一所私立学校,如此注重学科建设,除了自身的生存需要,我想更多的还在于学校的主持者对于艺术全局的把握和宽阔的艺术视野。

无论是筹设实用艺术科,还是筹划动画科,强有力的推手当然是颜文樑,他在校刊《艺浪》1933年第9、10期合刊上撰文《从生产教育推想到实用美术之必要》,说:"艺术之为用至广,于工商界尤甚。我国工商界之各种出品,多陋因就简,其亟待于艺术界之改善而增加其产量者,至为急切! ……余尤望本校实用美术科同学,勿畏难中止,勿以其事之繁琐而生怠视也!"对于动画科,先让范敬祥设一制片室,再由钱家骏、范敬祥为上海人民政府制成二部卫生教育动画片,最后于1950年正式设立动画科,可见其学科开拓的过程与思路。后来,美专动画科在1952年全国院系调整中移至北京电影学院,上海美术电影制片厂的主要骨干大多是苏州美专的毕业生,成为中国电影史上一段佳话。

其实,每一所学校,每一代人都有自己的机遇与局限,苏州美专,在艺术教育的荒野披荆斩棘,中外兼融,艺用结合,在动画教育上开拓出一条前人未曾走过的新路,显示出颜文樑这位艺术大师的眼光与气魄。

五、"经验者，事实之母也"

当时任何一所学校，都有经费紧缺和不稳定的师资问题，但不是每所学校都像苏州美专一样，有些老师是不拿工资的。"颜胡朱"自然是不领薪水的，就是教授吕霞光、周方白、戴秉心、陆传文、吕斯百也都是不领工资的，他们是教育部聘请的教授，在每月教育部发的300银元中还会捐出200元给学校。经费紧缺，对于颜文樑来说，是个极为棘手的难题。

虽然经费紧缺，但学校不能缺少"大师"级人物，在苏州美专任教的著名教授除颜文樑、胡粹中、朱士杰、吕霞光、周方白、戴秉心、陆传文、吕斯百外，还有丁光耀、江寒汀、黄幻吾、黄友葵、陈从周、张宜生、孙文林、陆抑非、沙耆、郑午昌、黄觉寺、钱家骏等。按1948年的统计，教职工42人，在校生有280人。据毕颐生回忆："苏州美专还有一个窍门，就是自修室，高年级带低年级，我当时就坐在董希文的后面，高班和低班混在一起座，这样低年级的自然会向高年级的学习看齐，这个问题就解决了"。

凡科班学习美术者，都有同样的感受：老师授予的是方向、观念与方法，在技巧、经验上，同学之间相互学习所得到的，远超过课堂上所得到的。在学问与经验之间，颜文樑更重艺术经验的获得，他常引莎士比亚的一句话告诫学生："无经验而有学问，不若无学问而有经验"，这与鲁迅所言"万不可去做空头文学家或美术家"是一致的。颜文樑极重视学生艺术经验的积累，在给毕业同学的留言中说："离校则又为开始服务，此后诸君则将增进种种经验，盖经验者事实之母也。"

在教学上对学生重经验的获得，在研究中对老师重学问的探讨。苏州美专最让人感动的，是在经费如此紧缺的状态下，编辑出版校刊，时间长达20年。1928年，由首届毕业生黄觉寺任主编的《沧浪美》正式出版，第一卷第1期刊文25篇，总计100页。后《沧浪美》更名为《艺浪》。1933年，《艺浪》定为月刊，用铜版纸精印，并作三色版彩印，全部制版印刷工作由美专自己的印刷制版工场承担。1946年，《艺浪》复刊，出刊"25周年校诞纪念专号"。《艺浪》推动美专的学术交流与研究，对于我们来说，也纪录下苏州美专那些非同寻常的"历史事件"。

苏州美专值得怀念的，很多，很多！

1932年，在建校十周年大会上，颜文樑以艺术家特有的敏感与想像，说出了这么一段激动人心的话："敝人等希望我山明水秀之苏州，成为世界美术之中心，而光华灿烂之美术世界，更从我校微光中发现"。颜氏预期之目标，未能达成，这不是颜氏的局限，也不是苏州美专的局限，而是一个时代的局限。但诞生于"动荡之世"，在艰难环境下生存的苏州美专30年，所获得的成功是惊人的，这实在是一个奇迹。

试想，改革开放30年，有哪一所艺术院校达到了苏州美专这样的成就？

2012年春节，姑苏城下起小雪，我徘徊在沧浪亭前的河水边，寻访苏州美专往日的光辉。雪渐渐停止了，但眼前的景色却变得模糊起来，当年曾走过沧浪水边的美专师生，已渐行渐远进入历史深处，我忽然间感到：没有了"眼乌珠"，沧浪亭显得不再精彩；没有了"苏州美专"，沧浪水边寂寞多了；没有了美专的苏州，也失去了艺术的本色。

（作者单位：南京艺术学院）

风 范 永 存

——颜文樑与苏州美专

廖军　沈爱凤

【内容摘要】 2012年,是颜文樑先生创办的苏州美术专科学校建校90年,暨上海美专、苏州美专和山东大学艺术学合并组建南京艺术学院的百年校庆。作为美术教育家,颜文樑先生创办了中国早期的美术专科学校,为国家培养了一大批优秀的美术人才。作为杰出的画家,颜先生不但创作了许多不朽的画作,他的学术思想和艺术见解也为我们留下了丰厚的精神财富。当此值得纪念的重要年份,我们缅怀和纪念老一辈艺术家和教育家在极为艰难的情况下为我国美术事业所作出的开拓性的贡献,更具有一种特殊的意义。本文通过对苏州早期美术教育的历史背景的梳理,阐述苏州美专的历史,作为艺术家的颜文樑先生的艺术成就,进而弘扬苏州美专办学的精神。

【关键词】 颜文樑;苏州美专;美术教育

前些时候,南京艺术学院副院长刘伟冬先生邀约我们为南艺《艺术学研究》增刊"苏州美专研究"专辑写一篇纪念苏州美专的文章。虽然在苏州生活、学习和工作多年,但作为晚辈,我们并没有多少直接的内容可资回忆。为了了解颜文樑先生的艺术和人生,了解他亲手创办的苏州美专,我们怀着对颜文樑先生崇敬的心情,几个月来,相继拜访了一批尚还健在的苏州美专的学生,并搜集查阅了许多老前辈的回忆文章和资料。

在下面的叙述中,我们将结合老一辈的回忆和相关文史资料,尽可能地以忠实于历史原貌的态度,对苏州美专的历史功绩进行概要的回顾和评价。同时,也对颜文樑先生的教育思想、理论著述、艺术创作和人格魅力作一浅显的分析与评述,藉以缅怀颜文樑先生和为苏州美专作出贡献的老一辈艺术家们。

一、近现代中国文化背景下的苏州早期美术教育

近代自鸦片战争以来，系统化的西方文化逐渐传入中国，上海、苏州、南京一带，是西方文化最早传入中国民间的中心区域之一，从历史的角度来看，也是中国逐渐实现现代化的最重要区域。

一种普通的传播方式是西方文化直接传入民间。举上海为例，在清代同治年间（1862—1874），法国耶稣会传教士就在上海董家渡设立孤儿院，后来搬迁至徐家汇土山湾，法国人在土山湾孤儿院设立美术工场（Tou-Se-We Studio，1864—1914），传授各种技艺，包括五金、摄影、印刷术、彩绘玻璃、圣像画、插图、雕刻等，这样，西方文化、技术和艺术便传入上海民间。徐悲鸿先生（1895—1953）甚至把"土山湾美术工场"比喻为"中国西洋画之摇篮"。类似的情况也发生在其他各地。

还有另一种高级的西式文化教育的传播途径，就是西方人在中国直接开办教堂或大学，传播西方基督教和西方文化以及科学技术。举苏州为例，1871年，美国基督教监理会[1]在苏州十全街石皮弄设立存养书院，1879年迁至天赐庄（今苏州大学本部），并改名博习书院（The Buffington Institute），后并入上海中西书院（the Anglo-Chinese College）。甲午海战之后，国人从惨败中惊醒，从而，激发了国人学习西方科学的热情。为满足中国年轻人学习英语的需求，1896年，美国基督教监理会苏州监理会宫巷教堂牧师美国人孙乐文（David L. Anderson，1850—1911，东吴大学第一任校长）在苏州宫巷开办中西书院（Kung Hang School）。在这个基础上，1900年，美国基督教监理会决定把苏州和上海的三个书院加以合并，在苏州设立私立大学，称为"东吴大学堂"（Soochow University），英文称为"中国中央大学"（Central University in China）。1901年，宫巷中西书院迁入天赐庄博习书院旧址，东

---

〔1〕 美国基督教监理会（Methodist Episcopal Church）为美国南方基督教新教派别。源于1738年由英国人约翰·卫斯理（John Wesley，1703—1791）和其弟弟查理·卫斯理（Charles Wesley，1707—1788）于伦敦创立的卫斯理派（Wesleyans，或称监理会，Methodist Episcopal Church），原为英国圣公会（Anglicanism）中的一个支派。美国独立后，美国卫斯理宗脱离圣公会组成独立教会。其后在美国各地产生诸多分会，如循理会（Methodism）、美以美会（The Methodist Episcopal Church）、监理会（The Methodist Episcopal Church South）、美普会（The Methodist Protestant Church）等。1939年，美以美会、监理会和美普会合并成卫理公会（The United Methodist Church）。

吴大学堂正式开学,成为美国基督教监理会在中国建立的早期教会大学之一。这样的西式大学在中国其他城市也逐个应运而生。

此外,还有第三种方式,就是中国人自己走出国门,直接学习西方的科学、文化和艺术。1872年至1875年,在曾国藩、李鸿章等洋务派大员的主持下,清政府先后派遣120名幼童赴美留学。1896年,清政府又派遣学生留学日本。清政府公派学生出国留学主要是学习科学技术,而在人文知识方面的影响不大。19世纪下半叶至20世纪上半叶,为了寻求新的思想和出路,中国学者、文人和艺术家们走出国门,自行留学各国,为我们带来了种种新的思想观念和科学技术。在艺术领域,李铁夫、李叔同(弘一法师)、冯钢百、颜文樑、徐悲鸿、潘玉良、陈之佛、丰子恺、林风眠、关良、傅抱石、常书鸿、庞薰琹等,都是中国早期留学西方或日本的著名人物。其中,颜文樑就是苏州的佼佼者。

苏州历来是江南文化胜地,不仅历史古迹、古典园林星罗棋布,历史上也颇出文化名人,吴越争霸自不必多说,自东晋以来,有陆机、陆探微、陆龟蒙、"明四家"、计成、金圣叹、"清四王"等,大名鼎鼎的白居易、范仲淹也曾在苏州做官,留下许多美谈,近现代历史上则有顾颉刚(1893—1980)、吴湖帆(1894—1968)、叶圣陶(1894—1988),以及颜文樑先生等,可谓人才荟萃、学者咸集,为我国南方文化重地。至今,苏州人仍留有爱读书、爱诗文书画、爱听评弹的遗风。

在20世纪初西风东渐和激荡的时代浪潮中,在具有悠久文化传统的姑苏城,苏州知识分子也自当为开拓中国现代文化和教育事业出一份力量。清末以来,特别是辛亥革命和第一次世界大战之后,在新的历史时期,苏州的文化艺术事业也呈现繁荣景象。

首先,我们讨论近现代苏州的早期美术、文化状况。从清末、民初以来,苏州所立画社、画会颇多,美术传统丰厚。[1]

早在1873年(同治十二年),清朝刑部郎中、浙江宁绍台道员、苏州人顾文彬(1811—1889,字蔚如,号子山、紫珊,晚号艮庵)即在铁瓶巷东口一带兴

---

[1] 关于这一时期苏州美术界的情况,本文资料的来源主要为:1. 蒋吟秋、陈涓隐、彭恭甫《苏州美术界的几个组织》(载《苏州文史资料》一到五合辑 P147—P150,政协苏州市委员会文史资料委员会编,1990年4月);2. 尤玉淇《苏州早期的美术教育》(载《苏州史志》资料选辑 1991年第二辑 P131—P153);3. 江洛一《苏州的画社与画会》(下)(载《苏州史志》资料选辑 1989年第一、二合辑 P228—P237)等;5. 以及薛企荧先生提供的江洛一未发表的回忆文章。

建私家藏画藏书楼"过云楼"。1875年（光绪元年），顾文彬告病辞官回到苏州，开始在过云楼贮藏大量古代书法名画、版本书籍等。1877年（光绪三年），他在宅旁建"春荫义庄"，义庄内设祠堂。顾文彬第三子顾承擅长绘画，顾承在义庄东边的尚书巷明吴宽园旧址购地，在家中擘划园亭，汲取吴中诸园之长，乃成怡园。过云楼和怡园地处苏州市中心，由于主人好客，也就自然地成为当时苏州文化人士的活动中心。民国初期，常到过云楼活动的有四个年轻人——刘公鲁、吴子深（1893—1972，初字渔邨，后字子琛，号桃坞居士）、王季迁、颜文樑，除刘公鲁外，其余三人皆成大家。

1895年（光绪二十一年），吴大澂（1835—1902）、陆廉夫（1851—1920）、王同愈等在怡园创立苏州第一个画社"怡园画集"，成员中有吴昌硕、顾若波、费念慈等。

1919年，颜文樑、葛赉恩（John Wesley Cline，1868—1958，美国人，1911—1912年间为东吴大学第二任校长）、潘振霄、徐泳清、金松岑、金天翮和杨左匋共同发起组织"苏州美术画赛会"，画会得到苏州知名人士和东吴大学的支持，首届画展征得展品约千件，在苏州旧皇宫（今大公园东侧附近）开幕，此画展为中国近现代美术史上第一个画展，开中国美术展览会先声。参加画展的其中有胡粹中、朱士杰、于佑任（1879—1964）、蒋吟秋等。1920年，颜文樑和杨左匋为美术画赛会专门组建了管理机构苏州美术会，下设绘画、雕刻、音乐、诗歌、刺绣、讲演六部。胡粹中、朱士杰在第二届花赛会时加入组织工作，使会务更顺利发展。而美专教授如吴子深、颜纯生、颜彦平等三十多人均有作品参加，影响较大。

开办"苏州美术画赛会"的目标之一就是在苏州开办新式美术学校，不久，颜文樑等人便在1922年创立了苏州美术专科学校。1928年，颜文樑先生还亲自前往法国，直接学习西方绘画艺术。

1925年，陈迦庵、管一得、余彤甫等发起组织"冷红画社"，抗战期间解散，1945年抗战胜利后，由颜文樑、徐悲鸿等重新开社。

1932年，吴似兰（1908—1964，吴子深之弟，因排行第六，以"六爷"的吴方言谐音又称绿野）在西百花巷百花弄发起组织"娑罗画社"，因其时得印度娑罗花一株，极其名贵，移植于家，因以娑罗花命名。画社由吴子深、吴秉彝、吴振声主管具体事宜，经过几次集中活动，得到两百幅左右画作，公开评定、展览和出售，出售所得款项用以救济贫苦和赈灾，夏天施送医药，冬天主要赠以寒衣，参加者有许多著名人物。

1933年，赵子云在十全街阔家头巷圆通庵住宅内组织发起了"云社"，这里原是苏州一些画家常来谈画论艺、交流思想的场所，由此逐渐形成画社，因取其子"子云"、"云壑"的名及号而为社名，加入者有蒋敬甫、林雪岩、施静波、汪宗华、吴清望等人。1935年春和1936年春，在苏州北局青年会举办两届金石书画展览会。至1937年抗战爆发，赵子云避难吴县，画社活动才告结束。

1933年，由吴湖帆、陈子清、潘博山、余彤甫、彭恭甫等发起组织"正社书画会"，组织书画展，目的是振兴吴门画派，参加者中有王同愈、张大千(1899—1983)、蒋吟秋等。

1935年，苏州美专学生许大卫、孙葆昌、华文龙、费彝复、全毓秀等发起组成"南园画会"，在《苏州明报》副刊《明晶艺术旬刊》专栏出版二十四期(号)，介绍书画作品和理论。颜文樑先生也撰文予以支持。

1936年，朱铸禹、张辛稼(名国枢，字星阶，1909—1991)主办成立中国画研究社，招收学生，开设山水和花卉两科。

1936年，尤玉淇等发起组织苏州木刻社，他们成为苏州现代木刻的先驱。

1943年，张辛稼、朱守一等在怡园组织"怡园画厅"。

其他还有"国画学社"(1926年)、"飞飞画会"(1929年)、"桃坞画社"(1930年)、"茉莉书画会"(1930年)、"鸣社"(1930年)、"冬季书画济贫会"(1930年)、"怡园画社"(1931年)、"书画赈灾会"(1931年)、"冠云艺术研究会"(1931年)、"平社画会"(1934)、"诗画研究社"(1934)、"国画研究社"(1936)、"绿天文艺馆"(1936)等。

正是在当时苏州文化艺术活动极为繁荣的社会氛围中，才涌现出了苏州美专这样系统性的现代艺术教育类型的美术学校，最终苏州美专脱颖而出，成为一个时代的象征。

二、苏州美专及其历史地位

20世纪初，在中国现代美术教育的起步阶段，有两所学校起了极为重要的开拓作用，一所是刘海粟先生创办的上海美术专科学校，另一所就是颜文樑先生创办的苏州美术专科学校。这两所学校是在近现代西学东渐浪潮中涌现出来的中国早期现代类型的美术院校。

我们前面已经回顾了清末明初苏州文化艺术的复兴概况,正是在雨后春笋的民国文化盛期,苏州美术专科学校应运而生。

前述1919年颜文樑和杨左匋发起组织"苏州美术画赛会"一事,颜文樑组织"苏州美术画赛会"的目的旨在建立专门的美术学校,当时,他先后曾约王承英、陶善镛、叶费坤等筹办美术学校,但因王承英、叶费坤等不感兴趣而作罢。可见,初创时期颇费周折。

1922年7月,颜文樑约请胡粹中(1899—1974)、朱士杰(1900—1990)等人草创苏州美术暑期学校,这是苏州美术专科学校最早的名称,办学地点在苏州养育巷路靠近景德路的海红坊小巷内苏州律师公会会所。学校开办之初,得100多名学生,学习时间为两个月。同年9月,正式成立苏州美术专科学校,学制2年,是为苏州美专之始。当时,教师有胡粹中、朱士杰、顾仲华、程少华等四人。胡粹中、朱士杰是那个时代的杰出画家,朱士杰先生的油画技法非常娴熟,构图优美,胡粹中先生则擅长水彩与透视学,可惜由于其家属的缘故,他的作品很少见于市面,很难一见,有埋没前辈功勋之嫌疑,甚为遗憾,其子胡渊是苏州老火车站的建筑设计师,一生从事建筑,卓有成绩,与其父所授透视学不无关系。

时学生们用苏州方言戏称校名为"颜胡朱",乃苏州方言"眼乌珠"谐音,就是眼珠的意思,"眼"即颜(文樑),"乌"即胡(粹中)的相似发音,"珠"为朱(士杰),三人并称"沧浪三杰"。这个说法的全句后发展为"眼乌珠张张黄绿",按顺序为颜文樑、胡粹中、朱世杰、张紫珝、张宜生、黄觉寺和陆寰生。[1]以吴音读之,意思是"眼睛(眼乌珠)看一看(张张)都是黄、绿颜色",也可以理解成"眼睛(眼乌珠)看到每一张(张张)图画都是黄、绿颜色"。

如果说颜、胡、朱是苏州美专的创始人,后四位就是组成美专的骨干力量。张紫珝后来定居法国,终老于法国。张宜生1952年全国院系调整后执教于南艺,"文革"时因历史问题自南京回苏后投河自尽。黄觉寺(1901—1988)为苏州美专首届毕业生,历任苏州美专教务主任兼教授、副校长,1952年后调至浙江美院。陆寰生以秘书身份跟随颜先生,当颜先生已近九十高龄时,陆寰生尚日日相伴先生于寓所。

学校开办之初,还得到沧浪亭对面的县立中学校长龚赓禹帮助,在县立中学增设9间教室,设中国画和西洋画两科。当时美专有校工名竹溪,相貌

---

〔1〕 薛企荧提供给我们的短文《关于"眼乌珠张张黄绿"》(未发表)。

非常奇特,后徐悲鸿创作《田横五百士》,以他作为模特。我们专门在苏州美专希腊风格大楼(当地俗称"罗马大楼")旧址附近进行了实地调研,寻访了当地老人,根据老人们的说法,县立中学的位置在希腊风格大楼北面隔河相望,在可园和今解放军100医院之间,现在似乎被苏州医学院(已并入苏州大学)和解放军100医院各占据了一些地方。

1923年,学生渐多,乃租赁沧浪亭西部,在沧浪亭中州三贤祠河南会馆房屋三间为西校,原附设县中校舍为东校,并开始招收女生,开当时苏州男女同校时代风气之先,改学制为四年。1924年,第三期招生时录取了40人,其中有女生十余人,特辟东校校舍三间为女宿舍。[1]

1927年,应苏州公益局的聘请,颜文樑先生担任沧浪亭保管员,设立陈列馆,并把学校搬迁至沧浪亭内。吴子深受到颜文樑艰苦办学的感召,出资清理园林,修葺一新,使学生们得以在优美、安静的庭院内学习,并请名流张一麐、叶楚伧、朱文鑫、金天翮、汪懋祖、王謇、许厚基、龚鼎、徐嘉湘、章骏、赵昌等组建董事会。[2]

1927年,徐悲鸿偕夫人蒋碧薇和他们的儿子来苏州美专讲学和访问。徐悲鸿与颜文樑相见于沧浪亭"面水轩",盛赞颜文樑创苏州美专之功,并高度评价他的绘画水平,称他是中国的梅索尼埃(Jean-Louis-Ernest Meissonier,1815—1891,法国画家)。两位大师共游太湖,登天平山,从此结下深厚友谊。

1928年,在徐悲鸿先生的帮助下,颜文樑先生自费去巴黎,经由徐悲鸿的老师帕斯卡尔·达仰·布弗莱先生(Pascal-Adolphe-Jean Dagnan-Bouveret,1852—1929)介绍,入巴黎高等美术学校跟随罗朗士教授(Jean Pierre Laurens,1875—1932)学习。1929年3月,其早期代表作粉画《厨房》、《画室》和油画《苏州瑞光塔》入选巴黎春季沙龙展出。同年6月,《厨房》被评为荣誉奖,图上标以金签,并授予奖状,由当时的法国公共教育和艺术部长彼埃尔·马尔劳(Pierre Marraud,1861—1958)亲自主持授奖仪式。

颜文樑留学期间,苏州美专由胡粹中代理校长。1928年,学校还设立高中师范科,学制三年。

────────────

〔1〕此材料得自江洛一先生写于1987年5月之回忆材料,由薛企荧先生提供,此材料可能没有公开发表,但老一辈大师提供的说法是可信的材料。

〔2〕林文霞记录整理《颜文樑》(现代美术家画论·作品·生平丛书),上海:学林出版社,1982年12月,第168页。

在法国留学期间,颜文樑先生心系祖国的教育事业,花费了大量时间、财力购买教具和书籍,为学校共购买460多件石膏像,图书1万多册,费尽周折辗转运输回国。1930年5月,颜文樑与刘海粟、吴恒勤、杨秀涛、孙福熙等人共游意大利,临摹列奥那多·达·芬奇和米开朗基罗的壁画,颜文樑先生还专门赴米兰格拉齐修道院,观摩达·芬奇《最后的晚餐》。1931年,颜文樑先生途经苏联回国。

这里谈一下颜文樑所购买石膏像的意义和价值。当时,以抗战结束为准,他所购石膏像的数量超过当时全国美术学院石膏像的总和。其时有一位商人李文华,常与颜校长商借石膏像,一经借出,便被翻制,遂流入市场,其虽为赢利,客观上对传播艺术有所贡献。颜文樑所购大卫头像是直接翻自原作的,为第一代。当时东亚直接翻自原作的大卫头像仅两具,另一具在东京。据说该大卫头像值一万美金,抗战时该头像置于上海沪校,1951年返回苏州,置于明道堂,当时负责教务的孙文林教授,亲自以软布蘸清水拭洗一遍(该批石膏像最外层系蜡质敷制,不怕水洗)。1952年院系调整后,搬至无锡,后搬至南京艺术学院。"文革"中有人向"军宣队"[1]反映,大卫系以色列复国主义从前的国王,于是牵连了其他许多石膏像,一起被砸毁。在文革中,孙文林先生(1906—1991)、毕颐生先生等许多老教师被红卫兵逼迫着集体手捧石膏像游街挨斗。据说"文革"后的西安美院之大卫头像已经是第三代,后来南艺又翻回,成第四代,而很多其他院校的大卫头像就不知道多少代了。听说意大利政府后来不再允许从原作上翻制,可见原作翻制品的价值,所以,"文革"期间被毁坏的那些石膏像就显得更为可惜。然而,今天的学生却不知其中珍贵,经常可以看到他们在大卫头像上东涂西划。

1929年,吴子深先生去日本考察,在日本考察期间,他见东京美术学校校舍庄严美丽,设备齐全,深受感动,回国后立即召开董事和校务联席会议,决定购下早在颜文樑出国前初步商议的沧浪亭东侧徐姓的四亩地块,以建立新的大楼,吴子深在会上当场签票捐款3万。1931年10月,新大楼举行奠基典礼仪式正式投入施工,由胡粹中主管基建项目,胡先生为建设新楼在学校食宿达2年之久,并推迟了婚期。新大楼采用了希腊爱奥尼亚柱式建筑风格,由上海工部局建筑师吴希孟设计,由苏州张桂记营造厂得标承建。总

---

〔1〕 所谓"军宣队"或"工宣队",是文革时期的组织,是以解放军部队和工厂派驻所在地区学校的代表,"军宣队"、"工宣队"是解放军、工人宣传毛泽东思想小分队的简称。

耗资 54000 银圆,所有费用由吴子深先生包办。

1932 年 8 月,苏州美术专科学校宏伟的希腊风格大楼落成。新校舍列柱拱廊,蔚为壮观,画室采光科学,共计 50 间房屋,规模为当时全国美术学校之冠。同年 10 月,时民国教育部批准苏州美术专科学校立案,正式定名为"苏州美术专科学校",简称"苏州美专",立案后,国家每年拨给补助经费。同年 12 月,为新校舍落成和苏州美专 10 周年纪念举办了盛大的庆典,同时陈列了中西古今画作达两千余件公开展览。时参加庆典的有教育部代表徐悲鸿、吴县县长邹敬公、吴县教育局代表潘皆雷、苏中校长胡焕庸、振华校长王季玉以及学生家属等,他们对苏州美专的成就、对师生作品给予了很高的评价。

1933 年,徐悲鸿应邀赴法国、苏联等国举办画展,行期一年,乃委托颜文樑先生兼任南京中央大学美术系(今南京师范大学美术系)主任,颜文樑先生每周在南京授课三天,教授素描和油画。

1934 年,苏州美专开设实用美术系,概为苏州乃至华东现代设计教育的源头。自辟印刷、铸字、制版、摄影工场,出版由自排自印、16 开本铅字精印的美专校刊《艺浪》,发表师生作品、中外名画和理论文章。以后每年出版,由黄觉寺先生主编,张念珍先生(1906—1985,1924 年首届毕业生)负责制版印刷。这些方面,苏州美专为中国实用美术事业培养了重要人才。当时在制版印刷方面,苏州美专也堪称领全国之先。

在人体绘画方面,苏州美专不像上海美术专科学校当年掀起巨大风浪,引起很多风波,或许出于苏州是个相对宁静的中小城市,也具有文人遗风,苏州人以温和、平静的心态接受了来自西方的人体艺术,并未引起特别的风波。沧浪亭地处苏州南隅,较为偏僻,苏州古街巷最东南角到今凤凰街南端友谊宾馆一带就结束了,在十全街苏州饭店以南,在凤凰街南端往东到东环城河,直到 20 世纪 70 年代末,还有大片农田,以后在现代化过程中,这些农田才逐渐消失,而沧浪亭往南就是南门,城外很荒凉,从南门到五、六里路外的长桥镇之间几乎没有人家,因此,当时,苏州美专附近居住的主要为市区边缘的居民和城内农户,不至于引起很大风波,最多感觉稀奇而已。还有一个原因,也许由于上海美专已经经历了很大的风波,也就自然冲淡了后续者的压力。

当时,苏州美专美名远扬。1935 年,梅兰芳先生来苏演出,访问吴子深先生的桃花坞寓所,并在吴子深的陪同下参观美专,与颜文樑先生合影于沧浪亭"面水轩"。1936 年 4 月,南京中国文艺社春季游行团徐悲鸿、汪辟疆、徐仲年等 50 余人来苏州美专参观,对苏州美专办学精神与学校建筑规模给予了高度赞扬。

正当中国的文化和艺术初见成效,将要有所发展之时,抗日战争和第二次世界大战爆发,全国许多学校、博物馆都进入流亡期,为了免遭日军的践踏,许多大学搬迁至西南偏僻地区,许多博物馆辗转各地,将文物珍宝运到西部和西南部秘密珍藏。

苏州美专也像其他学校一样,在抗战期间一度萧条,辗转浙江、上海租界等地,勉强度日。1937 年抗日战争爆发时,学校仓促搬迁,经吴江同里、袁家汇、至浙江余杭,辗转到达上海,先迁在王家沙小学教室,后迁至租界内四川路 33 号企业大楼七楼,继续授课,分国画和西画两组,兼设研究科。由颜文樑和秘书陆寰生兼理学务,并聘上海中国化学工业社广告主任、水彩画家李咏森为副主任。教师有朱士杰、张念珍、黄觉寺、吴秉彝、张新域、丁广燮、承世名、江禄煜。学期结束,借大新公司举办苏州美专沪校师生画展。当时,生活艰苦,教师义务授课,不领工资,仅领取车马费。日本人也多次请颜文樑先生回苏复校,为颜文樑先生拒绝。1941 年 12 月,太平洋战争爆发,日军攻入租界。为了不去日伪教育部盖章,学校不得已停止发放毕业证,只发给学业证明。在战争期间,时上海纸张制造业大亨徐大统定购颜文樑《百鸟图》,先生以画画所得 1 万银圆支撑学校费用。由于企业大楼不断增加租金,为了缩小影响,只能取消分校,仅设画室。1944 年,苏州美专原教授孙文林、王佩南等人也在宜兴临时设立分校,战后并入苏州美专。

1945 年,抗战胜利后,苏州美术专科学校复兴,创立初中部。1948 年,改学制 5 年制。

1950 年,苏州美术专科学校设立动画科,领时代之先,为我国动画和电影事业培养了大量人才。1952 年夏,动画科第一届学生毕业,分别被安排在上海、北京等地电影制片厂工作。著名的动画大师阿达(徐景达,1934—1987)、严定宪等皆在其列。在 1952 年院校调整时,苏州美专动画科合并到了北京电影学校。

苏州美专注重延请校外知名人士和艺术家共同参与美术教育事业,根据贺野先生的回忆,他在 50 年代初兼任过苏州美专的创作课教授,卢沉、舒传熹、薛企荧皆为其学生。[1]

全国解放后,于1952年进行全国大专院校调整,将上海美术专科学校、苏州美术专科学校、山东大学艺术系合并,在无锡设立新的华东艺术专科学校。颜文樑先生则调任中央美术学院华东分院(即浙江美院,今中国美术学院)任副院长。以后,华东艺术专科学校于1956年搬迁至南京,成立南京艺术学院。原苏州美专教授如朱士杰、孙文林、徐近慧、陆国英等大部分教师也分配至南京艺术学院。

纵观苏州美术专科学校的历程,在中国美术教育事业上,苏州美术专科学校占据了很重要的历史地位,是中国早期现代艺术教育的中心之一,为中国美术事业培养和输送了大量人才,是我国重要艺术学院之一南京艺术学院的来源之一。苏州美术专科学校继承了古老苏州重视文化教育和艺术养生的传统,也吸收了上海近现代西方文化的新特点,并使之与苏州的传统相结合,促成了中西合璧的新的办学特色和思想的形成,使苏州成为中国东部早期现代美术和教育的重要中心之一。

从专业的意义上来说,颜文樑先生多样而精致、宽容而严谨的艺术追求特色也影响了苏州美术专科学校的兼容并蓄、多样并举的办学特色,这种特点不同于俄罗斯叶卡捷琳娜二世时期皇家美术学院(即今列宾美术学院)的贵族古典主义倾向,也不同于俄罗斯巡回画派几乎完全的平民色彩的现实主义追求,而是一种受到西风影响而同时具有古老文人传统的东方式的现代教学形式,并把官方和民间的优势综合得天衣无缝,兼顾了艺术的自由和教育的严谨。如果说,后来南京艺术学院那种整体的自由追求的学风主要取决于刘海粟先生创办的上海美术专科学校奋发创新的遗风,那么,其多样性的个性发展和对精细的基本功的强调也与颜文樑先生创立的苏州美术专科学校的遗风有关,而其质朴、粗犷和踏实的学风则来自山东大学艺术学院的北方遗风,它们共同促成了南京艺术学院整体的自由与严谨兼顾的学风和传统,这种精神正是南艺的根本精神,但这种精神的促成源于前辈大师们和创建者们共同的努力与奋斗。这种精神也是我国艺术教育的宝贵精神财富。

---

〔1〕 这些情况我们皆与贺野先生本人联系并核实。

三、作为艺术家的颜文樑先生

颜文樑先生是一个伟大的艺术家,主要是一个卓越的风景画大师。

我们研读颜文樑先生的画作后,颇有体会,大致为:1. 大师能把艺术的整体构思与生活的细节完美结合,他的作品一般都不大,但构思很大,内容极为丰富,不仅展现了对大场面的控制力,也体现了对生活细节的敏锐观察和挚爱之情;2. 虽然大师在风格上追求现实主义的特色,具有法国画家柯罗(Camille Corot,1796—1875)、库尔贝(Gustave Courbet,1819—1877)的遗风,但也不仅仅限于现实主义,还具有古典主义的构图特色和印象派的某些分色痕迹,甚至还有早期浪漫主义的奔放笔法,他回国后的一些作品还透露了晚期浪漫派的细腻情感和东方式的诗情画意。

颜文樑先生在早年就已经打下了非常扎实的绘画功底。颜文樑先生在1928年出国留学以前,绘画水平和艺术修养已经非常高超,这与他的早年教育和自身敏锐的天份有关。

早在1904年(光绪30年)先生入私塾读书四年,期间就受到维新运动的影响,学过算学、历史、地理等新型课程。他的父亲国画家颜元(字纯生,1860—1934)是任伯年的学生,深受海派艺术影响。颜文樑从小即遵从其父教诲,临摹《芥子园》画谱,学习国画,还用毛笔画火车、轮船等,其临摹的国画受到吴昌硕(1844—1927)好评。1906年(光绪32年),在苏州草桥入长元吴公立高等小学学习,从小学图画教员罗时敏学习素描、粉画等,罗时敏先生成为颜文樑在西画方面的启蒙老师,罗时敏先生用特殊而严格的默写手法训练他们,颜文樑在此期间奠定了严谨的写实功力,当时吴湖帆等也同在罗时敏先生名下受教。

1909年(宣统元年)颜文樑先生被商务印书馆录取学习西洋画以及铜版技术等各种技术。后来又转入画图社专攻西画,进行过各种各样写生临摹,掌握了明暗法。

从1912年开始,颜文樑先生辞去商务印书馆的职位后,回到苏州专心学画,并且自行试制各种油画材料。1916年起,颜文樑先生在吴江太仓等地担任中学图画教员,期间从事油画、水彩画、国画的创作。1918年,颜文樑先生担任苏州第二女子师范学校的图画教员。

在1920年前后,颜文樑先生就创作了早期的代表作,例如《厨房》、《老三珍》、《岳父》、《祖姨母》（水彩、1912年）和《卧室》等。

《老三珍》（粉画，62×48 cm）一画表现了苏州胥门（或阊门?）一带著名的肉店老三珍店铺的情景，构图采用了古典的正面造型，画面以挂肉的架子将画面分割成两个部分，中心偏右做一个主要的分割，以肉架的左面一根置放在画面的中心偏右，使画面接近黄金比。在画面的右半面，中间横梁上悬挂着猪肉，高低错落，在画面左半面描绘了当地市民、妇女、儿童等买肉的情景，有赤膊朴实的市民，还有穿着吴地传统衣装的妇女，其中赤膊背对观众的形象是以胡粹中先生为模特。上方悬挂着的老三珍店铺招牌打破了下方平行的排列，使画面活跃起来。整体上在深色破旧的老店铺背景上表现了旧时苏州浓郁的生活情景，具有现实主义的亲切感，那些老旧的房梁、牌匾、柜台、铁钩、木桶、小凳子、石地板、木地板等都透露着浓郁的传统韵味，几缕阳光透过窗户照耀在人物的身上、柜子的地面上、牌匾上，此画让我们想起了意大利画家卡拉瓦乔（Michelangelo Caravaggio，1571—1610）和荷兰画家伦勃朗（Rembrandt Harmenszoon van Rijn，1606—1669）的聚光法。

1928年在巴黎获奖的《厨房》（粉画，50×65 cm，1920年，图3）为颜文樑先生最主要的代表作之一。当时颜先生手上只有12种颜料，竟能画出如此厚重、深沉而丰富的色调，可见先生的艺术功力之精深。作品具有庄严而优美的古典写实主义的特点，构图均衡、完美，透视极为精准，一丝不苟。在环境和物品的安排上，也体现了古典主义提倡的创造典型环境的意图，表现了一个旧时的厨房，不仅表现传统建筑的木构结构，房顶瓦片下的垫砖，房梁、木椽，墙和墙内的木构支柱，以及窗子上的木格，也几乎安排了厨房内应有的所有设施和物品，大灶台、灶格装饰和烛台等，墙上开了凹槽做成碗柜，还有嵌进墙里的木碗柜，放在里面的碗碟，地上还有水缸、水桶、烧水壶，右边是案板桌，上面有砧板、菜刀、砂锅和瓶瓶罐罐，桌下还有笤帚，房子上方悬挂着大小菜篮，四周墙上挂着罩篮、腊肉等，还有两个小孩，一个小孩坐在小凳上逗弄地上的小猫，还有一个小孩因顽皮累了竟伏案睡着了。在一个如此小的构图中（50×65 cm）表现了如此丰富的生活场景，令人赞叹。当年，这幅作品受到达仰先生的好评。按照尚辉所著《颜文樑研究》的观点，《厨房》一画的时代意义已经超越了绘画的范畴，而是中国新文化运动在艺术上的重要体现，他说："《厨房》诞生的年代，比中国第一篇现代文学作品——鲁迅的《狂人日记》的发表晚两年，而与成为白话诗真正取代文言旧诗标志的郭沫若《女神》的创作同年。这不是事件的偶然巧合，而是一种文化形态代替另一种文化形态划时代转变的历史必然。它表明新美术与新文学在发展上的同步性。"[1]我们难以确定《厨房》是否一定具有革命性的丰功伟绩，我们觉得如此崇高的评价可能有夸张的溢美嫌疑，我们更觉得这是水到渠成的结果，是1840年鸦片战争之后长期受到西方文化、科学和艺术影响的一个结果。但是，在现代中国早期艺术史上，《厨房》一画确实具有时代的新的特色，展现了中国人对透视学的完美把握和空间秩序感的清晰概念，尤其体现了苏州人的细腻、敏感和丰富的心灵。

这种对空间和构图秩序的酷爱也体现在一件油画作品《卧室》(36×25 cm，1974年)上，此画也是正面的构图，表现了室内橱柜、床、暖气片、圆桌、台钟和窗户等，它们组成了复杂而有序的横竖线条，这幅画的意趣是对空间秩序的构图研究，以及对室内外色彩、光线效果的表现，与粉画《厨房》有相似之处。

他早年作品中还有一张同名的油画《卧室》(25×17 cm，1927)也是一件出色的作品。根据薛企荧回忆，此画是为了一个事先购买的精美的老框子而创作的。画面中间是有蚊帐的床铺，帐子边上是一盏有灯罩的电灯，右面是箱柜，左面是一张桌子，坐一小孩，画的是其子颜正康，桌子上表现了一些零碎物品，其中有一个小茶壶，茶壶很小，但也点缀出了高光，很精彩，整个作品具有一种古典特色，颇似卡拉瓦乔主义和伦勃朗的聚光法。一件小小油画能画到如此精致深刻的地步，体现了大师的功力。

以上作品有一个共同特点，即画面虽小但表现的场面很大，刻划深入细致，不像我们现在很多人画面很大、内容空洞、刻划粗糙。

他在出国之前有大量表现苏州和江南风情的油画风景写生作品，这些作品具有一种强调国画意味的线条的抒情特征。他的《天平初夏》(47×31 cm，水彩，1926)把东方人的诗情画意、国画韵味和西方写实主义结合在了一起，对那些树林枝叶精细的描绘颇似工笔，却不拘泥于细节，不失整体，整个画面有一点巴比松画派和库尔贝的特色。库尔贝有一件作品《Plaisir-Fontaine的溪流掩蔽的狍鹿》(The Shelter the Roe Deer at the Stream of Plaisir-Fontaine，油画，1865)也表现了精细的树林和枝叶，巴比松画派很多画家也是这样。所以，颜文樑先生后来在巴黎期间关注库尔贝也就很自然了。他这一类的作品以后还画了很多。

---

〔1〕 尚辉著：《颜文樑研究》，江苏美术出版社，1993年版，第89页。

1928 年,颜文樑自费赴法学习,在远航法国的途中,在斯里兰卡、印度洋、红海等港口也进行了写生,创作了《印度洋之锡兰》、《印度洋之中秋》、《吉布蒂之晨》等画,这批画也应是留学法国前的作品,体现了对异国他乡的向往之情和对祖国的思乡之情交织的矛盾的情感,表现了高超的色彩技巧。这批作品表现了波涛汹涌的大海,其中主要表现了在晨光和月光照耀下的海面朦胧迷离的变幻景色。《吉布蒂之晨》画面单纯,构图简洁,用横向的海岸线和太阳在水中的纵向倒影构成了黄金分割,用浪漫主义的手法和光影效果表现了阴沉的天空和黎明时分的朦胧感、神秘感,并用几只飞翔的海燕使画面活跃起来,给人的整体感觉非常单纯且意境无穷。《印度洋之中秋》反映了孤独游子的思乡之情,画面以左侧一盏航灯和孤单的身影及月光来表达思乡之情。《印度洋之锡兰》(25×17 cm,1928)表现了熙熙攘攘停泊在海港的轮船,前景表现了两艘悠闲的小划艇,用奔放的笔触和印象派的分色原理表现了天空和色彩的变化,让人们联想到了莫奈等人的印象派绘画。

1928 至 1931 年,颜文樑自费赴法学习和欧洲旅行期间,创作了一系列优秀的风景画,其中不乏优秀的代表作品。

在巴黎期间绘有《巴黎特洛加特罗》、《巴黎圣母院》、《巴黎凯旋门》、《巴黎先贤祠》(25×17 cm,1929)、《巴黎埃菲尔铁塔》(两幅)等作品。留学期间还曾到英国和德国,绘有《英国议院》(25×17 cm,1929)、《柏林旧皇宫》等。1930 年,游历意大利的一批写生很出色,如《佛罗伦萨广场》(31×23 cm,1930)、《佛罗伦萨》、《米兰大寺》、《罗马古迹》(两幅)、《罗马斗兽场》、《罗马哈德里安皇陵》、《威尼斯圣马可教堂》、《威尼斯运河》(25×17 cm,1930)、《威尼斯水巷》等。

这批风景作品具有早期浪漫主义、巴比松和印象派的混合特色,采用均衡而完美的柯罗式构图,运笔松快、娴熟而潇洒,笔触奔放,没有丝毫拘泥、拖拉和磨的感觉,完全是大师手笔。他在塑造建筑方面具有高度概括、色调统一的特点,同时,也不失细部刻划,但皆统一在整体之中,虚实冷暖、高光、阴影的处理,冷暖色调的对比等方面,既鲜明而又丰富微妙,例如《米兰大教堂》、《威尼斯圣马可大教堂》、《巴黎圣母院》、《巴黎先贤祠》等。还有在威尼斯的一批作品,在写实的基础上具有印象派的分色效果,尤其在表现水天合一时那种波光粼粼的色彩感觉方面,深远、厚重而丰富,充分体现了他对巴比松画派、19 世纪法国浪漫派、印象主义和现实主义的认识水平。

全国解放之后,颜文樑先生又有一批新的创作,表现了我国人民生活、生产劳动的场面和祖国山河的自然风光。如《国庆十周年》(1959年)、《鸿祥鑫船厂》、《轧钢厂》(27×35 cm,油画,1962)、《上海炼油厂》等作品,表现建国早期至文革后期的社会主义劳动场面,这些画让我们想起了库尔贝、阿道夫·门采尔(Adolph Friedrich Erdmann von Menzel,1815—1905)的现实主义作品。还有如《普陀》(25×17 cm,1934)等风景创作表现了浙江的海港、渔村景色。还有如《苏州拙政园》和《苏州双塔》等作品,则表现了家乡苏州传统的古典园林风光。

还有一些作品可能表现了上海、杭州等地的景色,如《复兴公园林荫》(1963—64)、《天鹅湖》、《家园一角》(1965)、《雁来红》(1973)等作品具有法国印象派的痕迹,令人想到莫奈、雷诺阿等画家的同类作品的相似风格。另外,他的《昙花》(1965,33×24 cm,油画,1965)、《旭日照墙东》(27×37 cm,油画,1965)、《晨曦》(48×35 cm,油画,1974)出色地表现了阳光照耀下阴影或暗部的绿色调的丰富变化,在现实主义和印象主义的手法基础上,还略有一点纳比派的手法,特别是表现出了白色花瓣那仙子般的纯洁、娇嫩的姿态。这批作品使我们想起了法国纳比派(Les Nabis)的勃纳尔(Pierre Bonnard,1867—1947)、维亚尔(Edouard Vuillard,1868—1940)的手法和色彩感觉,他们喜欢以装饰、表现和写实兼顾的手法表现庭院的优美景色和室内恬静的氛围,颜文樑的《卧室》(36×25 cm,油画,1974)也有这种对室内装饰效果的追求。这批画甚至还有一点美国画家萨金特(John Singer Sargent,1856—1925)的效果,因为这些画表现了在大片阴影中的冷色氛围,但透露出点点滴滴阳光照耀或花朵中的暖色所形成的逆光特有的灿烂效果。

他晚期的一批作品,如《山居水榭》(20×31.8 cm,1982年)、《石湖串月》(48.8×64.5 cm,1982年)、《纤侬》(43×61 cm,1984年)、《沧浪夏夜》(34×51 cm,1985年)、《沧浪美》、(64.5×90.5 cm,1985年)等,有一种类似于林风眠的大写意的东方情调,以及有一种回归传统返璞归真的景象,体现了颜文樑先生国画造诣的深厚修养。《纤侬》一画试图把国画的线条、笔墨感、自然意境与油画的丰富色彩结合在一起,这种追求与林风眠先生(1900—1991)和苏天赐先生(1922—2006)的写意性作品有着共同的意趣,是老一辈大师共有的艺术感觉。

回顾颜文樑先生的艺术历程,不完全与刘海粟先生那种具有浪漫主义和当时的极为前卫激进的特点相同,也不完全与徐悲鸿先生坚持现实主义的画风相同,颜文樑先生具有兼容并蓄的特点,在古典主义与现代主义原则之间,在西方美学和东方美学之间,他选择了宽松的立场,这使他的艺术作品具有古典主义、现实主义、浪漫主义和印象主义等多种倾向。

我们认为,颜文樑先生的创作不仅仅是现实主义的态度,其根本基础实质是古典写实主义的特色和科学的精神,是对构图的均衡和美感的追求,是对空间和透视的坚持,在这个基础上逐渐增加了现实主义、印象主义的特色,甚至具有晚期浪漫主义的特色,以及晚年时期对东方特色的回归,他不注重画面的装饰效果和豪华场面,从一开始就具有纯粹的专业性的追求,即美只在于艺术自身。

四、作为教育家的颜文樑先生

作为艺术家的颜文樑先生,也是卓越的教育家和社会活动家。作为教育家,不仅是课堂上的教书育人,更主要的是体现在日常生活中点点滴滴的人格魅力。

薛企荧先生回忆说,有一次,天色昏暗的傍晚,他们一群同学回学校,路遇颜校长,他们向校长问好,谁知颜文樑先生彬彬有礼地致歉说:"对不起,我看不清楚你们每一个人是谁。"意思是,如果不是天色已黑,他一定记住每一个人,并一一回答他们,话语平淡,看似极简单的一句话,其中谦和、朴实之意颇深。

薛企荧先生称他一辈子只见过两个人,是对任何拜访他们住所的人完全敞开大门的,一个是著名园艺家和作家周瘦鹃先生(1895—1968),另一个就是画家颜文樑先生。颜文樑先生晚年定居于上海淮海中路 1273 弄 17 号,家门敞开,从未谋面者,经自报家门,颜先生定会接见,或谈画理,或出示历年画作,毫无倦意,礼数周到,分手时必送出大门,至转弯不见乃止。他的老学生们经常去上海拜见老师,而老师要送走每一个学生是很累的一件事情,为了使老师不分神远送,他们想了一着,就是谁要走了,就使个眼神,飞也似地跑走,使老师不能相送,当然用这种突然离去的方式跑走的,是一批经常在他家的老校友,如肖家奎等人。周瘦鹃先生也是这样,如果有人拜访他们,通常由周瘦鹃夫人稍事介绍后,即自行离去,任来客自由参观,不论客厅、卧室、花园、工作室,可尽情参观。像周瘦鹃这样的一个老好人,竟在"文革"期间受冲击而自杀身亡,令人扼腕。

他们这种为人谦和、朴素,对所有人温和、礼貌的行为举止,具有上古遗风,在上古文、武、成、康的时代,有路不拾遗、夜不闭户的古风。这种完全不设防的待人之道,我们现在已经看不到了。这种风格也颇像法国作家维克多·雨果(Victor Hugo,1802—1885)所创作长篇小说《悲惨世界》(Les Misérables)中的米利哀主教(Bishop Myriel)的特点。作为主教大人,米利哀生活简朴,把豪华的房子让给公共事务,自己住在简陋小屋中。一次教皇使节路过,他请教皇使节住自己的床,教皇使节参观他的简陋住宅后借口离开,不屑在主教家过夜。而当被释放的苦狱犯冉·阿让(Jean Valjean)来到他家,主教大人同样盛情款待,冉·阿让却偷走了他的银烛台和银餐具,警察把冉·阿让捉回,米利哀主教却说这些银器是他所赠送。虽然在颜文樑、周瘦鹃等老一辈大师的日常生活中,没有雨果浪漫主义小说里的传奇经历,但他们和米利哀主教的精神是一样的。这样的精神现在十分罕见,人与人的隔阂和等级概念重又悄然变化,朴实无华遭到唾弃,虚无豪华重新占据了上风,人与人之间失去了信任,令人感叹。

大师的日常工作和安排也颇体现精简和古典风范。

颜文樑先生外出写生一般左手拎画箱,以使作画的右手得到充分的休息。一般人拜访他,他总是亲自打开放作品的箱子,因为作品是按照不同规格和分类放置在各层里。每每有人访问颜老,提出要看画作,即使到了晚年步履蹒跚的时候,颜文樑先生总要亲自打开画箱,向客人按写生地点详细介绍他的画作,介绍完毕先生还会按不同的规格放回原来箱子中。

作为教育家,他的治学精神十分严谨,至今可以给我们启发。

薛企荧先生转述了他的校友杨公毅(1915—1972)的回忆,说颜文樑先生不仅亲自写了《透视学》、《色彩琐谈》来教书,还在上课时用实验来验证。比如他在操场上钉上很多木桩,并以英文字母编号,拿这些木桩所连成的点来和画面上所画的效果进行比对,以生动的现场实证把透视原理教授给学生,像这样的教学方式,现在是不可想象的。

我们在薛企荧先生身上也看到了颜文樑先生这样的老美专的严谨精神和学风。他曾编定了一册透视学的详细教学讲稿,附有相关透视画法的详细图例,他给我们所讲透视学是我们所见到的最严格的透视课程。由于现代艺术的影响,这样的古典透视学理论现在已经没有什么人去关心了,也基本从我国美术学院课程序列中消失了。

颜文樑先生在教学上也十分注重科学研究和理论分析,他的《色彩琐谈》虽然只有 57 页,209 条,但是非常实用、朴素,言简意赅,至今我们都难以超越。前面我说颜文樑先生的艺术,其根本基础是古典写实主义和科学的精神,不独从他的创作中可以得到证明,我们在《色彩琐谈》中也可见到根据。

《色彩琐谈》中讨论了大量的色彩科学原理,如第 14 条讨论了绕射(衍射)的原理,谈到了甲虫背、蝴蝶翅膀、孔雀羽毛和螺钿产生色彩的原理,如第 61 条谈论了光线混合与颜料混合,说"色光的混合与颜料的混合完全不同,色光的混合愈多,则愈增光辉而近于白,颜料的混合愈多,则愈近于黑。"[1]实质就是讨论了光的反射与光的吸收原理。这些讨论涉及了很多细微的科学原理,即便很多画画的人也不是很清楚其中道理,如吸收光和反射光的原理,大多数画家并不是自觉地拥有确切知识,而颜文樑先生却具有确切的理性认识和相关知识。

除了科学理性知识,他还讨论了大量的实践认识和艺术体会,如第 63 条讨论了色彩处理的"边沿法",这种手法实质是在纸张的灰暗效果和真实世界的鲜亮效果的矛盾之间、在纯色和灰色的矛盾之间寻求折中的解决方法。在其他地方,他还讨论和比较了有关纸张、胶水、树脂、各种油料、石蜡等大量材料的性能、制作特点和表现技法,以及色彩表现技法在各种不同画种之间的差异。

此外,颜文樑先生还爱好音乐,擅长演奏小号,并亲自为苏州美专校歌谱曲,歌词由副校长黄觉寺先生所写。

在晚年的时候,颜文樑先生还心系故乡苏州的业余美术教育事业,担任当时(1982 年)苏州业余美术专科学校的名誉校长,颜校长还亲自写过书面文字,愿将原苏美专校舍(希腊风格大楼)给苏州业余美专使用。时任苏州业余美专校长的谢孝思先生(1905—2008)和副校长葛振华先生等委托薛企荧先生出具聘书,颜文樑先生很高兴地接受了。[2]当时苏州业余美专组织家乡子弟去上海拜访大师,颜文樑先生亲切地接见了大家。熊福元(1952—1986,已故苏州著名画家,业余美专首届班长)、卢卫星、王伟中(旅美画家,美国 Pasadena 设计艺术大学特聘教授,1984 年考入南艺)、沈爱凤等人皆在当时苏州业余美专首届学生之列,在希腊风格大楼里学习过,沈爱凤于 1983

---

〔1〕 颜文樑著:《色彩琐谈》,上海人民美术出版社,1978 年 10 月版,第 13—14 页。
〔2〕 薛企荧著:《似水流年》,北京:作家出版社,2006 年 12 月版,第 233—235 页。这些情况我们另外还与葛振华先生本人进行了联系与核实。

年考取南艺离开了业余美专。今天，有些当年毕业于苏州业余美专的人耻于"业余"两字，当时虽是业余，但实质是为了大龄画画的青年求学而正规办的大专学校，性质有点像现在的 MFA，但其师资级别之高（谢孝思、徐绍青、徐达、范明三、李贤等为教师）和正规程度不亚于高校。这同样是与颜文樑先生有关的一段珍贵历史，很多人是从这里走向正规美院或专业道路的。

从以上讨论中，我们发现，颜文樑先生是一个善于思考并高度尊重科学知识且爱好广泛的艺术家，同时是一个酷爱生活、尊重他人、爱护学生的教育家。他善于把实践与理论加以结合，并清楚地认识到作为教育工作者有责任把它们总结成经验和理论传授给年轻的学生们。

结　　语

在以上的文字中，我们回顾和评价了苏州美术专科学校的历史，并回顾和浅释了颜文樑先生的艺术思想和教育精神。归纳起来，我们可以得到以下几个概念。

首先是精神概念。在如今物质生活极其丰富的今天，当我们回顾那些艰难的时代，新一代的年轻人很难想象，即使在物质条件和技术如此发达的今天也难以完成的事情，在那充满困苦和战争的岁月里，我们的先辈们竟然完成了那么多壮举，这说明精神和物质有时并不是并驾齐驱的，在那些动乱的时代，精神和坚定的信仰是第一位的，它是决定性的因素。而且，当时，他们的眼光是世界性的，具有一种奋进向上的进取精神，他们的内心深处有一种引领国家走向振兴和强大的信念，虽因战乱和困苦，也无法动摇他们的意志。虽然，由于历史的变迁和命运的安排，他们的个人生涯成败荣辱不一，但他们都为祖国的美术和教育事业奉献了青春和热情。这是苏州美专、上海美专共同具有的最宝贵的精神财富。

其次，从专业上来说，我们应该以历史的眼光来评价苏州美术专科学校的历史地位。它在中国早期现代化的进程中，在保持前卫性的同时，兼顾了传统的特色，走了一条中西兼容温和办学的道路，兼顾了中国传统绘画艺术的继承与发展。同时，没有局限在纯艺术的范围内，而是站在大艺术的立场上，坚持走综合艺术教育的发展道路，不仅在美术上，还兼顾了设计艺术的教育和其他领域的共同发展，在当时就具有领先意识。因此，在中国现代美术和设计教育历史上具有重要意义，至今仍有现实意义。

其三,我们要从历史和现实的意义评价颜文樑先生等老一辈艺术大师的艺术创作和教育思想。在中国当时现代艺术基本还是空白的时代里,他们对西方艺术的学习代表了新科学和新文化的价值取向,他们顺应了世界历史潮流的发展,具有积极的社会意义,他们还把对祖国的热爱和对人生美好信念的坚持与艺术结合在一起,融入到生活的点点滴滴。重要的是,他们从一开始就坚持了艺术自律的精神,始终把专业性和艺术性置于首要地位,为艺术的教育指明了正确的方向,在当时的历史潮流中,他坚持了科学的治学精神是一种革新的积极观念,而他晚年的东方情结之回归又体现了民族情感的流露。

(作者单位:苏州工艺美术职业技术学院、苏州大学艺术学院)

白色梦幻：石膏像事件

邬烈炎

【内容摘要】 20 世纪 20 年代末至 30 年代初,颜文樑,变卖家产购置了 460 件经典名作级石膏像,从法国运到苏州,后又迁至无锡、南京,在素描学中发挥了极为重要的作用,产生了深远的影响,最终毁于"文革"。它们构成了南京艺术学院百年校史中的传统事件。本文通过对一系列情节的回顾与记录,对相关情景的记忆与描述,试图对这一事件进行有深度的反思。

【关键词】 颜文樑 雕像 写生教学 影响 反思

就苏州美术专科学校的石膏像事件而言,也许本身并没有更多的情节可供铺陈,没有更多的文字可写。但是当石膏像作为百年校史中的一个关键词,却可以链接太多的情境与景观,可以寻找到不少有着某种内蕴的文本。

关于石膏像的存在价值和写生意义,古典名家和早期的美术学院早已做出了精辟的描述。

16 世纪写出第一本艺术著作的意大利画家和建筑师瓦萨利,在描述素描学习的价值时说,有了最初艺术表现经验的人,要想在艺术上获得更多的知识,要想学会在素描中更好地表达产生在心灵上的概念或某种其他的东西,他就应该在临摹大理石浮雕像的过程中练习,或者在临摹从模特儿身上,从某个优美的古代雕像上翻制下来的石膏像中练习,也可以在临摹裸体或着衣人像浮雕模型中练习。原因是这些对象静止不动而便于掌握,为画活着的和运动着的人体积累经验。

16 世纪末的罗马圣卢卡学院,就素描教学制定了完整的系统的教学计划。第一阶段是素描基础练习,模仿大师素描进行基础画法学习,根据浮雕作品进行基础画法学习,再对着石膏像分别进行头部、脚、手等各个部分的练习。第二阶段是根据古代雕塑即石膏像画素描。第三阶段,是画着衣和裸体人物写生。这一程序和方法经过巴黎皇家绘画雕塑学院等诸多美术学院的效仿与弘扬,早已成为一种固定而传统的格式,成为 400 多年来美术学院的共同的教学大纲。

18 的德国世纪艺术理论家祖尔策,对学院素描教学——石膏像写生作出了具体描述:"除了储备大量的素描作品外,还必须储备大批替代古希腊罗马和近代最杰出的雕像的石膏模型,即要有人体各个部分的模型,也要有完整的单人雕像和群雕模型。"学生们必须根据这些模型勤奋地画素描,因为这不仅有助于培养他们准确的视觉判断够力和审美感受能力,而且还有助于增强他们对光与影的理解,以及对角度变化和透视缩短的理解。

16 世纪欧洲出现了希腊雕塑石膏复制品陈列馆,当时的欧洲贵族以收藏石膏雕塑为身份的象征。几个世纪以来在世界各国陆续建立起 130 个著名石膏馆(其中以德国馆数量为多)。如 17 世纪后期巴黎建立了石膏展示馆,后来发展成著名的特罗卡德罗中心,1779 年建立了德罗斯顿石膏馆,藏品逐渐增加至 4000 余件。1855 年成立的瑞士苏黎世石膏馆。19 世纪中期建立的慕尼黑石膏馆是欧洲最著名的石膏馆。1883 年建立了纽约大都会艺术博物馆石膏馆;1900 年建立了莫斯科石膏美术馆。时至 2004 年在丹麦皇家美术学院建校 250 年之际,校方希望重新关照石膏复制品在艺术和艺术教学中的重要性,举办了"反思石膏像"为题的展览。展览通过绘画或素描若干座石膏馆的原貌,用语言和形象诠释当代艺术是否仍然可以在古典石膏雕塑中有所体现等。

关于初学者画石膏像的必要性,素描老师们如是说:第一,要学习绘画与雕塑,就要先学习素描。即以黑白方式去表现造型,用单色素描绘物象的轮廓、比例和结构。为了使初学者排除对象中色彩对视觉的干扰,因此就采用了纯白的石膏像来进行写生,在只有明暗调子的情况下以利于专心致志的研究对象的形态等。第二,石膏像的有利处,还在于作为一种固态静止的道具,不似真人不断摇曳变动,便于初学者仔细观察、反复比照,进行长时间的描绘及修改调整。第三,所谓石膏像,大都是古典雕塑作品的复制品,它们体现了艺术史经典作品的表现特征,风格庄严、典雅,造型规范、标准、严谨,作为一种范式超越了一般人作为模特儿的外部形象及神智表情的效果。

早期的颜文樑,是一个在相当封闭的情境中的理想主义者,对于西洋艺术,他猜测,他模仿,他实验。他用煤油用蓖麻油试着调配油画颜料,他自己苦苦寻找焦点透视,他画出了舞台布景似的《石湖秋月》。他编写了一本本如《铅笔画技法》、《水彩画入门》这样的教材。当然这一切都是有意义的探

颜文樑摄于 30 年代的照片

索。他在赴欧留学之前就画出了后来在巴黎沙龙得大奖的色粉画名作《厨房》。

颜文樑把一个苏州美专办得有模有样,总想把它办成正规的美术学院。他竟能为苏州美专的校歌谱曲,办那时的全国美展——"赛画会",办最早的"美术杂志"——《沧浪月刊》。直到21世纪初,北京的教授们才看到了沧浪亭旁的罗马大楼,发出惊叹,没有想到在上个世纪30年代之初,中国就有了这等宏伟的美术学校教学楼。实际上有这种希腊柱式的古典风格的美术学院院舍,在1949年以前也许只有苏州美专一家。颜文樑所制定的"诚、仁、忍"的校训,以及他的低调、中庸、宽容、谦逊,使他的声誉与地位被一部中国近代绘画史、中国近现代美术教育史,一直的埋没在刘海粟、林风眠、徐悲鸿之后的"等"字之内或省略号之中。而实际上,他正是在这"甲等"字或"……"中排名第一者。

然而当时欧洲美术学院的硬件,颜文樑似乎是望尘莫及。没有洋模特,没有天光画室,也没有名画收藏、古典雕塑、图书馆。颜校长知道,没有石膏像就不象美术学院(正如没有管风琴就不配被称为是一个音乐厅),一大批石膏像或是一个石膏馆,是最有效的教具,是最好的道具,是美术学院的镇院之宝,乃至是美术学院精神的象征。当然那时的颜文樑也缺乏对欧洲美术学院的直接体验与深入考察,缺乏在名家工作室中学习作画的科班经历。

1928年9月,颜文樑乘帕多斯号邮轮赴法留学,入巴黎国立高等美术学校,随画家罗朗斯教授学习。我们看到,到了欧洲之后不久的颜文樑,很快就画出了正宗的油画风景写生,篇幅虽小,但色彩丰富又不失他特有的缜密,不但色调绚烂、丰富细腻,造型也画得颇为厚重,轮廓详实。要知道这些从《芥子园画谱》入手的中国第一代油画家,只用短短十几年时间就画得一手纯正的印象派。

1928年至1931年之间,颜文樑在法国学画之余,心里依然无时不在想着万里之外的苏州美专。他苦心搜索,以购买两个倒闭的美术学院的收藏为基础,先后得到了 460 余件石膏像,几乎将著名的古典雕塑复制品一网打尽。其中有古希腊雕塑《维纳斯》、《胜利女神》、《掷铁饼者》,有罗马雕塑《拉奥孔》、《贝尔维德躯干》,有文艺复兴雕塑《大卫》、《摩西》、《垂死的奴隶》、《挣扎的奴隶》、《布鲁斯特》,有 18、19 世纪的名作《莫里哀》、《伏尔泰》。在这 460 尊石膏像中,有 12 个高两米以上的大型之作,构成了这批石膏像的最重量级的核心部分。它们是比利时皇家美术学院 50 周年校庆时,经过特殊批准,是从意大利的原作上直接翻制成阴模,然后再进行翻制的。颜文樑委托周方白、陆佳纹,买了茶叶、丝绸等作为礼物,送给比利时皇家美术学院的雕塑教授隆蓓(Rombaux),借得原模精心复制了一套。隆蓓亲自指导助手翻制,技术精湛。作为原作的第一手复制品,看上去如同大理石原作一般,从中透出一种微妙的淡米色,弥足珍贵。同时还复制了一套阴模,为日后回国后的复制提供了条件。另外颜文樑还为学校购买了 4000 余本原版图册。

为了筹集购置这些石膏像的经费,颜文樑远不止是节衣缩食,而是卖掉了苏州家中的屋宅,卖掉了家传的田产。作为没有公共财政来源的私立学校,只能走如此绝唱之路。而私立学校资金短缺,请大量好的模特儿较为困难,这也成为大量购置石膏像的初衷之一。1931 年 12 月颜文樑将石膏像装上马赛的邮轮,经地中海、红海、苏伊士运河,经印度洋、马六甲海峡到上海,再将石膏像轮上木船,经黄浦江、浏河到太湖,过运河,到沧浪亭。

1932 年苏州美专校董会主席吴子深独自出资 54000 余银元,兴建了罗马式教学大楼。它的 14 根科林斯柱式一字横排,庄严宏伟,气势非凡。这座被人们称为罗马大楼的校舍,由上海工部局建筑师吴希孟设计,苏州张桂记营造厂承建,朱士杰在工地吃住一年,对施工进行监理。罗马大楼仿佛是专为这 460 个石膏像而建一般,使它们有了一个家。

这时苏州美专所拥有的石膏像,质量不仅全国第一,数量竟超过了全国其他各美术学校的总和。油画教授朱士杰无师自通的自学雕塑,他将为运输需要而拆开的石膏像,拼接成型,装配修整。他掌握了整套翻制技术,为日后全国诸多院校的大批翻制提供了指导。这些石膏像放在新落成的罗马大楼的柱列间、放在走廊里、放在画室里,使人想起电影《列宁在十月》中的冬宫的情景。

当时石膏像放在大楼底层的两个大教室中,预科 3 个年级 6 个高低不同班级的 100 多个学生,混合在两个石膏教室中同时上课。浮雕与半面头像挂在壁面上，头像、胸像、半身像和全身像都固定陈列在桌子般高的立柜上。画室内不用画架，而以一种特制的画凳来搁置画板，因此在任何一个作画位置上都可以看全所画的石膏像，而不会互相遮挡。

颜文樑是属于那种埋头苦学而又无师自通的奇才，他似乎有着先知先觉般的天生的教学才能，他很早就知道了石膏像的价值。颜文樑特别重视素描，认为素描是画家一生的本钱，如果学不好素描，今后进入社会就成了"夹生饭"，就无法补救，所以在校学习期间一定要把素描基础打好。因此苏州美专的素描教学是出了名的。他安排每天下午3节素描课，晚上2节素描自修。不但绘画专业，即使在师范科乃至动画科都安排很多课时的素描，要求颇严。那12个高两米以上的石膏像，放在明道堂内，只有全校素描前3名的学生，如费以复、王士龙、毕颐生等，经颜文樑亲自批准才能进去画。素描教师除颜文樑外，还有孙文林、张新堆等。

孙文林对画石膏像的安排，完全听任同学自己量力选择，也不乏个人的偏爱，老师认为这般做法可以更好地调动学生作画的积极性，在心情舒畅的氛围中才能更好的发挥个性与才能。对于低年级学生走上来就画复杂的石膏像，孙文林并不认为这是好高骛远，非但不加干涉，反而为他的仔细修改来提高作画的信心。事实上这种做法激起高低年级同学之间的竞争，使整个画室的素描水平提高更快。当然对所选对象难度过大又一再画不好的学生，他也婉言建议另换一些相对简单的对象，还为他们亲自选定位置。孙老师将各个年级学生的素描作业钉在画室的墙上，颜文樑每周都要去认真细致的审阅。

正是在苏州美专的石膏画室中，培育了一大批名家高手。

学生董希文虽然先后在五家美术学院学习绘画，但在苏州美专的三年使他打下了扎实的基本功，正是这些石膏像使他得以百炼成钢，也使他获得了对于古典艺术的理解与知识。加之后来的敦煌三年，使他对于中国艺术精神，对壁画、装饰手法与平面处理，有了深入的掌握。于是他游刃有余地画出了《春到西藏》、《开国大典》、《百万雄狮过大江》，成为新中国的首席油画家。

学生李宗津在马克西莫夫油画训练班举办之前就已经把主题性创作画得炉火纯青。后来创作的《飞夺泸定桥》和一系列领袖像至今看来也几无挑剔，他是那一时期的名画家。

学生罗尔纯以绚烂的色彩，适度夸张的造型，创造出了一种具有表现性的新民族风情绘画，竟在写实主义的大本营中脱颖而出。

学生陆国英成为马克西莫夫油画训练班里唯一的女同学,学生王丙召成为知名雕塑家,学生俞云阶、曹有成、费以复成为知名的油画家,学生赵宗藻成为知名的版画家,学生钱家俊、徐景达、严定宪成为知名的动画艺术家……

他们将石膏像学通了,将素描画活了,不仅仅能画瓶花、风景、裸女,更能画主题性的多人物的创作;不只是掌握写实画法,还能以多种手法,表现各种风格;不光局限于绘画,对于雕塑、版画、动画、图案也能变通有余。

画石膏,成为被普通认同的一种方式。在连续不断的政治运动的干扰下,在不断的艺术改革如彩墨画与中国画的名分之争、油画民族化、全面学苏联等变化中,画石膏像却例外的成为一个稳定的不受影响的绘画学习方式,成为众多学习者掌握美术常识的途径与教材,乃至成为研究西方古典艺术研究与外国美术史的资源。在下乡下厂画速写,在画室里画头包羊肚毛巾肩扛长枪的民兵模特,或在画毫无美感的人体乃至之后画裸体模特儿也要国家最高领导人特别指示批准时,那些精致的经典的石膏像无疑就成为诱人的对象或优质的资源,十分神奇地成为一个几乎没有争议的保留节目。

在各大博物馆的展品中,在各种画册中,已经很难看到古代大师们的石膏素描。相反,我们可以在印刷品中看到塞尚、马蒂斯、毕加索画的写生,他们都有不错的写实基础,将石膏像画得十分简约而颇有份量感。1949 年以前中国美术学院中的石膏素描写生,大多是以木炭条画在专门的素描纸上,以馒头和面包代作橡皮,画得整体而概括,同时不少学生迫于经济条件所限,在原装康颂素描纸上反复擦拭,多次作画,因此画得大多简约单纯,中西结合,明暗调子并不多作深入刻划与细腻表达。自 1949 年开始,尤其是推行契斯恰科夫教学体系之后,在素描作业中加强了科学技法体系与分析方法的运用,强调对结构的表达,主张"线是消失了的面",明暗调子的表现性得以大大彰显。学生们手握一大把削的尖长的铅笔,从 4B 到 2H,进行深入细致的刻划与全因素表达的长期作业成为主流形式。因此,一张《大卫》或是《拉奥孔》动辄要画 50 个课时、60 个课时,并被学生得意地标记于作业的下角。作业或过于强调质感,或过于卖弄影调,画得僵死而显腻味,形象毫无生气,失去庄严、优雅之感与古典艺术的张力,缺乏进行体验与积极表现的学习效应。更有画得无聊时,纯粹炫技似的去画石膏翻制时留下的模块缝隙,截面的颗粒肌理,乃至表面的灰尘。新时期新世纪的素描教学得到了新的发展,石膏像的画法也颇有新意颇为多样。学生常将三张铅画纸拼起来画一幅《挣扎的奴隶》颇显张力，而余红的那张侧面的《大卫》更是画得无懈可击，具有教课书般的完美，令后来的学生兴叹不已。还有将石膏像侧过来画、倒过来画，用纸包卷着画、用线捆扎起来画，与其它静物道具组合起来画等等，想尽办法寻找新意。而偶尔能够看到的国外学生作业，仍然与我们有着很大的不同，或是结构表达，以线为主，或是意象再现，不求形似，或是作为一种刻意的道具而并不呈现古典雕刻之意。

在 1952 年苏州美专校庆 30 周年时，师生们将掷铁饼者、维纳斯、大卫等都放在柱廊的柱子之间，留下了一张最为壮丽的合影，显然一副欧洲美术学院派头的典型再现，然而这一切竟然如同穿越一般的出现在古典名园——沧浪亭的隔壁。事实上这次盛典式的展示确是一次真正的告别仪式。稍后，这 460 个石膏像在被辉煌留影之后命运既是出现了大转折。它们第二次被装上船是木船沿京杭大运河到了无锡社桥，成为了苏州美专、上海美专、山东大学艺术系合并而成的华东艺术专科学校的固定资产。它们的主人颜文樑只身去了西子湖畔的中央美术学院华东分院，也就是今天的中国美术学院，挂名副院长。实际上他长期赋闲上海家中，画自家的卧室、花园、果篮，写了一百多条"色彩琐谈"。

460 座石膏像的命运坎坷。1937 年因罗马大楼被日本侵略者征用为驻军司令部，被毁损了一批。1957 年一部分作为即将西迁的华东艺术专科学校的校产，被移置于西安美术学院（50 年之后，南京艺术学院大门口树起十数根来自西北农村的栓子桩，据悉是作者对那批石膏像的补偿。）。1966 年，大批的石膏像更是彻底毁于无产阶级文化大革命的高潮之中。一个躁动而疯狂的夏夜，位于丁家桥南艺校内的学生造反派（有失去理智的癫狂者，有起哄看热闹者，有痛恨长期作业者），那些往日虔诚作画而刻苦写生的学子，竟伙同社会上的工人造反组织，一夜之间对全部的石膏像进行了毁灭性的粉碎。大卫被粉身碎骨，维纳斯在失去双臂之后又有失去了全部，胜利女神在没有了头部之后又没有了身体，垂死的奴隶彻底的死去，挣扎的奴隶永远地被解脱……它的遗骸被推进了金川河中，河水溢出浓厚的石膏味。第二天，面对这惨不忍睹的场景，面对遍地白色石膏残酷块，惊惧不已的教师们的脖子上被挂上了一块沉重的残片，手上举起一块牌子，上面写着"我们的饭碗被砸碎了"，排着队在校园里做游街状。

1973 年初,也就是在砸完石膏像后的第 7 年,南京艺术学院又开始招生复课。艺术学院没有了石膏像,素描教室中充数的是苏联雕塑家创作的高尔基胸像、中国雕塑家王朝闻创作的刘胡兰胸像、张松鹤创作的鲁迅像,以及无名氏制作的炼钢工人等。他(她)们虽然是英雄人物,是大名人,但作为生理的人却长得不够标准,是不合格的模特,光照着他们画,很难建立起对人物结构、比例、轮廓的准确概念,很难掌握人物的造型规律,更谈不上获得庄严、典雅、完整的审美熏陶。加之人体写生尚未恢复,去医学院参观人体解剖更是无从谈起。这种情形让饥渴的学生感到无奈。直到 80 年代初,学院才又重新购到了《大卫》还有《小卫》头像,购置了《哭娃》、《琴女》,它们来自浙江、江苏的一些小城镇的工艺美术厂,是原本自己拥有的原版《大卫》的第 n 代孙,早已变得结构模糊,肌肉臃肿,轮廓朦胧而细节全无。

好在这几届学生有着长期自学的功底,大多又靠临摹起家,在入学时已经画得一手漂亮的速写,又常常以创作带基础,能够画出像样的创作。虽然常被素描老师称之为"业余",只有"三斧头",但确实那种跨越式的学习,使他们中的很多人绕开了躲过了画几何体、静物、石膏像的漫长的阶段。这种建筑学院派学习常规路径的现象,至今仍显得神奇而几近不可思议,只是远缺乏系统的整理与研究。

现在,南艺后街的十来家美术用品商店,实际上也几乎包括全国无数家美术用品商店,出售的大卫、阿格里巴、布鲁斯特,都是经过无数次的翻制磨尽了轮廓的锐利,剩下的只是一种朦胧状的远视效果,画的时候让人连蒙带猜,更多的是靠自己的推导发挥与"处理"了。

1998 年 11 月,作为回展与回访,南京艺术学院的师生作品展览在美国距纽约 30 公里的威廉·帕特森大学艺术学院画廊开幕。在接下来的教学交流中,我们的随展教师以略带炫耀的姿态播放了学生的习作,那是一大批画得非常扎实、深入的长期素描作业,全身人体、大卫头像、拉奥孔、被束缚的奴隶等,美国的学生甚至教授的写实功夫确实远远不如我们的本科生。

这时黑人教授罗伯特颇有几份感慨之意,起身责问道:"为什们你们中国人不画你们自己。"言下之意十分明白,为什么老画外国人而不去表现我们中国人自己的形象。实际上,这时我们将供为经典的、标准的人的概念,对以古典雕刻作为替身的石膏像写生方式已经有了 100 年的时间,而且早已成为一种自觉与理所当然。这时我们确实还未考虑过选择典范的中国人的形象,以"标准"中国人的石膏像进行了写生的可能。何为这种意义上的"中国人"? 是作为人种学的标本式的中国人,是高颧骨单眼皮的蒙古人,或是兵马俑,甚至是蓝田人、元谋人、周口店人;是能够体现"国字脸"、"三停五眼"的规范比例,或是针灸图式及面相骨法;还可以是青州的佛像、麦积山的少女、人民英雄纪念碑中的虎门农民。我们总得使教师可以有案可依地去讲解"中国人",学生们有"中国人"可画。如果有的话,或者是闰土的眼睛、阿Q的鼻子、孔乙己的嘴? 或是陈道明、唐国强、姜文们的造型? 然而又是十几年过去了,仍然不见中国人——中国石膏像的影子,那么也就意味着中国的学生们就要把那些欧洲经典的石膏像继续画下去。我们画完石膏像后,接下来画的是作为模特儿的具体的个体的中国人。

2011年8月9日,在意大利佛罗伦萨美术学院美术馆的门前,来自南京艺术学院设计学院的68名教师与研究生,排进了等候参观人群的长队(这是佛罗伦萨上百个美术馆、博物馆、教堂唯一需要排长队等候进场的地方)。终于在两个小时后,他们走进了美术学院,豁然出现在穹顶天光之下的是使他们神往已久的大卫,真正的原作啊。大卫俊朗英武、庄严神圣,白色大理石散溢出动人的辉耀。那令多少人眼熟能详的巨大的大卫头像,放在五米多高的身躯之上竟然小了许多。虽然在印刷品中看了无数次,虽然盯着石膏像一画就是30或者40个小时,但是原作的韵味与气息仍然使人叫绝,以至有人发现原作比起委罗基奥广场和米开朗基罗广场上的高仿复制品,仍要精彩了许多。在美术学院的长廊中还陈列着米开朗基罗未能完成的五件作品,激烈的扭曲人体似乎要从石块中挣扎而出,体块分明,刀痕如线条或笔触。人们面对未完成之作却无法想象它们会被怎样去完成。

美术学院中还有一个展厅,如同是一间教具室,陈设着上千个大理石胸像、头像、全身像、人体,还有数不清看不完的石膏模型、石膏复制品,它们挤压着人们的视神经。那些为我们所熟悉的或不熟悉的雕塑、模型、泥稿、阴模、变体仿制品,令人惊叹的从书页画册中变为可感的三维真实,令观者在喜悦中反思,在惊讶中遗憾,在长期以来的印象、记忆、经验、错觉及误解中得到感悟。

南艺人恍惚间似乎遇到了在其中徜徉徘徊的颜文樑校长,似乎看到了他当年为苏州美专购置石膏像的身影与情景。颜文樑的名字永远和石膏像连在了一起。人们终于明白了一个道理:这就是美术学院。

2000 年中央美术学院迁入新校址后,从欧洲购买数十件石膏像,建了专门的石膏像馆,学生可以在馆中直接进行素描写生。2008 年丹麦皇家美术学院,丹麦国立美术馆捐赠了包括米开朗琪罗的《圣母哀悼基督》在内的 16 件古典石膏像。去年湖北美术学院也从国外购置了一大批石膏像。于是在今天石膏像的购买、捐赠、收藏、陈列,似乎已经是一种普通的教学活动。在一些宣传中似乎随着新的事件的出现,大有湮没苏州美专石膏像的白色辉煌之感。然而我们可以发现其规模与数量、质量远不能与当年的苏州美专相比,其气魄与贡献更不可以与作为先行者的颜文樑同日而语。

时至今日,学院不妨再出一笔钱,去欧洲购买一大批石膏像,将《圣母哀悼基督》《摩西》放置在图书馆中,将《垂死的奴隶》《挣扎的奴隶》放在民国大屋顶的建筑走廊上,将《维纳斯》《胜利女神》放在美术学院的画室里。当然,更可以建一座石膏馆,将希腊雅典卫城的人像柱、帕提农神庙的浮雕,罗马的拉奥孔等等陈列在其中。于是,这种充满西方古典色彩的景观在一大片白色闪珠的氛围中,使这座曾经的黄瓜园,过去的工科中专校园,真正像一所美术学院。我们不能再将用颜校长的石膏像换来的西北农村的拴马桩直立在学院门口。我们比不了颜文樑,我们对不起颜文樑,但我们还是可以稍作弥补,或是替那些砸毁石膏像的校友赎过。

石膏像,作为一个重要的颇具传奇性色彩的事件,它无疑与"模特儿"事件齐名,并驾永存于百年校史之中。

石膏像,永远是南艺人的自豪,永远是南艺人心中抹不掉的伤痛,永远保存在南艺人的集体记忆之中。

谨以此文献给颜文樑校长。

（作者单位:南京艺术学院设计学院）

【参考文献】

邢莉:《自觉与规范——16 世纪至 19 世纪欧洲美术学院》,中国人民大学出版社,2004 年 9 月版。

夏燕靖、袁熙旸《毕颐生、严定宪、尤玉琪等采访录音资料》,2011 年 12 月。

闵希文:《沧浪艺踪》,载《毕颐生画集》序。

中央美术学院编《欧洲古典石膏素描的教与学—欧洲古典石膏雕塑与中国美术》,中国青年出版社,2011 年 9 月。

开拓者的执守与追求
——颜文樑艺术教育论稿中的史实求证

夏燕靖

【内容摘要】 本文以颜文樑早期发表的三篇教育论稿为主线,通过对论稿所涉及的史实求证,力求从中揭示出颜文樑艺术教育思想的形成轨迹,以及探讨他持守的现实主义艺术教育原则和追求艺术教育自立发展的理念。同时,也从一个侧面反映出近代以来我国设计教育的发展历程。《十年回顾》是颜文樑写于20世纪30年代初的一篇重要的艺术教育论稿,是对苏州美专创办十年经验的总结,真实地记载了苏州美专创办十年筚路蓝缕的历程,成为我国早期艺术教育的历史见证。颜文樑发表于1933年底的《从生产教育推想到实用美术之必要》一文,是一篇集中体现他所倡导的实用美术教育思想和办学之路的代表性论稿。文章从各类艺术学校的办学方向考察入手,分析了国内工商业界存在的设计人才短缺的状况,并以苏俄等国工艺技术教育中注重实用美术专业发展的史实为依据,较为透彻地阐述了在国内举办实用美术教育的必要性。颜文樑发表于1936年的《艺术教育今后之趋势》一文,是他教育论稿中比较集中论述设计教育的代表性论稿。在这篇论稿中,颜文樑研究、剖析了西方各国美术教育中注重实用性教学的发展趋势,并详实地列举了当时国外许多美术院校中设有图案科及机织、印刷、动画等实用美术专业课程的状况,对这些专业及课程教学进行分析,敏锐地捕捉到在这些专业教育中所体现出的设计与工商业发展的密切关系,从而揭示出实用美术教育的重要价值,体现了他极力主张培养我国实用美术人材以助生产之发展的特点。

【关键词】 颜文樑 艺术教育论稿 史实求证

苏州美专创始人、艺术教育家颜文樑,在其漫长的教育生涯中发表过数十篇具有时代影响力的艺术教育论稿,且涉及范围广泛。既有对创办苏州美专的历史总结,阐述苏州美专创办十年筚路蓝缕的历程;又有对新兴起的实用美术教育问题的探讨,以及提出推进实用美术教育的主张;还有对艺术教育发展前景的思考与预测等,给我国艺术教育事业留下了一笔丰厚的文献遗产。本文限于篇幅,仅选择颜文樑早期较具代表性的三篇艺术教育论稿进行研读,并就其中涉及的相关史实进行考证,力求从中揭示出颜文樑艺术教育思想的形成轨迹,以及探讨他持守现实主义艺术教育的原则和追求艺术教育自立发展的理念。所选的三篇艺术教育论稿分别为:《十年回顾》(原载《艺浪》第8期,1932年12月版)、《从生产教育推想到实用美术之必要》(原载《艺浪》第9—10合刊,1933年12月版)、《艺术教育今后之趋向》(原载《艺浪》第2卷,第2—3合刊,1936年6月版)。这三篇艺术教育论稿可谓概括了颜文樑早期艺术教育思想的精髓,阐明了颜文樑毕其一生,兢兢业业从事艺术教育事业的探索和对后辈培养的责任,显示出他为了我国现当代艺术教育事业的发展所做的极大努力。

颜文樑不仅在艺术教育理论上有自己的独到建树,更可贵的是,他将理论联系实际,践行着推动艺术教育事业发展的大量实践活动。他先后开办画会,兴办私立学校,并早在20世纪30年代就发现设计教育对国民生产的重大意义,率先在苏州美专设立实用美术科。与此同时,他还精研西方各时期的艺术教育发展历史,结合留学考察的体会和归国后的办学经验大胆地提出教学改革。诸如,他推行的基础与专业教学多样化、设计教育的工场制,以及强调提高学生综合素质修养和改善苏州美专的办学条件等,都是他全方位研究艺术教育的组成部分。

此外,在本文没有述及的颜文樑编写的教材中,还有许多关于师法与传承的艺术技法理论研究。例如,他远涉重洋去法国深造,研究学习西方前辈艺术大师的油画技法,使他在油画技法表现上取得了几臻化境的非凡技术。为了更好地传授给学生,他梳理总结了自己长期积累下来的教学笔记,参考西方的绘画理论,著成《美术用透视学》(上海人民美术出版社,1957年版)、《色彩琐谈》(上海人民美术出版社,1978年版)等多部教材。特别是《色彩琐谈》针对色彩学的原理,进行了系统而细致地论述。既涉及西方古典艺术的色彩表达,又涉及印象派和现代派的色彩表现,这对改革开放初期美术教育思想观念的转变,以及20世纪80年代中期开展的关于"形式美"问题的讨论,都起到了重要的参考作用。可以说,无论是颜文樑的艺术教育论稿,还是作为艺术教育施教的教材,都为我国近现当代艺术教育事业做出了不可磨灭的贡献。

一 《十年回顾》史实求证

　　《十年回顾》是颜文樑写于 20 世纪 30 年代初的一篇重要的艺术教育论稿,发表在 1932 年 12 月出版的苏州美专校刊《艺浪》第 8 期上。这篇论稿主要是针对苏州美专创办十年的历史回顾,着重对办学历程的经验总结。例如,文章在开篇就言明:"在此十年中,其复杂艰难,与国内各公家学校迥异,几历颠覆,几经挫折,始稍睹今日之成就。"这样的描述,记载了苏州美专创办十年的风雨历程,是非常真切的。从其他历史文献记载来看,在 20 世纪早期,我国各地创办私立艺术学校的情形也大体如此。例如,刘海粟写于 1921 年的《上海美专 10 年回顾》一文中就写道:"……至于美术学校的性质,更与其他学校的情形不同,况且美专之在中国,要依什么章程也无从依起,所以处处就要自己依着情形去实事求是! 因此,就生起一时时的变动来。在这 10 年之中,可说无一学期不在改建之中,外面的舆论,也说我们是一种变的办学。在这种不息的变动之中,也许能生起一种不息研究的精神,我以为在时代思想上当然应该要刻刻追到前面去才好。"[1]在文中,刘海粟所说的"美专之在中国,要依什么章程也无从依起"确有其事。早在北洋政府时期,教育部门曾陆续颁布了《大学令》、《专门学校令》、《公立私立专门学校章程》、《私立大学规程》和《私立大学立案办法布告》等一系列的法令法规。虽说这些法令法规对于当时私立高校的发展是有利的,但是此时规定私立高校只须通过一个程序就可以获得国家的承认,即私立高校提出申请,政府通过视察,认为符合条件便予以认可。[2]在宽松的办学条件下,此时期高校的数量有所增加。据统计,1921—1926 年间,全国私立高校由 8 所激增到 14 所,但数量增长与质量下降形成的反差令人担忧。有教育学者评论说:民国年间大学数量虽然增加,"但其内容则愈趋愈下,甚至借办学以敛钱,以开办大学为营业者,所在多有"[3]。由此可见,能够像刘海粟创办的上海美专在时代

---

　　〔1〕 刘海粟写于 1921 年的《上海美专 10 年回顾》,转引自朱金楼、袁志煌编:《刘海粟艺术文选》,上海人民美术出版社,1987 年版,第 36—42 页。
　　〔2〕 〔日〕多贺秋五郎:《近代中国教育史资料民国编》(上、中册),台北:文海出版社,1976 年版,第 219—429 页。
　　〔3〕 杨亮功:《我国师范教育之沿革及其进展》,载《师范教育研究(编)》,台北:正中书局,1965 年版,第 31 页。

变化中求发展,能够像颜文樑创办的苏州美专,在"几经挫折,始稍睹今日之成就",确实不易,均可说是凭借一颗赤诚之心办教育。这从另一方面也证明,民国年间无论是苏州美专的几经挫折,还是上海美专"一种变的办学",都透露出我国艺术教育滥觞期办学的艰难。所以说,颜文樑的这篇论稿是一篇原真性很强的记述我国早期艺术教育,尤其是私立艺术学校孕育和发展的珍贵史料。

该论稿共分为九个部分:一、开办时之动机;二、校舍之沿革;三、各科系的变迁;四、校董会略史;五、毕业生统计;六、历年捐赠本校经济及其他者;七、基金募捐会之经过;八、对外美术事业之服务;九、结论。本文选择其中六个部分进行分析的论证。

1. 开办时之动机

在"开办时之动机"一节,颜文樑开篇就直言道:"民国八年,国内艺术事业,尚寂然无闻。"民国八年,即公历 1919 年,这一年的文化大事当属五四新文化运动的兴起。然而,这一运动触及国内整个艺术界面貌发生根本改变则是后来的事。起初,代表我国新艺术的枝芽,如西画、电影、戏剧等还很稚嫩。比如,美术界早在 1917 年 8 月的《新青年》杂志上发表了蔡元培《以美育代宗教》的演讲,文中说到:自欧洲文艺复兴后,社会进化,科学发达,"各种美术渐离宗教而尚人文",故提出"舍宗教而易以纯粹之美育"说。1918 年春,蔡元培发起成立"北京大学画法研究会"并担任会长,聘请留英画家李毅士,留法画家吴法鼎、徐悲鸿,留日画家郑锦,以及北京国画家陈师曾、贺良朴、汤定之等为导师。这是 20 世纪初叶最早兼容中西、提倡以"科学精神"研究美术的社团。但其推进力度一直有限。1927 年,刚辞掉国立北京艺专校长的林风眠在《告全国艺术界书》中说:在五四运动中,"虽有蔡孑民先生郑重告诫'文化运动不要忘了美术',但这项曾在西洋文化史上占得了不得地位的艺术,到底被'五四'运动忘掉了"[1]。据此推论,颜文樑的所指必有针对,大概是说五四运动前后的这段时间,起码在苏州,艺术界仍然是死水一潭,空气沉闷。原因就在于古城苏州的守旧习俗依然如故。[2]当时有报章记载,苏州女子师范学校曾有两位女学生因剪发而遭开除。[3]可见,礼教之

---

〔1〕 林风眠:《告全国艺术界书》,载《艺术丛论》,南京:正中书局,1936 年版。

〔2〕 参见:颜文樑:《十年回顾》,载《艺浪》第 8 期,1932 年 12 月版。

〔3〕 参见:逯静静:《民国初年的女学生群体研究》,华中师范大学硕士学位论文,2011 年。

顽固,在推进富有新学思想的新兴美术运动时肯定是不如人意的。当然,从历史进程来看,苏州毕竟距东南文化中心上海较近,主张革新的美术家们还是纷纷响应新文化运动的号召,通过变革传统中国画来创新,以创作出适应时代需要的新的美术作品。在这一变革过程中,一部分美术家积极引进西方绘画的写生、写实方法,在20世纪初形成了学习西方绘画、创办新兴美术学校的热潮。这一情形,在颜文樑的这篇论稿中是有所记载的,他写道:"第一届画赛会于苏州旧皇宫,树国内美术展览会之先声。……未臻完善,而社会异常注意,颇受观者之欢迎。……而我苏州美术学校,实即于此处进状态中,早具胚胎,至民国十一年九月,始于沧浪亭产生成立。"文中,颜文樑虽然没有大篇幅记述当时苏州艺术界的发展背景,也没有具体交代苏州美专创办的历史细节,但从讲述的历史脉络中,我们可以复原出历史的真实一面,这就是:在五四新文化运动逐步的影响下,各种新艺术和新艺术思潮获得孕育和生成,而获得新气息的艺术教育也由此获得了相应的发展。

2. 校舍之沿革

在"校舍之沿革"一节,颜文樑写道:"综观以上十年,校舍之变迁,用一小部分增至现在之三院,宁非进步。饮水思源,此皆社会人士之爱护,与子深先生(吴子深)[1]热心赞助之力也。自今以后,我校前途,或将循序渐进,日趋于美善之域,惟力薄如樑,未来之进展,更须有待于国内时贤之助也。"这里,颜文樑先生还原出苏州美专创办时,校舍落实得益于众乡绅伸手帮助的史实。另外,在张充和口述、孙康宜撰写的《曲人鸿爪》一书中还有这样的记述:[2]

　　吴子深是民国九年(1920年)以所作《竹石图》参加"苏州美术画赛会",遂与颜文梁成为莫逆之交,并帮助颜文樑发展苏州美术学校。民国十六年(1927年)出资修缮沧浪亭苏州美术学校。十七

----

〔1〕 吴子深(1893—1972),原名华源,初字渔邨,后字子琛,号桃坞居士,苏州人,曾赴日本考察美术。家为吴中望族,收藏宋元古画甚富。曾以巨资创建苏州美术专科学校于沧浪亭畔,自任校董及教授。擅山水、兰竹,顾云弟子;并精于医道。山水远师董源,近宗董其昌,笔墨清秀。竹石师文同,偃仰疏密,合乎法度。书宗米芾。1927年斥巨资在苏州"沧浪亭"创设苏州美专校舍。吴子深与吴待秋、吴湖帆、吴观岱有"江南四吴"之称,与冯超然等有"三吴一冯"之称。后居香港,卒于印度尼西亚。

〔2〕 参见:张充和口述,孙康宜撰写的《曲人鸿爪》其中"曲人的怀旧与创新"章节,广西师范大学出版社,2010年版。

年(1928年)美校校董会改组,被推为校董会主席。十八年九月(1929年)为扩建新校舍,去日本考察,回国后即购下沧浪亭东侧徐姓四亩地,至二十一年(1932年)建成罗马宫殿式校舍一座。校舍规模和造型当时在全国美术学校校舍中均属上乘。学校也因此被批准改名苏州美术专科学校。

再有,在施锐江2008年5月12日写给苏州美专校友会的一封信里也有一段记述:[1]

> 在苏州拙政园旁的一所工艺美术学校里,我们请了几位老苏州美专的校友开了个会,听听他们谈苏州美专的情况。他们谈到颜校长怎样省吃检用从国外带回石膏模特,带回多少精美的瓷版画、苏州沧浪亭的校园还有一部分现在变成了文化宫的一部分。他们还讲到了苏州美专的创办不应该忘记一位了不起的资助人,一位美术教育事业的热心人,他是一位画家也是一位乡绅,他的名字叫吴子深。······

从这两份佐证文献资料中,更进一步看出颜文樑先生记述的苏州美专创办时,吴子深作为重要资助人所起到的关键作用。他不仅为校舍落实出力资助,而且也是一位热心艺术的文士,这也反映出颜文樑的交友圈充满真挚和友情。

3. 各科系的变迁

在"各科系的变迁"一节,颜文樑回顾了苏州美专创办十年来以适应社会及遵部定规划办学的事实,这一点非常重要。对于创办一所专门美术学校,颜文樑早有意图。从相关研究资料记载来看,苏州美专"建校的最初提议大概是在1919年1月,颜文樑与葛赉思、潘振霄、徐咏清及杨左陶共同发起美术画赛会之后,当时颜文樑原本拟约同学王承英、陶善镛等人共同筹办一所美术学校,后因王承瑛等不感兴趣而作罢。等到1922年7月,颜文樑与

---

[1] 该书信作者施锐江,1948年1月出生,江苏无锡人。文革期间毕业于南京艺术学院戏剧系,现任职于无锡艺术创作研究所。1982年曾参与过南京艺术学院校史整理,并拍摄专题纪录片。这封信中记述的是他当年在苏州拍摄苏州美专旧址沧浪亭时访问老校友的情况。这封书信发表在"苏州美专校友会"网页(www.scfa.net.cn/news_list.asp,2011—12—2)。

胡粹中、朱士杰、顾仲华、程少川于海红坊苏州律师公会会所创办苏州美术暑期学校,是为办学之始。学校由胡粹中、朱士杰、颜文樑教授西画;顾仲华、程少川教授国画。招生广告发出之后,共招得学生一百余人,以苏州大中学校学生居多。至两个月的课程结束之后,学生意犹不足,纷纷要求办长期学校。颜文樑得此鼓舞,四处筹借校舍,几经奔走,最后得苏州县中校长龚赓禹赞助,借得县中九间房屋作为办学之地,至此,颜文樑数年来的办学之愿终于得以实现"。[1] 从这份研究史料来看,颜文樑先生对创办苏州美专是尽己所能,因而对于维系学校的生存更有着关系重大的责任,自然尤为注重适应社会及遵部定规划办学。适应社会自不必多言,由暑期学校进而变为长期学校,正说明当时社会对开展艺术教育有较大的需求。而遵部定规划办学,则是将学校纳入正规渠道办学的一项宗旨。民国时期纵有私立学校层出不穷的现象,但办学条件均异常艰苦。因此,能够得到政府的认可和资助,是学校获得发展的一条重要途径。

从颜文樑创办苏州美专十年的历史背景来看,民国私立高校的发展尤以 1927 年国民政府重新在南京定都以后有了新的起色,此时可谓是民国年间私立高校得到较快发展的时期。究其发展原因,主要有以下六个方面:一是国家整体经济发展有了基本的物质保障。从 1927 年到 1937 年抗日战争爆发前夕,南京国民政府通过整顿税务、控制金融、改革币制、开展"国民经济建设运动",以及围绕实现关税自主和废除领事裁判权而展开的"改订新约运动",使民族资本获得显著发展。而最为"主要是南京政府初建时期的10 年,这 10 年是民族资本发展的'第二个黄金年代'"。[2] 国民经济的整体发展为私立高等教育的发展提供了有力的保障。二是民族工商业发展的有力支持,推动了私立高等教育的发展。三是海外华侨投资的支持。如 1929年 2 月,国民政府立法院制定了《华侨回国兴办实业奖励法》,鼓励华侨回国投资。四是国外社会团体或基金会的赞助,这类学校主要是与国外关系密切的教会大学为主。五是广泛开通就业及深造渠道。如 1918 年 9 月中华职业教育社创始人之一的黄炎培在上海创办了中华职业学校,其务实、新颖的教学内容和严格、科学的教学管理使其学生成为社会的"抢手货","学生不待毕业,往往经工厂先期约定延用,等到毕业的时候,来要人的,几几乎没法

---

〔1〕 蓝庆伟:《颜文樑与苏州美专》,www.douban.com/group/topic/10388549,2011—12—1。
〔2〕 董长芝、李帆:《中国现代经济史》,上海,东北师范大学出版社,1998 年版,第 105 页。

应付"。[1] 当时兴办的许多私立艺术学校或职业技术学校,也都依照黄炎培创办的中华职业学校的培养方式行事。六是国民政府部分经费的支持、专款奖助。如从 1934 年起,南京国民政府设立专款补助私立大学并列为定制,补助办学成绩优良却有经费困难的私立高校,主要用于增加私立高校教师的薪金和学校设备,专款专用。在 1936 年又颁布相应条例,1947 年修正颁布的《中华民国宪法草案》中,更有对"国内私人经营之教育事业成绩优良者""予以奖励与补助"的条款。[2]

再则,从历史文献记载来看,民国时期的 1927—1949 年间,私立高等学校在整个教育系统中占有很大的比例,也成为培养各类高级人才的教育机构中的主要组成部分,弥补了公立教育的不足。为提倡和鼓励私人办学,并在立法上加强对私立高等学校的管理。1929 年 7 月,民国政府颁布了《大学组织法》、《专科学校组织法》,同年 8 月,民国政府教育部公布了《大学规程》,1931 年 12 月,又公布《修订专科学校规程》,要求各私立学校除须按上述各教育法令办理之外,还专门制定了有关私立学校的法规,以加强对各级各类私立学校的管理。之后,教育部于 1929 年 8 月颁布《私立学校规程》,共 29 条。在总则中规定:"凡私人或私法人及外国人和宗教团体设立的学校为私立学校,其设立、变更及停办须经主管教育行政机构认可。私立大学、独立学院及专科学校以教育部为主管机关。私立学校立案后受主管机关的监督和指导,其组织课程及其他一切事项,须遵照现行教育法令办理。学校如为外国人所设,必须由中国人任校长和院长;如为外国宗教团体所设,则不得以宗教科目为必修科,不得在课内作宗教宣传,不得强迫或诱骗学生参加宗教仪式。对董事会及各级学校内部管理也作出规定。"其后,在 1933 年 10 月和 1947 年 5 月民国教育部又两次颁布《修正私立学校章程》。关于苏州美专向民国政府教育部申请办学资质的经过,在颜文樑先生撰写的这篇文章中有这样的记述:"十九年秋季(1930 年),遵教育部规定,改专门学校为专科学校,并改预科为高中艺术师范科,定三年毕业,改科为专科,定二年毕业。二十一年八月(1932 年)专科得教育部批准立案(校名报称私立苏州美术专科学校)。同时,指令改艺术教育系为实用艺术科,本科增加修业年限,定三年

---

[1] 转引:李华兴《民国教育史》中"中华职业学校概况",上海教育出版社,1997 年版,第 679 页。

[2] 参见:宋恩荣、章咸主编《中华民国教育法规选编》,江苏教育出版社,1990 年版,第 65 页。

毕业"。这样一来,苏州美专便成为继上海美专之后,获得民国政府批准办学为数不多的私立艺术专科学校之一,当时在全国范围内同类性质的艺术学校不超过十所。有民国政府的鼓励性政策与经费的扶持使苏州美专有了基本的办学条件,这可谓是苏州美创办十年来最为重要的成绩。

4. 校董会略史

在"校董会略史"一节,颜文樑阐述了苏州美专创办以来解决经济问题的主要方式,即"我校开办之初,一切均由开办人担负,故开办人即为本校校董。当时负责全校经济之责者,为顾君仲华、陈君伯虞、顾君公柔、朱君询邹、秦君丽范、汪君菏伯及文樑等。……民国十七年二月(1928 年 2 月),校董会改组成立……并由校董会推举吴子深先生为主席校董,文樑担任校长。二十年六月(1931 年 6 月),校董会呈部立案……"。

关于苏州美专校董会成立的史实,在钱定一撰写的《苏州美专大事记》中有这样的叙述:"1927 年,颜文樑校长应苏州公益局之聘,任沧浪亭保管员,并受命筹建苏州美术馆,陈列当代中西画家作品。美校也经公益局和教育局批准,由县立中学校舍迁至沧浪亭内,从此一直定居其中。沧浪亭是吴中名胜,但因年久失修,庭院荒废,学校学生日众,苦于经费不足,后由苏州富绅国画家吴子深与颜文樑获交颇深,又仗义疏财,对颜文樑说,'你办学,我出钱。'即以千元捐出修理费,并由地方士绅建立校董会,由张一麐、(仲仁)叶楚伧、朱文鑫(贡三)、金天翮(松岑)、王謇(佩铮)、许厚基(博明)、汪懋祖(典存)、徐嘉湘、龚鼎(耕禹)、朱锡梁(梁任)、章骏(君畴)、赵昌(眠云)、陶小汇、吴华源(子深)14 位校董会董事组成,吴华源为校董会主席。是时,沧浪亭修葺一新,获得社会赞扬,学生就读其中,无不感到心旷神怡,学校威望日增,招生考试的学生激增,校舍不敷应用,又向教育局租赁停办的商业学校校舍作为教师和男生的校外宿舍,地址在苏州乌鹊桥羊王庙附近。近木杏桥。作为美专的第二院。"该文献又有记述:"1932 年 10 月,教育部批准苏州美专以大专院校立案,正式定名为'苏州美术专科学校',简称'苏州美专'。立案后,国家每年拨给辅助经费第一年为 6 万元,第二年为 1.6 万元。同年 12 月 9 日至 12 日,学校举行新校舍落成及建校 10 周年纪念庆祝活动,盛况空前。《苏州明报》于当年 11 日以《美专新校落成》为题,作报导:'昨日到机关团体代表,京沪各艺术名家来宾及校友同学等约八百余人,由校主吴子深报告新屋建筑经过,上海新华艺专教务长汪亚尘演说。是时,适中大艺术系主任徐悲鸿携夫人蒋碧薇女士莅场参加典礼,颜校长即请登台演说,对于文艺复兴运动颇多发挥,并勉该校同学要刻苦磨砺,痛下切实功夫,将来负起真正之复兴责任……'。与此同时,校内又陈列了中西古画及师生书画作品达 2000 余件,公开展览,一时沧浪亭畔,车水马龙,人来人往,竟日不绝,教育部代表徐悲鸿、吴县县长邹敬公、吴县教育局代表潘皆雷、振华校长王季玉,以及学生家属对美专的建设,对师生的作品,都给予较高的评价。"〔1〕这两段史料记述中关于苏州美专的两个经费来源值得关注。

一是苏州美专校董会的资金募集,吴子深可谓功不可没,仅在美专创办之际就捐出千元,并牵头联合地方士绅建立起校董会。其后,由吴子深负责的校董会在资金募集中还有多项贡献。如颜文樑先生在文中所言:"惟沧浪内部房屋,年久失修,墙垣倾倒,满目荒芜,于是发起修葺。子深先生乃以拨给学校之经费,划借垫用,历时年余,费银万余元,始得焕然一新。其时我校学制变更,学额增加,原有校舍,又不敷应用,乃于十八年夏(1929 年夏),向吴县教育局租借前吴县乙种商业学校旧址为校外宿舍,即今之在羊王庙第二院是也。同年,购浪亭东偏徐姓之地约四亩,二十年春,兴工建筑。今年十月,全部告竣。"可见,吴子深与校董会在资金募集的过程中是持之以恒的。当然,苏州美专校董会的资金募集仅仅是一部分,不可能完全填充办学所需的全部费用。

二是民国政府教育部的资助资金,按照文献补充记载来看,苏州美专在创办初期能够获得民国政府连续两年拨给的辅助经费,第一年 6 万元,第二年 1.6 万元,这在当时算是一笔不小的资助。不过,从民国时期政府对私立学校的资助状况分析来看,苏州美专获得的这笔资助可能是短期的政府资助项目。原因是民国时期的私立学校,其教育经费的来源不同于公立学校。公立学校的经费主要靠政府拨款,而私立学校的经费主要靠办学者自筹,其来源有多种渠道。当然,政府资助也是有所选择的,诸如政府对办学优良的私立学校给予资金奖励,同时也是加强对私立学校的控制。但由于传统观念及经费短缺等原因,民国政府对私立学校的资助始终较少,除个别私立学校外(比较有名的私立大学,像南开大学、江南大学等)。总的来说,民国时期政府经济仍然不算宽裕,特别是后来外债高垒,财政异常紧张,对公立学校而言其教育经费只是"尚勉强维持",但常常是"陆续积欠"。甚至,教育经

---

〔1〕 钱定一:《苏州美专大事记》,资料来源 www. douban. com/group/topic/17766692,2011—12—3.

费经常被挪用为军费。在此情形下,自然政府对私立学校的资助在其经费总收入中所占的比例很小。因此,私立学校办学经费短缺始终贯穿于整个民国时期。

5. 毕业生统计

在"毕业生统计"一节,颜文樑对苏州美专十年办学中的历届毕业生人数以表格的形式进行统计,细致到科别、系别、届次、人数和毕业年月,可谓是一份详实的实证资料。这份宝贵的实证资料,让我们比较完整地见证了苏州美专十年发展的足迹。例如,十年来各科系历届毕业的学生人数分别是:中国画系有 8 届 46 人;西洋画系有 8 届 67 人;艺术教育 1 届 3 人;高中艺术师范科 2 届 48 人。从中可以看出,学习绘画专业的学生人数虽然居多,但学习美术师范教育的学生人数其实也不少;虽然只有两届学生,但这反映出当时美术师范教育是有较大发展前景的科系。

从文献资料来看,民国时期是我国近代高等美术师范教育得到较快发展的时期。从无到有,先是"以日为师",后又"兼容并包"、培养"通才",形成多种教育思想和教学方法的并存并立。然而,就当时的美术师范教育状况来说,也存在着诸多的问题。比如,任教者中有许多人是从海外留学归来的人士,因而西化教育的主张大于本土化的教育主张,出现了教育思想和教学方法上的"水土不服"。加之,近代以来外国列强的入侵,从另一侧面造成了国民心态中自觉或不自觉的崇洋媚外。这诸多的历史原因,使得民国时期的美术师范教育多少存在着在接受西方美术教育理念的时候,是以"拿来主义"的态度照搬西方的人才培养模式,甚至不顾我国的实情,只是一味地引进西方有形的美术教育体系,却没有考虑中西方文化渊源的差别,也没能与中国传统的哲学观相融合,忽视了社会的教化体系的内核;只注重方法的模仿与技术的吸收,也没有注意与我国传统文化生态环境的联系,没有认真地分析"借鉴而来"的美术师范教育人才培养模式究竟需要解决什么样的问题,尤其是在对待知识的行为与教育的意识上,只注重眼前的功利。所以,民国时期高等美术师范教育在发展了近半个世纪之后,形成的教育思想和教学方法竟然与纯美术教育(主要是指绘画教育)没有太大的区别。美术师范教育的毕业生,往往关注的只是自己能否早日转变为真正的画家,而不是以改造社会群体心智为己任。因而,民国时期虽有大量的高等美术师范教育培养出来的学生,也只有极少的人士关注教育和教学活动的本身,大部分人士以曲线转向从事纯美术的创作活动,致使普通学校的艺术教育和全社会的美育活动长期在较低层次徘徊。

颜文樑创办的美术师范教育,则鲜明地从艺术与社会理想相统一的教育思想出发,以人本主义思想为依托,积极倡导艺术进步与社会改善之统一。他在《我所希望于艺术界者》中这样写道:"我们确信艺术在人类的思想和生活上有特殊的价值,……我们更确信艺人是热情的播种者。"[1]这表明颜文樑关注的是艺术教育,是以改造人的心智和生活为大道,而不是小我的艺术家成才之道。

6. 对外美术事业之服务

在"对外美术事业之服务"一节中,颜文樑这样写道:"同人服务学校,对于社会美术事业,尤多提倡。"为此,他列举了历届画赛会举办的事迹,进而阐明举办画赛会以及筹办苏州美专美术馆为社会服务的意义与推广价值。如文中所说:"……其时,潘振霄、葛赉思、徐咏清、金松岑先生赞助促成。乃草拟简章,广征名作,遂于八年元旦(1919年)开幕。当第一届画赛会举行之后,议决于每年元旦日,赓续一次,迄今已十四年未尝间断,第二届发起人,加入胡粹中、朱士杰两君,会务进行亦速。会场历届无定址,今则常在(苏州)美术馆举行。出品以第一届、第七届、第十届为最多,第六届以战事影响,几遭中止。届团体之加入者,有北大画法研究会、东大飞飞画会、中大及苏地各中等学校,个人出品之加入者,中国画有顾鹤逸、刘临川、吴子深、颜纯生、顾公柔、吴昌硕、顾公雄、顾彦平、曹筱园、陈伽仙、樊少云……西洋画有黄觉寺、周礼恪、胡粹中、朱士杰、陈涓隐、程少川……。到会参加人数,每日平均五百人,会期每届两星期,迄今已历十四年,统计参观者,不下十万余人矣。此历届画赛会之大概情形也。"在历述各届画赛会所举办的展览业绩中,颜文樑又特别强调指出:在社会审美观念极低的状况下,开展画赛会活动意义非凡,是对"国人在艺术犹未注意之期"的提振。而筹办美术馆更是有利于"嗣后逐渐改良(社会风气),端赖群策群力,以冀艺术之发展,则幸甚!"。这体现出颜文樑对于创作、展览和教育等各项工作能够在社会上发挥出更大作用寄予的期望。

正如颜文樑在这篇文章的结尾强调:"发起画赛会以竞进步,组织美术会以资磋磨,创办美术馆以提倡社会文化,设立美术学校以造就后起英秀,俱有连带关系。今日之些微成绩,虽不能与欧美各国相颉颃,然在草创时

---

〔1〕 颜文樑:《我所希望于艺术界者》,载《沧浪美》,1928年第2期。

代,未始非表示我苏艺术界之合作精神,此则尤为敝人等私心欣慰者也。"事实上,当年参与到苏州美术界的各团体组织活动的主要成员,以后大多成为了苏州美专的教师。因此,在我国近代新美术运动蓬勃兴起的前夜,美术学校的诞生并非偶发所生,却是有一系列潜隐的前兆和铺垫。类似于天马会与上海美专,赤社与广州美专,苏州赛画会与苏州美专,同样具有着如此耐人寻味的历史因缘。在此方面,颜文樑可谓是一个真正的推动新美术运动发展的积极分子,而且充满着理想乐观的色彩。正如他在回顾苏州美专十年校庆之际,将苏州赛画会的草创时代赋予了深切的希望:"我山明水秀之苏州,成为世界美术之中心,而光华灿烂之美术世界,更从我美校微光中发现。"

二 《从生产教育推想到实用美术之必要》史实求证

颜文樑发表于1933年底的教育论稿《从生产教育推想到实用美术之必要》,是一篇集中体现他所倡导的实用美术教育思想和办学之路的代表性论稿。论稿从对各类艺术学校办学方向的考察入手,分析了艺术教育方向的偏缺所造成的国内工商业界设计人才短缺的状况,并以苏俄等国艺术教育中注重实用美术专业发展的事实为依据,较为全面地阐述了在国内举办实用美术教育的可行性和必要性。

文章开宗明义地指出:"近年来国人恒以艺术教育不切实用为虑;而研究艺术者,亦好自鸣高,不屑从事与艺术至有关系如工产品等任务。历年各艺术专校所造就,除服务教育外,无他事;而一般学子,亦莫不一至毕业,遑遑以出路为急务,此皆舍本求末道也!"此段话语道出了民国时期艺术教育所存在的问题:一是艺术教育的思想观念和教育主张有偏颇之处,表现为不切实际的想法和做法暴露的比较明显,诸如"不屑从事与艺术至有关系如工产品等任务"。这反映出当时艺术教育界对生产和生活领域的关注比较冷淡,因而造成对工商设计或工艺美术设计少有人问津的局面。不仅一般学子好自鸣高,不予选择,就连各艺术学校的培养目标也总盯着纯艺术或是从事艺术教育的师资培育,即"所造就,除服务教育外,无他事"。这就言明,艺术学校培养人才的领域或方向过于狭窄,除"艺术家"或从事艺术教育的师资外,其他均无。二是暴露出当时艺术教育界对工商设计或工艺美术设计领域的无知,所以才会出现轻视这几项教育的思想观念和做法:"一般学子,亦莫不一至毕业,遑遑以出路为急务,此皆舍求末之道也!"该文开宗明义指出的问题,也揭开了艺术教育问题的盖子,就是长期以来只注重于"艺术圈"人才的培养,而放弃了更大界域,尤其是有产业支撑的工商业界所需人才的培养,这既有陈旧的教育思想观念在作祟,又有狭隘的教育眼光在画地为牢。在这段不长的开篇话语中,可以说言简意赅地点出了文章所要讨论的问题实质。

当然,从另一个角度来说,民国时期包括艺术学校在内的各类高校的毕业生均存在着不同程度就业难的问题,这其实也是当时社会问题的一部分。有资料显示,从 20 世纪 30 年代初期就出现高校毕业生面临严峻的就业压力,让大学生发出了"毕业即失业"的感叹,甚至发起向政府要工作的请愿运动。在中国第二历史档案馆里留存的教育部统计公报显示:1934 年 9 月,山西省官方在一份报告中透露,山西兴学 30 余年,全省专科以上毕业生不过8905 人,但失业者就达 4700 多人。就连中央大学的毕业生就业情况都不容乐观。1931 年的《教育杂志》披露,"中大本届毕业生二百余人,半数未获相当职业"。在当时的经济中心上海,繁荣的背后却是为数其多的失业大学生的艰辛求职历程。早在 1927 年成立的上海职业指导所,宗旨就在于调节教育人才与职业需求的关系,为失业者提供职业指导与职业介绍。据该职业指导所报告,1930 年至该所求职者共 2772 人。其中,国内大学毕业生 821人,留学生 133 人,专科毕业生 292 人,三者占到求职者总数的 45%。截至1936 年 6 月,全国 108 所高校中,已向教育部报告的学生失业的学校达 80多所。依据已报结果,平均每百名大学毕业生中失业人数约为 13 人。按此比例计算,每年大约有 1000 多名大学生处于"毕业即失业"的状态。而这样的状况,在 30 年代中期我国的高校飞速发展,特别是私立学校如雨后春笋般涌现的时候,学生就业难的问题更加突出。对此,国民政府出台了一系列解决大学生失业问题的政策措施,其中就有在行政院下设"全国学生工作咨询处",调查各地需用的人才,俾才其用。与此同时,国民政府教育部于 1934年 10 月 24 日通令全国专科以上学校设立职业介绍机关,与全国学术工作咨询处合作,又通令各省市教育行政主管机关斟酌实际需要设立职业指导组,并制定了职业指导组暂行办法。甚至,全国学术工作咨询处成立后,与银行合作实行小工业贷款,扶助有志于从事自主创业的大学生。从这一历史事实分析来看,当时大学生就业难的情形对颜文樑撰作这篇教育论稿应该是有影响的。因为,颜文樑论述问题的出发点非常明确,就是强调办学要学以致用,给学生谋业求出路。

接着,颜文樑在文章中又写道:"艺术之为用至广,于工商界尤甚。我国工商界之各种产品,多因陋就简,甚亟待于艺术界之改善而增加其产量者,尤为急切!不观本年海关之报告,民国二十二年上半期对外贸易总额,凡十尤尤七千六百万元,内输入之工产品占七万万七千九百三十二万元,其一种外货充溢与土货衰落之现象可知!苏俄五年计划中,最堪注目者,为提倡'生产教育',即实业与教育联合为一。(最近有合并教育与实业二部为一个行政机关之实现)国家才设各种工艺学校,各工艺学校中更分若干单科工艺专校:如建筑专科、电力工程学专科、纺织专科、装饰专科等,每个专科学校,又复与各工厂密切相关,学生得在工厂实习;而工厂职员,亦得在各关系专校研究。故研究与实习,有充分之联络。欧美各国,急起直追,不遗余力。此生产品之得以改善,生产量之因以激增,固意中事也。"在这段文字中,颜文樑不仅提出了我国工商业界各类产品多因陋就简,"亟待于艺术界之改善而增加其产量"的问题;而且还列举了许多详实的资料,来证明改善并增加其产量的关键乃是兴办各种工艺学校。这就言明了开办工艺学校的重要性,即在于培养更多的从事工商美术设计的人才,以振兴"工商界之各种产品"的设计与生产。至于对办学指导思想、学校设置和人才培养等问题的探讨,颜文樑也有许多自己的思考与主张。例如,他认为"苏俄五年计划中,最堪注目者,是为提倡'生产教育',即实业与教育联合为一"。这反映出颜文樑愿意接受苏俄教育的思想,力主办一个"实业与教育联合为一"的工艺学校。

从历史背景来看,颜文樑的这一办学思想是有其历史渊源的。从民国初年开始,在蔡元培刚刚出任教育总长时就提出注重实业教育。如1912年,蔡元培提出的实利主义教育方针,意在发展实业教育,以解决人民生计。所谓"实利主义"教育,是美国教育家杜威"实用主义"教育的另一译名。其教育主张,不仅是将"实利主义教育"列为教育宗旨,强调"以人民生计为普通教育之中坚",而且在普通教育中竭力引入有关实业教育的内容,培养适应社会发展需要的多种素质人才。蔡元培的这一教育思想影响了我国近代一大批热心于实业教育的人士,像著名职业教育家黄炎培就是深受蔡元培教育思想的影响,从事大量促进实用主义教育的实践活动。1917年5月,黄炎培在蔡元培的支持下,联合国内教育界和实业界的知名人士张赛、宋汉章等人,发起成立中华职业教育社,宣传、试验与推广职业教育。这是我国近代教育史上第一个以研究、提倡、试验和推广职业教育为宗旨的全国性学术团体。黄炎培的职业教育理论和实践，就像他提出的"大职业教育主义"主张一样，认为"办职业学校，须同时和一切教育界、职业界努力的沟通和联络，提倡职业教育的同时，必须分一部分精神，参加全社会的运动"以及职业教育应"使无业者有业，有业者乐业"等等，[1]这对现代职业教育起到非常重要的现实意义。之后，民国时期的实业教育又进行过多次改革，并开创了我国职业教育发展的新阶段。不难想象，颜文樑置身于这样的教育大环境之中定会受到极大的鼓舞，因而才会对实业教育分外关注。他在文中写下的具体意见，表明他此时已经进入到办学的实质问题的思考，尤其是他提出"（最近有合并教育与实业二部为一个行政机关之实现）国家才设各种工艺学校，各工艺学校中更分若干单科工艺专校：如建筑专科、电力工程学专科、纺织专科、装饰专科等，每个专科学校，又复与各工厂密切相关，学生得在工厂实习；而工厂职员，亦得在各关系专校研究。故研究与实习，有充分之联络"的想法，可说是颜文樑对于创办实业教育确有明确的构思。而撰写这篇重要文章，也正是他看到了当时许多院校设有图案课及机织、印刷、动画等实用美术专业，体现了工商业的发展对美术的需求，这正是颜文樑敏锐地意识到实用美术教育的重要性，并极力主张培养实用美术人才，以助生产之发展。

颜文樑在文章中还特别提及欧美国家的设计之于产品生产的重要意义，认为："欧美各国，急起直追，不遗余力。此生产品之得以改善，生产量之因以激增，固意中事也。"这里明确所指的"固意中事也"，显然是设计在商品生产中所起到的至关重要的作用，实际上，颜文樑揭示出欧美国家设计观念与我国固有的手工艺传统观念形成的差异。20世纪前期是个非常特殊的历史时期，此时正值是我国设计由传统向现代艰难转变的时期，而这种转变的历史背景正表现在设计与手工艺的对抗与交汇。20世纪前期，我国设计与手工艺的碰撞有外力，也有内力的多重因素。外力即表现在欧美国家的设计依赖于工业化生产方式而形成的强势，对我国固有手工艺生产方式形成的巨大冲击。以当时上海为代表的工商业发达地区的设计与西方同时代的设计相比，我国的设计还带有浓重的手工艺色彩，尤其是专业化的现代设计意识尚未确立。甚至，许多设计师同时也是画家，如庞薰琹、张光宇、杭樨

---

〔1〕 黄炎培：《我之人生观与吾人从事职业教育之基本理论》，载《黄炎培教育文选》，上海教育出版社，1985年版，第155页。

英、徐咏青、谢之光、胡伯翔等,仅有少数几位是专业的"图案"家,如陈之佛、雷圭元、李有行等。这些不同身份画家和"图案"家所面对的西方设计,在理解程度与接受方式上存在着相当大的差异。画家所从事的设计更多的是针对文化、审美等环节,如杭樨英的月份牌,虽说有招贴广告的设计成分在其中,但仍然是画家的创作在起主要作用,观赏大于设计的要素。又如,20世纪前期由于我国生产领域工业化程度普遍较低,加之工业技术落后,包豪斯设计理念在我国的传播尚无社会基础,尽管郑可、张光宇等人试图把包豪斯设计观念和方式移植到国内,但都没有获得预想的结果。内里即崇尚清高孤傲的传统文人的艺术观与以市场意识为主导的西方设计产生的矛盾,比如,传统文人清高而鄙薄世俗的、实用的艺术偏见,导致我国近代始终未能形成独立于"纯艺术"的设计行业。正是如此,我国早期设计教育由传统向现代转变的过程中也遇到障碍,可以说设计与手工艺观念的碰撞也反映在我国早期新式美术教育中的设计教育上。

20世纪初叶我国新式美术教育的出现,成为引进西方美术与传播西方文化的中心。当时引进的美术教育体制主要是日本模式和欧洲模式,西方的现代设计也借助这两类模式随着新式美术教育进入我国。从教育名称上看我国早期设计教育可谓名目繁多,有称"工艺"、"手工"、"图案"的,也有称"实用美术"、"美术工艺"、"工艺美术"的。当然,这些名目的不同称法,也可以理解为是与我国早期设计出现的几个不同历史发展阶段有关。比如,从设计教育的形态来看,20世纪初叶,大多数美术学校、职业技术学校和师范学校中开设的设计教育,以"工艺"、"手工"和"图案"居多。这是因为当时的设计教育在接受外来观念时,更多的是接受一种新式教育的形式,如对待设计的名目的选用,就是从日文汉字直接借用而来的"手工"和"图案",而对这些名目的理解上并不深入,甚至在教学方法上仍然采用我国传统的手工艺作坊的传承方式。因而,此时期的设计教育只是一种启蒙状态,或者说是借拐学步。到了20世纪二三十年代,随着西方设计在我国的影响日益加深和普及,在我国资本主义的商品经济日趋繁荣,特别是在上海、广州等一些发达的工商业城市中,大众消费欲求高涨对商业美术人才的需求日益增长,如照相布景、舞台美术、商业广告、商品包装等设计行业兴盛一时,此时期的设计教育则紧密联系社会发展的需要,在名目上有所改变,多采用"实用美术"、"美术工艺"和"工艺美术"。

从我国早期设计教育的性质分析来看,其称谓虽有不同,但性质仍属于审美教育,仍然是"美术教育"的一部分。因而,从总体上说与西方近代设计教育的发展方向有所不同。例如,蔡元培早年在《美术的起源》一文中写道"近如莫里斯痛恨于美术与工艺的隔离提倡艺术化的劳动倒是与初民美术的境象有点相近,这是很可以研究的问题"。[1] 蔡元培一语中的地点出了我国早期设计教育的基本性质,是"与初民美术的境象有点相近"。事实上,在20世纪初叶直至二三十年代的特定历史背景中所呈现出的美术与设计的中西交汇的面貌更为复杂,尤其是此时的设计教育本身就存在着"日化"与"欧化"的对立。比如,引进"日化"的"图案"概念,更多的是强调设计与制作分离的意义。有文献记载,1890年明治二十三年日本东京高等工业学校,即现在的东京工业大学就设立图案科,此后图案科在日本工业学校、工艺学校大量开设,以培养新一代掌握西方科学和近代技术的图案设计人才。随着日本引进西方科学知识和机器批量生产的产业工艺开始形成,原先的图案科逐步转变为工业设计。我国的设计教育最初是受到日本的影响,当时到日本留学的学生是将图案概念和设计方法直接介绍到国内。到了20世纪20年代末,这些留学生中有不少人陆续回国,多居住于上海,此时在上海创办的各类美术学校中从事设计教育的师资多为留日学生。甚至,还有日籍教师加盟其中。如南京两江优级师范学堂、浙江两级师范学堂、上海美术学校等,就聘请日籍教师教授用器画、平面几何画、立体几何画及各类手工课目,其教学方式均模仿日本同类学校图案科的教学。之后,日本对华侵略日益明目张胆,开始改变了国人尊日本为师的主流倾向。在这样的社会背景下,日本的设计教育模式对我国的影响大大削弱,人们转而学习和引进欧美的设计教育模式。从这一历史背景来看,颜文樑发表于1933年底的这篇教育论稿所提及的,对"欧美各国,急起直追,不遗余力",在生产过程中大力发展设计事业的基本判断,也就可以理解了。

由之,颜文樑在文章中主张,向欧美学习举办工艺学校的同时,更要关注设计人才的培养,并且,一再重申人才培养的重要性。如文中分析所说,欧美各国的产品改善和生产激增,是什么原因促进的呢?自然是人的因素发挥着积极的作用。所以,"固意中事"的核心既是设计,更是从事设计的人才。因为只有人才能有实现"产品改善"和"生产激增"的可能性。颜文樑进而认为"我国近数年来,已渐知提倡国产品之必要矣!惟提倡之若何入手?

---

〔1〕 蔡元培:《美术的起源》,载《蔡元培美学文选》,北京大学出版社1983年版,第86页。

与入手之应先注意者何？多忽焉漠视。以故提倡数年，成绩犹依然也。且生产之数量，返呈衰退，大不可情耶！故在今日而言'生产教育'者，舍美术与实业互相合作外不为功。否则，从事实业者，只知不绝产量，国民之爱好与否不问也，社会之需要与否不问也。日夜制造，悉成废物。彼从事美术者，只知描写自然，啸吟林泉，不肯分其一部分之劳力为工艺品服务，及至毕业期近，遑遑焉尽于教育界思出路，拥塞一途，人才过剩，是两失其益者也"。这就言明了设计人才培养存在的三个严重问题。其一，对于与社会发展密切相关的"生产教育"的认识不足，即出现"美术与实业互相合作外不为功，致使提倡多年的国产品之面貌未有大的改观，依然如旧"，甚至"且生产之数量，返呈衰退"的现象。其二，开办的各类艺术教育，向来只是"彼从事美术者，只知描写自然，啸吟林泉，不肯分其一部分之劳力为工艺品服务"。其三，"及至毕业期近，遑遑焉尽于教育界思出路，拥塞一途，人才过剩，是两失其益者也"。针对如此严重的设计人才培养存在的问题，颜文樑以欧美设计为参照，指出"欧美无废弃之物品；亦无废弃之人才。而我国适反是，原料过剩；人才拥塞一处，而不思有以善用之，利导之。士夫多畏难苟安，工商业皆因陋就简，此皆病根也"。可以想见，颜文樑指出的设计人才培养存在的严重问题，在他创办苏州美专的过程中是有特别的注意，并身体力行地积极主张赋予设计教育更多的实践性教学，力求与社会生产相结合。详言之，早在1936年，颜文樑在研究了欧美各国设计教育的基础上注重实用的趋向，便在苏州美专中设图案科及机织、印刷等实习车间或工场，敏锐地意识到实用美术教学与实际能力培养的重要性，极力主张培养"实用美术人才以助生产之发展"，这就是颜文樑重视实用美术（艺术设计）教育思想的根本之所在。

三 《艺术教育今后之趋势》史实求证

颜文樑发表于1936年《艺浪》第2卷第2—3期合刊上的《艺术教育今后之趋势》一文，是颜文樑教育论稿中比较集中论述设计教育的代表性论稿。在这篇论稿中颜文梁深入研究了西方各国美术教育中注重实用性教学的发展趋势，并详实地列举了当时国外许多美术院校中设有图案科及机织、印刷、动画等实用美术专业的科目，以及对这些专业教学原则的分析，敏锐地捕捉到在这些专业教育中所体现的设计与工商业发展的密切关系，从而揭示出实用美术教育的重要价值，他极力主张培养我国实用美术的人才以助生产之发展。文中指出："我们如果留心过去艺术教育的情状而一加分析，则18世纪以前的艺术，其所教育趋向于美的装饰的，而也是再现的。19世纪后的艺术教育则趋于实用的、综合的，而也是创造的。前者是'模拟自然'以装饰社会美化人生。后者是'创造自然'以为用社会达人生于善。明乎此理则艺术教育今后之趋向与趋向之若何途径，我人已可了然心中。"这里，颜文樑有一个很重要的教育观念，就是历史地辩证地看待西方设计教育的发展历程。尤其值得注意的是，颜文樑并非强调这个而否定那个，而是主张装饰与实用二者兼取、相辅相成，即以"综合的，而也是创造的"设计来美化生活和创造生活，并强调指出，这才是"今后艺术教育的发展趋向之若何途径"。颜文樑的这一观点，从西方近现代设计史上出现的工艺美术运动、新艺术运动，直至现代主义运动的发展史中是能够得到印证的。

自19世纪初起，欧洲各国的工业革命相继完成。与此同时，也给欧洲社会带来了一个新的问题：大批工业产品被投放到市场上，但设计却跟不上，产品显得非常粗糙甚至拙劣。就在1851年英国伦敦举办的第一次世界博览会上，这一问题被暴露无疑。在当时的展品中，工业产品占了很大的比例，其外型相当简陋。工匠们尝试用一点装饰来加以弥补，硬是把哥特式的纹样刻到铸铁的蒸汽机上，在金属椅子上用油漆画上木纹，整个工业产品充满了庸俗，完全体现不出美学眼光及装饰原则。至此，对手工艺怀有念想的人们，通常都把这一问题归罪于工业革命带来的机器入侵。然而，通过对西方设计史的研究，我们会发现问题的根源所在，并不出现于近现代。早在西欧中世纪，那些受过行会训练、教养有素的工匠阶层，就是在所谓的"理性时代"[1]被排斥、被一扫而光的。进而导致中世纪末期许多产品的外观设计都交由那些缺乏教养的制造商来胡乱处理，这同样导致大众的艺术品位受到严重的污染。而此时大部分艺术家又由于受到席勒的艺术哲学及当时盛行

---

〔1〕 在英国历史学家霍莱斯特撰写的《欧洲中世纪简史》(英文影印版，第10版，北京大学出版社2007年版，原文书名：Medieval Europe: A short History)中，认为：欧洲中世纪，过去曾经被界定为是在愚昧的教士主宰之下的"黑暗时代"或是"半梦半醒的一千年"，现如今已被史学家的研究所终结。在这本《欧洲中世纪简史》里，以清晰的线索、全面描述了中世纪的光明与活力。作者将中世纪史析为早期(公元500—1000年)、中期(公元1000—1300年)、晚期(公元1300—1500年)三阶段。在第一阶段，罗马皈依基督教之后，古典文化与基督教文化、日耳曼文化相融合，促成了欧洲的诞生。查理大帝一度雄霸西欧。第二阶级是中世纪的盛期，经济起飞，城市兴起，政治文教发达，三百年间精彩叠现。第三阶段两百年，教廷分裂，英法百年征战，哀鸿遍野，疫病流行，一片颓败之势。而瘟疫过后，欧洲文化重又焕发生机，宗教革新，文艺复兴，科学革命，"理性时代"的近代欧洲呼之欲出。

的浪漫主义思想的影响,轻视具有实用价值的审美研究,进而忽视广大公众的艺术需求。他们只是把自己禁锢起来,远离时代的真实生活,退居到他们所谓的圣神的小圈子里,创造为艺术家自己享用的艺术。就在 1851 年英国伦敦举办的这一次世界博览会上,展览会的组织者亨利·科尔(Henry Cole,1808—1882)、欧文·琼斯(Owen Jones,1809—1874)、马修·迪格比·怀亚特(Matthew Digby Wyatt,1820—1877)和理查德·雷德格雷夫(Richard Redgrave,1804—1888)开始重视产品设计的问题,尝试着对出现的产品粗糙甚至拙劣的问题进行改革。后来,英国艺术批评家约翰·拉斯金(John Ruskin,1819—1900)也参与进来,他的设计理论具有很强的社会民主色彩。他认为真正的艺术必须为人民创作,否认艺术有所谓大艺术(纯艺术)与小艺术(手工艺)之分,主张艺术家从事设计,让艺术与技术相结合。拉斯金的这些思想理论最后成为英国工艺美术运动的主导思想,而将他的理论付诸实践的是英国工艺美术运动的倡导者、设计家、画家、诗人和社会改革家威廉·莫里斯(William Morris,1834—1896)。在莫里斯的影响下,一批年轻的艺术家开始组织自己的公司,称之为行会。从而掀起了一场复兴手工艺的艺术运动——工艺美术运动。当时有五个行会非常著名,即 1882 年由阿瑟·海盖特·麦克默杜(A. H. Mackmurdo)创办成立的"世纪行会"、1884年成立的"艺术工作者行会"、同年成立的"家庭艺术与工业协会"、1888 年莫里斯的学生查尔斯·罗伯特·阿什比(Charles Robert Ashbee)组织的"手工艺行会"以及同年的"工艺美术展览协会"。至此,"工艺美术运动"便由这个协会而得名,在欧洲也因这场工艺美术运动而使设计的艺术理想得到回归。

综上所述,颜文樑在文章中对西方艺术教育发展趋势的判断,除了依据于西方艺术教育发展本身的历史事实外,应该说对于整个欧洲近现代设计史的发展脉络都是有所了解的。因此,这样的判断,具有较强的历史背景和明确的学理思路,对我国的设计教育和设计行业的发展具有积极的意义。

在这篇文章中颜文樑又对欧洲各国艺术教育的历史及特点也作了比较具体的分析,写道:"法国最早的艺术教育机关为巴黎的美术学校,纯以'美'以兴起法兰西之文化,鼓动为世界艺术之中心,其后法政府又设一装饰学校,此校目的不在于发展少数人专门技艺,而在于增高一般人普遍之艺术知识。一九零七年法政府继续创设一国立美术学校协会承认艺术教育之于道德经济的价值在于增进吾人活的趣味。英吉利以南垦新敦为全国艺术之中心，皇家画院（Rokyal Academy）即设立于是处。此校内容分图画雕刻与图案诸科。而图案课中更分为建筑图案，纺织图案，装饰图案等科。效以纺织图案办理完善，世界各国俱仰给于是，英人认此为国富之源。德奥二国为工业国，艺术教育趋于实用。如十八世纪维也纳设有国立装饰术学校。其目的在欲操纵全国之工业艺术。又有所谓 The Museum of the Art and industry（美术工艺博物馆）、The school of Art and Crafts（美术艺术学校）。德国近五十年来工业学校林立。'工业图案'几成为各校课程中一主要的功课。综观上述情形，欧洲各国艺术教育，除提倡纯粹美的艺术之外，无不亟图实用艺术之发展。使艺术不单专为鉴赏而作，同时也与工艺联络，以期达于实用。吾人知能于实用及鉴赏艺术，二者的长处兼取并用而斟酌行之，至少有下列之优点。"在文中，颜文樑所列举的艺术学校可谓都是西方艺术教育的代表。

比如，法国高等装饰学校[1]始建于 1766 年，由 Jean-Jacques Bachelier（1724—1806）创建。据说，在 1767 年由法国国王路易十五颁布诏书向社会开放，其成立的目的是发展与艺术相关的工艺美术设计，发展工业产品的质量等。经过严谨的绘画培训，学校把工艺和文化、智力和敏感性结合起来，培养优秀的艺术家，使之成为具有真正艺术家气质的艺术创作者；主张追求熟练而精确的描绘，反对当时绘画界出现的许多潮流。这所具有两个世纪历史的学校，为法国最负盛名的艺术教育的最高学府之一。这里曾经培养了雷诺阿、罗丹、马蒂斯等世界级的艺术大师。学生在这里学习艺术与科学，以掌握生活中的设计及技能。学院的使命旨在提供艺术、科学及技术训练课程，使他们能够在装饰艺术的各不同学科领域设计、推广和发展各种作品。所有学生的课程教学均以严谨的绘画和造型表现为基础。颜文樑之所以对法国艺术教育如此熟悉，自然是得益于他在法国的留学经历。颜文樑在 1922 年创办苏州美专，于 1927 年去法国，次年至 1931 年就读于法国巴黎

---

〔1〕 法国高等装饰学校，现为法国国立高等装饰艺术学院（Ecole Nationale Superieure des Arts Decoratifs/ ENSAD）是法国文化部直属院校，研究创造性的造型艺术，科学方法和技术性的发展，创造所有这些的艺术设计领域里的科学。它肩负着调节各学科之间的关系问题，培养研究生学位层次的理论研究和职业创造力，培养和研究所有这些设计学科涉及的领域，如艺术设计，创作和实现的过程及艺术总监或导演等（Auteur）。法国国立高等装饰艺术学院主要专业系科为：建筑设计与室内设计，舞台美术设计，公共艺术设计，视觉传达设计，工业产品设计，服装设计，染织设计，家具设计，丝网印刷，摄影，摄像等十一个专业。

高等美术学院,是早期留学欧洲的油画先驱者之一。就读期间完成了代表作品《厨房》,并在巴黎艺术沙龙获奖,成为首位得到国际性绘画大奖的中国画家。颜文樑在留法期间,除了学习绘画外,还十分关注实用美术的发展,做了大量的调查工作,积累了许多办学经验,这为他回国后,将苏州美专改造成美术与设计专业齐备,还包括音乐在内的综合性艺术学校奠定了基础。

又比如,在文章中颜文樑还提及"德国近五十年来工业学校林立。'工业图案'几成为各校课程中一主要功课"的话题,这可以看作是对西方设计教育重要国度的推崇。众所周知,德国设计教育在近现代以来伴随着工业化机器大生产的发展,不仅在西方世界令人瞩目,就是在全世界范围内也同样受到人们的重视。尤其是包豪斯作为现代设计教育的先驱,对时代的贡献是不可磨灭的。特别是独创的教育体系乃对当今设计教育有很大的启迪和值得借鉴的地方。如颜文樑述及的德国设计教育的课程,在包豪斯办学模式中就体现得尤为突出。包豪斯先前偏重于艺术技能的传授,也像英国皇家艺术学院前身的设计学校一样,设有形态、色彩和装饰三大类课程,培养的艺术人才大多数是艺术家而极少数是设计师。之后,包豪斯为了适应现代社会对设计师的要求,建立了"艺术与技术新联合"的现代设计教育体系,开创了类似的三大构成基础课、工艺技术课、专业设计课、设计理论课及与建筑有关的工程课等现代设计教育课程,培养出大批既有美术技能、又有科技应用知识技能的现代设计师。此外,包豪斯的整个教学改革重点是对主宰学院教育的古典主义传统进行改革,提出"工厂学徒制"。整个教学历时三年半,最初半年是预科,学习"基本造型"、"材料研究"、"工厂原理与实习"三门课,然后根据学生的特长,分别进入后三年的"学徒制"教育。合格者发给"技工毕业证书"。再之后,经过实际工作的锻炼(实习),成绩优异者进入"研究部",研究部毕业方可获得包豪斯文凭。学校里不以"老师"和"学生"互相称呼,而是互称"师傅"、"技工"和"学徒"。所做的东西既合乎功能又能表现作者的思想,这是包豪斯对学生学习的基本要求。也就是说,其教学强调直接经验,而包豪斯的主要课程也基本围绕这一教学主题进行。其实,在颜文樑主持的苏州美专中也或多或少地体现出包豪斯的教育主张。比如,在苏州美专印刷科的创办过程中,颜文樑就利用在上海商务印书馆一年零三个月工作经验的积累,进行了办学探索。在《苏州美专大事记》中有这样的记载,"1934 年 9 月,增设实用美术科,并自辟印刷、铸字、制版、摄影工场,为中国实用美术培育人才。同时出版由自己排印、制版的校刊《艺浪》。是 16 开本,铅字精印,图文并茂,有论文、随笔、文艺小品,校训、三色版画幅、选刊学生作品及中外名画。每期由黄觉寺主编,张念珍负责制版印刷。在此之前,曾出版过《沧浪美》,共三期,由苏州文新印刷公司承印。在制版印刷过程中教师和学生既参与生产活动,又进行教学活动。"[1]

由此,我们从颜文樑主张的设计教育自辟工场车间的办学路径中,能够清晰看到"由技入道"的教育观念也与包豪斯艺术与技术相结合的教育理念有相近之处,即走入设计教育正途的最佳捷径,是由一环套一环的作坊教学体系与课堂教学体系构成的。又有专项工艺"大师"教会"学徒"们掌握工艺的方法与技巧,艺术"大师"则与工匠们密切合作,带领学生(学徒)去探索设计的奥秘,帮助学生发现自己独到的设计语言。无独有偶,梁思成 1948 年在清华大学建筑系授课时,采用了从美国带回的"包豪斯"教育理念和教学资料,同时聘请木工师傅在木工房教学生木工手艺。这些可谓都是设计教育教学方法的根本所在。也就是说,如果要培养名副其实的设计师,就应朝着培养工程师的方向去努力,而不是一个华而不实的名头家。

在颜文樑的这篇文章中,还有一个值得关注的话题便是,在对纯美术和实用美术教育进行的比较中产发了两者的意义,寻找各自的长处及兼取的优点。颜文樑认为:美术教育和实用美术教育均有相互关联的特点:一、辅助工艺品之美观;二、艺术因实用之故而得易普遍;三、因利用人类爱好艺术之天性,而生产品得易推销;四、发展研究者之个性;五、实用美术因与社会接触较多,社会易受美的感化;六、实用品上有美的装饰,则无形中人人能得艺术之陶冶;七、艺术家作品因与实用品合作,则艺术需用之处更繁,可使多数艺术家易寻职业;八、学生能将鉴赏艺术在实用上研究,必能多得同趣。颜文梁进而认为:"吾国今后艺术教育之趋向,当以经济为其标,道德为其本。易言之即以实用艺术为普遍之研究,而寻求生产上之发展。进而研究纯粹的、美的、鉴赏的艺术。以真为目的,以善为标准,而达于美之极致。前者属于经济,后者属于道德,二者兼取,供今日艺术教育上之应用,间接上必有利益,可断言也。"颜文梁的纯粹美术与实用美术(艺术设计)二者兼取、相辅相成的观点说明了绘画和设计在观念上的区别是明显的,但又绝非对立的。艺术设计是科学技术和文化艺术相结合的交叉学科,因而设计与艺术

---

〔1〕 钱定一:《苏州美专大事记》,资料来源:www. douban. com/group/topic/17766692,2011—5—20。

是互相影响和互相渗透的,任何厚此薄彼的见解都是片面的、肤浅的认识。

余　论

颜文樑一生对艺术教育始终抱有极大的热情,直到晚年还陆续发表有关艺术教育的论稿,他于 1985 年发表的《我对艺术教育的看法》[1]就是他晚年其有代表性的一篇教育论稿。在文中,颜文樑表达了对我国当代美术教育的五点希望:一是通过美术教育,培养学生有一颗美好的心灵;二是向学生进行艺术教育,使学生既掌握具有科学性的美术理论知识,同时又要有丰富的艺术实践;三是提高美术教育质量,关键在于教师,教师应"一专多能";四是教会学生唱有意义的抒情歌曲,以陶冶他们的性情,丰富他们的想象力;五是用科学方法管理学校,使之环境优美。这是他累积一生的办学经验之谈,可谓涉及艺术教育的各个方面,给我们留下了宝贵的艺术教育遗产。颜文樑作为 20 世纪我国重要的艺术教育家,他所倡导的艺术教育思想及推行的艺术教育方法,对我国当今艺术教育仍然有着重要的借鉴意义,并成为我国现当代艺术教育史上的公认典范。

(作者单位:南京艺术学院研究院艺术学研究所)

---

〔1〕 颜文樑:《我对艺术教育的看法》(施亚荣整理,该文是根据颜文樑《我对艺术教育之探讨》的讲话摘编),载《美术教育》1985 年第 4 期。

颜文樑艺术创作分期及相关问题研究

——他的全部优势和缺陷都是自己的

顾丞峰

【内容摘要】 本文综合各家关于颜文樑创作阶段的分期,提出自己的分期。探讨了颜文樑作品与印象派的关系、颜文樑作品与中国艺术传统的关联。对颜文樑油画是习作还是创作的做出判断。最后对颜文樑在中国现代美术历史上的定位问题上,通过与徐悲鸿、刘海粟、林风眠的比较,提出了自己的看法。

【关键词】 颜文樑 分期 习作与创作 定位

颜文樑在中国现代美术史上标志性画家之一。比较起在中国现代美术史同时期风云际会的徐悲鸿、刘海粟、林风眠来,颜文樑从来不处在风口浪尖,也因此争议、纠葛基本与他无缘。为人的善良、坚忍和对自己艺术的执着与坚守,对政治的远离以及对艺术以外事物的缺乏敏感,使得颜文樑无论是从事的美术教育还是个人多年的油画创作,都远离主流、不温不火。同样,与颜文樑相关的研究文字,在四个人中也理所当然的是最少的。

基于此,本文力图对涉及颜文樑艺术的几个问题,做进一步的梳理和辨析和评价,以期对颜文樑的研究能够深入,既还原历史,也裨益于当代。

一、颜文樑创作的分期

对颜文樑创作的分期,主要的提法有以下几种。

第一,尚辉说。主要是以颜文樑作品光的表现感受为基准,将其分为四个时期。1. 光感的追踪(1912—1927 年);2. 光色融和之一——西洋水(1928—1935 年);3. 光色融合之二——故乡水(1936—1966 年);4. 光色融合之三——意象诗(1967—1985 年)。

第二,黄觉寺说。他将颜作品根据自然时间划分为三个阶段划:1. 探索锻炼的早年期(学画到 1928 年留法前);2. 出国留学的中年期,从其表述看,黄大概将中年期的下限放在 1949 年共和国成立。3. 奋发灿烂的晚年期,该期似乎自 1949 年以后。对三个时期，他的评价是："三个时期各有不同的侧重：早年着重透视与构图；中年期和晚年期着重明暗与色彩；特别是晚年期，色彩丰富善变，绚丽极致。"[1]

第三，颜清诚说。颜清诚为颜文樑的孙女，她主要根据学习和创作的区别，将颜文樑作品分为为三个时期：1. 早年（1904 学画开始—1927 年）；2. 赴法学习时期（1928—1931 年）；3. 创作时期，（1932—）。

第四，肖峰说。他将颜文樑的艺术生涯分为六个阶段：

1. 1904—1909 年，学艺的启蒙期；2. 1907—1917 年，学徒学画时期；3. 创建苏州美专和"美术画赛会"时期；4. 1929—1931 年，法国留学时期；5. 1931—1949 年，作为写实主义者，挣扎在民族灾难中；6. 1949—　。

此外还有金冶也对颜作品分期做出过描述："早期的画，画得很仔细、平稳。着重于明暗关系的处理。在巴黎时期的那些作品，有的虽也细致，但着重于色彩感觉，概括性很强，晚年的作品则是又细致，更加完整。"[2]

从以上的各种说法看，对颜文樑作品前期划分基本上是一致的，那就是下限到颜赴法学习为界。而第一个时期的上限，尚辉的说法与颜清诚的说法略有区别，颜清诚认为是从 1904 年开始，其时颜文樑只有 11 岁，方开始学画，似乎作为画家之说不能成立；而尚辉的分法是从 1912 年开始，虽然也只有 19 岁，但已经开始研制土油画，自行创作了《石湖串月》，并被人以八元购走。从画家的创作和销售以及画家风格题材的初步确立角度看，从 1912 年开始起，颜文樑的第一个时期起始于此应该是合适的。

至于颜文樑创作后期时间的划分，金冶说、黄觉寺说都比较模糊，只是"晚年"、"晚期"，颜清诚说则相对具体，认为从 1932 年后都统称为"创作时期"，这是比较简便的划分。

相对来说，尚说以"光色的融合"为内容，将后期分为 1936—1966 年以及 1967—1985 年两个阶段。两个阶段的划分基本上是以"国家命运——个人遭遇"的变化为依托的。尚说中的最后一个阶段的"意象"的描述则显得生硬，如果颜文樑作品最后一个时期"意象"特征能够成立的话，那么前一个"故乡水"阶段其实与后的"意象"时期并没有太多的区别。

按照时间顺序分析是最简单的事情，当然应该综合作品的风格变化，但

〔1〕 黄觉寺：《颜文樑画集·序——画家的生平与艺术》，上海人民美术出版社，1985 年。
〔2〕 金冶：《颜老夫子》，转引自尚辉：《颜文樑研究》，南京：江苏美术出版社，1993 年，1982 年。

颜文樑作品的风格成熟后的确没有突变,这是一个事实。因此,本文结合以上分法,认为颜文樑创作大致上可以分为这样几个时期:

1. 摸索期(1912—1928),从开始学画到去法国之前。

在此期间,颜文樑对油画的认识是完全感性的、自发的,从《石湖串月》颜文樑自制油画颜料开始;由于信息上的不通畅和经济上的窘迫,自己研制颜料一方面加深了颜文樑对油画材料的认识,另一方面也形成了他早期油画作品的特点,其基本审美偏好甚至终生没有太大的变化。虽然这个时期他的粉画作品《厨房》(1920 年)于 1929 年获巴黎春季沙龙荣誉奖,但这幅作品其实并未形成颜文樑作品的风格,从色彩的关系上看还不是很成熟,也许其色调和中国题材是其能够进入沙龙并获奖的主要原因。

2. 成熟期(1929—1935 年)

此期间他如饥似渴地在欧洲学习油画技术,也导致了他一生之中最纯正的油画表达,无论在色彩还是透视结构上,颜文樑此时期的写生现有留存作品皆堪称可圈可点之作。也可以说标志着他对油画表现能力的完全把握。这个时期用他自己的话说就是所谓“画粗的”。[1] 所谓“画粗的”就是指笔触豪放有致,空间感强。

这个时期的作品主要是在欧洲的写生,而且也包括了回国后 1934 年的《普陀市街》、《普陀乐土》等,从表现方法看是与欧洲写生一脉相承的。

倪大弓说:“从画面色彩的丰富性而言,这些作品是他一生创作的最高点。”[2] 纵观颜漫长一生油画画作,这一时期奠定了基础,以后纵然有变化,也都是局部的、添加的,并没有形成本质上的变革,无论以后所谓带有民族化的探索还是被称为“意象”的阶段。

当然,说这个时期的作品是其一生的“最高点”,似乎有贬低后来作品之嫌,实际上,作为最高点如果仅仅是学习了西方油画精髓后的写生表达,那对以后颜文樑熟练期的油画本土化的努力和其所取得的成就来说,无论如何都是不公平的。

3. 熟练期(1950—1965 年)

首先应该加以说明的是,这里所遗漏的颜文樑 1936—1949 年期间并非

---

〔1〕 林文霞整理:《颜文樑论绘画技法》,上海:学林出版社,1982 年。

〔2〕 倪大弓:《颜文樑的艺术生涯》,转引自尚辉:《颜文樑研究》,南京:江苏美术出版社,1993年。

有意忽略,主要是由于这段时间也是中国历史上多事之时段,先是抗战的战火使得人们忙于躲避,苏州美专也被日军占领,颜文樑蜗居上海;光复后则忙于恢复学校;后内战再燃,终不得安定。另一方面,这段时期由于战火连绵,一方面缺乏油画材料,另方面画多用作义卖或筹款,画作多有散失,所以造成颜文樑现存作品中这个阶段的作品极为少见,无法为研究提供第一手资料。

1950—1965年,这个时期是颜文樑作品最多,尝试的不同方式也最多的时期。生活、教学条件的稳定使得他能够有完整的时间画画,据不完全统计,此期照片大约占现存作品的总数的一半以上。大多数作品是所谓"细画",比较典型的如《人民大道》(1960)。当然"粗笔"、"细笔"不是判断颜文樑作品成就的划分标准,实际上他这个时期也是粗细兼有的。更重要的是该时期油画在本土化方面的努力使之真正呈现出了"高峰",可以说形成了颜文樑自己稳定的风格。当然这个"高峰"并不是简单地说在哪几年,而且同样在持续期中,颜文樑照样画出了自己的高峰之作,如1974年的《卧室》。

4. 持续期(1972—1985年)

文化革命后期,颜文樑又可以作画,特别是在"文革"后期,颜文樑也画出了个人油画的高峰延续之作,如1973年的《雁来红》、《毛家塘》、《菜花黄更鲜》、《中山公园池塘》。这些作品丝毫不比成熟期的作品逊色。

最有代表性之作,还是1974年的《卧室》。关于这幅作品的创作年代,尚辉所作的颜文樑年谱中将其年代定为1965年,而钱伯城所作颜文樑年谱却将其定为1974年。此乃同一幅画当无疑,因为无论尚作年谱和钱作年谱都在书中附了此图。两说差了9年,究竟取哪一说?

钱伯诚于1971年认识颜先生,成为"忘年交"。[1]从时间上推断,钱应当多次见过颜的此幅作品;在《颜文樑》一书中附图《卧室》旁注明为:"上海淮海中路作者卧室。1979年7月曾在上海青年宫展出,1981年在苏州文化馆展出。"此旁注应为本书的记录者林文霞所撰,林文霞为颜文樑的学生,从其注的文字看,此图展出过程似乎亲身经历,言之凿凿;在此方面尚辉就没有优势了,在1993年出版的《颜文樑研究》中,尚只是简单记录。因此该作年代天枰的倾斜不言而喻。

此外还有佐证。一为颜文樑孙女颜清诚在《颜文樑和他的艺术》一文中

---

〔1〕 钱伯诚:《颜文樑年谱后记》,上海:学林出版社,1982年。

曾提到:"又如他在 70 年代创作的《卧室》,色彩瑰丽丰富,他用沉着的红色,配以明亮鲜艳的绿色,构成了一幅具有中华民族所特有的红绿对比,相映成趣的美感的图画。"[1]颜清诚与祖父朝夕相处,并且随祖父学画,放在家中祖父的作品当不会搞错年代。

另一佐证为周昭坎的文章。他说:"《卧室》这幅 81 岁晚年所做的室内画,则以横竖分割组成画面构成,具有现代'设计'意味,在作者的许多室内画中实属难得。"[2]颜文樑为 1893 年生人,81 岁则为 1974 年。

之所以花这么多的笔墨来证实《卧室》作于 1974 年,不仅仅因为该作像颜清诚、周昭坎所推崇的那样,是颜文樑晚期代表作,而且从另一角度证明颜文樑在他的持续期中仍然能够画出即使放在他的漫长一生中,仍然堪称杰作的作品,这幅画同样也受到其他人的关注,如黄觉寺也认为此画为杰作。

但这也是最后的闪光了。

如果说七十年代还可以基本维持上一个时期的水准,到了八十年代,我们对一个九十岁的老人又能要求什么呢。特别是我们看到八十年代后期他的几幅作品如《沧浪夏夜》、《沧浪美》等,无论是目力还是体力都严重退化,风烛晚年的油画,只能是心有余力不足,所绘对象只有大致轮廓和粗略的色彩了。

二、颜文樑作品与印象派的关联

关于颜文樑的作品与印象派的关系,不少人都曾论及颜文樑的油画与印象派风格联系,其实对这一点,颜文樑本人曾否定过,他曾对学生金冶说:"他自己并不知道是否受了印象主义的影响,同时还告诉我,他在法国学习期间非但不理会印象派,而且是不喜欢印象派的。"[3]

此外,颜文樑在《法兰西近代之艺术》一文中,他首推安格尔、普吕东、德拉克洛瓦、柯罗、米勒等人的作品,认为"其'真'在能传达情绪与表现一国的

---

〔1〕 颜清诚:《颜文樑和他的艺术》,转引自尚辉:《颜文樑研究》,南京:江苏美术出版社,1993年。
〔2〕 周昭坎:《中国油画本土化的实践者》,载《沧浪掇英——苏州美专八十六年周年纪念专辑》,北京:中国现代美术出版社,2009 年。
〔3〕 金冶:《颜老夫子》,转引自尚辉:《颜文樑研究》,南京:江苏美术出版社,1993 年。

国民性,即在一画幅上,足以见一国之文化,社会之背景,以及国民之生活。"而其谈到近代以来笔锋一转,"惟近代法兰西之艺术界已日行衰落,系派纷繁,标新立异之说,纷见突出。"这之中,印象派居首,然后是各种现代派流派。可见在颜文樑心目中,传达国民性之"真"的作品奉为最上,虽然颜本人在此方面并非擅长,但内心的倾向性是显而易见的。

但为什么人们经常提到颜文樑作品与印象派的关联呢?

首先,印象派与写实主义有着千丝万缕的联系。印象派其锋芒是反对陈陈相因的古典主义和矫揉造作的浪漫主义,而印象派与写实主义在艺术观念上并没有根本的冲突,甚至他们的创作目的都十分相近,即真实的、不加修饰的表现自然与现实社会。事实上,印象派早期画家如莫奈、雷诺阿、西斯莱学画之初都曾在传统画法画室里学习。而柯罗、巴比松画派以及库尔贝写实主义都对印象派产生了很大的影响。尤其是写实主义大师库尔贝更是与他们关系密切并,他毫不夸张做作的写实主义、扎实的技巧以及他坚强的个性都成为了印象派画家们的榜样。尤其是他始终不渝的写实主义,以及他肯于把日常生活中的每一个方面作为艺术素材的理念,几乎被印象派画家全盘接受。只是年轻的画家们更愿意用色彩和笔触来表现日光下优美的景色和他们自己的观察、感觉,而非仅仅把它们拿来对社会现象进行叙述和表达。对于被油画的精制写实技巧所吸引,并为之探索一生的颜文樑来说,学习写实技巧一段时间后,出现了印象派注重光色表现的风格,恰恰与欧洲印象派大师的艺术成长道路不谋而合。

其次,印象派要求对所画题材,画家必须亲眼看到而不是凭印象、记忆或虚构,而且必须看成一个整体,不能省略任何细节,也不能在画室里进行再创作。他们十分注重户外写生,直接描绘阳光下的物象,从而摒弃了从16世纪以来变化甚微的褐色调子,并根据画家自己眼睛的观察和直接感受,表现微妙的色彩变化。这就排除了创作大幅作品的可能,同时要求画家在尽量短的时间里描写眼前瞬间的景致。颜文樑在国外求学的过程中,有多幅写生,这些作品皆为小幅油画,临景一次性完成,保留了相当多即兴挥毫造成的画面新鲜感。其中多幅作品均表现天空与大海波涛。单调的没有复杂构成的海面,留给画家充足的时间与精力去观察瞬息万变的海天光色之美——或者是云月弄影的灰蓝色夜晚,或者是雾重难解的乳黄色黎明,或者是波光粼粼的血色残阳,颜文樑都尽力以简洁的手法捕捉稍纵即逝的光色效应。颜文樑在客观条件的限制下被动地实现了印象派画家的创作要求,最终画出了充满印象主义特点的写生作品也就不足为奇了。他以后的作画题材也主要是风景，捕捉光影变幻的感受，鲜有主题性绘画，这点同早期印象派的题材选择也非常接近。

还有，许多法国学院派的画家对色彩已有了新的理解，注重运用色彩对比和色调的细微变化来表现对象。如当时的著名学院派画家、美术学院教授埃尔内斯·罗隆（Ernest Laurent），年轻时就和修拉是好朋友，深受印象主义影响，他从印象派的艺术中，找到了适合于自己个性的画法。既不采取色彩分割，也不过分强调色彩效果，而是使用平稳、沉着的笔触，组成画面的谐调。他的画风清新纤丽，把对象表现得非常细腻。可见，颜文樑所学习的是已经改变的学院派，在色彩上也就无法摆脱印象派的影响了。所以他提到："……但自己不知不觉也受到了印象派的影响。印象派的色彩是不错的。那时我只晓得要画得真实。有时候匆促画出一幅画来，人家说我是印象派。"[1]颜所师之学院派，实际上已经是被印象派改变了的学院派，在这一点上，颜文樑如此，徐悲鸿也如此。

此外颜文樑的画法也决定了他同印象派的接近。特别是前期的作品色彩的使用是"贴"上去的，也就是说不过多地在画面上涂抹，所用的方法是靠色彩的并列在视觉上混合，这一点和新印象派的修拉、西涅克的方法很接近。"颜文樑老的油画技法是非常值得研究学习的，他说油画颜料是粘的，在实际作画时，应当考虑这种材料的性质，只能使颜料轻轻地贴到画布上，贴上后，就不能再动，不能来回拉抹，一拉抹颜料就没有光彩而黯然失色了。徐悲鸿先生也是这样主张，不过他不把这种方法叫做'贴'色，而叫'摆'色罢了。"[2]

以此可见，颜文樑的作品与印象派的关系更多是表达上的一致。

三、颜文樑作品的本土化表达

颜文樑油画同 1949 以来多次油画民族化思潮的关联，是多位评价者都涉及的问题，但颜文樑本人对"民族化"问题，并没有直接文字表述。

作为一个口号提出的"油画民族化"，始于 20 世纪 50 年代，当时也曾经

---

〔1〕 颜文樑：《画论》，北京：学林出版社，1982 年。
〔2〕 金冶：《颜老夫子》，转引自尚辉：《颜文樑研究》，南京：江苏美术出版社，1993 年。

被行政当局作为创作上的指导,但经历了数十年实践后,其成效仍然值得怀疑。

各家所论,油画民族化分为精神和技术两个层面,精神层面即所谓画家画面中体现出的所谓民族气派、民族格调。但这是需要实证的;技术层面相对比较实在,中国的油画家数十年来断断续续有人尝试,其表达的技巧主要有以下一些:1. 构图的散点透视;2. 画面勾线平涂处理;3. 题词印章的采用;4. 年画和装饰化的借用;5. 皴点的使用。

颜文樑的油画本土化表达方式有明显的个人特点,他使用较多的有几种方法:

(一)色彩的鲜艳。金冶说:颜文樑晚年逐步摆脱了欧洲的传统,印象派的风格不见了。灰调子的作品在他的成熟期已经少见,更多是像《孙女清诚七岁》(1963)、《一串红》(1964)、《雁来红》(1973)、《菜花黄更鲜》(1973)这样的用大块原色并不掺杂其他颜色的表现。这种色调的处理方法符和中国百姓的审美习惯。

(二)年画画法。所谓年画画法,主要有勾勒填色、色彩鲜艳、平涂、降低明暗等。颜文樑在其作品《人民大道》(1960)中,强调对象的轮廓线,楼房、汽车、电线杆等,大片的近乎平涂的柏油路面,都比较接近中国年画的表现方法。在《国庆十周年》(1959)中,南京路行人、汽车、建筑的明暗对比被降低,线性的灯光被突出。1975年所作的《上海炼油厂》也有相似的处理。

(三)画外的题诗,此种方法颜文樑一直沿用许久。特别是在晚年时许多作品都配上自作的诗词,而且特地把写得工整的诗词,镶嵌在油画风景的外框上。如为油画《人民大道》的题画诗为"居高远望地齐平,围树苍葱蔚绿林。大道思量循正直,人民旗帜色鲜明。"有时颜文樑先有诗,再为诗作画,比如油画《春光好》的题诗为"春光好,春光一开,灿烂如堆锦;桃李盛,争把芳华,笑颜迎良辰;融融兮,蔼蔼和风,瑞气兮如春;让我们,快哉乐哉画出好风景。"颜文樑诗如其人,诗如其画,平实、朴实、不夸张而自得其乐。

此三种方法,应该说通过使色彩鲜艳以及大面积的原色使用,对画面的提升作用最明显;而年画画法颜文樑则用得不够彻底,比起董希文的画面色彩的饱和来相形逊色;至于画外题诗的方法几乎为独创,体现出了画家内心中深驻的"诗画本一律"的传统审美心理,当然,由于很少有其他有影响的画家使用,这种方法也就成为了颜文樑的个人尝试。

四、从颜文樑作品看"习作"与"创作"问题。

颜文樑的"创作"问题,一般而言是他作品中被争议最多的内容。有些人在评价颜文樑成就时,质疑他的"创作"能力,认为他的作品大多只是习作性质。如刘淳《中国油画史》颜文樑部分:"尽管他在艺术上勤奋朴实,忠于描绘客观物象,但缺少创造性使他的一生没有跨越写实主义。"[1]

这种判断正是依据以往人们所熟稔的"习作—创作"模式。

什么是"习作—创作"模式? 通常人们认为:"习作"是美术家日常写生、收集素材的美术形态;"创作"是美术家经过大量的习作素材收集后经过加工、组合甚至提炼而精心完成的美术作品形态。习作是为创作进行的准备,创作是习作的目的,习作不能单独成为正式作品。这个思维模式曾是共和国1949年成立以来到八十年代中国美术创作的固定思维之一。该模式的结果就是艺术家相比较而言轻"习作"而重"创作",特别是主题性"创作"。

"习作—创作"模式在中国的长期生效到被普遍质疑,是中国改革开放、艺术民主的必然结果。

首先我们要对"创作"的概念加以澄清。在中国现代传统中的"创作"有其自身的含义,1949年以后,"创作"的概念更多与"主题"联系在一起,因为"主题"的需要,在人物主题作品中,人物形象要服从主题的需要,或者说根据主题安排人物的组合与姿态;同样,作为景物的对象因为要服从"主题"的需要,也必须在对象的取舍、组合、用光上充分体现出对"主题"的突显。

应该说,主题性创作更适合于历史画,人物画,对风景画来说,创作成分过多,如果没有很好的控制能力则可能带来某种不自然和矫饰。

其实,这种"习作—创作"模式并非中国艺术传统本身具有的特点,而是西风东渐后20世纪逐步确立起来的。因为中国古代文人绘画的创作过程并非如此,苏东坡说"胸有成竹"并非"眼中之竹",而呈现出的"手中之竹"基本上是习惯、教化和审美趣味的混合产物。同理可推倪云林的"远山—中水—近屋"图式以及渐江的陡峰峭壁图式。虽然石涛有"收尽奇峰打草稿"之说,但真正的"草稿"在完成的作品过程中充其量只是起到一个激活想象的作用。

---

[1] 刘淳:《中国油画史》,北京:中国青年出版社,2006年。

"习作—创作"模式真正来源应该是西方古典艺术的人物、宗教绘画。中世纪至文艺复兴以来的美术，人物画（特别是宗教题材）一直占据着主导的地位，新古典主义更加重了这一模式，直到"现实主义"的出现，可以说将这一模式提升到了顶点。我们在曾被中国奉为经典的列宾、苏里科夫等人的主题绘画中能够得到最好的印证。

　　回顾20世纪后的中国艺术变化，从陈独秀在新文化运动中提出的"推倒贵族文学、建设国民文学；推倒古典文学，建设写实文学；推倒山林文学，建设社会文学。"的主张看，写实主义是被当作冲击旧文化的有力武器。写实主义与传统中国画的"造境"模式在上世纪40年代前的中国仍共同存在，这我们可以在民国时期的第一届全国美术展览（1929年）的画目中可以看出。但40年代延安文艺座谈会上讲话发表到1949年共和国成立后，随着社会主义现实主义的确立和革命的现实主义与浪漫主义两结合创作方法的推广，写实主义去新古典主义被逐打造成为服务于政治斗争、文化斗争的工具。"习作——创作"模式成为完成这一任务的有效保障。这种模式成为几代画家的艺术思维重要组件。

　　在西方，给予"习作—创作"模式最早有力的一击的是印象派。印象派不仅仅在色彩上瓦解了西方传统的固有色表现方法，也不仅仅在题材上将风景画置于绝对不逊于人物画的地位，光是在打破了西方固有的"习作—创作"模式方面就功不可没，我们今天看到的大量莫奈、毕沙罗、塞尚的大量风景作品都是直接在室外旷野中写生之作，今天还有谁能说那不是"创作"呢？他们的行为将两者的鸿沟在日常中加以弥平，使该模式在此失效。

　　如果说印象派的出现对"习作—创作"模式提出了质疑，真正给予其更有力打击的是20世纪的现代派艺术，特别是在非具象的抽象艺术、表现主义、新表现主义中，"习作—创作"模式几无用武之地。至于到战后的观念性艺术、装置艺术中，这种模式的根基就更无从谈起了。

　　从这个角度，回头审视美术界对颜文樑作品的评价，就会更为客观些。有趣的是颜文樑在习作与创作的表述上也十分耐人寻味，他曾说："有人主张不写生亦可创作，且能臆造。殊不知创作臆造必须有深厚的根底。现在所练习与写生，是为将来的成就打基础……古人已有的好方法，我们要运用；古人未有的方法，我们可以创造。写生有利于艺术创作，为什么要拒绝运用呢?"[1]

颜文樑一生作品众多,但只有少量的作品如《国庆十周年》(1959)、《上海炼油厂》(1975)、《轧钢》(1963)、《静安公园》(1970)、《祖国颂》(1982)等属于带有主题性创作。但即使是这些带有主题性的创作,也基本上可以将其视为风景或场面,而绝对缺少同时代众多作品的情节性和戏剧性。除此之外从 20 年代到 80 年代,颜文樑 90% 以上的作品都是对景的小幅写生画。有人质疑颜文樑的创作能力,正是依据着"习作—创作"模式做出判断的。其实,上述那些接近于创作的作品恰恰不是颜文樑作品的成就高者。这些画面虽然是他耗时较长的作品,但比起他的小幅写生却显得呆板、拘谨。他作品中最有特点是他的写生,比如《浦江夜航》(1950)、《南湖旭日》(1964)、《雁来红》(1973)、《卧室》(1974)等等。

从颜文樑的经历看,他在法国学习的经历使他受到印象派的耳濡目染,虽然他的表述受到时代的局限,但从他个人作品"创作"不及"习作"成就高从这个事实看,他的经历和个性决定了他对"习作—创作"模式本能上是抵触的。如果颜文樑绘画的成就受到质疑的话,应该是他的光色风景作品与印象派作品相比,能否具有自己的独特风格,而不应该是对他的"创作"能力质疑。

五、颜文樑成就的定位

翻开几本中国现代美术史,对颜文樑的评价都是在肯定其为人为艺后对其艺术成就略有微词。联系起其他几位叱咤风云的大师来,这种评价也不能说没有道理。本文就此,将颜文樑与中国现代史上同期其他艺术大师如徐悲鸿、刘海粟、林风眠的个人成就相比较,具体体现在两个方面:一是个人艺术成就,二是办美术教育的成就。

将颜文樑与其他油画大师(徐悲鸿、刘海粟、林风眠)相比较是能够说明问题的。徐悲鸿、刘海粟的创作在中西绘画实践上都卓有影响。颜文樑并不像他们,他从事的艺术媒介相对单一,主要是集中在油画创作上,而且主题性创作很少,其漫长一生中基本都是以小幅风景油画为主要表达手段,大画很少,从风格上看也缺乏突变,这也是评价其作品成就的一个基点。在油

---

[1] 颜文樑:《画论》,原载《颜文樑》,上海,学林出版社,1982 年。

画表现的题材力度上,颜不如徐;在对本土化、民族化探索的广度上,颜不如刘;在对中国画改造的决心和实践上,林风眠可以说几人中无出其右。但在对油画的坚持和心无旁骛上,颜文樑又显示出了他不懈与执着,虽然有些人认为这是其才情所限。但仅就对油画的执着与光色的孜孜不倦上,四人中他当推为首。

刘海粟对油画的本土化的表达(这里姑且不使用民族化这个词)之成就显然在其他三人之上,刘海粟油画中更多借用了中国水墨绘画的表达手法,比如留白、勾勒填色、皴法、晕染、书写性等,乍看上去,似乎对油画基本手法离经叛道,不伦不类,但实际上联系油画在中国传入不断适应的历史和近代中国在五四新文化运动后对传统中国画的批判以及有识之士试图将西方的油画融入中国特色的情感线索,联系起近百年来中国油画家对油画本土化的"欲抱琵琶半遮面"的修补、添加、修饰的变动,刘海粟的尝试就显得放任无羁、随心所欲,作品耐人寻味之处多多。

林风眠的早年油画多散失,现存后期作品都是以水墨(彩墨)画为主,除早年的《摸索》、《人类之痛苦》等油画是关注民生的主题创作外,他后期在纸上的彩墨画题材从传统意义上基本上属于小品类,在这点上同颜文樑很接近,但在水墨画创作上了无成见,放笔直书毫无羁绊方面他却胜颜文樑一筹。

徐悲鸿的油画造型能力在四人中首屈一指,他在写实主义、艺术为人生的道路上的执着也非其他三人可比。他早年的主题性油画,像《田横五百士》、《愚公移山》、《傒我后》等巨作,除了历史意义和文化意义外,在美术本土化和创造性方面并无太多值得称颂之处。以致徐悲鸿本人后期也舍弃了这种表达方式而多从事水墨绘画的创作。其水墨的绘画方式对中国学院派写实水墨的影响是决定性的,这点理所当然地远胜其他三人。

如果说徐悲鸿、林风眠、刘海粟是画家中的思想家,那颜文樑就是名副其实的实干家。他一生在自己的艺术创作中追随欧洲油画艺术透视与色彩的传统,颜文樑虽有国画家学,并且苏州美专也设有国画科,但他个人的油画从未直接揉进更多的国画因素,而是全身心地投入,将自己置身于纯粹的油画体验中。论绘画的才气和对艺术的胆识,颜文樑在四人中应属叨陪末座,所以他更像是一个辛勤耕耘的农夫,只管耕耘不问收获。重在过程给自己带来的乐趣。

美术教育方面的影响又怎样呢?

相比起徐悲鸿对后世中国美术教学体系的建立,颜文樑是相对弱势的。徐悲鸿1928年任国立北平大学艺术学院院长后几经周折,1946年始任北平艺术专科学校校长,着力贯穿推广其教育思想,而1949年后创立中央美术学院其体系方法借助中心的权力迅速得以推广。几人中办学最早为刘海粟,上海美术专科学校开办时间为1912年。1930年周游欧洲后刘就淡出了学校的管理事宜,以后的华东艺术专科学校、南京艺术学院的办学与管理,刘只是挂名。而林风眠的办学真正的时间从1925年断断续续到1947年,但他毕竟提出了"介绍西洋美术,整理中国美术,调和中西艺术,创造时代艺术"这样总结性有远见的办学宗旨,这种气魄和远见在颜之上,更不用说徐、刘二人在办学抱负和气魄上胜颜数筹。但若论办学的历史以及办学的持续性,颜在四人中无出其右。

颜文樑在教育上与在绘画上同样孜孜不倦、辛苦耕耘,在为人为师上树立了楷模而从不骄纵自矜,虽然说在成就的各项(教育模式、油画成就、调动社会资源整合、桃李满天下等方面)上颜文樑都算不上最杰出,然而若论各项的平衡与坚守画风如一的韧性,颜文樑当为第一。

"他从不跟着别人跑,他全部的优势和缺陷都是自己的。对比于同时期那些更长于理性的判断和作为的画家教育家,颜文樑无疑更多具备情感上的真诚与感受上的敏锐。"[1]

"他的全部优势和缺陷都是自己的。"将这句话作为对颜文樑先生的综合评价,可谓一语中的。所谓缺陷,在我理解正是由于颜文樑缺乏对大文化格局的把握,不能将美术的影响扩展到美术以外,无论绘画还是办教育都很难留下强烈的个人痕迹;但他也没有因为骄矜和强加于人留下后世的毁谤,这也成了他的优点。作为中国现代史上一个有影响的画家和教育家,颜文樑以自己的方式影响后人,也许用古人那句话来形容更为贴切——桃李不言,下自成蹊。

(作者单位:南京艺术学院美术学院)

---

〔1〕 王晨:《传道、授业、解惑也——纪念颜文樑及苏州美专成立86周年》,载于《沧浪掇英——苏州美专八十六年周年纪念专辑》,北京:中国现代美术出版社,2009年。

精　　明
——颜文樑未被世人认识的另一面

马海平

说颜文樑先生忠厚,没人反对;说他踏实,也没有异议;可说颜先生"精
明",一定会遭到指责,尤其是遭到敬爱他的学生们的指责,甚至是谴责。阅
读过所有怀念颜先生的文章,有称赞先生治学严谨的,有回忆他如何爱戴学
生的,也有人直接称他为"夫子"的,[1]但唯独没有一个提到过他是精明的,
他自己也说过"情愿做'憨大',而不愿做聪明人"。[2]所以,写下这个题目必
须郑重声明,我对颜文樑先生非常崇敬!窥视到颜文樑先生这从未被人们
认识的另一面,让我对他的感觉在崇敬之上又增添了钦佩和叹服。为此还
有些得意,因为我发现了先生未被人认识的另一面。

精明之一:从美术画赛会到美术馆,美专有了最美的校园

1918 年冬,一则为庆祝巴拿马运河通航而举办的"巴拿马博览赛会"的
通讯传至苏州,启发了颜文樑,由此产生了组织一场美术画赛会的念头,遂
去东吴大学找杨左陶先生商议,两人一拍即合。当时吴越之地仅上海图画
美术院举办过两次成绩展览会,尚无"美术展览"的名称,"美术画赛会"则移
借"赛会"一词,但少了赛的意味,以"提倡画术、互相策励、仅资浏览、不加评

---

〔1〕 葛赉恩 John. W. Cline,美国人 1911—1922 年担任东吴大学校长,在葛赉恩校长的任期
内,东吴大学的教学基础设施日趋完善,校园内增添了多座建筑,面积也在不断扩大。1915 年,葛赉
恩校长以东吴大学为本,于上海创设"东吴大学法学院",开现代中国之先声。其任职的十年里,东吴
大学逐步建立了比较完整的教学体系、学科体系,学术研究成绩斐然;构建了一个包括文理科、法科、
四所中学、二十所小学、一个语言学校、以及松江圣经学校的东吴体系。作为东吴大学的第二任校
长,葛赉恩也十分重视校园文化建设。学生的课余学术活动、文体活动、社会服务与实践活动等都得
到了充分的提倡和发扬,潜移默化中形成了一个中西文化合璧、学术氛围浓厚、人文精神和科学精神
并重且以学生为本的校园文化。所以葛赉恩被称为"东吴系统"的建设者。所以颜文樑组创苏州美
术画赛会的主张得到了他的鼎力支持。

〔2〕 潘振霄(1875—1959),名起鹏,以字行,苏州人。清末秀才公费留学日本学习师范,回国
后服务于苏州教育界,创办了 4 所高等小学,任过劝学所所长,并自兼第三高等小学校长。民国时期
曾任苏州教育局局长等职。一生酷爱昆曲艺术。

判"十六字为宗旨,征集苏州与全国各地中西画家的作品,画赛会的实质上是自由展览。

1919 年 1 月,颜文樑与葛赉恩、潘振霄、徐泳清、金天翮及杨左陶共同发起美术画赛会,商定展品陈列范围定为"国粹画、油色画、水色画、气色画、钢笔画、炭画、蜡画、漆画、焦画、照相着色画、刺绣画等各种画件"。陈列资格:"个人之著作以及学校之成绩,非抄袭或临摹前人之著作者。"陈列时间定为两个星期,即每年的元旦至元月十四日。第一次画展于 1919 年元旦在万寿宫(今苏州市人民文化宫市老年大学校)展出。首展作品百余件。

图 1 1919 年颜文樑与杨左陶等在苏州创办了苏州美术会,举行了一次大规模的"苏州美术赛会"。图为建于苏州铁瓶巷的美术会旧照

美术画赛会按年举行,初期展出作品一二百件,后逐年增至两三千件,持续二十年没有间断。颜文樑在《十年回顾》关于历届赛会情况,有这样记述:、

"……其时,潘振霄、葛赉恩、徐咏清、金松岑先生赞助促成。乃草拟简章,广征名作,遂于八年元旦开幕。当第一届画赛会举行之后,议决于每年元旦日,赓续一次,迄今已十四年未尝间断,第二届发起人,加入胡粹中、朱士杰两君,会务进行亦速。会场历届无定址,今则常在(苏州)美术馆举行。出品以第一届、第七届、第十届为最多,第六届以战事影响,几遭中止。届团体之加入者,有北大画法研究会、东大飞飞画会、中大及苏地各中等学校,个人出品之加入者,中国画有顾鹤逸、刘临川、吴子深、颜纯生、顾公柔、吴昌硕、顾公雄、顾彦平、曹筱园、陈伽仙、樊少云……西洋画有黄觉寺、周礼恪、胡粹中、朱士杰、陈涓隐、程少川……。到会参加人数,每日平均五百人,会期每届两星期,迄今已历十四年,统计参观者,不下十万余人矣。此历届画赛会之大概情形也。"

画展获得成功,"苏州美术会"进而成立,并确定每年元旦举行画赛会。

1922年,共议扩充组织,假怡园为会址,聘请顾鹤逸为会长,又出版《美术半月刊》,顾公柔主持编务,后又有蒋吟秋参加。为了推进苏州美术会会务发展,顾鹤逸出资,顾公柔设计,在铁瓶巷顾宅对面建造了会所1923年落成,苏州美术会迁入办公。会所内有展厅、会议室、教室、办公室等设施。其时,会员已增至三百余人,分雕刻、绘画、音乐、刺绣、演讲等六部。但是随着"画赛会"规模的扩大,会所的展厅是不能满足要求的。

1927年,北伐革命成功,颜文樑先生的学生蒋靖涛新任苏州公益局长,颜文樑先生在第二中学时的同事徐孟荄为公益局秘书,他们力主颜文樑主持重修沧浪亭。颜文樑应公益局之聘,任沧浪亭保管员,受命筹设苏州美术馆。颜文樑以保管员的名义接收沧浪亭,除筹建美术馆,陈列当代中西画家作品之外,颜先生又多了个心眼,将园中其他多余房间稍加修葺,由公益局会同教育局批作美专校址,将苏州美专从县立中学迁入沧浪亭内,美专获得定址之后,前来求学者日众……

从此沧浪亭——这座乾隆皇帝下江南的行宫大门左右两边分别挂着苏州美术馆和苏州美术专门学校两块牌子,来自于全国各地的莘莘学子在这里舒心地学画。1928年元旦苏州美术画赛会十周年展览暨苏州美术馆开馆典礼同时在修葺一新的沧浪亭举行。沧浪亭也成了近代中国第一座由地方政府设立的美术馆。

精明之二:连锅端了犹太人画室的石膏像

苏州美专创立之初,整个中国作为学生锻炼素描基础的石膏模型设备,寥寥无几,在上海古旧货铺,有时可以碰到一些,而且只是小型,或是中型。要大型的,专门为美术上所应用的阿加特米型,是绝不可能有的。

1928年9月,颜文樑先生赴法国巴黎留学。在努力到法国各大美术馆进行临摹学习的同时,他也没有忘记国内美术学校的状况及所需,利用休息的时间到旧书摊去寻觅有价值的美术资料,每逢周六下午,便到旧货市场去淘石膏等物。在巴黎和布鲁塞尔,他购买了一批又一批的希腊、罗马古代雕刻石膏像复制品。在法国两年多的时间里,他先后将460件石膏复制品托运回国,数量超过了当时全国用于美术教育的石膏总和。黄觉寺在《颜文樑与苏州美专》的回忆文章里这样写道:不二年,成批的大型木箱,一批批运到本国,运到学校,直到颜先生回国的那年,还陆续的运到。全部统计,大小模型,不下四百余件。多数为名家雕刻的复本。其中如:《掷铁饼》、《大卫头像》、《奴隶》、《拔刺》、《小孩抱鹅》、《蹲着的维纳斯》等等。还有专供教学用的人体解剖模型及马体和各种马体的动作及解剖。此外还有专门装饰用的古希腊瓶及各种浮雕。可以说,所选购的模型,各方面都具备。这是颜先生苦心孤诣和坚强意志的结晶。颜文樑又将法国学生用的画架、画椅、画箱等设备一一画下图样,标上尺寸,回国后照图纸复制成套画具。[1]

图 2 苏州美专学生在老师储元洵、孙文林等的指导下画素描图中的石膏像就是颜文樑先生从欧洲购置的四五百件中的一部分

上面叙述的故事早已传为中国美术史上的佳话,可故事中还有一段隐情却鲜为人知。2003 年笔者采访了时年 90 的俞成辉先生,俞先生是苏州美专早期毕业生,在校学习六年,三年本科,三年研究生,毕业后留学日本。俞先生说,在颜文樑先生购置的 460 个石膏像中,最精美的一部分来自于当时

〔1〕 徐泳清(1880—1953),为上海徐家汇天主教堂孤儿院收养,九岁入该院附设图画间,向刘必振和外国绘画教师学习素描、水彩画和油画。十六岁入同属徐家汇天主教堂的土山湾印书馆从事插图创作、装帧设计。擅长水彩画和油画。1913 年起主持上海商务印书馆图画部,练习生有杭穉英、何逸梅、金梅生、金雪尘、戈湘岚等,均向他学习素描、水彩画和油画。同时受聘于上海美术专科学校执教西洋画。其间画有大量铅笔素描和水彩画稿,由上海商务印书馆和有正书局出版,作为中小学生图画临摹课本。长于画风景,不善画人物,故常与郑曼陀合作月份牌画,进行补景。日寇入侵上海后,携眷去香港,继续执教西画。抗日战争胜利后,一度返沪短寓,后迁居青岛。据温肇桐编《美术理论书目》,著录有大东书局出版的《水彩画写生法》等。

同在巴黎学画的一位家境富裕的犹太学生,因为这位犹太人学习期满急于回国,其画室里的石膏像就被颜文樑先生以极低的价格连锅端了。颜文樑先生在《我印象中的巴黎和罗浮宫》一文中对他在巴黎购买石膏像和书籍的事略有所记述:

> "我的生活素来主张节俭,衣服也都是从国内带去的。这样,在生活方面尽量节省,才有节余的钱买石膏像,买美术书籍。""买了石膏像之后麻烦就来了,分块(石膏像高达二米以上)、衬垫、装箱、写字、托运、保险,所有的事情都无可推诿的由我一人干到底。有一次半夜下雨,想起有十箱石膏像尚在露天堆放着,急着披被出门,奔到火车站,租了一幅大油布。油布体积大,分量重,出租小汽车装不进,只好拖着跑。拖到电车站,装进电车,运道寓所附近堆放箱子的场地,终于将箱子遮盖严实。这时雨却停了,天空中露出曙光。"[1]

相信在颜先生运回国的四五百个石膏像里还藏着很多有趣的故事,只是都被为人低调的颜先生带到天国去罢了。[2]

俞成辉先生回忆,那些石膏像是分批运抵学校的,在颜校长从欧洲回到学校之后,还有石膏像陆陆续续运到学校。原先那些高大的、为方便运输被

---

〔1〕 金天翮(1873年—1947年),原名懋基,字松岑,号壮游。江苏吴江人。中国近代诗人。出身富家,祖籍安徽歙县,自幼即重视经世之学,肄业于江阴南菁书院,师事顾询虞、袁东篱。曾参加过一次科举考试,被荐经济特科,辞不就。光绪二十九年,在上海参加革命团体爱国学社,撰写小说《孽海花》。又著有《女界钟》,力主婚姻自由。民国初年,曾出任江苏省议员,移居苏州。1923年出任江苏省吴江县教育局长。1932年,与陈衍、李根源等组织中国国学会。著有《天放楼诗集》、《孤根集》等。

〔2〕 杨左匋(1897—1967),原名杨锡冶,字左陶,亦作左匋,吴江同里人。1910年入交通部上海工业专门学校中学部就读,1915年加入南洋学会。杨左陶读书期间才华横溢,曾在学生刊物中发表过《绘事一角》和《颜色相片》文章,表现了他对绘画及摄影见识。1915年第二、三学期和1916年第三学期曾任上海图画美术院教员。1918年专科学校毕业后,杨左陶任教于东吴大学。在东吴任教期间与颜文樑等共同发起组织了苏州美术画赛会。20世纪20年代初,杨先后在上海英美烟公司任图画设计师和该公司影片部任滑稽影片画部主事,专绘长片滑稽画,1923年画的《暂停》和1924年画的《过年》备受观众欢迎。1924年8月杨左陶拒绝了英美烟公司的挽留,乘坐"甲克生总统号"自费赴美国留学,从此一去无回转。1931年杨左陶在美完成了他第一部动画片《门德尔松春之歌》,在美国引起轰动。1935年杨左陶担任迪斯尼公司特效动画部主管兼首席动画师。先后参在《白雪公主与七个小矮人》、《幻想曲》、《小飞象》及《小鹿斑比》等影片中担任画师。参考《美术向导》2011年04期殷福军、沈昌华《一个被遗忘的天才——记中国第一位动画专家杨左匋》等。

颜先生而分块了的石膏像,又在自学了雕塑的朱士杰先生的拼装下重新修复,加上精心摆放布置于新落成的苏州美专罗马爱奥尼亚柱式教学大楼的地下室中。这四五百具从邮船上带来的石膏像,使苏州美术专科学校成为全中国设备最完整的学校,各地的美专纷纷到苏州来翻石膏模子,不知有多少学画的中国人受惠于这五百多具石膏像,从这里了触及了西洋的文明。

有了固定的校址,增添了新教学楼、四五百件的精美石膏像和上万册书籍画册,1932 年,苏州美专在国民政府教育部顺利以大专院校立案,正式定名为苏州美术专科学校。

精明之三:五人同游意大利独抵文艺复兴重镇米兰

袁志煌、陈祖恩编著,上海人民出版社 1992 年出版的《刘海粟年谱》和《现代美术家画论·作品·生平——颜文樑》记述了同一件事,那就是 1930 年 5—6 月间他们同游意大利的事。同游者除了他们俩还有吴恒勤[1]、杨秀涛[2]和孙福熙[3]。颜文樑和刘海粟因为同是早期中国美术学校的创立人,早在国内就相识。在法国他们看了也临摹许多名画,但如不到意大利去研究一下文艺复兴时期的油画杰作,他们都觉得不能算是对油画真正有所理解,所以有了五人意大利之游。1930 年 5 月 30 日晚上 10 时一行五人从法国里昂登上火车,开始了意大利之行,此游计划首站罗马,继去佛罗伦萨、威

[1] 吴恒勤(1900~1995)又名定,号定一,安徽休宁人。早年考入上海美术专科学校西画系,学业优异,获吴法鼎奖学金,于 1925 年赴法国留学,历时六年。1930 年冬归国,任上海新华艺术专科学校西画系主任兼教授。抗日战争爆发后,在郭沫若任国民政府军事委员会政治部主任的第三厅,从事抗日救亡宣传工作,画了大量的抗日宣传画。抗战胜利后,任民生实业公司南京分公司副主任。1954 年调入上海工作,晚年勤于中国画创作。

[2] 杨秀涛(1896~1979)贵州江口人。1918 年入武汉大学图画音乐科学习,1920 年进入上海美术专科学校深造,1921 年转学进入上海大学艺术系,1923 年夏毕业。随后赴法国勤工俭学,考入巴黎美术学院攻读油画专业,1928 年毕业,获硕士学位,受比利时国王特请为该国财政部客厅绘画一年多;1931 年回上海,进入上海新华艺术专科学校任西画系主任、教授;1948 年任贵州省艺术馆馆长;文化大革命期间,遭到错误批判,1972 年落实政策。

[3] 孙福熙(1898~1962)字春苔,笔名丁一、寿明斋,浙江绍兴人。1919 年与胞兄孙伏园,任北京大学图书馆职员,投入五四运动。1920 年赴法国入里昂美术学校学习绘画。1924 年归国,先后在上海、北京从事书籍装帧美术设计,兼作油画。又参与发起成立“语丝社”,创办《语丝》周刊,参与编辑《京报副刊》。1928 年起任国立杭州艺术专科学校教授。1930 年再度留学法国。1931 年至 1937 年继续在国立杭州艺专任教授,并主编《艺风》月刊。1946 年从昆明返上海,以卖画为生。新中国建立后,任市立上海中学校长、上海市教育研究会主席等职。

尼斯,最后至米兰。

　　6月1日晨,五人抵达意大利罗马。在罗马他们滞留的时间最长一共6天。去罗马新美术馆参观"西班牙杰作展览会",去罗马市展览会会场参观"日本美术展览会"。参观罗马古斗兽场、君士坦丁大帝凯旋门、公元217年的遗迹——加拉加拉的共同浴场、圣撒白司地下教堂、圣彼得大教堂、梵蒂冈教皇宫、梵蒂冈美术馆。在西斯廷教堂观赏了拉斐尔的壁画《雅典学派》、《波尔哥宫的火警》、《彼得被救出狱》等,观赏了米开朗琪罗的拱顶画及大壁画《最后的审判》等。此后又去圣彼得咒词里教堂,观看了米开朗琪罗所作摩西巨像。参观罗马新美术院之近代作品、玛利亚马其亚教堂和意大利国家博物院(又名特而美博物院)、波尔盖世画廊和圣保罗大教堂。此次行程的第二站是文艺复兴重镇佛罗伦萨(即民国旧译"翡冷翠"),第三站是水城威尼斯。

图3　1930年5月30日刘海粟相邀同在法国巴黎的颜文樑、孙福熙、杨秀涛、吴恒勤前往意大利考察文艺复兴时期的美术。此图摄于意大利佛罗伦萨但丁广场(右颜文樑,中刘海粟、左吴恒勤)

　　五人同游,中途因费用不足,先后有人离去,只有颜文樑一人完成了预期行程抵达了米兰。初到罗马,其他人每餐费皆在20里拉左右,颜文樑却未雨绸缪知此游旅费昂贵,力主节约,每餐只用5、6里拉,购买图书时也拣确有需要的购买。吴恒勤等人开始都取笑他节俭过度,然,刚离开罗马,大家都感到旅费不支,到威尼斯,吴、杨、孙3人已返回。在佛罗伦萨但丁广场的合影我们只看到了颜文樑、刘海粟和吴恒勤，没有看到另两位艺术家，最起码杨秀涛和孙福熙中有一个已经因为川资告竭而打道回府了，到米兰，就剩颜文樑一人独游了。在米兰数日，颜文樑饱览名画、建筑。瞻仰了达·芬奇名作《最后之晚餐》，最后乘火车回巴黎。这次意大利之行历时 3 星期，颜文樑先生不仅仅完成了预期的旅程还画了 14 幅油画。[1]

精明之四：法币狂贬值学费交大米

1935 年 11 月 4 日，中华民国国民政府规定，以中央银行、中国银行、交通银行三家银行(后增加中国农民银行)发行的钞票为法币，禁止白银流通，发行国家信用法定货币，取代银本位的银圆。在抗日战争和解放战争期间，国民党政府采取通货膨胀政策，法币急剧贬值。1937 年抗战前夕，法币发行总额不过 14 亿余元，到日本投降前夕，法币发行额已达 5 千亿元。到 1947 年 4 月，发行额又增至 16 万亿元以上。1948 年，法币发行额竟达到 660 万亿元以上，等于抗日战争前的 47 万倍，物价上涨 3492 万倍，法币彻底崩溃。如此不堪的经济形势，政府拨款的公立学校都无法应对，更何况经费完全自理的私立学校。

2006 年 5 月在中国第二历史档案馆查阅资料时，发现一张 1948 年苏州美专的全体教职员会议记录，记录是用铅笔书写在 16 开白纸上的，仔细阅读立刻被颜文樑先生领导的苏州美专应对法币崩溃的方法拍案叫绝——真是太精明了！

1948 年 1 月 19 日下午 4 时，苏州美专在校长颜文樑的主持下，召开了全体教职员会议。出席者有：颜文樑(校长)、黄觉寺(教务主任兼教授)、商启迪(公民兼图案教授)、胡粹中(教务主任兼教授)、钱定一(会计兼教授)、杜学醴(色彩学教授)、徐近慧(西画教授)、张彦曾、储元洵(舍伍主任兼教授)、胡久安、凌立如(国画教授)、陆昂干(书记)、孙文林(训育主任兼教授)、朱士杰(事务主任兼教授)、陆寰生(校长室秘书)、李霞城(事务员)、王之玑。会议讨论了 5 项议案，第一议案就是，本年度第二学期学杂费拟予规定案，议

---

〔1〕 油画《罗马古迹》、《罗马遗迹》、《罗马斗兽场》、《罗马海特里安皇陵》、《佛罗伦萨(市政厅广场)》、《佛罗伦萨(老桥)》、《佛罗伦萨》、《威尼斯圣马可教堂》、《威尼斯运河》、《威尼斯伯爵宫》、《威尼斯水巷》、《米兰大教堂》等。

决,暂定白米三担至三担半。好一个实物学费,这实物学费既没有增加学生家庭负担,也让学校不再为飞涨的物价犯愁。

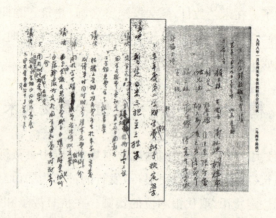

图4　1948年1月苏州美专全体教职员会议记录

　　总之,回顾颜文樑及其创办的苏州美专的办学历程,我们会发现:如果没有颜文樑先生的灵机一动的精明,苏州美专的校史就要改写,庞大的房租开销将制约他的发展;如果颜文樑先生不精明,仅仅靠节衣缩食,八千元的个人储蓄,[1]怎能既完成在巴黎两三年的学业和对欧洲美术的考察,还能为苏州美专带回数百件精美的石膏像?如果没有颜文樑的精明,沧浪胜境里的苏州美专也有可能早就会被崩溃的国民党经济所拖垮!可以说,正是依赖于颜文樑先生的"精明强干",才成就了苏州美专在当时那种艰难环境中的辉煌成就。

（作者单位:南京艺术学院校报编辑部）

---

〔1〕钱伯城:《颜文樑先生年谱》,学林出版社1996年1月出版《现代美术家画论·作品·生平—颜文樑》,第169页。

颜文樑绘画艺术"求真至美"* 之美学趣味初探

商 桦

【内容摘要】 本文以颜文樑一生的绘画创作经历为线索,结合苏州美专的办学历史以及他艺术创作和艺术教育的成果,全面梳理并分析了颜文樑"写实派"绘画观的形成、确立、发展与完善的渐进过程,并得出结论:颜文樑的绘画创作一以贯之的"求真实"态度和持之以恒的实践精神体现了他善于观察真实的客观世界,尊重自然形象与定律,并能在自然中不断地发现美与表现美,在绘画中力求达到真、善、美统一的追求目标,体现了他"求真至美"的美学趣味。本文进一步指出:颜文樑的风景油画虽然不同时期在样式和内容的追求上丰富多变,但现实主义的写实风格总能呈现出和时代面貌息息相关的人文关怀,同时也反映了他努力探寻油画民族性和中国风格的艺术理想。

【关键词】 颜文樑 求真至美 美学趣味

引 言

颜文樑(1893—1988)是我国近现代美术史上著名的教育家和油画家。他早年创办苏州美术学校,培育了大批新型美术人才,在艺术教育界的影响誉同上海美专。颜氏1928年入法国巴黎高等美术学校学习油画,师从写实主义画家皮埃尔·罗朗斯,1930年归国后继续从事美术教育活动与绘画创作。他一生致力于风景油画的创作研究,努力探寻风景油画的中国风格之路。与同时代的留洋画家相比,具有良好传统学养的颜文樑(其父颜元是当时苏州有名的国画家,师从海上名家任伯年,颜文樑自幼随父学画。)一生艺术实践精力主要集中于风景油画领域,其他画种实践与题材探索涉足甚少。

---

* 求"真实"是颜文樑绘画创作的一贯态度,他在《谈自己的绘画风格》一文中第一句话就"我的绘画是写实的"。同时,在《关于美》一文中,他说:"我主张真实,先有真实,后有美,没有真就没有美。美一定要从真里出来,真善美是我的主张。真善美是我们艺术家追求的宗旨。而真是善与美的基础,不真何来美善,不美不善者必失真,因此,我们画家首先要求真。"笔者以为求真而至美是颜氏绘画美学趣味的核心所在。

这和同时期的美术家徐悲鸿、林风眠、刘海粟等人相比就显得有些单一,也可以说颜文樑的艺术实践不够丰富全面。然而,笔者通过对颜文樑一生绘画实践全过程的了解,结合其风景油画作品不同时期的特点解读分析,再全面梳理了他有关绘画创作理念的一系列文论,不难发现颜文樑一以贯之的艺术观和美学追求,分析并探究他绘画创作的美学趣味正是本文的要旨。

一、初习西画时的写实性趣味取向

颜文樑出生在苏州一个书香门第家庭。良好的家学背景没有将他引向传统的书画道路,他对西洋绘画的兴趣看似与生俱来,这或许也反映了20世纪初西方新兴文化大规模输入的时代影响力。他12岁入诚正学堂,在其父指导下开始临摹《芥子园画谱》,14岁作铅笔作色画《浒墅关车站》、《惠山》等,16岁时作《苏州火车站》曾被学校推荐倒南京南阳劝业会陈列。17岁时他考入上海商务印书馆作技术生,随印书馆日本职员铜板室主任田满太郎、画图室主任松冈正识等学习西洋水彩画。虽时间不足一年,但日本画家在印刷技术和西画知识方面的传授对颜文樑产生了直接影响。自然物象的真实性呈现对眼睛的刺激使他有了特别的感受,当他在一家镜框店里看到一幅逼真的葡萄和桃子的油画印刷品时,毫不犹豫地买下了这件洋画复制品。此后,他开始知道了"油画"的概念并对之发生兴趣。

青少年时代的颜文樑对西洋画的研习方式主要是由个人趣味引发的摸索式自学。油画的逼真效果成为其兴趣的焦点,他尝试着在水彩和粉画上做出"油画"的效果。为了表现画面物象的逼真性,他进行了幼稚而执著的材料实验:他先用熟菜油调和传统绘画颜料,结果是无法使画面干燥;他又用蓖麻油调和色粉,也同样无法干燥;此后再用熟桐油调色粉均告失败,直到他用鱼油加入松香水调入色粉颜料进行实验,才使得行笔的顺畅和画面的干燥都有了可能。颜文樑用这样的方法画了第一幅油画《石湖串月》。此后,他又购买亚麻仁油作溶剂,画了第二幅更接近油画的作品《飞艇》。1916年,颜文樑根据日本人撰写的《绘画制造法》继续进行材料实验,根据书中讲解的方法配制颜料,同时实验还辅之以画布底子的制作,直至有一天用上了真正的油画颜色。

颜文樑对油画材料的实验来自于表现"真实观看"的需要,他对有强烈附着力且又能产生堆塑感的油画产生了迷恋,这也反映出他对新事物的关切与热爱。然而,在20世纪初青年学子留洋日本、欧美学习洋画的风潮渐进形成之时,像他这样借助间接经验和初步累积的非系统性知识不厌其烦地进行摸索,以自修的学习方式来研究油画的例子还是比较少见的。他依凭对物理世界的直觉和艺术禀赋,用自己的方式来表现平常而普通的真实生活。水彩、粉画、自制式油画都成为他绘画理想实践的途径。他略带诗性表现的写实手法(如水彩画或油画)以及反映市井生活题材的风情趣味(如色粉画)都与当时江浙一带的文人画家与海派画家的绘画表现意趣相去甚远。颜氏早期的创作主要有铅笔画、水彩画、粉画、油画等,但不论从哪一类画作看,都能窥见其在手法上刻意写实,在格调上显现诗境韵味的追求目标。例如从这一时期的主要作品《博古图》、《厨房》和《肉店》等皆可窥探一斑。

二、徐悲鸿的赞誉与颜文樑写实绘画观的确立

1928年起,留法归国后的徐悲鸿受聘于上海南国艺术院和南京中央大学艺术科任教授。旅欧近八载的徐悲鸿受法国学院派体系的良好教育,艺术趣味源于西方古典主义写实方式,这与靠自学成才的颜文樑绘画求"真实"的观念是一致的。当徐悲鸿受邀

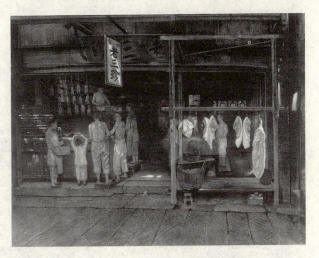

图1　肉店(47 cm×62cm)1921年 油画

到苏州美术学校讲演时他看到颜文樑的粉画作品《厨房》和《肉店》后,称赞其画艺"精微幽深",并誉之为"中国的梅索尼埃"。梅氏是法国19世纪名画家,其画风以细密真实著称于世。依徐悲鸿的个性与才华而论,如此褒奖同行足以说明颜文樑绘画方面确实具有非同一般的才能,同时也体现了二人绘画趣味的相投。以徐悲鸿当时在国内的声望以及他对颜文樑如此赞誉,无疑对颜文樑既是一种肯定,也是一种鼓励。笔者认为这一点对颜文樑后来坚持探索写实性绘画技巧也起到了一种激励作用。

图2　1929年颜文樑获得巴黎春季沙龙荣誉状

在徐悲鸿的鼓励与推介下,36岁的颜文樑于1928年9月赴法国入巴黎高等美术学校学习古典主义写实风格的绘画,并于留学初期拜访了徐悲鸿在法国的老师古典绘画名家达仰。出洋深造的机会使颜文樑的绘画进入了新的起点与转折点。他于同年10月进入巴黎高等美术学校,在皮埃尔·罗郎斯的工作室学习素描和油画。与徐悲鸿的学习愿望一样,颜文樑学习的主要内容是严格的学院式写实训练,他经常到博物馆和美术馆临摹古典作品。1929年3月,颜文樑将粉画《厨房》、《画室》和油画《苏州瑞光塔》送交巴黎春季沙龙并入选。

图3　红海(16 cm×24 cm)1929年 油画

深受巴黎美校的熏染和欧洲各国历代艺术大师作品的影响,颜文樑的油画技艺有了很大的提高。景物写生是他留学期间的专攻,在巴黎,他先后作了《巴黎圣母院》、《巴黎凯旋门》、《巴黎艾菲尔铁塔》等油画;在意大利,他画了《罗马古迹》、《罗马斗兽场》、《佛罗伦萨桥》、《米兰大寺》及《苏伊斯运河》等，此外还有《红海》、《英国议院》、《柏林旧皇宫》等一系列去欧与归国游历途中的写生风景。这些作品不仅体现了颜文樑对写生的高度兴趣，同时也反映出印象派绘画重视色彩与光影关系的理念给予颜氏一定的影响。尽管他在归国后陈列展示自己留欧时期的作品时明确表示自己并不喜欢印象派，认为自己是写实派。颜氏对自身学脉鉴定的表态不仅为了说明其一贯以来标榜的求"真实性"绘画观，也是在当时持续不断的学派论战大环境情境下选择站队伍的立场表述。其实，印象派绘画对色彩的革命正是以真实观照自然景象为基础，依据光学原理重建了一种新的绘画表现方式而已。这和颜文樑早期确立的"真实表现"绘画观并不相悖，他的无意识吸收倒是加强了其油画语言的纯正性。这种纯正性不仅反映了他能够达到对光色变化的细微观察，也体现在画面表现中对颜色色性的准确控制，色调的得当把握，视觉肌理感的丰富呈现以及笔法的自如运用上，这些作品看起来与其早年的油画在认识高度上已大相径庭。

20 世纪 30 年代的中国画坛关于西方油画的引进态度存在着不同观念的争论，徐悲鸿和徐志摩、林风眠、刘海粟等一批人对西方自印象派之后的现代画派评判态度截然不同。客观地来看，徐悲鸿只主张推崇欧洲古典主义传统绘画，武断地否定了印象派及其之后的诸多现代流派，他的言论带有鲜明的个人偏见与主观倾向。作为留学生，颜文樑在接受欧洲绘画艺术洗礼的过程中也许没有像林风眠、林文铮那样关注于对现代主义思想产生的原因的分析；作为画家，他也没有像徐悲鸿那样将现代主义绘画给予断然的排斥，他凭借天生的敏感性接纳了印象主义及其它流派；作为艺术教育家，颜文樑在表明他的态度和看法时使用了谨慎的言辞来保持美术教育的理性逻辑。他在《风格与流派》一文中写道："绘画上的所谓派别是自然产生的。画家在不知不觉中流露出自己的个性，形成自己的风格，而为品论者评为某派，或者在身后被人称为某派。我不主张搞派别，自己不能主观地创造一个什么派别。从艺术史上来看，历代各种艺术流派之间却有相互轻视、排斥、攻击的，但也有彼此尊重、帮助的。我以为：同行之间如果不能互相帮助，至少要能做到彼此尊重。在巴黎，各画派之间并不互相攻击。关于印象派，当时我不大喜欢，但自己不知不觉也受到了印象派的影响。印象派的色彩是不错的。那时我只晓得画得真实。有时候，匆促画出一幅画来，人家说我是

图 4　颜文樑在为学生示范

印象派。我以为,对初学画的青年来讲,总以不谈派别为好。"[1]

这段记叙既表明了颜氏对派别争议的看法,也澄清了自己和印象派风格的关系。他以学习写实绘画为目的而留学法国,在巴黎虽进入了学院派的官立美术学校,但此时,印象主义绘画的影响已深深渗入了学院派,并改变了学院派绘画的面貌。学院派画家们对色彩问题也有了新的理解,懂得运用色彩对比和色调的细微变化来表现对象。例如学院派名家埃尔内斯·罗隆也是从印象派的艺术中找到了适合于自己个性的画法,既不采取色彩分割(其与点彩派名家修拉是好友),也不过分强调色彩效果,而是使用平稳、沉着的笔触,组成画面的协调。他的画风清新纤丽,表现非常细腻。颜氏留欧时期的风景画特色的形成更为准确地说是当时学院教学影响的结果。那些写生的小幅风景按他自己的说法不过是画得粗一点的习作而已,算不上正式作品。然而,他对色彩知识的钻研正如他自制油画颜料一样,是把色彩的科学知识正确运用到绘画实践中所产生的结果。他追求的是色彩的真实性。能自如地运用丰富多变的色彩写景是颜文樑区别于留洋之前绘画上的一大突破,从他一生的风景画创作轨迹可以窥见,尽管在后来的不同时期他在绘画题材和表现方式上不断有新的变化,但光和色关系的恰当运用几乎贯穿在他所有的作品中。

三、办学、教学、绘画实践活动一体化

由于对西方古典艺术的充分认定,而且这种认定使颜文樑决定完整地移植法国学院教学的一套体系,计划回国后将自己的学校建设成为一个正统的西画教育基地。为此,颜文樑收集了大量的美术资料和购置数百件的

---

〔1〕 颜文樑:《风格与流派》,见《20世纪中国西画文献:颜文樑》,北京:文化艺术出版社2009年版,第12页。

石膏复制品托运回国,这与徐悲鸿办新美术教育的思路和做法也极其相似。归国后的颜文樑将自己大部分精力和时间都用在人才的培养与教育上,他立志把苏州美专建立成一所完善的美术学校。此间的苏州美专规模进一步扩充,增设了高中科和实用美术科,并创办了美术制版组,培养美术制版人才。他也撰文《从生产教育推想到使用美术的必要》表述自己的教育主张。随着学校的发展,还将原有的校刊《沧浪美》扩充篇幅改名《艺浪》,定为月刊。每期内容发表有论文、随笔、文艺作品和美专校讯等,加强艺术的研究探讨和推广苏州美专的办学成果。

他通过校刊系统地发表自己的文论,讲解透视原理、色彩知识、油画技法。这些知识极为普通,但在技术、思想与文化启蒙的时期,却渐渐改变了中国人对自然的观看方式,进而改变了他们对世界的看法。他的色彩理论也是他的色彩经验,他对光、色以及色彩表现出来的明暗极其关注与迷恋,以致他的作品更靠近印象主义的表现而不完全是写实的观念。户外写生是颜文樑色彩教学的常规课程,从欧洲归来后,他经常带领美专师生奔赴各地名胜景区作画,锻炼学生观察色彩的能力。他的师生旅行写生团规模浩大,常常多达百人以上,足迹分布也极为广泛。1935 年 5 月,他率美专专科全体学生奔赴浙江普陀旅行写生,自己作《普陀市街》、《远眺佛顶山》、《普陀山门》等风景油画。他在《写生与创作》一文中说:"对景写生可以提高自己对事物的认识和形象记忆,绝不会有碍于创作想象。古人已有的好方法,我们要运用;古人未有的方法,我们可以创造。写生的经验,足资将来的创作想象。经验越多,想象越丰富。未闻无写生经验而能臆造者。日有所见,夜间成梦,写生与想象的关系也是如此。"[1]

关于风景油画创作实践的心得体会他一丝不苟地进行总结,在他 1957年撰写出版的《美术用透视学》一书中讲授古建筑房屋透视、外国建筑透视、室内场景透视、树木透视、山石、水浪、天空、云层透视等,依据科学法则的"写真"原理阐述,图文并茂,严谨而详实。1978 年整理出版的《色彩琐谈》论述了色彩的成因,光和色关系的特点、关系与变化,颜色的分类、搭配等等一系列色彩学知识,皆为他绘画实践的直接经验和感悟,可以定性为学习色彩画的一部实用型教材。

---

〔1〕 颜文樑:《写生与创作》,见《20 世纪中国西画文献:颜文樑》,北京:文化艺术出版社,2009版。

四、朴素的文风展现"求真至美"的美学趣味

颜文樑的一生不仅在艺术教育与创作实践领域积极耕耘,同时在艺术理论探讨研究方面也很有建树。他发表了一系列的短文谈绘画创作的心得体会,并经常撰文于艺术期刊与同行讨论绘画见解。他的文风朴实,表述清晰,明了易懂。他在《怎样评绘画》一文中对美的判断有如下表述:"究竟美的判断,怎样决定?那么就要先明白美的特质,大概美的特质有二,第一,美是离去一切关心,而给我人以快乐。第二,美的中间是和真善伴在一起。所以我人见了一幅画图,如果要下断语,亦要从真善美三方面,评判入手。画面的构图、色彩、调子,能不能正确?就是真的判断。画的内容能不能引起高尚的思想,和道德的效果?就是善的判断。综合以上两种判断,再因自己个性的相近,能不能得到一种愉快和同情?这就是美的判断。"[1]

图5 雪夜(42.5 cm×65 cm)1947 年 油画

他认为真善美应是艺术家进行艺术创作时追求的宗旨,而且追求"真"是体现艺术作品"善"与"美"的基础,没有"真"就谈不上"美"与"善",不"美"不"善"必然也就失去了"真",因此,画家的艺术创作首先要求"真"。颜文樑

---

〔1〕 颜文樑:《怎样评绘画》,见《20 世纪中国西画文献·颜文樑》,北京:文化艺术出版社,2009版。

对"真"的理解实际上就是要求画家要善于观察真实的客观世界,尊重自然形象与定律,所以他推崇写实主义绘画观。在《关于美》一文中谈风景画之美他又说:"风景画的美,我觉得,第一,要有感情。没有感情的风景画,是没有味道的。风景画有了感情,欣赏风景画的人在看画时就会产生同样感情,即产生共鸣。第二,风景画要美,就要画得引人入胜。什么叫做引人入胜呢?就是说风景画要吸引人,要看画的人感到自己和画家一同走到风景里去了。没有感情的风景画是不能引人入胜的。第三,风景画最好能使人开心(即充满乐观的、积极的、向上的感情),使人开心的风景画是真正的美的。例如,今天天气很好,阳光灿烂,气候温和,在这样的天气,出去画出优美的风景,人们看了就会开心。看同一个风景 ,各人的感受不完全相同。自己悲伤,觉着月亮也是暗淡的;自己快乐,觉着月亮也是明亮的。人总是凭着自己的感情去看风景的。不同的风景会引起人们的不同的感情;怀着不同的感情去看风景,风景也会有不同的面貌和味道。这就是美学上说的'感情移入'吧。"[1]

他作于 20 世纪 40 年代的《月光河》、《庭园月色》、《雪夜》等一系列风景画就是用写实的手段表达了诗情画意的意境,丰富的色彩、欣欣向荣的树木、曲折的道路,或是月色清空,或是雪光、日光、月光、灯光的合奏,这些意

图 6   人民大道(35 cm×53 cm)1960 年 油画

---

〔1〕 颜文樑:《关于美》,见《20 世纪中国西画文献:颜文樑》,北京:文化艺术出版社,2009 版。

境既平易近人又令人神往,似读一首首抒情诗。他中后期的代表作《百果丰收》、《人民大道》、《国庆夜景》等创作非常重视细节的描绘与处理,这些细节常常体现了画作中情趣表达的精妙,也使他独特的写实油画技巧发挥得恰到好处。他在《谈自己的绘画风格》中写道:"我的绘画是写实的。我的画虽然画得仔细,但不同与照相,每以细微处,都经过推敲。譬如《人民广场》这一幅画,近处的公共汽车,远处的楼房、云彩,都经过严密的分析、处理;每个细部都在整体中占一个合理的位置;明暗层次,颜色纯度,都是如此。我画《国庆节的南京路夜景》一画时,曾多次白天到永安公司画局部实况图,用铅笔记录画上所需要的各种物象,如电灯、汽车等。

我们在艺术上的研究和装饰的布置,都不应忽视细节。必须视小如大,又须视大如小。视小如大是细心,视大如小看整体。

艺术充满着乐趣,我们画家总是为了各自的趣味而在作画。我高兴时,往往根据画面自编自歌,正是其乐无穷。"[1]

他平实的叙述发至于实践得来的体会,也是对创作思考的点点滴滴之总结,凸现了"求真至美"的美学思想。

五、油画创作的民族性形式与中国风格探寻

颜文樑一生的绘画创作大致分为三个时期:早期作品细致平稳,构图讲究,重视用明暗效果来渲染画面气氛,色调和谐凝重,人物与景的关系融洽且赋有情趣,具有民国时期市井生活风味的风俗画特质。这或许亦是其作品《肉店》、《厨房》得以在巴黎入选沙龙展览的主要因素;留洋欧洲时期的风景写生注重色彩感受,颜色变化微妙,概括性强,厚重大气,其作品的油画语言开始变得纯正而成熟。留学的经历不仅使他对欧洲学院系统有全面了解,并能通过博物馆对历代大师名家的作品进行临摹与研究,这样的甄别与吸收过程是他丰富油画技巧和提高色彩运用能力的转折期;中、晚年时期的作品呈现了鲜明的个人特色追求。这种追求大致源于两个前提:一为所有的第一代中国油画家对"油画民族化如何确立"问题的共同追问与探索;二为特定的时代大环境变迁因素使不同的画家在各自的艺术立场上确定个人

---

〔1〕 颜文樑:《谈自己的绘画风格》,见《20世纪中国西画文献:颜文樑》,北京:文化艺术出版社,2009版,第12页。

艺术追求的标准并为之实践的路径选择。颜文樑的选择不同于林风眠、吴大羽、吴冠中等人,也不似徐悲鸿、吴作人、吕斯百一行,他是有别于徐悲鸿体系的"写实派"。自20世纪50年代始,他的风景画创作比较注重于有生活气息的中国风貌的呈现。表现内容多选择公园、乡村、庭园、港口、街道等,场景中多以古、新建筑、树木花草、远山水影、点景人物等陪衬入画。用色鲜艳明亮,注重光影表现,塑造细致真实,人景交融,既贴近大众生活,也符合普通民众的欣赏趣味,是赋予了时代气息与生活情趣的现实主义风格的风景画。

他对绘画美的一贯看法是:画得真实、有情趣、有看头并使观者看了高兴。中、晚年时期的作品这种看法表现得更为突出。他的画通常尺幅不大,却画得丰富入骨,而且耐人寻味。晚年的代表作如静物画《百果丰收》用了三个月的时间来完成,之后又对这幅小尺寸的油画的创作过程中构思的每一处细节作翔

图7　百果丰收(34 cm×55 cm)1995年
油画

实的叙说。他晚年的一些风景画创作甚至恢复到早年的格调与主题,注重诗意的表达,根据诗句凭想象作画,并把表达画面主题意境的诗句镶嵌在风景油画的外框上,这种方式似乎和传统文人画的形式相似,也可以看成是他刻意回归传统文化传递方式的一种样式。在技法和色彩的运用上他也慢慢摆脱欧洲绘画的影响,并试图确立一种油画民族化的方向,力求创造出有中国趣味和带有民间与大众文化审美风尚的中国风油画。

结　语

当下,梳理与研究中国第一代油画家艺术活动与艺术成就的学者逐渐意识到:20世纪时代大环境几经变迁的客观因素是画家们选择各自不同发展路径的主要前提条件之一。这种前提条件下的选择无论是自觉与不自觉都隐含了多种状态的可能发生,颜文樑的选择无疑是其中的一种范例。他将传统文化赋予的谦逊、诚实和坚韧精神运用于对新的艺术语言的系统传播与探索中,并坚信人对自然的感受的真实性与崇高性。我们既无需将他

艺术实践的结果横向比对同时代的美术家得出结论以显现孰高孰低，也不必就其一生的不同阶段创作实践用某种标准来界定那个时期更好。单把他作为 20 世纪新美术运动坚定的实践者与传播者来看就该获得近现代美术史书写中应得的位置。

（作者单位：南京师范大学美术学院）

由 器 入 道
——论颜文樑的美术实践及其美术思想

申 雷

【内容摘要】 颜文樑对于技法的研究和探索都是在中国当时还没有成型的参考的条件下完成的,其做法无疑具有先行者的探索作用。而在其后来的办学活动中,颜文樑身上既有国人自行的探索,又有向国外的直接学习,更不乏将国外的专门知识与技能总结传播的过程,颜先生一人兼具了实践者、引进者和传播者的三重角色,为中国现代美术事业的发展作出了筚路蓝缕之功。本文叙述了颜文樑的美术之路,不仅是画家的美术之路,更是社会化的美术推广之路。尤其是他在 20 世纪 30 年代率先在中国开办实用美术科,提倡以美术设计振兴工商业,提倡建设国家级美术馆,以促进中国文化之繁荣。

【关 键 词】 颜文樑 苏州美专 实用美术 美术思想

一、颜文樑对西画材料的探索

颜文樑是我国著名的老一辈画家和美术教育家。作为教育家和画家的颜文樑不仅是著名的油画家,而且还是一个对于西方绘画的材料和技法都有极深的研究和探索的材料实验家和材料推广家。他所涉猎的材料从版画到水彩再到油画和色粉画。对于西方绘画材料的试验和对西方不同绘画媒介的使用是贯穿颜文樑先生的艺术生涯的。

颜文樑先生是以其独具魅力的油画为世人称道的,但是在颜文樑学习西画的早期却是以出色的水彩画而享誉画坛的。只是在后来留学之后才逐渐放弃水彩画的创作,但是作为中国早期的水彩画家和水彩教育家,颜文樑是有其历史贡献的。而其对于水彩画教育的贡献也是中国水彩史上不可缺少的一笔。其实不仅限于水彩画,还有色粉画,再加上原本就一直致力于钻研的油画,可以说颜文樑的材料已经将西画中的干性材料、水性材料和油性材料都熟练掌握,是不折不扣的材料实验家和材料教育家。

(一) 颜文樑的水彩画生涯

1909 年，颜文樑在其父亲的安排下考取了商务印书馆的技术生。商务印书馆的技术生的学制为半年，提供食宿，教材以《洋画讲义录》和两江师范学堂的村开雄之助的画帖为主。1910 年年分配至铜版室作为练习生。指导技师为日本人渡边金之助，学习内容是刻铜版和机械铜版制版技术。1911年，其父担心铜版制版的工作对眼力损害太重，所以谋求让商务印书馆编辑所长将其调至图画室。而图画室主持是日本人松冈正识，是一位水彩画家。从此，颜文樑开始在松岗正识的指导下，系统学习水彩画。颜文樑在学习水彩画时便致力于拓宽水彩画的表现力。其父告诉其说法国描绘普法战争的巨幅画作场景逼真，且画面具有光泽。颜文樑遂尝试在颜料中参入添加剂，以使画面发光。先用胶水在画面刷，但是不得其法，后经松冈指点，在画面完成之后用鸡蛋清罩染，达到了发光的效果。尽管就其出发点来说只是尝试让水彩模拟出油画的效果，但无疑是我国水彩画使用添加剂的最早尝试。从水彩画的材料与技法拓展的角度做出了先行者尝试实验的脚步。

1917 年，颜文樑为上海三马路的来青阁书坊做水彩风景 16 幅，多取之于杭州、苏州、无锡等地的风景名胜。来青阁将其画作四幅一组采用铜版彩印出版，销售极好，也使得颜文樑以水彩画扬名上海。这与颜文樑早期极为深厚的中国画修养有很大关系，即是是水彩画，他也能很好的将中国画的构图和颜色等与水彩画结合。虽是很高技巧的水彩画，但还是有中国的审美，与早年中西合璧样式的水彩画还是差距巨大的。后来还为来青阁画了两幅月份牌画，分别是《春园独立》和《梦还》，是水彩画与月份牌画结合的类型。

1915 年至 1926 年是颜文樑水彩画创作的一个高峰期。1918 年为顾逸鹤画了水彩画"春夏秋冬"四幅。在这一期间创作的还有《胜游图》、《太湖东山图景》组画、《太平初夏》、《柳浪闻莺》、《平湖秋月》、《湖亭冬雪》、《冷泉品茗》、《邓尉探梅》、《沧浪瑶栏》等。画面表现细致真实、色彩艳丽，并适当融入了中国传统绘画的特色，这也是颜文樑的水彩画作广受欢迎的原因。1920 年创作的水彩画《卧室》可以说是颜文樑的水彩画代表作。颜文樑的水彩画注重明暗对比的力度和对光感的表达。所以尽管是水彩，却具有一种很厚重的感觉，同时，画面因有了强烈的对比关系，使窗户的逆光效果表现得极为充分。颜文樑将薄、透、轻的水彩画通过强烈的对比关系，大大的拓宽了水彩画的表现力，与上海另一位水彩画家徐咏青的轻快透明的画风相异。

颜文樑的艺术生涯是与教学活动紧密相连的,同样他对于水彩画的探索也不仅是创作,更有自己根据自己的创作经验所做出的经验性总结。关于水彩画其撰写有《水彩画与色法画》、《油画颜料》等文,对水彩画的特点和要求讲的都很清楚。例如,颜文樑认为"水彩画颜料就是颜料和胶水混合而成的半透明颜料。画时以清水混合颜料画于纸上,水彩着色是利用纸的白地,使现出半透明的色调"。[1] "水彩画颜色涂在白纸上的时候,就是把早已存在的白光毁掉一部分,凡是照在白纸上的各种色光都反映出来。现在把一层半透明的液体铺在白纸上,光从液体中经过两次反射才能到达我们的眼睛里。我们把各种水彩色一层层的罩上纸面,毁掉(破坏)其先前的色光的次数渐渐增多起来,当然是黝黑而不鲜明的颜色,所以水彩画应避免多次修改。"[2] 水彩画不可以多次修改的说法估计水彩教师都会说,但是为什么不可以多次修改经颜文樑这样一讲,不仅通俗而且还严谨科学,对光色理论与水彩颜料的特性做了一个清晰明白的梳理。

作为一个画种,仅仅是熟悉和掌握其规律的画还不敢说是真正的掌握了这个画种。真正了解这个画种就需要将这个画种特有的特性做深入的挖掘。颜文樑无疑是很早就注意到水彩画的"水渍"与水彩画的表现力之间的关系的,为后来水彩画的发展指明了方向。"水彩画的水渍,可以利用。一点水渍的边缘,干后较中心为浓。边缘弄有两种意义,一则因为边缘的深,可使与淡底形成浓淡的对比,二则一点水渍边缘重叠,可以见得颜色复杂;即可增强对比,又可变现复杂的色彩"。[3]

对于颜料的开放性也是颜文樑极为重视的方面,他写道"水彩画可以加入粉画;油画可以加到水彩画上;木炭可以加入钢笔画,作画时什么工具都可以采用:用竹头可以画,用铁指甲可以画,用海绵笔可以画,还有用刀割掉也可以"。[4] 我们可以藉此说在颜文樑先生的意识里,作画的工具是为画面的效果出发的,画种之间无所谓顾忌的。

---

〔1〕 颜文樑:《绘画颜料》,见林文霞整理:《现代美术家画论作品生平——颜文樑》,上海:学林出版社,1982 年版,第 129 页。

〔2〕 颜文樑:《绘画颜料》,见林文霞整理:《现代美术家画论作品生平——颜文樑》,上海:学林出版社,1982 年版,第 131 页。

〔3〕 颜文樑:《水彩画与色粉画》,见林文霞整理:《现代美术家画论作品生平——颜文樑》,上海:学林出版社,1982 年版,第 132 页。

〔4〕 颜文樑:《水彩画与色粉画》,见林文霞整理:《现代美术家画论作品生平——颜文樑》,上海:学林出版社,1982 年版,第 133 页。

颜文樑对与中国水彩画的贡献也体现在他的办学活动中。1922 年,颜文樑、胡粹中、杨左陶等人以暑期美术班为基础,开始创办苏州美专。而在第一届苏州美专的毕业生中就有两个著名的水彩画家胡粹中和李咏森。胡粹中与颜文樑同为苏州人,但家境贫寒,平时与颜文樑交往甚厚,是为一起作画的画友。李咏森是 1920 年毕业上海商务印书馆图画部,学的专业是工商美术。1922 年回到常熟以后举办"常熟美术协会",得到了颜文樑的支持,并得以看到颜文樑的画作,尤为钦佩,遂报考苏州美专,并成为第一届毕业生。二人毕业后都留在苏州美专任教。胡李二人的水彩画直接受学于颜文樑先生,而颜文樑的水彩画受学于日本画家松冈正识。从而形成一个除上海土山湾画馆徐咏青和周湘之外的另一个水彩画的源头。胡粹中和李咏森在苏州美专从事了很长时间的教学活动,都为水彩画的推广和发展做出巨大贡献。而颜文樑早期作为水彩画家和水彩教育家的开拓之功是功不可没的,只是由于后来颜文樑出国之后主要致力于油画的创作,水彩画家的声名反而被油画方面的成就所掩了。

(二) 颜文樑的油画实践与技法总结

　　国内最早传授西方画法的美术机是 1851 年由上海圣依爵堂的神父范廷佐在徐家汇创办的工作室。由于当时传教士带入中国的绘画材料很少,所以学徒们要从研磨调制颜料开始学起。后来该工作室并入土山湾孤儿院而成为著名的"土山湾美术工场"。"上海徐家汇土山湾教会内,亦有若干人练习油画,且自制油画颜料"。[1] 在中国早期学习西方油画的时候是从调制颜料开始学起的,不过只限于"土山湾画馆"之内。其学生大多是孤儿,而且很多成年结婚之后依旧租住在土山湾馆内,这就造成了调制油画颜料的技艺只是在很小的范围内流传。而"土山湾有些临摹欧洲名画作品,售价昂贵,往往三四尺见方的一幅要售七八担米钱"。[2] 物以稀为贵,更何况油画可以卖出丰厚的价钱,所以油画画法的的技能俨然成为赚钱的秘技,更不会在上海的画界同行之间互相传播了。所土山湾调制油画颜料的工艺成为独家秘方,并没有在上海流传开,所以颜文樑在 1912 年自行试制油画颜料就具有积极的探索意义。

---

〔1〕 潘天寿:《中国绘画史》附录《域外绘画流入中土考略》,北京:商务印书馆,1926 年初版。
〔2〕 沈毓元:《土山湾与孤儿院》,载汤伟康、朱大路、杜黎:《上海轶事》,上海文化出版社,1987 年版,第 201 页。

1912 年 3 月,颜文樑从父命,辞去商务印书馆的职务,回苏州专心习画。1912 年 4 月 1 日在上海创办的《太平洋报》上连载了署名为凡民的《西洋画法》。《西洋画法》全文长达一万五千字。其中上卷介绍了"木炭画"、"水彩画",下卷介绍了"油画"、"色粉条画"、"墨水笔画"等五章。《西洋画法》是迄今为止所能见到的国内最早的也是最专业的一篇介绍西洋画法的文献。"[1]颜文樑的试制油画的行为具体发生的时间没有证据判断,所以不能判断《西洋画法》和颜文樑的材料试验之间的关系。但是这是一个有价值的值得研究的问题。而王中秀的文章中已经证实,《西洋画法》的作者署名凡民的就是中国最早留学日本归国的画家李叔同。

"立志自学油画,乃于书摊购得西洋画册杂志多册,拟自行试制,先以熟采油和以中国颜色,又以蓖麻子油和以色粉,再以瓷漆,均告失败。后从漆匠所教,以熟桐油调之,拟可溶化,然粘性过强,以开笔。再求漆匠,教以鱼油(现名清漆)加松香水,调色粉,易溶速干,可以作画。所作第一张油画《石湖串月》即此法绘成。"[2]颜文樑的试验还是有阶段性的效果的,就其实验而言,其时间就是在李叔同发表《西洋画法》前后,也可以说,李叔同是从理论上将油画介绍给了国人,而颜文樑的行为则是直接进行试验,以求掌握油画这一舶来画种。颜文樑的油画实验是持续了很长时间才最终掌握了油画的。

"1913 年,颜文樑任桂香小学的教员。凤喜音乐,曾组织学生 20 人成立乐队。仍试制油画,获悉上海有售亚麻仁油,性质易于作画,即往购之,试调,果然易干。第二张油画《飞艇》即以此法画之。"[3]在油画中使用亚麻仁油,颜从何得知,估计不是老漆匠可以告知的。而此时《太平洋报》连载的《西洋画法》已经连载完,下卷的油画部分也已经刊出。而有李叔同通过《西洋画法》的介绍,到颜文樑买来亚麻仁油调制油画颜料才完成了一个油画由理论介绍到实践操作的全过程。1916 年,应吴子深的邀约,为其作"春夏秋冬"四时风景油画,并有题款"浅绿嫩红远山春,绿树荫浓村绕水;赤霞光芒火烧天,月黑等昏残雪夜"的题款。

"自作油画,苦于粉色不全,读日人所著《绘具制造法》颇有所悟,试以重

〔1〕 王中秀:《〈西洋画法〉李叔同的译述著作》,载《美术研究》,2007 年 3 期。
〔2〕 朱伯雄、陈瑞林:《中国西画五十年》,北京:人民美术出版社,1986 年版,第 193 页。
〔3〕 朱伯雄、陈瑞林:《中国西画五十年》,北京:人民美术出版社,1986 年版,第 194 页。

铬酸钾和以醋酸铅,沉淀后得以粉末,晾干即成铬黄,使用甚是方便"。[1] 颜文樑的自制油画颜料的探索也是由业余而专业,由原先的调制颜料发展到后来的使用化学用品调制色粉。在中国本土不能生产油画颜料的条件下,不能不说是一个大胆又充满创建的尝试。1919 年元旦,颜文樑与杨左陶、徐咏青、潘振霄等人共同发起"美术赛画会",并在苏州陈列展出。5 月,制上海大世界游艺场夜景,并继续实验各种画布的性能与差异。

颜文樑早期有画材料的探索也是由业余而专业、由浅而深的。如果说早期的实验是为了正确的调制出油画颜料的画,那么后期自制铬黄色粉,试验画布性能等都是为了画面效果的需要。伴随着中国美术教育的发展,上海美专、苏州美专等学校的开办,国内已经有专门的商店出售成品的油画颜料和画布,上海有伊文思、别发、普多华等洋行也出售西洋画具。油画材料的使用和技法也为国内的画家所掌握。但是李叔同的《西洋画法》的传播与颜文樑先生的材料实验都应当是我国油画发展史上不可缺少的一笔。

但是颜文樑对于油画的最大的贡献并不是早年的大胆探索和实验,而在于他对于油画这一画种的材料与技法上的系统总结,并提出举了富有价值的独创性见解,促进了油画在中国的生根发芽,为中国油画的本土化所做出的努力。颜文樑撰写了《油画的用色》、《绘画颜料》、《油画的笔法》、《作画步骤》等多篇文章来谈我、油画创作中的材料、技法、配色宜忌等方面,其文章至今仍有广泛的影响。"画油画的过程:木炭稿——薄涂——厚涂(贴,不是拉)。厚涂时要左右上下画。"[2]至今仍旧是一个比较精辟的概括。关于其后的深入,又提到"画西部应该在画大体之后,逐步深入。譬如建筑房屋,装修门窗时,先要把整个房屋的架子完成以后,始可装。若房屋大体未成,而先装门窗。实务从装起的。也没有只有大体而不去装细部门窗的。画图亦是如此"。[3]颜文樑先生习惯用生动想象的比喻来概括油画的作画步骤,比喻生动,让人一下子就可以明白,而最后又提出用笔的步骤:先用大笔,后用小笔,最后仍用大笔统一之。

在《油画的用色》一文中,颜文樑提到了颜色的厚薄和表现力之间的关

〔1〕 朱伯雄、陈瑞林:《中国西画五十年》,北京:人民美术出版社,1986 年版,第 194 页。

〔2〕 颜文樑:《作画步骤》,见林文霞整理:《现代美术家画论作品生平——颜文樑》,1982 年版,上海:学林出版社,第 123 页。

〔3〕 颜文樑:《作画步骤》,见林文霞整理:《现代美术家画论作品生平——颜文樑》,上海:学林出版社,1982 年版,第 123 页。

系,还提到了油画颜料在调色板上的位置排列。从右至左为白、黄、橙、大红、赭、深红、绿、钴蓝或群青、普蓝、牙黑,虽然颜色次序的关系不大,但习惯了一定的位置次序,蘸色时自然比较快而便于比较。这是我国较早提到颜色在调色板上的位置排列的文章。对于我们这样一个新兴的油画国家,是很有必要的具体方法。而对于油画的重画,也作出具体明确的技法要求。如果油画第二次加上颜色时,不能著油而有一点一点的小点聚集,有的底地留有空隙,以致画不上去,可用嘴呵水汽于画面,就容易画了。已干之油画,如第二次再加或修改,可以先将调色油在画面上润涮一次,再以软布揩去其油,一则可使画时滋润,二则可以再已干的深色部分使其浓淡更加明显而易于干燥。颜文樑先生相关油画的论文还有很多,无不是简单实用的经验之谈,对于今天的学生任然是大有益处的好文章。

油画与水彩画的最大区别就在于笔触的表现力上,由于油画颜料可以稀释变得很薄很透,厚积时又可以堆得厚重,造出丰富多变的肌理效果。也可以说油画的笔触是这个画种最具魅力的地方。而想要画出丰富多变的笔触效果,就不得不涉及到油画的"笔法"。虽然油画不如国画那般要求骨法用笔,但是对于用笔也还是有一套与之相配合的用笔规则的。

一九五四年,在颜文樑由上海去杭州授课期间,颜文樑首次单独将"油画八法"授课,专门讲油画的用笔。八法者:一、薄涂,即以颜料用调色油调稀作画;二、薄贴;三、厚贴,即以较薄或较厚的颜料贴于画布上;四、揉腻,即直接以数种颜料揉腻于画布上,不经调色板之调配;五、揩摩,即以颜料轻揩于画布上;七、埋没,即以一种颜料覆盖于另一种颜料之上,属于不透明颜料之重叠;八、拍贴,即据画面变现需要,将所有的颜料拍打于画布之上。先生自云:此八法乃融西方画法与本人绘画经验,多有喜人所未道者,今为教学需要,整理而成兼备科学实践与艺术手段,适合出血油画之实习。[1] 当时"油画八法"在中央美院华东分院和上海戏剧学院等颜文樑先生上过课的地方传播开,在新中国五六十年代的油画界产生了很大的影响。颜文樑先生不仅仅是教了八种笔法,更是针对不同的笔法概括为四种画法,并对四种画法的优缺点分别作出点评,让学习者可以根据自己的需要而自行将笔法与画法和具体的画面效果相结合,做到授人以"渔"的效果,他总结道:

---

〔1〕 钱伯成:《颜文樑先生年谱》,见林文霞整理:《现代美术家画论作品生平——颜文樑》,上海:学林出版社,1982年版,第186页。

1. 平滑画法:在画面上画的光滑平服,无甚高低凹凸,这类画大都正视、斜视、侧视都好,但是精神不限。

2. 厚涂画法:是指颜色而言,用厚的颜色表现明亮,用薄的颜色表现阴暗。近代油画都有凹凸不平的厚薄颜色,起作用正是使精神显著。

3. 毛糙画法:也是指油画的细小皱纹和凹凸不平而言,因为颜色一绉,就复杂而有趣味,不致单调。

4. 利用细质点的画法:是指底地上薄薄地加一层细质的颜色,而底地仍旧能看见,这是表现颜色的冷暖关系。譬如:底地颜色浓,加一层淡淡的细质点,则眼色觉冷。如底地淡,加一层深的细质点则颜色呈热。[1]

在这几种方法中,第四种方法的作用最为奇妙,是通过细小的色点以期达到改变画面对比关系,间接改变画面底色的方法,是一种更为灵活的绘画方法,结合了色彩的对比和空间混合色彩的效果,如果不是对颜色的对比有清楚而透彻的了解,是总结不出这样的方法的。

对于油画的核心——油的运用,颜文樑也有深刻的见解,从而通过油的运用从根本上把握住了油画这种材料的核心。"油画用的油,油性各有不同;亚麻仁油既有光彩又易于干燥;罂粟油、胡桃油干燥较慢;但罂粟油纯白,在画上最白处用之,最为适宜,其缺点是无光彩。"而对于国内常见的花生油、蓖麻子油、桐油等不适合用于创作的油类也都一一作了说明。同时对于油画变色的原因和避免的办法。"油画变色,因油的关系最多。通常以为画得厚,可以少变色,殊不知调色油亦多,油轻颜料重,在颜料沉淀之后,油则浮于颜料之上,日久油色变黄乃是油变色不是颜色变"。[2]而其避免的办法就是要颜色不能画的太厚,其次则是油不能用得太多。

为了使油画的颜色与性能的稳定,颜文樑更是不厌其烦地讲明了卡黄不能和铜、铅、颜料相混合。钴蓝不能与卡黄、朱砂、群青铅白等颜色混合,翡翠绿忌与镉黄、朱砂、群青、铅白等颜料混合。对颜料的化学性质与性能都做了细致的分析和详尽的说明。对于油画这一科学的画种,做出了严谨而规范的注脚。颜文樑对于油画的种种相关的知识也都事无巨细,都做出了严谨而细致的文字总结,让我们正确地保护、收藏、甚至怎样收藏怎样配

---

〔1〕 颜文樑:《油画的笔法》,见林文霞整理:《现代美术家画论作品生平——颜文樑》,上海:学林出版社,1982 年版,第 128 页。

〔2〕 同上,第 130 页。

外框等内容。"油画内框，以杉木最好，这种木材既轻又不会走样"。[1] "钉画布时，先用铅笔在布的反面划成木框的大小，然后将布扩出一寸剪下，先钉狭的两边，再钉阔的两边。钉狭的一边时，在木框的中段先钉一只钉，分向左右，将布拉开，然后再钉对面一边。既要拉向左右，又要拉向上下，四边都不要钉到角上。最后钉四角的钉。"还提醒到了麻布和棉布由于物理性质的不同，而需要喷水时候钉棉布，麻布直接干钉。可以说，即使没有钉画布经验的人经过颜文樑的文字说明也可以钉出很好的画布来。

对于工具材料，不仅限于怎样使用，怎样维护也成为油画材料的重要方面。颜文樑就为此专门写了《怎样使用画笔》的文章来专门介绍。文中提到不能深浅颜色互相借用画笔，若借用须先在纸上搽干净。洗笔以肥皂水清洗五次。洗过之后需要同纸条包裹使其保持很好的形状，不至于蓬松变形。而画笔用过上光油和清漆等物之后，需要先用汽油清洗，之后再用肥皂清洗，此举是为了防止直接用肥皂水清洗造成干后变硬的后果。甚至对于一个看似最为平常的"放置画笔"都提出了极为专业的意见。一，洗干净的笔不能和用过的污笔放置在一起，其目的是为了防治互相污染，二是"不论已画未画之笔，两支或数枝，放入箱中时，须左右互相相反倒置，使笔尖缩在另一笔杆之下，以资保护"。可以说对于画笔的保护是细心又周到的。其用心之细，用心之苦就是为了能使我们能够通过具体的有章可循的方法，掌握外来画种。

在《怎样保护油画》中颜文樑先生提到了油画保存的一个重要原则"卷起油画来，画面要卷在外面。有些人总是习惯于画面向内，以为这样可以避免画面损伤，事情恰恰相反，向内卷的油画展平时就会出现裂纹，这一点很重要。"油画向外卷是油画与中国画保存上的最大的不同，时至今日依旧有个别的学生不能正确的卷好油画，这也足以证明颜文樑当年的教导是具有特别重要的价值的。对于类似于这样的细节还有很多，如怎样使画面凹进去的地方恢复平整，甚至不要在油画未干的时候不能打扫画室地面这样的细节要求都考虑到了。

《怎样选择画框》更是对于所有的画家画面升华的一个具体指导。对于画框的式样、画框的颜色、画框对画面色彩的作用，都做了一个细致而详尽

---

〔1〕 颜文樑：《绘画颜料》，见林文霞整理：《现代美术家画论作品生平——颜文樑》，上海：学林出版社，1982年版，第140页。

的说明。《画框的装配与保护》则将了许多画框保护的实用的知识例如怎样选择画框上的玻璃、则样拭去画框上的灰尘、怎样配卡纸都涉猎到了。在为画面配卡纸的时候"因卡纸的伸缩性不同,如干了之后就要起皱不平了,所以粘纸的时候只要粘上端一个边就够了"。这些细小的环节如不深入考虑是没有人会注意到的,但是对于画面的效果确实是有影响的。颜文樑的文章不是为一个全面的关于画画的知识的总汇。对于不用的画框也提到要用纸包起来;主要不是防灰尘而是防油和防水渍。

纵观颜文樑关于油画的知识,从颜料到画框,从笔法到画法,从画框的选配到油画的存放等都提到了具体的做法和要求,而且不乏真知灼见。甚至对于画笔的存放这样的小问题都不厌其烦的教导。对于油画这样一个材料和工艺比较复杂的画种而言,唯有细致严格的科学精神和严谨的治学态度才能的掌握。对于西方材料的器物之用,颜文樑的实践就是不厌其细,其目的就是要尽材料之能。

(三) 颜文樑的色粉画探索

由于色粉画是一种干性材料,使用方便,便于塑造形体。而多种色彩的搭配又满足了画家在多种色彩上的需求。其实色粉画是一个方便快捷易于操作的画种。1912 年发表在《太平洋报》上的《西洋画法》中就对色粉画有介绍,并称之为"色粉条画"。但是就国内的遗存作品来看 1920 年之前的色粉画作品原作极少。在中国致力于色粉画创作并较早从国外直接学习到色粉画技巧的除了画家李超士外,颜文樑先生也是我国较早探索色粉画的先驱之一。颜文樑的色粉画创作最早是在 1919 年 5 月之后。颜文樑的创作是不是受到李超士的影响我们不可而知。但是李超士是 1919 年回到国内,而颜文樑的色粉创作也是从 1919 年开始的。颜文樑的第一张色粉作品就是《画室》,此后,色粉成为其创作使用的一种主要材料。

1920 年,颜文樑创作出了让他享誉法国沙龙的色粉画《厨房》。"在这幅画里,画家以极细致的笔触精细地画了江南典型的三眼灶。大菜案上的瓶、碗、壶、砂锅等物。靠墙放着一个大水缸、水桶、壁间碗橱、梁上挂着火腿、各色的大小的竹篮,山墙根的炭炉里火苗正旺,从砂锅底的四周往上窜。画中有两个小孩做点缀,男孩坐在方杌上伏案而睡,小女孩坐在灶前的小矮凳子上逗两只小白猫玩。屋梁、门窗、及室内器具的透视无懈可击,用色十分宁静、平和。《厨房》一画实为颜先生青年时代的力作,集无师自学各方面技术之大成。他自己比较满意,说:'此画之成,而稍具型式'。"[1]颜文樑此后的一个时期开始注重色粉画的创作,色粉画的创作一直持续到晚年。

1921年夏天,又作色粉画《肉铺》(又称《老三珍》)。初以陆稿荐肉铺为对象进行创作,不料次日老板暴死。旧时人的迷信以为是画作摄取了老板的魂魄,说什么也不让再画了。所以只得终止创作,又觅得"老三珍"肉铺为原型进行创作。在该幅作品中,颜文樑熟练地使用了透视法,精确地表现了物体在复杂空间中的比例关系。站在肉案旁的伙计,以及裸着上身着长裤的男人,挎篮子带小孩买肉的夫人等。透视准确,动态生动,更是通过巧妙地、的色彩的搭配描绘出了新鲜猪肉的质感。透视、色彩造型都极为出色,也是颜先生青年时代的力作。

1928年,颜文樑先生抵达法国留学,携色粉画《厨房》求教年届八十的达昂,并受到老画家的称赞。次年三月,颜文樑的色粉画《厨房》、《画室》和油画《苏州瑞光塔》入选法国春季沙龙。6月,其《厨房》获得荣誉奖。该作品已经成为颜先生代表作品之一。而颜文樑与李超士几乎同时着力于色粉画的创作与探索。颜李二位先生也成为中国色粉画的早期主要推广人。而颜文樑的色粉画创作一直持续到七八十年代,为色粉画在中国的推广作出了巨大的贡献。而由颜文樑、李超士再到杭鸣时的就可以理出一个色粉画在中国传播的脉络。

颜文樑的色粉画的探索也是实践结合理论总结的。在水彩画和色粉画就是一篇专门讨论色粉画的文章。文中提到:"色粉笔的价值是越深越贵,浅淡者不值钱。粉笔有两种:一种叫 passtel,即软粉笔;还有一种叫 challk,即硬粉笔。硬的画洗的,软的画粗的。软的易断,硬的坚实不易断,但颜色不鲜艳。"针对色粉画的材料和种类介绍之后,还特意介绍了另一种色粉画具"色粉画纸"。"画一幅色粉画光有粉笔不行,还要有 passtel paper,就是色粉画纸.纸有分两种:一种是将羊毛做在纸上的;另一种象砂皮似的.颜色分六种:有淡灰色、灰色、米黄色、橄榄绿色、黑灰色和蓝灰色。以淡灰色为最细,蓝灰色为最粗。"[2]同时还指出画鲜艳的颜色完全用 passtel 色彩就会鲜艳,同时也是法国沙龙里的色粉画法。同时还针对自己的色粉画名作《厨

〔1〕 倪大弓:《颜文樑的艺术生涯》,《美术史论》,1987年2期。

〔2〕 颜文樑:《水彩画与色粉画》,见林文霞整理:《现代美术家画论作品生平——颜文樑》,上海:学林出版社,1982年版,第133页。

房》评价说我的厨房的画法是与法国沙龙的画法不相同的,而之所以得奖的原因就是透视和浓淡合适,具体的画作是没有使用色粉画纸的。颜文樑对于自己的著名作品能够毫不掩饰的认识到自己在材料技法上的不足,同时又认识到自己的优点,是富于严于律己的精神和严谨的治学态度的。

1980 年 4 月,全国粉画展移北京举行,江丰为画展的选品作序说:"北京的这次展出,是中国自有新美术运动以来的第一次粉画展览会。作者包括老、中、青几辈人。应该指出,这次展品还是有不少精品的,像徐悲鸿、李超士、颜文樑陈秋草等老一辈的粉画作品,无疑向青年作者提供了范本。"这一序言也可以作为对颜文樑色粉画的一个中肯评价。而画展开幕之时画家已经享年八十八岁,距离其 1919 年创作的第一张色粉画已经有了 61 年,我们也可以借这次展览看到颜文樑对中国色粉画的推广之功。

(四) 颜文樑在素描教具上的投入

1928 年颜文樑留学法国,旅法期间,颜文樑便十分注重素描石膏教具的收集与购卖。在购买时候其先求希腊、罗马名作,其次就是文艺复兴时代的名作。遇到小件作品自己乘电车搬回去,大件作品便雇汽车拉回去。在其居住的圣希尔寓所的客厅、餐厅均被其所购之石膏像堆满,而且每集中够一定的数量之后,便交给轮船公司托运回国。

两三年间颜文樑共向国内托运回石膏像 460 余件,并在苏州美专专设石膏像陈列室。回国之后颜文樑仍旧向法国、比利时等国订购石膏像。从1928 年至 1937 年抗战前颜文樑共为苏州美专订购石膏像五百余件,质量也极为精美。仅就苏州美专当时拥有的石膏像就超过全国其他所有美专的石膏像的总和。颜文樑在法国所购的更有法国原版的艺术书籍和精美画册一万余册,从教具和教学用书两个方面极大地改善了苏州美专的办学条件,使其美术教学更趋于规范化专业化。苏州美专在全国的美术院校中的示范意义是不言而喻的。中国的教具已经由 1914 年陈抱一在上海从日本订购的中国第一个一个石膏像为起点。1931 年到苏州美专已发展到需要辟出专馆收藏石膏像,是民国美术教具教学的最好水平。由于苏州美专在石膏教具上的重视和示范效应使得教具的作用成为当时衡量一个学校的办学条件的重要方面了,这一切都与颜文樑从法国运回来的一大批石膏教学用具有着密不可分的联系。

颜文樑的素描教学贡献在对于素描教学材料的认识上的努力。1933 年徐悲鸿赴欧洲游学,颜文樑被请来代理国立中央大学美术系主任的工作,每周去南京工作三天。颜在南京中央大学艺术系所担任的课程为"素描"和"油画"。就中国的素描而言，工具大都局限于铅笔。这是中国的中小学美术教育从一开始就是以商务印书馆的《铅笔习画帖》作为学习的主要范本造成的，也使得国内的西画教学素描就等于"铅笔画"，这显然是与欧洲的学院派传统不相吻合的。虽然在1921年陈抱一在神州女学的课程中开始采用木炭条教学画素描，而后直接画油画，为素描教学进行过尝试以外。当时已经形成的共识就是，素描就是铅笔画，尤其是"石膏像素描"。在画石膏时使用木炭条，更是闻也未闻。

颜文樑1928年到欧洲留学以后，已经知道了国外的素描教学要求是要使用更为概括的"木炭条"，因其易于上明暗层次，而且可以很好的与油画结合。这些在早期留法的画家中都有体现，唐一禾、颜文樑、吴作人等都有精彩的木炭石膏素描。怎样使用同样的工具来学习石膏像，拓宽木炭条的表现力再次成为颜文樑坚持探索的方向。冯法祀就是颜文樑代课时期的"南京中央大学"艺术系的学生。我们从他的回忆中知道颜文樑先生在国立中央大学的教学情况。"第一年，由于徐悲鸿在国外，他请颜文樑带代他上课。颜文樑主要教我们画石膏，象米开朗基罗的雕塑，古希腊的雕塑一般都是二十几个小时一张作业。他教我们用木炭画石膏。他为了说服我们画石膏，还拿了法国画家用木炭画的原作给我们看。画的真叫好！头发、胡子都是一根根的。当时我们都在画板上贴一块砂纸，画西部的时候都把木炭磨得很尖。当时只听见教室里一片沙沙的声音"。[1] 颜文樑的素描教学观也是着眼于教具、教材、材料工具等看似简单而又本质的问题上。法国理论家福永西在《形式的生命》一书中指出伦勃朗是"将手伸进材料的心脏的人"，而颜文樑的关于材料的观点恰恰就是为材料与技法的研究指出了一个明确的方向。

二、颜文樑对于西画基础理论的总结与推广

透视学传入中国甚早，在清朝中叶就已经有了专门的透视学专著《视学》。但是由于当时国人并没有对西洋的科学给以足够的重视，反而视西方科学为"淫思奇巧"。所以西洋的透视学并不为国内的人所看重。到百年之

---

〔1〕 陈卉整理：《为人生而艺术》，《美术研究》，2003年第1期。

后颜文樑学习西洋画的时代,这一学科在中国并没有多大的发展。而西洋绘画的基础便透视学、色彩学和解剖学。而作为大多数时间都是依靠自学西画的画家,颜文樑对西方绘画基础理论的研究和整理就放在透视学和色彩学上了。

颜文樑先生最早学习西画是在商务印书馆作技术工期间,学习了日本美术学校所编的《洋画讲义录》,次年调入铜版室之后已经开始自行练习静物写生。其后的 1913 年,颜文樑购得《绘画浅说》一书,其中有透视一章,不过并是不是很详细。而此期间颜文樑用亚麻仁油调和颜料画了一张《飞艇》,画作被上海警察局警察科长王钟元买去。其后王钟元拿着商务印书馆翻译的《透视学》一书过来请教关于透视的问题。此时的颜文樑已经受过正规的西画教育,有读过《洋画讲义录》、《论画浅说》等书籍,对于王钟元拿来的书更是欣喜,于是二人便经常讨论,并用书中的理论来观察实景,并从此开始有意从事透视学研究。至于后来求学法国,对于透视学之类的学科更是下过不少功夫。

1952 年,全国大专院校进行院系调整。苏州美专与上海美专、山东大学艺术系合并,成立华东艺术专门学校,校长由刘海粟担任(校址先在无锡,后来又搬迁至南京,即今天的南京艺术学院),颜文樑调往中央美术学院华东分院(即原来的杭州国立艺专,今中国美术学院)担任副院长。到华东分院之后,颜文樑担任的课程的就是《透视学》和《色彩学》。

1955 年 5 月到 7 月,颜文樑在杭州屏风山疗养院修养,在此期间编写了《美术用透视学》。内容包括正方形透视、余角透视、阴影与反影、室内透视、树的透视、浪的透视、人体透视、关于折纹等章节。其中"树的透视"一章最为精彩。在此之前国人学习画树要么是根据《芥子园画谱》的树枝穿插之法来回摹写,要么就是根据历代的画迹中去找学习的依托。而对于眼前的真树怎样画,并且将透视法应用于树木的写生上,虽不能确证是不是自颜文樑开始,但颜文樑是中国较早从事树木的透视研究的却是不争的事实。其中有干和枝的透视、小叶群和大叶群的透视、树和树的组合三部分组成,并配有十三幅插图。"较多的树,同生一处,我们花这些树,要注意它们的整个透视形,互相联系,不能在当它们是每棵独立的树了。对于树的透视也可以说是做到了以科学为出发点,却又能以画面的效果为落脚点。"不仅限于树木,还有对"浪的透视",对于表现水纹提供了有价值的参考,而在此之前中国画家对水的表现只有勾水法和留白等方法,且是出于古人的总结,而非画家的直观观察。"人体透视"和"折纹",两节中对人体的透视和衣物的组织表现规律也做了简明扼要的概括。不仅提到了折纹与物体之感之间的关系,还提到了发生折纹的原因。"力量是发生折纹的主要因素,是什么性质的力,就产生什么性质的折纹。为了便于说明,这里便将它分为七种动力"。并总结成坠力成垂纹、推力成推纹、挤力成挤纹、拉力成拉纹、张力成张纹、飘力成飘纹、绞力成绞纹等,并且对于衣纹上的实处和虚处都分析了其形成的原因和表现。

1978 年,总结颜文樑在色彩学方面成就的《色彩琐谈》由上海人民出版社出版。该书共有色彩运用及调配方法的笔记共 209 则,是颜文樑先生的教学与作画的心得还有些相关的读书笔记。其中《光与色》一文分析了色彩的变化规律和形成不同色彩的原因。"任何物体色彩的形成,都不外有两种原因,其一是直接照在物体上的光和间接照在物体上的光;其二是反射或传播到人的眼睛的光。光完全为物体吸收则成黑,反之则完全发射则呈白。"针对世间万物不同的色彩,国人从来都缺少这样科学的思考,颜文樑的分析显然对于色彩缺少科学了解的画家和学生都是需要的。而有色光混合到颜料的混合还有一层差别,那就是色光混合和颜料混合的差异的原因。唯有解释清楚色光的形成,还有颜料的混合之后,我们才可以正确的认识色彩表现色彩。"颜色的混合和色光的混合所得的结果与色光混合不同,黄色光与青色光混合时可得白光,然而青色颜料和黄色颜料混合时只有绿色。这是什么缘故呢? 因为黄色颜料从白光中吸收或扣除了黄色和绿色之外一切色光,而青色颜料则从白光中吸收或扣除青色和绿色之外的一切色光。故未被吸收的只有绿色;换句话说,混合颜料时混合物的颜色是未为各成分吸收的颜色。"颜文樑用极简单明了的文字就解释了光色形成的机制和光混合与色彩混合之间的差异。关于色彩的文章,《色彩的饱和》主要讲的就是色彩的纯度的关系;《色彩与浓淡》讲的是色彩的明度关系,《色彩的对比》和《色彩的调和》分别针对色彩的某一方面特性进行研究,《并列法、调和法、边沿法》来介绍色彩规律的具体色彩的运用。从色彩的特性来讲,颜文樑先生的色彩论文讲到了关于明度、纯度、对比、调和的原理之后,还讲了统领这个画面的"色调"做了一个介绍。"物景中虽有各种色彩,但应有一个可以把物景中各种色彩统一起来的色调,也称调子。由于人们在辨别色彩时,常易为成见所误,故宜在极短时间内去辨别或掌握色彩或从侧面去观察(指对景物的色彩不宜注视过久,须兼看旁边的色彩,两相比较)"。尔后又说"一切景物在偏黄的灯光下都带暖色调",这是对色调最直接的解说。

在具体的写生中是不可能依靠抽象的概念来作画的,怎样辨别色彩就成为一个具体的方法。而正是在《怎样辨别色彩中》讲到了对于画者来说最为重要的直接经验。其中不乏幽默诙谐但又不失其准确。"画一景物,须以初见之色彩为准,不可以仔细观察之色彩为准,因为过若过于仔细注视物景,就会把功夫花在对细枝末节的描绘上而忽略了色彩总的气势和精神。""画素描可以慢慢地画;画色彩要快,要扑捉,要象猫捉老鼠一样"。[1]"作画时,应努力掌握所描绘对象的色彩变化规律。譬如同一红色置于绿色旁则显著;置于红色旁则调和;罩以淡绿纱则显冷,罩以黑色纱则显热;日光中视之则鲜明;灯光中视之则晦暗。说明色彩随时都因外界的影响而变化。"颜文樑先生所讲的不仅是用来观察,还可以一举色彩的规律来寻找最适宜于画画的方法。"作肖像有人主张先画底后画人像,也有人主张先画人像后画底,我说人像和背景同时画为好,因为同时看出效果。例如;又一次布置图书馆的阅览室时,室中间放了一张大的长条桌,旁边堆放书架,架的上方又挂了油画。当我出去时,漆匠将长条桌漆成了柚木色,我回来一看,不行了,周围的画面、书籍的颜色都随变作灰绿了,结果请漆匠将桌子的一半涂上灰色,才使两旁的画面、书架显出了金黄色。所以色彩的安排要有个预算。"[2]

当然,我们对于颜文樑的色彩探索中的成就需要肯定,同时对于颜文樑在色彩上的偏见和局限也要认识到。在《配色》一文中提到使用和配合色彩也不可全凭客观,因为过分客观,你自然就一无主张,就不能得到你要配的色彩,所以你要先自己做一定的理想,再根据这个理想客观的态度去实验,以求达到所追求的效果。在这里颜文樑先生的调色的理念是大胆而富于创造性的。但是在《正确辨别色彩》一文中却说"写生时用色不可脱离实际而标新立异,必须以客观的态度作实物实地写生,如果不是这样,也许一时为好奇者所赏识。但总是虚浮不实,使人复看即厌。所以写实的作品,比较耐看"。对于写生色彩便不再有对配色的宽容与勇气。其实这也是由于颜文樑主要从事的是写实绘画,其自然也偏好写实类型的作品。所以色彩的想象力和创造力一旦放到写生上色彩便被局限于写实的色彩体系。其实色彩

---

〔1〕 颜文樑:《水彩画与色粉画》,见林文霞整理:《现代美术家画论作品生平——颜文樑》,上海:学林出版社,1982年版,第52页。

〔2〕 同上,第54页。

还有表现性色彩、装饰性色彩、设计性色彩等多个体系,而当时只有写实的色彩体系研究,而色彩的创造力自然不仅只局限于写实性色彩。与颜文樑同时代的常玉在色彩上就常常使用反常规色彩,其成就已经证明色彩的表现力不能局限在写实色彩体系中的。我们需要将具体的历史环境中看待颜文樑的色彩方面的贡献。

颜文樑的西画基础理论主要集中在透视和色彩两个领域。那么在其89岁高龄时所写的《色彩学上的空间透视》[1]一文可以说是集中了颜文樑在透视和色彩领域的大成。该文中全面剖析了空间透视与色彩变化中的关系。如果说"形体是依据几何图作画,空间透视是依据色光的变化规律作画,二者相辅相成"是说明了空间透视与色彩规律之间的紧密关系,那么关于大气的滤光作用和光波的长短对色彩的影响,则是解释了色彩千变万化的最终原因。"如物的颜色暗于其间的空气,则空气的色显,物遂比较淡青了,即远处极黑的颜色完全变成了空气的颜色。总之一切暗黑的色彩都带青灰色。"[2]所以我们看远山,常常看到光明处的物象清晰可见,阴影处则见到青灰色,原因就是物体本身的颜色都为空气的颜色所遮蔽了。这是关于色彩规律和大气透视所做出的一个严密科学的总结,对于美术来讲颇具价值的一片色彩学文章。而当时的颜文樑已经89岁高龄,显示了颜文樑先生严谨的治学态度和孜孜不倦的进取精神。

色彩学在中国已经得到了长足的发展,色彩学的专著也已经比较多,但是颜文樑对于西洋色彩的中国化的贡献是有目共睹的。而其中有些重要的篇章至今仍旧有其独特的指导意义,我们也更能感受到颜文樑先生对于美术基础理论的重视和贡献。

三、颜文樑的社会化美术思想

颜文樑作为一个画家和美术教育家是一直都注意到了美术的社会功能,这应该与当时蔡元培所提倡的"美育"有很大的关系。不过总体来看,如何发挥美术的社会功能也是那一时代的大多数美术家们在救国图强历史思

---

〔1〕 颜文樑:《色彩学上的空间透视》,见林文霞整理:《现代美术家画论作品生平——颜文樑》,上海:学林出版社,1982年版,第41页。

〔2〕 同上。

潮下的一种共同追求。在《谈艺术的功能》一文中，颜文樑指出艺术要帮助人们认识社会，认识自然从而促进社会进步。"什么叫艺术？凡是通过某一事物的再现，创造出既真又善且美的形象，这形象能激动人们的感情，启发人们的思想，给以人以美的享受，这就是艺术。"[1]而纵观颜文樑的艺术生涯，对于西方绘画材料的专研，对西方绘画基础理论的总结，甚至对于改善中国的印刷开办的实用美术科都是为这一理想服务的。

在20世纪以前，中国的印刷和制版工艺还比较落后，许多美术作品和商业图片的印刷都需要送到国外来完成。出国留学的颜文樑不仅仅认识到了国内外在于美术教育方面的差距，更是认识到了国内外在"印刷和制版"等工艺上的差距，所以怎样提高国内的印刷制版水平无形中成为颜文樑办教育的一个诉求。在1933年，即颜文樑回到国内的第三年，便在苏州美专开办"实用美术科"。请了朱士杰教授主持实用美术科，并开设制版工场，并亲赴上海谦信洋行订购各种仪器和印刷设备，聘请印刷技师。9月实用美术科开始招生，颜文樑撰文《从生产教育推想到实用美术之必要》，刊于校刊《艺浪》一卷九、十期合刊，[2]指出："艺术为用至广，手工界尤甚。我国工商界之各种出品，其待于艺术界之改善而增加其产量也，至为急切……故今日而言'生产教育者'舍美术与实用互相不为功。否则，从事实业者，只知不绝产量，国民之爱好与否部不问也；社会之需要与否不问也；日夜制造，悉成废物。彼从事美术者，只知描写自然，啸吟林泉，不肯分其一部分之劳力为工艺品服务，及至毕业期近，遑遑焉尽于教育界思出路，拥塞一途，人才过剩，是两失其益也！…余甚望国人憬然速悟，使美术与实业，两者不可分离，互相提携、改善出品。"美术是国民生产之有益补充，可以提高和改善从事生产的实业的不足。可见颜文樑从来都没有将美术局限于美术的传统领地之内，而是将美术作为社会进步的一个重要因素来思考的。该文显示出颜文樑在美术使用领域的思考和将美术转化为生产技术方面的理想和报负。"苏州美专实用美术科及印刷制版工场的创建开中国美术院校置实用美术科、建立生产工厂的先河。实用美术科的印刷制版条件是比较完备的，摄影、落样、修版（分凸版和平版，凸版方面有锌版、铜版、无网铜版、彩色铜版、

---

〔1〕 颜文樑：《谈艺术之功能》，林文霞整理：《现代美术家画论作品生平——颜文樑》，上海：学林出版社，1982年版，第12页。
〔2〕 《艺浪》原为《沧浪美》，黄觉寺主编，1933年改版后为每月一期。

三色铜版;平版方面有单色版,彩色版两种),各套工序机械齐全,印刷、铸字、制版和摄影设备均可供学生生产实习之用。"[1]苏州美专的实用美术科,将美术的工艺与技术相结合,在生产实践中创造美使用美,这是与英国工艺美术运动莫里斯所提倡的工艺美术运动有异曲同工之妙。而实用美术科的建立提升中国印刷行业的质量和水平提供了人才上的保证,从而使中国之后印刷行业得到蓬勃的发展提供了人员上的储备。回想现在印刷行业的发展,都有苏州美专在实用美术上的开拓之功。

颜文樑作为美术教育家其视角不只是限于实用美术领域,对于国家的文化繁荣,精神生活的丰富,颜文樑也是极力的倡议和呐喊的,尽到了一个美术家的责任。在1937年颜文樑先生发表了《期望筹建全国性之美术馆议》,其目的就是通过展览设施的完备,使美术品通过完备的器物设施达到繁荣文化的功能。文中写道:"美术在各文化部门中,常常是最先进的,而且她与社会的关系也比其它各部门来得密切而易于深入这是因为美术具备着几种优越的条件:其一,她不必藉文字或语言之助,可以使人一览即了,打破知识上的隔阂,——她本身就是文字或语言。——其二,她不受时间上的限制。其三,因为她是属于空间的,所以上下古今,中外各地,都可以不受限制而罗列在同一时间,同一地域中。因之美术在世界任何各国中,因为她最能代表一国的文化,于是美术馆之设立,在任何一个都市中都可以寻到。……一个民族而没有代表其民族文化的美术陈列馆,这个民族,多少是落后而表现其衰退。……我于是期望国内热心美术热心民族艺术的人士,厄起而图之。"随后颜文樑在文中论述了在上海这个东方大都市建设国家级美术馆的建议。颜文樑的呐喊不可谓不深刻,美术之理想不可谓不真切。但是这个呐喊中的"一个民族而没有代表其民族文化的美术陈列馆,这个民族,多少是落后而表现其衰退"更像是一古老的谶语。在颜文樑的文章发表后不到五个月的时间中国即遭到日本的侵略,抗战全面爆发。颜文樑先生的美好愿望也都淹没在侵略者的炮火声中了。直到新中国成立之后,我国才开始了大规模兴建国家级美术馆,其中中国美术馆的建设甚至被列入建国十大工程之一,也昭示了中国民族的伟大复兴。进入改革开放之后,中国在各个城市都建设了美术馆、音乐厅等大型公共文化机构,这无疑是对颜文樑在1937年的倡议所做出的回声。而在苏州由华人著名建筑大师贝聿铭操刀设

---

〔1〕 陈瑞林:《20世纪中国美术教育历史研究》,北京:清华大学出版社,2006年版,第101页。

计的"苏州美术馆"无疑是对昔日的在沧浪亭办学的颜文樑先生一个最有价值的回报。

结　语

纵观颜文樑先生的艺术生涯,我们不难发现,颜文樑先生对于美术材料及其表现技法的重视。如早年跟随松冈正识学习水彩画再到用鱼油调制油画颜料,用化学药品自制铬黄油画色粉,实验不同的画布的性能等,都显示出颜先生在学习西方绘画中所独具的严谨的治学态度和大胆的开拓进取精神。就一门绘画艺术而言,都是有特定的材料和与之相适应的表现技法的。对一个画种的掌握,不仅是体现在使用了该种材料,更在于掌握了该种材料所配套的表现技法。从这个角度来说,颜文樑先生就如中国的"凡·埃克"一样,对西方的油画颜料在没有教师指导的情况下全凭自己摸索进行了深入而透彻的研究。

对于造型观念于中国完全不同的西方绘画,除了技法之外的造型观念也是很重要的,因为材料说明的是用用什么画,而造型观念涉及到的就是用什么样的态度和方法来画。所以对于透视学和色彩学,颜文樑都是自己刻苦专研,多加练习,努力很好的掌握西画的绘画基本理论。而将国人本擅长的科学与绘画结合好,用光色理论来解释颜色的变化与成因,促成光色理论的中国画,在这一点上颜文樑的贡献是最为突出的。颜文樑先生由材料工艺开始入手进而追求真善美之表现的目的。对材料研究不厌其细,但求极尽其理;理论研究不避其烦琐,但求贯通其法。对美术器物的使用但求完备。由美术而促进生产,由生产而又促进社会文化之发达才是颜文樑的美术理想。

(本文为西北师范大学美术学院 2009 届美术史论专业硕士研究生的学位论文,指导教师:黄丽珉)

画家颜文樑艺术观念与音乐活动解读

陈 洁

【内容摘要】 画家颜文樑是中国美术界的传奇人物,他是苏州美专的创办人,也是我国艺术教育的开拓者之一。人们熟知他的美术成就,然而有关他的音乐素养和音乐活动却鲜为人知。本文考察了在颜文樑一生的艺术活动中,有关音乐方面的事迹,并予以归纳、分析,从而描述了画家颜文樑的另一个艺术人生。

【关键词】 颜文樑 艺术观念 音乐活动

在中国近代美术史上,颜文樑是一个功不可没的美术教育家和杰出的油画艺术家。作为教育家,他与胡粹中、朱士杰创办了苏州美术专科学校并任校长;作为油画艺术家,他创作的粉画《厨房》,曾获法国国家沙龙画会荣誉奖;油画《枫桥夜泊》获第六届全国美展荣誉奖,为中国美术馆收藏。然而颜文樑还是一位音乐家,这可能是艺术界鲜为人知的史实。

音乐并非是音乐家的专利,世界上诸多科学家、文学家、政要人物都曾是顶级的音乐发烧友。牛顿、爱迪生、爱因斯坦具备极好的音乐素养,中国

图1 苏州美术专科学校校长颜文樑(1893—1988)

的钱学森、华罗庚等人,也是著名的音乐爱好者。我国地质学家李四光就很擅长拉小提琴,1920 年他在巴黎还创作过一首名为《行路难》的小提琴独奏曲。中国的文人墨客中,琴棋书画样样精通的人比比皆是。现代著名画家兼美术教育家颜文樑先生,就是一个有力的例证。

一、青年颜文樑的音乐爱好

清光绪十九年(1893)7 月 20 日(夏历六月初八日),颜文樑出生于江苏苏州干将坊,名文梁,字栋臣,乳名二官。按"梁"字通作"樑",因父亲颜纯生

信阴阳五行学说,他认为儿子命中缺木,特命作樛。颜文樑的父亲是著名画家任伯年的入室弟子,工花鸟人物,富有盛名。少年颜文樑随父习画,甚有灵气。少年时代的颜文樑除了上学读书,研习作画,还夙爱音乐,擅操碗琴。所谓碗琴,即取出数只喝茶大碗,按音律需要,分别斟上一定的清水,以箸击叩,传出抑扬悦耳的旋律。颜文樑此举在同学中颇有些名气。

青少年时期的音乐爱好,影响了颜文樑的整个艺术人生。他在《回顾我的艺术生涯》一文中说:"我读书时喜爱音乐、图画、体育,也受了体育教师和章伯寅的影响,和同学沈軼、陶为湘一起去报考陆军学校。"[1]1907年,因画作被校方推荐入选南京南洋劝业会,颜文樑在赴宁参加开幕典礼期间参观了南京陆军学堂,被学生戎装操练的雄壮气概所吸引,于是立志投笔从戎。返校后积极上体操课,锻炼身体,唱军歌,吹军号,为从军做准备。1909年,从长元吴公立高等小学毕业的颜文樑申请送考陆军学堂,无奈父亲不允,军事梦只得作罢。颜文樑遵从父命,报考了上海商务印书馆招收的技术学生并荣登榜首。在当学徒期间,好学的颜文樑开始接触到了油画,并着手尝试自制油画材料。

1913年春,20岁的颜文樑辞去商务印书馆的工作,回到苏州专心学画,同时受聘为家乡桂香小学的图画、手工、体操、音乐教员。桂香小学为贝氏家族创办,校址设在贝氏桂香殡舍,故名。民国初年,音体美师资寥若晨星,颜文樑被视作不可多得的人才。当时,年轻的颜文樑与学生的岁数相差无几,师道尊严便微乎其微了。爱好丝竹的同学们常常聚会,颜文樑用他微薄的薪水,购买了20支笛子,教习同学们演奏。又找来一只做馒头用的蒸笼,用牛皮蒙钉在两边,做出一面洋鼓。俨然成了一支民族吹奏乐队。师生业余同练进行曲,常常出队演习。"出队"是当时的时髦词儿,就是今日的游行。出队的当儿,西服笔挺的颜文樑走在乐队的前面。他们击鼓吹笛,当从石板道上走过的时候,为古城留下了一片笑声。桂香小学是颜文樑从事艺术教育的开始。民国五年(1916年),颜文樑又兼任吴江中学的图画教员,并教授音乐。

颜文樑对音乐的爱好,还体现在能演奏多种乐器,如西洋管弦乐器中的小号、小提琴等。当时苏州有个商团乐队组织,团员为各业商店店员。颜文樑因小号吹得清脆圆亮,技巧娴熟,而被聘为该团的教习,每晨操练,从军号

〔1〕颜文樑:《回顾我的艺术生涯》,原载《上海美术通讯》第15期,1982年版

进退。在这支乐队里,颜文樑所教的吹号员中,成绩优异者后来任陆军司号长之职[1]。在笔者查阅的文献中,有一则关于颜文樑对小提琴痴迷的记载。1924 年 9 月 3 日,江浙战争爆发。苏军与浙军战于安亭,苏州震动,避难至上海,逃难时的颜文樑随身仅带一卷粉画纸和一把小提琴。同学郑逸梅见此惶遽之状,撰文《颜文樑逃难》载于《晶报》。10 月 12 日,江浙战争结束,颜文樑才自沪返苏。

青年颜文樑不但爱好美术与音乐,对戏剧也很热衷,他虽然没有直接上台表演,但曾参与了多次戏剧演出活动。1915 年,颜文樑认识了杨左匋、锡裘兄弟。杨左匋,吴江同里人,读书东吴大学,敏捷多才,能西洋画。东吴大学有话剧团,其布景皆左匋所作。是年阴历正月初二,至同里演出,剧社主人约左匋兄弟、朱士杰与颜文樑等五人,于幕间插演电光魔术,以"美国电光专家"相号召,有骷髅跳舞、空中飞头、飞球等戏,其灯光幻景,皆左匋设计,观众极为惊奇,莫测其妙。[2] 有了这次戏剧演出经历,颜文樑甚至将舞台美术作为职业。1919 年 6 月,颜文樑至上海,画大世界游艺场夜景。他试验各种画布的不同性能,用肥皂、铅粉、胶水混合涂于布上试验。画至一半,油彩剥落,乃知此法不可用。于是改用熟桐油、火油、石粉调和作底,涂于布面,使油彩得以粘附。又试于白布直接着色,不用其他材料打底,以观其效。一切画具材料,均自行摸索试验而获得成功。[3]

1922 年,颜文樑与胡粹中、朱士杰创办苏州美术专科学校并任校长。颜、胡、朱三人是同窗好友,也是当时苏州出现的三位重要美术人物,他们对西洋绘画产生兴趣,先画水彩画,随着对西洋绘画的逐步了解,油画又成了他们创作的主要形式,并成为终身事业。他们不仅共同开办了中国早期的美术专科学校,还创立了中国最早的真正意义上的美术馆。1923 年,31 岁的颜文樑已在画坛小有名气,创建组织的苏州美术会已有会员 300 余人,当年再次组织画赛会。美术会内部机构分绘画、雕刻、音乐、诗歌、刺绣、演讲六部。音乐仍然是颜文樑乃至美术会的重要活动项目。

1928 年 9 月,颜文樑赴法国巴黎留学。在上海乘法国万吨邮轮"帕朵斯号"启程。途经香港、西贡、新加坡,越印度洋,历科仑坡、吉布提、渡红海,经

---

〔1〕 林文霞:《颜文樑》,上海:学林出版社,1996 年版,第 162 页。

〔2〕 同上

〔3〕 钱伯城所记年谱,见林文霞:《颜文樑》,上海,学林出版社,1982 年版。

苏伊士运河,过塞得港,即入地中海,最后在法国马赛登陆,途中历时35天。中秋之夕,尚在途中。是夜,海上月色皎洁,波平浪静,海面如洒银光。乍离祖国,不免有背井离乡之感,中国学生群聚船中餐厅过节。学生们在餐厅悬挂中国国旗,颜文樑拿出携带的中国笛子演奏,以表庆祝。此举为法国旅客所阻,谓:此系法轮,应悬法国旗。中国学生群情愤慨,云:中国人集会,有权悬中国旗;坚决不屈。同船有越南学生多人,亦愤法人之专横,挺身而出,助中国学生与法人对峙辩论。法国船长闻声出视,慑于中、越学生之威,恐激起事变,自承法人无理,允挂中国国旗,与法国国旗交叉挂出。[1]

颜文樑到法国后,入国立巴黎高等美术学校,在皮埃尔·罗郎士教授画室学习。先习素描,卒业后拟入油画实习室。该校有一个学生自发的惯例,即新生自石膏室入实习室,表示艺术之升级,例须庆祝,由此升级的新生请老生吃茶点。学校对面一小咖啡店,是学生日常游息叙会之所,新生请客,都假此举行。颜文樑亦遵例于此处举行庆贺会,到同学60余人,每人咖啡一杯,点心一客,共费80法郎。此项活动还有个规定,主人须唱歌一支,颜文樑即兴歌郑板桥道情《老渔翁》一曲,法国学生不解所以,但亦鼓掌鼓励。经此仪式,老生即以平等对待颜文樑,不称vous(您),而称tu(你),以示亲切。[2]1931年12月,颜文樑结束了在法国的三年学习生涯,回到祖国。

民国二十二年(1933),颜文樑任苏州美专校长期间,为提高学校的教师层次,聘请毕业于法国巴黎美专的张宗禹来教授艺术解剖学,聘留法制版学家高士英担任制版学教授,同时还聘毕业于美国阿拉排麦省女子大学的黄友葵教授音乐课程。由此可见,颜文樑对音乐的重视程度。

二、颜文樑的音乐创作

1932年是苏州美专具有历史转折意义的一年,它不仅拥有了自己宏伟的罗马式教学大楼,一个得到政府认可的响亮的校名,而且颜文樑把求学法国的写实美术教育理念,以及带回的460余尊石膏教具和一万余册美术画册、资料充实于学校的教学之中。当时全校共设国画、西画、艺术教育系及艺术师范4个科系,16个班。苏州美专已具备了当时国内培养美术人才最

---

〔1〕 林文霞:《颜文樑》,上海:学林出版社,1996年版,第169页
〔2〕 同上,第171页。

丰厚的条件。在抓好专业教学的同时，苏州美专很重视校园文化和文艺生活。颜文樑把"忍、仁、诚"三个字定为苏州美专的校训，作为指导全校师生的行为准则，以使他们达到"真善美"的高尚境界；以"黑、白"作为校色，取其所代表的庄严和纯洁；他亲手设计校旗，并亲自主持创作校歌。

校歌《卓哉我校》由苏州美专教授黄觉寺作词，颜文樑谱曲，为分节歌形式，歌词四段，每段均有一个主题。五声性F宫调，2/4拍。

卓哉我校
卓哉我校树中华，广厦聚材众；
孕育中西集诸艺，学业务专攻；
君看沧浪之水清，流无穷。

忠勇为学
壮哉我校树亚东，湖山灵气钟；
为学及时须忠勇，前贤是式从；
君看沧浪水兮动，涌！涌！涌！

团结精神
美哉我校气象新，前途无限进；
结我团体振精神，雄飞畴与伦；
君不见沧浪水兮清，进！进！进！

我爱我校
我爱我校事业宏，文艺遍大众；
热血沸腾具一心，荆棘奚堪侵，
君看沧浪柏青葱，节劲雄！[1]

歌曲的旋律虽然在今天看来不免有些简单，音域也仅跨一个八度，但附点的运用和宫调式号角般的音调却显示了无穷的动感和积极向上的精神风貌。这首歌，寄予了颜文樑对苏州美专的深情厚望，把十年来创学和未来艺

〔1〕 尚辉：《颜文樑研究》，南京：江苏美术出版社，1993年版，第39—40页。

术复兴的美好理想交织在一起。

　　一般而论,音乐爱好者对音乐的理解,仅仅在于聆听与欣赏,而如颜文樑般亲自谱曲作歌者并不为多。带着好奇心,我们检索了颜文樑的有关文

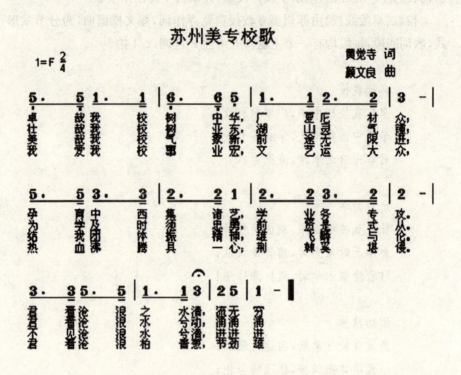

图2　苏州美术专科学校校歌,黄觉寺作词,颜文樑谱曲(1932年)

献档案,惊诧地发现,作为校长的他,不但谱写了本校校歌,还曾在1931年至1937年间,先后创作了14首歌曲,如《艺舰》、《沧浪四时》、《艺术迈进曲》、《苏美一艺侠》、《青年的苏美》、《沧浪夏夜》、《沧浪秋夜》、《我爱苏美》、《我们的力》、《好友你莫忘》、《留恋曲》、《听奏钟声》、《记功柏》、《艺术忧思》等。[1]这些歌曲多为五声性调式,旋律并不复杂,但主题鲜明,大致为培养、鼓励学生勤奋努力,爱艺术,爱学校的精神。在每周的晨会上,颜文樑亲自教学生演唱,一时校园内歌声悠扬,传遍沧浪亭畔。校歌词作者黄觉寺曾在印发的

〔1〕《艺浪》,1946年12月第4卷。

歌本前言上这样写着:"栋臣我师,埋首办学,致力艺术,数十余年欲发挥我全校之精神与鼓励我艺人之气节,每于从艺之暇,手编十余歌词,内容多激励志气,发挥亲爱精神,而以复兴我国文艺为职志,平日每于课后,集数百同学于堂,亲加口授,寒暑不变,兴趣盎然,而音调之优美宏伟,与歌词之发人深省,犹其余事,今将汇集成册,付诸□□,[1]我知我全校同人,人手一编,于晨曦,于月夜,于海角,于山坳,于花前,于林间,或行吟独唱,或集数人乃至数十百人高歌一曲,必能奋发有为,增加若干之情绪者。"

从音乐史的角度来看,民国时期的专业作曲家尚且不多,像颜文樑这样的非专业音乐人士,创作出这么多音乐作品的人,可能难数他人。

三、颜文樑治校下的苏州美专音乐氛围

苏州,素有东方威尼斯之称。城里水道纵横,塔影钟声,环境幽美,更有精致的园林,典雅的戏曲,苏绣宋锦,闻名于中外。尤其是绘画,从明代以来形成的吴门画派,名家辈出,是中国东南的一个文化中心。苏州美专的校址沧浪亭是姑苏最古老的园林之一,自从五代以来,即享盛名。宋朝文人苏舜钦花了四万钱把这座园林买下,并在水旁筑亭,因感于渔父"沧浪之水"的歌声,而命名"沧浪亭"。苏舜钦的挚友欧阳修在《沧浪亭》一诗中咏道:"堪嗟人迹到不远,虽有来路曾无缘。穷奇极怪谁似子,搜索幽隐探神仙。初寻一径入蒙密,豁目异境无穷边……"不过作为苏州美专的校址,沧浪亭已被赋予了时代的新内涵,成为向社会辐射艺术光彩的中心。[2]

关于颜文樑的美术成就和苏州美专在中国美术界的影响力,已多有研究成果公布,本文仅从另一个侧面来看颜文樑和他创办的学校。在苏州美专,校长颜文樑的音乐素养亦影响了一批音乐爱好者,其中不乏知名的美术教授和画家。如中国第一代油画家朱士杰(1900—1990),他12岁(1912年)开始跟随画家颜纯生、樊少云学习国画,兼攻花鸟与山水。1918年用自制的颜料试作油画。作为中国近代美术的先行者,朱士杰与当时许多美术家一样,对油画表现出极大的热情和抱负,深入探究其丰富的文化内涵,通过言传身教,使中国的西画学子大开眼界,多了一份对艺术形式的敏感和对艺术

---

〔1〕 此处原版本有二字不清。

〔2〕 尚辉:《颜文樑研究》,南京:江苏美术出版社,1993年版,第41页。

图3 苏州美专事务主任、美术教授朱士杰先生，热衷音乐，会演奏多种乐器

语言的探索。忙碌的教学事务之余，朱士杰勤奋创作。他多画小品，讲究法度，调子深沉微妙。画面虽不惊心动魄，却经久耐看，有着深厚的学院教养，也与他谦和平常、温文尔雅的气质非常贴近。更难得的是，朱士杰思想活跃，反对因循守旧，提倡不断革新。美专初设中国画科和西洋画科，在颜文樑校长的支持下，筹创开设了实用美术科，有印刷制版专业、动画专业等，这些适合社会需要而开设的科系专业成为苏州美专的一大特色，体现出了创办者学以致用的艺术观念和办学理念。朱士杰授课专业极广，包括西洋画、图案等，大大拓宽了学生的思路，培养了对社会有用的艺术人才。[1]

物以类聚，人以群分。作为美专教务主任的朱士杰，和校长颜文樑有着同样的嗜好，音乐是他最好的业余生活。据各种有关文献档案梳理统计，苏州美专先后组织有16个艺术社团，其中包括"西洋乐队"，由陈宜慎、孙信良

图4 朱士杰（左立者）指导苏州美专1929年级西乐队排练

等发起，由朱士杰教授指导活动。虽然对他们的活动无法了解更多，但留存的图像足以让我们确信，这是一个有水准的乐队，其中有小提琴、中提琴、大

---

〔1〕 1952年后，朱士杰先为华东艺术专科学校教授，后随校迁宁，出任南京艺术学院教授。1985年应邀于北京展出他的生平创作，其中《井冈山》、《洞庭小船埠》等九幅作品，已为北京中国美术馆收藏，江苏美术馆也收藏了他的《撒网》。朱士杰90高龄逝世于宁，按其遗愿，朱夫人章雪英将其部分作品捐苏州美术馆。

提琴、长号、小号、单簧管、钢琴等。虽然只有9名演奏者,但从声部的分配,管、弦等乐器的组合即乐队编制等方面考虑,是比较合理的。

苏州美专还组织有"清流国乐会",由杨大年、彭清均等十余人发起成立,利用业余时间研究民族音乐,还举办演出活动。这一中一西的两个乐队,丰富了学校的业余文化生活。一时间,悠扬的琴声从校园曳透过镂空的花墙隐隐泛起。一座独具风格的校园环境,它的校园文化生活是那般的曼美,散逸着一片浓郁的艺术气息。

形成美专浓厚音乐氛围的还有戴逸青、黄觉寺等教授们。戴逸青(1887—1968)祖籍安徽旌德,生于江苏吴县,字雪崖,曾入上海沪北体育会音乐研究班。后去美国音乐专科学校求学。1920年回国,先后任教于东吴大学、南洋大学及苏州美专。1932年任中央陆军军官学校上校音乐主任教官。1949年去台湾。1951年受聘为政工干部学校音乐系主任。1968年2月19日病卒于台北。创作有《和声与制曲》(中华书局1928年3月初版,1940年7月四版,32开190页。蔡元培为该书题词:引人入胜。创作有《凯旋进行曲》、《军乐三部》等。戴逸青的两个

图5 民国时期音乐家戴逸青先生(1887—1968)苏州美专音乐教授

儿子戴序伦[1]和戴粹伦[2]也是民国时期的著名音乐家。

苏州美专另一位重要的音乐活动家是黄觉寺。黄觉寺(1910—1988)字菊迟,别署"今画禅室主",上海青浦人。苏州美专第一届毕业生,后留校任教。苏州美术馆第一任馆长,颜文樑留欧期间主持学校事务,并完成了新校舍的建设工作。1934—1936年在颜文樑安排下赴法留学,毕业于法国国立

---

〔1〕 戴序伦,毕业于上海音专,是位杰出的抒情男高音。民国38年(1949)赴台,任教于台师大与政工干校音乐系,培育出众多优秀的声乐人才。他精通中英意法德俄等声乐作品,尤其擅长德文艺术歌曲及意法歌剧。他上课时能亲自为学生伴奏,更重要的是他为学生们建立了一套正确稳健的美声训练法。

〔2〕 戴粹伦,民国时期著名小提琴家。毕业于上海国立音乐院。后入维也纳新音乐院,从波兰小提琴家胡贝尔曼深造。归国后曾在各大城市举行独奏会。后赴重庆,执教于励志社音乐组、国立音乐院。1942年秋,任国立音乐院分院院长,1945年任国立上海音乐专科学校校长,并任上海市交响乐团指挥。1949年春赴台湾,先后任省立师范学院音乐系主任、"军中示范合唱团"指挥、台湾省府交响乐团团长兼指挥等。

图6 戴逸青撰写的音乐理论著作《和声与制曲》书影

图7 蔡元培为《和声与制曲》题词

巴黎高等美术学校。归国后继任苏州美术专科学校教务主任兼教授十余年。1942 年在沪联合当地作家主办《上海艺术月刊》，后于上海、巴黎等地多次举办画展。曾著述《今画禅是室书》、《素描画述要》、《艺浪》等。

　　民国十七年(1928)，苏州美专创办校刊《沧浪美》，由黄觉寺主编，后改名《艺浪》，扩充篇幅，定为月刊，每期有论文、随笔、文艺小品与美专校讯，并精印铜版画及三色版彩印。因为颜文樑校长的音乐爱好，又有一批铁杆的音乐拥护者，苏州美专出版的学术刊物上经常会发表音乐方面的文论，如：[美]John Phillip Sonsa 著，戴逸青译《对于管乐队应具有何种常识》[1]、黄觉寺的《中国古代的"舞""乐"》[2]和《古琴浅说》[3]、黄颂尧的《乐圃遗址考》等音乐文论。

---

〔1〕 刊载于《艺浪》第二卷第九、十期合刊，第1—6页。
〔2〕 同上。
〔3〕《艺浪》，第二卷第二、三期合刊，第1—7页。

值得一提的是主编黄觉寺撰著的《绘画的音乐感觉》,[1]将罗丹的雕刻比作奏琴,把贝多芬的合奏乐音调与米盖郎其罗、米勒的绘画色调进行比较,认为"艺人而无音韵之头脑,不能创震古灿今之伟构,无节奏的生活,亦不能产杰出的艺术家"。绘画与音乐能产生联觉现象。

图8 《艺浪》第五卷发表黄觉寺撰写的《绘画的音乐感觉》

我们也可以从颜文樑的论著《色彩琐谈》中,体会到颜文樑对色彩学独到的见解。在他的作品中,体现了他在处理形色关系上,往往以色就形,强调对象的素描关系,强调对象富有叙事性的音乐质感表现。颜文樑的油画一方面显示了欧洲油画的色彩修养和光色魅力,体现了他对油画色彩的直觉感受力和色彩观念转换的良好感悟程度,比较接近油画语言的本体特质,另一方面又注重诗意的表达与境界的营造,在创作的思维模式与审美心理的构成上,表现手法更接近中国文化所具有的那种气质与禀赋。其实,颜文樑的创作所揭示的正是中国油画的本土意识,那些作品体现了只有东方人

---

〔1〕 载《艺浪》,第五卷,第6—7页。

才具有的审美心态与价值观念。尽管颜文樑在油画中所投射、渗入的本土意识是潜隐的、有限的，但不可否认，当他们拿起调色板在画布上抹下第一笔时，也就开始了超越语言形态的民族文化与审美心理的互化与整合。

身为职业画家的颜文樑，在其社交群体中，有许多音乐家、戏曲名流。1935 年，著名京剧演员梅兰芳至苏州开明剧院演出，期间特地到苏州美专拜访颜文樑，两人互致敬佩之意，并在美专会客室"水轩"合照一影。梅兰芳离苏后，又特寄赠其单人照一帧，[1]以示留念。

四、晚年颜文樑的音乐生活

1945 年 8 月 15 日，日寇无条件投降，全国人民一片欢腾。宜兴分水墩分校全体师生员工在欢庆声中着手搬迁到苏州沧浪亭复校。10 月底，全体学生、工友愉快地回到沧浪亭。失散多年的老教师如胡粹中、朱士杰、黄觉寺、钱定一、蔡震渊、张星阶、顾友鹤、陆寰生等也陆续回到学校。流光如矢，转瞬已到 1946 年元旦，颜文樑召开全体师生大会，热情洋溢地作了发言，应师生们的请求，他唱起了《马赛曲》，博得了全场热烈的掌声。

图 9　沧浪剧团"方珍珠"全体演职员合影

苏州美专学生早年曾排演过《少妇泪》(图 9)、《黄金梦》等剧，颇获好评。1949 年 4 月，苏州解放，人民欢呼，苏州美专喜获新生，调整和充实教职员工队伍，并组织"沧浪业余剧团"，排演根据老舍原著改编的《方珍珠》等歌颂新中国的剧目。

晚年的颜文樑，对艺术的追求和对生活的热爱，使这位老人永远乐观，谈笑风生。有时他会情不自禁地敲桌击拍，唱起儿时的歌，唱起《马赛曲》、《巴特罗》，有时也为自己的画填词谱曲。九

---

〔1〕 钱伯城所记年谱，见林文霞：《颜文樑》，学林出版社，1982 年版，第 175 页。

图10　1925年12月15日苏州美专游艺大会女同学表演《少妇泪》摄影

旬老人的歌声,听来竟不觉气喘声急,却充溢着一种感人的激情,不禁使人
为之心动。有时,他在梦中也唱歌。一次,他梦见自己与林风眠同行,风眠
边歌边行,他则且画且唱,风眠唱的是咏叹调,他唱的则是苏州小调。他的
小调一直唱到梦醒,口里还哼着曲子。1984年,当他创作《耕织乐》一曲的同
时,也就酝酿着一幅新油画:一片碧绿的桑林,掩映着一个身穿红衣的正在
采桑的农家姑娘;桑林的一侧是壮实的农民,欠身弯腰在稻田里植稻分秧。
歌词是这样的:

　　四月初旬雨乍晴,
　　布谷鸟声闻农村。

　　采桑养蚕,植稻分秧,
　　一生之计在于勤。

　　杨柳嫩,绿草青青,
　　红杏盛,桃李盈盈。

　　天时正,国家富强,
　　生活安定,耕织乐,无穷尽。

来自艺术的无穷乐趣，使老人家浸润于音画的心灵迸发出由衷的欢吟。"我觉得画画与唱歌有关系，一支好的歌曲，每句歌词都是一幅美的画面，可以丰富画家的想象。"他那一口的吴侬软语侃侃而谈，总会给人留下极深刻的印象。[1]

为了撰写本文，我们曾阅读了许多相关的文献材料，除了大量的评价颜文樑的美术成就与绘画理念外，还有多篇关于他的音乐修养的专题文章，如：1982 年 7 月 31 日《文汇报》发表施选青的《九旬老人在歌唱》；1984 年 11 月 17 日《浙江经济生活报》刊发杨芳菲的《颜文樑唱歌》。颜文樑的孙子颜清诚撰写的《忆祖父——颜文樑》中说道："我认为：他的绘画真实、细致，是他作品个人风格的主要特点之一，同时这种真实、细致，决非自然主义的生活再现，而是概括，提炼的艺术表现，他在诗词和音乐上的造诣，使得作品更增加了诗的意境和音乐的韵律。"[2]

（作者单位：南京艺术学院音乐学院）

---

〔1〕 尚辉：《颜文樑研究》，南京：江苏美术出版社，1993 年版，第 71—72 页。
〔2〕 原载《上海美术通讯》，第 34 期，1989 年 4 月版。

颜文樑的客厅

陈丹燕

颜文樑在上海的老宅子,在上海的新康花园。那是一条宽敞的大弄堂,西班牙式的两层楼房子一律刷成了绿色,失去了白墙红瓦的西班牙房子那种开朗和火热,以及温柔的悠闲,被一棵棵高大的雪松掩盖着的小绿房子,像波兰南部森林里的小矮人一样,一个,一个,独自紧紧裹着衣服卧在树下面,有种恍惚中乱穿衣服的神秘。大弄堂里什么声音也没有,就听到自己的皮鞋跟在身后的墙壁上笃笃地响过来。我从小在这条大弄堂里走来走去,从来不知道这里有颜文樑的家。

绿色的房子有棕色的木头大门,门开了,里面是老房子的昏暗和老宅地里面的特别气息,混合着老人的呼吸、油画布上松香水的辛辣、热过剩菜以后残留下来的气味、旧书落了细尘的干燥纸页,还有老家具返潮时把樟脑和木头的芳香一点点散了出来。玄关上有一盏老老的玻璃罩子灯,做成一朵金黄色倒挂着的铃兰花的样子,用微微生锈的铁环吊下来,让人想起世纪初的巴黎,从梯也尔血洗巴黎中走出来以后风行的新艺术风格的灯饰。可这灯不是颜文樑当年从巴黎带回来的。当年他从巴黎带回来的是一万多册美术书和五百多具著名雕塑的石膏复制品,没有为自己家带什么回来。

客厅里很暗,开着日光灯,壁上有两面金框围着的镜子,上面蒙了灰、水汽和餐桌上散过来粘上的油腻,当把镜子边上的金色长蜡烛灯点亮时,镜子里朦朦胧胧地反射出一只齐胸的、精致地雕刻着花纹的柚木架子,那是从前为一套法文的百科全书专配的书架,那羊皮面子烫了金的书不是放在桌子上平着翻的,而是要将它架在这书架上,微微向你斜着。在它的后面,是那一书橱的百科全书,顶上放着一个旧马粪纸的纸板箱,粗糙的黄底子上印着丰收牌干菜笋的红字。

它们的边上有一架雕花的大衣橱,洛可可式的,在边上雕满了复杂的花纹。那是从前颜文樑卧室里用的,现在卧室给了孙女当卧室,就把它移出来放在客厅里,它像是铜质的一样,渐渐长出绿色的锈渍。颜文樑即使是在巴黎学油画的时候,在咖啡馆里也只喝茶,一回到中国,能不穿西服的时候,总是穿中式不上肩的衣服,可他的卧室里有全套的西式家具。看起来,他是那种懂得挑自己喜欢的东西来组成自己生活的人，不那么刻意要将自己归纳到一个标志下面。这种人常常自己知道自己是度过了丰富的一生，可在功名上要逊色一些。功名是一种要经营的事业。所以在颜文樑的身后有一点寂寞，不过他已经不在乎它们了。

在客厅里，从一尊小小的青铜胸像上，我才知道颜文樑长的是什么样子，一个长长脸的老人，嘴有一点鼓，诚恳敦厚的样子。我觉得曾经在什么地方是见到过他的，穿着灰色的老棉袄，襟上像随意的老人那样，一不小心就弄脏了。一定是在什么时候，在弄堂里。那时我怎么会知道他就是颜文樑，那个1931年将欧洲雕塑阿加特米型复制品大量运回国的中国第一人，从此，不知有多少中国人受惠于他的那五百多具石膏像，从那里了解了遥远的文明。

1997年，我在意大利看到了《挑刺的男孩》，也是洁白的，我想起许多年以前，我在一个学校仓库的角落里看到那雕像的石膏复制品时，少年饥饿的心里像爆炸一样的震动和随之而来的甜蜜的惆怅，要过许多年我才知道那种感情是被艺术震动了。那时中国的学校才不再用西洋的石膏模型教学，可有人舍不得丢掉那已经多次翻模而细部模糊的《挑刺的男孩》，将它和不用了的少先队队鼓放在一起。1997年站在柔和灯光下的大理石原作前，我想起了少年时代的那个学校小仓库，隔了二十年，老友重逢。见我是东方人，总有朋友在那时要好意说到米开朗琪罗 ABC，由我说下去 DEF，他们惊奇，他们不知道在我远没有出生的时候，中国就有了颜文樑。

只是要到现在，在颜文樑黝暗的客厅里，我才知道心里对欧洲艺术的喜爱，是襟上有细小污渍的颜文樑种下来的。他一定不知道他是这样将这种子种在一颗寂寞而反叛的心里的。他也一定不知道他这样启蒙了多少人。也许，他也没有想到今天我们对欧洲文明的了解远比欧洲人对东方的了解要多，有时那殷殷的喜爱让人觉得不公平啊。他当时历尽辛苦，是想要中国人开阔眼界而自强，做到别人能做好的事，可常常，在欧洲人的眼睛里，中国人的学习是出于仰慕。这样微妙而重要的差异，是不是也曾刺痛过他？

那五百具从意大利开往上海的邮船上带来的石膏像，使颜文樑在家乡苏州创立的苏州美术专科学校成为全中国设备最完整的学校，各地的美专纷纷到苏州来翻石膏模子。这些完全按照欧洲雕塑博物馆的陈列模式陈列起来的雕像，被人称为是美术界的玄奘取回的经卷。当年留法归来的徐悲鸿带着蒋碧微到苏州力劝已经三十七岁的颜文樑到法国学画，他以为中国会因此出一个自己的梅索尼埃。徐悲鸿一定没有想到颜文樑做的是许多去法国学画而且也功成名就的中国人没有做的事。

1937 年，日本军队侵入苏州，苏州美专被征为日军司令部，日本兵把那些石膏像当枪靶打。

1966 年，红卫兵横扫四旧，将石膏陈列室悉数砸烂。

从此，颜文樑从法国带回的石膏雕像原件全不存在了。

客厅里有一架大三角钢琴，很旧了，上面供着一只法国式的大水罐，温暖的淡黄底子上烧着一些红玫瑰的图案，里面插着一些干旧的香槟玫瑰，也许是干花，也许是绢做的。下面放着落满了灰尘卷的空酒瓶子、泡菜罐子和空置的家什。

那是颜文樑生前最喜欢的东西之一，他喜欢自己作曲，然后在琴上自弹自唱。有时也拉小提琴。他一生画过许多温馨的小幅油画，画他家的小园子，画雪中的家，画邻家的面对他家客厅的窗子，那彩色玻璃里射出了夜晚金色的灯光，画得高兴了，他就为自己的画配上一首诗词，再作一支曲子。一直到老，他都是心地柔软的人，有时像鸵鸟一样，把头藏进自己的家和自己的心的沙土里。外人只看到一个开朗的老人，像神奇的马兰花一样，风吹雨打都不怕。

而那颗心里有什么，因为他是藏起来的，所以看不到。

在颜文樑二十三岁时，母亲去世，母亲在去世的前一天，曾给了他一个苹果，母亲去世以后，他便收藏起那只苹果，当成是对母亲的纪念。此后，在苏州教书，到上海学画，去法国三年，再在大战中避难上海，战后回到苏州，1949 年以后留居上海，去杭州教书，直到他 1988 年去世，那只 1915 年母亲给的苹果日久成灰，他一直带在身边，供在家里，不曾丢弃。

在苏州美专时，有一次一个女学生毕业前偷了人家五元钱，被查出来了。有的老师主张要开除她。颜文樑把那个女学生找来，知道她平时为人大方，并不在意钱，这次是没有回家的路费了。他拿出五元钱来给了女学生，然后为她隐瞒下来，叫被偷的人也不声张，使她按期得以毕业。后来，他收到那女学生寄回的五元钱，说要买自己的名誉。事隔半个世纪以后，颜文樑回忆起来，还是觉得很开心。

在上海避难时，颜文樑路过一个宰牛场，听到牛被杀时的哀叫，从此不吃牛肉。

颜文樑过年时听到家里厨房里杀鸡时的叫声，从此不吃鸡。一个从前苏州的老学生自己养了鸡，托人带到上海给老师，颜文樑特地打电话叫来亲戚，把鸡专程送回苏州。

有这样细密心思的老人，会怎么想他四十岁时的那五百个洁白的石膏像？在他的《谈艺录》里，说了为人，为画，修养，从没说到那些像。只是说为人要快乐。看到他画的小公园里红色的花，在太阳光里柔和自由地开着，只是要想到莫扎特在没有炉火的冬天里写下的那些柔美的曲子。

客厅靠门的边上，有一个玻璃橱，里面一层层的都是用报纸包好，再用尼龙塑料绳扎好的东西，有的装在旧纸盒子、旧鞋盒子里，那是颜文樑晚年时淘华亭路旧货店留下来的东西。那时，他常常在天好的时候到家对面的华亭路上去，那里有一长排铁皮房子，卖的是文化大革命中被匆匆卖钱的东西，整套的咖啡具，茶具，旧瑞士表。他去公园画了画以后，就到那里去买些喜欢的东西。家里没有合适的地方放，他就自己仔细把玩以后，用报纸包好，放好。现在看到那些报纸，上面写着"联系实际，狠狠揭批四人帮"的字，发了黄，在空白的地方留着颜文樑工整的小字："牛奶壶一把"。

玻璃橱的门上加了挂锁，那是更早时，颜文樑从旧货店里因为喜欢淘来的，没想到在文化大革命以后派上了用处。那锁一直挂到现在。

家里人说，不想把颜文樑的东西动乱了。

（作者为上海作家）

颜文樑实用美术教学思想探析

李洁璇

【内容摘要】 本文通过对20世纪初实用美术发展情况的分析、论述可以看出,实用美术教育作为新式美术教育的重要组成部分有其存在的价值。颜文樑是新式美术教育的先驱者之一,他创立了苏州美术专科学校,把实用美术教育发展为学校的办学特色,开办了实用美术科,并附设了印刷制版工场,培养出一大批实用美术专业人才。颜文樑的办学方向是和他的实用美术教育思想密不可分的,他多次撰写文章从理论上阐述实用美术教育的重要性和必要性。本文从不同侧面详细论述了苏州美专实用美术科的教学和实习情况,从而体现出颜文樑实用美术教育思想在当时社会条件下的创新性和现实意义,以及对当代实用美术教育的启迪。

【关键词】 工场教育制度 颜文樑 实用美术教育

绪 论

在中国的传统美术教育中,"技"和"道"有着严格的区分。由画工所作的以实用为目的的作品被定义为"技",或称为"艺";而文人士大夫以修养身心为追求的书画作品被认为是"道"。张彦远在《历代名画记》中写道:"自古善画者,莫匪衣冠贵胄,逸士高人,振妙一时,传芳千祀,非闾阎鄙贱之所能为也。"不同阶层美术教育的内容和形式也是严格界定的,平民只能接受"技"的教育,民间画师与工匠从小就跟随师傅学徒,师傅通过口授手传的方式传授技艺,而专门的美术教育机构,例如宋代的画院以考试的方式录取画家,学生以士大夫阶层为主,称为"士流",一些优秀的民间工匠虽能通过选拔进入画院,但仍然被区分开来,称为"杂流"。通过对这些进入画院的民间工匠的称呼就可以看出,虽然他们画艺高超,但地位还是相当低微。学习的时候,"仍分士流,杂流,别其斋以居之"[1]。

近代以来,受西方工业化革命和中国社会经济发展的影响,中国传统的

---

[1] 见《宋史·选举志》

手工艺受到了西方美术工艺和艺术设计不小的冲击,但同时也带来了发展的契机,手工艺品不再是皇宫贵族享有的专利,也可以满足普通百姓的需求,纺织印染、书籍报刊的设计绘制、金属工艺、象牙工艺、漆艺等蓬勃发展,作业方式也从原来的画工独立作业或一个师傅带几个徒弟的传统模式逐渐转变为作坊或规模化生产。实用美术日渐渗透到人们的日常生活当中,社会需求也从而增大。实用美术越来越受到人们的重视。

实用美术的发展促使实用美术教育的形成,颜文樑作为 20 世纪初的美术教育者,也把关注的重点落到了实用美术教育上,他不仅于 1933 年在苏州美专开设实用美术科,设置制版印刷工场,而且从理论上多次进行阐述,写出《艺术教育今后之趋势》[1]、《从生产教育推想到实用美术之必要》[2]等文章强调实用美术的重要性。探究颜文樑的实用美术教育思想,我们可以发现,这种思想不是偶然产生的,而是和颜文樑本人一直以来的学画经历、追求,当时的社会环境,以及他身边的一些朋友(如吴子深)的影响都有一定的关系。在 20 世纪上半期这样一个东西方艺术思想激烈碰撞的时期,美术教育担负着艺术思想传播、艺术技法传授的任务。作为教育者的颜文樑能够在不断学习、吸收西方艺术精髓的同时,结合中国当时的实际情况摸索出一套独特的实用美术教育思想,的确有其自身的价值,也为中国后来的实用美术教育踏出了坚实的第一步。

本选题的意义在于,关于颜文樑的研究,和他同时代的美术教育家刘海粟、徐悲鸿、林风眠等人的研究相比不是很多,关于颜文樑实用美术教育思想的研究更少。本文希望可以通过对苏州美术专科学校教学实践的还原,以及一些之前被忽视的有关颜文樑实用美术教育的一手资料的分析和总结,对颜文樑实用美术教育思想做进一步的梳理和提炼,从而揭示出颜文樑美术教育思想的价值和意义。颜文樑在苏州美专设置的教学内容和他的实用美术教育思想在当时很有针对性,这样的思想对今天的美术教育,关于教学方向、学生就业等等也很有启发性。

---

〔1〕 颜文樑,《艺术教育今后之趋向》,《艺浪》第二卷第二、三期合刊,1936 年 6 月。

〔2〕 颜文樑,《从生产教育推想到实用美术之必要》,《艺浪》第九、十期合刊,1933 年 12 月。

第一章　颜文樑实用美术教育思想形成的社会背景

第一节　20世纪初中国实用美术教育的形成

近代以来,西方美术教育思想和模式传入了中国。1849年,由欧洲教会在上海开办的"土山湾画馆"是较早传播西方美术思想和技能的美术学校。它的前身是天主教会开办的孤儿院,收留灾区逃难的男童。孤儿们在这里能够接受中文、法文、音乐、图画等方面的教育。1864年,孤儿院搬迁至土山湾,并附建美术工场,工场是指手工业者集合在一起生产的场所,以手工业劳动为基础,是资本主义生产发展的一个阶段的标志。工厂内各部门分工细致,设有雕塑间、图画间、皮作间、细木间、粗木间、布鞋间、翻砂间、铜匠间、印书间、照相间等等,这个美术工场就是俗称的"土山湾画馆",或"土山湾美术工艺所"。"土山湾画馆"的学生一边学习,一边参加美术工场的工作,20世纪40年代出版的《中国美术工艺》一书记载"土山湾画馆"有印刷、装订、绘画、照相、冶铁、细金、木工、木雕、泥塑、玻璃制作等项目,其中"印刷工场全部工友约有一百二十人。每年出品,平均西文者约五十种,凡二万五千卷至七万五千卷之数。中文者亦五十种,达二百五十万卷至三百五十万卷。每年纸之消费在五十吨以上。附装订作,各种洋式装订,坚实而朴素,然仍不失艺术之美"。[1] 土山湾美术工厂制作的各种工艺品受到了海内外市场的欢迎,准确地说,土山湾画馆是教会为了培养宗教美术人才而设立的,学员学习的内容大抵围绕宗教美术,教师的教学方式虽然有所进步,但主要还是采用"工徒制",其模式很像欧洲文艺复兴早期的绘画作坊。

鸦片战争以后,"洋务运动"兴起,迫切需要一批新式工艺、技术人才,李鸿章在《致总理衙门书》中指出:"中国欲自强,则莫如学习外国利器。欲学习外国利器,则莫如觅制器之器,师其法而不必尽用其人。欲觅制器之器与制器之人,则当专设一科取士。"[2] 一批实业学堂正是在这样的背景下应运而生。当时的"实学"概念范围很广,既包括"声、光、电、化"等格致之学,也包含与实用技术有关的"图画手工"美术教育。清政府《学部奏请宣示教育

---

〔1〕 徐蔚南著:《中国美术工艺》,上海:中华书局,1940年。
〔2〕 范文澜:《中国近代史》(上册),北京,人民出版社,1947年,第78页。

宗旨折》有云:"格致、图画、手工,皆当视为重要科目。"

1866年,福州船政局开办的船政学堂设绘事院,培养制图专门人才,内分两部:一部学习船图,一部学习机器图,学生被称为"画图生"。1903年开设的北洋工艺学堂有水彩画、写生画、毛笔画、用器画、雕塑、解剖学、美术史、三角、化学、机器学等课程,聘请英国、日本等国的教员授课。1907年,清政府在《详直督袁复陈筹办工艺情形文》中提出:"设立工艺总局,以提倡全省工艺,并开办高等工业学堂、考工厂、教学品陈列馆、实习工场。所成立高等工业学堂分化学、机器、制造、绘图四科,皆备师范之选;嗣又添化学、机器各速成科,并添预备科;现在各科学生有送往日本工场,借资练习者;有已经毕业,给凭派赴各处充当教员者。"[1]虽然这时的美术教育还主要是为方兴未艾的工业生产服务,但政府和有识之士能够把一向被看做修生养性的绘画和工业生产联系起来,观念上有了很大的改变。模仿欧美等国的新式学校教育课程中开设了美术课,1904年清政府颁布《钦定学堂章程》,将中学美术教育的教学目标规定为:"习画者,当就实物模型图谱,教自在画,俾得练习意匠,兼讲用器画之大要,以备他日绘地图、机器图及讲求各项实业之初基。"[2]章程还规定高等工业学堂需开设"图稿绘画科",重视对学生进行美术技法的培养。

1906年,两江师范学堂开设图画手工科。当时主持教学的李瑞清遍询校中各国教授,征集东西各国师范艺术教育科设科之凡例,竭力主张添设图画手工科。其教学内容包括图画与手工,图画下设西洋画(铅笔、木炭、水彩、油画)、中国画(山水、花卉)、用器画(平面、立体)、图案课程,手工则涵盖金、木、竹、漆等各门类工艺。两江师范学堂图画手工科培养了很多新式美术人才。吕凤子、姜丹书、汪采白等人都毕业于两江师范学堂。美术作为各级学校的必修科目之一得到政府的重视,传统的手工作坊师徒制教育逐渐转变为现代学校美术教育,这的确是一个巨大的飞跃。

第二节 20世纪初中国实用美术教育的发展过程

辛亥革命以后,新式美术教育呈现出蓬勃发展的势头,各种公立、私立

---

〔1〕 彭泽益编:《中国近代手工业史资料1840~1949》第二卷,上海:中华书局,1962年,第523~524页。

〔2〕 陈学恂主编:《中国近代教育大事记》,上海教育出版社,1981年,第69~72页。

的美术专门学校纷纷出现。受到欧美、日本等国美术教育模式的影响,实用美术教育作为新式美术教育的重要组成部分,也受到重视。很多美术专门学校都开设了实用美术系或工艺图案科。1918年由蔡元培等人建议开办的第一所公立美术院校——国立北京美术学校在开办之初就设有中国画、西画和图案三个系,1925年改名为北京艺术专门学校后,图案仍为五系之一。1934年教育部令恢复国立北平艺术专科学校,学校设绘画、雕塑、图工、艺术师范四个科。其中,图工科又分图案、图工两组。学校以"培养工艺美术专门人才,改良工业,增进一般人美的趣味"为教学目标,希望他们培养的学生"或于普通学校中任关于美术之教科;或于实业界,改良制造品;或于社会教育界,提倡美育"。[1] 1928年成立的国立艺术院,蔡元培兼任院长,后改由林风眠任院长。设绘画、图案、雕塑、建筑四系。学校还成立了实用艺术研究会,倡导实用艺术。上海美术学校在1920年修改学制时,设中国画科、西洋画科、工艺图案科、雕塑科、高等师范科、初级师范科。学校的办学方针中也提到:"造就工艺美术人才,辅助工商业,发展国民经济"。工艺图案科的必修科目有基本图案、商业图案、装饰图案、写生变化、素描、水彩画、用器画、透视学、色彩学、中国美术概论、西洋美术概论、图案通论、工艺制作、工艺美术史等,选修课科目有制图学、广告学、装饰雕塑、版画、中国工笔画、构图学、音乐、舞台装置等。绘画科也把实用美术列为必修科目。1927年设立的上海私立新华艺术专科学校设有国画系、西画系、雕塑系、图案系、艺术教育系,图案系分为工艺图案部和建筑图案部。私立北京艺术专科职业学校也于1934年增设了工艺系。

实用美术科的陆续开办,体现了实用美术的价值和作用越来越受到美术教育界的肯定,虽然实用美术的地位还不能和绘画相比,例如:国立杭州艺术专科学校以学生素描成绩的优劣来分系,最优等的进入绘画系,次优等的进入雕塑系或图案系,中等的只能进入图案系。但教学目标、课程设计、教学方法逐渐趋于正规,实用美术教育成为学校美术教育的一个重要组成部分。

第三节　20世纪初中国实用美术教育广泛开展的原因

实用美术教育在这一时期的广泛开展并不是偶然的,主要原因有三方

---

〔1〕《美术学校开学记》,载《绘学杂志》,创刊号,1920。

面：一、受外国教育思潮和教育学说的影响；二、教育主管部门以及教育人士对实用美术的重视；三、经济发展和市场的需要。

教育思潮和学说对于教育改革及推广有着重要的指导意义。"五四"运动前后，西方各种教育思潮和教育学说，如实利主义教育思潮、义务教育思潮、平民主义教育思潮等大量涌入中国，为教育改革注入了强劲的动力。

许多国外的教育家受邀来中国讲学，美国教育家杜威的实用主义教育思想在中国教育界很受欢迎，他主张"学校里的学业须要和学校外的生活连贯一气"，"从做中学"，"教育并不在于获得许多丰富的知识，而在于养成将来应用的能力、技能和习惯"。[1] 学校里的知识既要为进入高等学校做准备，又要为学生进入社会"谋生"做准备。教育界人士也发表文章表示对杜威观点的赞同，主张普通教育应当传授切合实际的知识技能。黄炎培在《学校教育采用实用主义之商榷》一文中写道："一般论者，谓将以教育为实业之先导，不得不以实业为教育之中心。其道维何？曰多设实业学校也；曰于普通学校加设实业科也；曰提倡实业补习教育也。潮流所趋，几不闻有歧出之论调，余亦推荡此潮流之一人也。"[2] 黄炎培还认为，教育要以受教育者以后的发展为目标："教育者，教之育之使备人生处世不可少之件而已。人不能舍此家庭绝此社会也，则亦教之育之，俾处家庭间、社会间，于己具有自立之能力，于人能为适宜之应付而已。"[3] 庄俞《采用实用主义》一文也指出："教育正当之目的，须与以物质的精神的关于生活上的准备"，使学生能"得生活上之实用。"[4]

这样的思想也对美术教育产生了影响，很多美术专门学校都开设了实用美术系或工艺图案科，实用美术教育不再被认为是培养工匠的，而和"纯美术"教育拥有了同等的地位。与此同时，许多后来成为中国20世纪画坛重要人物的青年学生也在这一时期留学欧美、日本等国学习绘画，实用美术教育在当时中国虽然只是刚刚起步，但在国外已经具有相当的规模。画家高剑父在日本留学期间研习制版印刷技术；画家张善孖曾在日本京都市工艺美术学校学习染织美术；画家陈之佛在东京美术学校图案科学习工艺美术；

---

〔1〕《杜威五大讲演》，北京晨报出版社，1920年版。
〔2〕《黄炎培教育文选》，上海：上海教育出版社，1985，第14～15页。
〔3〕《黄炎培教育文选》，上海：上海教育出版社，1985，第14页。
〔4〕《教育杂志》，第5卷第7号。

工艺美术家刘既漂、郑可等人都曾在法国留学。这些留学生直接受到西方实用美术教育的影响,回国后或在美术学校任教,或以实际的创作活动推动实用美术教育的发展。

实用美术还得到了当时教育主管部门以及教育人士的重视。时任教育总长的蔡元培就十分关注实用美术教育。1917 年,他发表题为《以美育代宗教说》的演讲,强调美术和工艺设计改良社会风气的作用。1919 年在《文化运动不要忘了美育》一文中,他又指出美术教育应当成为新文化运动的重要组成部分,在他看来,"美术"包括建筑、绘画、雕塑、工艺美术等诸多门类,除了传艺术的教育,他建议专门开设"美术工艺学校"。1927 年,蔡元培担任国民政府大学院院长时,积极倡议设立中央大学艺术系和国立艺术院。他主持的国民政府大学院艺术教育委员会第一次会议通过了《筹办国立艺术大学之提案》,提案预定国立艺术大学由国画院、西画院、雕塑院和建筑院组成,或将中西画合并,成立绘画院、雕塑院、建筑院和工艺美术院。1935 年,蔡元培在接受《时代画报》采访时特别表示,希望画报在刊登美术稿件时,"能多征集些工艺美术的材料"。由此可见他对实用美术的重视。

图 1　月份牌

20 世纪初,中国工商业走出低谷,得到了发展的机会。一些沿海城市,例如:上海、广州、天津等地的城市经济也发展迅速,市场的繁荣促进了大众的消费需求,也对实用美术提出了更高的要求,月份牌(如图 1)、商品包装;报纸杂志的广告、插画;舞台布景……都需要大量的美术专业人才。一些学习传统绘画的民间画师和留学回来的画家都曾参与过这些设计活动,张肇光曾为《新闻报》《民呼报》等报创作插画,颜文樑也在早期干过舞台布景的工作。但市场的发展需要大量的受过相关专业培训的设计人才,由颜文樑创办的苏州美专就敏锐的抓住了这样一种契机,把实用美术专业的教学作为自己的办学特色,得以在如此多的美术专门学校中拥有一席之地。

第二章　颜文樑实用美术教育思想的实践

第一节　颜文樑与苏州美专

　　1922 年 7 月,颜文樑和胡粹中、朱士杰等人在苏州海红坊律师公会的会所开办了暑假美术学校,颜文樑为校长,教师为胡粹中、朱士杰、顾仲华、程少川四人,分中、西画两组,颜文樑、胡粹中、朱士杰教授素描和色彩,顾仲华、程少川教授山水和花鸟,学校还传授中外绘画理论,学习两个月结业。暑假美术学校很受学生们的欢迎,纷纷要求长期办学。同年九月,"苏州美术学校"正式开学,借苏州县中的九间余屋为校址。学校只设速成科一班,第一期招收了 14 人,学生为:张紫玙、张念珍、龚启锐、钱永禄、诸长珍、张杰、黄觉寺等人,学制二年,不分专业,兼学中西绘画。这所美术学校就是苏州美术专科学校的前身。

　　学校开办初期,经费困难,设备简陋,所有开办费用及日常用费,大都由颜文樑于校外兼课所得薪金支付,教职员工也不取薪酬。上素描课没有石膏像,就从旧货摊购得一件小型狮子工艺品,用作写生模型。颜文樑提出"忍、仁、诚"三字作为苏州美专的校训。1924 年,美术学校第三期招生,录取学生已达到 40 人,学校规模进一步扩大,学制也改为四年,分为国画、西画两个专业。第一期毕业学生,大多自愿留校任职,最后受聘的有黄觉寺、张紫玙等人。

图 2　沧浪亭

　　1927 年,颜文樑被苏州公益局任命为沧浪亭保管员并筹建美术馆,美术学校因此迁入沧浪亭。(如图 2)在社会各界人士,特别是企业家吴子深的支持赞助下,学校开始兴建罗马式校舍,"新校舍在沧浪亭东面,占地三亩多,西面是古式园林建筑,分别有明道堂、清香馆、沧浪亭等,全部面积达七十余亩,分别作为办公室及宿舍之用。外围三面荷池环绕,内部各处回廊相通。"[1]新校舍由"上海工部局建筑师吴希猛按照罗马建筑之式设计图样,投标承造,得标者为苏州张桂记营造厂。建成后,共耗费 5.4 万银元"。[2]校舍分上下三层:底层理论教室;中层办公室、石膏素描室、美术陈列室;上层为中国画实习室、图书室、西画人体教室。(如图3)1928 年,美术学校改建校董会,推举吴子深为主席校董,颜文樑为校长。1932 年 10 月,苏州美术学校解决了校舍、设备、基金、教职工素质及薪资等项,被国民政府教育部批准以大专院校立案,正式定名为"苏州美术专科学校"(以下简称"苏州美专")。

图3　苏州美专校舍(现颜文樑纪念馆)

第二节　苏州美专实用美术科的筹办过程

1932 年 11 月,苏州美专开始筹办实用美术专业,第二年九月下旬招生,拟在高中部和专科分别设立实用美术系。

1933 年(即民国二十二年)8 月 13 日苏州美专呈送江苏省教育厅的公函中明确提到了开办实用美术科的原因和筹备情况,公函中写道:"案奉江

〔1〕 南京艺术学院校史编写组编著,《南京艺术学院史》,南京,江苏美术出版社,1992,第40页。
〔2〕 周矩敏主编,《沧浪一页——纪念苏州美术馆建馆 80 周年》,合肥,安徽美术出版社,2006,第7页。

苏省教育厅公函第七五九号、教育部训令第九六七六号、行政院第三六八〇号训令、国民政府训令，以准中央政治会议函，准陈委员果夫拟定改革教育初步方案，经教育组审查决议照审查意见通过，令仰遵办等因，并附抄件，奉此查原方案第二项，审查意见，为由教育部令饬艺术院校，加设实用艺术课程，以助工商业之发展，奉令前因，凡国立及各省市，已立案之私立艺术或美术专科学校，应即加设实用艺术课程，除呈复并分行外，合行令仰转饬，私立苏州美术专科学校遵照办理，具报此令，等因，奉此，相应函达，即遵照部令办理，等因，奉此，遵于本年五月拟具计划规程，呈准主席校董，自二十二年度起，添办实用美术系制版组，并经另行筹垫银一万五千元为开办费，以后每月增筹银六百元为经费。"[1]江苏省教育厅于 1933 年 8 月 21 日批复道："为加设实用美术制版组一案应俟转奉部令再行转知由接准。来牍，为遵令加设实用美术系制版组各节，拟具计划书并概算书各一份送厅，除将来件存查外，仍俟转奉，教育部核令到厅，再予转行遵照。"[2]教育部 1933 年 9 月 2 日下发指令第八八九六号："为该校新设课程应改正名称并将概算表等件重订呈核由，呈件均悉。查该校遵令加设实用艺术课程，应予照准；惟按照专科学校规程第七条，规定专科学校课程遇必要时得分若干组，该校新设课程，定名为实用美术系。核与该规程不符，应改称[实用艺术组]。制版不过其中一门，不得称组。至高中部实用美术系，应仿造原有艺术师范科，改称为[实用艺术科]作为高中部之一部分。"[3]并要求苏州美专："仰迅将概算表，组织大纲，招生简则及学程表等件，呈部审核。"[4]从苏州美专和江苏省教育厅往来的公文中我们可以看到，当时的教育主管部门对实用美术教育还是相当重视的，积极鼓励美术学校开办实用美术专业。苏州美专自筹经费并制定了相关的计划书，对一些细节也做了精心的安排。

在获得了教育部的批准之后，八月中旬颜文樑便赶到上海委托上海谦信洋行向德国定购制版设备，同时学校则呈请省教育厅，转呈备案，及请颁教育用品免税护照等手续。在公文中，苏州美专写道："本校自加设实用艺术组后，在制版科目中，须购用实习仪器，以此项物品国内无处购置，故委托上海上海谦信洋行向德国订购，该组应用仪器多种，兹该件以瞬将到沪，理

〔1〕《艺浪》，第 9、10 合期，1933 年。
〔2〕 同上，1933 年。
〔3〕 同上，1933 年。
〔4〕 同上，1933 年。

合遵章具文连同购运教育用品请领护照表六份,印花费一元五角,呈请钧厅鉴核,并乞转呈准予颁发,教育用品免税护照,实为公便。"[1]江苏省教育厅也很快下发了免税护照:"来牍,为购运教育用品请领护照,并附表六份印花税一元五角寄厅;除将原附件转呈教育部请予鉴核转咨核发免税护照外,相应函复,即希查收。"[2]苏州美专实用美术科制版工场的仪器大多是从国外定制,足以见得学校对这门新设课程的重视,也是颜文樑实用美术教育思想最直接的体现。

《艺浪》第九、十合期的校闻中概述了添设实用美术科的情况,还提到第一届实用美术科在九月下旬才登报招考,"报名来考者,虽不足预定名额,然仍照常开班,并拟于最短期间,收买附近地产添建女生宿舍,而以沧浪亭内部充作该组实习之用云"。1934年5月12日,高等教育司司长黄建中到苏州美专视察,由颜文樑陪同,了解教学、生活、研究等方面情况,表示满意。嗣后,教育部颁下训令,认为苏州美专在"完成新校舍后,又能于艰苦中筹款数万余元,增加实用美术科之设备,校董会暨学校当局之努力,殊堪嘉尚"。[3]

第三节　工场教育模式引入实用美术科

工场教育模式的前身可以追述到清末民初的工艺传习所教育和洋务学堂中的工艺教育。工艺传习所又分为教会开办的工艺传习所和具有民族自觉性的女工传习所,教会开办的工艺传习所由传教士把西方的手工艺技能介绍到中国,招收一些生活困难的学生、信徒学习绘画和手工艺技能,这一方式的确从客观上介绍、引进了一些西方的手工艺技术,也培养了不少工艺精湛的设计人才,但工艺传习所的学生更倾向于半工半读,除了上一些必要的课程以外,大部分的时间都在工场学习专门的技艺。传习所生产的产品种类繁多,有书籍、家具、玻璃彩绘、玩具等等,大多运往世界各地销售,工艺传习所的所有人获得大量的利润。当时比较著名的教会工艺传习所有:清初在中国传教的耶稣会建立的瓷画学校、鸦片战争之后山东烟台的抽纱传习所、1894年英国传教士马茂兰及妻子开办的"培真女子学校"和1864年中国耶稣会在徐家汇土山湾开办的工艺院。

---

[1]《艺浪》,第9、10合期,1933年。

[2] 同上,1933年。

[3] 南京艺术学院校史编写组编著:《南京艺术学院史》,江苏美术出版社,1992年,第52页。

这样的工艺传习所经过一段时间的发展,已经具备了一定的规模。据统计,到1905年,耶稣教各会在华所设学校中,工艺学堂已发展至七所。至1922年,全国150至200处教会所设孤儿院中多数办有工艺教育事业。教会所设工艺科目,仅南京一地就有木工、铜工、织布、造毯、编席、织褥、刺绣等科。[1] 教会的工艺传习所具有更多近代新式学校实用美术教育的特征,为后来的工场教育与学校美术教育的结合做了准备。

女工传习所的工艺教育主要围绕传统的女子手工艺展开,例如刺绣、纺织、印染等,清末湖南湘绣名艺人胡莲仙就曾在长沙开设"绣花吴寓"、"采霞吴莲仙女红"等绣坊,教授刺绣工艺,形成了一定的规模教学。和颜文樑颇有渊源的苏州刺绣高手沈寿在1894年创办了苏州同立绣校,由沈寿教授刺绣技法、她的丈夫余觉教授绘画基础与图案设计。同立绣校是较早以学校名义教授女子手工艺的学校之一,虽然学校在体制方面并不完善,但能够有别于传统的刺绣传授,尝试对学生开展基础美术教育和技法教育相配套的教育方式,有了很大的进步。1907年以后,学部规定,凡女学堂都要开设工艺课程。[2] 绣工科开设国文、国画、刺绣三门课程,织业科教授印染、织造课程。

女子传习所的工艺教育体现了清末女子的自觉,希望通过传统手工艺的规模化教学达到富强和民族自立的目的。但女子传习所的工艺教育专业相对局限,教学虽形成了一定规模,但理论和基础知识的教授较少,更多的是技能方面的传授,受专业本身的影响,大多是短期培训,办学不够规范,教学质量也不高。尽管如此,它的出现还是在一定程度上对后来学校实用美术教育的形成有借鉴作用。

洋务运动中,一些学堂根据所开办专业的需要增设工艺教育,如1866年开办的福建船政学堂中就设有绘事院传授机械制图。1897年南京创立的江南储才学堂也设有工艺部。

"癸卯学制"以后,大批的实业学堂纷纷开设工艺教育。商部艺徒学堂"以改良本国原有工艺,仿效外洋制造,使贫家子弟人人习成一艺,以减少游惰、挽回利权为宗旨",教授明暗彩画、漆器图案、染织等课程。[3] 直隶高等

---

〔1〕 中国基督教调查会:《中国基督教教育事业》卷一。上海,商务印书馆,1922年。
〔2〕《女子小学堂、女子师范学堂章程》
〔3〕《商部艺徒学堂学制》,《东方杂志》,1906年。

工业学堂也设有图绘科,聘请日本专家松长三郎任教,专业课有水彩画、写生画、毛笔画、用器画、雕塑、解剖学、美术史等。

洋务运动,特别是"癸卯学制"以后,政府意识到工艺教育对于工业发展和社会进步的重要意义,在整个实业教育中也占据着重要地位。和之前的工艺传习所相比,这时的工艺教育更完善系统的借鉴了国外工艺教育的模式,开设了一系列美术基础课程,也从国外请来专业老师授课。虽然有照搬国外教育模式之嫌,开设工艺教育的目的也是为了工业服务,但这也是工艺教育在发展初期的必经之路。

从以上的分析我们不难看出,不论是工艺传习所教育还是洋务学堂中的工艺教育,都有一定的局限性,而苏州美专把工场教育模式引入实用美术科较之前的工场教育和当时社会上的非学校教育有很大的不同。

首先,据1934年出版的《艺浪》所载,苏州美专当时的系科设置,经调整后分为四个大科:(一)高中科设艺术、实用美术两个分科;(二)专科设绘画系(又分中国画组、西洋画组)、实用美术系;(三)研究科;(四)选科。从当时的课程设置就可以看出,苏州美专对实用美术专业的重视程度,除了在专科设置了实用美术系,高中科也分设实用美术科。由于受当时"实业救国"思想的影响,很多美术院校都开设了实用美术专业(或图案科)。例如:国立北平艺术专科学校、国立杭州艺术专科学校、上海私立新华艺术专科学校等。苏州美专为配合学生的课程要求,印刷制版工场开办初期,学校就花费两万余元定购仪器。"如:Carl zeiss tessa F9. 45 制版镜头,Dallmeycr Process 附三色镜镜头,Roderstock 1:7. 7F = 40cm 镜头,Efhe screen 166line,133line,100line 网版等,还有一些如制三色版旋转四十六寸大镜箱附放大器,制铜锌版镜箱空气笔及空气压迫机,钻床,锯床,三色版刨边机等都是分托名厂制造然后运到苏州。"[1]后来又陆续向德国鲁麟洋行和英国公司定购三色版机、石印机等设备。"摄影、落样、修版(分凸版和平版,凸版方面有锌版、铜版、无网铜版、彩色铜版、三色铜版;平版方面有单色版、彩色版两种),各套工序设备齐全,印刷、铸字、制版和摄影设备都和课程相配套,供学生生产实习之用。"[2]这些设备连一些营业性质的印刷工厂都没有。遗憾

---

〔1〕《艺浪》第二卷第一期,1934年。

〔2〕南京艺术学院校史编写组编著,《南京艺术学院史》,南京,江苏美术出版社,1992年,第43页。

的是,这些制版印刷设备在抗日战争中被销毁殆尽,没有保存下来。

其次,苏州美专把工场教育模式引入实用美术科,是为学科建设服务的,而不是以盈利为目的。苏州美专实用美术科办学的出发点是为了"助工商业发展",[1]培养相关的实用美术人才,以适应社会生产的需要。在这一时期,中国的印刷业非常繁荣,大大小小的印刷工厂和印书馆数不胜数。特别是上海及其周边地区,更是中国印刷业的中心。印刷工厂最初印制报纸杂志、产品包装、书籍文字插图等等,当时的印刷主要有铅印和石印两种。同文书局、商务印书馆等都曾采用石印技术印制美术图册,"所印图画,均以黑色为主,间有手工着色者".[2] 1902 年,铜锌板印刷技术传入后,上海一些印刷厂商开始印制彩色石印图片,上海文明书局、徐盛记印刷厂、英商云锦公司等都先后开设了彩色印刷业务,照相制版"珂罗版"技术也被广泛应用。这时候的印刷范围也扩大到月份牌、产品包装,广告等商业用途。苏州美专工场内分为制版部、印刷部、绘图设计部三个部门,由朱士杰教授主持工作,也承接社会上的一些印刷制版业务,但主要是为了能让学生有更多的实习机会,筹集更多的教学资金,维持印刷制版工场日常的运作,和以盈利为目的的印刷工厂有着本质上的区别。

最后,苏州美专作为专业的美术院校,课程设置,学科发展更加规范。学校除了为实用美术科学生开设了绘画基础和美术理论等课程之外,还聘请留法的制版学家高士英先生担任制版学教师,王欣益先生担任制版实习,使得学生能够接受正规、系统的实用美术教育。(如图 4)学生一方面具备了一定的美术素养,另一方面也能够熟练掌握制版印刷工艺。和社会上印刷工厂的学徒相比,他们更加专业,也更具有创造性,毕业之后,很快就能适应行业的需要,积极地推动了当时印刷制版业的发展。

值得一提的是,在当时,有一批优秀的美术人才或自己从事产品的画稿创作工作,或开办工作室承接实用美术业务。画家陈之佛留学回国后就曾在上海开办"尚美图案馆",从事商业美术设计,培养设计人才;叶浅予,蒋兆和等人也都从事过设计"月份牌"、广告、插画等工作。但这种"工作室"形式的教学和学校教育还是有一定的区别,画家根据所接业务的需要培养学生,这种方式培养下的学生大多承袭老师的风格,在某一方面较专长。苏州美

---

〔1〕《艺浪》,第 9、10 合期,1933。
〔2〕 陈瑞林著,《中国现代艺术设计史》,湖南科学技术出版社,2002 年,第 61 页。

图4　学生在印刷车间实习

专作为一所专业的美术院校开办实用美术科,在传授学生制版印刷技术的同时,也注重培养学生素描、色彩的能力。学生既能得到系统的专业理论传授,又能在工厂中进行实际操作,故明显有别于一般制版工厂的学徒制教育和"工作室"教育。

第四节　实用美术科教学成果的集中体现——《艺浪》杂志

苏州美专曾于1928年编印校刊《沧浪美》三期,发表本校学生的作品,介绍古今中外名作,每期十多页,黄觉寺任主编,1929年改名《艺浪》,增加篇幅,定为月刊。由苏州文新印刷公司承印。1933年,《艺浪》改由苏州美专制版印刷组承制,扩充篇幅为十六开本,铅字精印,图文并茂,每期有论文、随笔、文艺小品与美专校讯,并精印铜版画及三色版彩印,选刊教师学生作品及中外名画,仍由黄觉寺主编,张念珍负责制版印刷。由于战争的影响,《艺浪》杂志停刊了几年,直至1946年底才恢复出版,主编及印刷仍由黄觉寺、张念珍分别负责。此时的校刊已经行销全国,因图文并茂、精美印刷获得好评。

《艺浪》杂志的出版,不仅体现了苏州美专印刷制版工场的技术水平,也有力的推动了苏州美专的教学,成为了美专教学科研的一个重要园地。颜文樑在《艺浪》发表了《艺术教育今后之趋向》、《从生产教育推想到实用美术之必要》等论述实用美术教育重要性的论文,每期的校闻介绍学校各项工作开展的情况,《艺浪》第九、十合期、第二卷第一期、第二卷第二、三合期的校闻都有较大篇幅关于实用美术科教学动态的报道。《艺浪》第二卷第一期的校闻就介绍了实用美术科制版工场建立的初衷,文章中写道:"制版事业,在我国尚在萌芽时代。稍精细之插画,地图,丝织图按及名贵之图画、文字金石、考古、摄片等,其色彩繁复,绘制细腻之品,均仰之于日本,在国内仅三数家可以印影,且纯为营业性质,故出品草率,以致成绩远逊东瀛。本校有鉴于此,并遵教育部训令提倡实用美术,特于上学期起,增设实用美术一科,……业于本年四月后开始实习,共计设备费达两万于金,同时特建工场,并聘请专家指导,期以最精良之艺术出品以贡献于国内学术界也。"[1]通过这段文字我们可以看出,苏州美专开设实用美术科不仅希望可以培养出更多的印刷制版人才,还希望通过制版工场和美术教学的结合提高整个行业的技术水平,推动我国制版事业的发展。

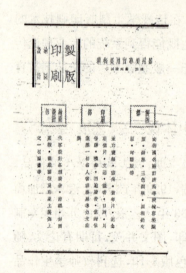

图5 苏州美专制版印刷部广告

有意思的是,苏州美专印刷制版工场并不局限于为实用美术科的同学提供日常教学实习的需要,还拓宽思路面向社会承接印刷制版业务。这样一来,既可以让实用美术科的同学学以致用,又扩大了苏州美专的影响,还可以筹集更多的教学资金,维持印刷制版工场日常的运作,真是一举多得。《艺浪》杂志虽然是一本校刊,但每期都刊登各类广告,有戏院的广告,也有食品的广告,还有《艺浪》杂志社和苏州美专制版印刷部的广告。(如图6)在《艺浪》第二卷第一期上,就有有关艺浪杂志社的介绍:"本刊本期铜版、锌板、三色版,均为苏州美专实用美术科制版部制。不特因机械精良,出品清晰细腻;更以该部人才济济,并素具绘画上之学识,故于摄制上,经验尤富,与普通不同,特为介绍。"[2]广告中强调了制版部设备的精良,人员也具备较高的美术专业修养,区别于一般的营业性质的印刷制版工场。《艺浪》第九、十合期刊登苏州美专制版部启事:"本校制版部以精

〔1〕《艺浪》第二卷第一期,1934。
〔2〕同上。

良之机械,丰富之经验为各界服务。暂设以下各种:一、三色版;二、铜版;三、锌板;四、照相铅皮版。凡委托本部制版者必能使君满意。"[1]杂志还刊登了苏州美专制版部的地址和联系电话。《艺浪》第二卷第一期上刊登的苏州美专制版部广告更为详细,还标明了承接的业务范围:"承印画报、画集、贺年片、纪念明信片、文凭证书、日历、月份牌、礼券、招贴广告、信封信笺并一切名人书联挂屏等力求精美。代客设计各种广告、商标、封面图按、机织图按及印刷上装饰上之一切图画等。"[2]从这两则短小的广告中,我们不难看出,苏州美专虽然作为一所专业的美术院校,但办学思路很开阔,没有使学校成为一座象牙塔,而是能够很好的和社会互动,既让学生在走出学校之前就提前得到了实习的机会,也扩大了学校的影响,促进了当地制版印刷业的发展,这也是和颜文樑的实用美术教育思想紧密相关的。

第三章　颜文樑实用美术教育思想的成因和内容

第一节　颜文樑实用美术教育思想的支持者

苏州美专能够从一个暑假美术学习班发展成为具有自身办学特色的专门美术学校,颜文樑的实用美术教育思想得以实现,不是颜文樑一个人所能完成的,而是与这所学校的很多人的努力分不开的。吴子深是对苏州美专和颜文樑本人影响很大的人。

关于吴子深的情况文字记载并不太多,散见于一些文章中。吴子深(1893—1972),原名华源,初字渔村,后以字子深行,号桃坞居士,苏州人,家境富裕,是苏州一带有名的望族。他早年随表兄包天笑学诗词,17 岁随大舅父名医曹沧洲学中医,后来因为结识了吴中的一些有名的画师而在 23 岁时开始学画,专攻山水,善画山水、兰竹,家中收藏了很多宋元古画。他和颜文樑的渊源应当从 1920 年颜文樑等人举办的第二届美术画赛会谈起。吴子深画了一幅《竹石图》参加展会,在那届画赛会上,吴子深结识了年龄相当的颜文樑,两人有着共同的兴趣爱好,也互相欣赏对方的才华,交往随着了解的加深而更加密切。吴子深十分热心美术教育事业,对苏州美专的支持更是

---

〔1〕《艺浪》第二卷第一期,1934。

〔2〕 陈瑞林著,《中国现代艺术设计史》,湖南科学技术出版社,2002,第 61 页。

尽心尽力。1927 年,在为修缮沧浪亭举办的筹款大会——"吴中美术界联欢大会"上,吴子深对颜文樑承诺:"你办学,我出钱。"并当场捐出千元支票,之后又出巨资修葺沧浪亭。颜文樑在《重修沧浪亭》一文中表达了吴子深的感谢:"文樑于去岁五月担任沧浪亭保管之职,提议捐修事,不果行。子深吴君痛焉伤之。既立美术专门学校于其中,以主其事,复独立输银四千庀材鸠工。阅一载之久,于是看山楼、翠玲珑、面水轩、明道堂、闻香妙室、见心书屋、清香馆、藕花小榭,向之凡百废弛者,今得而一新。"[1]1929 年,吴子深去日本考察,看见东京美术学校的校舍工整庄严,联想到苏州美专的教学环境,深有感触,回国后立即拿出三万元购买了沧浪亭东侧徐姓的四亩土地,营造了罗马式校舍,校舍的建造共花费了 5.4 万银元。1933 年,实用美术科筹办之初,学校能拿出两万余元购买设备,也跟吴子深经济上的支持是分不开的。在 1928 年苏州美专改建校董会时,吴子深被校董会推选为主席校董,他还曾担任苏州美专的中国画教授。

1933 年,颜文樑在朱士杰、黄觉寺等人的支持下建立实用美术科并附设印刷制版工场,开创了中国美术院校设置实用美术科,建立印刷制版工厂的先河。1950 年,颜文樑又在黄觉寺、孙文林等教授的协助下创办了苏州美专动画科,由钱家骏教授和范敬祥副教授主持工作,招收学生 40 余人,学制 2 年,并建立制片室,开展动画制片摄影业务。动画科中造型基础课由毕颐生教授,电化教育课由戴公亮负责,素描课的指导老师是胡久安。苏州美专动画科的毕业生后来成为我国动画和电影界的中坚力量,《哪吒闹海》、《三个和尚》、《金色的海螺》等,都有苏州美专动画科毕业生的参与。苏州美专的动画艺术教育,又开创了新中国动画电影事业的先河,这些成就和创新除了和颜文樑自由的美术教育思想与突出的个人魅力不无关系,也离不开颜文樑教育事业的支持者们。

第二节　颜文樑实用美术教育思想形成的内因

颜文樑,1893 年生于苏州干将坊,父亲颜元,字纯生,师从绘画大师任伯年。颜文樑从小就善于观察,童年时就跟随父亲游遍了苏州的大小园林,稍稍长大一些就开始信手涂鸦,用毛笔画些火车、轮船,形象逼真,十分有天赋。十二岁的时候,在父亲的指导下正式学画,从临摹《芥子园画谱》开始学

---

〔1〕 颜文樑,《重修沧浪亭记》,出自蒋吟秋编著,《沧浪亭新志》,1928 年。

习国画,从此走上了通向绘画的道路。十三岁时临摹的一幅扇面《钟馗》,得到吴昌硕的赞许,并题字:"画稿出三桥胡君手,栋臣世兄仿之,益见高深独到。昔人云唐模晋帖,非同工,仿佛似之。"在长元吴高小就读期间,颜文樑的绘画才能得到进一步的提高,铅笔画《惠山》、《苏州火车站》等都被学校推荐为佳作去各地展览。父亲启蒙了颜文樑的绘画,而商务印书馆两年艺徒生涯让颜文樑受到了正规的美术教育,并影响了他一生艺术追求的方向,也是他在以后办学过程中十分重视实用美术的原因之一。

颜文樑17岁的时候,在父亲的安排下,去上海报考了商务印书馆。[1] 商务印书馆作为当时行业的领头羊,报考的人非常多,录取的门槛也很高,颜文樑的主考官是日本画家松冈正识,图画题目是铅笔画《猫》,国文题目是《积财千万,不如薄技在身论》。颜文樑以自身过硬的绘画能力从应考的四百人中脱颖而出,成为录取的四十人之一,开始了他在商务印书馆的艺徒生涯。

商务印书馆的制版技术在当时是相当先进的,有石版、珂罗版和铜板等,对制版技师的要求也十分严格,除了要熟练掌握操作技术,还要具备一定的绘画能力。颜文樑在接受了半年的基础训练后就被分到了铜版室当实习生,这是颜文樑第一次接触制版技术。好学上进的他整日伏案雕作,很快掌握了雕刻铜版和机械铜版制版的技术,工作之余还在铜版室里练习写生,茶壶、皮鞋、雨伞、制版机器等都成了他写生的对象,他的优异表现得到了指导老师的肯定。在铜版室工作了一年多后,由于父亲担心他终日伏案雕作铜版会损伤视力,所以颜文樑转到了绘图室。在绘图室颜文樑受到了画家松冈正识的悉心指导,学习了透视、光影、水彩画、油画等西方绘画的知识,逐渐树立了自己艺术追求的方向。1912年,因为时局动荡,颜文樑在父亲的要求下辞去了商务印书馆的工作,回到了苏州。

颜文樑一直立志于学习西画,当时,从事西画创作的人不多,颜文樑就自学,没有现成的绘画材料,颜文樑就自己摸索着制作、实践。早在商务印书馆学徒期间,颜文樑就曾因为从松冈先生那儿得知意大利壁画是由蛋清

---

〔1〕 商务印书馆成立于清光绪二十三年(1897年),当时以出版教科书在业界享有很高声誉。最早的馆址在上海江西路鲍昌里,创办人是夏粹芳,又名瑞方。商务印书馆初办时,主要是印刷商业簿册表报,后以出版学校教科书、古籍、科学、文艺、工具书、期刊等为主要业务。光绪二十六年(1900年)购买日商修文印刷局。

调和颜料叫"吞拨拉"[1]的方法绘制的，而突发奇想，在水彩画上涂胶水希望达到油画的效果。"我开始是在水彩画上涂胶水，但只能使其表面发出光亮，没有油画的效果，表面光亮时间亦不长。日本人说，要在画上涂蛋白，否则要粘着的，我就在画上涂蛋白。"[2]回到苏州后，颜文樑有了更多的时间和经历来搞研究，他尝试着用熟菜油和中国画色彩调和在一起，但发现不能干燥，又用蓖麻子油调和色粉，也失败了。后来又用瓷漆加入色粉，反复试验了多种材料，也请教了油漆匠等很多人，最后终于摸索出用鱼油（现名清漆）加松香水，调入色粉的方法，易于溶解也很快就能干，适于作画。他用这种方法创作出他的第一幅油画《石湖串月》。后来又用亚麻仁油做溶剂创作了第二幅油画《飞艇》。颜文樑在不断实验的同时，还专注于阅读绘画理论和材料方面的书籍，比如：《论画浅说》、《透视学》、《绘具制造法》等。

一九一六年，颜文樑在读了日本人矢野道也撰写的《绘具制造法》后，便立即按照书中方法用重铬酸钾和醋酸铅溶液配制，然后将沉淀物凉干，调制出铬黄。我们知道，画家最基本的素质之一就是要对绘画材质有相当的熟悉程度，这样才可以驾驭材质本身而为自己的创作服务，文艺复兴时期很多杰出的画家都不断的尝试对绘画材质的研究，例如：达芬奇、凡·爱克兄弟。颜文樑对于绘画抱有一种科学的态度，他在《绘画与科学》一文中写道："艺术虽与科学有别，然而艺术家们的一切工作和生活，不能离开科学而独自存在。尤其在美术创作上，工艺装饰和布置上，更须先从科学入手而再求其美。科学不是美，但艺术利用科学能产生美。科学与美术是有联系的，透视学、解剖学、色彩学都是科学。画家不能不利用科学。"颜文樑还再《艺浪》第七期中翻译过达芬奇的名言："假使科学是主帅，那实习便是兵。"颜文樑在自己绘画学习过程中逐渐形成的对美术的认识和追求也影响了他日后美术教育思想的方向和特点。

颜文樑在三十多岁的时候远赴法国学习绘画，颜文樑在法国巴黎高等美术学校师从皮埃尔·罗朗斯。皮埃尔·罗朗斯是写实风格的画家，严格的有针对性的造型基础训练让颜文樑的绘画技法更加纯熟，美术馆的参观和临摹让颜文樑对写实主义有了直观、深入的了解。他曾说："我的绘画是

---

〔1〕"tempera"，西方早期淡彩画的音译，通常错误的认为颜料混上蛋白或其他物质的画法，其实颜料是由蛋黄调制而成。

〔2〕颜文樑：《回顾我的艺术生涯》，原载《上海美术通讯》第15期，1982年。

写实的,当时法国沙龙中的绘画大抵是这样的。"

留学的经历进一步确立了颜文樑对写实画风的追随,在他回国后写的一篇《法兰西近代之艺术》中,颜文樑表达了对十八世纪法国古典和写实主义的无限崇敬之情:"此时代的画风,一变以前冷涩、枯燥,而具典雅、华丽与轻快的色调,一切宗教画,如基督受难、晚餐、圣母图等,几成绝响,专以描写自然之趣,尤以人体画为此时代罕见之精异收获。"[1]他对这一时期的艺术家更是评价极高:"十八世纪后之法兰西,其艺术灿然与日月同其明度,若安格尔 Ingres、普吕东 Prud'hon、德拉克罗瓦 Delacroix、柯罗 Corot、米勒 Millet 等,吾当推之为法兰西之宝,尊之为法兰西之魂。"[2]在颜文樑看来,这些画家之所以能有如此高的成就,"盖其艺术已臻乎真","所谓'真',在能传达情绪与表现一国的国民性,即在一幅画上,足以窥见一国之文化,社会之背景,以及国民之生活。所谓'入境问俗',固不必如其境而'探'其俗,我人只一徘徊于此等大艺术家手笔下,一国之文化,社会诸现象,昔存眼底矣"。[3]

颜文樑一直强调绘画中"真"的表现,他认为"美"是和"真"、"善"伴在一起的,"画面的构图、色彩、调子能不能正确? 就是真的判断。""艺术应神形兼备,以形写神,要使人们看懂,有看头,有情趣,应给予人民以真、善、美的艺术。"[4]解放后,颜文樑的创作仍然遵循着写实风格,《浦江夜航》、《轧钢厂》、《百果丰收》(如图 8)等代表作都生动、逼真的刻画了描绘的对象,也表现出作者纯熟的绘画技巧,是不可多得的佳作。

第三节 颜文樑实用美术教育思想的特色

颜文樑不仅在绘画领域取得了不俗的成绩,作为 20 世纪中国美术教育的领军人物之一,颜文樑在教学过程中逐渐形成了一套自己的教学思想。颜文樑的美术教育思想主要有三个方面:美术教育要以写实主义为基础;倡导科学的艺术态度;以实用的美术促进社会变革和发展。其中,以实用的美术促进社会变革和发展的思想更是颜文樑美术教育思想的亮点。

写实主义的美术教育思想在二十世纪二三十年代可以算做美术界的主流思想之一。徐悲鸿、林风眠等人都积极倡导,徐悲鸿在教学上主张"素描

---

〔1〕 颜文樑,《法兰西近代之艺术》,原载《艺浪》第二卷第一期,1934 年。

〔2〕 同上。

〔3〕 同上。

〔4〕 颜文樑,《怎样批评绘画》,原载《沧浪美》苏州美术画赛会十周年纪念特刊。

是一切造型艺术之基础"，提倡师法造化。林风眠在担任国立杭州艺术专科学校校长时，也很重视学生基本技术的训练，突出素描教学。《艺术教育大纲》认为："素描即是造型艺术的基本，我们艺术学校过去的错误，就是忽视了素描的重要性。"学校课程大部分都围绕素描教学，以学生素描成绩的好坏为标准选择系别。

颜文樑也把写实主义的思想运用到苏州美专的教学当中，他制定的苏州美专校训是"忍、仁、诚"三个字。在《回顾我的艺术生涯》一文中，颜文樑对校训的含义做了解释："其中'诚'字是诚实，就是作画要坚持写实作风的和画家对艺术的热诚的意思。艺术首先是一个热诚的感情，所以这个字我以为在作画中是很重要的。我画画喜欢写实，但也不反对其他种画派。"[1]颜文樑认为油画表现力强，色彩丰富，很适合处理重大的现实题材，所以希望中国的油画能有更好的发展，"只要沿着革命的现实主义创作道路，真实的反映人民群众喜闻乐见地事情，一定会受到广大人民群众的欢迎。"[2]

和颜文樑同时代的刘海粟、林风眠等人，早期致力于西画的传播和研究，但到了中晚年，大都重新回到了中国画的领域，颜文樑却一直醉心于油画的创作和研究。油画本身的材质和技法决定了创作者需要用一种更科学的态度来对待油画创作，颜文樑对透视、明暗、色彩、构图等技法和绘画材质不断尝试、研究，逐渐形成了自己的一套理论和创作风格，并注重对学生基础能力的培养，苏州美专的西画教育一直以强调基本功训练，重视写生、写实，重视透视、解剖、色彩等课程的教学而著称。他告诫学生："科学与美术是有联系的，透视学、解剖学、色彩学都是科学。画家不能不利用科学。"在他的关心指导下，苏州美专还成立了科学研究会，专门研究绘画的理论和技法。颜文樑曾多次为科学研究会的成员做专题演讲和指导，这些专题有："原色和补色"、"科学的解释"、"人体解剖"等，让学生们更系统、更详尽的学习到西画的理论知识。颜文樑对绘画严谨的态度让他的学生们印象深刻，曾经在苏州美专就读的邱国隆在《画坛良师》一文中写道："颜师对色彩的研究和贡献是杰出的，在教学条件很困难时，他老一再指出要正确运用视觉错觉。他常要我们眯上眼睛去仔细观察研究色彩视觉错觉。颜师常强调用色要注意对比与渐变。头脑里要有复杂的色彩想象，眼睛里要分辨出色彩的

〔1〕 颜文樑，《回顾我的艺术生涯》，原载《上海美术通讯》第十五期，1982年。
〔2〕 同上。

变化,要会创造复杂的色味感觉。他老常示范指出,同样一笔绿色或黄色,点在不同的底色上,就产生不同的色感,如果观察是某种红色,但用深一些或淡一些,暖一些或冷一些的其他颜色,放到画面上,恰好是对象上所呈现的色彩。"吴品先也在《记青年时代的颜老师》中提到了颜文樑课堂教学的情景,为了使学生对调和油画颜料所需的油有直观的认识,颜文樑用六只瓶子分别装上亚麻仁油、火油、松节油、酒精、麻油和水,让学生通过闻的方法来区分识别。

颜文樑还撰写了多篇关于绘画理论的论文,例如:《透视浅说》、《色彩琐谈》、《美术用透视学》等。(如图6)《透视浅说》是颜文樑发表在 1928 年《沧浪美》上的一篇关于透视理论的论文,文章主要分为两个部分。"第一部分为名词解释,包括画幅、视平线、主点、相距点、地线、天际点、地点、视平点;第二部分为透视画举例,如城门的正视形、距离相等的树的渐灭形、从灭线阶级求出各物的大小、正方形桌斜置的形式、石桥在视者的右、门户的正视形、窗户正视形、高下不同的窗户正视形等。"[1]《透视浅说》中谈到的大多是最基础的透视学知

图 6　颜文樑著《美术用透视学》

识,但颜文樑通过自己的理解,结合在创作过程中总结的经验重新阐释,变得通俗易懂,很适合运用到教学中。杨祖述在《颜文樑先生的两三事》中回忆道:"记得当年沈良能翻译了一本《透视学》,其中关于俯视的消失点,译成了'由此一点而入地也'这样一句比较费解的文言文。颜老先生就反复研究、思考,花了整整半年的时间把他弄通了。他就通俗的用自己地用自己的话来讲课,使我们一听就明白。"颜文樑强调绘画理论在创作中的重要性,在《透视浅说》的开头,他就指出:"透视学是绘画起稿上必经的途径,不是包括绘画全部完成的功夫。他的效力是用在一个画家除了感情之外助成其作品的一种方法,进言之,就是我们明白了透视学,绘画未必即好,若然不明透视学,绘画一定是错。"中国传统的绘画讲求"意"的传达,而西方写实主义绘画

---

〔1〕 尚辉:《颜文樑研究》,江苏美术出版社,1993 年,第 90 页。

更趋于理性,科学的绘画理论是西画创作的基础,在西画教育发展的最初阶段,颜文樑不仅重视绘画创作也能关注绘画理论,构建了完整的西画教育体系。

"五四运动"前后,社会变革的呼声一浪高过一浪。实业救国、美育救国的思想广泛传播。徐悲鸿倡导以写实的美术宣传救国;蔡元培提出"以美育代宗教说";林风眠希望通过艺术社会化来拯救国人陈旧的灵魂;而颜文樑选择了把美术和实用相结合的道路,提出了以实用的美术促进社会变革和发展的美术教育思想。这种思想可以追溯到19世纪60年代兴起于英国的"艺术与手工艺运动"。该运动为改变工业革命所造成的传统手工艺日趋衰竭,工业产品艺术质量日益低劣以及艺术与技术间隔阂深重的弊端,而主张通过艺术与工艺技术相结合,通过传统手工艺的复兴来达到振兴和改良日用品设计的目的。

通过艺术的力量促进社会的变革和发展不是一蹴而就的,颜文樑把这样的愿望落实到苏州美专的日常教学当中,想要通过对青年学生的培养来达到影响整个社会的目的。由于长期受封建残余思想的影响,人们对艺术教育的观念还很陈旧,艺术教育和社会需要呈现脱节的状况。在颜文樑看来,一方面"我国工商业之各种出品,多陋因就简,其亟待于艺术界之改善而增加其产量者,至为急切!"[1]另一方面,"年来国人恒以艺术教育不切实用为虑;而研究艺术者,亦好自鸣高,不屑从事与艺术至有关联如工产品等任务,历年各艺术专校所造就,除服务教育外,无他事;而一般学子,亦莫不一至毕业,遑遑以出路为急务,此皆舍本求末之道也!"[2]

颜文樑花了大量的精力和财力在苏州美专开办实用美术科,正是体现了他以实用的美术促进社会变革和发展的教育思想。苏州美专实用美术科的开办,培养了一大批具有专业美术素养和实际操作能力的实用美术人才,既可以适应市场的需要,促进民族工商业的发展,又可以解决美术专业学生的就业问题。在当时,新式美术教育刚刚起步,实用美术虽然受到了一定的重视,但和"纯美术"的地位还是不能"同日而语",当时的国立杭州艺术专科学校在学生选择系科的标准上就规定,以素描水平的优劣来作为衡量标准,最优等的进入绘画系,次优等的进入雕塑系或图案系,中等的只能入图案

〔1〕 颜文樑,《从生产教育推想到实用美术之必要》,《艺浪》第九、十合期,1933年。
〔2〕 同上。

系。然而颜文樑高屋建瓴的考虑到了当时国内外艺术教育发展的趋势,认为"纯美术"虽然有其自身存在的价值,但实用美术教育更能直接促进社会革新和发展,他举了欧洲美术学校课程设置的例子:"欧洲各国艺术教育,除提倡纯粹的美的艺术外,无不亟图实用艺术之发展。使艺术不单专为鉴赏而作,同时也与工艺联络,以期达于实用。"[1]

20世纪初,我国的学校美术教育的各方面尚在摸索阶段,颜文樑就已经敏感的意识到了美术教育的目的最终要落实到学生的实际出路上,这样的思想觉悟的确是其他同时代的美术教育者所不能及的。在我看来,颜文樑的这种思想在当今社会仍然适用。很多人都是通过接受专业的艺术教育而成为艺术家的,但不可否认的是,艺术教育的目的并不是把每个学生都培养成为艺术家,大多数学生完成学业后需要面临就业问题。艺术教育最根本的目的就是通过具有艺术素养的学生参与到社会生产中,从而促进整个社会艺术水平的提高。近年来,艺术类专业,特别是纯艺术专业学生的就业率普遍不高,除了受艺术类专业扩招因素的影响,主要还在于艺术类专业学科设置不合理,不能适应市场需求。解决这一问题的根本在于能够适应社会发展的趋势,贴合市场的需要,探索学科发展的新方向。

社会的变革和发展,一方面是经济的变革和发展,另一方面,是人的观念的变革和发展。

颜文樑是一位有着强烈社会责任感的美术教育家,他在《我所希望于艺术界者》一文中,就提出希望艺术家们团结起来,做拯民救国的工作。他认为:"艺术在人类的思想和生活上有特殊的价值。"[2]在颜文樑另一篇文章《谈文与野》中,他更犀利地指出,进化的社会和野蛮社会的差别不在于是否能吃饱穿暖,拥有多少财富,而在于,进化的社会有"美","因为有着一个美,人类也有了文化"。[3]从颜文樑文章的字里行间,我们可以看出颜文樑希望通过艺术的力量促进人的变革和发展的迫切愿望。

在任何时代,能够接受正规、系统美术教育的人都是小部分,如何通过这一小部分人来影响更多的人乃至整个社会,是很值得思考的问题。20世纪初,中国社会经历了战争、改革,经济稍有起色,人们对于艺术的需要也逐

---

〔1〕 颜文樑:《艺术教育今后之趋势》,《艺浪》第二卷二、三合期,1936年。
〔2〕 颜文樑:《我所希望于艺术界者》,《沧浪美》,1928年第二期。
〔3〕 颜文樑:《谈文与野》,《中华民国三十六年中国美术所鉴》,1948年。

渐恢复。在颜文樑看来,艺术不应当只是"阳春白雪",和普通人互动既可以让艺术具有活力,体现自身的价值,也可以达到提高人们素质和觉悟的目的。实用美术就可以作为这样一种很好的媒介,他在发表的《艺术教育今后之趋向》一文中,陈述了实用美术的八条优点。其中几条明确的提到了实用美术可以陶冶人的性情,"一、辅助工艺品之美观。二、艺术因实用之故而得易普遍。五、实用美术因与社会接触较多,社会易受美的感化。六、实用品上有美的装饰,则无形中人人能得艺术之陶冶。"艺术通过工艺品等渗透到人们的日常生活中,可以潜移默化的对人产生积极的影响。

颜文樑横向比较了国外艺术教育的发展趋势,"十八世纪以前的艺术,其所教育趋向于美的装饰的,而也是再现的。十九世纪后的艺术教育,则趋于实用的,综合的,而也是创造的。前者是'摹拟自然'以装饰社会美化人生。后者是'创造自然'以为用社会达人生于善"[1]。艺术教育的趋势由装饰的、再现的过渡到实用的、综合的,是因为实用的艺术有利于对人和社会产生"真、善、美"的影响。颜文樑还认为:"吾国今后艺术教育之趋向,当以经济为其标,道德为其本。易言之即以实用艺术为普遍之研究,而寻求生产上之发展。进而研究纯粹的,美的,鉴赏的艺术。以真为目的,以善为标准,而达于美之极致。前者属于经济,后者属于道德,二者兼取,供今日艺术教育。"[2]

从颜文樑对于实用美术教育的态度我们可以看出,颜文樑虽然只是一个美术教育工作者,但他并没有局限于自己的工作本身,而是希望在动荡的年代通过实用美术这一更实际的艺术形式,为社会的变革和发展尽一份力量,也为学生走上社会打下了坚实的基础。

结　　语

在当今社会,因为市场和社会发展的需要,产品包装、建筑设计、动画创意这些行业对专业人才的需求量相当大,美术教育的发展趋势更倾向于实用美术教育,设计类毕业生的就业率也远远高于纯美术类的毕业生。而在20世纪初,新式的美术教育刚刚起步,人们对美术教育的目标和方向还不是

---

〔1〕 颜文樑:《艺术教育今后之趋势》,《艺浪》第二卷二、三合期,1936年。
〔2〕 同上。

很确定,主要是模仿和借鉴欧美、日本等国的美术教育模式,绘画、建筑等传统专业被积极推广。颜文樑做为一名美术教育工作者,并没有局限于一般的美术教育模式,在苏州美专的教学过程中,除了加强对学生绘画基础能力训练的同时,尝试开展实用美术教育并设立了印刷制版校办工厂,开创了中国美术院校设置实用美术科,建立印刷制版工厂的先河。之后又创立了动画科,为新中国的动画事业培养了一大批人才。苏州美专的印刷制版工厂不同于当时社会上开办的印刷制版工厂,一方面主要是为了供实用美术科的同学实习之用,而不是以盈利为目的;另一方面印刷制版工厂设备齐全,培养出的学生不仅有扎实的制版印刷理论知识,也具备很强实际操作能力,符合当时社会对实用型人才的需求。

颜文樑的这些尝试在当时来说是难能可贵的,也为中国之后几十年的实用美术教育奠定了基础。对于 21 世纪的美术人才培养也有积极的现实意义。颜文樑的这些尝试和他丰富的个人经历和进步的教育思想是分不开的,颜文樑的美术教育思想归纳起来主要有三点:写实主义的艺术原则;科学的艺术态度;以实用的美术促进社会变革和发展。颜文樑不仅是 20 世纪中国油画史上的先驱之一,更是 20 世纪中国美术教育史上举足轻重的人物之一。

(本文为南京艺术学院艺术学研究所 2008 届硕士研究生的学位论文,指导教师:刘伟冬)

苏州美专和中国早期现代美术教育

谷 燕

【内容摘要】 苏州美专是二十世纪早期中国现代美术教育的重镇,校长颜文樑还首创"美术画赛会",开创了中国现代美术史上"美术展览"之先河。我国早期现代美术教育开创者以个人的形象来象征,更是以众人的努力为基础。我们可以从开创历史的先锋带头人的经历中了解到历史的艰辛,将苏州美专的研究溶入世界大文化圈,通过进一步深层次的研究来提高苏州的文化地位。本论文运用比较研究的方法,通过查阅美术馆、博物馆、档案馆留存的大量文献资料,采访有关人物,以文字论述为主兼及图片说明为辅,从史论的角度梳理出苏州美专创建情况、历史意义和对中国现当代美术教育所产生的影响。

【关键词】 颜文樑 苏州美专 美术教育

二十世纪早期中国美术的特点就是东西方文化艺术的碰撞、交汇和融合,是西方的影响和中国本能的回应。西方文化艺术的渐渐侵入打乱了中国美术的延续和自律,二十世纪早期中国美术的最大特点就是跳出了狭隘的中国画圈子,进入了世界大美术的广阔空间里。苏州美专正是具有代表性意义的中国早期现代美术教育的典范,表现出中国现代美术教育在当时由初级到高级的发展和从量变到质变的飞跃。二十世纪中国现代美术教育的研究是海内外学术界关注的课题,但对江南名城苏州这一具有鲜明的地方美术特色、文化源远流长的独特历史价值研究较浅。像介绍著名美术教育家颜文樑、苏州美专、苏州美术馆等主要是从历史角度简略叙述,对苏州美专和二十世纪早期现代美术教育主要着眼于美术史的角度去论述,没有结合其独特历史背景去追述其根源。而本文将从史论的角度进行研究探索,力求增加我们的思想深度,把我们的视野扩大到更深远的范围。

一、西画东渐与中国新式美术教育的兴起

(一) 社会、经济和文化背景

社会在变革的同时推动了教育的发展变化,也推动了中国美术教育的变革。二十世纪初期,中国废除了传统的落后僵化的科举制,首先模仿先进的日本建立了早期中国新式的教育体制,兴办了许多新式学堂。很多日本教习,其中也有不少日本美术教习在中国的新式学堂里任教。大批的中国留学生,其中有很多美术留学生赴日本留学,日本的现代美术教育的思想观念和教学模式直接影响了二十世纪早期的中国美术教育。二十世纪早期的中国现代美术教育,在学习日本的同时,视野逐渐扩大,不甘于现有状况,在留学热潮中还有大批热爱西方艺术的留学生直接前往欧洲学习美术,回国以后他们中的大多数人开始从事现代美术教育活动。德国和美国的进步的美学思想以及青年们向往的艺术之都法国的美术学院先进的教学模式对于中国美术教育产生了比日本更加巨大的影响。在接受日本和欧美诸国美术教育思想和现代美术教育体制的影响下,二十世纪初期中国现代美术教育才显露出端倪。

1911年伟大的辛亥革命推翻了腐朽保守的清王朝,中国建立了仿效西方国家的激进的民主共和体制。但是刚刚建立的共和国并没有彻底消除中国社会潜藏的巨大危机,中国社会的变革要求从洋务运动的工程技术层面首先开始,而戊戌变法和辛亥革命的政治体制层面更加深刻地进入到了中国社会生活和思想文化的各个层面,其中在教育方面掀起的变革是中国社会变革的重要反映。共和国成立后的良好社会环境为新文化运动的兴起提供了有利的条件,汹涌澎湃的新文化运动潮流推动了中国现代美术教育的形成和发展。一些仿效西方国家教育体制建立的新式现代美术学校纷纷出现,成为一道醒目的风景线。从实业学堂的技能美术教育启蒙到师范学堂的专门师资美术教育,再到专门现代美术教育学校的兴起,中国现代美术教育的发展开始出现了质的变化。西方美术艺术教育观念已深得民心,从各种渠道不断传播进入中国社会的方方面面,再加上中国本土变革的力量主动地推动,使中国传统的中国画和传统的美术工艺教育的观念及方式在中国社会发生了根本性的转折和变化,推动了中国现代美术教育专门学校的开办,充分反映了中国美术教育从传统向现代转变的过程。

在 1911 年辛亥革命至 1937 年抗日战争爆发的期间,这二十多年的时间是中国的现代美术教育迅速发展的时期,在现代美术教育精英的努力下,中国现代美术教育取得了丰硕的成果。一大批血气方刚的追求先进艺术的年青人在新文化、新思潮的影响下,毅然选择了到西方学习绘画的道路,成为中国近代美术史上的一种潮流,一个引人注意的现象。留学生率先将西方资产阶级思想和近代进步文化观念的系统加以接受和研究,批判为少数人所垄断的陈陈相因的旧书画在内的旧文化,在宣传资产阶级民主主义新文化方面最为激进并坚定付诸努力实践的留学生出国学习,是西画传入中国的主要途径。这种状况表明,长期闭关自守的中国人由被动地遭受西方文化艺术的强力冲击转变为主动地去认识它、理解它、接受它和吸收它。这是一次带有悲壮色彩的从传统向现代的转变过程,但又具有深刻的历史意义,因为,它与往昔站在高处的世界最强国——大唐王朝张开大度自信的胸怀去主动吸引、接纳异帮文化的行为是迥然不同的。这些中国美术留学生学成归国后,主要是通过创办现代美术学校来传播西洋文化艺术观念和技法的。而西方绘画作为一个外来的美术形态,要想在中国传统绘画面前站稳脚跟,只有依靠现代的美术教育手段,才能在中国的土壤上稳健地扎根生长。为了让东西方文化艺术能够进行正常的交流,为了实现中华强国之梦,二十世纪早期一大批中国美术界的精英前仆后继,耗尽心血,为中国美术教育史写下了绚丽的篇章。

1910 年以后,学子们相继赴欧美和日本留学,出国学画成为中国美术界的新兴的潮流。最早出国学习美术的画家回国后,在传播西方艺术方面起到了启蒙的作用,对现代美术教育做出了关键性的贡献,他们在中国现代美术史上增添了新的辉煌的一页。据有关资料统计,仅在 1887 年至 1937 年间,美术留学生就有 200 多人。回国以后,他们当中的大多数人进入了专门艺术院校任教,利用学校为阵地,以教育为手段,使西洋画法在中国迅速传播开来,使之发展成为可以与国画相抗衡的画种。西洋画法具有写实的特性,拓宽了中国美术的视野,向中国的美术界输入了一种新鲜的血液,使绘画走出了书斋,带给中国国民积极的人文主义的观念和崭新的思想感情及向上的精神面貌,使更贴近于现实的生活和社会,同时也使中国传统绘画吸收了新的营养,促进了中国画与西洋画的结合与创新。西画的主要品种油画在后来几十年的迅速发展,表明了当年中国留学生在中国油画的启蒙期和发展期所起的重要作用,那些赴海外留学的学子们带给中国的现代美术教育的强烈影响至今还在发挥着巨大的作用,为中国正规的现代美术体制的形成作出了贡献。

(二)创办美术学校的兴起

二十世纪早期,受西方美术教育思想浸润的新型美术学校如雨后春笋般纷纷开办起来了。1910 年开办的神州美术院,1911 年开办的上海图画美术院,1920 年开办的上海艺术师范、私立南京美术专科学校,1921 年开办的私立武昌美术专科学校,1922 年开办的苏州美术专科学校,1922 年至 1923年开办的上海大学美术科,1923 年开办的浙江美术专门学校,1924 年开办的上海艺术大学、白鹅绘画传习所,1925 年开办的立达学园美术科、中华艺术大学、西南美术专科学校、厦门美术专科学校,1926 年开办的无锡美术专科学校、新华艺术专科学校,1927 年开办的岭南大学美术学系,1929 年开办的辅仁大学教育学院附设美术专修科,1930 年前后开办的上海艺术专科学校、京华美术学校、昌明艺术专科学校、中国艺术专科学校、重庆艺术专科学校,此外还有不少私人开办的短期美术学校,如私立四川美术专门学校、春睡画院、私立北京艺术科职业学校、私立无锡美术专门学校等。其他还有一些办学规模较小、办学时间较短的美术学校更是举不胜举,它们大都是那些充满理想和抱负的热血沸腾的年轻人创办的。[1]

美术学校地蓬勃发展为中国新兴的现代美术教育带来了新的机运和积极影响,西方美术教育思想和教育方式通过众多美术学校的开办而深切地影响了中国。在欧洲的学院派美术教育体制和现代新兴的现代美术教育方式影响下,中国的现代美术教育开始迈出了坚实的前进步伐。将这些轰轰烈烈的具有悲壮性的短暂但清晰的历史史实渐渐地汇聚起来,可以让我们清晰地认识那个动荡的时代,大多数中国知识分子富于理想、渴望追求进步的精神世界。

(三)美术学校开办的意义

学校是近代西学的产物,是传播现代美术教育观念的阵地,美术学校在不同的城市创办并且得到迅速发展。他们从较高的立足点来观察社会、艺术和文化发展的潮流倾向,从民族存亡的角度来看待艺术的兴废,他们极力提倡并且介绍先进的西方文化艺术,以期改造在他们看来已经趋于迂腐僵死的旧文化、旧艺术。他们比同时代的那些一味讲求祖述师承,仅将眼光专

---

〔1〕 陈瑞林:《20 世纪中国美术教育历史研究》,北京:清华大学出版社,2006 年版,第 97 页。

注于传统的笔墨形式的画家,有着更为敏锐的艺术洞察力和社会责任感,有着更为紧迫的艺术时代感和社会使命感,从而最早奏响了变革中国美术教育的号角。这也就决定他们在介绍传播西方绘画时与外国传教士和商人传播西方绘画有着完全不同的出发点和视角。学府提供给他们一方净土,使他们施展自己的抱负,实现远大的理想。他们已超越单纯的美术观念和技术的层面,而力求去把握时代的最新最强的节奏。

二十世纪早期新兴的西方美术教育对中国现代美术教育产生了巨大影响,是整个中国美术教育史中的一个重要部分,正如蔡元培在 1924 年所言:"是以国内美术学校,均兼采欧风。"通过这些如雨后春笋般的现代美术学校的开办,日本和欧洲的美术教育思想体制给予中国美术教育越来越强劲的影响,因为来自西方的艺术思想,哲学思想,宗教以及文化观念,成为中国精英知识分子渴望使中国获得像欧洲那样的"文艺复兴"理想的重要工具。我国早期的现代美术学校在宣传进步新思想、介绍西方美术,反对封建文化、弘扬民族艺术精神,培养美术专门人才,促进美育方面的作用是不能低估的。但是,由于旧中国政治的黑暗,社会的动荡、经济的衰败、思想的保守以及民族矛盾的加剧,中国的现代美术教育正如同中国的现代美术一样,一开始就步入了一条崎岖坎坷的道路。但是人们始终坚定地相信,正是这些短暂但前赴后继出现的学校,培养出了许许多多的美术艺术专门人才。

此外,中国历来的封建社会传统轻视美术工匠,但由于现代美术专门学校的开办培养出了具有较高经济收入和社会地位的画家,美术教育的地位也相应地提高了,社会风气逐渐发生了变化,实施现代新的美术教育教学方法的新型美术专门学校的开办成为中国现代美术教育形成的标志,完全区别于过去的师徒传授,心领神会和陈陈相因,而采用严格有序的科学训练方法。这些教学体制的巨大变化反映出了中国社会美术教育的现代转型。美术进入现代教育系统,较早是在上海徐家汇天主教堂的土山湾画馆,但谈不到科班训练的层次,真正意义上的面向国民普遍教育的中国现代美术教育开始于 1902 年创立的南京两江师范(即南京大学前身)。在草订学制时,清政府认为艺术无用处,便不屑于培植专门的艺术师资。李瑞清先生上书需要添设图画手工科的缘由,竟然被准奏并施行。两江师范于 1906 年首先开设两班,同时北洋师范也开设本科一班,以图画、手工为主科,以音乐为副主科。在突破了中国旧的教学体制的同时,为现代美术教育的发展做了铺垫。著名书画家和美术教育家吕凤子先生就是该科的第一期学员;我国最早编写《艺用解剖学》和《透视学》的姜丹书教授是第二批学员。他们毕业后薪传辐射,蔚然成风,二十年代就有上海、南京、苏州、无锡和杭州等几所具有较大影响的专门现代美术教育学校建立起来。[1]其中颜文樑创办的苏州美专是二十世纪早期中国最具有影响力的现代美术学校之一,像其他纷纷创建的现代新型美术学校一样,以学校为阵地,广收学子,传播西方先进思想文化,培养了大批适应社会新形势的艺术精英。

这些美术学校的开办与二十世纪初期中国城市资本主义工商业的欣然发展有着密切的联系。当时在国家开办的新式学堂里培养出来的美术人才供不应求,社会迫切需要有实用技能的美术人才,在工商业发达的大城市中,这时以培训具有商业实用美术技能人才的私立的并实行现代美术教育方式的新型美术专门学校纷纷出现了。二十世纪初期一些大城市聚集了大批的美术人才,他们当中有不少人通过各种渠道去学习社会急需的、贴切现实的、实用的西方美术技法,从事商业美术,舞台美术,报刊美术,工艺美术等活动。由于当时美术人才的就业出路非常宽泛,收入也颇为丰厚,极大地激励了学生学画的热情,也大大鼓励了私人开办画室和美术学校招收生徒,传授现代西洋美术技法,这在当时的中国社会已经不足为奇了。

二、苏州美专和中国早期现代美术教育

(一) 苏州美专的创办人与苏州画赛会

1. 苏州美专的创办人颜文樑

颜文樑(1893—1990),苏州市人,1922 年 7 月创办了苏州美术暑期学校,即后来的苏州美术专科学校,这是继刘海粟创办私立上海美术专科学校之后又一所具有很大影响的私人开办的美术学校。颜文樑出生于一个苏州的画家家庭,自幼受到艺术熏陶,16 岁时考入上海商务印书馆学习刻印、制版和印刷技术,后转入图画室学习西画。回苏州后,从事剧社布景绘制,并潜心自学研习油画。1912 年用自行试制油画颜料创作出第一幅油画《石湖串月》。1920 年创作出色粉画《厨房》(苏州美术馆藏),该画于 1929 年获得法国春季沙龙荣誉奖,标志着他早期创作的成熟。1928 年至 1931 年赴法国

---

〔1〕 段东站:《漫话苏州美专》,见"设计圈"网页(http://hi. baidu. com/art1234/blog/item/dd919e991cb054096f068c0c. html),2007. 3. 23

留学并考察欧洲的美术教育,其间创作的风景油画显示了他学习西方油画艺术的收获。他的油画作风稳健,雅俗共赏,因为他深得欧洲写实艺术的丰厚教养。1952年,苏州美专并入华东艺专(现南京艺术学院),颜文樑调任中央美术学院华东分院(浙江美术学院前身)副院长,教书育人的同时继续致力于油画艺术的研究和创作。他的作品构思精巧,刻画真实细腻,色彩明快,善于以西方的表现手法融以民族的本土化精神,具有独特的艺术风格,对透视学、色彩学的研究也卓有建树,著有《美术用透视学》、《色彩琐谈》等论著。"文革"期间曾被迫停笔,粉碎四人帮后创作激情至老不衰,作品色彩更加绚丽。1988年5月1日,颜文樑在上海市逝世,享年96岁,他一生对中国现代美术教育事业的杰出贡献,永远载入了史册,他留下的杰作成为祖国艺术宝库中的精品。

颜文樑的个性不善张扬,满足于当校长、教授,对苏州美专的建设费尽心血,一生都是在极其俭朴的生活工作环境中朝他认定的远大理想目标奋进。他勤劳、谦恭和长寿博得了德高望重的声誉,有"颜老夫子"之称。这是对一个现代美术教育家创造的艺术成果,用严格的艺术标尺去审定他的时代意义的尊称。尽管在1909年到1911年在商务印书馆任铜版制版生期间,得到过日本西画家松冈正识的短暂指导,但大部分画技是靠他喜好试验的性格和刻苦钻研的精神无师自通的。从目前留下的几幅水粉画和水彩画来看,他的写实能力在二十年代初期就已非常高超,其精确的刻画程度与艺术感染力,至今仍让人赞叹。如1920年的《厨房》、1921年的《肉店》(粉画)、《画室》(粉画)、1920年的《苏州卧室》(水彩)、1924年的《天平初夏》(水彩)、1926年的《沧浪溪栅》(水彩)等。当1927年秋游欧回来的徐悲鸿到苏州拜访颜文樑时,非常欣赏他的画艺,尤其是写实能力,称赞他为"中国梅索尼埃",梅索尼埃是法国19世纪以细密的真实画风而著称的大画家。在徐悲鸿的敦促下,1928年,颜文樑赴法国留学,拜访了80高龄的达仰,经达仰介绍进入巴黎高等美术学校学习。学习期间,他还旅游比利时、伦敦、意大利,画了不少非常精彩的风景写生。通过在国外三年的学习、参观和写生,他的技艺精进,眼界大开。他有一种近乎科学实验般的严谨的作画态度。他作画就像他早年自行试制油画材料、摸索技法和自行编写透视、构图和色彩教材一样,从容不迫,一丝不苟,非常讲究步骤、画肌、笔法以及色彩的冷暖和谐。他总结的油画笔法八种是了解他用笔技巧的一把钥匙。他的作品早期调子较为清冷,游欧之后,迷恋色彩,沉醉于技法之中,情调豁然开朗。到晚年,画风越是热烈绚丽,甚至到了一种孩提般的乐观程度。他说,画要让人看了开心,的确,他的画总是那么健康明快,没有半点阴沉郁闷,就像他说的,画要有看头。虽说颜文樑生前并不刻意追随印象派,但他个人的画风受西方学院派和印象主义的影响,写实、细腻,色彩绚丽。《罗马遗址》》、《罗马斗兽场》、《威尼斯圣马可教堂》和《威尼斯水乡》等是他游欧时的代表作,他回国后带学生去普陀岛写生所画的《普陀市街》、《普陀前祠》、《普陀乐土》和《前祠大殿》等都是不可多得的精品。最重要的是,颜文樑从法国留学归来后,参照西方美术院校的教学方法来改造苏州美专,提出了"中西合璧,造就人才"的方针,使该校成为三十年代著名的私立现代美术学校。颜文樑集精湛的画艺和出色的社会活动能力于一身,在中国早期现代美术教育史上具有光芒四射的影响力。他不为名利的高尚品德,仍是我们当今时代的楷模。

2. 苏州美专的其他教员

苏州美专西画教师以创业者三人颜文樑、胡粹中、朱士杰为主要师资力量,苏州当地人俗称他们是"眼乌珠",第一届毕业生黄觉寺等留校辅助教学。

胡粹中(1900 年—1975 年),著名水彩画家。早年曾入日本大学艺术学院研究西洋绘画技法,后来任苏州美专校务主任等职。1929 年,颜文樑赴法国留学期间,由胡粹中代理美专校长。1934 年,他与吴中书法家吴进贤联合举办扇面画展,他以水彩画入扇,吴以隶书题扇,中西合璧,新人耳目,堪称创造。1952 年,全国高等院校院系调整时,胡粹中随校迁去西安,临别前,他用细竹管削成蘸水钢笔状的竹笔赠送朋友,说"此笔比钢笔粗但不伤纸,请留用并作纪念"。胡粹中清雅细致的画风,今天可在他的学生尤玉淇、陶敏荣等的作品中看到。七十年代末,苏州文化局举办过胡粹中遗作展,后来也有他的水彩画集问世。

朱士杰(1900 年—1990 年),擅长油画、雕塑和实用美术,他授课的科目比较广。1924 年美校增设的实用美术科,即是由他帮助策划而成的。1952 年,朱士杰调至南京艺术学院任教。1980 年 5 月,苏州市文化局举办朱士杰先生油画作品展,他表示愿将其代表作捐献国家。第二年,在北京美术馆举行的画展上了却这桩心愿。三位美术教育家高风亮节,不图名利,心迹可鉴,其美德在一代又一代莘莘学子中发扬光大,令人敬仰,至今依然是教育工作者的榜样。"眼乌珠"在建校的三十年中,为苏州美专的发展呕心沥血,他们所创造的中国早期现代美术教育的功绩将永垂青史。

美专的中国画均为著名画师，先后有颜仲华、程少川、刘临川、顾公柔、黄幻吾、元梁父、蔡铣、樊少云等，最年轻的要数张星阶，当时才24岁，风华年少便擅长花鸟画，许多学生都比他年长。八十年代初时，他与张继馨、徐源绍一起赴宁波举办师生五人画展，围着他转的都是"老人"学生。别人以为是他的学长，一问之后才知这些"老人"竟然都是他的门生，不觉大笑。美专在国画科中首设书法课，执教者是余觉、蒋吟秋等人。还有颜文樑之父颜元先生，他是任伯年的学生，人物、花鸟、山水皆精妙，教学深入浅出，耐心细致。当年苏州美专不少教师都尽心尽力，深得学生拥戴。[1]这是一个精英荟萃的年代，他们风华正茂，对艺术对绘画的狂飙般的激情和热爱，与盼望整个中国社会像欧洲一样进行文艺复兴、倡导先进文化新思潮的意识非常协调。

3. 苏州画赛会

辛亥革命之后，西方文化思想的引入开始产生发起了真正现代意义上的沙龙组织。本来在中国古代只有文人雅聚，没有近代这种在明确的宣言和宗旨下共同进行创作的团体，但是受西方民主主义思想和现代文艺思潮地影响，这些组织通过一种新的组织形式来表现前所未有的思想自由与个性，对来自西方艺术的影响做进一步的推动和研究，并且年轻人希望通过团体的力量对社会产生巨大影响。在一个自由的环境中进行创造正是这个时代所需要的，同时也是区别于之前之后历史时期的重要标志。

社团是艺术运动的群落，在一定程度上，社团还是学校功能的一个更为自由的补充，在美术教学方面，在研究介绍西方艺术和组织展览方面起到了不可代替的作用。在那些接受西方文化的年轻人中间，本来绘画是相当个体化和个性化的事业，但由于理想与目标的一致，以同仁的热情和浓厚的兴趣为聚拢条件，很容易使他们组织在一起，通过社团的方式去表达他们的思想，实施他们的艺术行为。所以，在他们参与学校教学的过程中，不可避免地会在学校环境中引发组织不同形式的社团。社团是近代学术界的一个普遍现象，二十世纪二十年代开始的主要发生在新兴美术学校中的那些社团，在思想、行为及方式上更接近西方社团性质。从欧洲回国的画家以及崇尚西方艺术，西方文化与生活方式的年轻人本能的接受这沙龙式的聚会，给西

---

[1] 段东站：《漫话苏州美专》，见"设计圈"网页（http://hi.baidu.com/art1234/blog/item/dd919e991cb054096f068c0c.html），2007.3.23

画增加了研究的氛围。有时社团还是直接参与社会活动的组织,这些社团的聚会成了最具活力的新文化新思潮传播与交流的场所。1915年开始活动最早的社团是东方画会,以后文艺界各种名目的社团如雨后春笋般地出现,预示着一种新的艺术运动地到来。这些社团进行的艺术运动,实际上就是将西方艺术的影响有利地推向传统艺术领域,使其得到改良和进步。如果没有那些生机勃勃的社团,学校里关于新美术的教学所产生地作用是非常有限的。

美术社团大多是以学校为中心形成的,多以西画为主,其中"苏州赛画会"是当时重要的美术社团。1919年颜文樑与友人格莱恩、潘振霄、徐永清、金天羽及杨左陶等共同发起组织了美术画赛会。苏州这些年轻人的初衷是希望通过大型综合的绘画展览会,来推动新艺术的发展。美术画赛会是不同于传统书画雅集的新型美术展览形式,每年举办一次,宗旨是"提倡画术,互相策励,仅资浏览,不加评判"。他们在全国征集作品,希望影响的范围不仅仅局限于苏州,参加展览的作品要求是参展者独立创作的而且是以前从来没有展出过的。"苏州画赛会"以举办画展为特色,从1916年至1933年相继举办了14届画赛会,展出的作品不分古今中西,当时的画展是以一种过渡性的面貌出现的,因为参加展览的正真意义上的西画还比较少,也不过是胡粹中、徐咏清、张光宇等人的水彩画、炭笔画,以后参加展览的黄觉寺、朱士杰、梁鼎铭提供了一些油画。虽然人们还没有从这些画家的作品中看到具有转折性的面貌,但是,正如颜文樑表现出来的坚韧不拔和自信,在寻求资金办学、策划组织展览、建立展览会,以及筹备美术馆的过程中,可以看出艺术家们的工作对社会的进步起到了巨大而深远地推动作用。

在从事新的现代美术教育的同时,文艺运动成为新时代地进步的催化剂,那些充满激情的年轻人所向往和实践着的,是想通过艺术运动来推进新艺术地发展,以实现美育救国的崇高理想。"苏州赛画会"是中国近现代唯一以展览为活动方式的社团,而且是举办画展持续最久的一个社团。由于当时没有"展览会"一词,所以叫"赛画会"。所举办的展览会的规模很大,展览筹备了两个月,第一届作品就达千幅,参展画种很广,展出"国粹画"、"油色画"、"水色画"、"钢笔画"、"铅笔画"、"炭画"、"蜡画"、"漆画"、"焦画"、"照相着色画"、"刺绣画"等作品。美术画赛会征集了苏州和各地中西画家的作品陈列和观摩,北京大学画法研究会首先响应。接着这些年轻人在展览活动的基础上,组织了苏州美术会。到1922年,会员以经有70人,他们同时还创办了《美术半月刊》期刊,作为联络成员交流新艺术思想的途径。参与团体组织活动的主要成员是苏州美专的教师。例如在 1924 年,美专教授胡粹中已经是有数百会员的社团的领导人,承担着社团的组织活动工作。

举办画展对促进中国早期的现代美术教育事业地发展壮大很有益处,聚集和培养了大批的美术人才,在当时产生了较大地影响和推动力。苏州的美术画赛会开启了中国新美术展览形式的先声,为我国现代美术史上第一个全国性的美术展览会。

(二)苏州美专的创办

1. 建校初期

这些渴望传播西方进步思想文化的年轻人不顾一切地通过具体地行动去实现他们的理想,在当时环境简陋的情况下没有过多地考虑条件是否具备,资源是否充足。然而当他们发现在旧的环境下难以顺利获得新知识与新发展的时候,他们就开始了亲自动手去改造旧的环境,建立新的世界,尽管一开始的创业异常的艰辛,有很多想象不到的困难,但是年轻的人们带着一种冲劲,始终对开办新的现代美术学校充满了自信,最终使得学校的开办成为了事实。下面我们就从当时创办学校的历史记载中来看那些现在还显得生机勃勃的历史片段:

在开展苏州赛画会组织美术展览活动的基础上,1922 年 7 月,颜文樑邀集胡粹中、朱士杰、顾仲华、程少川等人在海虹坊苏州律师会会所开办了苏州美术暑期学校。招生广告发出后,报名者纷纷赶来,共有一百多人,以大中学校学生为主。两个月后结业,学生们意犹不足,反响热烈,还要求继续开办长期学校。颜文樑为此得到鼓励,四处去筹借校舍,几经波折,多方奔走,最后终于得到苏州县中学校长龚厥禹的赞助,借得县中九间房屋,至此颜文樑数年来的办学之愿终于得到实现。9 月,苏州美术学校正式成立,颜文樑任校长,除原暑期学校教师胡粹中、朱士杰教授西画,顾仲华、程少川教授中国画外,又增加顾公柔教授中国画。学校仅设速成科一班,第一期招生 13 人,学制两年,学生每月交费一元。开学后,聘金东雷任文学教师,也是义务之职。校舍没有独立门户,与县立中学同出同进,校牌为仿宋字体,挂在县立中学校牌的旁边。学校兼授中西绘画,教学上注重美术基础技法训练,但是还尚未能完全脱离出传统绘画师徒传授的樊篱。但是在不断的教学与学习的过程中,苏州美术学校的教师渐渐地放弃了传统的师承地位,他们明智地认识到,在学习新知识的过程中,教师与学生也可以看成是处在同一个起点上的。

学校在开办之初经费异常困难,条件极其简陋,所有开办费用均由颜文樑在外校兼课所得的薪金支付,教员则全尽义务。学校开办不久,上海《时事新报》副刊《青光》便连载三日刊出署名为王一夫的《旅行写生日记》,大体说在苏州见到一个所谓的"美术学校",有一面骷髅式的校牌,十三幅水车式的画架,学生学画打格子,没有任何一个石膏像等讽刺文章。当时学生上素描课没有石膏像,只得从旧货摊购买到一小件狮子工艺品作为写生模型。但是颜文樑出于对社会、时代、事业的热忱,勇敢地直面艰难的环境和现实,提出了"忍、仁、诚"三字作为"校训",以期达到真、善、美的高尚境界。依靠这样坚忍的精神支柱,群策群力,在全体师生员工的共同艰辛努力开拓下,终于描绘出了苏州美专的美好蓝图。

1923年,学校招收第二期学生时开始招收一名女学生,开苏州男女同校之始。由于来此读书的学生不断增加,又借了三贤祠河南会馆三间房舍,成立了西校,原县立中学校舍称为东校。此时学校经费十分紧张,连点灯费也没有着落,由校工拿火油箱所卖得的大洋二角才得以购买灯油。当时新到的湖南籍学生周焕章,持铺盖卷到校,本来想住读,但见校舍如此简陋,大失所望,下午便卷被而去。1924年,速成科第一期结束,毕业生大多自愿留校任职,成为学校办学的基本力量。通过师生们的不懈地努力,此时学校由草创阶段进入了规模初具时期。1924年,学校定名为苏州美术学校,设本科,分国画西画两系,定三年毕业,另设预科一班,作为进入本科的预备,二年毕业。本科预科均兼收男女学生。1924年第三期招生时录取40名,其中就有女生10多人,特地辟东校舍三间为女生宿舍。在当时封建保守势力颇有微词的年代,男女授受不亲的封建观念还很盛行,但是学校率先打破了封建传统观念,采取男女合校的立足方案发展,同时也培养出了不少优秀的女画家。苏州美专还汲取先进的现代美术教学思想,在二十世纪初期的中国倡导户外写生、人体写生、男女同窗授课等,以实际行动实践了蔡元培"思想自由、兼容并包"的学术主张。

1924年,浙、鲁军阀战于安亭,苏州震动,人们争相避难,颜文樑出走上海,仅随身携带小提琴和法国制粉画纸一卷。10月,战争之后回到苏州。

1925年,颜文樑在兼任太仓省立第四中学图画教员时的学生陆寰生来到美校任研究员,监管教务。而这时第一期毕业学生大都支援留校任职,如:黄觉寺、张紫玙任教师,徐则安、张念珍分任校务、事务工作。他们与颜文樾先生志趣相投,留校不为金钱和名利,为日后苏州美专的繁荣发展贡献了巨大的力量。

1927 年,颜文樾应苏州公益局之聘,任沧浪亭保管员,并受命筹设苏州美术馆,苏州美专也从县立中学迁入沧浪亭内。此时,北伐革命成功,新任公益局长蒋靖涛是颜文樾的学生,公益局秘书则是颜文樾第二中学的同事,他们共同支持颜文樾主持重修沧浪亭一事。颜文樾以保管员的名义接收沧浪亭,除了筹建美术馆,陈列当代中西画家作品,其他多余的房间,稍加修整,由公益局会同教育局批作了美专校址,此时学校正式定址在古老的沧浪亭。美专获得定址之后,前来求学者日益增多,自然经费不足。多亏颜文樾的同学和好友帮助,自愿筹集经费补贴美专发展,其中杨寿祺愿每年资助美专六十元。在善款的捐赠人中,最值一提的就是苏州名绅首富兼国画家吴子深(1894—1972)。早在 1914 年他便与颜文樾相识,从此交谊日笃。他曾慨然地对颜文樾说:“汝办学,我出钱。”当即出千元(银元)用以修整沧浪亭。颜文樾为了苏州美专学校长远发展,特地筹设校董事会,由学校出面,建立校董会,由苏州地方知名人士为校董会董事。请苏州知名人士张一麟、叶楚伧、朱文鑫、金天翮、汪懋祖、王謇、许厚基、龚鼎、徐嘉湘、章骏、赵昌为校董会董事,吴子深被推为校董主席。此后,凡是修建校舍,购置教学设备,都由吴子深出资相助。1927 年,尽管学校改变了教学条件,但是,这年政治局势地动荡严重影响了学校的教学,清党导致苏州城里学校校长地撤换与变更,曾经在几个学校兼职的颜文樾此时已失去了大多数教职,失去了补贴美专的重要经济来源,但是继续得到了开明士绅的诸多帮助。1928 年 9 月,颜文樾赴法留学。1931 年回国继任校长,再次得到开明士绅的帮助。颜文樾的感激之言“创办之初,经济来源,悉由创办人维持,惟当时一切建设,种种兴革,限于经济而不克举办者甚多。杨寿祺先生,每多慨助,先后捐款及捐赠校具甚多。今者我校得吴校董之助,一切设备,逐渐完善,而杨先生复常捐赠图书。如二十四史等钜部数种,总计何止千册。”学校的发展是迅速的,正如人们在历史上看到的那样,江浙地区那些有教养的绅士商人不仅喜欢书画,而且也乐于襄助艺术。[1]

2. 扩大规模

1928 年至 1931 年期间,学校规模不断地扩大,学生人数逐年增加,按照

<hr />

〔1〕 吕澎:《20 世纪中国艺术史》,北京大学出版社,2007 年版,第 191 页。

当时国民政府教育部的规定变更了学制,学校现代美术教育教学逐渐走向了正轨。1930 年,学校本科增设了艺术教育系和研究科,还开设了选科。1928 年,颜文樑赴法国留学,学校行政事务暂时由胡粹中主持管理。1929 年颜文樑进入巴黎高等美术学校学习,留学期间还先后到布鲁塞尔、伦敦、罗马、佛罗伦萨、威尼斯、米兰等地考察游览,观摩西欧各国历代名画和考察当地美术教育情况。他将留学期间节衣缩食节省下来的生活费用为学校购置了石膏像和书籍画册等教具,先求希腊名作,次求古罗马与文艺复兴时代的名作复制的大小石膏像。两三年间,共购得石膏像 460 余件、图书 4000 余册分批运回,每够一批,他就交给轮船公司托运回国,并亲自检视其包装捆扎。1931 年年底,颜文樑回国后,还专门设置石膏陈列室数间,用以长期安放,供学生观摩学习。如此规模的教具设备在当时全国所有美术学校中也是独家所有的,成为苏州美专乃至我国早期现代美术教学的巨大财富。

这是颜文樑孤心苦海和坚强意志的结晶,颜文樑对美术学校的发展建设呕心沥血。有人说颜文樑把西方的艺术精品移植到中国,所耗的精力是巨大的,所产生的意义更大,其功可比于古代的玄奘。这批在欧洲购买的石膏像质量精美,数量众多,堪称全国美术学校之冠,而当时杭州艺专仅有石膏教具 170 多件。这是苏州美专的的一大教学优势,极大地推动了学校美术教学的提高。至抗日战争前夕,共有 500 余件,数量之多,质量之好,在当时全国来说,绝无仅有。后来大多毁于战乱,令人心痛。

1928 年 9 月,吴子深赴日本考察,10 月归国前,见东京美术学校校舍庄严美奂,设备齐全,造福学子,深为此所感动。返回苏州后他立即主动建议独立出资,为苏州美校筹建新校舍。胡粹中、朱士杰听了大为高兴,立即电告颜文樑。因为颜文樑学业未成,建校大事,也不可仓促,所以答复待回国后再作商议。当颜文樑回国复任校长后,为了学校能正式立案,学生将来更有出路而策动吴子深出资营建校舍,但当时吴子深因投资用人不当,事业不振,可是仍被颜文樑办学的苦心所深深震动。为了让颜文樑全面施展自己的艺术抱负,实现苏州美专"中西合璧,造就人才,前程远大"的美好理想,吴子深慨然地当场签票第一笔捐资 3 万银元。1932 年延聘上海工布局建筑师按希腊式列柱拱廊设计西式建筑,在古老的沧浪亭旁边建造了新型的希腊式的教学大楼。我们知道,古希腊文明是西方文明的源头,也是西方美术教育的源头,所以我们可以设想,苏州美专之所以选择这座大楼为希腊式建筑,除了包含着颜文樑与同仁们对古希腊文明地敬仰,还寓意着苏州美专的美术教育发展将像古希腊精神对西方美术教育产生的巨大影响那样对中国现代美术教育产生更为积极而深远的影响，从而推动中国现代美术教育向更高层次地发展。1932 年 8 月苏州美校新校落成，开辟了教室、办公室、石膏室、陈列室、实习室，共 50 间，其规模和漂亮程度居当时全国美术学校之冠。

据历史文献记载，对苏州美专给予经济和其他方面帮助的人还有顾仲华、陈伯虞、顾公柔、朱询刍、秦丽范、汪荷伯等。虽然西方进步思想已经在这里获得了传播，但是如果没有赞助人热心的财物支持，如果没有被授予传授系统知识的权利，任何知识分子仅有单纯的热情和社会责任感以及向往的心愿都是没有具体结果的。开明慈善的人们和现代美术教育先驱者共同携起手来为中国美术教育的崛起和发展做出了卓越的贡献。

3. 正式建校

当时的社会情况是以私人的力量办学如未经教育部备案，学生毕业便无正式文凭，求职非常不易，立案须经省暨部级批准，限制非常严格。当时颜文樑为学校的立案四处活动，联络奔走，得到了许多朋友的帮助，尤其重要的是得到当时在南京中央大学任教、与国民政府上层人士关系密切的画家徐悲鸿的鼎力帮助。1932 年 10 月，经国民政府教育部批准，苏州美校终于顺利以大专院校立案，正式定名为苏州美术专科学校。此时，校园和古老美丽的园林合为了一体，有了环境优美的校址，美校学生越来越多，校务也日益扩大，学校又增加了大量的教学设备，使学校的发展步入了正轨。又修缮了陈旧房屋，准备筹建美术馆，用以专门陈列参赛作品和当代中西画著名作品收藏。这一切活动使得沧浪亭面貌焕然一新，学校曾数次汇集京沪线各地的艺术家在美术馆联合举办美术展览会。学校立案后第一年，苏州美专得到政府补助 6000 元，第二年得 1.6 万元，颜文樑曾拟以此项补助款，为学校建造一座新楼，四周环水，与已建的希腊式大楼交相辉映，后因抗战，未能实现。

纵观历史，颜文樑的校长生涯一直没有过离开他的朋友们在经济上的帮助。在二三十年代，不同地区的士绅商人们对新学的资助不仅体现了传统的儒家修养与品格，同时也表明了开明的人们对于来自西方先进知识的认可与接受。

1932 年 11 月学校举行了成立十周年纪念会，同时举办美术展览。1933年秋，因徐悲鸿赴德、苏等国举办画展，定期一年半，特邀请颜文樑代理南京中央大学美术系主任,每周去南京工作三天。颜文樑通过代理南京中央大学美术系的主任工作,学习借鉴了南京中央美术大学的美术系的教学优点,用以提高了苏州美专的教学状况,使苏州美专的现代美术教育教学的发展更上一层楼。

(三)苏州美专的发展

1. 抗战前的良好发展

从 1922 年到 1932 年这十年期间的办学,奠定了苏州美专发展的坚实的基础,苏州美专迅速繁荣发展到最高潮时期则是 1932 年到 1936 年。据《艺浪》在 1934 年出版的文字中记载学校当时的系科经调整后的设置:高中科设艺术、实用美术两个分科,专科设绘画系(又分中国画组、西洋画组)、实用美术系,研究科与选科。颜文樑特别强调对造型艺术基础的教学,坚持对学生进行严格的素描基础写生训练,努力培养学生的写实动手能力,亲自教授素描、油画、透视、色彩学等课程,积极提倡学生外出社会实践考察写生。学校在调整后的当年就组织学生赴镇江、杭州等地写生考察,先后在南京、镇江、上海等地举行了写生作品展览,得到社会的赞誉。美专函授部从 1930 年开始坚持常年在社会上招收学生,"入学资格不拘男女年龄程度。学科分为壁画、木炭画、国粹画、水彩画、油画",在社会上普及现代美术教育,直到中日战争爆发为止。先后在学校任教的教师名单有:西画教师胡粹中、朱士杰、黄觉寺、吕斯百、张紫屿、周方白、陆传纹、蒋仁、张新域、孙文林、徐近慧、陆国英等人,中国画教师吴似兰、张星阶、钱夷斋、朱竹云、张宜生、凌立如、吴子琛、颜元、顾彦平、蔡振元、沈寿朋、张宜生、于中和、吴秉彝,有国文、金石教师顾叔和、沈勤庐、黄颂尧、蒋吟秋,艺术解剖教师包希坚,色彩学教师杜学礼,图案教师商启迪,学校还邀请校外专家定期在苏州美专讲学。

2. 抗日战争期间坚持办学

1937 年 7 月抗日战争全面爆发,9 月日寇飞机轰炸苏州,10 月学校先被迫迁移到离苏州十里的北庄基,再移到离苏州三十里的同里,最后退至袁家汇,日军逐渐逼近,风声日紧。颜文樑有幸雇得大船一只,小船二只,乘夜出逃,无奈只好弃去学校沉重的设备,仅载师生三十余人避难,当时损失惨重。胡粹中等人乘小船先行,相约到安徽屯溪汇合。行船途中听说袁家汇失陷,居民惨遭日军屠杀。船行至余杭西下陡门必须过一个水闸,可是大船通不过去,师生们只好弃舟登陆,暂时滞留农家。颜文樑决定师生有愿离去的发放遣散费,约好胜利之后再聚合,当时依依惜别的情景相当凄惨。11 月颜文樑率领部分教师和家属十余人赴杭州,坐火车到宁波,再乘轮船抵达上海,暂住在妹夫家。杨寿祺闻讯相访,送去红木桌椅等以备急用,又赠送平日自己用的御寒皮裘一袭。颜文樑非常感慨,这正是患难相助,雪中送炭,意义特殊感人。

1938年春,应在沪学生邀请,在王加沙某小学赁得教室一间,开办苏州美专沪校,教师有吴秉彝、黄觉寺、朱士杰、张新域,陆寰生任秘书,颜文樑自任素描、油画课。秋季迁至四川路企业大楼七楼,学生渐渐增多,已有40余人,学期终了还举行了师生画展。但此时已经没有人能够在经济上支持苏州美专了,上海物价飞涨,学校经费严重不足,为了补贴学校的开支,颜文樑开始为人画肖像。他还希望通过自己作品的销售补贴开支,却无济于事,在上海办学的条件异常艰难。当时有日本背景的伪政府劝他回苏州复校继续教学,许诺退还校舍,并由日本政府资助经费,被颜文樑以及他的那些具有理想信念的教师们一再婉言回绝,表现了苏州美专教师高尚的民族气节。特聘李咏森(1898—1998)为副主任,李咏森不仅擅长水彩画,而且又谙熟上海各界的情况,所以颜文樑引以为助。

学校在艰难困苦的环境下,坚忍不拔的继续办学,除了开设中国画和西画课程以外,还开设了解剖、透视、色彩学、美术史以及外语、国文等课程。颜文樑和黄觉寺分别担任透视学、色彩学、解剖学等课程教学,蒋仁、费成武担任油画、素描等课程教学,陈柳生、范敬祥、胡世桢、吴易生、陈烟帆教授素描课程,黄幻吾(1906—1985)、吴秉义担任中国画花鸟画教学,江载曦、吴钟英担任中国画山水画教学,沈思明担任中国画仕女画教学,蒋吟秋担任国文教学等。郑午昌(1894—1952)、陈从周(1918—2000)、茄茄(沈之榆,1916—1990)等人亦参与教学。学校经费十分困难,因为当时很多学生付不起学费,教师则全部义务教学,颜文樑将自己卖画所得资金大部分用于办学,有的教师在外校兼课,还有的从事其他工作来维持生活,师生在艰难的困境中同甘共苦,一直坚持办学到抗战胜利。

1939年以后,上海"孤岛"情况日益恶化,部分学生奔赴内地昆明重庆求学。1941年太平洋战争爆发以后,日本侵占了上海租界,上海局势更加混乱,美专沪校为躲避日军地注意,取消名称,学校改称画室,不登报招生,学生知道的自己找过来。因颁发文凭必须送伪教育部核准盖章,学校坚持民族大义,在学生卒业时由学校出具证明,不发毕业文凭。学生最少时仅二至三人,教师各谋生路,一切杂务,都是颜文樑一人自兼,沪校几乎无法维持。

敌伪统治下物价飞涨,当时连生活也是难以维持的,学生虽然只有寥寥数人,颜文樑等人依然坚持办学。1944年,苏州美专校友储元洵征得颜文樑同意,在家乡宜兴开办苏州美专宜兴临时分校,教师有孙文林、胡久安等人。一年后,即迁苏州与总校合并。[1]

3. 抗战后美专复校

1945年抗战胜利,颜文樑召集了胡粹中、朱士杰、黄觉寺、吴似兰、王世敏、杜学礼等人组成复校筹备委员会,修整校舍,积极准备恢复教学。在"复校委员会"的努力下,苏州美专终于在苏州复校。11月,颜文樑在颠沛流离8年后,第一次在苏州美专本校上课,苏州美专宜兴分校全体学生在孙文林、储元洵等教师带领下迁返回苏州。1946年初,学校决定将少数教师留守的沪校改为研究室,学生迁返苏州本校上课。为满足战后社会对于初级美术人才的大量需求,学校在1946年开始创办初中部招收学生。苏州美专复校后学制改为5年,分中西画二组,取消了原有的实用美术组。1948年美专改五年学制,分中西画二组。当年学校学生已增至240多人,教职工工达42人,其人事、教授及课程安排概况如下:校长颜文樑,总务主任胡粹中,教务主任黄觉寺(后任副校长),训务主任商家坚,事务主任朱士杰,秘书陆寰生,校董代表吴似兰,社务主任储元洵,文书主任顾友鹤,会计钱定一,出纳李霞城任,书记陆昂千。教授及课程:西画和理论:颜文樑、胡粹中、朱士杰、黄觉寺、孙文林、徐近慧、陆国英;国画和理论:吴似兰、张星阶、钱夷斋、朱竹云、张宜生、凌立如;英文:黄恭仪、黄恭誉;法文:圆刚中;国文:顾叔和、沈勤庐;艺术解剖:金石、包席间;色彩:杜学礼;图案:商启迪;音乐:王之玑;体育:程鸣盛;公民:陆宣景。沪校研究室,校务由颜文樑以校长名义暨秘书陆寰生兼理,主任为李咏森,教授有丁光燮、承名世、江载曦、张念珍等人。1946年为纪念抗战胜利一周年,苏州美专提前举办25周年校庆。此时相距10周年校庆已15年,历经了8年的抗战艰辛。许多校友从全国各地纷纷返校参加庆典,校庆活动盛况空前。

1947年,校刊《艺浪》恢复出版。《艺浪》副刊号第1期为"25周年校诞纪念特号",颜文樑在校刊上发表了《中国艺术教育论》等文章,提出:"艺术教育正是广博宏大,绝非狭隘的象牙之塔,可望而不可及,为应实际的情形,可将艺术教育分三进行:(一)纯粹艺术教育,为培养研究纯粹艺术人才,造

---

〔1〕 陈瑞林:《20世纪中国美术教育历史研究》,北京:清华大学出版社,2006年版,第101页。

成学术自由的环境;采取自由研究的风气。(二)艺术师资教育,专为培养健全的中小学艺术师资,并作研究高深艺术理论,即艺术学课教材上之研究改进的场所;(三)实用艺术教育,实用艺术是由纯粹艺术转向生活方面的一个发展,他负着美化社会、美化人生的责任。"[1]这篇文章反映出颜文樑的现代艺术教育教学观念:按照不同的目标、分层次、实施不同的教育方法以应用于实际生活的美术教育主张。在教学上美专以兼学中西文化艺术为指导思想,各个班级一开始就同时开始西画、中国画、理论、文化课等,具有兼收并蓄的特点,这也为我国的现代美术教育创建了基本模式。在培养规格上要求学生具有较全面的文化艺术修养和掌握运用各种材料技法的能力,使学生具有较强的社会适应性,课程设置趋于广博,胜任实施美术教育任务。在师资结构上是中西合璧,用其所长,西画教师多是留洋归来的画家,国画教学一多半由绘画功底较深的有经验的教师担任,在实际艺术教学中重视实用美术教育,在艺术思想上中西合璧,兼收并蓄,在美术教学中不尊崇模式、不墨守成规,逐渐形成了更加完善的良好的校风,为我国高等艺术教育事业积累了宝贵的经验。

4. 完成使命

1952 年,在全国高等院校系调整时,苏州美专与上海美专、山东大学艺术系合并成立了华东艺术专科学校即现在的南京艺术学院,校址设在江苏无锡。以原上海美专校长刘海粟任校长,而颜文樑调任中央美术学院华东分院即今中国美术学院任副校长,至此苏州美专完成了它的历史使命。

从 1922 年到 1949 年,苏州美专经历了近 30 年的艰难岁月,在社会动荡与战争时期,文化学术经历了难以想象的令人痛心的浩劫,师生流离转徙,图书教具之损失,教学设备之欠缺,困难之多,精神之挫折,客观条件之艰难,几乎难以构成当今人们想象中的艺术院校的模样。然而,正是这么多富有理想的年轻人的坚持不懈和努力,才逐渐形成了一个新兴的传统:中国早期的现代美术教育。

(四)苏州美专的业绩

二十世纪前期中国的印刷和制版技术还很落后,许多美术作品和商业图片都要送到国外去制版印刷。当时的社会对于实用美术有相当大地需

---

〔1〕 林文霞整理:《现代美术家画论·作品·生平:颜文樑》,上海:学林出版社,1982 年版,第155 页。

求,学校为了满足社会实用人才的需要,积极筹备开办实用美术教学,使实用美术与社会生产实际相结合,学以致用。学校在 1933 年开办实用美术课,并在校内设立印刷制版工场,朱士杰教授主持全面教学工作。颜文樑曾亲自赴上海订购各种仪器和印刷机器,并且聘请有经验的印刷技师参与教学实践。9 月,实用美术科招收第一期学生,颜文樑校长在校刊上发表了开学特撰告同学书《从生产教育推想到实用美术》,充分表明了颜文樑的远见教育思想和学校重视实用美术以及生产教育的先进思想。苏州美专最先在中国的美术院校内设置了实用美术科,建立了印刷制版工场及生产工场,开展新式实用美术教育。当时兴办实业和实业教育成为二十世纪初中国的巨大潮流,反映出现代实用美术教育越来越受到社会的重视和欢迎。苏州美专的实用美术科印刷制版设备条件在当时显得相当完备:摄影、落样、修版包括凸版和平版,凸版方面有锌版、铜版、无网铜版、彩色铜版、三色铜版;平版方面有单色版、彩色版两种,各套工具机械齐全,印刷、铸字、制版和摄影设备均可供学生生产实习。学校校刊在自己的工场印制出版,还出版了多种书籍、画册和画片。实用艺术的教学和普及表明了在文化知识领域对"手工"和"工艺",以及"实验"的尊重和兴趣的基础上,进一步摆脱了传统美术教育对实用美术忽视甚至规避实践活动的倾向。而苏州美专强调美术的实用性功能,苏州美专实用美术科的教学成为中国现代美术学校培养印刷制版人才的开端。

苏州美专还在中国较早地开展了美术动画教学以及动画美术的开拓,并在培养我国第一代动画专家等方面,做出了卓越的贡献。二十世纪三十年代,动画艺术在国外刚刚兴起,颜文樑便很有先见之明地认定,动画美术是一种非常有发展前途的新兴美术种类,便积极鼓励、培养和引导了一批年青人,就像他当年自行研制油画颜色,摸索油画技法一样,带领年轻人认真努力钻研新兴的动画艺术,为学校创办动画科作了师资力量的准备,苏州美专的远见之举显然顺应了时代的发展。在颜文樑的直接指导下,在黄觉寺、孙文林等人地协助下,于 1950 年以钱家骏、范敬祥为主要教师的苏州美专动画科宣布成立。美专在招生前由范敬祥主持工作认真筹建了制片室。制片室曾受到上海人民政府卫生局的委托而绘制出两部卫生教育的动画片。通过实践培养了教学师资力量和提高了技术骨干水平,同时也解决了动画科的部分教学经费不足和实验设备经费不足的问题。上海美术电影制片厂厂长著名漫画家特伟(1915—)对动画科给予了热情的支持,曾专门到苏州为苏州美专讲学。动画科的第一届学生在 1952 年夏天毕业,他们中的大多数人被分配到北京八一电影制片厂、上海电影制片厂和上海科学教育电影制片厂工作。1952 年秋,在全国高校院系调整时,动画科的师生被并入北京中央电影学校即现在的北京电影学院。

此外,苏州美专还非常注重学术理论探讨和美术教学实践的研究。从 1928 年起就开始编印校刊《沧浪美》,黄觉寺(1901—1988)任主编。用以发表本校师生的优秀美术作品,研究美术创作,介绍中外古今艺术名作和国外美术教育状况,讨论美术教育教学问题。1933 年,校刊改名为《艺浪》,仍由黄觉寺任编辑,比原来的《沧浪美》增加了大量篇幅,定为月刊。每期栏目有专论、随笔、文艺小品、美专校讯等。校刊的印刷相当精良,铜版精印加三色彩印,印刷制版工作全由美专自己的印刷制版工场承担。《艺浪》的出版有力地推动了学校的科研工作发展和教学水平提高。《艺浪》在 1929 年第 2 期发表黄觉寺的文章《艺术教育的研究》,提出了小学形象艺术教学法的要点:"(一)关于观察方面的:A 要养成有欣赏自然的领会力;B 要有眼的陶冶;C 艺术品的观察练习。(二)关于练习方面的:A 要有创制精神;B 要充分发挥其想象力;C 奖励自由画与记忆画地练习。"并且指出:"儿童艺术教育,是借艺术品的力量来陶冶儿童的精神,使之对于人生与自然能感到艺术的生趣,以美化全生涯为目的的。"校外有许多艺术家如徐悲鸿等人为《艺浪》撰稿。[1]

学校还积极提倡组织成立美术社团,有力地推动了师生美术创作和美术教育研究高潮。国画系学生王企华等人在 1929 年组织茉莉画会,次年在无锡地区举办了画展,获得了很高的社会赞誉。西画系学生董希文(1914—1973)、费以复(1913—1982)、李宗津(1916—1977)等人于 1934 年初,发起组织了著名的南园画会。1936 年,学习国画和西画的学生郑定裕、王庆祥、俞云阶(1917—1992)、彭化士等三十余人组织了沧浪画会,画会成员经常赴外地写生考察,并举办画展。国画系学生吴锤英、李炎等人在 1935 年至 1937 年间,发起组织壮游画会,曾在苏州成功地举办过画展。除了由在校学生组成的画会外,于 1929 年还有校友与在校生联合组成的旭光画会,还有十二位美专毕业生在 1930 年组成的十二画会,同年于种、徐渭、钟伯元、房保章等人

---

〔1〕 林文霞整理:《现代美术家画论·作品·生平:颜文樑》,上海:学林出版社,1982 年版,第 155 页。

又发起组织了艺声美术研究会等。这些社团在当时名声大作,显示了青年学子们热爱艺术回报社会的满腔热情。这些画会地活动成为学校美术教学的重要组成部分,积极推动了苏州美专的教学良性发展,激励了学子们的创作热情,展示了美专师生们取得的累累硕果,苏州美专得到了社会的肯定和赞扬。

1926 年,私立无锡美术专门学校成立,主要筹办人为胡丁鹭、朱建秋、贺天建(1891—1977)钱殷之,开设国画、西画两科,主要教师为胡汀鹭(1883—1943)、王云轩、周凯士、邓纯澍、钱松喦(1899—1985)等人,培养学生杨建侯(1910—1993)、孙文林、陈晓楠(1908—1993)、陈立平等人。私立无锡美术专门学校于 1931 年停办,学校大部分学生转到苏州美专就读。

(五)苏州美专对现代美术教育的影响

自古苏州就为书画聚集之地,苏州美专年轻的现代美术教育先驱者,从最初地试图复制西方美术教育,到在长期的美术教育实践中摸索创造出了新的学习西方与立足本土结合在一起的中国现代美术教育模式,并能随时适应新的社会形势,开创了中国现代美术教育新的局面,为中国现代美术教育做出了巨大的贡献。苏州美专这所历史悠久的艺术殿堂,培养了许多著名的中西绘画人才,曾经涌现出一大批我国现代历史上的文化名人和著名艺术家以及教育家。苏州美专是中国早期现代美术教育进步与发展的写照,也是我国高等艺术教育事业进步与发展的体现。

新的艺术种类和艺术教育思想在这里有了传播的阵地,一大批具有新思想新观念的艺术家在这里开始构筑他们理想的大厦,施展自己的抱负和才能。的确,我们不能低估我国早期现代美术教育开拓者的历史作用,他们的名字将永远隽刻在中国现代美术教育史的历史长廊上。

结　　论

苏州美专是中国近代美术教育史上一个重要的里程碑。苏州美专三十年总共培养了多少学生,因资料不全难以精确统计。从 1948 年统计在校学生就有 240 余人来看,可以想见其总数是相当可观的。学有所成者很多,像著名漫画家陶谋基,江苏画院的宋文治、中央美院的教授董希文、罗尔纯等;前浙江美院院长莫朴、广州美院的杨之光、黄幻吾、黄养辉等等,许多当代杰出画家都曾是苏州美专的学生。这些人才为我国的现代美术教育、美术创作、戏剧舞台以及美术制片,诸方面事业的贡献是不可估量的。苏州美专见证了中国早期现代美术教育的辉煌历史成就,也诉说着老一代美术教育家的传奇的历史故事。它艰难地走过了从近代到现代、从无到有的不同的历史岁月,在新与旧的时代交替中完成了自身的蜕变,为苏州乃至全国的美术发展汇藏了宝贵的资源,为中国现代美术教育事业的发展做出了不可磨灭的贡献,他们的高尚精神至今仍在激励着新时代的美术教育工作者,给予中国现代美术教育以强烈的影响。苏州美专在中国美术史上的地位可见是名不虚传!

事实上,正是那些参与新兴学校现代美术教育的知识分子,包括那些在可见的历史著作中难以找到名字的人们,构成了这个民族艺术变革的历史阶段状况。他们是历史的精英,时代的楷模。这是一个让人感动的历史瞬间,我们可以从开创先锋的先驱者的经历中了解到历史的艰辛,没有那些参与到学校的美术教育事业中的画家、教师、学者、官员、绅士、商人的共同努力,历史的艰难情形仍然是令人难以想象的。这正是许多有理想有抱负的中国人执著的坚持和不懈的努力,才逐渐构成了二十世纪早期一个新兴的传统:中国早期的现代美术教育。

(本文为苏州大学艺术学院 2008 届美术学硕士研究生的学位论文,指导教师:张骅骝)

颜文樑绘画艺术研究

沈建华

【内容摘要】 颜文樑自幼就表现出很高的绘画天分,后来他不仅自己深研西画,还创办了苏州美专,为祖国培养了大量的美术人才,是中国近代艺术史上德高望重、造诣深厚、风格独特的一代宗师。本文主要以颜文樑不同时期的绘画作品为线索,将他的绘画风格分为两大阶段:再现写实和表现写意阶段;同时,又从以下几个方面讲述了颜文樑风格形成和转变的原因:追求"美"的绘画思想对其风格的影响;新文化运动的影响;民族风格的影响及其它因素的影响;最后总结了颜文樑在艺术上所取得的成就及其影响,其中包括他在全力引进西方油画和油画中国化等方面所做出的贡献,以及对第二代、第三代油画家产生的影响等。

【关 键 词】 颜文樑 绘画艺术 风格成因 成就 影响

作为二十世纪中国杰出的画家和美术教育家,颜文樑(1893—1988)与徐悲鸿携手高举写实主义旗帜,从根本上扭转了中国古代文人绘画造型的蔓延和走向,为中国现代写实绘画的兴起和发展铺设了技术、技巧和观察方法的桥梁,其功绩将永载史册。正如他为艺术教育"呕心沥血立下了汗马功劳"一样,他为油画艺术所做出的贡献也是不可磨灭的,在中国近代油画家中,能够深得印象派精髓又蕴含库尔贝以来欧洲写实艺术的丰厚素养的,除颜文樑之外找不出第二人。本文试从分析颜文樑的作品入手,对他的风格特点进行界定,对风格转变的时期也重新作了划分,进而在此基础上对他风格形成和转变的因素作了重点分析,提出了他从开始画油画时就烙上中国画的印记的观点;大胆地揭示出社会政治(包括文革)和他风格转变之间的重要联系等,最后分析颜文樑所走的艺术道路和他取得的成就、影响,以及对我们的启示。

一、颜文樑的绘画风格及其转变

纵观颜文樑的一生,他的绘画之路基本上走的都是西方传统的写实主义道路,不过在他晚年时画风有所转变,有了表现主义的倾向。所以,概括颜文樑的绘画风格,可以把他的绘画风格分为两大阶段,早期为再现写实阶段,后来转向于表现写意阶段。

(一) 再现的绘画

1. 对形的追求(1910—1927)

1910 年,颜文樑在上海商务印书馆铜版室当实习生时就痴迷于光照射下物体所产生的微妙的明暗变化,每至业余休息的时候,总是泡在铜版室内,手不释卷,以随手可见的茶壶、皮鞋、雨伞等什物为写生的对象。铜版室内高大复杂的制版机械造成了光线明暗错综的效果,文樑在他的小纸片上捕捉了指导技师渡边先生刻蚀铜版时的背影,细致刻划了倒映在办公桌玻璃板上的悬挂着的煤气灯。这些即兴式的铅笔素描,博得了日人技师的赞语。

1912 年,颜文樑辞别商务印书馆,回苏州潜心自学西画,直到 1928 年出国。这一时期的绘画主要反映了颜文樑对光照射下物体产生的明暗关系和物体透视的探索过程。对物体的刻画主要集中在形体及由此而产生的微妙复杂的明暗调子上,画风细腻而又写实。具体又可以分为两个阶段:探索阶段和统一阶段。

第一阶段:探索阶段(1910—1918)。这一阶段颜文樑主要是尝试把透视学原理和西方用明暗调子来表现形体的方法运用到画面中去,作品有以自制油画材料作的《石湖串月》、《飞艇》,及 1917 年为上海来青阁书坊作的水彩风景十六幅。现仅存《柳浪闻莺》、《平湖秋月》、《湖亭东雪》、《六合挂帆》、《冷泉品天平初夏茗》、《兰溪返掉》、《敌楼夜月》、《虎丘早春》、《邓尉探海》、《沧浪溪栅》、《天平初夏》(图 1)等十一幅印刷品,是现在能看到的颜文樑最早的西画作品。早在 1913 年前,颜文樑就研读过《论画浅说》中的"透视"一章,这是他正式接触透视学的开始,及至 1913 年借得沈良能编译的《透视学》一书,方于友人"共作探讨,并以书中理论观察实景,自此有志于透视学之研究"[1]。至 1917 年,已经能较好地运用透视了。《天平初夏》中地面所铺砖块的成功表现,《平湖秋月》、《六合挂帆》、《敌楼夜月》等水面在水平方向的延伸,而《沧浪溪栅》、《柳浪闻莺》中路径的蜿蜒,《邓尉探海》对田园的描写,《兰溪返掉》、《沧浪溪栅》房屋的近高远低,都很好地加强了画面广阔和深远

---

[1] 参见钱伯城编著:《颜文樑年谱》,载林文霞编著:《颜文樑》,上海:学林出版社,1982 版。

图1　太平初夏

的效果,而这些水彩风景中对树木的表现业注意了树枝的俯仰、树与树之间的前后主次关系、叶丛的透视关系,这一切都说明当时颜文樑已经对透视学有了一定的研究。但是,《天平初夏》中亭子的透视灭点和地面上几组人物的透视灭点并不能处于同一个视平线上,《兰溪返掉》中两岸房屋的透视灭点不统一又说明颜文樑对透视学的探索过程。再看这几幅画中对光影的描绘,物体由于受光而产生明暗对比,对明暗对比技巧的掌握反过来在一定程度上又反映作者对光的理解深度。《天平初夏》和《冷泉品茗》树木相互掩映、层次丰富,《敌楼夜月》、《兰溪返掉》波光粼粼,水中房屋、树木、船帆的倒影若隐若现,以及所有现存的画中对天空中云或月色的精心描绘都显示出画家对画面光感统一认识的加深。十六幅水彩画印刷品的畅销很好地说明了颜运用光源以突出物体的真实感的成功。但是,《柳浪闻莺》中树和人物、马的明暗关系并不统一,《沧浪溪栅》中人力车、人物和墙壁的光源也有些散乱,表明画家对西方自文艺复兴以来写实主义绘画方法的摸索过程。

第二阶段:统一阶段(1919—1927)。随着对透视学和明暗关系研究的深入,加之1919年的苏州美术画赛会使其开拓了眼界,颜文樑终于统一了画面的明暗和透视关系,使他在表现真实感方面达到了一个新的高度。似乎是出于对研究透视和统一画面光源的需要,这一时期颜作画的对象由室外转向了室内,由树木天空水面转为房屋的结构和室内的什物摆设。主要作品有《画室》(图2)、《厨房》、《苏州卧室》、《肉店》等。这组作品采用了达·芬奇《最后的晚餐》式的封闭式构图和焦点透视及多样统一的规律,着重表现房屋棵柱、桌椅等的透视关系,形成了一个封闭式的透视盒子。

　　1929 年曾在法国国家春季沙龙展出的《画室》,是这一时期透视盒子式房屋内景系列作品的第一幅。阳光从画面左方通过打开的门窗投射进来、落在门柱画架和地板上、反射在屋梁和椽子上;从裱着薄纸的窗子透进来,于是整个室内充满了生机。画家在这幅画中巧妙地利用光线表现出不同强度的明暗对比关系,加上由于透视而产生的室内物体疏密对比,使得这幅画就像一首旋律明快节奏鲜明的钢琴曲,让人们看到画家对表现由统一光源造成的各种画室明暗对比的痴迷,揭示了富有戏剧性画室的弥漫着美的光感魅力。

图 2　画室

　　由高度集中的单一光源所发射的光线使空间具有定向性运动而赋予它们生命感的审美境界,是文艺复兴以来画家们孜孜以求的理想。可以说,十六、十七世纪是一个注重明暗对比的时代,这一时期的画家们无不对绘画用光有着极大的兴趣和精深的研究,光线在他们的笔下变成了魔术师手中的魔棒,时而把散乱的物体统一起来时而使单调的物体变得丰富微妙,光影的变化使得所表现的事物极为真实。作于 1920 年并于 1929 年获巴黎春季沙龙荣誉奖的《厨房》,是颜文樑追求光照下复杂的明暗变化这一系列作品的典范,是画家对统一光源审美追求所达到的一个高峰,是画家对透视学研究的一个总结。画家充分利用光影效果描绘了中国江南旧式厨房的生活场面,着重力与空间立体实物的表现,恰当表现出了室内不同物体的质感:透明的玻璃瓶、釉质的水缸、竹编的篮子以及遍布画面的门窗椽裸和木质家具等,一切都被温暖的阳光所笼罩,一切都显得那么的平静而懒散,在这里光影明暗已变成了画家的奴仆,忠实地为画家服务着,使得整个画面呈现出一种秩序美。《厨房》的问世,标志着画家对欧洲传统绘画审美价值精髓的掌握。

2. 对色的探索(1928—1934 年)

明暗关系的掌握并不能代表对光的全部理解,早在上海学徒时期颜文樑就对色彩产生了浓厚的兴趣,只是当时囿于材料的缺乏和对西方明暗素描理解的不足,以至于不能在色彩上有所建树。在素描上获得相对的自由之后,颜文樑便把精力投向了色彩研究,这一时期的作品也以 25×71 厘米的小幅为主,由局部的细致写实转为大的色彩关系的表现了。这一时期又以 1928 年、1930 年、1934 年的作品为代表。

图 3　印度洋之中秋

1928 年秋,颜文樑在徐悲鸿的敦劝下踏上了赴法国留学深造的旅途。由于海上航行时间漫长,颜文樑便利用其中的空挡,写生描绘途中经过的港口和海景,共作了 5 幅写生油画《越南西贡》《鸟瞰香港》、《印度洋之中秋》(图3)、《红海吉布提之晨》、《斯里兰卡停泊》。《印度洋之中秋》就是当时夜航在印度洋上时所作。画面选取轮船甲板上的一个视角,用船舱、夜空和海面组成简约的构图。此画可以看出画家正试图摆脱具体事物形的约束,展现了用粗放自由的笔法致力于画面色彩对比的意图,船上暖黄色和海面的清冷色的对比,近水生动的笔触和远水的平涂的对比,印度洋之中秋而近水又有红绿兰对比,通过船体的外轮廓和海平线进行自然的分割,深沉的夜幕和船上的灯火,海浪的滚动和船舱的平静,形成一种对比,烘托出一种气氛,也暗示了画家告别故乡驶向彼岸的独特情绪。该画是颜文樑油画艺术中一幅非常成功的即兴写生佳作。但是很显然,画面色彩之间调和不够,特别是船和与天和水之间色的调和,再者,天空和水面局部变化非常丰富,但作为一个整体,两者之间对比却不够。《斯里兰卡停泊》则在笔法上.轻松活泼许多,用色也更自如,与印象派画家已经非常相似,与《印度洋之中秋》一样,画家用了大量的绿和紫的色块进行对比,对物体形的处理更加概括,用色薄且透明,不时留出纸板底色使得画面更加生动活泼。但同样不足之处也如《印度洋之中秋》,用色仍显局部化,反映了这一阶段画家由追求物体的形向追求物体色彩的变化过程。

1930年,在经过一年多正规的学院派美术培训,在对物体形体的塑造能力有了很大的提高之后,颜文樑又把注意力转向到色彩上,这一年,他与刘海粟等人同游意大利,作十四幅油画写生,用色已没有了以前的生硬和"火气",画面的色彩已经协调统一起来。其中《巴黎特洛加特洛教堂》、《佛罗伦萨广场》、《威尼斯水巷》、《威尼斯圣保罗教堂》均采用外光作业,画面都以暖色调为主,对画面色彩的控制能力显著加强并达到高峰,堪称这一阶段的代表作。

《巴黎特洛加特洛教堂》的整个画面运用了各种暖色进行对比,连草地也在阳光的笼罩下略显黄色。它对天鹅绒般浮华而松软的白云的表现,对厚实而又柔和的草坡的描写及阳光下整个画面的把握,表明画家对欧洲油画风景的观察方法及表现技巧的深切体会。《佛罗伦萨广场》沉醉于对在斜阳照耀下的广场上各物体色彩之间统一而又变化的描绘,建筑背光的深暖黄色、受光的偏冷的亮黄色形成对比,而黄的建筑和紫的天空又相互映照着,远处的高楼沉浸在暖融融的光线里,从屋顶、门窗至下面的轿车、行人渐次变得模糊而呈现冷紫色《威尼斯水巷》以厚厚的笔触刻画了几乎占满画面的被流水浸渍和风雨剥蚀的那一面古墙,墙面映着水波的反光,色彩处理得丰富而又透明,画家已经能够在统一的色调下表现光源色、环境色、反光色、故有色之间相互映照的微妙的效果。

堪称旅欧时期拱顶之作的《威尼斯圣马克教堂》,是一幅标准的印象派风格的作品。画面采用了大面积的青紫色与阳光照射下的暖黄色进行对比,受光的教堂墙面和顶部固然光彩夺目、熠熠生辉,而处于阴影之中威尼斯圣马克教堂的广场人群等也在天光的和教堂正面墙面反光的映射之下,充满了流动的空气和跳动的色彩,一切都显得清亮透彻,立足画前,仿佛可以走进画中,与人们交谈、和鸽子嬉戏。而天空中粘稠的暖紫色又和教堂顶部的黄色或青紫色相互掩映相互推诱,有时界限分明有时又融为一体。天空,受光的教堂顶,背光的广场在用色上你中有我、我中有你,丰富而又统一,共同弹奏着一首华丽的乐章,给人以强烈的视觉冲击力。《威尼斯圣马克教堂》标志着颜文樑对色彩的追求已达到自己艺术道路上的一个高峰。

对色彩的追求一直延续到回国后的最初几年,1934 年,颜文樑与苏州美专师生同去浙江普陀旅行写生,共作八幅纸板写生油画。其中《普陀市街景》和《普陀乐土》体现了画家依然留存的对色光的敏锐感受力。粘稠晋陀雨街景厚实的笔触,准确生动的色彩,极为贴切地表现了中国江南民族风情。

3. 形色融合(1935—1971 年)

颜文樑一个重要的绘画思想就是"真实"和"美",而他对西方绘画关于形与色的技法的掌握为他的风格的形成奠定了实践基础,中国二十世纪五十年代画坛全盘"苏化"的思潮客观上促使他在艺术道路上走形色融合之路。也正是在这一阶段,颜文樑开始了自己艺术道路的民族化的转变:以西方的油画语言反映东方传统文化,表现中国的精神。这阶段颜的绘画风格主要是行色结合,以形就色。代表作品有,《浦江夜航》(图 4)、《轧钢》、《深夜之市郊》、《傍晚灯光雪景》等,被誉为颜文樑代表作的《浦江夜航》(纸板油画,1950 年,)精心刻画了云卷月移、水波微澜的浦江夜色。画家把注意力集

图 4   浦江夜航

中在丝絮般的云层对月光的吸收,银镜似的碧水对月光的反射及熠熠闪动的微弱灯火之间所交织出的错综复杂,上下呼应的光色表现上,强调了云层的冷和月光的暖、泊船的静与水波的动浦江的沉寂与灯火的温馨等各种对比关系;那斑斓的色彩微妙地变化着,展示出画家在狭窄的灰冷色调里宽广的色域;用笔深沉有力,笔触之间常常留下空隙,让人感到运笔的活泼和画家内在蒲江夜双的激情的颤动。画家的色感依然那样敏锐:月夜的色彩偏于冷(如青兰紫),但在月亮近旁往往偏于淡黄、淡红等暖色。因为在夜间,月亮在天上是最亮的,最亮而远就偏暖,但不要过分现出红黄色调,不然这不是月亮而是夕阳了。临近黑的一切暖色,特别觉得暖,临近白的一切冷色则特别觉得冷。冷色临近黑色则失去光明,临近百色则增加光辉。黑可以增临色的暖,白可减临色的暖,这是由于白色的感觉暖,而黑色的感觉冷的缘故,所以暖色衬以冷的背景,亦不觉其冷。正是这种不停留于感觉上的理性认识,才使这副不可能是月夜写生的创作突破了临景一挥而就的局限性,它把画家的人生思想及月夜印象叠加重合起来,营造了诗的感觉和梦的意境。总的来说,这幅画既准确描绘了月夜的丰富微妙的色彩,又反映了画家扎实的素描功底,形与色在这里的到了完美的结合,正如画家所说:"色和形是不能独立存在的,不能单有色而无形(万里晴空仍有细质点存在),也不可能单有形而无色。"[1]这是画家创作方法上的一次飞跃。至此,颜文樑的风格终于形成。时隔十多年后,画家对画面的控制能力进一步加强,这时的颜文樑又开始摆脱具体事物"象"的约束,而是抽象出一般事物的"形","……没有时间和空间的限制,画家可以只顾色和形二方面的组合,凭想象随意作画",[2]致力于画面气氛的营造了。《轧钢》并没有像当时许多画家那样刻意描绘工人的"伟大形象",而是沉迷于多种光源作用下迷雾般、若隐若现的色彩混合体的描绘,营造出一个透视包裹中的车间里紧张繁忙而又热烈的劳动气氛。《傍晚灯光雪景》、《雪霁》、钢《浦江黎明》、《上海外滩》则用他惯用的紫色和橙色成功地塑造了一天中不同时段不同景物所形成的特有的气氛。

(二) 表现的绘画(1972—1985 年)

意境在我国的传统艺术中,历来是非常重要的美学范畴。尤其是在诗

---

〔1〕 林文霞编著:《颜文樑》,上海:学林出版社,1982 年版,第 58 页。
〔2〕 同上。

与画方面,重视立意才能创造出丰富绝妙的艺术语言,风景画如果没有意境就不能引人入胜。如果说五十年代之前的颜文樑从一开始追求物体具体的形和色彩到形色融合再到十分重视塑造气氛,走的是再现客观事物的艺术之路的话,那么这一时期,他的作品则更注重内蕴表达,更注重特殊光色氛围下富有诗的意境的追求,走的是表现主冬观心理的艺术道路了。其实,从五十年代开始,颜文樑的油画就已有民族化的倾向了,但把注重内蕴表达当作绘画的主要方法和目标,还是在七十年代。此时,颜文樑才彻底完成了他的油画民族化之路。成功地把西方的油画形式和东方审美精神融合为一体。和《浦江夜航》相比,《冬》没有具体深入描写月光下真实的色彩变化,也没有满足于仅仅营造画面气氛,画家于此抽象出物体普遍的"形",安排几棵

图5　石湖串月

远近不同的树布满整个画面,树间明月把整个天空映得清亮,与地面铺满着的一层银光形成柔和的对比。"月上柳梢头"正是千百年来中国文人墨客倾心描绘、无比向往的境界。而《冬》就是一首无声的静止的诗,尤其能够引起人的遐思。石湖位于苏州上方山麓,旧俗中秋后二日游湖赏月,为吴中胜景之一。颜文樑于二十世纪初自行试制油画颜料创作的第一件油画作品即为《石湖串月》。时隔70余年,画家根据对当年的回忆,重画《石湖串月》。如果说《冬》和《重泊枫桥》是古典抒情诗,侧重与人交流,期盼人们的共鸣的话,那么,《石湖串月》(图5)则是一首现代朦胧诗,更倾向于表现主观的内心世界了。画面采用揉、贴的笔法,保留了大量鲜丽的原色,从整体上提高了夜

空和湖色的透明度,突出了月色的明度。作品摆脱了形的束缚,赋予色彩更强的张力和表现力。人们在体会画面传达的诗情画意的同时,更能感受到色彩的生命和画家内心激情的律动。像这样的画虽石胡申月只有《石湖申月》一幅,但是它代表了颜文樑一生所取得的最高艺术成就。

二、颜文樑绘画风格的成因

(一) 颜文樑绘画思想的形成

1. 唯美的绘画思想的形成

江南古城苏州,拥有许许多多织如水网的水巷与河道,枕河而居,桥路相连,"遥望家家临水影","画桥三百映江城"的景色是迷人的,这种迷人的景致本身就是诗和画。诗和画的乡土哺育了许许多多的诗人和画家。几乎是从颜文樑能蹒跚走路时起,父亲就带着他到吴门城内的各处园林游玩了。闻名于世的苏州园林有的小巧玲珑,有的宽敞幽深,各具特色,美不胜收,这些入诗入画的园林景致激发了同年的文樑对于生活和自然美的热爱,初步形成了颜文樑的追求美的绘画思想。随着年龄和见识的增长,颜文樑美的思想也不断地丰富着。依靠卖画为生的任伯年,在艺术上,为了适应主顾的需要,自觉形成了密切联系群众的审美观点和审美要求。作为颜文樑父亲颜元的老师,任伯年的这种观点自然对幼小的颜文樑产生了不可磨灭的印象。钟灵毓秀的苏州,人文荟萃,千载而下,名人辈出。自南朝陆探微、张僧繇始,元代黄公望、王蒙、倪瓒、吴镇居近邻境,至明代"吴门四家",再至清代的"四王"等⋯⋯在历史的长河中,以苏州为中心的太湖沿岸产生了不少堪称中国绘画精华的艺坛名宿。"人筹过扬府,坊闹半长安。"安定与繁华,使苏州自元代开始,逐渐成为江南地区知识分子集中的城市,这些所谓隐退的名士,大都自鸣清高,能诗善文,以诗画自遣,即使自己不会画,对古玩书画又莫不喜爱,好收藏、精鉴赏、筑园圃、延宾客,品茗、玩古⋯⋯这种声气相通相习的生活,被视为典型的吴趣好尚。就是在这样一个有着优美的自然环境、发达的商业环境和尚艺术爱生活的人文环境中,颜文樑渐渐形成了自己以"美"为主体的绘画思想,"搞艺术要追求美,不要追求时兴。""真善美是我们艺术家追求的宗旨。""真是善与美的基础,不真何来善美,不美不善者必失真。""美是有形式、有感情的。先有形式,后有感情。我主张美先要有一个形式。人没有身体,怎么能有身体的美呢?""风景画的美在哪里呢?⋯⋯

第一，要有感情……第二，要画得引人入胜，……风景画最好使人开心（即充满乐观的、积极的、向上的感情），使人开心的风景画是真正的美的。"

概括来将，颜文樑的绘画思想主要有：艺术要追求美；要真实（包括真实的形式和真诚的感情）；要善（看了使人高兴，不是停留在简单层次上的，而是引人入胜）。"美"是主体，"真、善"是美的前提，是集"真、善、美"为一体的。

2. 绘画思想对其风格的影响

首先，追求美的绘画思想对颜文樑在题材的选择上产生了很大的影响。"自然之美，不可胜数！如数金石珍宝珠玉之闪烁灿烂，草木花果枝叶之红绿鲜艳，禽兽羽毛颜色之华丽，有不可言语形容者。又如雨后乍晴，春水波光；夕阳晚照之山川，扁舟荡漾；密林深藏之楼阁，孤月静照；世间佳景，可胜道哉？宇宙人间真美极矣。艺术家目接佳景，岂能无动于衷乎？"[1]颜文樑对自然之美如此推崇，以至于一心向往美的他把风景画作为他绘画的主要题材也就不足为奇了。

其次，虽然他的绘画风格在各个不同的时期呈现出不同的面貌，但不管是《厨房》对光影闪动中秩序美的表现，还是《威尼斯圣马克教堂》冷暖色的对比调和；不管是《浦江夜航》波光粼粼的水面，还是《枫桥夜泊》中诗意的表现，从中我们都可以看出他追求画面美感的主旨却一直没有动摇。而且正是随着他对"真、善、美"三位一体的理解的进一步深化，由此而形成了他作品风格的嬗变。

再者，颜文樑常说："我画画快乐，把快乐给了别人，别人感到快乐，我自己更快乐。"这是他善的体现。颜文樑秉性开朗、乐观，虽饱经忧患，但在他的画中感受不到消极郁闷的压抑气氛，而且他总是能很快从逆境中解脱出来，他的画又总是那样健康、明朗，每幅画都是欢乐印象的记录，令人喜悦、舒展，仿佛使我们永远置身于明丽的光辉之中，畅吸着大自然的新鲜空气。

（二）时代风格的影响：新文化运动

1. 写实主义

在中国现代思想文化史上造成极大影响的莫过于"五四"新文化运动，它影响到哲学、宗教、文学、政治、艺术、道德等各方面。它自然影响到中国现代美术思潮和美术理论。摆在颜文樑那样一代有志于新美术的先驱者面

---

〔1〕 颜文樑：《关于美》，载林文霞编著：《颜文樑》，上海：学林出版社，1982版。

前的西方艺术,存在两种选择,也就是说对油画的认识逐渐呈现出传统与现代的分歧,一是具有欧洲深厚文化传统的古典绘画,一是刚刚起步不久的现代绘画。作为一个历史选择,究竟那一种道路更符合国情、更能推动中国艺术的进步?"五四"新文化运动的倡导者之一陈独秀,对这一选择的认识是清醒的。他认为"若想把中国画改良,首先要革王画的命。因为要改良中国画,断不能不采用洋画的写实精神。"[1]徐悲鸿游学欧洲回国后,曾对西洋画中的写实主义加以赞扬,同时批评西方现代艺术中的形式主义倾向,主张用欧洲的写实主义来改造中国画。

从小就追求细致逼真的颜文樑自然投身于写实主义思潮中,他"主张真实,先有真实后有美。"把新文化运动崇尚科学的精神运用到艺术创作中来,正如画家本人所说"科学不是美,但艺术利用科学能产生美,……画家不能不利用科学。"

画家在创作《厨房》时,一切都按照事物本来的样子来表现,严谨的透视关系,正确的比例结构,包括地上摆的、桌上放的、屋梁上悬挂着的生活用品,都如实地反映出来。总之,一切都反映了科学的原则。《厨房》的典范意义,也就在于它在中西文化交汇点上所做出的历史选择;主张学习西方的新文化运动所带来的科学精神,影响并促使颜文樑奠定了构成他绘画思想的重要基石之一——写实。二十年代早期的一系列作品除《厨房》外,还有《卧室》、《肉店》、《画室》等都如实地描绘出了物体的形体结构;以《巴黎圣保罗教堂》为代表的出国前后的作品,都致力于追求外光照射下景物所体现出来的真实的色彩变化;《浦江夜航》等作品在融合了物体的形色之后反映真实性方面又更上了一个层次;而画家晚年的《冬》、《枫桥夜泊》、《石湖串月》等表现主义作品,则是另外一种真实——真实地反映了画家本人的主观思想感情。

2. 印象主义

印象主义以创新的姿态登上法国画坛,其锋芒是反对陈陈相因的古典主义和矫揉造作的浪漫主义。印象主义吸收了柯罗、巴比松画派以及库尔贝写实主义的营养,在 19 世纪现代科学技术的启发下,注重绘画中对外光的研究和表现。印象主义提倡户外写生,直接描绘阳光下的物象,从而摒弃了从 16 世纪以来变化甚微的褐色调子,并根据画家自己眼睛的观察和直接感

---

〔1〕 陈独秀:《美术革命》答吕澂来信,原载 1918 年《新青年》第六卷第一号。

受,表现微妙的色彩变化。印象主义对光色的追求,大大提高了画面的色彩明度,使色彩显得更加光辉灿烂,从而使欧洲绘画在色彩上出现了一次重大的革新。这是印象主义画派对于欧洲绘画所作出的贡献。它对 19 世纪末西方绘画艺术的发展有很大的影响,许多国家乡相继出现了印象主义画派,这种画风在二十世纪初随着新文化运动的发展一直吹到了遥远的东方中国。

颜文樑从主观上是不喜欢印象派的,但是他的画风在相当长的时间内却深受印象派的影响,他说:"关于印象派,当时我不大喜欢,但自己不知不觉也受到了印象派的影响。"[1]这又是为什么呢? 要回答个问题,我们必须从以下几点来分析:

首先,颜文樑是不喜欢印象派的。印象派以牺牲物体的外形为代价换取对表现瞬间印象的追求,把物体在光照下反映出的色彩变化当作终极追求目标。当时正热衷于写实主义的颜文樑当然对此不以为然,另外,颜文樑虽然后来也追求物体色彩的变化,但是,他只是把追求色彩当作表现物体的一个手段而已,他的终极目标是掌握物体形和色的规律,从而"凭想象随意作画",抒发胸中之臆气。故颜文樑在《法兰西近代之艺术》中说道:"十八世纪后之法兰西,其艺术灿然与日月同其明度……惟近代法兰西之艺术界己日形衰落,系派纷繁,标新立异之说,纷见突出。风靡一时的印象主义Impressionism,……等等。"

其次,颜文樑确实受到了印象派的影响。在颜文樑艺术成长的关键时期,印象主义画派已经经历了半个世纪,它对户外光研究的科学价值已经深入人心,从事绘画的人,或多或少都受到了影响,也就是说,那时传入中国的所谓的写实主义绘画,已经不再是传统的"酱油色调子"了。

再次,颜文樑强调艺术离不开科学,"科学与美术是有联系的,透视学、解剖学、色彩学都是科学。画家不能不利用科学"[2]。他自行试制油画颜料,在当时的国内是绝无仅有的。但这种把科学与绘画结合起来获得表现技巧的方法却与印象派画家们不谋而合,而且,"二十世纪上半期,特别是民国十年到二十年,是印象主义在中国传.播的全盛时期"[3],这就使得颜文樑不可能不受到印象派的影响,不论这种影响是自觉的还是无形的。

〔1〕 林文霞编著:《颜文樑》,上海:学林出版社,1982 年版,第 22 页。

〔2〕 同上,第 18 页。

〔3〕 李超:《中国早期油画史》,上海书画出版社,2004 年版,第 420 页。

所以在去法国之前,颜文樑便深受印象派的影响,已经画"粗"的油画了,像许多印象派大师一样,《印度洋夜航》在浪与浪之间自然留出米黄色的底子,造成闪耀的光点,使整个画面的色彩都跳动起来。《巴黎圣马克教堂》被公认是他的印象派画法的代表作,堪与欧洲印象派大师的成功作品相比。这种追求光色变化的影响可以说一直追随了颜的一生,即使在二十世纪五六十年代,中国画坛出现全盘"苏化"倾向和抨击印象主义"逃避社会的重大事件,撇开阶级社会中人与人之间的矛盾和斗争,排斥了劳动人民在艺术创作上的地位"的极端观点慢慢占了上风的时候,他也没有放弃对色彩的追求。

3. 民族风格的影响—积淀着浓郁的东方文化的中国画

颜文樑虽终生致力于油画,崇尚西方写实主义,但是出身于一个丹青濡染家庭的他,12 岁时其父纯生就正式为他开笔临摹《介子园画谱》,学习国画。中国画不但在形式内容上,而且在精神上对颜文樑的绘画风格产生了重大的影响。

中国山水画起源于六朝,至唐代已经发展为一个完全独立的学科。其理论基础之一是张璪的"外师造化,中得心源",主张"天人合一"的思想对颜文樑的油画多以自然风景为题材产生了很大的影响。颜文樑虽后来转学西画,但是中国画以山水作为题材和内容的特点却被他继承下来,且终生寄情与此。颜文樑早期的水彩画,包括 1917 年应上海来青阁稿约而作的水彩风景画,其实就是他在艺术形式上由中国画向油画的过渡期,但是画面的内容却没变,现存的十一幅水彩画中留有大片天空的构图、画中的人物车马的点缀,不论枝叶房屋还是人物都不遗余力地刻画,不由得使人想起南宋刘松年的四景山水图,显然深受中国画传统的影响。1928 年留学前后所作的油画,内容虽以风景中的建筑为主,"洋"味十足,但是"他的根抵又是参照着中国文化的气息,所以他的西洋画笔散发着中国文化的气息。例如 1929 年在巴黎画的《凯旋门》,主题的凯旋门置于远境,画面中心则是两个男子和一个妇人;而观者视角最近的部位却是一只小狗。人与景与动物交融在一起,分不清主次。这同中国画的山水画中常常出现一个执杖过桥或在茅舍盘膝而坐的隐士形象,人与景主次难分,基调几乎是相一致的。他后来众多的风景画中,经常出现一位或坐或立的少女,脚边总有一或二只嬉戏的小猫,这种布局总让人体味这是具有中国气派的西洋画。"[1]可见,颜文樑从早期画油画开始,便烙上中国画的印记。回国后,特别是晚年的作品多又回归到山水题材上来了,如《西郊公园初春》、《长风公园之冬》、《南湖旭日》、《朝气新》等,尤其是《朝气新》,"……山高湖平,晴空无片云。天时正,浪静不浊,风休水自清。……"(题画诗)简直就是一幅用油画颜料画出的中国山水画!其实画家也画过一些人物画,如《外婆》(1912年)、《园丁》(1927年),还有出国写生或者临摹的一些人体画,可这些画都,是画家作为学习和研究西方绘画技法的手段而作的而且数量上也极为有限,不能代表画家的风格。另外,中国画诗画相配的格式也为颜文樑所用,晚年的他在有些画上作了有题画诗,如画《长风公园之秋》配诗"连日秋晴气爽高,碧萝黄叶正萧萧,暖阳又是照残菊,风光尤欲胜春朝"。画《载月归》配诗"载月归,月随舟行,伴照回家庭。岸堤登,携幼抱婴。进屋有灯明。寄寄兮,层层浮云将散兮,天仍。让我们,快哉乐哉画出好风景"。这在中国油画史上是绝无仅有的,中国画对其绘画的影响之大可见一斑。

中国文人画以诗为魂,画的"诗"化的艺术特征和审美思想,对颜文樑晚年的绘画风格由《浦江夜航》、《深夜之市郊》的极尽传神向《冬》、《枫桥夜泊》的富含诗意的转变起到了理论上的支持作用。希腊诗人西蒙尼德斯说"诗为有声之画,画为无声之诗,实际上是一种感觉挪移'现象',……是听觉和视觉的彼此打通。[2]王维作为中国文人画的始祖,他的画是"得之于象外"[3],沈括《梦溪笔谈》卷十七《书画》认为王维"书画之妙,当以神会,难以以形器求也",王维的绘画艺术是以诗的表现性、抒情性、写意性为最高美学原则的。而颜文樑从小便在父亲的引导下,接触到中国画"气韵生动"的美学物质。直至对西方油画的技法掌握之后,他便有精力来追求他心中梦寐以求的画画的最高境界了。这时的颜文樑,常常在画面上布有色彩丰富的树木,有时加上一条小径,或者有月光,或有灯光,每一幅都时令人神往的抒情诗。《枫桥夜泊》运用布满整个画面的清冷色和房屋里及船上灯光透出的橙黄色进行对比,而这一切又笼罩在银白色的月光之中,水与天相映,景与影相成。眼看此画,耳边便仿佛听到"月落乌啼霜满天,江枫渔火对愁眠,姑

---

〔1〕 钱伯城:《追求形神结合的大师颜文樑》,《中国油画》,1997年第3期。

〔2〕 转引自《欧美古典作家论现实主义和浪漫主义》,北京:中国社会科学出版社,1981年版,第56页。

〔3〕 转引自彭休银著:《中国绘画艺术论》,山西教育出版社,2001年版。

苏城外寒山寺,夜半钟声到客船。"一如颜文樑所说:"我是中国人画油画。"

(三)其他因素

1. 绘画市场

上海和苏州日益繁荣的绘画市场直接导致了颜文樑走上油画之路和他早期水画风的细腻写实。

进入市场的画,必定要迎合顾客的需要,逼真自然成为基本的审美标准,在上海商务印书馆工作期间,颜文樑偶然购得一幅油画印刷品,这几可乱真的画诱惑着他,激发了他学习油画的欲望。后来由上海回至苏州,即被一家开明新剧社邀请绘制布景,因在沪上喝了些"洋"水,他绘制的布景也就以电车洋房火车居多,而布景要求真切,便勾起文裸对绘制油画的憧憬和向往,而立下自习油画的志愿,开始了他的油画生涯。

处于绘画市场重要环节的上海商务印书馆对他的细腻写实不无影响。在铜版室的一年,不仅使他掌握了当时较为先进的制版技术,而且使他从事了西方版画制作的实践。版画艺术所特有的工整严谨及精雕细刻的要求对颜文樑以后细腻画风的形成产生了潜移默化的影响。

当时月份牌水彩画正风行上海,月份牌水彩也称擦笔水彩,先用炭精粉擦出明暗,然后罩上透明的水彩,使时装仕女既有明暗层次,色彩又淡雅秀丽,颇为写实,群众深为喜爱。这种大众趣味显然影响着当时的颜文樑,而他水彩画设色更为明快,很讨上海《时报》主笔金松岑的喜欢,金松岑把颜的水彩画带到上海,偶被来青阁主人杨寿祺看到,于是致函颜文樑约稿十六幅水彩风景,交商务印书馆印刷,发售市场,销行之快,大出所料。这与颜文樑有意迎合群众的趣味而形成的细腻写实的风格不无关系。可以这么说,颜文樑是一位从绘画市场走出来的画家,细腻写实的画风从一开始便在颜文樑身上扎下了根。

2. 社会政治的影响

艺术摆脱不了政治的影响。不问政事的颜文樑也不能排除在外。1928年,中国社会政治变动,因北伐易帜,苏州中学校长全部撤换,原任教员大都解聘,颜文梁任教各校,仅剩一校留聘,形同失业。这直接促成了颜文梁留学法国,从而使颜文樑的艺术修养得以提高,加快了他绘画风格由追求形向追求色的转变过程。

如前文所述,五十年代的全盘"苏化"思潮在客观上导致了颜文樑绘画风格向形色结合的现实主义的擅变。

造成颜文樑的绘画风格从再现转向表现的因素,除了绘画自身发展的必然性和中国画的影响外,文化大革命很大程度上从外部促成了这一变化。在 1966 年开始的那场浩劫中,颜文樑精心临摹的吉尔威克斯(Gevrxe)《罗拉》、蓬那《善勃》、安奈《泉水》和飘洋过海带回的石膏像或被洗劫或被捣毁,再加上其后几年又遭受批斗,使颜文樑身心遭到严重的摧残。根据月夜印象作于 1973 年的《冬》,美则美矣,但又有凄凄之意,那百折不挠的树枝在寒冷的月光的衬托下就犹如铮铮铁骨,这一切不正是颜文樑复杂心情的写照吗?在那有话不能说的特殊的年代里,"寄情于画,以画言志"便渐渐从诉说的方式而演变成他的绘画风格。

3. 自身的性格

颜文樑把"忍、仁、诚"作为他所办学校的校训,其实这三个字就是他做人的标准和性格的写照。关于"忍"字,颜文樑曾说:"忍耐,是从事艺术事业所必需的精神。忍,就是忍受,对于困难、艰苦、曲折,要忍之受之;耐,就是耐心、耐劳,就是经得起长久的考验。事业成功的先决条件是因忍耐而能坚持。贵在坚持。"文樑曾在卢森堡美术馆临摹过一幅吉尔威克斯的《罗拉》,三个月始告完工。文樑临摹的时候,专心细致,引起了人们的注意,一位法国人问他为什么要临摹这张画。颜文樑说:"这幅作品参加沙龙数度落选,但画家仍然充满着自信,最终赢得了公认,获得很高的评价。我临这幅画,既鼓励别人,也用以激发自己,一个人只要勤奋学习,最终总会成功。"这番话能反映他的心境和意志。没有"忍",颜文樑就做不到终生从事油画事业;没有"忍",他也不会在几经挫折后,又乐观起来,实现绘画风格上的一次次擅变。

三、颜文樑的绘画艺术成就及其影响

(一)艺术成就

1. 全力引进西方油画。

颜文樑在东西文化相碰撞的时代选择了油画,并终身坚守油画阵地,客观上为"新文化"在中国的传播作出了自己的贡献。

十九世纪中叶到二十世纪初,在东西方的碰撞中,西方的坚船利炮打破了中国的闭关自守,惊醒了先进的中国人。延绵数千年的传统文化价值观与信仰从被怀疑到被批评,中国传统美术观和形态遭到了有史以来最为猛烈的抨击，特别是文人画的价值观念，更是不断被当时思想文化界具有相当感召力的改良派和革命派的领导人物的痛击，动摇了其画学正宗的至高无上的地位，"丧乱之后多文章"，既然旧价值已丢失了精神感召力，原先定于一尊的权威已跌落，那么，中国美术向何处去？由此而引发了中国近代美术史上空前激烈的大争鸣。一些坚信"艺有优劣而画无新旧"艺术家主张向古画学习。金城为传统绘画的积极捍卫者，在主持中国画学研究会其间，曾竭力主张从唐宋元明古画中研习笔法，从清末画风中摆脱出来，形成新的中国画风格；陈师曾不反对吸收西洋画法，但认为"宜以本国之画体，舍我之短，采人之长"；而一些美术家和关心美术并有志于"再造文明"的知识精英们却意识到文化精神的守旧不变与萎靡僵滞，是国事衰微的根源。康有为大声疾呼："以举中国画人数百年……惟摹山范水，梅兰竹菊，萧条之数笔，则大号曰名字，以此而与欧美画人竞，不有若持抬枪以与五十三座大炮战乎？"他严肃地告诫人们："如仍守旧不变，则中国画学应遂灭绝。"张大千哀叹的道："中国绘画发展史，简直是一部民族活力衰退史！"中国艺术的出路只有一条：向西方油画学习。这时，又有一个新的问题产生了：学西方的那种油画呢？当时欧洲画坛也是流派纷呈，有传统写实主义，有印象主义，还有各种现代主义，一时蜂拥而至。颜文樑高举写实主义旗帜，倾其毕生精力研究西方油画，在对透视、色彩和其他油画技法的研究上取得了令人瞩目的成就。

第一，透视。早在 1913 年前，颜文樑便研读《论画浅说》一书中的"透视"一章，这是他正式接触透视学的开始，然而，"唯过于简略，仅足浅尝"。如前文所述，到 1913 年得《透视学》一书，才开始了对透视学的研究。1928年，写出《透视浅说》刊载于同年出版的《沧浪美》。《透视浅说》分别用名词解释和透视画举例的方法介绍了西方透视学理论。其中关于"灭点"又作了主点、相距点、天际点、地点、视平点等几种分类。这些概念在今天不难为人们理解，而在当时却非易事，传播和吸收这种理论是非常困难的。在二十世纪二三十年代，颜文樑为此做出了自己可贵的贡献。《厨房》着迷于各种物体组成的透视关系的研究，画面透视主点偏在右方，各种物体右正面、侧面、斜面、直线、曲线，方形、圆形、不规形和光、影，高低左右前后等各种透视变化。反映了他当时在透视学研究方面取得的成就，并于 1929 年法国巴黎春季沙龙中获荣誉奖。

1957 年，颜文樑编著《美术用透视学》，该书以十六万字的篇幅、五百多幅插图而成为当时国内推介西方透视原理最为详细完整的书。《美术用透视学》分为两部:"透视原理"和"透视运用"。第一部中,不仅详尽阐述了各种透视规律,而且特别将一般著作和读者容易忽略的阴影和反影透视列为一章,作深入细致的分析。第二部分更是充分讨论了从房屋、树木、山石、云烟、浪、船到人体、衣纹而至鸟兽及与美术相关的各类事物的透视规律。尤以树、云烟和浪船的透视为其它著作所未涉及,如关于树的透视,他特别阐述了叶群的透视:"叶群的面,不仅是成薄片的形状,有时也有大小不等的厚块的,……我们遇到了这些大小疏密不等的叶块时,有一句话不能忘记,这就是:必须从大体的透视形着手。"[1]反映了颜文樑在透视学上所做出的贡献。总之,无论是二十年代还是五十年代,颜文樑关于写实艺术基础理论专著的出现,其内涵绝不仅仅限于透视学本身,而是富有相当的时代精神的。

第二,色彩。1910 年左右,颜文樑就开始自制油画颜料,由此开始了他对色彩规律的研究。有了油画颜料这种新媒介,才能开拓中国审美观念的新境界,应该说,他为这种绘画新媒介在中国的广泛应用谱写了前奏。颜文樑具有完备的科学知识和丰富的实践经验,对于色彩是有独到的研究的,涉及到色彩的各个方面:出了我们常说的色彩的对比、调和、色调、感情等特性外,甚至对色彩的阴影与倒影、强光的侵占、眼睛的疲倦、眩光他也做了详细的思考研究和观察实践。这在老一辈的油画家中是极为罕见的。自制颜料的经历加上对色彩不倦的观察研究,一定程度上使颜文樑在出国前便能画出"粗"的油画了,进一步于留学期间画出堪与印象派大师作品相比的拱顶之作《威尼斯圣马克教堂》。

颜文樑特别善用紫色,他对紫色有相当的研究,如他说"紫色为青和红相混的色,也是冷与暖的结合,照例紫色的波长比青色的短,速度亦较快,温度亦低于青,但为什么我们反觉紫比青暖呢? 这是因为紫色为相反两极端的色勉强结合,即冷色的青和热色的红结合,乃产生紫色,它有红色的兴奋,青色的冷静,所以紫色予人以不宁的感觉"。"近地平线的天空往往偏于紫灰色,这是因为地面有浮尘,只能透过红色光波所致"。[2]"夜晚看窗中射出的橙黄色灯光,那窗户四周背光的墙壁会呈暖紫色,稍远处,渐渐呈青紫色。"从《印度洋之中秋》等略显生硬的紫色系列的调和开始,到《威尼斯圣马克教堂》散发着如珍珠般光华的紫色的运用,从《浦江夜航》、《傍晚灯光雪

---

〔1〕 林文霞编著:《颜文樑》,上海:学林出版社,1982 年版,第 107 页。
〔2〕 同上,第 55 页。

景》、《雪雾》中各种紫色搭配手法的炉火纯青，直至于《石湖串月》挥洒满幅紫色而营造出虚幻般神仙世界，紫色的运用已臻于极至。可以这么说，颜文樑的绘画生涯，本身就是一篇由各种紫色演绎着的乐章。

第三，技法。颜文樑从自傍晚灯光雪景制颜料开始，也开始了他对油画技法的研究。他对技法的掌握来源于不断的理论和实践积累，例如他"最近看到了一本关于油画技法的译稿，这本书是英国人写的。从书中的附图看出，书的作者作画时先画热色，再在上面画冷色。为什么要这样画呢？这我就不懂了。根据我的经验，先画热色，后画冷色，热色是要透出来的。刚画时看不出来，以后肯定要透出来。例如，我原来把一颗树的树身画得太直了，这树身原是用热色画的，后来我想把树身画得弯曲一些，就把热色刮掉，但刮不干净，后来直的树身的某些地方又透出来了，我过去有一副画，热色连透三次。因此，我不主张用画过的旧画布作画，要用新画布作画"。

正是基于如此的积累，1954 年，颜文樑总结出"油画八法"：薄涂、薄贴、厚贴、揉腻、揩摩、扫掠、埋没、拍贴。这"八法"是他"融西方画法与本人绘画经验，多有西人之未道者"[1]。除上述各种技法外，颜文樑特别强调使用颜料时不能只看色彩，不管明暗，只有用色彩表现出明暗，这样的色彩才有力量；画画时要浓淡同时画；先画粗后画细等。在老一辈甚至是众多的后辈画家中，能够像颜文樑先生那样深明画理，熟练地掌握各种技法知识，并运用这些知识指导实践的人是不多的。

总之，颜文樑与徐悲鸿携手高举的写实主义旗帜，从根本上扭转了中国古典文人绘画的造型方向，为中国现代写实绘画的兴起铺设了技术、技巧和观察方法的桥梁，其功绩是永史册的。

2. 赋西方油画以中国之神韵。

从二十世纪初开始，油画民族化便成为艺术家探讨的课题，当时国内艺术流派纷呈，以林枫眠、刘海粟、庞薰琹等人为代表或是直接移植西方后印象主义和现代派，或是强调中西融合。随着抗战的爆发，油画民族化的探索由原先个体行为的自觉性转化为明显的集体行为的自觉性。吴作人、董希文等人走向西部，感受民族精神。到五、六十年代民族化思潮中，油画特点被削弱。其间，各种风格各种道路纷现杂呈，但是颜文樑从西方文艺复兴古典写实主义这个源头着手，和徐悲鸿一道高举写实主义旗帜，以此来开始他

---

〔1〕 参见钱伯城编著：《颜文樑年谱》，载林文霞编著：《颜文樑》，上海：学林出版社，1982 年版。

油画民族化的道路,而后颜文樑"不知不觉"受印象派的影响,进而走形色融合并描写中国生活的现实主义道路,直至反映中国文化和精神的后印象派倾向的出现。可以这么说,从一开始坚守西方油画阵地到他个人油画民族化的完成,颜文樑所走的就是与其他人不同的民族化道路。

中国油画民族化早期实践呈现两大方式。其一是侧重于西方写实性语言与传统写意语言的结合。其二是侧重于西方表现性语言和传统写意语言的结合。第一种方式自然不是停滞于表层的画法参照和材料引用之间,而是从深度范围将油画语言和中国历史文化图像进行精神蕴涵的调整和契合。而近现代中国油画界所呈现的诸多风格面貌并没有超越这两种方式,或是这两种方式的交叉组合与繁衍。而颜文樑后期的绘画表现出第一种倾向往第二种倾向过渡的迹象,《冬》、《枫桥夜泊》采用的基本还属于写实的语言,但事物具体的形已被简化,到《石湖串月》时,运用的几乎完全是西方表现性语言了。

颜文樑关于油画民族化所走的道路与他人不同,所采取的方式也值得借鉴。他所形成了具有东方民族气质的独特的油画造型语言,为油画民族化作出了卓越的贡献。

(二) 颜文樑绘画艺术的影响

1. 颜文樑的影响通过他的美术教育体现出来

最初一批出国研习西画的人,由于种种历史原因,有些人没能够坚持把西画的"种子"播向祖国各地,其中只有以颜文樑等少数人甘受清贫之苦,回国立志创业,传习西画,在艰苦动荡的时局环境下,利用有限的物质条件,相濡以沫,培养出我国第二代、第三代的画家。"特别应当指出的,在全国范围内,凡在各艺术院校担任技法理论课的教师,几乎多是由颜文樑先生亲自培育出来的。"[1]

二十世纪八十年代新古典主义画家陈逸飞,十一二岁时就曾经常听颜文襟讲授色彩学,日后又多次登门,亲聆教诲。颜文樑油画民族化的道路和方式影响了陈逸飞,陈逸飞的《得阳遗梦》虽然是人物画,但从其服装纹样细腻写实的刻画、微妙紫色系的运用,特别是画面洋溢着的富有诗意的中国文化气息上,都能看到颜文樑的影子。另外,陈逸飞和颜文樑一样也是走的专业化和大众化相结合的艺术道路。

---

〔1〕 金冶:《颜文樑先生的艺术道路》,原载《上海美术通讯》第十五期,1982 年 10 月版。

2. 颜文樑所走的艺术道路和他勤于探究的精神以及他取得的成就尤其值得处于新时代的我们去借鉴和学习

综观颜文樑一生的绘画道路，我们可以看出，他风格的形成是基于他对构成画面要素（透视、色彩、技法等）长期研究和实践的结果，而时代风格、民族风格以及其它因素的影响又促成了他风格的自然转变。这个过程再次证明了艺术发展是内因和外因共同作用的结果，是一个潜移默化的过程。正如颜文樑所说："画家在不知不觉中流露出自己的个性，形成自己的风格"，"一个艺术家风格之形成应如滚雪球一般，越滚越大，风格越来越成熟"。颜文樑所走的艺术道路和他的勤于探究的精神以及他取得的成就尤其值得处于新时代的我们借鉴和学习。我们在绘画和创作上要脚踏实地，要戒骄戒躁，更来不得半点虚假。在对待自己绘画风格的时候不能急于求成，更不能为了标新立异而刻意模仿甚至违心地伪造某种风格，颜文樑对我们的建议是"对于初学画的青年来讲，总以为不谈派别为好。"

结　　语

人们对颜文樑的研究远不如对同时代徐悲鸿、林枫眠、刘海粟的研究那么深入，对他的评价也是褒贬不一。作为一个历史人物，确实存在着时代的局限性。颜文樑的有些作品也确实没有能反映出他的水平，但是在对他进行了深入的研究之后，我觉得他在艺术上所取得的成就和影响，足以使我们忽略他由于历史的原因而存在的某些遗憾。所以本文主要选取可以代表他各个时期水平的作品来分析他绘画艺术的风格、成就和影响。

颜文樑的油画之所以如此动人，不仅是他掌握了熟练的油画技巧，更重要的是对生活充满感情，具有真情实意，善于把西方学院派的形和印象派的色结合起来，善于把西方写实的手法与中国的民族精神和文化结合起来。他对绘画艺术刻苦钻研，求知若渴，对后辈的教育更是孜孜不倦，这种在艺术上的献身精神和他为人的高尚品格是我们后辈的楷模。

（本文为南京师范大学美术学院 2006 届美术学硕士研究生的学位论文，指导教师：高柏年）

颜文樑油画艺术研究

牛二春

【内容摘要】 作为中国现代艺术史的著名画家、美术教育家,颜文樑先生自幼便开始学画,并于 1928 年赴欧洲留学,拜罗朗斯教授为师,并向多方请教,先后游历了比利时、意大利等国家形成了他成熟精炼的油画技法和栩栩如生的造型语言,被徐悲鸿称之为"中国的梅索尼埃"。颜文樑一生除了精研画技、倾力办学之外,他还对色彩学和透视学进行过较为深入的研究,撰写了《美术用透视学》、《色彩琐谈》等大量的理论文章和美术著作,奠定了他在中国现代美术史中崇高的画史地位。

【关 键 词】 颜文樑 绘画 美学思想

一、颜文樑艺术成就的文化背景

颜文樑1893 年 7 月 20 日(阴历六月初八)出生于江苏苏州,字栋臣。他的父亲是苏州当时较为有名的画家之一,为著名的海派名家任伯年的弟子,并与吴昌硕、任阜长、陆廉夫、顾西津等相交甚厚。可见,颜文樑自幼就有了一个十分深厚的家学渊源背景,为其后来的成长提供了一个优越的家庭环境,此等家学背景自非一般家庭学子所可比拟。在其父的身体力行与严格要求下,六岁的颜文樑就入私塾读书,学习《三字经》、《千字文》等书,这些都给他打下了坚实的国学功底。并且在其父亲的艺术熏陶下,颜文樑从小就表现出了卓越的艺术天赋,十三岁时他临摹胡三桥的《钟馗》一画,吴昌硕见后大感惊异,并亲为之题字。

作为颜文樑的故乡,苏州自古就有着悠久的文化艺术传统,尤其是早在魏晋时期的曹不兴和顾恺之及元代时的"元四家"等画史上的名家就和苏州有着这样或那样的关系。明朝时,由于资本主义生产关系的发展和经济的繁荣,在古称吴门的苏州,甚至形成了波澜日壮的吴门画派,涌现出沈周、文徵明等一大批著名画家,将中国的文人画推到又一个顶峰。明朝中期的陈淳和徐渭也都无不是吴门画坛中之精英。此外,晚明松江派的董其昌,更是被其后来的文人画家大为推崇。清初的"四王"(王时敏、王鑑、王翚、王原祁)、"吴恽"(吴历和恽寿平)等"清六家"也都大多活动在苏州或其附近区域。随后的扬州画派和海上画派也都活动在距离苏州不远的附近地方。可以说,上海苏州一直有着优久的文化艺术传统。正是生活在这样的一个文化底蕴深厚的地方,为颜文樑学习绘画提供了一个大的文化环境,并激起了他内心的艺术热情。

尽管苏州是一个有着上千年艺术传统的文化古城,颜文樑自幼接触的也都是一些中国传统艺术教育,然而在20世纪初期的大历史环境的背景下,临近上海的苏州古城也开始迎来了西学东渐的文化冲击,为他后来学习西画提供了历史契机。在当时维新变革思想的启蒙下,中国当时的文化精英们大都开始把救国图强的希望寄托到了向西方先进国家的学习上,一批批莘莘学子也开始了不远万里留学西方发达国家。美术上也同样如此,对中国画的流弊,一些有识之士大声疾呼。康有为就慨叹"中国近世之画,衰败极矣"[1],主张吸收西画写实写生之法,为中国画注入新鲜血液。陈独秀在谈到"美术革命"时甚至认为:"若想把中国画改良,首先要革王("四王")画的命。因为要改良中国画,断不能不采用西洋画的写实精神。画家也必须用写实主义才能发挥自己的天才,画自己的画,不落古人的窠臼。"[2]蔡元培也曾提出:"此后对于习画,余有两种希望,即多以实物写生及持之以恒二者是也"[3];"学中国画者,亦须采用西洋画布景写实之佳,描写石膏物象及田野风景。又昔人学画,非文人名士任意涂写,即工匠技师刻画模仿。进吾辈学画,当用科学之方法贯注之。除去名士派毫不经心之习,革除工匠派局守成见之讥,用科学方法加入美术"[4]。在此环境下,美术运动风起云涌,尤以上海为甚。早在清朝同治年间(1864年),上海天主教会就在上海创办了一家西洋美术学习场所——"土山湾画馆",主要传授西洋画法,用以传授西方基督教教义,由擅长绘画的天主教士主持,历时八十余载。此举虽然主观上是想对旧中国进行思想上的侵略,但间接地发展了中国广大人民对西方绘画的认识。到二十世纪初期,上海的西画美术学校开始慢慢兴起,美术团体活动逐渐频繁,如1911年周湘创办中西美术学校,1912年乌始光、刘海粟、

〔1〕 中央美术学院美术史系中国美术史教研室编著:《中国美术简史》,北京:中国青年出版社,2002年版,第357页。

〔2〕 同上,第385页

〔3〕 同上。

〔4〕 同上。

汪亚尘、丁悚等创办了上海图画美术院（上海美专的前身）……上海由于是最早开阜的城市，又是帝国主义在远东的大本营，这儿西方美术作品极易见到。这些西方绘画艺术的引进，既为颜文樑拓宽了艺术视野，也开始刺激着的他那颗挚热的艺术之心。在此之间，颜文樑先生体会到了西方油画写实之美，并深深为之心仪，奠定了他日后毕生追求的审美取向。

二、颜文樑绘画的艺术特色

（一）构图特色

颜文樑一生精研欧洲各时期的油画，从造型色彩透视构图等无不涉猎。总的来说，他的作品是写实的，构图主要表现在对古典主义传统恰当运用。然而，他的构图灵活多变的，主要表现在以下几个方面：

1. 构图形式饱满

颜文樑的作品大多构图饱满，空白不多。西方的画家一向认为空间是一种抽象的空无，它对存在于其中的物体毫无影响，是静态的，在其中不能产生任何东西，所以，西方画家一直孜孜不倦地在画布的空白处填充着各种物体，例如天空、白云、飞鸟、远山、森林等等。在借鉴西方古典主义大师构图长处的基础上，颜文樑逐步形成了自己的构图特色。例如他的作品《百果丰收》一画中，椭圆形的画面中布满了物体：在葡萄和葡萄之间填充着桃子和苹果，在苹果和桃子之间又充斥着南瓜，在南瓜和桃子的空隙中又点缀着几朵千年红……密密实实，十分丰富。这些既丰富了画面又完美的表现了物体的前后相互关系，进而加深了画面的纵深感。整幅画面虽然物体众多，但安排的井井有条，丝毫不让人感觉到拥挤散乱，却让人感觉到一种音乐般的节奏和韵律，给人美的享受。右边满篮子的水果和左边的西瓜构成水平的基本基调，自然大方，显得极其稳定。再仔细观察整幅作品，其中静物组合又呈对角线S形变化，大圆中套小圆，小圆中更分为几个部分的小圆，极其丰富。在圆形中充斥着一块不经意切开的三角形的西瓜，打破了这圆中的宁静，形成了鲜明的对比。沉浸到这幅作品中，观众可以感觉到一种内在的张力，一种向四周画面蔓延的张力，指引你随着画家的思想遨游，真正体现了"丰收"的内涵。

再如颜文樑先生的《中山公园》一画，构图也是在大的横竖中找变化。主景森林遮天蔽日，几乎占据了整幅画面的三分之二，极其雄伟；天空和前景所占极少，尤其是天空，只是在林间透过缝隙隐露出少许。在画面的主体树林中，树和树的联系紧密，浑然一体，显示了旺盛的生命力，整个感觉给人无比的浑厚壮实。但在大的统一中，又包含着无穷的变化。总之，看颜文樑的作品，尤其是他的风景作品，如饮醇酒，观之愈久，你愈能从中体会到更多的诗意和更多的韵味。天空海洋等物体，在一般别人画面中单调的画面，在他的笔下也无不饱含诗意。他对物体极其敏感，物体之间的细微变化他都能敏锐地捕捉到并反映到他的画面中。随意在他的画面中切割下一部分，都让人感到是一幅完美的画面。他的作品不仅在大的构图上颇费心思，在局部上也显得极具匠心。

2. 注意空间纵深

颜文樑一生，是刻苦钻研油画技法与油画语言的一生。他用毕生的精力去学习油画的各种技法，如色彩、笔法、造型等，尤其是透视，更是他钻研的最多，取得的成就也最大。他还先后编写不同的透视著作，指导学生学习。他的透视理论同样反映在他的作品中，纵深感强，是他构图中的又一特色。他对构图极其重视，力图就不同物体在画面上的空间不同位置的摆放，充分体现他们不同的前后关系，最大限度地体现出画面的纵深感。另外，由于他对透视学理论精研于心，画面的物体经过他的透视变化后，也无不体现他在这方面的追求。从文艺复兴时期起，艺术家们的愿望就是怎样在一个二维平面上创造出一个三维立体画面，怎样才能让人感觉到他们的画面更"真实"。深受西方写实画派的影响，颜文樑力图创作出一幅可以让观众"走进去"的画面。人们通常将他画面上的物体分成三个层次：前景、中景、后景。中景也是"主题"，是他最为精心刻画的部分，力图给观者最大的真实。前景和后景是附托，是颜文樑表现物体前后纵深的一种手段。譬如在他的作品《厨房》，我们仔细观察就可发现画家对透视的理解达到怎样的程度：整幅作品是心点透视，画面所有的物体无不遵循着这一透视规律。画面分成三个层次，中景刻画极其精妙细腻：睡觉的孩童、玩耍的幼猫、逼真的瓷器和玻璃器皿所有物体错落有致，画面的空间感极为强烈。这幅画达昂曾极为赞赏，只是委婉的指出两个孩童的造型略嫌单薄（颜后来留欧三年，也摆脱了这一缺点）。后来，在1929年，此画入选法国春季沙龙并获荣誉奖。正像他自己曾叙述的这幅作品入选主要原因是精湛的透视和造型能力。

3. 景物相互呼应

颜文樑自幼就受到极好的国画熏陶，具有极深厚的中国传统文化底蕴。

他对中国传统绘画中"笔不同意同","画外之境"等具有独到的理解,并将其应用在他的油画作品中。他注重气韵的贯通,他对画面中各个物体的相互联系彼此呼应十分在意。还是在《百果丰收》一画中,S形的一种大的气势将所有物体都笼在其中,细细体味,整幅作品中西瓜、葡萄和莲蓬三块重绿色组成一个大的三角形,彼此遥相呼应。柿子、切开的西瓜和右边的苹果也组成一个淡红色三角形,和上面的大绿三角形成了鲜明的对比。左上角的紫红的葡萄很好的协调了这种对比,使整个调子笼罩于一种冷色调子之中。甚至,他的印章、右下角的红的印章也很好的呼应了所有画面中的红色,收到意想不到的效果。进一步观察,我们可能发现里面的一些小细节更能体现出画家的匠心之所在:一串看似漫不经心放置的牵牛花,将香蕉、珍珠米、西瓜有机地结合在一起;左边的瓜蔓和右边的葡萄藤蔓加强了弧形的走向;轻舒前爪探身向前的蝗螂,巧妙地加强了篮子和莲蓬的内在关系。画面上各个物体彼此交替遮掩,欲露还羞,进而产生一种律动,达到一种意境,给观者以极大的美感。

4. 统一中求变化

总的来说,颜文樑的作品浑厚、质朴,喜欢在统一中求变化。不论是他的构图还是色彩,他都能特别注重这一点。在他的作品画面上,一切物体都"位置得宜",各得其所,互相照应,服从大局,绝不让人感觉到任何突兀和不合时宜的地方:在《百果丰收》一画中,右边一个大篮子的水果占了画面的很大部分,左边比起右边稍小,但一暗绿色的西瓜立刻弥补了我们视角上的平衡,加上盘子里的大盘子水果,稳稳地构成了这幅画中的三大部分。在这三大块中,间以穿插莲蓬、南瓜、花红,收到极好的艺术效果。整个构图完整统一,重点突出,使我们视点一下就锁住在左边的篮子里水果上,然后游走到右边的西瓜,继而到达左上角的葡萄,最终是间隙中的莲蓬、花红等。《复兴公园林荫》画面以树林为主,约占画面的三分之二,间以穿插几棵枝繁干壮的大树,将绿色的树林巧妙地分成大小不多的几等分,细观绿色,上层带有略暖倾向的暗暖绿色,下层则是较为明快的冷黄绿色,使整幅画相得益彰,既统一又丰富。

(二)色彩特色

颜文樑的油画色彩极其丰富,这一点是无可置疑的。他的作品有两种。一种平滑细腻的薄画法,另一种是凹凸不平的厚画法。不过总的来看,绘画在色彩方面的特点是谨慎细腻,色彩新鲜活泼,极其饱和强烈,极具生命力,处处流露出画家内心中的清新质朴的感情。

1. 色调清新明快

颜文樑的油画主要接受的是古典写实主义和印象派,而他的绘画色彩则更多的吸收了印象派的一些技法,色调明快而且沉稳,色相之间变化微妙。在他早期的一些绘画作品如《肉店》、《鸟瞰香港》、《印度洋之中秋》、《印度洋之锡兰》、《考布嘉之晨》等,色彩就已经达到了很高的境界。色彩和造型和谐地融合到一起,精确入微,不仅很好地塑造了物体的体积感,而且准确地表现出不同物体之间细微的色彩变化。他晚期的作品在色彩上更是取得非凡的成就,如《毛家塘》一画,整幅画笔法老到,色彩饱满强烈,冷暖过度自然,随着树木的走向色调不经意间已产生了奇妙的变化,没有半点犹豫和含糊。在这里颜文樑完全摆脱了精心刻画每一细节的画法,他用那敏捷而又准确的色彩笔触,充分捕捉到物体的细腻变化。这是一曲色彩的强音合奏,这是一篇诗的乐章,这是一幅生命的律动。可以说色彩统率了他的这幅作品的主导地位,色彩富有变化,呈现在我们面前的只是那些无穷的绿色、蓝色、白色交织在一起的交响乐。整幅画色彩统一和谐,冷暖对比、明暗对比、色度对比无不恰到好处。大刀阔斧、纵横交错的笔法,令人感到痛快淋漓、一气呵成。仔细观察它的暗部,色彩也是那么洁净鲜亮。可以说,把它放在西方印象派大师的作品跟前也毫不逊色。

2. 色彩搭配雅致

颜文樑钻研油画七十余年,对油画色彩具有极高的修养。看似很俗很平常的色彩,在他的笔下却往往能够收到意想不到的效果。如《复兴公园林荫》一画中,整幅画基本上是在红和绿中作文章,大面积的灰绿色调中衬托出少数的红色,极其具有韵味,有万绿丛中一点红的体现。处于前景中的淡紫色调子,又极好地统一了整个画面。画面中的绿也不尽相同,前景的树倾向于黄绿色,后景的树倾向于暗灰绿色。由于树的分割更是将绿色分成大小、形状不同的部分,加上彼此不同的明度对比,冷暖对比、强弱对比,更别有一种装饰的效果。处于主景位置的人物身上衣服的红颜色,和周围的绿色形成了对比,显得格外突出,格外地精神,突出了他们身上的朝气。但由于画家故意降低了彼此的色彩度,红和绿十分和谐。在常人以为很平常的地方画家发现了独特的美,这就是画家高明之处。画面中红色也不相同,前景中的红呈一丝暖意,偏朱红意味,后景中的红色就偏冷,带有一丝淡紫色倾向,既丰富了画面又极好地表现了画面的纵深感。再如《百果丰收》一画,画家还是在红和绿中找变化。右首的葡萄带有一丝天蓝倾向的淡绿灰色,左边的西瓜则是带有暖暗绿色调,上面的莲蓬则处于两者中间,在浅绿灰调子里带有柠檬黄的倾向,此外在绿色的大基调子上又点缀着不同的红色和黄色。底部和中间的果子红色显得更纯更饱和,而左边西瓜和右边篮子里的苹果的红则较淡较柔和,处于夹缝中的红的颜色则倾向于紫红色,由于画家明显降低了色彩的饱和度,整幅画因而也显得更加沉稳。在这幅画中,黄与紫的对比,红与绿的对比,一唱一和,泰然相处;再上绿与绿的对比,红与红的对比,黄与黄的对比,组成一首美妙的、优雅的、明亮而又响亮的冷色调交响乐。

3. 色块敦实厚重

"油画作品要画得厚实。所谓厚实,是指有血有肉,不可薄,好象一张纸的质感,这里也不是说堆满颜料就是厚实,有时堆满颜料也可以表现薄的质感。画薄的对象,仍旧可以把厚的颜料堆上去而表现出它的质感来"[1]。颜文樑不仅有色彩理论方面的知识,他还充分的将其运用到他的作品创作中去。他的作品大多是厚涂,认真揣摩,我们就可以发现他的作品颜色有高有低,有彼此不同的方向,或上或下或左或右。这样在任何光线下,颜色都显得丰富异常,另外由于他色与色之间变化微妙,彼此之间色相色度不尽相同,在同一色相上他可以找出彼此的联系,又能分清它们之间的细微差别点。所以尽管像《百果丰收》和《百花争艳》等一批严谨写实的作品表面光滑无比,但我们仍旧可以从中感到他色彩的厚重感。研究前人的理论并经过长期的摸索实践,他总结了薄涂、薄贴、厚贴、揉腻、揩摩、扫掠、埋没、拍贴等不同的笔法,使他的作品在技法上更加丰富,加强了他的色彩表现力。如《前祠大殿》、《普陀》、《普陀前祠》等,色彩不论是从明度对比色相对比还是冷暖对比上都异常丰富,可以说就是一片变化无穷的色彩海洋。甚至,他油画作品颜色的厚薄对比亦非常之强烈,其中有一幅作品《菜花》油画,让人感到"几乎可以抓住某些厚色将画提起来"[2]。

4. 色与形结合紧密

在颜文樑的油画作品中,广泛吸收了大量的印象派技法。但颜文樑和印象派画家不同的是,他从始到终保持在形的基础上对物体的色彩进行刻

---

〔1〕 林文霞记录整理:《现代艺术家画论、作品、生平——颜文樑》,上海:学林出版社,1982 年版,第 126 页。

〔2〕 呼喜江著:《中国油画家风格论》,甘肃文化出版社,1996 年版,第 38 页。

画,他既重视色又重视形。在他的作品中,他始终保持着色与形的紧密结合,从表现物体变化无穷的本质特征出发,给人以美的享受。如《百果丰收》一画,所有物体都精心安排,用心刻画,色随形转,十分细腻和谐。水果的质感都表现的淋漓尽致甚至连瓜果的香甜味也在他的画面中被充分体现出来,特别是在右边切开的三角形西瓜中,画家更是倾注了大量的精力,充分地表现出西瓜的鲜嫩多汁的色彩变化。整块西瓜在红色中找变化,暗部的朱红随着光线的变化而逐渐变亮成亮部的淡菲红色,似乎香甜的瓜汁瓜瓢正从里面流出,引得左面西瓜上的两只瓢虫也寻味而至。再如《上海外滩》一画,画中大桥的形和色结合得十分协调,桥的底座显得十分稳重,桥身的形色及质感很强,显得十分浑厚结实,而远景的楼房概括具体全面,显得浑厚坚实。在《国庆夜景》中,形与色更是结合完美,在霓虹灯下,所有物体都被恰当地表现出来:奔驰的汽车和摩托、来往的行人、灯火辉明的大厦。在他的作品中,无一笔不见形,无一笔不见色。正如他在《色彩琐谈》所说:色和形是不能独立存在的,不可能单有色而无形,也不可能单有形而无色。在这里他所指的形是物体的形体特征,是物体在人的视网膜上平面物象实景,他所要求的就是用色彩把握住物体形象中的独特的象。

5. 善用"边缘法"

颜文樑在多年的创作生涯中积累了大量的经验,尤其善用"边缘法",他认为鲜明的颜料不一定能画出鲜明的画,主张通过巧妙的组织,利用色彩之间的对比调和,彼此相互烘托,才使色彩的倾向更加鲜明。他曾写道:"有一种着色方法,我姑且称它为'边沿法'。边沿法就是把颜色在物体沿边画的深一些,内中画得淡一些,使其沿边的深色与内中的淡色从色彩上混合出折痕的颜色。譬如画夕阳,既要画得红,又要画得明而淡。如单画红则不觉明亮,单是画亮则必多加白,那样虽明,但是淡红,又不明亮,顾此失彼不能两全。若以沿边加红,中间减淡,便可使色光互配,既红又明,'沿边法'(应为边沿法)不独可应用于发光的太阳,即如树隙中的蓝天,衣服的褶皱,都可应用此法。"[1]伴随着上面的文字,我们再一次拜读颜文樑的作品,可以发现很多边沿法在作品中的例子,而且都收到相当的功效。如《百果丰收》里切开的西瓜,《中山公园》里树缝中的天空,《深夜之市郊》夜空中的月亮,《祖国

〔1〕 林文霞记录整理:《现代艺术家画论、作品、生平——颜文樑》,上海:学林出版社,1982年版,第49页。

颂》里朝气蓬勃的太阳等等。"边沿法"的应用,使他对某些物体的性质有了更好的本质表现。

6. 黑白二色运用极妙

达芬奇在他的《绘画论》中曾指出一幅画中最白的地方要像宝石一样可贵。观颜文樑的画可以感觉到,在他的作品中最黑和最亮的颜色就像是色彩中的国王和王后,极其珍贵。如《雁来红》一画中,大面积的绿如翠绿、黄绿、深灰绿布满了画面,几株暗灰色的树木格外地醒目,而左边的人物下身衣服则更是暗中之暗,重中之重,一下子就将我们的视线吸引在这一部分。颜文樑极其善于应用黑白二色,认为"世上没有绝对的白,也没有绝对的黑。"黑白是相对的,也是有色彩倾向的。在《雁来红》中天空的白云就略带暖黄色,前景左边的四个人物身上所着白色衣服倾向淡绿,右边的那个小女孩上衣和前者明显不同,白色里带有一丝淡蓝意味,和周围大片的绿色相衬映,十分的抢眼。在《中山公园之春》一画中,我们仔细观察,也可以看到所有"黑"色都有不同的色彩倾向,所有"白"其实也就是由无数的淡黄淡灰蓝等组构的亮色,可见"黑白"成为颜文樑很多作品中色彩的点睛之笔,匠心之所在。

(三)造型特征

颜文樑自幼就对写实性绘画深感兴趣,特别是去法国巴黎艺术学校深造了三年,得到古典主义绘画大师皮埃尔·罗朗斯的指导,造就了他深厚严谨的写实性造型能力。他和徐悲鸿一道被称为当时中国的官学派。徐悲鸿更是敬称颜文樑为"中国的梅索尼埃",从而也可以看出的造型风格。颜文樑也承认自己是写实派,并且说"当时巴黎画家大多如此"[1]。他本人极力推崇大卫、安格尔等古典主义大师,深为他们娴熟的技巧和深厚的功力所折服。其作品在每一细微之处都经过严密的布置和仔细的推敲,注重对物体的内在结构的把握,总体来讲主要有以下几个特点:

1. 结构准确

结构准确是造型准确的最一要点。颜文樑从小就接受艺术熏陶,对西方的写实油画尤为钟爱。他认为只有扎实的基本功,才能在艺术上有所创新。颜文樑就特别欣赏他的导师罗朗斯,对他的"精密准确,虽左右前后,不能移动分毫"的素描造型大为叹服。他的作品在造型上亦有如此特点,准确

---

〔1〕 林文霞记录整理:《现代艺术家画论、作品、生平——颜文樑》,上海:学林出版社,1982年版,第23页。

细致,科学严谨。例如《厨房》一画,就充分显示了颜文樑的造型基本功和透视准确的特点,整幅画物体刻画的十分成功,充分表现了他们之间不同的位置形状质感量感,尤以瓷器和玻璃器皿尤为成功。此画深得大众好评,也是颜文樑的代表作品之一。但由于当时粉画刚传入中国,颜色材料很不齐全,以致颜文樑自己也承认这幅画的色彩不够绚烂,后来之所以能入选沙龙并获奖完全是它的造型的精准和科学的透视。从法国留学归来后,颜文樑的造型精准的特点不仅保持着,而且更有所发展,《百花争艳》和《百果丰收》等作品中的物体的造型几乎可以用任何苛刻的科学法则来推敲。

2. 形神兼备

颜文樑认为好的作品应形神兼备,他的一生其实也是一直向这个方向努力迈进。他强调作品中的精神必须寓于形式,也就是说神必须寓于形,先有形式,然后才能有精神的表现。颜文樑的绘画作品,善于在逼真的情况下抓取物体的内在精神,所以显得生动异常。例如在他的《天平初夏》一画中,画面的森林、小道、人物,准确地捕捉到江南夏天的特点,那幅画中的人物亦可辩出典型的江南人特征。即使是在这一组人物的动作,神态又各有所不同。更令人佩服的是,他将画中那经过长途跋涉,正在休息的毛驴神态刻画的惟妙惟肖,不能不叫人拍案叫绝。神得则气生,神失则呆弱,可见形和神在颜文樑的作品中是并重的。

三、颜文樑的绘画美学思想

(一) 美源于自然而高于自然

颜文樑从事艺术事业七十余载,毕生追求,不光在绘画上取得了巨大成就,也逐渐形成了他的一系列美学观点。颜文樑一直坚持"真善美是我们艺术家追求的宗旨"[1],并且认为真是善与美的基础,没有了真就没有了美。其实他的所谓的"真实"就是事物要自然、天真,适合自然规律。他不反对想象夸张,但是他都要求在真实的前提下适当加强事物的特征。从古希腊时起,艺术家们就崇尚自然,进而提出"镜子说",要求艺术模仿自然。意大利的文艺复兴大师则在自然面前又更进一步。他们的作品一切都显得那么真

---

〔1〕 林文霞记录整理:《现代艺术家画论、作品、生平——颜文樑》,上海:学林出版社,1982年版,第13页。

实,那么可信,可是一旦你想在真实的现实生活中去寻找,却怎么也找不到。他们的艺术是源自生活、高于生活,正如文艺复兴时期的一位不知名的诗人赞颂帕利西作品的那样:

> "灌木上的晰蜴
>
> 没有一点光彩
>
> 你画室里的晰蜴
>
> 展现出全新的辉光……"[1]

颜文樑深受西方古典写实主义大师的影响。无论是从技法还是思想,他一直是坚持写实的。颜文樑认为艺术就是美,美就是自然。不仅表现在物体要适合自然规律,而且要求创作作品时要反映自己的真实情感,画家要从外表到内心都是真实的。他认为没有感情的风景画是没有味道的,只有充满了感情的作品才能让观者产生共鸣,才能具有"艺术美"。他善于从平凡的自然中发现美的内涵:雨后乍晴,春水波光的池水,夕阳晚照之山川,林深道幽之树荫等物体,无不吸引着他那颗渴望的敏锐的求美之心。

(二) 艺术要有为社会服务之功能

颜文樑认为"艺术要帮助人们认识社会、认识自然,从而使社会进步"[2]。艺术从它的诞生之日起,就担负着为社会服务的功能。早在原始社会,原始人迷信巫术,认为只要创造出和动物相类似的形象并在上面施加法术,就能获得他们所要预期的效果,从而产生了拉斯科、阿尔塔米拉等伟大的洞穴艺术。从古希腊到中世纪,一直延伸到 19 世纪,艺术无不是表现社会服务社会,从而达到一种宗教或政治目的。在我国很早就给图画下的功能就是成教化助人伦。谢赫就在他的《画品》中写道:"图绘者,莫不明劝戒,著开沉,千载寂寥,披图可鉴。"[3]就是到了近代的现代和后现代艺术,其实它也是担负着为社会服务的功能。可以说,颜文樑是秉持这一艺术功能论的最好的实践者。

---

〔1〕 (英)米凯尔·列维著,李晓明、赵建平译:《文艺复兴盛期》,重庆出版社,1990 年版,第 324 页。

〔2〕 林文霞记录整理:《现代艺术家画论、作品、生平——颜文樑》,上海:学林出版社,1982 年版,第 12 页。

〔3〕 转引自中央美术学院美术史系中国美术史教研室编著:《中国美术简史》,北京:中国青年出版社,2002 年版,第 102 页。

（三）艺术是和科学紧密联系的

在谈到艺术与科学的关系时，颜文樑认为："艺术是与科学有别，然而艺术家们的一切工作和生活，不能离开科学而独自存在。"[1]尤其在美术创作上或工艺装饰和布置上，更须先从科学入手而再求其美。在人类历史上，艺术实际上一直是随着科学的发展而不断变化的。新材料、新技法的出现，不断丰富着固有的艺术语言，进而产生更为丰富的艺术形式。

（四）艺术应为群众接受的艺术

"艺术的好坏，需要在群众中接受考验……艺术家有责任要向群众讲明白并使群众了解什么才是真正的艺术。"[2]正是秉持这一艺术思想，颜文樑的绘画作品始终都坚持写实的风格，努力朝着广大人民群众能够理解的艺术方向前进。他曾为上海青阁书坊画四组水彩粉画共十六幅。作品发表后深受大众所喜爱，销售之广出乎意外，以至他的作品的酬金也从最初的每幅二十五元猛涨至二百五十元，可见他的作品受欢迎之程度。颜文樑的作品，尤其晚年的作品如《百花争艳》、《百果丰收》等更为雅俗共赏的好作品。他的这一观点，尤其在他所处的时代，有着非比寻常的意义。

四、颜文樑绘画艺术的影响与贡献

颜文樑的一生，几乎见证了油画在我国繁衍发展的全部历程。在他漫长的一生中，先生不仅给后人留下了数以百计的精品力作，为人民大众创造了丰富多彩的精神财富，而且，他还通过积极办学和言传身教，培养出了大批艺术人才，为中国现代绘画的发展做出了不可磨灭的贡献。

（一）兴办美术院校

近代中国由于闭关自守，外国资本主义势力不断侵略我国。西方列强在用坚船利炮打开中国大门强行推销他们商品的同时，还不断渗进他的殖民宗教思想。不少爱国志士哀叹国势衰弱，对现实感到痛心疾首，产生"惟兴中土之学术思想，不足以自强"的愿望。他们想从思想教育入手，加强西方新文化思想的吸收，以振兴中华民族精神。蔡元培就曾提出他的著名观

---

〔1〕 林文霞记录整理，《现代艺术家画论、作品、生平——颜文樑》，上海：学林出版社，1982 年版，第 12 页。

〔2〕 同上，第 17 页。

点"以美育代替宗教",提倡开办新式学校,全面提高民众的审美素质和能力,进而增强我民族之综合国力。正像他所说的:"方十年矣,始而造兵,继而练军,继而变法,最后知教育使必要。"[1]在这种情况下,大小美术公私学校在二十世纪初蓬勃兴起。其中影响最大的就有颜文樑所办的苏州美术专科学校。苏州美专为近代美术事业培养了大批人才。仅以其1922年创立到1932年这十年时间,就培养出近二百人,这在当时是一个非常可观的数字。这些学生毕业后主要都从事美术教育事业,这就给中国的美术事业推澜助波,从而更将美育的观点深入民间。如1932年所回忆的十年间的毕业生统计:[2]

科别			次	人数	毕业年
前名速成科	中国画系		1	2	民国十三年七月
			2	1	民国十五年七月
前名本科			3	2	民国十六年七月
			4		民国十七年七月
			5	3	民国十八年七月
专科			6	1	民国十九年七月
			7	13	民国二十年七月
			8	24	民国二十一年七月
前名速成课	西洋画系		1	13	民国十三年七月
			2	12	民国十五年七月
			3	7	民国十六年七月
			4	2	民国十七年七月
			5	10	民国十八年七月
			6	8	民国二十年七月
			7	8	民国二十年七月
专科			8	7	民国二十一年七月
	艺术教育系		1	3	民国二十一年七月

　　〔1〕中央美术学院美术史系中国美术史教研室编著:《中国美术简史》,北京:中国青年出版社,2002年版,第384页。
　　〔2〕引自朱伯雄、陈瑞林编著:《中国油画五十年》,北京:人民美术出版社,1989年版,第596页。

科别		次	人数	毕业年
高中艺术师范科		1	23	民国二十年七月
		2	25	民国二十一年七月

从表中我们还可以看出:自苏州美专正式报批之后,人数比开始翻了几乎四倍,达56人。苏州美专当时培养出的美术人员在当时质量也是一流的。更由于颜文樑的身体力行和对学生的细致入微的指导,他用自己的精确的素描造型和丰富的色彩知识对学生产生很大影响,美专的学生的素质得到全面的培养。颜文樑的优点是不仅在大的方面指导学生,他还从具体的技法上一点一滴哺育学生。

(二)言传身教　著书立说

为了更好的指导学生和唤起民众的审美意识,颜文樑先后发表过很多文章和编著了多部著作。这些著作大多是针对性很强很有实效的指导性技术丛刊。这在当时国内美术技法丛书非常稀少的情况下,无异于寒冬里的阳光,深受广大学子的喜爱,虽一版再版,然终不能满足市场的需要。他的著作知识性强,例如在不到3万多字的《色彩琐谈》中包含了天文、地理、化学、哲学、光学、透视学、色彩学等多方面知识,概括面广,充分地表现了作者深厚的知识和全面的修养。他还广泛吸收前人的艺术理论,结合自己的实践经验,反复验证,最终形成了一套自己的绘画理论。同时,颜文樑的艺术理论著作特别强调实用性,例如《美术用透视学》、《色彩琐谈》等都是他多年艺术实践的总结,通过深入浅出的道理向读者传达了非常注重实用性的绘画理论知识。他的理论著作大到构图立意,小到局部透视色彩都详述的清清楚楚,而且都是针对学生平时迷惑不解或很少注意的地方,这无疑更突出了他著作的重要性。

结　　语

作为中国近代著名的油画家理论家和美术教育家,颜文樑毕其一生,兢兢业业从事于油画的创作和对后辈的培养。为了中国近现代美术事业的发展,他先后开办画会,兴办私立学校,为我国美术方面培养了大批人才。他精研西方各时期的绘画,结合他的中国画知识及其少年时代所学的水彩画、月份牌技法,逐渐形成他严谨工细的笔法。他的一生精研透视学,色彩学等学科,著成《色彩琐谈》《美术用透视学》等著作。为了提高自身的修养和改善苏州美专的办学条件,颜文樑还听从徐悲鸿的劝告远涉重洋去法国深造,研究学习前辈艺术大师的技法,终于在油画上取得了几臻化境的非凡技术。尤其是在风景和静物方面,颜文樑的作品几乎可与西方大师相抗衡。他毕生追求油画艺术之美,表达自己对祖国对自然的热爱,甚至在九十高龄还创作油画《祖国颂》。除此之外,他还用他高尚的人格和严谨的治学态度影响和培养了一大批有为的学生,这些都为中国的近代美术教育事业做出了不可磨灭的贡献。

（作文为西北师范大学美术学院 2006 届美术学硕士研究生的学位论文,指导教师:呼喜江,本刊发表有删减）

颜文樑粉画作品《厨房》及其文化心理解读

胡华邦

【内容摘要】 清末民初是中国社会文化发展的转型期。伴随着西学东渐,人们的社会文化心理也发生了巨大的变化。以颜文樑1920年创作的《厨房》为代表的绘画作品中所折射出的文化内涵正是这种特定的社会文化心理物化的结果。作品一方面全景式的构图再现了中国江南旧式厨房的日常生活场景,另一方面由于其出色的空间层次处理和精致的细节刻画、犹如数学般完整的形式、西方印象派光色的巧妙运用以及求真写实的科学思想体现,而成为中国现代美术史上具有典范意义的作品。本文试图以颜文樑的粉画作品《厨房》作为切入点,通过仔细分析,从而解读这幅作品所传达出来的时代精神特征和自社会转型以来国人大众多变的、丰富多彩的文化心理。

【关键词】 颜文樑 《厨房》 文化心理

一、颜文樑的粉画作品《厨房》的时代特征

1929年颜文樑参加法国春季沙龙展并获奖的粉画作品《厨房》,是其早期房屋内景系列中追求光照下复杂明暗变化的典型作品,也是画家对透视学研究的一个阶段性的总结。颜文樑曾经说过:"当年我画《厨房》和《画室》两幅面时,国内可供参考的技法资料并不多,但凭实践。若说意大利文艺复兴时的乌切罗笛为他画上的透视之'谜',弄得神魂颠倒的话,在没有完全掌握西画技法之前,我就确曾为之废寝忘餐过。"[1]画家充分利用光影效果描绘了中国江南旧式厨房的生活场景,所描绘之物有如夏尔丹笔下的静物富有坚实感,仿佛都在诉说一段段古老的往事。《厨房》表现了一个空间立体实物,精确把握了数十种物体所处的位置及质感,使我们对其有种触摸感。

在颜文樑成长的关键时期,印象派主义画派已经风行了半个世纪,现代艺术也正悄然走上历史舞台。但地处东方的中国,却作为一种比较前卫的艺术观念和表现手法刚刚传入。20世纪初的中国,是一个艺术家们如饥似

---

〔1〕 尚辉:《颜文樑研究》,江苏美术出版社,1993年版,第220页

图1　颜文樑作品《厨房》

渴的吸吮着西方的文化艺术营养的时代,然而深受传统文化影响的他们在学习西方文化的过程中都自然的体现出了这些传统因子。颜文樑作为其中的一份子,他在学习西方绘画的同时,当然就会受传统因素的影响,也会受当时社会流行的各种世俗艺术的影响。所以,笔者首先将《厨房》和西方的印象派作品以及和本国同时期产生的一些艺术作品放在一起进行比较,从而分析该作品在这种特殊的历史环境下所传达出来的时代特征。

1. 作品《厨房》与印象派绘画作品的精神联系

清末时期,传入中国的欧洲绘画已经不再单单是传统绘画,那时正值当红的法国印象派绘画也传入了中国,虽然时间短,力度小,但毕竟影响到了当时包括颜文樑在内的一带学人。

在颜文樑的从艺经历中,都会带有学习印象派绘画的痕迹。诞生于法国19世纪后期的印象主义画派是西方绘画史上一个具有划时代意义的艺术流派,因莫奈的《日出·印象》而得名。代表画家有马奈、莫奈、毕沙罗、雷诺阿、德加、劳特雷克等人。从欧洲绘画史的发展进程来看,印象派画家走出了画室,直面大自然,开始关注大气的空气感和外光的冷暖变化,揭开了画家独立自主的表现精神。正是在印象派画家的笔下,闪烁的阳光和微妙的阴影被引入了画面,绘画由此变得清新明丽而有生机。

印象主义画派的产生与有其特定的社会历史背景和法国独特的地理环

境、气候等相关。这个可以追溯到18世纪早些时候,艺术上享乐主义代替了具有宗教色彩的庄严的古典主义。风格精美、繁琐、色彩柔和华丽的洛可可艺术风格正好也适应新兴资产阶级的审美需求。弗拉戈纳尔所画的油画《秋千》(图2)就是表现资产阶级上层的审美情趣。在这幅作品中,可以清楚地看到洛可可绘画的风格,也能感受到当时法国特有的社会气候对绘画的影响。这种社会气候也同样在影响着印象派画家。印象派绘画除了在光色上面的变革以外,其实是一直延续着洛可可以来的绘画风格。

图2　弗拉戈纳尔《秋千》

印象派绘画风格是不注重物体的固有色与质感,而主要集中于物体在光与影的关系下的色彩,画面极为漂亮,为当时贵族所欣赏。可以说印象派绘画在某种程度上真实的反映了法国当时上流社会的一面。比如雷诺阿于1876年所作的《红磨坊街的露天舞会》就是记录真实生活的重要代表作品。此画表现了一个贵族舞会狂欢的场面,画家运用印象主义的法则,创造了十九世纪末巴黎的一个活色生香的梦幻般的世界,这是其中一幅集中体现了最具有印象主义精神的作品。还有马奈的作品《草地上的午餐》,描绘了两个黑衣绅士和一裸体女人及远处一沐浴女。正是加强了光影的对比,简化对象的明暗层次,简略了中间的层次,从而体现出了与传统绘画不一样的另一种真实感。画面没有了宗教氛围,而增添了一份现实真实。还有印象派的年轻画家劳特雷克,受日本版画影响,以线条、平涂色彩,真实描写了当时法国一面—舞女、绅士及红磨坊、酒吧和夜总会。

其实颜文樑跟印象派画家一样,始终追求作品外观完美,但由于他们所处的社会环境和文化背景不同,因此他们所关注的角度也自然不一样,在颜文樑笔下更多的是描写了他身边普通人家的景象。颜文樑的绘画美学观与其父的老师任伯年,或更早一些时候画家,比如广州"外销画"的代表关乔昌等有着直接或间接的联系。处于清末上海的任伯年深受新兴资产阶级民主思想的影响,也受新的都市生活的感染;作为一个传统艺术大家,为了生存,吸收了新的外来艺术因素,以有别于其他文人画家的心态创造出了一种具有"雅俗共赏"的绘画风格,得到广大市民的接受的同时,又不失文人画品质。他的作品就是当时社会气候下的产物,这对颜文樑的影响无疑是巨大的。在他早期从艺之时,就已经更广泛的接触到西方的文化艺术,而且此时正是点石斋画报以及月份牌绘画等新艺术形式的广泛传播和流行的时期,这些在很大程度上改变了大众的审美取向,作品《厨房》也是迎合大众的这种审美需求的。

我们可以看到,不管是印象派绘画作品,还是颜文樑的作品,它们的意义在于新文化转型所带来的科学精神和时代精神,在于对当时现实生活的真实写照。不同的是,印象派画家们多为反映法国当时上层社会贵族骄奢生活场面,颜文樑描绘的是当时中国农业社会的最后一道风景线。

2. 简介颜文樑作品《厨房》与中国同时期各类艺术作品

清末民初,传统型的绘画为适应社会的需要而进一步走向了世俗化与个性化,有的融合中西,有的在文人画中掺入民间美术的因素,在雅俗共赏中表现出平民百姓的审美情趣。这时期出现了许多新的画种,如月份牌广告画、时事新闻画报、炭精画,贸易画等商业绘画,还有实用美术、电影、音乐、摄影等。不光是颜文樑,其他的艺术家也是在不知不觉中采取了一种中西合并的手法进行创造的。

清末时期,外国最早传入中国的月份牌广告,一般是不被中国人所接受的。而为我们所接受和喜欢的月份牌绘画,是外商为了他们的商品能被当时中国大众所接受而进行广告宣传所采取的一种策略。清末激烈的商品竞争催生的月份牌广告画便是老百姓居家必备的时髦饰品。就月份牌广告画中的人物造型而言,画家们就已经开始学习和运用了西洋绘画的透视、人体解剖知识等,并除去传统中国人物画的平板,使人物的造型更加准确、生动,符合近代普通市民的审美情趣。其实月份牌绘画首先就是外商为迎合国内大众心理而妥协的产物,不然它就无法在中国立足。当然月份牌绘画发展到后来就已经更为中国化了。周慕桥正是早期月份牌广告画的代表人物之一,他在传统中国画的基础上参入西画造型与透视的方法,他的月份牌广告画具有了传统绘画无可比拟的画面效果,也符合当时人们的审美习惯。

在音乐方面也是同样如此,音乐家黎锦晖就是外国音乐舞蹈的熏陶激发了他对中国歌舞剧的创作,他创作的作品随当时都市大众文化的发展而显现出了极高的商业化，而且越迎合市民的欣赏口味。音乐家刘天华在掌握了民族器乐的创作规律的同时，借鉴吸收了西方的乐器演奏技法，他的作品《光明行》就是用了西洋音乐中三大和弦的琵琶音进行和转调手法。陈歌辛创作的非常流行的上海时代曲，也就是受了当时欧美爵士乐的影响。他们的创作无疑都是中西合璧，是已经中国化了的作品。还有比如在电影方面的第一部无声电影《定军山》，便是西方商品输出和文化侵略的产物；在时事新闻画报方面的《点石斋画报》插图，在传播西方文明的同时，也满足了民众关心国事和了解世界的需求；同时期出现的邮资明信片，采用平涂加颜色的手法，表现了民间风俗及社会景象；摄影术用于人物肖像的拍摄和记录社会事件、报道新闻和反映民间风俗的工具，真实记录了清末民初的社会景象；戏剧倡导"采用西法"的写实性，同时反对传统戏剧的写意性。以描摹、再现生活为审美特征的西方戏剧舞台艺术采用西方舞台上的写实布景和现代化的灯光设备，也深为当时国人所喜爱；还有版画、雕塑等等，它们不仅真实的展现了当时社会一面，更是深刻的反映出了那个时代的文化心理。其实在中国当下的一些乡村，还有很多那个时候的教会留存下来的原因，很明显也是拉近了当地老百姓心里上的距离，不然它是不可能在这么长时间里还生存下来的。

不管是月份牌绘画、还是音乐、点石斋画报、还是颜文樑的《厨房》，无论从表现的内容还是形式上，可以说涵盖了中国清末民初的流行风貌和社会风情。它们所展示出的人物表情、服装和生活娱乐方式等，都体现了当时社会生活的潮流时尚及审美观念。今天，透过艺术家们创造出来的各种形式的作品，这一个时代的文化现象，可以了解当时的文化历史，了解当时的时代背景与生活环境。

二、作品《厨房》背后的民族风情和时代精神风貌

粉画作品《厨房》，是颜文樑运用了当时普通大众喜闻乐见的表现手法，真情实感的再现了一个日常现实生活的空间世界，再现了一个个中国的传统文化符号。作品通过对许多习以为常的民间生活细节的描写，来反映平民的思想情感、审美风尚和文化心理。所以在本节中，笔者就将对隐藏在旧式厨房—这个符号背后的传统风俗习惯、还有新时期新的社会精神面貌做一分析。

1. 农耕文化的挽歌

独特的地理气候环境,使中华民族的祖先选择了以农耕为主的文明发展之路,也发展出了独特的中华文明。自给自足的这种生产生活方式造成了这种文明中的保守、和平、中庸和稳定的文明心理:农耕生活"一分耕耘,一份收获"的民族性格特征也使中国人形成了实用、理性而不太注重玄想。因为现存从文化心理方面解读作品的文献资料鲜见,所以本节试图从作品《厨房》所描绘的景物等中国的传统文化符号入手,解读隐藏在这些符号背后的风俗习惯,以及作品所传达出来的中国的传统文化心理。

"风俗习惯是俗文化的重要组成部分,它是一个物质文化、文化的综合体。从社会习俗的传承、变迁来看,我们必须明确社会习俗的主体绝不是沿袭与传承下来的行为规范,而是人。社会风俗习惯虽然有种种物质外表,但也是一种典型的社会心理现象。"[1]由于风俗习惯所涉及的社会层面是广泛的,所以它的变迁更能体现普通民众最基本的稳定性、民族性等心理倾向。作品《厨房》所描绘的厨房是颜文樑偶然经过邻家厨房门口时,被此景所特有的古旧与沧桑感动——发出光泽的杯盏壶碗、被食油浸透了的灶台、被余光铺洒着的那堵白墙、被烟熏黑了的裸柱以及悬挂着的古铜色的蓝子,每一件实物,似乎都在挽留历史的光阴,诉说着厨房主人的一段段故事,也为我们展现了那时一个整体的社会环境。

厨房对传统中国人来说是一个家的象征,中国人在过年还有祭拜灶神的习俗。可见厨房也是家庭信仰的中心之一。赵丙祥在《居民习俗》里记载:"厨房不仅是由于灶和火塘是煮饭做菜的,旧时期一家人都在厨房里吃饭,那么厨房自然成了全家人聚集的地方。"[2]在中描绘当时一个文人家庭的温馨生活场景:包饺子的女佣,拉开门帘的女主人,玩耍的小男孩,还有布置的太师椅、桌子上的水烟壶、墙上的字画和灯笼……都展现了当时文人家庭的鲜明特色。在作品《厨房》中,我们看到了两位主人公——两个孩子,一个伏案磕睡,一个正观望着两只嬉戏的猫儿。似乎在那时厨房这个场所已经构成了他们玩耍与歇息的小天地。《厨房》里描绘的釉质的水缸、床旁悬挂着的古铜色的筐篮、遍布画面的门窗台和木质家具等等,以及那矮小的座炉在昏暗的墙角边扑跳着火苗,这一切的一切都在极力的述说着当时人们

---

〔1〕 王跃:《变迁中的心态:五四时期社会心理变迁》,河南教育出版社,2000 年版,第 116 页。

〔2〕 赵丙祥:《居民习俗》,北京,中国社会出版社,2006 年版,第 155 页

的简单、勤劳、节俭、和平的生活。

这些浓浓的旧式厨房所代表的传统居住生活文化的风俗习惯和社会的整体面貌,以及当时人们的生存环境和精神风貌,在颜文樑笔下的《厨房》中一一展现。总体而言,这样的一种以"静"为主的生活心态是中华民族对满足自身安全、生存、发展需求基础上的"安居乐业","安居求富","安居显贵"的文化心理,也独一无二地体现了的"天长地久"、"深根固蒂"及"长生久视"等中国传统文化心理。

2. 新世俗文化的唱晌

对于清末民初的中国社会与中国文化的境况,正如当年李鸿章所言,正经历着"三千余年未有之大变局。"近代中国社会的转型,是外来资本主义侵略的结果,也是中国社会自身自然发展的结果。经济上,私人工商经济在这个时期得到了积极发展,儒家"农本商末"轻商观念发生了根本的动摇,"重商主义"成为近代儒学的新时尚。政治上,清末民初,外国资本的侵入,太平天国革命,变法维新运动,还有鸦片战争后,中国许多地区的传教活动,都大大加速了西化的传播。文化上,西方文化的侵入,在西风东渐的过程中,一种崭新的文化形态被慢慢地孕育出来:办洋务,兴"中西学堂",派学生出国留学,为创新中国文化准备了力量,促进了中西文化的融合,促使了中国文化的变迁,也改造了全民的文化心理结构,加速了中国文化的近代化进程;中国人的观念也在这个过程中潜移默化了;同时,工商业的发展,开始弥漫的商业化价值观也在慢慢的吞噬着传统道德观念。

"文化至少从三个方面影响着我们:第一个方面在于对外在物品的影响,比如不同文化的人们有着不一样服饰、习俗、语言等;第二个方面在于对行为方式的影响,不同文化的人们的行为方式有着差异性;第三各方面在于对价值观及潜在假设的影响,这种影响是无意识的,而它对人的影响是最深的,它决定着人们的知觉、情感、思维过程甚至行为方式。"[1]毫无疑问,转型时的整个社会的方方面面都在影响着颜文樑,以及他的心理状态;而这样一种状态又在颜文樑的绘画中来表达了出来,作品《厨房》正是作者这样一种心理状态的物化结果。颜文樑和他的《厨房》除了留下时代的印记之外,作品所传达出来的深厚的文化韵味,与中国的传统文化心理是分不开的,与画家潜意识中发展的文化心态也分不开。继《厨房》等早期系列作品以后,就

---

〔1〕 主要参见郑红、汪凤炎:《中国文化心理学》,广州,暨南大学出版社,2004年版。

再也没别人画这样的画了,因为时代在变,人也在变,就连颜文樑本人也再也没有画出这样的作品了。这恰恰说明了《厨房》以及其他形式的艺术作品,是那个时代的产物,是那个时代的缩影。

在清末民初这个特殊时期,虽说广大民众还延续着传统的休闲生活方式,但他们的生活观念显然开始逐渐叛离传统,转向西方。李长莉在《近代中国社会文化变迁录》写道:"广大下层民之中不仅有的人成为基督教徒(虽然未必虔诚),而且对教育后代、家庭婚姻等人生大事的安排上也开始背离传统的方式。他们乐于送自己的子弟进为人鄙视的教会学校,学习外语和西方的新事业,而不再愿意让他们沿袭学儒学、应科举的旧路。"[1]

就从居住建筑来看,人们开始从实用、卫生、美观、舒适等新角度,重新审视传统的房屋建筑和居住环境。房屋从构造、用料、外观方面为迎合社会心理也逐步洋化,而且屋内还设有门铃、煤气、自来水、沙发等,使普通的中国人大开眼界。一些上层人士还热于追求西式公寓和花园洋房。人们开始学习西方的科学技术,实用性很强的知识等。"据《上海新报》1866 年 11 月 21 日报道,一位名叫张斯桂的爱好制器的人士,'仿火轮之式绘成水器之图',其构造为江边暗插铁筒,直通城内,路下密埋水管,分布街头,火轮一只用轮一具用以转输。"[2]这一"水器"虽然只是出现在图纸上,没有在实际中给制造出来。但从这个现象中,我们也感觉到了一些民间人士在积极学习西方科学技术的愿望。由此可见,社会的观念和行为方式已经开始发生了变化,随着人们思想意识的觉醒,中国人开始向西方学习。

广大民众的休闲生活也已经开始融入西方一些新样式。当代史学家孙燕京在《晚清映像》中描写了一个农村集市的路上一群人聚在一个临时搭起的摊位上看西洋镜的场景。该书收集百余幅珍贵历史照片,平实地勾勒出了晚清社会生活的真实图景,生动地再现了那个特殊转型期的古今中西杂揉的年代。晚清时代的广大群众是过着什么样的精神生活?作者在"吃喝玩乐"一节写道:"晚清社会正值从古代社会向近代社会转型的历史时期,民间的社会生活、休闲方式也出现了亦土亦洋的多样化局面。"[3]特别是在中国通商口岸,传统休闲方式受西方国家生活方式的影响,人们的休闲娱乐方

[1] 李长莉:《近代中国社会文化变迁录》第一卷,浙江人民出版社,1998 年版,第 166—167 页
[2] 同上,第 260 页。
[3] 孙燕京:《晚清遗影》,山东画报出版社,2000 年版,第 35 页。

式发生了很大的变化，一些完全不同于中国土生土长的文化的新风尚兴起了，如跑马、话剧、音乐会、电影、舞会、体育运动会等等。尤其是电影，它比其他娱乐方式的影响更大，有些茶园也成为了中国最早的电影院。但是，与此同时，不健康的休闲方式在晚清也开始发展了起来。此书还在其他章节里展现社会生活各个方面，"由传统到现代"和"古今中西杂糅"。人们的精神生活开始趋向世俗化了。

辜鸿铭先生认为中国人的精神"是中国人赖以生存之物，是本民族固有的心态、性情和情操"。它并非人们大脑活动的产物，而是一种心灵状态、一种灵魂趋向，是一种心灵与理智完美结合的产物。而"四德"，即博大、纯朴、深沉、灵敏，也为中国人所独有。[1] 林语堂在《中国人》里是这样描绘其民族性的："稳健、单纯、酷爱自然、忍耐、消极避世、超脱老猾、多产、节俭、和平主义、幽默滑稽。"[2]笔者认为辜鸿铭先生描述的晚清中国人，是知识分子及文人之类人的性格特征。而那时国人更倾向于林语堂所描绘的那样，节俭、朴实、勤劳、热爱家庭生活、知足常乐、而又因循守旧、耽于声色。

近代中国社会文化转型，国人在追求一种新的生活方式的同时，开始摆脱传统落后的生活方式，即摆脱愚昧、奴性、封闭、保守、不求效率的生活方式；开始崇尚弃旧向新的新风尚，开始追求一种新的生活观念，并养成一种现代而多元的近代文明意识。正是在新旧矛盾的冲突，精神文明与物质文明的碰撞中，广大民众的居住生活得到了发展、繁荣的新面貌。可见，清末民初的社会心态发生了一番擅变，与以往已经大不相同了，不仅突破了封建传统的那堵墙，甚至站到封建传统的对立面。擅变了的社会心态也促使中国封建社会结构开始逐渐解体。以沿海为中心的社会日常生活领域，正悄然发生着一场世俗化变革，并蔓延至全国。在物欲主义逐渐盛行的世俗时代之中，文化和精神生活开始世俗化，传统文化逐渐为大众文化和流行文化所替代，而且后者开始塑造和建构了广大普通民众的精神生活。

当我们再次回望画面，画中那种古老沧桑的痕迹，还有那两位小主人公——嬉猫的两个孩子，已经慢慢离我们远去。这让我想起了李叔同的《送别》诗："长亭外，古道边，芳草碧连天；晚风拂柳笛声残，夕阳山外山；天之涯，地之角，知交半零落；人生难得是欢聚，唯有别离多；问君此去几时还，来时莫徘

---

〔1〕 辜鸿铭：《中国人的精神》，北京外语教学与研究出版社，1996年版
〔2〕 林语堂：《中国人》，浙江人民出版社，1988年版，第28页。

徊；天之涯，地之角，知交半零落；一壶浊酒尽余欢，今宵别梦寒。"〔1〕

二、颜文樑作品《厨房》对当下艺术的启示

颜文樑的作品既具有很强烈的人文精神，又具有鲜明的时代特性。回首中国的一些当代艺术作品，似乎很多作品已经没有了颜文樑作品所具备的人文内涵。重读颜文樑作品《厨房》，可以使我们更透彻地理解和认识当代艺术，并对当下的艺术创作具有启示意义。

1. 传统价值的重视与挖掘

传统是一种精神，无法割裂，如影随形。颜文樑的时代已经离我们远去，但在现今浮华苍白的艺术市场上，他所代表的那个时代，那些遥远的画面，那种质朴温润的人文关怀，仍然让人感怀动容。

在颜文樑时代，中国的传统文化、风俗、气候等时刻潜移默化的影响着他及其他同时代的艺术家们。颜文樑是个地地道道的具有实践意识的画家，他不断地用引进来的西画技法在苏州古城不断地进行着实践，来表达他的感觉。特殊的历史文化环境以及特殊的学习经历，不知不觉中形成了颜文樑复杂的文化心理。而他所反映的文化心理是通过对当时西画语言的自觉吸收来获得的。所以他在用色粉笔这种西画材料，用西画的表现手法描绘《厨房》一画时，就已经不自觉地将中国精神、民族特质融入进了那些光影之中。

作品《厨房》具有一种诗一样的氛围，体现着中国所独有的文化积淀和民族精神气质，作品突显了画家对西画光色与东方意蕴完美结合。其实，不管是早期的还是晚期的作品，颜文樑的每一幅画，都像是一首首耐读的诗。比如作者于1970画的《静安公园》中，很明显，画家已经舍去了对他来说是无关紧要的东西，充满画面的尽是画家的情感和诗一样的境界。

画面很简洁，但仍然都不妨碍画家对画面意境的营造。1980画的《重泊枫桥》，其基调就有种"月落乌啼霜满天，江枫渔火对愁眠"的诗的感觉。

颜文樑的心理体现在对西画的创作过程中，而且要求西画语言更符合自己绘画语言的表达方式，即颜文樑将西画语言与我们中国的民族审美心理尽最大努力的进行着整合，用他西画的笔法，制造出了更符合我们中国人

〔1〕 陈星：《李叔同》，杭州，西泠印社出版社，2004年版，第53页。

的审美意境。从自己制作油画颜料，到学习文艺复兴时期的焦点透视……他一直以一个中国人的理解方式去表达欧洲绘画的语言。他的作品看起来既不是本土生长的"国粹"，也并非是纯粹的"洋货"，而是以最大努力的去表现西方绘画语言的同时，融入了中国传统文化的气息。这就是颜文樑浓郁的纠结的传统文化情结。

2. 人文精神的建构

改革开放以来，可以说是中国油画的一个黄金时期。一大批油画艺术新秀崭露头角。他们的作品产生了巨大的影响，在中国油画发展史上写下了重重的一笔。从 1979 年的星星美展开始，经过 1985 美术思潮，再到政治波普、行为艺术、装置艺术；从观念艺术、玩世现实艺术、到泼皮、艳俗艺术等等，中国当代艺术运动一浪接着一浪，此起彼伏。当代艺术走上了市场，绘画、雕塑、摄影等各种艺术形式的当代艺术品拍卖市场持续走高，甚至拍出天价。岳敏君、方力均、刘小东、张晓刚等一时成了市场的宠儿。

中国当代艺术在短短的时间里，匆匆走过了西方艺术发展所经历的差不多所有的历程，追求自我和艺术多元化的呼声颠覆了传统油画的艺术观念和面貌。中国的当代艺术正在开始被世界认同，这显然是一件可以使每个我们中国人都应该感到欣慰的事情。然而，透过这片繁华的景象，某种危机似乎又逐渐显露出来—具体的体现就是在中国当代油画上整体人文精神的失落，中国油画逐渐失去了自己的文化身份，这使得就连很多有关油画艺术的学术活动也失去了它相应的艺术标准和判断价值。重新审视颜文樑作品《厨房》的精神内涵，是否可以从中寻找出对当下的中国油画具有某种启示呢？

作品《厨房》的案例表明：中国西画并非因语言的稚拙而难以在本土立足。恰恰相反，在颜文樑的身上，这种西画表现手段很自然地与本土文化的观念和语言相融合。而且正像我们所期待的那样，这种西画语言是丰富的，有着深刻的文化个性的。作品表达了真实情感，也洋溢着中国人特有的纯真与质朴；以及画家在作品中的用毛笔题字、印章以及用光色表现出来的那种亲切深邃的诗的意境，都透露出了焕然一新的民族精神面貌与时代气息。当颜文樑拿起调色板在画布上抹下第一笔时，也就开始了超越绘画语言的民族文化与审美心理的融合。颜文樑在追求作品真实的前提之下，时刻考虑着普通观众对其作品的认可度的，考虑着将作品与观众的审美需求有效的融合；画家采用群众喜闻乐见的绘画语言，使作品真正具有雅俗共赏的优点。

当然,时代在变,我们的艺术发展也会呈现出与颜文樑时代所不一样的景象。针对当代艺术发展中出现的一些现象,我们重观颜文樑和他的作品,从中在当下寻找到一些可以借鉴的地方。我们的当代艺术作品也应该在中国的观众找到自己的位置。找回在他们中间丢失的东西,即"中国特征"。当然并不是说就只是对中国地域文化符号简单的直接挪用,而是对传统民族精神的挖掘与传承,是在传统艺术精神的土壤之中,绽放瑰丽馥郁的当代艺术奇葩。只有民族的,才是世界的,这是颜文樑及其作品给我们的启示,也是我们对当代中国艺术的一种呼唤。

（本文为西北师范大学美术学院 2010 届美术学硕士研究生的学位论文,指导教师:马一丹,本刊发表有删减）

苏州美专校刊《艺浪》杂志研究

徐 乐

【内容摘要】 本文以苏州美专校刊《艺浪》杂志为研究对象,通过杂志刊载的文章内容来揭示苏州美专时期的教育状况,以及当时苏州美术界的情形。本文是在搜集和研读已有杂志资料的基础上,将杂志的文章与图片尽量挖掘,力争还原杂志当时出版时的面貌,诸如梳理各个时期杂志发表的文章,探究其理论观点及艺术主张等。同时,本文亦旨在通过对苏州美专校刊《艺浪》的研究,从另一个侧面复原苏州美专的办学历史,阐发作为私立学校的苏州美专注重校刊的出版,以此联络美术界的各方人士并为办学积累资源。由此可说,《艺浪》既记录了苏州美专的艺术教育状况,也记载了近半个世纪我国私立学校的校园文化环境,同时又展现了多样的教育理念和艺术观点,具有深入研究的必要。

【关键词】《艺浪》杂志 教育思想 黄觉寺 艺术教育

引　言

苏州美术专门学校(以下简称为"苏州美专")于 1928 年编印校刊《沧浪美》,由黄觉寺担任主编,每期数十页。杂志除了发表本校师生的作品外,也介绍古今中外的美术及其他文艺作品,同时也有在校师生及当时的艺术家发表的艺术研究文章。此后不久,《沧浪美》改名为《艺浪》,一年出版 1 至 2 期,每期均有论文、随笔、文艺小品、诗歌、校闻校训等各色文章,并附少许图片。1933 年,印刷由学校自行承担后,增加了彩色精印作品。1937 年,杂志因抗战爆发而停刊。时隔十年,《艺浪》于 1946 年 12 月 20 日正式复刊,出版第四卷第一期,亦"25 周年校诞纪念特号"。1947 年 1 月 20 日,校刊《艺浪》出版复刊第二号后即行停刊。

根据南艺校史对《艺浪》杂志[1]发刊状况的记载,从 1928 至 1947 的 19 年间,除去因抗战停刊的 9 年,实际出版年份应为 10 年。从现有的资料来

─────────────

〔1〕 南艺校史编写组:《南京艺术学院校史 1912~1992》,江苏美术出版社,1992 年版。

看,《艺浪》杂志多是一年一刊。那么,以年刊计算,发刊期数应该在 10 期左右。就目前而言,作者收集到的《艺浪》杂志资料有:上海图书馆收藏的 1928年出版的《沧浪美》(推测为)第二期电子文档(不完整)打印件、1930 年 6 月出版的《艺浪》第四期原件复印件、1932 年 2 月出版的《艺浪》第八期("本校十周年纪念刊")原件复印件、1933 年 12 月出版的《艺浪》九、十期合刊原件复印件,以及国家图书馆收藏的 1932 年 1 月出版的《艺浪》第七期胶片打印件、1934 年 6 月出版的《艺浪》第二卷第一期胶片打印件、1936 年 6 月出版的《艺浪》第二卷第二、三期合刊胶片打印件、1946 年 12 月出版的《艺浪》复刊第四卷第一期胶片打印件("二十五周年校诞纪念特号")、1947 年 1 月出版的《艺浪》第四卷第二期胶片打印件,还有马海平老师提供的 1930 年 3 月出版的《艺浪》第一期原件复印件、1930 年(月份未知)出版的《艺浪》第三期复印件、1930 年 11 月出版的《艺浪》第五期原件复印件,共 12 本一手资料。

关于缺失期数的推测,目前还存在一些疑问。比如,在钱定一先生的《苏州美专大事记》一文中写道:"1930 年 3 月,苏州美专校刊《艺浪》第一期出版。"但找寻到的《艺浪》第四期是在同年的 6 月出版,而此期上也确实记录了第一至三期的简略目录,并与《沧浪美》第二期上的内容不同,可见《沧浪美》在更名为《艺浪》后是重新从第 1 期开始出版的。那么,很有可能在 1930年 3 月起,编辑部在短短 3 个月的时间内出版了 4 期,并决定以月刊进行发行,后来由于办刊条件简陋、编辑人手不足等原因改为年刊。目前,缺失的期数推测为《沧浪美》第一期与第三期,《艺浪》第二、三、六期。虽然目前未能找齐《艺浪》全部期刊,但可以说已掌握了比较详备的资料,基本可见其全貌,并能发现《艺浪杂志》具有刊发稿件内容丰富、编排版式讲究、学术价值高等特点,也是同时期学校校刊、艺术杂志中较具代表性的刊物。从整个《艺浪》杂志的出版来看,大多集中在 20 世纪三四十年代,有着鲜明的时代特征,展现了民国时期我国艺术研究和艺术教育的状况。《艺浪》杂志既记录了苏州美专的教育教学及研究状况,也记载了近半个世纪我国私立学校的校园文化环境,同时又展现了多样的教育理念和艺术观点,具有研究价值。

苏州美专已于 1952 年在全国高校院系调整中并入华东艺专,后为南京艺术学院。如今,我们重温苏州美专校史,可以通过这本校刊获得丰富的信息。以下便是笔者所作的对这本校刊研究的文献准备:

1. 已有《艺浪》一手材料:《沧浪美》(推测为)第二期,《艺浪》第一卷第一、三、四、五、七、八期以及九、十期合刊,《艺浪》第二卷第一期和第二、三期

图1 个人收集的部分《艺浪》杂志复印件

合刊,《艺浪》第四卷第一、二期,共 12 期。缺《沧浪美》第一、三期,《艺浪》第一卷第二、三、六期共 5 期。（图1）

2. 口述历史材料:年初至今,我与同课题的同学们在南京、苏州、上海三地采访了一批苏州美专的师生,并将采访录音整理成文字资料,作为口述历史材料,通过他们的回忆,从历史亲历者的角度再现苏州美专及《艺浪》当时的状况。

3. 对文章作者、篇目及论述内容的考证:《艺浪》杂志中的作者多为苏州美专在校教师或校董,如颜文樑、吴子深、黄觉寺、周礼恪、戴逸青等,也有校外艺术家,如徐悲鸿、陈阅聪等。《艺浪》杂志篇目繁多,论述内容丰富,按照栏目、文章性质和艺术门类,前期做了一定的分类和整理工作。

关于苏州美专校刊《艺浪》杂志的论述,就现在搜集到的相关资料来看,主要是以《艺浪》杂志作为分析论述的一部分、作为一个实例来被描述的。其他的一些文章便是在提到颜文樑及其艺术观点或是民国时期美术期刊等问题时,偶有涉及。南艺校史编写组曾在 1992 年出版了《南京艺术学院校史1912—1992》一书,但书中涉及《艺浪》杂志的部分有较多错误。近年来,对《艺浪》杂志有所论述的论文是郭峰的《构筑起"思想自由、兼容并包"的精神家园——南京艺术学院学报的发展之路》,[1]但也只是作为南艺学报发展的一部分进行叙述的,而且多为介绍性文字,并非学术研究。其次是李璇洁的《工厂教育制度的引入和颜文樑实用美术教育思想》,[2]文章的第三部分"实用美术科教育成功的集中体现——《艺浪》杂志",着重阐述了《艺浪》杂志在实用美术科教育上的推动和平台作用。

苏州美专相关的研究资料相对较少,涉及《艺浪》杂志专题研究的文章就更少了。大多是一些发表在《艺浪》上的文章或作者的观点在研究时被提

---

〔1〕 郭峰:《构筑起"思想自由、兼容并包"的精神家园——南京艺术学院学报的发展之路》,《南京艺术学院学报》,美术与设计版,2004 年第 2 期。
〔2〕 李璇洁:《工厂教育制度的引入和颜文樑实用美术教育思想》,《南京艺术学院学报》,美术与设计版,2009 年 4 月。

及。目前尚未发现以《艺浪》杂志为专题的研究论文,所以本研究从背景状况来看,具有一定的挖掘性。本文是在收集和阅读已有资料的基础上,疏理杂志的编辑脉络,挖掘遗漏的篇目章节,整理出一个较为完整、清晰的杂志原貌,还原苏州美专一段沉寂的历史。

一、《艺浪》杂志创办的历史背景及原因

鸦片战争以后,西方近代文化伴随着军事入侵,新的印刷技术促进了我国近代画报、画刊事业的繁荣。1884年《点石斋画报》[1]的创办是我国近代美术期刊出版的开端。《点石斋画报》之后,大量画报出版,其中以1912年高奇峰主编的《真相画报》[2]影响最大,刊载了最早一批西方美术作品和美术家的介绍,以及最早的一批美术论文。资产阶级共合体建立之后,艺术发展有了一个相对宽松的政治、学术环境。那时"举办一种刊物,非常容易,一、不须登记;二、纸张印刷廉价;三、邮递便利,全国畅通;四、征稿不难,酬报不菲,真可以说是出版界之黄金时代"。[3] 同时,随着近代美术教育的萌芽,私立美术学校开始创办美术期刊,出现了第一本专业美术期刊《中华美术报》,以及一批美术学校校刊。民国美术社团的蓬勃发展,带来了社团期刊的勃兴,美术期刊出版如雨后春笋般地大量涌现,达到数量上的高峰。这一时期,学校和社团之下运行的美术期刊的办刊模式,逐步向现代出版体制下的大众出版模式靠拢,在学术价值和商业出版的双重标准中重新定位,确立了"学术思想"与"市场价值"结合的发展方向,从而使得美术期刊的出版传播更为广泛和深远。[4]苏州美专校刊《艺浪》杂志就是在这样的历史大背景下创办、发展起来的。

---

〔1〕《点石斋画报》:《点石斋画报》为中国最早的旬刊画报,由上海《申报》附送,每期画页八幅。光绪十年(公元1884年)创刊,光绪二十四年(公元1898年)停刊,共发表了四千余幅作品,反映了19世纪末帝国主义列强的侵略行径和中国人民抵抗外侮的英勇斗争,揭露了清廷的腐败丑恶现象,也有大量时事和社会新闻内容。当时参与创作的画家除吴友如和王钊外,还有金蟾香、张志瀛、周慕桥等17人。这些画家多参用西方透视画法,构图严谨,线条流畅简洁优美。

〔2〕《真相画报》:旬刊,1912年6月5日创刊,16开本,由高奇峰编辑,印刷人应枬,真相画报社出版。该刊以时事写真画、新闻摄影、时事评论为主,以历史画、美术画、滑稽画为副,发表了一系列抨击时政的新闻图片与漫画。1913年3月出版第17期后停刊。

〔3〕宋原放:《中国出版史料》,济南:山东教育出版社,2000年版。

〔4〕卢培钊:《中国近现代美术期刊的历史贡献及研究价值》,《中国编辑》,2010年3月版。

1.《艺浪》杂志创办的历史背景

20世纪20年代起,"五四"新文化运动的浪潮席卷全国,"科学"与"民主"两面大旗同样在文化艺术领域掀起轩然大波,向封建文化堡垒发起了猛烈的攻击。影响所及,中国现代艺术勃兴了,它是在新旧势力的较量中,艰难起步而又迅速发展起来的。交织着新旧变革、凝聚着时代精神的中国现代艺术,为中国乃至世界艺术文化谱写了多彩的一面。在新文化启蒙运动"教育救国"、"美育救国"的影响下,一批有艺术构想的年轻人走上了置办中国早期艺术教育的道路。而孕育这一特定历史时期脱颖而出了一批杰出艺术家、教育家,他们的人生经历和艺术成就,显然为我们提供了生动、丰富的研究依据。[1]

苏州美专的主要创始人颜文樑[2]就是在这样一个历史大环境的影响下,在新文化运动的洗礼和鼓舞下,和几位志同道合的艺术青年一起开始了美术事业的道路。他们先后组织创办了"苏州美术会"、"美术画赛会"、苏州美术暑假讲习班等美术活动。1922年9月,颜文樑与志趣相投的胡粹中[3]、朱士杰[4]等人共同创办了"苏州美术学校"。在初创学校的几年间,学校和师生都经历了各种各样的艰难和挫折,如设备简陋、资金缺乏,还有社会舆论的压力。但是,在全校教职员工的共同努力下,在颜文樑提出的"忍、仁、诚"校训的支撑下,苏州美专的学生逐年增多,设备不断完善,教师队伍

---

〔1〕 尚辉:《颜文樑研究》引言部分,马鸿增、丁涛,江苏美术出版社,1993年10月第1版。

〔2〕 颜文樑(1897—1988),中国油画家。自幼随父学画,1911年入商务印书馆画图室学习西画。1916年后任中学美术教员。1922年与胡粹中、朱士杰创办苏州美术专科学校。1928年赴法国留学,入巴黎高等美术专科学校学习油画。1932年回国,主持苏州美术专科学校的教学。1953年后任中央美术学院华东分院副院长、浙江美术学院顾问、中国美术家协会顾问等职。颜文樑的油画,长于风景静物,景色逼真,具有高度的造型技巧。代表作有《画室》、《厨房》、《肉店》等。此外还著有《美术用透视学》、《色彩琐谈》,出版《颜文樑画集》、《欧游小品》、《苏州风景》等。

〔3〕 胡粹中(1900—1975),江苏苏州人。早年与颜文樑等创办苏州美术学校,曾赴日考察艺术教育。解放后在苏州美专、苏南工专、华东艺专、西安冶金建筑学院长期任教,为教授、全国美协会员。1929年曾出版胡粹中水彩画,先后在西安、北京、青海、苏州等地举行个人画展,深受美术界好评。笔调细致工整,色彩清雅晶莹,画风质朴严谨,独具一格。对待艺术教育事业勤勤恳恳,为人谦虚诚挚。

〔4〕 朱士杰(1900—?),江苏苏州人。中国第一代油画家。1912年跟随画家颜纯生、樊少云学习国画兼攻花鸟与山水。1918年作自制的油画颜料试作油画。1922年,与颜文樑、胡粹中共同创办苏州美术专科学校,任教授、西画系主任等职。1952年后,先为华东艺术专科学校教授,后随校迁宁,出任南京艺术学院教授,直至逝世。朱士杰接纳油画,深入探究其丰富的文化内涵,通过言传身教,使中国的西画学子大开眼界。在数十年的辛勤教学中,朱士杰为国家培养出大批美术人才,对我国教育事业的贡献可谓卓越。

也日益壮大起来。

到了1928年,苏州美专已逐步走上正轨,颜文樑负责修葺了沧浪亭,建造了新校舍,已有多届美专毕业的学生留校任教,积极促进了苏州美专的发展,使苏州美专由草创阶段逐步进入了初具规模的时期。1928年2月,学校改建了校董会。聘请苏州著名人士张仲人、许博明、朱贡三、徐慎之、赵眠云、张君筹、吴子深等诸先生为校董,并由校董会推举吴子深为主席校董,颜文樑为校长。这一时期,苏州美专第一期毕业生大都志愿留校任教:黄觉寺、张紫屿任教师、陆寰生任研究生兼管教务。其它教师还有张宜生、蒋吟秋、黄颂尧、戴逸青、顾彦平、戴濂等。这一年,苏州美专还创办了高中艺术科,之后年年有招生,此科毕业生有钱延康、钱家骏、杨祖述、费彝复等。这些师生后来都曾在《艺浪》上发表过文章,丰富了杂志内容,也表达了自己的艺术观点。

纵观民国时期的杂志发展历史,20世纪二三十年代,是出版业的繁荣期。这一时期,各种类型的杂志如雨后春笋般在全国流行起来,如《旅行杂志》《女子月刊》《良友》画报、《申报月刊》《读书杂志》等。这些杂志都在某一领域取得了丰硕的成果,成为当今研究民国时期社会生活的重要资料,具有很高的研究价值。由此可见,那时出版发行的杂志已经成为反映民国时期社会生活的视窗和平台,反映了那个特殊时代的社会细节,包括思想观念的演进、文化理念的冲撞、社会价值观的发展趋势,以及知识分子和人民百姓的现实生活等。

民国时期出版机构(书局、书店、图书公司等)办杂志的原因有三,一是增加利润,因为在杂志本身的销售是能够带来利润,此外将已刊发内容精选、分类汇编后,可作为图书出版,进行二次销售;二是提高声誉,通过办刊,可以大大提高出版机构自身的知名度和美誉度;三是文化传承和积累。[1]艺术期刊的创办便也顺应了这样的风潮。

这一时期,西方资本主义的经济、文化、思想传入我国,促使中国文化艺术领域发生了一系列的变化。兴新学、办学堂、结社团、办报刊、撰译著等文化活动方兴未艾。随着"五四"新文化运动的兴起,美术界兴起了新美术运动,以编辑美术刊物作为活动的阵地。通俗画报蔚然成风,这种更关注现实

---

〔1〕 李勇军:《再见,老杂志》,北京工业大学出版社,2010年3月第1版,第243页。

和贴近生活的艺术表现形式,正成为新的风尚。[1] 除了艺术类报刊的盛行,艺术院校和艺术社团也是当时艺术期刊的主要创办和活动者。如上海美专的《葱岭》、《美术》等,杭州国立艺术院主办的《亚波罗》、《亚丹娜》等,武昌艺专的《武昌美术专门学校校刊》和《艺术旬刊》等等。[2]这些刊物既刊登了师生的作品,也发表当时艺术家的作品,还有关于教学研究文章以及艺术理论研究的文章,美术学校还经常举办作品展览等艺术活动。这些艺术刊物为当时的艺术创作、艺术研究、社会美育等方面都起到了极大的促进作用。[3]

当时,我国的艺术类院校几乎都流行办校刊,既为学校留下点史料记载,也起到了推广、宣传小学招生的作用。办学时间较长的学校,其校刊也伴随着学校的发展而进行,甚至跨越数年、数十年。校刊的名称和思路虽有所变化,但刊载艺术文章、展示师生艺术作品、探讨艺术教育思想的大方向并没有怎么改变。即使有的艺术院校办校时间很短,校刊也仅有 1 期,但不可否认办校刊在民国初期艺术院校中的普遍度和流行度。

办刊较早并具有一定影响力的是 1918 年 10 月,上海图画美术学校编辑出版的《美术》杂志,共出 3 卷 8 期,1922 年 5 月停刊。《美术》杂志的创办,由《美术》杂志第一卷第一期的两篇《发刊词》可知,"以表彰图画之效用,使全国士风,咸能以高尚之学术,发挥国光,增进世界种种文明事业,与欧西各国,竞进颉颃"。可见,《美术》杂志是希望作为一个供全国美术界研究、讨论的平台,弘扬中国美术事业。[4]此后,上海美专后又分别于 1926 年、1929 年创办了《文艺旬刊》、《荒原》、《葱岭》等校刊杂志。此外,还有 1923 年 3 月,由四川省成都高等师范学校美术学会编辑出版的《美术》杂志;1923 年 6 月,由南京美术专门学校编辑出版的《南美杂志》;1926 年 10 月,由北京国立艺术专门学校艺专杂志社编辑出版的《艺专》杂志;1927 年 2 月,由重庆艺术专门学校寒假补习科学生会编辑出版的《艺术特刊》;1928 年 7 月,由武昌私立美术专门学校编辑出版的《武昌美术专门学校校刊》;1929 年 10 月,由杭州国立艺术专科学校出版组编辑出版的《杭州艺术专科学校周刊》;1929 年 10

〔1〕 刘淑贤:《我国近代美术文献发展论述》,《图书馆论坛》第 23 卷第 4 期,2003 年 8 月。
〔2〕 卢培钊:《〈美术生活〉:民国时期美术大众画报之范例》,《广西民族大学学报》第 32 卷第 3 期,哲学社会科学版,2010 年 5 月。
〔3〕 罗小丹:《五四时期的文艺思潮与现代美术教育模式》,《宜宾学院学报》,2006 年第 5 期。
〔4〕 孙明媚:《上海美专校刊〈美术〉杂志研究》,《上海美专研究专辑》,南京大学出版社,2010 年 12 月,第 365 页。

月,由武昌美术专门学校歌笛湖编辑部编辑出版的《歌笛湖》;1930 年 3 月,由南京金陵大学美艺社编辑出版的《美艺》,等等。

这些艺术院校创办、发行校刊或杂志的做法,在一定程度上影响了苏州美专,也进而影响了苏州美专校刊的创作模式,使其在内容和大的版块上有效仿同类学校刊物的痕迹。当然,《艺浪》杂志也有其自身的独特性,笔者将在下文中详细叙述。

2.《艺浪》杂志的创办原因

《艺浪》杂志的创办原因,除了之前提到的民国社会文化的大背景和学校出刊的潮流之外,这似乎要追溯到苏州美专校长颜文樑早年在上海商务印书馆的一段经历。1909 年,16 岁的颜文樑在父亲的怂恿下报考了以出版教科书在学界享有盛名的上海商务印书馆并成为其艺徒,半年学习结业后,他被分配到铜版室为实习生。颜文樑不仅练习镌刻铜版,还学习了机械铜版制版术。在这段时期中,颜文樑萌发了对素描、色彩的兴趣,他也利用工作之余刻苦练习,得到了较为扎实的铅笔画训练。他正是在商务印书馆,在日本画家和技师的指导下完成了他的西画启蒙教育。也正是由于这段经历,以出版学校教科书、古籍、科学、文艺、工具书、期刊等为主要业务的上海商务印书馆给了颜文樑一定的影响,为他日后创办苏州美专、创办校刊《艺浪》、创办实用美术科、创办制版工场都奠定了基础。也许,他推行实用美术的艺术教育思想也是在那时埋下伏笔的。

然而,苏州美专校刊《沧浪美》最初创办的时候,正值校长颜文樑赴法国巴黎深造,杂志的创办和编辑工作是由时任苏州美专教务主任的黄觉寺[1]负责。黄觉寺中学毕业后进入苏州暑期图画学校学习绘画。1924 年毕业,为苏州美术学校的第一批毕业生,并自愿留校任教;同年协助颜文樑等组织筹办苏州画赛会的工作。1927 年"苏州美术会"拟在苏州沧浪亭筹建美术馆,推黄觉寺为筹办主任。黄觉寺先生是苏州美专校刊《艺浪》杂志的主要负责人,除了选稿、排版、编辑外,自己也发表了许多表达其艺术观点和文学素养的文章,可以说他是《艺浪》杂志中最核心、最重要的人物。通过阅读他每期杂志后的《编后语》,可以大致了解到他对《艺浪》杂志的整体把握和编

---

〔1〕 黄觉寺(1901—1988),1901 年 12 月 2 日生。字菊迟,别署今画禅室主,江苏吴江人。早年毕业于法国国立巴黎高等美术学校。归国后历任苏州美术专科学校教务主任兼教授十余年(后任副校长)。1942 年在沪联合当地作家主办《上海艺术月刊》,并于上海、巴黎等地多次举办画展。曾著述《今画禅室书》、《素描画述要》、《艺浪》等。

辑思路。1928年苏州美术专科学校创办校刊《沧浪美》,黄觉寺担任主编。为何校长颜文樑让当时27岁的黄觉寺担此重任?我们在现有的《沧浪美》中,黄觉寺发表的《新艺术建设的途径》一文中,隐约可以找到一些上述问题的答案。

此篇文章写于"民国十七年四月二十日的苏州美术馆",即1928年4月20日,也就是在《沧浪美》创办之前或之际,足以表达黄觉寺当时的艺术思想,这些思想也必定或多或少地影响着杂志的思路和发展。文章首先指出了当时全国的艺术大环境,"试一观国内艺术坛现状,沉寂若死,无聊艺术,日益迭起,表示社会程度的日益降低;黑幕作家,日益增多,表示民众对艺术观念的日趋堕落;而一般的青年,逼于环境之所使,名利之所诱,也有倒行逆?之势,或一味尚新,徒作皮毛之吹求,或一味摩古,甘作古人之奴隶。创作的精神甚少,而模仿的技能日多,所谓世界潮流,所谓社会现状,毫不顾问,所谓民众艺术,终无实现,所谓自由'活泼'而有新生命的艺术,更未得见"[1]。而后总结了导致这些问题的原因所在:"一、好标新立异,自命新派,不顾国情,不察现状。二、拾人皮毛,取人遗弃,以作自己掩拙的工作。三、闭门造车,自作聪明,不学无识。"[2]并指出这三种人分别对应了留学生、国内以新派艺术家自称者和刚接触艺术还未深造者。紧接着黄觉寺就指出了应该如何改变这种现状:"在今日而欲作新艺术建设的途径,其第一任务,便在革新——同时并应注意于建设——务使陈腐的洗刷净尽,而在这个新的田园上,立即培养真的艺术,使艺术的根芽,到处发荣滋长……所谓艺术的建设,更浅显的说,便是:一、要艺术的革新,必先除旧,但并不是绝对的除旧。二、要新的艺术的实现,必须建设,也不是一味的尚新。明白了这点,认清了目标,方得与言艺术,方足与言新艺术。"[3]文章最后总结出了如何来做真正的新艺术,真正真实而有生命力的新艺术,即"不要做过去艺术的奴隶,也不要做现任艺术的崇鬼",更明显地说:"一、要描写你自己所欲描写的艺术。二、要做'活泼泼地'有生气的艺术。"[4]"认清这些条件,更须明确自己现在所处的时代,抓住自己在现时代社会意识的要点,找到最切合于此种要点的对象,用活泼的热情,活泼的方法,整个儿把自己的生命,表现在对象象

---

〔1〕 黄觉寺:《新艺术建设的途径》,《沧浪美》第二期,第8页。

〔2〕 同上,第9页。

〔3〕 同上,第11页。

〔4〕 黄觉寺:《新艺术建设的途径》,《沧浪美》第二期,第13页。

征的作品,那才是自己的作品,才是艺术的真实成功。"〔1〕

由此,我们不难看出当时黄觉寺先生的艺术观点——中国需要的不是一味仿古也不是一味尚派、病态应酬、金钱主义的"死艺术"、"伪艺术",而是能够代表时代特征、能够表达艺术家最本质的艺术思想的"活艺术"、"真艺术"。这样的艺术观念也贯穿到了黄觉寺担任苏州美专校刊的主编的工作中,我们可以推测,他也一定是按照这样的思想去征集、选取可以体现"真艺术"的文章和作品来刊登在校刊上,让更多的苏美师生和艺术爱好者了解什么才是真正的艺术,什么才是当时的中国所需要的艺术。这也与颜文樑创办苏州美专、培育真正的艺术人才的办学思路不谋而合。

同时期,颜文樑在《沧浪美》上发表的《我所希望于艺术界者》一文中,我们可以清楚地看到颜文樑作为苏州美专校长,号召和呼吁全国有志向、有抱负的艺术界者,团结一致,加入到苏州美专乃至全国各地艺术教育的大运动中去。"我们很希望从此因团结而产生多辆的艺术创作品,和有精彩的理论,一方面坚持自己的勇气,一方面更使国人认识艺术的真面目,发生需要喝爱护的心。"〔2〕这篇鼓动性和号召性极强的文章,体现了这位自身投身于艺术事业者的抱负和决心,他希望有更多的艺术者可以与他一同并肩作战。"最近十多年里,我们对于联合方面的工作:有一年一度的画赛会和美术专校,美术馆,美术会,的先后成立。我们的集合,以群众为目标,不分人我,也不限研究的门类,和艺术上的功夫,只要有同情心的表现,就互相以和平的感情的态度集合起来。谋艺术的进步,和社会的改善。"〔3〕由此可见,颜文樑的艺术教育理念,是通过全国艺术界者们的努力,达到全社会的艺术普及和艺术素养的提升。他既是号召有抱负的艺术者可以投身到美专的教育队伍中去,也号召各门类的艺术家为校刊杂志投稿。文中提到的"以群众为目标"、"不分人我"、"不限研究的门类和艺术上的功夫"、"谋艺术的进步和社会的改善"等,足以表达以颜文樑为代表的苏州美专师生,兼容并包、面向社会、广招人才的艺术教育思想。而美专的校刊,正是为颜文樑"所期望的艺术界者"们提供了展示自己艺术作品、表达自己艺术观点的平台。这也是《艺浪》创办的原因之一。

---

〔1〕 黄觉寺:《新艺术建设的途径》,《沧浪美》第二期,第13页。
〔2〕 颜文樑:《我所希望于艺术界者》,《沧浪美》第二期,第16~17页。
〔3〕 同上,第17页。

当然，对于《艺浪》杂志的创办，最为直接明了的原因，在黄觉寺在1930年3月出版的《艺浪》第一期创刊号中写的最后一篇《排完以后》中可知一二。（图2）

图2 《艺浪》第一期中黄觉寺写的《排完之后》

我们觉得以前所出版的刊物，太偏于言论的一方面，于学校的内容与近况等记载，太不顾到，所以有一般要明了我们校里的和本校有关系的诸位读者，觉得很隔膜。这一点，我们时时引为深憾而急思改变的。"艺浪"就是我们意想中的一种刊物。——他是每月出版一回，他的性质并不与以前出版的——沧浪美，沧浪声，新沧浪等——一样。他是一个喇叭手；又是一研究者，他一方面传达新消息于读者的责任；一方面又很愿意与读者在学术上有所探讨。本刊取名"艺浪"，没有什么意义，不敢云"以艺术之鼓浪起全人类，觉醒其迷梦。"也不愿"在艺术界里兴风作些无为之浪"。我们因为以前所出版的都以沧浪为题，现在不过玩玩新意耳罢了。

由此不难看出《艺浪》杂志的定位，之后陆续十年中出版的校刊几乎都是按照这样的思路进行运营的。一方面，不仅增加了校闻校讯这些贴合校内外校友的栏目，收录了校内外师生怀念、回顾在沧浪学习的小品散文，还积极发布校内外的文艺活动，传播文艺讯息，真正与民国私立学校的办学理念和校园生活相结合。另一方面，《艺浪》还十分注重学术的研究和探讨，不论是之前的《沧浪美》还是之后的每本《艺浪》中，学术性文论都占了较大的比重，不同艺术的门类和方向都有所涉及，可谓是兼容并包，精确严谨而又丰富多彩。《艺浪》杂志便是经历了一步步自我探寻和思考，逐步形成了一本以美专教育为立足点，记录学校发展的同时又对艺术问题深度探究的综合性文艺刊物。

二、《艺浪》杂志的沿革历程

笔者根据《艺浪》杂志刊名的变更和时间发展的顺序,将此杂志分为四个阶段。第一阶段:《沧浪美》的初创时期(1928—1930);第二阶段:更名《艺浪》后的发展时期(1930—1937);第三阶段:《艺浪》的停刊时期(1937—1946);第四阶段:《艺浪》的复刊时期(1946—1947)。下面将分别叙述各时期《艺浪》的发展情况来展现苏州美专校刊的沿革历程和风雨成长。

1.《沧浪美》的初创时期(1928—1930)

《沧浪美》作为苏州美专的校刊,在苏州美专成立第六年开始出版发行。《沧浪美》共出版3期,画集1卷,由苏州文新印刷公司承印。由于《沧浪美》第一期的缺失,无法知晓创刊日期和具体内容,但通过《沧浪美》第二期上黄觉寺写的《排完之后》一文中我们可以得知:"这一本小册子自第一期出世后居然得到许多读者的赞许和指教,我们一方面除以极诚恳的态度去接受读者的盛意外,另一方面我们更想怎样的努力以副读者的厚望。"〔1〕可见《沧浪美》第一期出版后,得到了读者的认可和支持,也收到了读者的意见和建议,这样才有了《艺浪》杂志陆续10年的编印和出版。

通过《沧浪美》第二期的内容和编排特点,我们可以推断出这一时期的《沧浪美》的共通性。这一时期的校刊还是沿袭了文字自右向左阅读和竖排版的传统,有的文章中还没有标点。字体较大,字间距与行间距也较大,使得文本较好阅读。杂志版块较少,主要就是刊登了各艺术领域教师和艺术爱好者的文章和学校教师的书画作品,偶尔在文章末尾还附有"美术珍言"、"艺术知识"等小版块。就文章题材而言,包含了论文、散文、随笔、诗歌等;就内容而言,包括了美术、音乐、书法、摄影等艺术专业的文章。有审视当今艺坛的批评类文章,也有谈美术教育、艺术审美的文章,可谓内容丰富,题材广泛。其中,具有代表性的文章有颜文樑的《我所希望的艺术界者》、《透视浅说》、周礼恪的《最近各国美术界之新趋势》、蒋吟秋〔2〕的《美育在教育上

---

〔1〕 黄觉寺:《排完之后》,《沧浪美》第二期,第101页。
〔2〕 蒋吟秋(1896—1981),字镜寰,江苏苏州人。毕业于江苏师范学校,我国著名的书法家、金石学家、图书馆学家。曾任南京高等师范、苏州美专、东吴大学等教授,苏州图书馆馆长。工诗善词,通晓学、精金石、书画,尤擅篆隶,笔法圆浑雄厚,苍劲老健。一生著述浩瀚,有《版本问答》、《学书述要》等行世。

图3 《沧浪美》中徐悲鸿的文章《美术演讲》

的价值》、戴逸青[1]的《我们有音乐的需要么?》、吴子深[2]的《渔村论画》、王引才的《习字管见》、徐悲鸿[3]的《美术演讲》、(图3)陈子彝[4]的《摄影测光术》等,封面后的书画作品有颜文樑的《灶屋》、朱士杰的《依依》、胡粹中的《停舰》、吴子深的《秋山晓霭》、黄觉寺的《冷泉亭》、蒋吟秋的《篆书沧浪亭诗》等,这十几页铜图由朱士杰规划附印。

这一时期的《沧浪美》杂志属于初步尝试阶段,虽然杂志页数也达到百页,但由于字体、间距较大,真正实际的内容、版块相对较少,排版编辑也比较简单,缺少与苏州美专教学相关的新闻和时事报道,可以说是比较简单、纯粹的艺术学术性杂志。

〔1〕戴逸青(1887—1968),祖籍安徽旌德,生于江苏吴县。字雪崖。曾入上海沪北体育会音乐研究班。后去美国音乐专科学校。1920年回国,先后任教于东吴大学、南洋大学及苏州美专。1932年任中央陆军军官学校上校音乐主任教官。1949年去台湾。1951年受聘为政工干部学校音乐系主任。创作有《凯旋进行曲》、《军乐三部》等。

〔2〕吴子深(1893—1972),原名华源,初字渔邨,后字子琛,号桃坞居士,江苏苏州人,曾赴日本考察美术。曾以巨资创建苏州美术专科学校于沧浪亭畔,自任校董及教授。擅山水、兰竹,顾云弟子;并精于医道。山水远师董源,近宗董其昌,笔墨清秀。竹石师文同,偃仰疏密、合乎法度。书宗米芾。1927年斥巨资在苏州"沧浪亭"创设苏州美专校舍。著有《梅竹又清图》轴、《客窗残影》、《吴子深山水竹石集册》等。

〔3〕徐悲鸿(1895—1953),江苏宜兴人。中国现代美术事业的奠基者,杰出的画家和美术教育家。自幼随父亲徐达章学习诗文书画。1912年17岁时便在宜兴女子初级师范等学校任图画教员。1916年入上海复旦大学法文系半工半读,并自修素描。先后留日、法,游历西欧诸国,观摹研究西方美术。1927年回国,先后任上海南国艺术学院美术系主任、中央大学艺术系教授、北京大学艺术学院院长。代表作品有《愚公移山图》、《八骏图》、《负伤之狮》等。

〔4〕陈子彝(1897—1967),名华鼎,号眉庵,昆山锦溪镇人。毕业于章太炎文学院,曾任江苏省立苏州图书馆编纂主任兼苏州美专讲师,东吴大学教授。抗战时期任云南大学教授。建国后任上海师范大学教授兼图书馆馆长,参加上海中国书法篆刻研究会。能诗文,精于鉴别版本、碑刻。书法得"二爨"神髓。间弄丹青,淡逸至致。长于篆刻,尤为世所推重。著有《眉庵诗存》、《眉庵文存》、《眉庵印存》,与他人合编《寰宇贞石图目录》等。

2.《艺浪》的发展时期（1930—1937）

1930 年，《沧浪美》更名为《艺浪》，此后正式作为苏州美专校刊并一直采用此名直至停刊。这 7 年间发行的 11 期《艺浪》杂志伴随着苏州美专共同成长，见证了苏美的重大历史事件和它最兴盛的时光。1930 年 3 月，《艺浪》第一期出版。之后陆续出版了《艺浪》第二、三、四、五、六、七、八、九十合刊，《艺浪》第二卷第一期和第二三合刊，共 11 期。

1930 年 7 月，第 6 届专科生举行毕业典礼。12 月颜文樑校长自欧洲返校，先后购置并陆续寄回大小石膏像 460 余座，图书 1 万余册。1931 年 7 月，专科第 7 届毕业生举行毕业典礼。10 月，新校舍奠基典礼举行。1932 年 7 月，举行第 8 届专科学生毕业典礼。10 月，教育部批准苏州美专以大专院校立案，正式定名为"苏州美术专科学校"，简称"苏州美专"。12 月 9 日至 12 日，学校举行新校舍落成及建校 10 周年纪念庆祝活动，盛况空前。1934 年 7 月，举行第 9 届专科学生毕业典礼。9 月，增设实用美术科，并自辟印刷、铸字、制版、摄影工场，为中国实用美术培育人才。从这时起，《艺浪》就由学校的制版科自己排印、制版。1935 年 7 月，第 10 届专科学生毕业，举行毕业典礼。1936 年 4 月，南京中国文艺社春季旅行团徐悲鸿等 50 余人特至美专参观，对美专之办学精神与校舍建筑之规模，极尽褒扬之词。1937 年 1 月，学校编册印刷了《苏州美专校友录》，这是截止抗日战争前夕的历届校友名录较全的一份，并有在校肄业同学名录及校董会、教师员工的名录。[1]上述苏州美专的重要事件在《艺浪》杂志中都有所体现，甚至还有更加细微的点滴校园生活的记录，让我们仿佛看到了在活生生的沧浪校园里，一幕幕艺术教学与生活的画面正在上演。（图 4）

这一时期的《艺浪》与《沧浪美》时期有明显的不同。不论是杂志内容还是排版，都已不是纯粹的学术研究与探讨型刊物，变的更加丰富更加富有文学性，也更加贴近社会和校园。通过对已有 9 期《艺浪》杂志的阅读与分析，不难发现，这时期的《艺浪》改变了之前《沧浪美》时期的自右向左的阅读方式，全部都是自左向由的编排，并且改竖排版为横排版，文章也几乎都有符合现代人阅读习惯的标点，字体和间距变小，内容量更大。这符合当时大多

---

〔1〕 钱定一：《苏州美专大事记》，《沧浪掇英》，中国现代美术出版社（香港），2009 年 3 月。

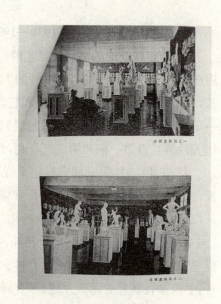

图4 《艺浪》第八期中刊登的校徽及校园环境的照片

数杂志的编排潮流,顺应了新文化运动中提倡"新文化新文字"的时代方向,说明《艺浪》在当时也算得上与时俱进了。在杂志内容方面,除了延续了《沧浪美》时期的图文并茂,重点增加了校闻、校讯、展览会信息等,更加贴近师生的校园生活,拓展了杂志的内容,使杂志成为广大艺术爱好者交流、发布艺术资讯的平台。此外,还增加了散文、诗歌的篇幅,使得《艺浪》的文学性提升了,更加适于阅读,从1934年第九、十期合刊还出现了商业广告。

此外,这一时期《艺浪》杂志的发展我们还可以从1932年第七期《艺浪》杂志中黄觉寺先生写的《后编》中有所了解。"本期,质量二方,我们总算都有一些改进。量的方便,较上期增加约三分之一;质的方面取材,我们也以为更严正……其余,在这里,更有一个可喜的消息,就是本期铜图分量的增加,并从本期起,选刊欧洲名画多帧……"。[1] 可见《艺浪》杂志"质"和"量"上都有了一定的提升和发展。(图5)

这一时期《艺浪》杂志的容量如同一本百科全书,丰富全面,学术性高,知识量大,有许多艺术界重要的文章在此发表。其中,具有代表性的有颜文樑的《十年回顾》(《艺浪》第八期)、《从生产教育推想到使用美术的必要》(《艺浪》第九、十期合刊)、《法兰西近代之艺术》(《艺浪》第二卷第一期)、《艺

---

〔1〕 黄觉寺:《后编》,《艺浪》第七期,第84页,1932年1月。

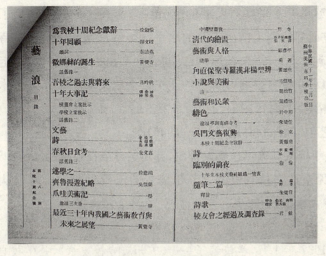

图5 《艺浪》第八期目录一览

术教育今后之趋向》(《艺浪》第二卷第二、三期合刊),徐悲鸿的《艺院建设计划》(《艺浪》第七期)、《述学之一》(《艺浪》第八期),黄觉寺的《近代艺术界的以丑为美新趋势》(《艺浪》第四期)、《艺术的产生》(《艺浪》第七期)、《最近三十年内我国之艺术教育未来之展望》(《艺浪》第八期)、《儿童期的艺术教养问题》(《艺浪》第二卷第一期),蒋吟秋的《学书述要》(《艺浪》第四期),陈阅聪[1]的《古琴浅说》(《艺浪》第二卷第二、三期合刊),金人[2]的《裸体艺术》(《艺浪》第二卷第二、三期合刊),徐京的《再论国画写生》(《艺浪》第二卷第一期),戴逸青的《音乐爱好者对于管弦乐队应具何种常识》(《艺浪》第九、十期合刊),周礼恪的《在中国艺坛上掷一颗炸弹》(《艺浪》第四期),黄颂尧的《梁溪杂咏》(《艺浪》第七期),吴似兰[3]的《齐鲁漫游纪略》(《艺浪》第八期)等等。这一时期《艺浪》上发表的文章达近百篇,师生画作更是不胜枚举。

---

〔1〕 陈阅聪(1917—2008),出生于北京,1938年北平大学工学院应化系毕业。历任东北大学教授、冶金部北京钢铁设计研究总院高级工程师等职。他年幼学钢琴,十五岁拜师诸城派大师张友鹤先生学古琴。十九岁著有《古琴浅说》刊于1936年苏州美术专科学校出版的《艺浪》。他六十多年一直醉心于研究古琴艺术,他的演奏质朴纯真,这应与老师张友鹤的传授和他的性格分不开的。

〔2〕 金人(1911—?),原名胡传钰。字坚甫,籍贯安徽泾县。毕业于苏州美专。治西画垂二十年,兼研国画。用笔设色,具有独特作风。抗战前,曾于京沪一带举行画展,为艺林所称道。前德国驻华大使陶德曼曾选购其油画多幅,携往德国参加艺展。又长于文艺,著有小说多种,曾主编《上海艺术月刊》。

〔3〕 吴似兰(1908—1964),字绿野,又字庆生。江苏吴县人,受业于颜元,工画兼善摄影,组织娑罗花馆画社,任苏州美专教授兼校董,兄吴子深。

跟随苏州美专兴盛而发展的《艺浪》杂志在这一时期达到了发刊的高峰,在各方面都达到了前所未有的水平。虽然这期间主编黄觉寺有两年时间出国深造,《艺浪》第二卷第二、三期合刊交由人平(推测为钱定一[1])负责,但这似乎并没有影响《艺浪》的质量。杂志秉承了多年来艺术类综合性校刊的风格,在当时民国的校刊杂志中占据了一席之地。

3.《艺浪》的停刊时期(1937—1946)

1937年抗战烽火迅速燃遍神州,苏州美专虽在艰难的环境中迁回办学,却不得不无奈地将校刊停办。苏州美专的迁校时期主要可以从钱定一的《苏州美专大事记》中知晓:

> 1937年1月,学校编了一册《苏州美专校友录》,是学校自行印刷的,也是学校最后一次的校友录的印刷,在此之前有过印刷,如1931年所印一册,这册校友录是截止1937年抗日战争前夕历届校友名录,并有在校肄业同学名录及校董会、教师员工的名录。
>
> 由于抗日战争的逐步展开,苏州美专送走1937届毕业生后,学校即行西迁停办。是年芦沟桥事变,抗战军兴,日寇进犯苏州,学校西迁。先迁至吴江同里,再迁浙江菱湖,最后雇船载运设备,再度西迁。共有大小船各一只,小船由胡粹中率领直至四川,历尽艰辛。大船载运部分石膏像,由颜校长率领,由于船大过不了陡门而折返宁波,再乘轮返回上海。1938年,颜校长在沪先租借王家沙小学一间校舍作分校,学生30余人。至秋,迁至四川路企业大楼7楼,学生增至40余人,分国画、西画二系,校务由颜文樑和陆寰生二人兼理,再聘任李咏森为副主任,教授有朱士杰、黄觉寺、吴秉彝、丁光燮、承名世、江载曦担任。

由此可知,校刊《艺浪》的编辑黄觉寺先生这一时期是跟随颜文樑在上

---

〔1〕钱定一(1915—2010),原名人平,字夷斋,号五凤砚斋主人、壮云楼主。江苏省常熟市人。擅长国画、装潢美术、诗词、美术史研究。1935年毕业于苏州美术专科学校。毕业后留校任教,历任至国画系教授、苏州美协执行委员。1947年作品在美国威斯康辛州玛迪逊市该市美术学会主办举行个人展览,1948年与上海著名画家老师吴子深联合举行画展于苏州青年会。1950年到上海从事美术装潢设计工作,曾任上海市食品工业公司产品包装装潢设计室负责人、上海工业展览会轻工业馆总设计。

海组织教学的。由于新校条件简陋,学生较少,且在战争敏感时期,教学并不顺利,因此也没有刊物的出版。

这里存在一个疑问。按照《艺浪》杂志的刊数编辑顺序,第一卷是第一至九、十期合刊9期,第二卷有第一和二、三期合刊2期,然后就是复刊后的第四卷第一、二期2期,那么是否有第三卷呢?第三卷又是何时出版的呢?在《艺浪》1946年复刊第四卷第一期黄觉寺写的《后编》中有开头便说道:"这期似乎因为离别的时间太长久了,个人之间,像有许多要说的话要说;也许,正因为离别的时间太长的缘故,要说的话,转觉到从那里说起呢?"[1]可见这期的确是战争后,苏美复校后的第一期《艺浪》。还有黄觉寺写道:"……不想一别不过八九年,到今天……"我们可以知道,抗战迁校的这八、九年间也未有刊物出版。而《艺浪》第二卷第二、三期合刊的出版日期是1936年6月20日,1937年夏,学校送走1937届的毕业生后,苏州美专西迁停办。所以这一年间是否有可能出了《艺浪》第三卷?虽然目前还未有资料记录,但在这里作为一个疑问提出,希望可以得到广大读者和知情人士的补充与指教。

4.《艺浪》的复刊时期(1946—1947)

1945年9月抗战胜利。10月20日颜文樑校长来到苏州,召集原有教职员工筹组苏州美专复校委员会,公推胡粹中、朱士杰、黄觉寺、吴似兰、王士敏、杜学礼等为筹备委员,接收沧浪亭校舍,从事修葺工作,并计划招生开学。1946年1月,颜文樑率领沪校专科学生回苏州上课,苏州美专在沧浪亭复校。[2]1946年12月20日,《艺浪》复刊第四卷第一期出版,亦是"二十五周年校诞纪念特号"。隔了一个月,1947年1月20日又紧接着出版了《艺浪》复刊第二期。这两期依然是由黄觉寺担任主编,印刷出版由张念珍负责。

复刊后的两期《艺浪》恢复了《沧浪美》时期的文字自右向左阅读顺序和竖排版的特点,只是增加了标点,字体也很小。虽然这两期的页数是之前《艺浪》的一半,大概在50页左右,但依然内容丰富,图文并茂,版块与之前的《艺浪》所差无几,也设有目录、广告等部分。文章的分类与取向大体与之前的杂志类似,《艺浪》复刊第四卷第一期中特有《二十五周年校庆献辞》、(图6)和《十年萍踪特辑》,记录了苏州美专建校25年来的发展历程以及苏美师

---

〔1〕 黄觉寺:《后编》,《艺浪》复刊第四卷第一期,第56页,1946年12月。
〔2〕 钱定一:《苏州美专大事记》,《沧浪掇英》,香港,中国现代美术出版社,2009年3月。

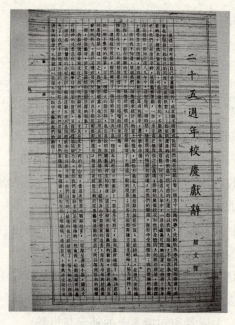

图6 《艺浪》第四卷第一期中的文章

生在战乱离校十年间的生活与对母校的思念。而在《艺浪》第四卷第二期中则详细介绍了苏州美专的师资队伍,并配有教师照片和职务解说,还有1946和1947届学生代表及其优秀作品的赏析,可以说是一次学校对教学的总结和展示。此外,这两期中的代表文章有陈子彝的《人物画概说》、钱家骏[1]的《关于动画及其学习方法》、颜文樑的《期望筹设全国性美术馆议》、黄觉寺的《民俗美得发掘》、蒋吟秋的《中国书画之源流》等,这些优秀的文章都在国内艺术刊物较为沉寂的当年,产生了较为巨大的艺术推动作用。

关于对《艺浪》杂志停刊的决定,笔者认为是突然的。因为在1947年的《艺浪》第四卷第二期的《后编》中,编者黄觉寺写道:"……我们更计划把这个刊物,出版的时间缩短,由期刊,而季刊而月刊,使分散在各地的校友,更多联络的机会,同时我们在国内艺术刊物沉寂的目前,也能多尽一点责任。这一点,希各地校友予以热忱的赞助。"[2]由此可见,黄觉寺对于《艺浪》之后的发展有着更为积极的打算。但是,《艺浪》为何就此停办,现在还没有明确的文章或记录显示,是否是由于编者黄觉寺忙于学校教务校务工作,或是1942年起在上海忙于联合当地作家主办《上海艺术月刊》的编著,这些都是笔者的猜测,未能有更加直接的证据。

以上便是《艺浪》杂志历经风雨20年来的沿革历程及兴衰发展。

---

〔1〕 钱家骏(1916—2011),原名云林,江苏吴江人。毕业于苏州美专,后留校任动画科教师。是中国动画专业的创始人,美术电影导演,代表作有《乌鸦为什么是黑的》、《一幅僮锦》、《牧笛》和《九色鹿》,他是从未被正名过的中国水墨动画片创始人之一,更是曾经中国动画电影"黄金一代"共同的老师。

〔2〕 黄觉寺:《后编》,《艺浪》1947年第四卷第二期,第57页。

三、《艺浪》杂志的主要栏目及篇目分析

《艺浪》作为民国时期艺术类校刊杂志,本身也很具有研究探讨价值。不论是从文章和图片的选择,还是编排设计,甚至还有广告的刊入,体现了那个时代的杂志特点,也是我国近现代杂志的初探。由于《艺浪》杂志期数较多,版块、内容也丰富庞杂,不可能每个版块、每篇文章一一叙述,在此将选择杂志中多期保留的主要版块和艺术门类中具有代表性的文章做简要的介绍。试将《艺浪》杂志的整体办刊思路和美专师生的艺术观点传达给今天的学界。

1.《艺浪》杂志主要栏目设置意图

虽然《艺浪》杂志办刊时间较长,中间有过停复刊,编辑也有所变动,但是杂志整体的办刊思路和编辑特色并未出现较大的改变,并通过杂志栏目的编排完好的保留了下来。在阅读多期杂志的基础上,笔者将《艺浪》的版块分为以下几块并逐一叙述:封面、插图、文章、校闻校讯、广告、作者。

(1)杂志封面:

除去不完整前三期的《沧浪美》没有看到杂志封面的样子,之后的《艺浪》杂志每期封面都不尽相同。尤其是杂志的第一卷,从已有的第一、四、五、七、八、九十合刊这6期的封面设计不难发现,每期都很有设计感,图案设计切合杂志名称"艺术之海浪"的涵义特征。比如第四期采用了简单的几何波浪形图案,第八期则采用了新艺术运动时期的动植物纹样图案,而第九、十期合刊的波浪图案又有点日本浮世绘的绘画风格,可以说是封面设计者的一种探索和创新。甚至连"艺浪"的字体设计每期都不一样,这是为了配合封面的图案设计风格,达到整体的统一和协调。虽然杂志上并未记录封面设计者是谁,当我们可以看到苏州美专师生的美术功底和创新意识,也可以看到实用美术教育在苏州美专的运用和推行。

(2)杂志内页插图:

刊有苏州美专师生书画作品、校园环境和教学情况的照片、以及西方美术作品的图版是《艺浪》杂志的一大特色。尤其是从1933年起,杂志的图片印刷就是由学校新办的实用美术科下设的印刷制版工场完成,增加了彩色精印作品,这也是我国在美术学校培养制版人才的开端。图片由教师朱士杰规划附印,体现了苏州美专教学与实践的结合。就图片的内容而言,也是

图7 《艺浪》第八期中刊登的师生画作

丰富多彩的。首先是苏州美专师生书画作品,如颜文樑的《厨房》、《莎克丽娜像》、《画室》,吴子深的《琴趣图》、《山水》,胡悴中的《沧浪》,朱士杰的《颜纯生先生铸像》,黄觉寺的《街》,吴秉彝的《花卉》,蒋吟秋的《篆书沧浪亭诗》,吴似兰的《秋色》,李复的《裸女》,孙文林的《桃源涧》等。(图7)既包涵了西方的素描、油画、水粉,也包涵了中国传统的水墨、工笔画、书法,以及雕塑、篆刻作品等。其次是刊印了一些西方优秀艺术的代表作品,如 A. Marie 的《畜牧者》,H. Merle 的《故事的演述》,J. L. Maillet 的《阵地之石》,法国名作《求乞者》等。这也从侧面说明了编者注重西洋美术的倾向。最后,图版还刊登了苏州美专的校园状况的照片,这主要集中在 1932 年的《艺浪》第八期。因为这是苏州美专十周年特刊,特别刊登了这一届落成的新校舍罗马柱大楼的照片,还有校门、沧浪亭、明道堂、清香馆以及放置了颜文樑从法国运回来的石膏像的素描画教室的照片,这些摄影作品向我们展现了当时苏州美专优美的校园环境和创新的教学场景,可谓是珍贵的历史资料。《艺浪》杂志上的图版既丰富了杂志的内容,变得更加具有美观和可读性,同时也展示了教师的艺术水准和学生的艺术成果,也是一种宣传的手段。

(3)杂志栏目之校闻校讯:

校闻校讯和生活片影栏目是最与苏州美专教学、活动息息相关的一个版块,摘录了学校发生的重要事件,画会、展览会等周边艺术活动,以及附载了毕业生名册和教师介绍,直接地再现了当时的历史,是相当珍贵、真实的史料。例如 1932 年的《艺浪》第八期中附载了君馀(胡奇如)的《校友会状况及校友调查录》,既记录了 1931 年发起校友会的活动,也罗列了从 1924 级至 1932 级的专科毕业校友、1931 级和 1932 级的高中艺术师范科毕业校友、专科毕业和高中毕业的已故校友、专科和高中艺术师范科肄业同学、研究科同学和现任教职员名单,包括了姓名、字、性别、籍贯和通讯地址这些详细信息,便于当时师生查找同学老师情况,也便于当今的历史研究。再比如 1936 年的《艺浪》第二卷第二、三期合刊的校闻一栏,记录了以下讯息:欢送黄(觉寺)、张(紫屿)教授出国、(周圭、陆传纹)夫妇画家回国、高中艺术科石膏室之新建设、教育部来校视察、制版印刷部之新建设、旅行写生、沧浪画会近讯等,展现了苏州美专蓬勃发展的状况。这样的校闻校讯几乎每期都有,字数、篇幅不多,却是苏州美专

图 8 《艺浪》第二卷第一期中的校闻栏目

发展的标识和学校风貌的再现,记录了苏州乃至中国东部地区的艺术和教育活动,是最真实最客观的历史资料,体现了《艺浪》杂志的史料意义。(图 8)

(4) 杂志中的广告:

《艺浪》杂志中的另一个突出的特色,就是植入了商业广告。民国时期,广告已经成为一种产业。那时的广告就已经具备了现代广告的各种特征,广告形式呈现多样化的发展。按媒体种类不同,可分为:招贴广告、报刊广告、户外广告、广播广告等。随着新文化运动的深入人心,人们对新文化知识的渴求加深,以及我国传统传播媒介的发展,报刊的种类、数量增多,20 世纪二三十年代迎来了中国广告史上最活跃的时期之一,具体表现在:广告媒

体增加、广告表现形式多样化、广告活动深入中国各地。[1]《艺浪》杂志中加入广告,就是在这样的大环境下发生的。其中大多数广告出现在杂志目录后的前页,少数广告出现在杂志的中页和尾页。几乎每则广告下都标注了"请声明由艺浪杂志介绍"的字样。这些广告基本都是民用广告,对象主要是以各种商店、印书馆、饭店、药房为主,集中在苏州、上海两地。由此也可看出,《艺浪》杂志的发行范围也以苏州、上海两地为主。《艺浪》杂志中的广告,既有盈利、宣传的商业目的,也是苏州美专实用美术科的实践产物。

(5) 杂志中文章的作者:

最后,是对杂志中文章的作者的介绍。《艺浪》杂志中的作者多是苏州美专在校老师或校董,如颜文樑、吴子深、黄觉寺、戴逸青等,也有校外艺术家,如徐悲鸿、陈阅聪等。其中为了避免作者重复或有所避讳,有作者运用笔名的情况出现。了解笔名的原作者,更有利于理解作者的写作背景和文章内容。(图9)对于《艺浪》杂志中作者使用笔名的情况,笔者大致归纳为以下几种情况:

图9 《艺浪》杂志中的主要文章作者

① 使用自己姓名中的名,以三个字的作者居多,给同校读者带来亲切感。如念珍(张念珍)、永益(凤永益)、志华(陈志华)等。

② 使用自己的字号为笔名,避免一人多文名字的重复,或者只是一种雅称。如菊迟(黄觉寺)、夷斋(钱定一)、勤庐(沈维钧)、中和(于种)等。

③ 其他意义的笔名。如栖霞(王纪忠)、金人(胡传钰)等。

④ 还未查到的笔名作者有:莹、野寺、永鑫、追愤、郁离、小雪。

通过对以上各方面的叙述,我们不难看出,《艺浪》杂志虽为私立专科学校的校刊,但也具备了普通杂志的编辑特点,同时又带有校刊的特殊性质,是一本可读可看性强,设计生动新颖,又具有史料价值的校刊杂志。

---

〔1〕 黄玉涛:《明国时期商业广告研究》,厦门大学出版社,2009年5月第1版,第16页。

2.《艺浪》杂志主要篇目分类分析

《艺浪》杂志内容丰富，涉及多种艺术门类和艺术方向，艺术技法类和艺术研究类文章都不占少数。此外，还翻译了国外的一些优秀艺术类文章，以及与苏州美专校园生活相关的美文。为叙述方便，这里将艺术分为横向的艺术门类（包括美术、音乐、书法、摄影、舞蹈、雕塑等）和纵向的艺术方向（包括艺术教育、艺术批评、艺术原理等），并主要从这两个层面进行阐述。

横向的门类里包括美术类文章，如吴子深的《渔村画论》（《沧浪美》第二期）、颜文樑的《透视浅说》（《沧浪美》第二期）、戴濂的《西画漫谈》（《艺浪》第四期）、陈子彝的《论画偶记》（《艺浪》第七期）、野寺的《中国壁画考》（《艺浪》第八期）、伯英的《元朝之绘画》（《艺浪》第九、十期合刊）等、徐京的《再论国画写生》（《艺浪》第二卷第一期）、陆传纹的《北欧两画家》（《艺浪》第二卷第二、三期合刊）、陈子彝的《人物画概说》（《艺浪》第四卷第一期 ）、钱夷斋的《山水画非南北宗论》（《艺浪》第四卷第二期）、谢健的《谈素描》等（《艺浪》第四卷第二期）等；书法类文章，如王引才的《习字管见》（《沧浪美》第二期）、蒋吟秋的《学书述要》（《艺浪》第四期）、《中国书画之源流》（《艺浪》第四卷第二期）等；音乐类文章，如张季让的《三 B 传》（《沧浪美》第二期）、戴逸青的《音乐爱好者对于管弦乐队应具何种常识》（《艺浪》第九、十期合刊）、黄觉寺的《中国古代的"舞""乐"》（《艺浪》第九、十期合刊）、陈阅聪的《古琴浅说》（《艺浪》第二卷第二、三期合刊）等；舞蹈类文章，如黄觉寺的《中国古代的"舞""乐"》（《艺浪》第九、十期合刊）等；摄影类文章，陈子彝的《摄影测光术》（《沧浪美》第二期）；木刻类文章，如追愤的《木刻艺术散论》（《艺浪》第四卷第一期）、金文藻的《论当前中国木刻的新道路》（《艺浪》第四卷第二期）；天文类文章，如朱文鑫的《春秋日食考》（《艺浪》第八期）等；设计、动画类：金石学类文章，如沈维钧的《中国金石学之过去及其材料》（《艺浪》第二卷第二、三期合刊）；设计与动画类文章，范烟桥的《小说与美术——插图问题》（《艺浪》第八期）、蒋吟秋的《书画与装潢》（《艺浪》第二卷第二、三期合刊 ）、钱家骏的《关于动画及其学习方法》（《艺浪》第四卷第一期）等。此外，还有大量文艺文章，如诗歌、散文、随笔、游记等，极具抒情性和文学性，也体现了艺术家们高深的文学底蕴和艺术修养。

纵向的艺术方向范畴内的文章也很多。艺术教育类文章，如蒋吟秋的《美育在教育上的价值》（《沧浪美》第二期）、黄觉寺的《最近三十年内我国之艺术教育未来之展望》（《艺浪》第八期）、《儿童期的艺术教养问题》（《艺浪》

第二卷第一期)、颜文樑的《从生产教育推想到使用美术的必要》(《艺浪》第九、十期合刊)、《艺术教育今后之趋向》(《艺浪》第二卷第二、三期合刊)、全毓秀的《艺术教育的最初实施时期》(《艺浪》第二卷第一期)、陈志华的《中国艺术教育论》(《艺浪》第四卷第一期)等;艺术美学类文章,如黄觉寺的《美与善》(《沧浪美》第二期)、《民俗美得发掘》(《艺浪》第四卷第二期)、龚志霞的《关于美学上诸问题的检讨》(《艺浪》第九、十期合刊)、缪宏的《杜甫的艺术》(《艺浪》第二卷第一期)等;艺术现状类文章,如周礼恪的《最近各国美术界之新趋势》(《沧浪美》第二期)、黄觉寺的《近代艺术界的以丑为美新趋势》(《艺浪》第四期)、徐悲鸿的《美术演讲》(《沧浪美》第二期)、《艺院建设计划》(《艺浪》第七期)、颜文樑的《法兰西近代之艺术》(《艺浪》第二卷第一期)、志华的《中国文艺复兴与展望》(《艺浪》第二卷第一期)、《期望筹设全国性美术馆议》(《艺浪》第四卷第二、三期合刊)等;艺术批评类文章,如周礼恪的《在中国艺坛上掷一颗炸弹》(《艺浪》第四期)、菊迟的《艺术鉴赏杂话》(《艺浪》第二卷第一期)。

《艺浪》杂志还引入了许多国外优秀艺术类文章,进行了翻译刊登。如Von Dr. Konrad Husohke 著、顾寅翻译的《裴多芬氏最后之奏鸣乐》(《沧浪美》第二期),史泰来强生原著、汪泰嵩译的《底片修改法》(《艺浪》第四期),日本关野贞著、伯英译的《两晋时代之艺术》(《艺浪》第四期),Moreau Vauthier 著、颜文樑译的《雷红那达文西》(《艺浪》第七期)、日本坂井犀水著、伯英翻译的《清代的绘画》(《艺浪》第八期)、日曼巴生著、闵希文译的《法国十九世纪艺术(绘画)》(《艺浪》第四卷第二期)等。既向全校师生及艺术爱好者介绍了别国的艺术研究,也丰富了《艺浪》杂志的艺术内涵。

此外,《艺浪》杂志也是苏州美专办学状况和教学理念体现的平台。如今,苏州美专只留下了沧浪亭和罗马柱的校址,当时的教学景象和办学方针已无法再现。但是,当时苏州美专的众多优秀教师将自己的教学体会和苏州美专的办学动机、科系、课程等状况发表在了校刊《艺浪》上,成为现在我们研究苏州美专的一手珍贵资料。如范烟桥的《沧浪美的扩大》(《沧浪美》第二期)、颜文樑的《十年回顾》(《艺浪》第八期)、《二十五周年校庆献辞》(《艺浪》第四卷第一期)、黄觉寺的《微娜丝的诞生》(《艺浪》第八期)、蒋吟秋的《吾校之过去与未来》(《艺浪》第八期)、张念珍、陆兰生录《十年大事记》(《艺浪》第八期)、刘昆冈的《离校二十五周年的感慨和校友会复会的经过》(《艺浪》第四卷第一期)、胡久安的《分校回忆记》(《艺浪》第四卷第一期)、陈克为的《苏州美专轮廓》(《艺浪》第四卷第二期)等。

总体来说,《艺浪》杂志的内容既介绍和传播了西方艺术的精华,又对中国传统艺术的延续与发展起到了积极的推动作用。这也正是由中国近现代的艺术大环境和苏州美专的办学理念和教育方针所导致的。

结　　语

苏州美专虽为美术专科学校,但其校刊《艺浪》杂志却并非纯美术杂志,而是囊括了艺术多门类的综合性艺术文学类杂志。这与美专校长颜文樑的艺术教育思想和办学理念是紧密相连的。

颜文樑的美术教育思想的构建包含了艺术进步与社会改善的统一,真、善、美与写实主义的统一,科学与艺术的统一,纯美术与实用美术的统一[1]这几个方面。上升到艺术教育的层面,颜文樑推崇的并不是单一、片面的美术教育,而是要与社会接轨、真正为中国艺术青年所致用的科学的、实用的美育。"美育救国"即是蔡元培先生最早提出的,颜文樑的美育思想也是受了蔡元培先生美育思想的影响。不管是"艺术进步与社会改善相统一",还是"真美合一",都强调了美育的重要性。这里的"美育",不光是指美术教育,而是指包含了众多艺术门类的更高一层面的艺术教育。所以苏州美专的美育,也是包含了多艺术门类的教育。虽然各艺术门类各有壁垒,但从艺术本质和艺术审美的角度来说,进行多种门类的艺术熏陶更有利于艺术创作,更利于某一特定门类艺术的发展。在1947年的《艺浪》第四卷第二期的《一九四六、七级毕业生特辑》中刊登了当时苏州美专的教师介绍,包括教师的姓名、证件照和所任职务或教授课程。其中不难发现,美专任教的不光有教国画、西画的美术老师,还有很多其他学科的教师,如英文教授陈定飞,法文兼诗词教授袁刚中,金石学学术手教授沈维钧,色彩学教授杜学礼,解剖学教授包希塑,体育教授盛鸣程等[2]。根据美专校友毕颐生[3]等人回

---

〔1〕尚辉:《颜文樑研究》,江苏美术出版社,1993年10月第1版。

〔2〕《艺浪》第四卷第二期,《一九四六、七级毕业生特辑》,1947年1月。

〔3〕毕颐生(1919.6—),上海金山人,擅长油画。1935年毕业于苏州美专实用美术科。1943年毕业于重庆国 立艺专西画系,历任苏南工专建筑系、苏州美专动画科、绘画科副教授,华东艺专油画教研组长、南京艺术学院工艺系教授、中国美术家协会会员、美协江苏分会理事。作品有《少女像》、《群峰竞秀》、《静物》、《山东老农》等。

忆,在民国时期,苏州美专还设有音乐课,组织同学们进行大合唱,给与学生作画之余的放松,也陶冶了学生们的情操。颜文樑还曾亲自为学校的校歌作词。可见,苏州美专不光是注重美术专业绘画训练,也同样注重德智体美的多方面教育,旨在培养全面发展的艺术人才。正是因为美专雇有这些来自不同学科的教师,《艺浪》上才会有他们关于不同艺术门类的文章。

通过对已有《艺浪》资料的研究和当时期刊发行的大环境的分析,笔者对《艺浪》杂志的学术价值和时代意义作出以下几点归纳:

一、《艺浪》杂志为学校办学理念和教师的艺术观点的发布,提供一个公开的平台,也是各类艺术思想交流的场所。杂志上发表的师生的艺术作品,向校内外展示了美专的教学成果。此外,杂志还介绍了中外优秀的艺术作品和艺术理论,给学生和艺术爱好者提供更多学习的机会。校刊成为了是学校教育之外的一种艺术教育方式。

二、《艺浪》杂志记录、总结了学校内外各类事物及活动,是学校兴衰发展的万年历。通过杂志的宣传,也提高苏州美专的知名度,增加了生源。为学校开办的图案科、制版科提供实践平台,是美专实用美术教育思想的集中体现。

三、《艺浪》杂志同时也是也是南京艺术学院学报的重要组成部分,接由上海美专的《美术》、《美专月刊》、《葱岭》等杂志之后,起到了承前启后的模范作用。

四、《艺浪》杂志作为我国早期艺术院校的校刊杂志,以其内容丰富、图文并茂、设计别致的特色,吸引了许多校外的艺术家并为其投稿。以此循环,更加拓宽了杂志的艺术视野,使其不光是纯粹的学刊性质的杂志,更是一本综合性的艺术文学刊物。不仅在当时独树一帜,也值得当今的校刊、学报进行参考借鉴。

《艺浪》杂志内容实在丰富,本篇论述只是从整体上把握杂志风貌,所涉内容仅是冰山一角。我将在接下来的时日里将继续进行这一课题,争取找齐杂志所有期数,对《艺浪》杂志做更深入、更全面的研究和探讨。如有遗漏和错误的地方,也希望读阅此文的相关人士可以指出,并给予我更多的修改意见。

（本文作者为南京艺术学院研究院艺术学研究所在读硕士研究生）

【参考文献】

1. 苏州美专校刊:《沧浪美》(不完整,年份和出版社缺失),上海图书馆藏。

2. 苏州美专校刊:《艺浪》第一期,苏州美术专门学校校刊社,1930年3月,私人藏。

3. 苏州美专校刊:《艺浪》第一期,苏州美术专门学校校刊社,1930年(月份未知),私人藏。

4. 苏州美专校刊:《艺浪》第四期,苏州美术专门学校校刊社,1930月6月,上海图书馆藏。

5. 苏州美专校刊:《艺浪》第五期,苏州美术专门学校校刊社,1930年11月,私人藏

6. 苏州美专校刊:《艺浪》第七期,苏州美术专门学校校刊社,1932年1月,北京国家图书馆藏。

7. 苏州美专校刊:《艺浪》第八期,苏州美术专门学校校刊社,1932年12月,上海图书馆藏。

8. 苏州美专校刊:《艺浪》第九、十期合刊,苏州美术艺浪社,1933年12月,上海图书馆藏。

9. 苏州美专校刊:《艺浪》第二卷第一期,苏州美专校刊社,1934年6月,北京国家图书馆藏。

10. 苏州美专校刊:《艺浪》第二卷第二、三期合刊,苏州美专校刊社,1936年6月,北京国家图书馆藏。

11. 苏州美专校刊:《艺浪》复刊第四卷第一期,苏州美术专科学校艺浪出版社,1946年12月,北京国家图书馆藏。

12. 苏州美专校刊:《艺浪》第四卷第二期,苏州美术专科学校艺浪出版社,1947年1月,北京国家图书馆藏。

13. 陈徵主编:《沧浪掇英》,中国现代美术出版社(香港),2009年3月。

14. 南艺史编写组编写:《南京艺术学院校史1912～1992》,江苏美术出版社,1992年版。

15. 郭峰:《构筑起"思想自由、兼容并包"的精神家园——南京艺术学院学报的发展之路》,《南京艺术学院学报》美术与设计版,2004年2月。

16. 李璇洁:《工厂教育制度的引入和颜文樑实用美术教育思想》,南京艺术学院学报,美术与设计版,2009年4月。

17. 王建良:《论苏州美专实用美术教育思想的内涵及传承》,南京艺术学院学报,美

术与设计版,2009 年 6 月。

18. 尚辉:《颜文樑研究》,江苏美术出版社,1993 年 10 月第 1 版。

19. 孙明媚:《上海美专校刊〈美术〉杂志研究》,《上海美专研究专辑》,南京大学出版社,2010 年 12 月。

20. 刘淑贤:《我国近代美术文献发展述论》,《图书馆论坛》,2003 年 8 月。

21. 卢培钊:《中国近现代美术期刊的历史贡献及研究价值》,《中国编辑》,2010 年 3 月。

22. 许志浩:《中国美术期刊过眼录(1911—1949)》,上海书画出版社,1992 年 6 月。

23. 陈瑞林:《20 世纪中国美术教育历史研究》,清华大学出版社,2006 年版。

24. 潘耀昌:《中国近现代美术教育史》,浙江:中国美术学院出版社,2002 年版。

25. 李勇军:《再见,老杂志》,北京工业大学出版社,2010 年 3 月第 1 版。

26. 黄玉涛:《民国时期商业广告研究》,厦门大学出版社,2009 年 5 月第 1 版。

27. 罗小丹:《五四时期的文艺思潮与现代美术教育模式》,《宜宾学院学报》,2006 年第 5 期。

苏州美专动画科史考

朱远如

【内容摘要】 创办于 1950 年 7 月的苏州美专动画科是我国现代艺术院校中设置的第一个动画专业。该专业的创办者颜文樑及其同仁钱家骏、范敬祥等人于 1950 年初在苏州美专开设了"电影制片室",为动画科的成立创造了条件。苏州美专动画科共经历了三个春秋,积累了许多动画教学方面的经验,并培养了许多至今仍影响着中国动画教育事业的动画人才。本文试从苏州美专动画科的创办背景、发展过程、流变以及师资、教学情况和课程设置等方面来介绍其历史,并试图从中探寻其历史价值,以追寻新中国成立初期我国动画教育事业的概况和当时所面临的困难以及当时动画教学的局限性等。

【关键词】 苏州美专 动画科 动画教育 颜文樑 钱家骏

引　　言

南京艺术学院的前身之一——苏州美术专科学校曾于 1950 年开设了我国第一个动画科,对于这段历史,很多著作及教科书中都只是简要的叙述。其实,作为我国动画教育的开创,苏州美专的动画科有其特殊的历史地位。本文将针对动画科的创办过程、发展流变、师资以及教学情况、课程设置等来展开探讨。

本文的研究价值就在于复原当年苏州美专动画科的创办过程、师资构成、课程设置,试图归纳其教学理念与方式、毕业生去向以及它对于我国动画事业的影响,力图揭示它在动画教学上的利与弊、得与失,以及这种早期的民间教学力量在我国的动画教学中的作用,也从另一个侧面反映我国早期动画教学的艰难之处。

1. 我国早期动画[1]的发展历史沿革

事实上,早在动画教育这一概念出现之前,动画在我国 20 世纪初就已出现,只是当时并不是用的"动画"这一概念。1926 年我国诞生了第一部动画影片——《大闹画室》,[2]这部片子是梅雪俦[3]和万古蟾[4]二人受到迪斯尼[5]动画片《从墨水瓶跳出来》的启发后而合作完成的,讲述了画室里的一个纸人和主人将其制服的故事。这部动画片还曾漂洋过海,被运往美国等地公映。在 1927 年 9 月 30 日,即民国十六年九月三十日《申报》[6]本埠增刊上有关于此片的记载:

> 《长城公司'大闹画室'在美开映》:长城画片公司新出版之《大闹画室》系中国摄制活动墨水画 Cartoon 之初创,此片由梅雪俦、万古蟾两君合作而成。梅君昔在美国时专学此种活动画片于纽约百代公司,曾助制著名之墨水瓶 Out of Inkwell 一片。大闹画室片中之一切技巧,皆有梅君专心擘劃,并由其导演一切,万君为国内名

---

〔1〕 动画:动画是一种综合艺术,是工业社会人类寻求精神解脱的产物,它集合了绘画、漫画、电影、数字媒体、摄影、音乐、文学等众多艺术门类于一身的艺术变现形式。动画片,英语称为"卡通"(cartoon),含义是活动漫画。是以图画表现人物形象、戏剧情节和作者构思的影片,美术电影中最基本的形式。它采用"逐格摄影"(又称"定格摄影")的方法,将一系列互相之间只有细微变化而动作连续的画面拍摄在胶片上(电视动画片则摄录在磁带上),然后以一秒 24 格的速度放映出来,能获得形象活动自如的艺术效果。详见《中国大百科全书·电影卷》,中国大百科全书总编委员会《电影》编辑委员会、中国大百科全书出版社编辑部编,北京:中国大百科全书出版社,1991 年版,第 277 页。

〔2〕《大闹画室》:本片编剧、导演、绘制、表演、摄影、洗印、剪辑、放映等全部由万氏兄弟自己承担,1926 年由长城画片公司摄制完成。描写了在画室里有一个纸人和主人制服纸人的故事。其中画家由演员扮演,小黑人是动画。

〔3〕 梅雪俦(生卒年不详),1921 年入长城画片公司,同时入纽约影戏专门学校学习编导,并在一家电影公司学习动画制作。1922 年,参加拍摄介绍中国民族服装和民间武术的短片《中国的服装》和《中国的武术》。1924 年,随长城画片公司到上海,任导演,作品有《春闺梦里人》等。

〔4〕 万古蟾(1900—1995),万氏兄弟之一,万籁鸣之孪生弟。1921 年毕业于上海美术专科学校西画科,先后在本校、上海大学、南京美术专科学校西画科任教。1925 年任上海商务印书馆影片部美术设计,与兄籁鸣摄制动画广告片《舒振东华文打字机》。1926 年入长城画片公司,与其兄弟和梅雪俦等人合作摄制了我国第一部动画片《大闹画室》。

〔5〕 迪斯尼:全称为 The Walt Disney Company,其名取自其创始人华特·迪斯尼,是总部设在美国伯班克的大型跨国公司,主要业务包括娱乐节目制作,主题公园,玩具,图书,电子游戏和传媒网络。

〔6〕《申报》是近代中国发行时间最久、具有广泛社会影响的报纸,是中国现代报纸的开端和标志。原先全称《申江新报》,创刊于 1872 年 4 月 30 日(清同治十一年三月二十三日),创办人为英商安纳斯脱·美查(Ernest Major)。1949 年 5 月 27 日,中国人民解放军接管上海防务后,因为《申报》为中国国民党党产而宣布停刊。前后总计经营了 78 年,共出版 25600 期。

画家,此片之图画悉出其手。摄影明晰,一无微疵,而剧情尤为突梯滑稽,不落普通滑稽片之□白。前曾在百星大戏院随《一箭仇》开映,笑声满院,观客□推□止。今此片已运往美国各埠开映,近接纽约旧金山芝加哥等最近之报告,谓此片在各大戏院开映时,观众除留美华侨之外,更多美国人士前来参观,彼等俱赞美此片之成绩,并惊叹中国居然有此种堪与美国活动画片匹美之出品,报纸尤多赞美之词云:此片尚须在本埠作第二次之公映云。

通过《申报》刊载的这段资料可见,梅雪俦曾在国外学习过动画片的制作,后与万古蟾一起摄制了《大闹画室》,该片不仅在国内上映,引起轰动,还发行至美国等地公映,受到国外观众的欢迎,取得了非常好的效果。由此可见,我国的动画制作虽然起步晚于欧美近 20 年,但是我们并不缺乏此类动画人才,万氏兄弟、[1]梅雪俦等人就是先例,而且他们制作出的动画片的水准并不亚于欧美的动画电影,这是得到欧美观众认可的。在此片制作完成并成功公映之后,国内还陆陆续续有类似的动画片公映。例如 1935 年,万氏兄弟在明星影片公司[2]的支持下制作出我国第一部有声动画片《骆驼献舞》,[3]1941 年,他们还联合创作完成我国第一部动画长片《铁扇公主》,[4]这些都标志着当时我国的动画艺术已经接近世界先进水平。同时期,欧美的动画电影也开始陆陆续续被引进国内,登上电影院的屏幕,开始走进人们的生活,如迪斯尼的动画短片和《白雪公主》等影片。

───────────

〔1〕 万氏兄弟共四人,即万嘉综、万嘉琪、万嘉结、万嘉绅。从事动画事业后他们均使用自己的号,即籁鸣、古蟾、超尘、涤寰(其中老大万籁鸣和老二万古蟾是孪生兄弟),真名反而很少为人所知。四兄弟中以万籁鸣的成就最高,是创作的核心人物。详见颜慧、索亚斌:《中国动画电影史》,北京:中国电影出版社,2005 年版,第 10 页。

〔2〕 明星影片公司:我国早期私营电影企业,1922 年 3 月,由张石川、郑正秋、周剑云、郑鹧鸪、任矜苹等发起,创办于上海。初期摄制滑稽短片,后摄制长故事片,坚持"教化社会"的宗旨和电影与民族文化传统结合的艺术主张。1936 年 7 月 1 日,进行了革新和改组,明确提出"为时代服务"的制片方针,建立了明星一厂、二厂。1937 年由于抗日战争爆发,明星公司制片基地严重受损,遂停办。

〔3〕《骆驼献舞》:编剧、导演、制作、摄影、录音都由万氏兄弟担任,1935 年明星影业公司摄制完成。影片根据《伊索寓言》故事改编,描写狮子请客,百兽云集,一头自作聪明、自命不凡、又鉴出风头的骆驼,当众献舞,大出洋相,引起众兽大笑,最后群起把骆驼赶下台。

〔4〕《铁扇公主》:编剧王乾白,由万籁鸣、万古蟾联合执导,摄影刘长兴、周家让、陈正发、石凤歧、孙飞霞,1941 年 9 月上海新华联合影业公司摄制完成。影片情节出自《西游记》中"孙行者三调芭蕉扇"一段。制作规模浩大,有一百多名制作人员,历时一年多时间完成,片长 9700 尺,放映 1 小时 20 分钟,开创了中国动画史上第一部长片纪录,也创下当时亚洲地区第一部长动画片的纪录。

或许是民国时期当局对于欧美的动画电影没有播映的限制，使得更多国人能够看到欧美的动画片，并且也给予了想要钻研动画片的人们学习的机会。但是当时大多数人只是对动画片感兴趣，真正愿意身体力行去钻研的人也只是极少数。然而值得庆幸的是我国还是有一批具有远见的教育学者深暗动画将是未来的一个发展方向，自 1928 年至新中国成立前期，国内共有四所院校有专业涉及到动画或者与动画有一丝关联，他们分别是江苏省立教育学院成立的"电影播音教育专修科"（简称"电专科"）、"金陵大学理学院电影播音专修科"、"教育电影画片社"和"南国动画学院"。不过其中以动画为主要教学活动的只有"南国动画学院"，而这所"南国动画学院"也仅开办了两年，根据文献记载，似乎也没有比较大的教学成果和培养出动画大师，可见当时对于动画人才的培养还是没有达到一定的高度，但是他们的存在为后来人们致力于动画的学习和研究还是具有积极的作用并提供了一些借鉴。

　　除了当时这几所具有开创性的培养动画人才的学校之外，细数民国时期也有几位动画大师令人尊重，如二十世纪三四十年代的万氏兄弟、梅雪俦、杨左匋、[1]黄文农、[2]秦立凡、[3]钱家骏、[4]范敬祥、[5]特伟[6]等。在这些动画大师中，只有杨左匋、梅雪俦曾游学于美国，接触过欧美的动画电影，其他的动画创作者除了在新中国成立之前看过欧美的动画电影以及在新中国成立之后看过前苏联和南斯拉夫的动画之外，并没有真正意义上接

----

　　〔1〕 杨左匋(1897—?)，著名美术家，兼通音乐。早在 1919 年，他与颜文樑等人在苏州组织了"美术画赛会"，并与北大画法研究会联合举办了最早的美术展览，树国内美术展览会之先声，在美术方面具有极深的造诣。

　　〔2〕 黄文农(1903—1934)，松江县人。16 岁进上海中华书局，当石印描样学徒。喜爱美术，用心学习，画技渐精。不久，调至《小朋友》杂志任美术编辑。开始对漫画产生兴趣，经常习作漫画。民国 14 年(1925 年)初，首先在《晶报》上发表，后即为该报编辑。不久，《东方杂志》也特约他为漫画作者，作品经常发表，其漫画锋芒所指，主要为帝国主义和军阀。"五卅"惨案发生后，发表作品《最大的胜利》和《公理、亲善、和平、人道》，曾被群众复制放大，张贴通衢，称他为"政治漫画家"。

　　〔3〕 秦立凡(生卒年不详)，著名漫画家，曾在英美烟公司工作过，绘制过《球人》一片，是我国早期的动画艺术家。

　　〔4〕 钱家骏((1916—2011)，男，吴江同里镇人。曾用名云麟，字中川，笔名田丁。1935 年苏州美术专科学校毕业，1949 年后曾任苏州美术专科学校教授、科主任、上海电影学院动画系(后查实应为上海电影专科学校动画系，由当时上海美术电影制片厂创办，校长为张俊祥)教授、系主任。详见张澄国、朱栋霖主编：《苏州与中国电影》，北京：中国电影出版社，2007 年版，第 215 页。

　　〔5〕 范敬祥(生卒年不详)，1935 年毕业于苏州美专。

　　〔6〕 特伟(1915—2010)，上海人。原名盛松，肄业于上海尚贤中学。1949 年在长春电影制片厂负责组建美术片组。1950 年该组迁至上海，并于 1957 年建成上海美术电影制片厂，任厂长。

触过动画电影的技术以及制作,他们几乎可以说是完全靠自己对动画的热爱,潜心琢磨动画的奥秘,一遍一遍地反复试验制作动画,最终克服一个一个难题,创作出属于他们的中国动画片,而这样的动画人才的培养和形成方式一直持续到新中国建国初期,直至 1950 年 9 月苏州美专动画科的成立。

事实上,早在 1950 年春,苏州美专未正式成立动画科之前,在颜文樑[1]的支持下已由当时的动画家钱家骏和范敬祥在苏州美专创办了"电影制片室",随后才于 1950 年 9 月正式成立了动画科,学制两年,这便是我国第一个高等院校中的动画专业。虽然当时动画科只有教师 10 余人,学生 30 余人,但是这个学科的成立,在我国动画教育历史上有着重要的地位,可以说是我国动画教育事业的一个里程碑。1952 年由于全国高校院系调整[2],动画科全体师生与南京金陵大学影音部、苏南文化教育学院的电化教育[3]专修科合并,成立了大专体制的中央电影局电影学校,即后来的北京电影学院。[4]

动画是一门实用美术,而苏州美专一直致力于将实用美术发挥到生活中去,这从苏州美专早期开设制版印刷等专业中可以见得,所以动画科是苏州美专将实用美术又推上了一个新台阶,运用这一新学科带动一种实用型人才的培养,将颜文樑及苏州美专的传统发扬光大。

由于当时动画是一门新的学科,教学模式没有可以完全借鉴的样本,课程设置及师资安排都是相当困难的,但是在颜文樑、钱家骏、范敬祥和全

---

〔1〕 颜文樑(1893—1988),江苏苏州人。油画家,美术教育家。自幼随父亲颜元学画,1922年与胡粹中、朱士杰创办苏州美术专科学校。1928 年赴法国留学,入巴黎高等美术专科学校学习油画。其间曾赴西欧各国参观、考察美术情况 。1932 年回国 ,主持苏州美术专科学校的教学。1953 年后任中央美术学院华东分院副院长、浙江美术学院顾问、中国美术家协会顾问等职。

〔2〕 1952 年全国高校院系调整:中央教育部在 1951 年 11 月召开了全国工学院院长会议,拟定了全国工学院院系调整方案,揭开了 1952 年全国院系大调整的序幕。1952 年秋,中央教育部在高等学校教师思想改造的基础上,根据以"培养工业人才和师资为重点,发展专门学院、整顿和加强综合大学的方针"为原则,在全国范围内进行了高等学校的院系调整工作,调整于 1953 年结束。经过调整后,许多高校被分拆,全国高校数量由 1952 年之前的 211 所下降到 1953 年的 183所。高校彻底"苏联化",私有制学校几乎消失。

〔3〕 电化教育是指在教育教学过程中,运用投影、幻灯、录音、广播、电影、电视、计算机等现代教育技术,传递教育信息,并对这一过程进行设计、研究和管理的一种教育形式。是促进学校教育教学改革、提高教育教学质量的有效途径和方法,是实现教育现代化的重要内容。

〔4〕 北京电影学院创建于 1950 年,前身是中央电影局表演艺术研究所(电影学校),1952 年与苏州美专的动画科、南京金陵大学影音部及苏南文化教育学院的电化教育专修科合并后,改名为"中央电影局电影学校",1953 年后更名为"北京电影学院"。

校教师的合作之下，不仅制定出了详细的学习课程，也根据课程设置安排了适当的教师来配合动画科的教学工作。虽然以今天的眼光来看当时动画科的课程设置和师资安排是略显粗糙和不完善的，但它却是我国高校中第一个动画教育的模板，对后来的动画教育有些相当大的启发和影响。为配合新学科的建设和教学，钱家骏根据自己研究和拍摄动画的经验整理成两本教材——《动画原理》和《动画线描》，这两本教材是我国动画教学的启蒙教材。《动画原理》中把动画的定义、如何使画面动起来、制作步骤等分析得十分详细，《动画线描》则是教导学生如何将绘画素描的能力使用于动画。这两本书也是后来动画科学生口中的"红宝书"。但可惜的是，现在已无法找到这两本教材，只得从后人口中得知这两本教材的存在。在师资的安排上，苏州美专也可谓是匠心独运，将教师团队分成了两组，一组专门负责基础课程，即绘画能力的教学和训练，另一组则专门负责影视和动画基本原理的教学。动画是实用美术，不可避免的既要掌握绘画基本功，又要对动画的基本原理掌握透彻并能理解和运用。而就是这样的教学模式培养出了我国许多著名的动画家，如浦稼祥、[1]严定宪、[2]林文肖、[3]阿达[4]等等。

对于师资及课程设置等可根据其他学者的记录及校友的回忆来复原历史真相，然而困难之处在于教学理念的解读。毕竟苏州美专动画科只开办了三年，办学时间短，教学方式较为粗糙，师资安排不够完善等。动画科之所以得以创办，得益于中国电影行业的发展。从动画科的主要创办者——

---

〔1〕 浦稼祥(1932—   )，1952年毕业于苏州美专动画科。中国原画创作大师，上海美术电影制片厂导演、北京电影学院客座教授。国内许多堪称经典的动画影片，如《大闹天宫》、《小蝌蚪找妈妈》、《葫芦兄弟》等，其动作设计都出自浦老师之手。浦稼祥在人物、动物的角色塑造上有独到的见解，尤其对于反面角色设计更是有所专长。

〔2〕 严定宪(1936—   )，江苏无锡人。1951年就读于苏州美专动画科，1953年毕业于北京电影学校动画系，毕业后分配至上海美术电影制片厂工作。历任上海美术电影制片厂动画设计、导演、厂长，中国影协第五届理事，中国动画学会副会长，国际动画学会(ASIFA)会员。是动画片《大闹天宫》的首席设计师。

〔3〕 林文肖(1935—   )，女，江苏丹阳人。1951年入苏州美专动画科，1953年毕业于北京中央电影学校动画科，后任上海美术电影制片厂动画设计，1977年任导演，先后为《哪吒闹海》、《大闹天宫40周年纪念版》等动画片担任动画设计。

〔4〕 阿达(1934—1987)，江苏昆山人。原名徐景达，美术片导演。1951年考入苏州美专动画科，1952年转入北京电影学院动画班。毕业后被分配到上海电影制片厂美术片组，后为30多部影片绘景、设计、导演。历任上海美术电影制片厂美术设计、导演，上海漫画学会会长，中国动画学会副会长，国际动画协会理事等。

钱家骏、范敬祥、杨祖述[1]等人的创作过程中不难看出,他们早期都是从事动画电影的,所以处在中国动画教育事业前端的苏州美专动画科也就不可避免地要面对一些客观的历史问题,因为开办动画科是史无前例的,所有相应的教学目的、培养目标、师资安排、课程设置和教学方式都要靠自己摸索。创办者的初衷是以实践带出一个应用型人才的培养模式,借美术教育来开办这样一个学科。他们当年的教学中也是没有教学资料和教学大纲的,素描、水彩等课程与其他专业的学生相同,专业课就靠几位有过动画电影创作及拍摄经验的老师担当教学,但这样的教学方式很明显还是存在一些不足的。可以说,苏州美专动画科在教学上完全是在摸索中前进,那么教学理念也就自然不是那么显而易见,甚至说很难从这短短的三年时间里为其总结出一个既与其办学初衷相适又的确可以精确概括其特色的教学理念,因为在这三年时间里,除了培养出的部分学生分至当时的三大电影制片厂工作之外,它并没有其他的教学成果出现。所以,在此也希望各位学者对此问题能够允许笔者做一适当的解释。

苏州美专动画科虽然只开办了三年,且经历了一段波折的历程,但是在梳理其发展脉络的过程中,可发现苏州美专动画科的成功设置累积了很多人的心血和无私的付出。虽然三年的时间很短暂,让很多人对这段历史只是匆匆一瞥,但是终有一天,会有人认识到这段历史光辉的一面,它是我国动画教育事业的开启者,这艰难的开创过程应当被载入史册,并为后人知晓。

2. 苏州美专动画科的记载史料概况

在近一年多的时间里,笔者通过亲自走访苏州美专的旧址、苏州档案馆、苏州美术馆等地,试图寻找当年苏州美专开设动画科的蛛丝马迹,但是却一无所获,没有获得任何当年有价值的一手书面史料。但是幸运的是,由于苏州美专动画科开办于1950年,现尚有当年动画科的相关任课教师和动画科的学生在世,他们的口述历史成了本文写作的重要材料来源,并且这些口述历史的原真性也是非常强的。在2011年4月至10月期间,笔者与苏州

---

〔1〕 杨祖述(1913—),早年就读于苏州美专,后毕业于中央大学艺术系。现为中国美术家协会会员,上海美术家协会会员,上海戏剧学院舞台美术系教授,太仓书画研究院顾问。

美专专辑编辑小组走访了众多苏州美专的校友,如尤玉淇、[1]毕颐生、[2]陈士宏、[3]严定宪、林文肖、浦稼祥、唐令渊、[4]陈徵、[5]钱珊朱(钱家骏之女)等,其中毕颐生是动画科素描老师,浦稼祥、严定宪、林文肖是动画科学生。这几位苏州美专校友的口述历史具有很高的原真性,是非常难得的历史资料,通过这几位老师的回忆,让笔者对动画科的创办历史以及动画科的教学有了一些大概的了解。

另外在一些书籍及网络上查找到一些与苏州美专动画科相关的资料,在这里做一些简单的梳理性的介绍:

李新《记苏州美专动画科》(载《南京艺术学院学报》音乐与表演版,1982年第12期。这篇文章主要叙述20世纪我国著名艺术教育家颜文樑在1950年创办苏州美专动画科一事,以回顾创办初期的状况,内容涉及1950年3月预先设立的"电影制片室"的成员、任课教师以及动画科在1952年与另外两所院校合并的缘由等。这是一篇亲历者的回忆,资料具有很强的原真性。)

李保传《漫谈我国早期的动画艺术教育》(载《苏州工艺美术职业技术学院学报》,2010年第3期。这篇文章主要阐述自20世纪40年代起,我国几个培养动画人才的机构和组织,其中有谈论到苏州美专动画科。关于该部分内容,作者主要通过对苏州美专动画科校友浦稼祥先生的采访,粗略的叙述了动画科的创办经历、发展概况以及动画科几位毕业生在上海美影厂的工作状况。这是一篇研究性的文章,为本文研究苏州美专动画科的创办及

---

〔1〕 尤玉淇(1918—),苏州人。自署霜庐老人,画家、作家。早年毕业于苏州美术专科学校,一生从事文化、艺术及教育工作。建国前为上海影音事业公司美术主任。现为江苏省美术教学学会会员,江苏省美学会会员、黄山书画院院士。
〔2〕 毕颐生(1919—),出生于上海金山。1936年毕业于苏州美专实用美术科,1943年毕业于国立艺专。历任国立清华大学、苏州美专、华东艺专、南京艺术学院教授,广州美术学院、曲阜师范大学客座教授,中国美术家协会会员,中国美术家协会江苏分会理事。1950年至1952年在苏州美专动画科任教素描课,他对素描如何结合专业需要来进行教学、改革,取得了较好的成果。详见人民政协南京市鼓楼区委员会编《中国油画名家与金陵鼓楼》,2007年版,第65—68页。
〔3〕 陈士宏(1917—),新中国第一代科教片工作者,他早年考入苏州美专,师从著名画家颜文樑学习油画。1950年开始做科教片动画设计师,曾担任过《苍蝇》《无痛分娩》等影片的动画设计。由他担任动画设计的《昆虫世界》《哈雷彗星》等影片在国际国内电影节获奖。
〔4〕 唐令渊(1929—),女,1948年入苏州美术专科学校国画系学习,1950年毕业。毕业后即进入上海美术电影制片厂,长期从事动画剪纸等片的工作,早年曾经参与制作的动画影片有《过猴山》和《等明天》等。
〔5〕 陈徵(1925—),苏州人。1950年苏州美专西画系毕业,1952年任上海市虹口区中教组美术教研组长,1981年任上海人民广播电台音像公司美术编辑,后又历任上海人民广播电台印刷分厂厂长,上海音像公司装璜印刷厂厂长,中国音像大百科美术编辑,上海金三元设计公司高级顾问。

发展状况提供了一定的参考价值。）

孙慧佳《中国首位动画教授——钱家骏评传》（载《吉林艺术学院学报》，2006 年第 2 期。这篇文章的内容建立在作者对我国已故的动画家，即苏州美专动画科的主要创办者钱家骏的采访上。内容主要关于他的动画生涯，尤其是肯定了他对水墨动画创作的探索，其中早期的动画经历牵涉苏州美专动画科。由于钱家骏是苏州美专美专动画科的主要创办者，所以此文章为研究动画科的创办提供了比较丰富的信息。）

孙玉宝《中国动画教育的历史回顾》（载《艺海》，2009 年第 11 期。这是一篇研究性的文章，回顾了 20 世纪我国的动画教育状况，其中有关于 1950 年苏州美专开设动画科的介绍，为本文研究苏州美专动画科的创办及发展状况提供了一定的参考价值。）

苏州美专《校友通讯》专辑（此为苏州美专校友提供，由于数量较多，且时间不定期，在此不一一详述。其中有部分文章是苏州美专动画科校友关于当年动画科的回忆以及对动画科主任钱家骏老师的回忆录，这些珍贵的资料对本人的写作有重要的帮助。）

《苏州美术专科学校招生》（载 1950 年 7 月 22 日《新苏州报》。这是 1950 年 7 月刊登在苏州当地的《新苏州报》上的招生广告，为本文研究动画科的设立及招生情况提供了大量的讯息。）

口述历史的整理，如毕颐生、浦稼祥、严定宪等，他们均为苏州美专动画科师生，属于亲历者，他们的口述历史具有很强的原真性，具有很高的历史价值。

此外，还有一些涉及苏州美专动画科及我国早期的动画教育事业的发展状况的资料，如：

张慧临《20 世纪中国动画艺术史》（西安：陕西美术出版社，2002 年版。这本书从动画的起源开始，以时间顺序为线索，研究了从民国时期动画的开创期到新中国的发展期，再到文革的特殊时期，直至当今新中国的再发展，以及现在我国动画行业所面临的问题。）

陈瑞林《20 世纪中国美术教育历史研究》（北京：清华大学出版社，2006 年版。本书系统地收集了 20 世纪中国美术教育史料，进行了较为细致的梳理，本书对于中国教育史、中国美术教育史、中国近现代美术史和近现代中国文化艺术史的教学和研究具有一定的参考价值。其中有章节介绍到苏州美专以及苏州美专动画科的开创及发展过程，对本文写作有一定的参考价值。)

张耘田主编《苏州当代艺文志》全5册(扬州:广陵书社,2009年版。本套书共5册,收录1949年10月1日至2000年五十年间苏州人及苏州籍人士出版发行的书目文献,通过本书可以查询到多位苏州籍苏州美专人士的信息。)

季啸风、王显明、徐敦潢《中国高等学校变迁》(上海:华东师范大学出版社,1992年版。本书介绍了我国256所高等学校发展历史,以及在教学、科研、为社会服务方面的成绩等内容。其中有涉及1952年全国高校调整相关事宜以及涉及的学校,包括苏州美专及苏州美专动画科去向等。)

肖路《国产动画电影传统美学特征及其文化探源》(上海:上海人民出版社。国产动画电影曾一度在国际上享有盛誉,然而其现状却并不乐观,但是回顾国产动画艺术的发展历程,国产动画电影曾经也创作了不少精品,形成了独具特色的美学风格。针对这一状况,本书的作者对国产动画电影的传统美学风格及其成因进行研究,并对当下国产动画电影美学风格的演进作了一番考察。)

张澄国、朱栋霖主编,温尚南编著《苏州与中国电影》(北京:中国电影出版社,2007年版。本书讲述了100多年来苏州与中国电影的关系,提供了100多个苏州籍的电影名人,从百年前中国电影序幕的开端,二十世纪二十年代上海的早期电影,三四十年代上海的名导演、名演员,一直到八九十年代的著名影星、编剧、导演、摄影、美工、作曲等。从中可查找到与苏州美专动画科相关的动画导演、动画设计人员等)

吴在扬《中国电化教育简史》(北京:高等教育出版社,1994年版。这本书主要介绍1920年到1990年中国电化教育发展的历史,而苏州美专动画科其中有一门课程就是电化教育,从本书中可以了解到当时的电化教育概况和当时电化教育专家的活动情况。)

余为政《动画笔记》(北京:京华出版社,2010年版。这本书是一本兼具广度与深度的动画专著,作者亲自探访欧美及亚洲等地数十位动画专家学者,其中包括苏州美专动画科校友、上海美影厂厂长——严定宪先生。作者记录下他们创作上的种种观念和宝贵经验,并综合自己多年工作的体会与感悟,整理汇集成文稿。)

另外,还有一些边缘性文章,如:

殷福军《首批中国动画片及作者的考证》,载《电影艺术》,2007年第1期

张立《对中国动画教育发展的思考》,载《理论与实践》,2006年第2期

鲍济贵、梁苹《中国美术电影69周年》,载《电影艺术》,1995年第6期

宋妮《高校丧失自主权:1952年院系调整回眸》,载《文史参考》,2010年第6期

朱轸《浅谈1952年江苏高等学校院系调整》,载《江苏高教》,1989年第1期

沈登苗《打破民国高等教育体系的院系调整》,载《大学科学教育》,2008年第5期

《英美烟公司影戏部之近况》,载1923年8月13日《申报》第5张

《杨左匋新制滑稽画片》,载1924年1月28日《申报》第5张

《美术家杨左匋定期赴美》,载1924年7月30日《申报》第5张

《大中华百合公司新片摄制训》,载1927年1月16日《申报》本埠增刊

《大中华百合公司滑稽画》,载1927年5月8日《申报》本埠增刊

《长城画片公司之活动滑稽画片》,载1927年5月10日《申报》第5张

《长城公司〈大闹画室〉在美开映》,载1927年9月13日《申报》本埠增刊

以上这些资料都是或多或少的提及苏州美专动画科或早期我国动画事业,作者将其一一梳理,通过苏州美专校友的回忆,资料的整理,试图恢复苏州美专动画科的创办过程和教学情况,将苏州美专动画科的历史呈现与读者面前,弥补历史上的一个空白。

一、苏州美专动画科的创办背景

在苏州美专动画科尚未创办之前,我国是有动画电影和动画人才的,只是在规模、数量和影响上比较小,而他们的产生也是受到欧美动画电影的极大影响。欧美动画电影的上映以及早期我国动画电影的萌芽都对后来苏州美专创办动画科产生了一定的影响,而我国动画电影的萌芽阶段可以说早在民国时期就已出现。其实动画电影的出现主要是依托于电影事业的发展。民国时期,我国电影事业发展最为兴旺的便是上海以及长江三角州、珠江三角洲等经济较为发达的地区,所以在当时有四所与影视、动画等相关的专业出现。它们分别是江苏省立教育学院(无锡)成立的"电影播音教育专修科"(简称"电专科")、"金陵大学理学院电影播音专修科"(南京)、"教育电影画片社"(重庆)和"南国动画学院"(广州、香港)。在这几所学校中开设的

专业都有牵涉到与后来动画专业相关的课程,更有教员成为后来苏州美专动画科教学的主导力量,如钱家骏、范敬祥、戴公亮[1]等。

1. 动画科创办前的国内动画发展概况

在 20 世纪 30—40 年代,美国的动画电影就已在国内有上映。笔者翻阅大量民国时期的报纸发现,早在 1937 年就有美国华特公司的动画短片在上海上映。在《中国动画电影史》一书中也曾有提道:"1940 年,美国的卡通片《白雪公主》正在上海热映,国人竞相观看,上座历久不衰。"[2]不过笔者翻阅民国时期的《申报》,查证出其实早在 1939 年 3 月,《白雪公主》这部卡通电影就已在上海上映,例如在 1939 年 3 月 10 日(即中华民国二十八年三月十日)的《申报》上就刊登有关于《白雪公主》的电影信息及简介。

图 1 1937 年 7 月 3 日《申报》
关于上映华特迪斯尼公司动画短片的信息

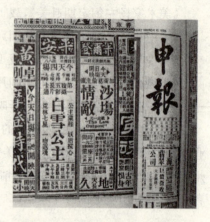

图 2 1939 年 3 月 10 日《申报》
关于上映《白雪公主》的信息

笔者在翻阅了大量民国时期的报纸后发现,这样的动画短片及动画电影的宣传广告几乎在每天的电影娱乐版面上都会出现,可以说是屡见不鲜。由当时国外动画片的宣传广告一直活跃于当时报纸的电影版面,可见动画短片和动画电影是有一定的受众面和一定的市场的。此外,除了欧美动画短片及动画电影的出现及上映之外,国内的动画电影也在此时登上电影院的屏幕。1935 年,万氏兄弟在明星影片公司的支持下制作出我国第一部有声动画片《骆驼献舞》。1941 年,万氏兄弟联合创作完成我国第一部动画长

---

〔1〕 戴公亮(1908—?),1933 年毕业于无锡江苏省立教育学院,毕业后留校在研究实验部开展视听教育工作。1934 年,被派去上海联华等电影公司学习和实习电影制作。
〔2〕 颜慧、索亚斌:《中国动画电影史》,北京:中国电影出版社,2005 年版,第 18 页。

片《铁扇公主》,这部片子也在全国多处上映,直至 1950 年仍有影院在上映这部片子。

图3　1950 年 5 月 16 日《新苏州报》
关于上映《铁扇公主》的广告信息

　　动画电影为何能够持续地吸引着大众的目光,究其原因,我想主要是由于动画片的特殊形式。它不同于真人演出,真人电影比较容易理解,即演员扮演,拍摄好之后借助设备放映。可是动画,着实让那个年代的人觉得困惑,如何能让画出来的人物动起来呢? 而且还能像真人一样说话? 这也是吸引众多动画界的名人会走上动画制作道路的一个重要原因,他们都是被动画这种特殊的表演方式所深深吸引,如钱家骏、杨祖述、范敬祥、浦稼祥、严定宪[1]等。同时,动画作为一个新兴的行业,受到大众如此的追捧,也让当年苏州美专动画科的创办者颜文樑、钱家骏等人看到动画事业发展的趋势势必是美好的、充满希望的,并且动画作为一种实用美术,也是颜文樑毕生倡导的,这些因素也是苏州美专会创办动画科的一个诱因。

2. 中国近代动画电影的发展历程对苏州美专动画科的影响

　　中国动画电影始于 20 世纪 20 年代初期。当时,动画片是属于美术片[2]这一片种之中的,不过当时都习惯于统称为美术片。虽说早在民国年间将动画片普及大众靠的是欧美动画电影,尤其是迪斯尼的动画,但是其实动画片在我国的诞生可以精确地推及到 1926 年。因为在这一年,作为中国动画片的开拓者、中国动画片之父的万氏兄弟(即万籁鸣、万古蟾、万超尘、

---

〔1〕 以上几位均是苏州美专动画科的教师及学生,在后来新中国的动画教育事业中具有重要的地位,在下文中将会有详细介绍。

〔2〕 美术片:一种特殊形式的电影,美术片是中国的名词,在世界上统称 animation,是动画片、木偶片、剪纸片的总称。美术片主要运用绘画或其他造型艺术的形象(人、动物或其他物体)来显现艺术家的创作意图,是一门综合艺术。美术电影有短片、长片和系列片多种,题材和形式广泛多样,在世界影坛上占有重要地位。在电视领域中更受重视,为少年儿童和成年观众所喜闻乐见。详见中国大百科全书总编委员会《电影》编辑委员会、中国大百科全书出版社编辑部编:《中国大百科全书·电影卷》,北京:中国大百科全书出版社,1991 年版,第 277 页。

万涤寰）制作成动画广告《舒振东华文打字机》[1]，这部片子是中国动画片的雏形。不过也有些学者将万氏兄弟的《大闹画室》作为中国的第一部动画片，因为从性质上来说，后者是纯粹的动画性质，而前者是动画广告。但事实上，除了万氏兄弟以外，还有四位未受到国人重视的动画大师。关于这一点，内蒙古师范大学美术学院动画系的殷福军[2]曾对此做过深入的研究，他在《首批中国动画片及作者考证》中指出："杨左匋、黄文农、梅雪俦、秦立凡、万氏兄弟等都是中国早期动画片的开拓者，他们共同为中国动画事业的开创作出了贡献。"[3]而在这几位中国的动画先驱中，有一位与苏州美专有着特殊的关系，这便是杨左匋先生。

图4　杨左匋像（图片来源于1924年7月30日《申报》）

　　知道杨左匋的人并不多，在现今的很多资料中也未能找到较多关于他的介绍，只知其是中国近现代著名的美术家，兼通音乐，曾于1919年与颜文樑等人在苏州组织了"美术画赛会"，[4]并与北大画法研究会[5]联合举办了最早的美术展览，树国内美术展览会之先声，在美术方面具有极深的造诣。为何说他与动画有关联呢？这与他早年的工作经历有关，他曾受聘于英美烟公司[6]为图画设计师，受公司赞助留学美国。留学时，他主笔《门德尔松的春之歌》，被华特·迪斯尼[7]发现后，聘为迪斯尼工作室特技动画部首席动画师，参加迪斯尼动画片《白雪公主》的制作，后来又制作《小飞象》、《幻想曲》等

---

〔1〕 该动画广告是万古蟾在上海商务印书馆影片部任美术设计时，与兄弟万籁鸣合作拍摄的。
〔2〕 殷福军：内蒙古师范大学美术学院动画系教师。
〔3〕 殷福军：《首批中国动画片及作者考证》，载于《电影艺术》，2007年第1期。
〔4〕 美术画赛会：又名"苏州画赛会"、"画赛会"或"赛画会"。1919年元旦在苏州万寿宫（今苏州市人民文化宫老年大学校址）举办第一次画展。主办者为颜文樑、杨左匋等。
〔5〕 北大画法研究会：1912年京师大学堂改称北京大学，1916年12月蔡元培出任校长，聘请陈独秀等人担任教授，1918年2月22日蔡元培发起组织"北京大学画法研究会"，该会可说是中国现代史上第一个新型的研究绘画艺术的大型美术团体，聘请画坛耆宿如陈师曾、贺履之、汤定之、胡佩衡等诸位名家以及新秀徐悲鸿（时年23岁）担任导师。
〔6〕 英美烟公司：1902年，美国烟草公司和英国烟草公司等6家烟草公司组成英美烟公司，并很快就兼并了老晋隆洋行。此后，在我国销售的进口烟的品种就多了起来。1934年，英美烟公司在华的卷烟制造机构更名为颐中烟草公司。
〔7〕 华特·迪斯尼（1901—1966），美国著名导演、制片人、编剧、配音演员和卡通设计者，并且和其兄洛伊·迪斯尼一同创办了世界著名的华特·迪斯尼公司。

多部动画片。留学回国后在英美烟公司的滑稽影片画部任事,专门绘制滑稽片。英美烟公司是民国时期一贸易公司,与海外接触较多,他们发觉当时在国内能够摄制新闻片的仅明星影片公司,于是英美烟公司最先设置了影戏部,开始拍摄新闻片。1923 年 8 月 13 日的《申报》上有介绍:"英美烟公司之有影戏部也,已三年於兹",[1]可见英美烟公司的影戏部早于 1920 年就已成立。而在 1924 年 1 月 28 日的《申报》上,更有关于杨左匋绘制滑稽片的报道。

> 名画家杨左匋君,年来为英美烟公司绘制活动滑稽画片,歷在各埠上映,备受观众欢迎,能与幕上绘成种种人物,使之自动,一如真人。近又新制影片一□,名'过年',内容颇新颖可觀,闻已印就十余卷,分运各地放映院开演。闻杨君言,滑稽画片之手续,虽繁而极饶兴趣,但以机械太复杂,故此种人才在欧美亦不多。每□以千尺计,至少须绘图万余幅,方能互相联络,演成各种动作。故一片之成,动辄费数月之久,始克摄毕,惟较之组织演戏团,奔波摄演,则劳逸不可以道里计云。[2]

从这段文字当中可看出,当时制作动画片的人才极少,而且制作动画片也是一件极为复杂的工作。从中也可见得早在 1926 年万氏兄弟的《大闹画室》诞生之前,杨左匋在英美烟公司就已拍摄了类似于动画片的"滑稽片",但由于英美烟公司是贸易公司,其影视作品主要用于出口贸易,因而未将其作品算做真正意义上的中国动画的雏形。

通过这段介绍,我们也得以看出早在 20 世纪初期,杨左匋先生就已投身动画事业,虽然当时的动画与我们今天所说的动画有稍许差别,但是不得不承认在那个年代,杨左匋等人在动画方面的努力对中国的动画事业是有一定的影响的。而杨左匋与苏州美专的创办者——颜文樑又是怎样的关系呢? 从现有的文字资料上看,多数都只提及他与颜文樑在 1919 年共同约请

---

[1] 详见 1923 年 8 月 13 日《申报》,第 5 张,《英美烟公司影戏部之近况》。
[2] 详见 1924 年 1 月 28 日《申报》,第 5 张,《杨左匋新制滑稽画片》。

当地名士,发起组织"苏州画赛会",[1]这也是我国现有资料记载的第一次全国性的美术展览会。但实际上,杨左匋对于颜文樑决心办动画科也是有着不小的影响。据笔者对当时苏州美专的学生兼后来留校任教的毕颐生教授的采访后得知,颜文樑创办了苏州美专后,杨左匋曾担任过颜文樑的助手,而杨左匋又是一位深入研究并且制作过动画的动画大师,他的思想对颜文樑的影响可见是不可避免的。在《颜文樑与中国动画教育》一文中,李新先生也有说道:"颜先生创办动画科是经过了长期的孕育和不断的努力才得以实现的。远在三十年代,颜先生与他的旧友旅美动画专家杨左锦(应为杨左匋)交游,考察到动画艺术是当代一朵璀璨新花,具有广阔的发展前途,为社会所需要。他立志于开创中国的动画教育,培养我国自己的动画人才。……但是在旧社会,要实现自己的理想谈何容易!经费、设备、师资……样样都成问题。颜先生高瞻远瞩,他先在他的学生中物色人才,培养和引导了对动画艺术颇具才能的钱家骏从事这项工作。经过多年刻苦钻研和艺术实践,钱家骏终于成为我国早期动画事业中卓有成就的动画专家之一。"[2]从这一段内容中可见,颜文樑与杨左匋交情匪浅,在杨左匋的影响下,原本就对于开办新专业颇有热情的颜文樑将开办动画科一事深植于心中。当他有此想法之后便在他的学生中物色上了对动画艺术具有天分且努力好学的钱家骏,并在其后来的工作及动画创作上给予了一定的支持。但当时开办动画科的时机未到,因为设备、经费和师资等都还未做好准备。加上抗日战争的爆发,苏州美专随后停办,开办动画科一事在颜文樑心中也就暂且搁置了。

其实早在民国时期,中国就已有各种组织在积极的开展动画教学,其中影响较大的有4个,分别是:江苏省立教育学院就成立的"电影播音教育专修科"(简称"电专科")、"金陵大学理学院电影播音专修科"、"教育电影画片社"和"南国动画学院"。其中江苏省立教育学院和金陵大学都在1952年的

---

〔1〕 1918年,颜文樑、杨左匋等人发起举办"苏州画赛会",联合展出中国画、西洋画,此在画坛属首创。第一次画展于1919年元旦在万寿宫(今苏州市人民文化宫市老年大学遗址)展出。画展获得成功后,"苏州美术会"进而成立,并确定每年元旦举行"画赛会"。1937年因日军进犯苏州,苏州美术会停止活动。抗战胜利后,曾计议复会,并于1946年元旦再次举行画赛会,但终因时局动荡而自行解散了。

〔2〕 李新:《颜文樑与中国动画教育》,载于王秉舟主编《南京艺术学院史1912~1992》,南京:江苏美术出版社,1992年版,第302页。

高等院校调整中分别与其他高校合并或重组,而"教育电影画片社"与"南国动画学院"则在新中国成立前就已不存在了。

江苏省立教育学院是 1928 年成立的江苏大学区民众教育学校在 1930 年与中央大学区区立劳农学院合并而成,校址设于无锡。1949 年秋,改名为公立文化教育学院,1952 年全新的江苏教育学院在南京创立。该校于 1936 年 9 月创办"电专科"(招生时叫"电影电播教育专修科"),学制二年,招收高中毕业生,邀请联华影业公司[1]导演孙师毅[2]为专修科主任。该专修科的教师中,有一位名为戴公亮的老师,他后来也曾参与了苏州美专动画科的教学,担任"电化教育"的任课教师,这在下文中将会有具体介绍。在《中国电化教育简史》[3]中有关于该校"电专科"的具体介绍,我想通过该专修科的课程目标及课程设置来分析下早期关于"电化教育"的状况,以及它有可能对苏州美专动画科"电化教育"课程的影响。

专修科的具体培养目标是:幻灯片、16 毫米电影片的编、绘、摄制,16 毫米电影摄影机、放映机、照相机、幻灯机、小功率发射机、收音机、扩音机、小型汽油发电机等的使用、操作和简单的维修,播音教育节目的组织和编写,运用电影播音实施教育的方法。开设的课程有《党义》、《国文》、《英文》、《音乐》、《军训》、《体育》、《教育概论》、《社会学》、《社会教育》、《电影教育》、《电影编导》、《国语及演说》、《戏剧理论与舞台实际》、《电影欣赏》、《电影置景术》、《电影化妆术》、《摄影术及冲洗术》、《电影放映术》、《电影音乐及音响》、《卡通画法》、《世界电影史》等。教学注重实习,有些课就以实习为主。教员有余庆棠[4]、甘导伯、孙师毅、许兴之、辛汉文、杨霁明、郭伯霖、时塘、万古蟾、戴公亮等。

---

[1] 联华影业公司:中国早期私营电影企业,全称为"联华影业制片印刷有限公司"。1929 年由罗明佑的"华北电影有限公司"、黎民伟的"民新影片公司"、吴性栽的"大中华百合影片公司"和但杜宇的"上海影戏公司"等合并而成,又吸收在上海经营印刷业的黄漪磋参加组成。最初全名为"联华影业制片印刷有限公司"。

[2] 孙师毅(1904—1966),中国电影编剧、歌词作家,笔名施谊。

[3] 吴在扬:《中国电化教育简史》,北京:高等教育出版社,1994 年版,第 30～34 页。

[4] 俞庆棠(1913—1965),女,江苏太仓人。省立教育学院的创始人,是 20 世纪上半叶同陶行知、梁漱溟、晏阳初等齐名的民众教育家,被誉为民众教育的"保姆"。

从上面这段关于"电专科"课程的介绍中可以看出,虽然当时"电专科"并不是很明确的以教授动画为主,但从它的课程设置中,不难看出"电专科"的教学也牵涉到一部分动画的基础知识及简单的制作原理。其中,《电影教育》、《电影编导》、《电影置景术》、《摄影术及冲洗术》、《电影放映术》、《电影音乐及音响》、《卡通画法》等就是动画教学中必不可少的课程。1950年,戴公亮被聘请至苏州美专教授"电化教育",也必将从这些课当中吸取到一些经验。因为动画虽有同于普通电影的地方,但是也是一种特殊形式的电影,所以当时的这种"电化教育",尤其是拍摄电影的技法对于摄制动画片来说是除了绘制图稿之外最重要的一项工作。另外在教师队伍中也聘请到当时在动画界大名鼎鼎的万古蟾来教学,可见当时对有关动画课程的重视程度。1937年"电专科"招收了第二届学生共20多人之后,由于"八一三"事件,战事剧烈,"电专科"辗转到了汉口,学生在杨霁明、万古蟾等教师的带领下,到中国电影制片厂[1]实习。后来制片厂迁往重庆时,大部分学生离厂参加工作。江苏省立教育学院迁往桂林之后,电影播音教育专修科停办,在民众教育系设"电化教育组"。

　　此外,"金陵大学理学院电影播音专修科"是1938年由电影教育委员会与金陵大学[2]理学院合作,在金陵大学理学院创办的,学制两年,其中有部分课程涉及电影方面。由于动画片是以电影的方式存在,所以与电影的拍摄与制作也有着千丝万缕的联系。在该校该专业的课程设置中,也有一部分课程与之前的江苏省立教育学院的"电专科"是相类似的,如"摄影初步"、"静片摄制"、"电影摄制"、"摄影"与"电专科"的"摄影术及冲洗术"相类似,"电影鉴赏"与"电专科"的"电影欣赏"相类似等。而这些课程与后来苏州美专动画科开设的"电影概论"、"电影常识"都是一脉相承的。

---

〔1〕 中国电影制片厂:中国电影制片机构,前身为国民党"南昌行营政训处"下的汉口摄影场,成立于1935年。抗日战争初期的1938年,隶属于军事委员会政治部第三厅。1938年9月,迁移重庆观音岩纯阳洞,在编导委员会主持下,继续拍摄影片。1938年底还在香港设立分部,创建大地影业公司,拍摄了《孤岛天堂》、《白云故乡》2部故事片。抗日战争后期,该厂改组,从1943—1945年,仅完成《还我故乡》等4部故事片。1946年迁南京,隶属于国民党政府"国防部";1948年8月迁到台湾。
〔2〕 金陵大学是美国基督教会以美会(卫斯理会,Methodist Church)在中国创办的教会大学。其前身是1888年在南京成立的汇文书院;1907年,美国基督会于1891年创立的基督书院和美国长老会于1894年创立的益智书院合并为宏育书院;1910年,宏育书院并入汇文书院,成立私立金陵大学(Private University of Nanking),有"江东之雄"美誉。

随后,在 1941 年 8 月,由当时的励志社、教育部和中央电影摄影场[1]三方合作成立"教育电影画片社",钱家骏任组长,专门摄制黑白动画长片《生生不息》,计划排成 9—10 本。"该社(即'教育电影画片社')由励志社出面向社会招收 12 名初中学生,在重庆董家溪开办'动画培训班',培训一年。"[2]励志社于 1929 年 1 月成立于南京,社长为蒋介石,实际负责人为总干事黄仁霖。[3]该社以黄埔军人为对象,以振奋"革命精神",培养"笃信三民主义最忠实之党员,勇敢之信徒"为目的的军事组织。励志社作为"内廷供奉"机构,其下又分为三

图 5 钱家骏
(1916～2011)

组九科,"美术科的人大都是苏州美术专科学校的毕业生,如许九麟、钱家骏、费彝复、李宗津、钱延康等"。[4]当时,励志社之所以成立美术科,也是基于社交和公关等需要。这三个组织成立"教育电影画片社",主要是为了当时的公关活动以及庆典、晚会等活动服务。

参加该动画班专业教学工作的有钱家骏、戴公亮、范敬祥、金右昌、杨祖述等人,该社共有学生和行政管理人员共 26 人。其中,钱家骏、范敬祥、杨祖述都是毕业于苏州美术专科学校。钱家骏 1935 年毕业于苏州美专,同年在颜文樑校长的推荐下加入南京励志社美术股,1941 年后在社会教育学院电化教育系任动画课讲师、副教授、教授,1946 年又任励志社卡通股主任。在

---

〔1〕 中央电影摄影场:中国国民党官方的电影制片机构,1933 年 10 月成立于南京,属国民党中央宣传委员会直接领导。1937 年 7 月,抗日战争爆发后迁至芜湖。1938 年,迁至重庆。抗日战争胜利后,以接收来的原中华电影联合股份有限公司为基础,在上海设立一、二分厂;以接收来的原华北电影股份有限公司为基础在北平设立三分厂;以接收来的原满洲映画株式会社为基础,在长春成立长春电影制片厂(1946—1948 年)。均由国民党中央宣传部控制,成为实力雄厚的官方电影机构。1947 年 4 月,改组为中央电影企业股份有限公司。一部分倾向进步的电影工作者曾利用中电拍摄一些宣传抗日、反映当时社会现实的影片,1949 年 1 月和 5 月,北平的中电三厂和上海的中电一、二厂先后为北京、上海的军管会接管,为北京电影制片厂和上海电影制片厂的建厂准备了条件。

〔2〕 钱家骏:《谈谈动画专科的情况》,载于《上海电影史料》(第 6 辑),1995 年版,第 267 页。

〔3〕 黄仁霖(1901—1983),江西安义人。国民党高级将领。东吴大学毕业,哥伦比亚大学硕士。参与组建励志社分社,为 CC 系骨干分子。迁台后,于 1954 年擢升联勤司令,1955 年晋升为二级上将军衔,1958 年任台湾东吴大学董事长,1965 年出任驻巴拿马"大使",后旅居美国,获美国奥立佛托及俄克拉荷马大学名誉法学博士学位。

〔4〕 全国政协文史资料委员会:《中华文史资料文库》第 2 卷《政治军事篇》,北京:中国文史出版社,1996 年版,第 530 页。

抗日期间,他亲自编导并带领20多个年轻美术爱好者,历时一年创作并绘制了一部抗战宣传动画片《农家乐》。这部动画片由重庆励志社制作,中央电影摄制厂向全国发行,展示抗日战争中发生在农村的动人故事,在当时中国动画界产生了较大的影响。根据笔者对毕颐生的采访,他也曾参与《农家乐》和《生生不息》的制作,此外还有范敬祥、杨祖述和技师裘逸苇(根据音注)。[1] 整个动画片所有的底图都是钱家骏亲自绘画,他和范敬祥、杨祖述等只是负责勾线、上色这些比较简单的工作,由于毕颐生曾学习过声乐,颇具音乐天赋,因此还作为配音演员出现在这两部动画片中。

在这些动画片的制作过程中,所有的专业技术问题都是由钱家骏自己摸索和解决,他在动画制作方面的确是一位不可多得的人才。据他的同事、学生以及上海美术电影制片厂等人的回忆,[2]钱家骏在创作动画片的过程中,常常自己琢磨一些难题。当时制作动画片需要在赛璐珞上绘制大量底稿,由于赛璐珞不同于一般的纸质材料,所以需要购买进口的颜料来上色,并且颜色上完之后非常不容易干燥,即使干燥了也很容易开裂,这样不仅增加了制作的成本,而且达到的效果也不好。于是精通物理和化学的钱家骏开始自己试制颜料,最终用自己的知识与技术成功制作了一种速干且效果持久的颜料,这也是钱家骏对中国动画的一大贡献。可见,钱家骏在动画方面这种勇于克服难题和坚持努力的精神也是他后来在动画上取得成就的重要原因之一。

眼见《农家乐》这样小成本的动画片竟然让很多观众看地热血沸腾,激起了广大同胞坚持抗战的激情与热血,这也让钱家骏对中国动画事业的前景感到万分欣喜。这些在动画方面的探索以及他所取得的成就对他后来与范敬祥、杨祖述、毕颐生、吕敬棠、吕晋等人在苏州美专同颜文樑一同创办动画科是密不可分的,并且也促使他成为苏州美专动画科的主要教学骨干与领导力量。

除了上述这3个院校有专业课程涉及到动画的教学外,也曾有私人开设了动画培训机构。1947年1月,吴子复[3]的学生罗以威[4]自筹资金,在

---

〔1〕 裘逸苇:未曾查实到该人物的资料,来自于毕颐生先生的口述。

〔2〕 笔者曾对钱家骏的同事(毕颐生)、学生(严定宪、林文肖、浦稼祥、唐令渊等)进行采访,众人都对钱家骏的专业精神及对动画的热爱程度给予了很高的肯定。

〔3〕 吴子复(1899—1979),名琬,,号伏变,广东四会县人。1922年考入广州市立美术学校西画系,师从胡根天、冯钢百学习绘画。他是中国较早的油画作家,深受野兽派玛蒂斯的影响。1940年后任广东省立艺术专科学校美术系主任。抗战胜利后旅居香港,1949年后,归居广州。

〔4〕 罗以威(生卒年不详),1947年1月,在广州和香港两地创办"南国动画学院"。

广州和香港两地创办"南国动画学院"。但该院也是由钱家骏任校董,吕敬棠在广州"南国动画学院"参加教学工作,并协助该院半月刊《南国动画》的编辑出版。同时,罗以威曾是重庆董家溪"动画培训班"的学生,也可算是钱家骏早期的学生之一。基于笔者现在所能获得的材料,对于"南国动画学院"的介绍仅限于此,关于它在动画方面的具体教学与培养方式便不得而知,但笔者仍会继续探索。

在上述这4个曾有过简短的动画教学的院校里,参与教学的教师当中,有多位都是毕业于苏州美专,比如钱家骏、范敬祥、杨祖述等人。其实这三人当初在苏州美专都是师从于颜文樑学习油画,与动画并无关系。至于后来都参与动画教学,完全是出于他们对动画的热爱,以及他们在励志社美术股和在南国动画学院的工作经验。如果没有这样的工作经历,他们也就少了许多实践的机会,也难以从中摸索出拍摄动画片的规律和要诀以及解决拍摄动画片所需的条件和有可能遇到的潜在性问题,这些经验对今后他们在苏州美专设立动画科来说是一笔巨大且无形的财富。

二、苏州美专动画科的创办过程及发展流变

1. "电影制片室"的成立

1922年7月,颜文樑、胡粹中、朱士杰等在苏州创办了私立苏州美术专科学校,颜文樑任校长。1937年,由于日本发动了侵华战争,苏州很快被日军占领,颜文樑等撤至上海,在上海开办苏州美专沪校;1944年,又在宜兴开办苏州美专宜兴分校。直至抗战结束后,宜兴分校和沪校先后于1945年和1946年初返回苏州校本部,苏州美专得以复校。但是很多专业也由于战事的原因,无法再继续开办,如实用美术科的制版印刷等专业,由于设备遭到严重破坏,无法再进行教学,使得苏州美专仅剩下中、西画等几个为数不多的专业。

图6 李新在苏州美专

在钱家骏自己所写的关于创作动画的一篇回忆性文章《谈谈动画专科

的情况》中曾提道："1949年11月，我和范敬祥、杨祖述、毕颐生、吕敬棠、吕晋等人在苏州美术专科学校和校长颜文樑商谈该校准备设立动画专修科（简称动画科）有关事宜。"[1]作为苏州美专的校友及动画科教师的李新教授也曾在《记苏州美专动画科》中回忆："在颜先生的直接指导和黄觉寺、孙文林等教授的协助下，由钱家骏教授和范敬祥副教授具体负责动画科的创建工作，学制定为两年，50年暑假正式招生。"[2]可见，办动画科这一提议在当时得到了校长颜文樑及苏州美专教务主任的黄觉寺[3]和孙文林[4]的支持，因为这是中国历史上第一个在高等院校中设立动画专业，而不再是作为一个附加课程。颜文樑校长之所以如此支持这一事业，除了钱家骏、杨左匋等人对他的影响之外，他也早早地就看到了动画电影事业在中国的希望和前途，预见到这将是一个充满希望与未来的事业。自从20世纪30年代中后期，国民政府将欧美动画电影引入，在国内掀起了一股动画的热潮，同时也引起了无数观众以及动画爱好者对动画片的探索欲望。从动画电影的热播和人们对他的向往已经注定这将是一个新兴的行业，至少在一定程度上，从事动画片的制作将是非常好的职业，这对于作为私立学校的苏州美专来说，不仅可以解决学生的就业问题，也将美术的功用发挥到了实际生活中，一改以往人们对于艺术不重视的心态，这从苏州美专创办实用美术科[5]的往事中就可看出。同时，众所周知，上海是中国美术电影事业的诞生地，在艺术人才和设备等方面都有比较好的基础，为中国美术电影事业发展提供了更好的条件。国家各级都对电影，同时也对美术片（当时动画属于美术片种之一）给予了极大的支持与帮助。所以在1950年初，国家就出台了相关指示："1950年2月初，根据文化部副部长夏衍和电影局局长袁牧之关于'鉴于美术片的发展前景，在上海办厂较为合适'的指示，于是1950年3月，东北电影制片厂美术片组22人搬迁到上海，成立了上海电影制片厂美术片组，特伟为

---

〔1〕 钱家骏：《谈谈动画专科的情况》，载于《上海电影史料》第6辑，上海电影志办公室出版、发行，1995年版，第268页。

〔2〕 李新：《记苏州美专动画科》，载于《南京艺术学院学报》（音乐与表演版），1982年第12期。

〔3〕 黄觉寺（1910—1987），江苏人。1924年毕业于苏州美术专科学校并留校任教。同年协助颜文樑等组织筹办苏州画赛会的工作。1934年赴法留学，入法国国立巴黎高等美术学校台旺佩画室学习。归国后历任苏州美术专科学校教务主任兼教授十余年。

〔4〕 孙文林（1906—   ），江苏张家港人。擅长水彩画，1928年毕业于私立无锡美术专科学校，历任私立苏州美术专科学校素描教授、训务主任、教务主任，南京艺术学院美术系教授。

〔5〕 实用美术科：苏州美专于1934年增设实用科和实习工厂，1937年因抗战而停办。

首任组长。"[1]而苏州美专校址设于苏州,离上海比较近,可以说这是一个非常有利的条件,这样他们既可以接受到最新的关于动画方面的消息,也可以接触到当时在动画界已经赫赫有名的人物,如万氏兄弟等。因为美术片组搬到上海后,除了中国动画的创始人万籁鸣、万古蟾、万超尘等,另外还有虞哲光、[2]马国亮、[3]包蕾、[4]章超群、[5]雷雨[6]等一批艺术家也先后加入了美术片组。这对于苏州美专创办动画科也是一个极为有利的条件,例如特伟就曾到苏州美专动画科讲学。

可是作为私立学校的苏州美专,想要在原本就举步维艰的情况之下再开设一个专业,这笔办学经费亦是相当可观的,这也成了当时很棘手的一个问题。当时苏州美专的办学经费主要靠校董会的资助及学生的学费,但即使是这样,经费毕竟是有限的。有时教师为了苏州美专能够持续开办下去,都不领取工资,以节约经费开支。但是想要成功的办起动画科,除了靠节约经费和收取学生的学费是远远不够的,那么,就必须有额外的收入来支援。可当时新中国刚刚成立,百废待兴,又不允许私人进行一些经济上的交易,想要挣取额外的收入让大家都陷入一个窘境。就在所有人都一筹莫展之际,一个至关重要的人物在这时起了决定性的作用,他就是范敬祥。范敬祥与钱家骏早年都是苏州美专的学生,并且二人是同班同学,毕业后都在"励

---

〔1〕 鲍济贵、梁平:《中国美术电影60周年》,载于《电影艺术》,1995年第11期。

〔2〕 虞哲光((1906—1991),无锡人。美术电影编导。1925年入上海美术专科学校学习,后师从陈旧村习国画。1927年起先后在中、小学和师范专科学校任教。1932年,开始研究木偶戏的制作和演出。1942年,创办并领导上海第一个木偶戏剧团——上海业余剧团,任团长。首次演出他编导设计的《原始人》,对儿童进行人类进化史的教育。1943年,编导了根据安徒生名著改编的《黑天鹅》。

〔3〕 马国亮(生卒年不详),广东顺德人。民盟成员。历任上海良友图书公司编辑,《今代妇女》主编,香港《大地画报》总编辑,《广西日报》副刊编辑,新大地出版社总编辑,上海《前线日报》副刊编辑,香港《新生晚报》编辑,香港长城电影公司编导室主任,总管理处秘书长,上海美术电影制片厂编剧。

〔4〕 包蕾(1918—1989),浙江镇海(今宁波)人。原名倪庆秩,笔名叶超。现代剧作家、童话作家、儿童文学家。1941年肄业于复旦大学。中学时代曾自编自演过独幕剧、话剧。曾任上海救亡演剧队第十三队演员、上海青年救团服务团宣传部副部长、上海国泰影片公司编剧。建国后,历任上海少年儿童出版社编辑部主任、上海美术电影制片厂编剧等。代表作有美术片脚本《金色的海螺》、《三毛流浪记》、《三个和尚》等,电影文学剧本《三人行》、《乱点鸳鸯》等。

〔5〕 章超群(1921—),江西南昌人。上海电影制片厂建厂后,他曾在美术片组从事木偶片的摄影工作。他担任摄影拍摄的第一部木偶片是《和平鸽》,但由于内容上和当时抗美援朝的形势不太吻合,没有上映。

〔6〕 雷雨(1921—1989),广东中山人。擅长水彩画。早年随李铁夫学美术,曾在香港与人合办美术学校,后迁移上海改为画室,招收学员专授水彩画。1952年任上海美术制片厂美术设计。代表作品有《森林之王》等。

志社"工作,也参与了钱家骏编导的《农家乐》的制作。范敬祥的姐姐——范英,当时是上海市卫生局的党委书记。当时卫生局需要拍摄一些卫生教育片来做宣传,介于范敬祥与范英的亲属关系,苏州美专便与上海市卫生局合作,为卫生局拍摄卫生教育片,以此来获得一些经济上的补助。这一推断在相关资料中也得到证明:"招生前先筹建了制片室,范敬祥主持工作。制片室曾受上海人民政府卫生局的委托绘制两部卫生教育动画片。通过实践培养了教学师资和技术骨干力量,解决了动画科的部分经费和实验设备问题。"[1]于是,1950年春天,钱家骏与范敬祥等在苏州美专先成立了"电影制片室"。据有关资料记载:"该'制片室'由范敬祥主持,吕敬棠、吕晋、杭执行、高步青、钱兴华、李新、王吉、刘建青、施有成[2]等10余人先后在制片室工作。"[3]在根据笔者对苏州美专的学生严定宪、林文肖、浦稼祥等的采访后得知,当时,制片室的条件是非常简陋的,只有几把椅子、灯、和一部镜头只有16毫米的简易摄影机。就是在这种极其艰苦的条件之下,"制片室先后拍摄了《防治口喉》、《病菌》、《阿明的好习惯》等三部'动画卫生教育片'"。[4]虽然这三部片子先后完成,但是毕竟可以先得到一笔经费,也得以让动画科办起来。

2. 动画科的招生方式

在1950年的9月,动画科开始正式招生开学了。确切地说,招生工作在9月份之前就已经开始。那么当时是如何招生的?如何让外界的人知道苏州美专办了一个动画科呢?根据以往苏州美专招生的经验,他们都是在当地的报纸上刊登招生信息。因为电视、杂志等宣传方式在那个年代并不多见,因此只有通过报纸可以达到一定的宣传目的,并且报纸的覆盖率相对于当时来说还是比较大的,广告的费用也相对于杂志、宣传海报等来说比较少,对于招生来说是个很好的办法。而通过后来对当年动画科一些学生的采访,也证实了他们中多数人都是看到登在报上的招生广告后前来应考。在1950年7月22日《新苏州报》上曾刊登了一则关于苏州美专的招生广告。

〔1〕 陈瑞林:《20世纪中国美术教育历史研究》之〈南京艺术学院美术系〉,2006年版,第222页。
〔2〕 施有成(1927—),江苏武进人。苏州美专国画系毕业。原上海美术电影制片厂动画片主任技师,中国电影家协会会员,上海老年书画会会员。曾任苏州美专电影制片室绘图员,中央电影学校动画专修科教学助理、上海美术电影制片厂动画车间副主任、支委、代书记等职。1988年退休后出任深圳太平洋动画公司技术指导、杭州动画公司技术指导等职。
〔3〕 孙玉宝:《中国动画教育的历史回顾》,载于《艺海》,2009年第11期。
〔4〕 同上。

但在这则招生广告中只简短的说明了招生的类型、报名时间及地点，对于招收的学生有何要求、招生人数、考试内容等都只字未提，不过比较同时期一些学校的招生广告，发现其他也都大抵如此。

苏州美术专科学校招生[1]

【科别】五年制专科三年制艺术师范科及二年制动画科（电影卡通科）新生，专科二、三、四年级及艺术师范科二年级插班生

【报名】即日起至考期日止

【考期】七月二十八日

【报名及考试地点】一、苏州沧浪亭本校，二、上海四川中路三三号七楼苏州美专沪校，三、无锡大成巷九号农民画报社

【索章】附邮四百元

图 7　1950 年 7 月 22 日《新苏州报》关于苏州美专动画科招生广告

据苏州美专动画科第二届毕业生、历任上海美术电影制片厂导演的严定宪先生回忆，他自幼爱好美术，在报纸上得知苏州美专办了个动画科，又在中学老师的鼓励之下，决心报考苏州美专，去实现自己的理想，开始自己的动画生涯。1951 年夏天，他参加了苏州美专动画科的招生考试，考试内容仅有一项，那就是素描。在那个年代，因为多数人都不学画画，只有少数对美术尤为感兴趣的人才会在课余时间跟随一些绘画老师学一点皮毛，而且多数学的是国画，真正有机会接触到西画的人是非常少的，所以在面向社会招生时，只考素描一项，也就是观察报考学生的美术功底和基本的美感，要求并不是非常严格。据严老先生回忆，当时他们所有报考动画科的学生都被安排在那座罗马式的教学楼里，画室里摆放着几个石膏像，画板、笔等工具都已经准备好，各人自己选择一个位置，然后就开始画。因为是第一次接

---

〔1〕　招生广告来源于苏州档案馆藏《新苏州报》第 383 号，1950 年 7 月 22 日第 2 版。

触到这种西洋画法,严老先生也只能凭着自己的感觉去画,画完以后就等着学校的录取通知。没想到,从没画过素描的严定宪老师居然凭着自己的一点微薄的美术功底通过了考试,顺利地进入了动画科。当然在考取动画科的学生当中,也有原本就读于苏州美专的学生,例如浦稼祥老师就是一例。

从苏州美专动画科的招生考试可以看出,动画科在办学的起步阶段,对学生的要求并不是很高,即使是从未学习过西画的也可以,只要对西画有最简单的美感认识以及对动画的热爱。因为苏州美专动画科在教学上非常重视素描的基本功底,所以在动画科的一年级,几乎都是和西画班的课程差不多,以素描、线描、造型基础等课程为主,这在下文中将会有详细的介绍,这样的招生及考试方式也决定了动画科今后的课程设置。

3. 苏州美专动画科与北京电影学校合并的始末

1952年的6月,全国发生了一项重大的教学改革并时至今日的影响着我国的教育,那就是"全国高校院系调整"。1952年,中央人民政府开始仿照苏联的教育模式,对全国的高等院校进行调整,将全国一举纳入苏联模式教育体系。"这次大学院系调整的特点是:除保留少数文理科综合性大学外,按行业归口建立单科性高校;大力发展独立建制的工科院校,相继新设钢铁、地质、航空、矿业、水利等专门学院和专业。另外,还根据计划经济和工业建设的需要设置新专业,新专业的面则常比西方大学生主修的专业要窄。"[1]

伴随着政权更迭而进行的这场教育体制的改革,涉及到全国四分之三的院校,也形成了20世纪后半叶我国高等教育的基本格局。在这场教育改革中,教育模式全盘苏化,社会学科全遭裁撤,高校丧失教学自主权,更为严重的是,私立教育退出历史舞台,私立院校将被编排到其他的公立学校中去,作为私立学校的苏州美专在这次浩浩荡荡的教育体制大改革中也就"厄运难逃"。苏州美专中西画专业则与上海美专、山东大学艺术系合并,成立华东艺术专科学校,校址设于无锡,原上海美专校长刘海粟[2]任校长。由于

---

〔1〕 宋妮:《高校丧失自主权:1952年院系调整回眸》,载于《文史参考》,2010年第6期。
〔2〕 刘海粟(1896—1994),原名槃,字季芳,号海翁。祖籍安徽凤阳,生于江苏常州。擅长油画、国画、美术教育。1910年在乡里办图画传习所,1912年11月与乌始光、张聿光在上海创办现代中国第一所美术学校"上海国画美术院"(上海美术专科学校前身),任校长。1918年到北京大学讲学,并举办第一次个人画展,1919年到日本考察美术教育,回国后创办天马会。1952年任华东艺专(现南京艺术学院)院工,并致力于中西绘画。

华东艺术专科学校并没有动画这一专业,于是苏州美专的动画科则与南京金陵大学影音部、苏南文化教育学院的电化教育专修科合并,动画科所有师生迁往北京,成立了大专体制的中央电影局电影学校,即后来的北京电影学校。作为苏州美专校长的颜文樑,接受了上级的安排,调任中央美术学院[1]华东分院即杭州艺专副院长。"在华东分院任教期间,颜先生以透视学、色彩学教授学生,约两星期往返沪杭,开课一次。"[2]

　　1952 年 6 月到 9 月,苏州美专动画科学生的这一个暑期都是在等待与不停的搬迁中度过的。所有愿意服从调整并愿意去北京电影学校的学生都前往无锡,在无锡南门外面华新市场、结茧的丝绵市场等废旧市场等待调整,当时汇集于此地的还有山东大学艺术系的师生。因为这次院系调整的过程,牵涉到学生和教师怎么分校的问题,大家都在此待命,等待重新组合。据苏州美专的校友回忆,当时在无锡大约等待了一两个月的时间,学生们基本上都是在学习、开会、谈心、等待分配。

图 8　1952 年,南京金陵大学电影播音专修科、苏南文化教育学院电化教育专修科、苏州美术专科学校动画专修科的师生连同三校的教学设备,调来电影学校,1953 年中央文化部电影局电影学校改名为北京电影学校。

---

　　〔1〕中央美术学院是中华人民共和国教育部直属的唯一一所高等美术学院,于 1950 年 4 月由国立北平艺术专科学校与华北大学美术系合并成立。北平艺术专科学校的历史可以上溯到 1918 年由著名教育家蔡元培积极倡导下成立的国立北京美术学校,这是中国历史上第一所国立美术教育学府,也是中国现代美术教育的开端。华北大学美术系的前身是 1938 年创建于延安的"鲁艺"美术系。中央美术学院的首任院长是著名美术家、美术教育家徐悲鸿先生,现任院长是著名国画家、美术史论家潘公凯教授。
　　〔2〕林文霞记录整理:《现代美术家、画论、作品、生平——颜文樑》,上海:学林出版社,1996 年版,第 180 页。

9月份,在确定了分配结果之后,苏州美专动画科的全体师生与南京金陵大学影音部,苏南文化教育学院的电化教育专修科的师生一起前往北京电影学校,开始了在北京的新的学习的旅程。对于1951届的从苏州转到北京的学生,他们对于此次高校院系调整会感受颇深。因为曾今苏州美专是私立院校,教育经费等等开支都是要校方自己支付,没有国家的补贴和资助,但是现在由三所院校合并后的“中央电影局电影学校”是供给制[1]单位,不用学生再交学费,甚至每月学生们还有补贴。这对于二十世纪五十年代本来生活就贫困的人来说是的确是一件喜事。但是1952年后中央电影局电影学校没有再招收动画专业的学生。于是在1953年电影学校的动画科学生毕业被分配至上海电影制片厂和上海科学教育电影制片厂工作后,动画科便停办了。停办原因与解放后国内电影制片厂的数量与规模有着相当大的关系。

　　新中国建立前夕,仅在上海的私营电影制片公司就多达20多家,其中包括比较著名的明星影片股份有限公司、大中华百合影片公司、天一影片公司、长城画片公司、神州影片公司、民新影片公司等等。但在新中国成立后,为了消灭私有制,进行了“一化三改”,这些私营性质的影片公司被改造成公私合营企业,1952年初组成上海联合电影制片厂,变为国营,第二年正式并入上海电影制片厂。[2]此时的上海电影制片厂成为国内三大电影基地之一,另外两大基地分别是东北电影制片厂(现长春电影制片厂)[3]和北京电影制片厂。[4]

---

　　〔1〕供给制:是民主革命时期中国共产党在部分解放区实行的,和中华人民共和国建立初期对部分工作人员实行的免费供给生活必需品的一种分配制度。供给范围包括个人的衣、食(分大、中、小灶)、住、行、学习等必需用品和一些零用津贴,还包括在革命队伍中结婚所生育的子女的生活费、保育费等。1950—1954年,约有10%的职工(主要是国家机关工作人员)实行供给制。1955年,取消供给制和包干制,全部实行工资制度。
　　〔2〕上海电影制片厂:中国电影老企业,是中国三大电影基地之一,成立于1949年11月16日。1950—1952年,上海长江电影制片厂、昆仑影业公司、文华影业公司、国泰影业公司等8家私营电影企业联合组建为国营的上海联合电影制片厂。1953年2月,上海电影制片厂与上海联合电影制片厂合并,仍沿用上海电影制片厂厂名。
　　〔3〕东北电影制片厂前身是东北电影公司,是在接收日本侵占东北三省期间在长春成立的“株式会社满洲映画协会”(简称“满映”)的基础上改建起来的。1955年,东北电影制片改名为现在的长春电影制片厂。
　　〔4〕北京电影制片厂:中国电影故事片生产基地之一,1948年北平(今北京)解放,中国共产党接收了原国民党中央电影企业公司第三制片厂,并从延安及东北抽调一批文艺工作骨干,于1949年4月20日成立了北平电影制片厂。同年10月1日更名为北京电影制片厂。

除此之外,还有诸如上海科学教育电影制片厂[1]和"八一"电影制片厂[2]等为数不多的几个专门的电影制片厂。至此,社会上几乎没有其他影业公司存在。虽然这三大电影制片厂都有动画车间或部门,但多数时候只是将其作为一个辅助工具,真正拍摄动画片的少之又少。当时只有东北电影制片厂有艺术组卡通股,曾拍摄过《瓮中捉鳖》《皇帝梦》等动画片。

由此可见,当时国内能够拍摄动画片的电影公司已是寥寥无几,所需要的动画人才便也屈指可数了。苏州美专动画科的两届毕业生近50余人,基本上已够维持这几家电影制片厂对动画人才的需求,也由于当时校方没有看清动画事业的前景,因此作为当时唯一的一所具有动画专业的中央电影局电影学校便停办了动画科。也正是由于这一学科的停办,二十世纪六十年代后我国动画事业人才短缺,此乃一憾也。

三、苏州美专动画科的师资、课程与毕业生就业去向研究

苏州美专动画科成功设立并且有了生源之后,最重要的工作就是安排教学,可是当时没有正规的院校开设过动画专业,也就没有可参考的教学模式。这样,苏州美专动画科的教学就得自己组织,这些都主要靠钱家骏、范敬祥等人的努力,因为合理的课程安排及教师正确的教学和指导才能保证培养出优秀的人才。苏州美专动画科共培养了两届毕业生约50多人,其中大部分被分配至上海电影制片厂美术片组(即后来的上海美术电影制片厂)、上海科学教育电影制片厂和八一电影制片厂,这些毕业生后来多数都成为这几个电影制片厂的领军人物,深远地影响着我国的动画事业。

1. 苏州美专动画科的师资构成

任何一所学校,最重要的组成部分就是学生和教师,这也正复合了叶

---

〔1〕 上海科学教育电影制片厂以拍摄科学教育片为主的专业电影制片厂,1953年2月2日在上海建立。1954—1956年一度建立翻译片组,翻译国外科教片。1958—1962年曾成立新闻片组,拍摄上海新闻与纪录片。厂里还建立了艺术委员会和技术委员会,并有动画车间、照明车间、特技布模车间、录音放映车间、剪接车间等技术部门。

〔2〕 "八一"电影制片厂是中国唯一的军队电影制片厂。1951年3月,以总政治部军事教育电影制片厂名义开始筹建,1952年8月1日正式建厂,命名为解放军电影制片厂,1956年更名为"八一"电影制片厂。

澜[1]先生所说的"教育活动是由'教'与'学'两类相依相存的活动复合构成的。"[2]办好一所学校,除了学生和教师之外,还关系到众多其他的因素,诸如校舍、教学设备等,但其中最重要的当属师资。首先,学生所要学习的东西大都主要通过教师来体现和完成,教师是顺应一定的社会教育方针、政策去培养人,使学生的身心朝着社会的要求方向去发展;其次,教师有专业技能,受过专门的教育训练,教师知之在先,知之较多,在知与不知的矛盾中,教师处于矛盾的主导方面,教育计划、大纲主要靠教师去组织实施。而学生则知之在后,知之较少,教师要针对学生的实际情况,对前人的文化成果加以消化后,进行一番取舍、组织、加工,再转化为学生的知识、能力和观点,教师不仅用丰富的知识观点哺育学生,还要教给学生获得知识能力的正确方法,他们是教育活动的组织者和引路者。对于这一点,苏州美专的创办者颜文樑是相当清楚和明晰的。

> 要办好学校,必须找到好的教员。找教员正如掏旧货一样。掏旧货要识货,找教员要识人。找教员,一定是根据自己学校的需要,二是能发现各种人的各方面的才能和特长。虽然是美术学校,要办好它,就需要各方面的人:油画教员,国画教员,素描教员,法文、英文教员,古文教员,音乐教员,会计人员……样样人才都需要。每一种人材都是下了苦功才能成长起来的。挑选教师,要看德与才,即有本事又肯干,缺哪一方面都不行。对于已在学校工作的要了解他,尊重他,爱护他,信任他,发挥他们的全部聪明才智。[3]

以上这段话是颜文樑先生所述,而在他一生的办学和教学过程中也一直是坚持这么做的。在苏州美专办学初期,颜文樑为了学校的建设,东奔西

---

〔1〕叶澜(1941—),女,祖籍福建南安,1941年12月生于上海。1962年毕业于华东师范大学教育系本科,并留校工作至今,现为华东师范大学终身教授,博士生导师,华东师范大学基础教育改革与发展研究所名誉所长。主要学术兼职有:中国教育学会副会长,全国教育科学规划领导小组成员兼教育学原理组组长等。代表作品有:《教育概论》《走出低谷》《教育研究及其方法》等。

〔2〕叶澜:《教育概论》,北京:人民教育出版社,1999年版,第11页。

〔3〕林文霞记录整理:《现代美术家·画论·作品·生平——颜文樑》,上海:学林出版社,1996年版,第10页。

走,揽罗人才。在抗日战争前先后聘请的教职员有近 130 余人,这种规模的师资队伍在同时期的私立大专院校中是为数不多的。而即使在战后的复校时期,只剩下中国画、西画两个专业的情况之下,学校的教职人员任维持在40 人左右。在钱定一[1]先生的《苏州美专大事记》中有记载:

> 复校后,全校教职员有校长颜文樑,总务主任胡粹中,校务主任黄觉寺,训务主任商家塅,事务主任朱士杰,舍务主任储元洵,校董代表吴似兰,秘书陆寰生,文书顾有鹤,会计钱定一,事务李霞城,书记陆昂千;西画及理论教授颜文樑、胡粹中、朱士杰、黄觉寺、孙文林、徐近慧、陆国英;国画及理论教授张星阶、吴似兰、朱竹云、钱定一、张宜生、凌立如。英文黄恭誉、黄恭仪,法文袁刚中,国文顾叔和、金石、沈勤庐,艺术解剖包希塐、色彩杜学礼,公民陆宣景,图案商家塅,音乐王之玑,体育程鸣盛。[2]

事实上,苏州美专的教师队伍还不止于此。1950 年开办动画科之后,仅在"电影制片室"工作的教师就有"吕敬棠、吕晋、杭执行、高步青、钱兴华、李新、王吉、刘建菁、施有成等 10 余人"。[3]笔者在考察了动画科任职教师的信息后发现,在动画科任职的,除了戴公亮老师之外,其余的教师均是苏州美专毕业,有些是毕业后直接留校任教,有些是后来辗转返校任教。回顾苏州美专近 30 年的教学历程,其中教职人员不乏苏州美专的学生,如黄觉寺、张紫玛、张念珍、钱定一、陆国英、钱夷斋等人。而在 1950 年开办的仅有 8 位教师的动画科中,就有 7 位是苏州美专的校友。究其原因,不乏以下几点。

首先,苏州美专的动画科是全国高等院校中首创的,虽然在此之前,中国已有人从事动画方面的探索与创作,也有私人开设培训班,如南国动画学院等,但并没有一所正规院校像苏州美专这样,聘请教师、购置设备、自编教材、公开招生,将动画作为一门专业课程来组织教学。在颜文樑的众多学生当中,有一位对苏州美专动画科的开办及教学起着至关重要的作用,他就是

---

〔1〕 钱定一(1915—2010),江苏常熟人。擅长国画、装潢美术、诗词、美术史研究。1935 年毕业于苏州美术专科学校。毕业后留校任教,历任至国画系教授、苏州美协执行委员。

〔2〕 钱定一:《苏州美专大事记》,载于王骁著《二十世纪中西画文献》(苏州美专分册),北京:文化艺术出版社,2009 年版,第 10 页。

〔3〕 同上,第 12 页。

钱家骏，也是在他的积极倡导和指导之下，颜文樑才下定决心开办动画科。钱家骏 1935 年毕业于苏州美专，是颜文樑的得意门生之一，早期就对动画感兴趣。毕业之后，在励志社美术股任干事，1941 年后在社会教育学院电化教育系任动画课讲师、副教授、教授，1946 年任励志社卡通股主任，1947 年还在罗以威创办的南国动画学院任校董，抗日期间，曾拍摄过《农家乐》、《生生不息》等以抗日为题材的动画短片。但是光靠一个人的力量是难以完成动画片的拍摄的，《农家乐》的拍摄就汇集了范敬祥、杨祖述、毕颐生等校友。所以在开办动画科之后，这些曾经一同创作动画短片的校友就成了苏州美专动画科教师的首选。他们都有过拍摄动画片的经验对动画的制作过程比较了解，也知道如何将基础技法与动画这个专业相结合来进行教学。以毕颐生为例，他曾于苏州美专毕业，擅长素描和油画，担任动画科的造型基础课和线描教师。造型基础其实简单的说就是素描能力的体现，主要依靠素描来帮助我们提高整体而全面地观察世界、准确而客观地表现对象的能力。在教学期间，毕颐生老师就结合动画的特点，在学生掌握素描的基本功的基础上，要求学生能掌握用线条来塑造造型的能力，也就是线描。因为在画动画短片中的人物或物体时，对物体明暗关系要求并不十分严格，相反，是要能够准确的用简单的线条来表现人物或物体的形态和特征。所以在动画科的造型基础教学中，就要根据专业特点有所偏重。但是如果教学的老师对动画不了解，不熟知这一特点，那么将有可能吃力不讨好，将教学的重难点弄错，从而影响了动画科造型基础的教学。基于此，从事过动画制作的人自然成为动画科教师的首选。

其次，颜文樑在选用教师时特别重视教师的教学理念与苏州美专的教学理念是否一致。颜文樑自开办苏州美专以来，一贯要求学生要掌握好素描功底，包括后来对动画科的学生亦是要求如此，所以在聘用教师时，也格外注重这一点。1945 年苏州美专在宜兴建分校时，由于师资、经费均不足，颜文樑校长专程请孙文林教授来校执教。"颜校长又将沪校多余的石膏像，拨出 10 余件来充实分宜兴水墩分校教学设备。并叮嘱：'低年级学生素描教学，写生希腊、罗马石膏像是我校一贯的、有效的传统教学。孙先生的观点完全和我相同,请孙先生执教我完全放心。'"[1]从颜文樑的这段话中不难看出颜文樑对本校教学理念传承的重视。作为苏州美专的学生来说,对于苏州美专的教学理念自然也就不会陌生,所以聘用本校优秀的学生回校执教,对于很好地保留和传承本校的传统是最好的选择。同时,动画作为一门新的学科在高等院校中开办,自然有许多教学方面的问题需要进行解决。作为本校的学生,校友与校友之间的感情也会更亲近些,这样更有利于在教学方面的研究与探讨。

而作为唯一一位外聘教师的戴公亮,是当时全国为数不多的几位电化教育专家之一。1933 年他毕业于无锡江苏省立教育学院,在大学读书期间受到该院研究实验部主任余庆棠先生所大力倡导的"视、听"教学——以电影、幻灯、图片及文艺演出等辅助教学形式进行教育的深刻影响,热爱起电化教育,毕业后留校并在研究实验部开展视听教育工作。1934 年,戴公亮被派去上海联华等电影公司学习和实习电影制作。1935 年正当全国人民的抗日情绪高涨时,江苏省立教

图 10　戴公亮(1908—?)

育学院研究实验部接受邹韬奋[2]先生摄制抗日宣传教育影片的倡议,由戴公亮负责编导、摄影,利用实景、图片、动画、字幕等表现手段,摄制了宣传抗日的教育影片《五十六年痛史》。抗战期间,他曾在四川壁山国立社会教育学院的电化教育专修科任主任一职。1943 年后,他在国立社会教育学院艺术教育专修科和社会行政系任教,同时还兼授中央大学师范学院电化教育的课程,直至 1945 年国立社会教育学院恢复电化教育专修科后他再次出任科主任。1947 年国立社会教育学院迁回苏州,电化教育专修科改为电化教

---

〔1〕 胡久安:《颜文樑校长扶持苏州美专宜兴分校纪实》,载于苏州美专《校友通讯》第 82 期,2007 年 3 月 30 号。

〔2〕 邹韬奋(1895—1944),祖籍江西余江,出生于福建永安。原名邹恩润,乳名荫书,曾用名李晋卿。我国卓越的新闻记者、政论家、出版家。先后就读于福州工业大学、南洋公学中院,1919 年由南洋公学上院机电工程科转入上海圣约翰大学文科。2009 年 9 月 14 日,他被评为 100 位为新中国成立作出突出贡献的英雄模范之一。

育系,他任系副主任。当时他和钱家骏在系主任许幸之[1]的主持下扶持学生共同合作摄制了动画短片《耕田》,此片曾在苏州、南京等地的高等院校放映。自那时起他便与钱家骏结识,这为他后来前往苏州美专动画科教授电化教育课做了铺垫。

2. 苏州美专动画科的课程设置

苏州美专自复校后,由于战乱的影响,许多设备受损或被劫,原有的实用美术科停办了,只有中、西画科继续进行招生和教学,从当年校友的回忆录中可窥见一斑。

> 苏州美专复校后,学制改五年新制,分中西画二组。原有之实用美术组,因设备于沦陷时被劫,暂时停办。至是年,全校共有学生二百四十余人,教职员四十二人。其人事、教授及课程安排,概况如下:校长颜文樑,总务主任胡粹中,教务主任黄觉寺(后任副校长),训务主任商家堃,事物主任朱士杰,秘书陆寰生,校董代表吴似兰,舍务主任储元洵,文书主任顾有鹤,会计钱定一,出纳李霞城,书记陆昂千。教授及课程:西画并理论:颜文樑、胡粹中、朱士杰、黄觉寺、孙文林、徐近慧、陆国英;国画并理论:吴似兰、张星阶、钱夷斋、朱竹云、张宜生、凌立如;英文:黄恭誉、黄恭仪;法文:袁刚中;国文:顾叔和,沈勤庐;艺术解剖:金石、包希坚;色彩:杜学礼;图案:商启迪;音乐:王之玑;体育:程鸣盛;公民:陆宜景。沪校研究室,其性质相当于法国之美术学院,校务由先生(颜文樑)以校长名义暨秘书长陆寰生兼理,主任为李咏森,教授有丁光燮、承名世、江载曦、张念珍等。[2]

从上述资料中可见,除了国画、西画、艺术解剖、色彩、图案等必修的专业课之外,苏州美专还设置了英文、法文、国文、音乐、体育等公共课。作为1950创办的动画科在进行专业教学之外,也还要参与公共课的教学活动,以便于学

---

〔1〕 许幸(兴)之(生卒年不详),原籍安徽歙县,生于江苏扬州。中国电影导演、著名画家、美术评论家、作家。擅油画、粉画、美术史。1916年随吕凤子学画,1919年进上海美专,1923年在上海艺术研究所进修,后赴日本东京美术学校学画。曾任中华艺大西洋画科主任。

〔2〕 林文霞记录整理:《现代美术家、画论、作品、生平——颜文樑》,上海:学林出版社,1996年版,第178~179页。

生素质的全面发展。《江苏教育史志资料》当中有对动画科相关课程的记载：

> 文化课随美专班上课,专业课有素描、线描、动画概论、电影概论、电影常识、实用美术等,学制两年,第一期有学生 30 名,毕业后分别到各电影厂担任动画工作。第二期有学生 20 名,接受基础教育后,适逢院系调整,苏州美专动画科并入北京中央电影学校(今北京电影学院)合并为动画班。[1]

从中可以见得,动画科的专业课相对于今天的动画专业课程来说,是比较少而单一的,如今的动画专业课除了有素描、色彩、动画概论、艺术设计基础、动画造型与运动规律等,还有计算机设计基础、二维动画设计基础、三维动画设计基础、影视后期合成制作、网页设计和专题创作等专业技能课程的训练。而当时苏州美专动画科的专业课还是仅仅停留在电影概论、电影常识等书本知识上,对于真正在创作动画时所需的专业技能,除了素描、线描等绘画技能之外,并无其他。这也是后来毕业的学生们在参加工作之后所面临的一个问题,所以毕业生在参加工作之后又在工作单位继续进行业务学习,即动画制作方面的知识和技能。

现根据以上资料将 1946 年苏州美专复校后各专业和动画科的课程设置及教职人员情况整理成以下表格,以便清晰地进行分析。

在以下表格中的各课程里,除了西画并理论、国画并理论两门课程之外,其余的课程都是动画科学生的必修课,当然这里有轻重之分,尤以附表 4 中的课程为主,其余作为公共课。在所有的课程当中,又尤以素描最为重要,这是除了国画专业外,其余专业的学生必须学习的课程,这一传统与苏州美专创办者颜文樑有很大的关系。颜文樑自创校以来,就非常重视学生的素描基础,他认为只有将素描基础打扎实了,才能更好的进行绘画与创作。"早先如不肯下苦功打好素描基础,到将来贸然创作,就会感到生硬不自如,再欲提高素描基础,就来不及了,就如未晒太阳的宝石花到深秋时补晒太阳一样。"[2]也就是说,如若一开始放松了对素描的认真学习,等到将来

---

〔1〕 江苏教育史志资料编写组:《江苏教育史志资料》第二期,1989 年版,第 37～38 页。
〔2〕 林文霞记录整理:《现代美术家、画论、作品、生平——颜文樑》,上海:学林出版社,1996 年版,第 10 页。

附表2：苏州美专中、西画专业及公共课课程设置表

课程	教师	课程	教师
西画并理论	颜文樑、胡粹中、[1]朱士杰、[2]黄觉寺、孙文林、徐近慧、陆国英[3]	国画并理论	吴似兰、[4]张星阶、[5]钱夷斋、钱定一、朱竹云、[6]张宜生、[7]凌立如[8]
英文	黄恭誉、黄恭仪	法文	袁刚中
国文	顾叔和、沈勤庐	艺术解剖	金石、包希坚
色彩	杜学礼	图案	商启迪、商家堃
音乐	王之玑	体育	程鸣盛

附表3：动画科专业课课程设置表

课程	教师	课程	教师
素描	毕颐生、陆国英、胡久安（庵）、[9]李新	色彩	钱家骏
线描	钱家骏、毕颐生	背景	李新
造型基础	钱家骏、毕颐生	电化教育	戴公亮
动画概论	钱家骏	电影概论	戴公亮（推测）
电影常识	戴公亮（推测）	实用美术	不详

---

〔1〕 胡粹中（1900—1975），江苏苏州人。早年与颜文樑等人创办苏州美术专科学校，曾赴日本考察艺术教育。解放后在苏州美专、苏南工艺、华东艺专、西安冶金建筑学院长期任教，为教授，全国美协会员。

〔2〕 朱士杰（1900—1990），江苏苏州人。擅油画，中国第一代油画家。早年与颜文樑、胡粹中一起创办苏州美术专科学校。

〔3〕 陆国英（1925—　　），女，上海人。擅长油画。1949年毕业于苏州美术专科学校，1957年毕业于中央美术学院的油画训练班。历任苏州美专、华东艺术专科学校美术系、南京艺术学院美术系助教、讲师、副教授。作品有《刺绣女工》、《画家颜文樑》等。

〔4〕 吴似兰（生卒年不详），字绿野，又字庆生。江苏吴县人。受业于颜元（颜文樑之父），工画兼善摄影，组织婆罗花馆画社。任苏州美专教授兼校董。兄吴子深。

〔5〕 张星阶（1909—1991），笔名辛稼，晚字辛稼，自号霜屋老人。江苏苏州人。擅长中国画。曾从虞山陈摩为师。历任苏州美专花鸟画教师，苏州国画馆创作员，苏州国画院院长等。

〔6〕 朱竹云（1898—1952），名鼎，苏州人。善山水，有烟霞幽丽之致，时吴门吴子深氏绘事应接不暇，辄有倩朱氏为其代笔，精工焕彩，别有其趣。

〔7〕 张宜生（1902—1967），常熟人。名议，字宜生。1952年定居苏州。精通文辞，擅书画。

〔8〕 凌立如（1914—2004），江苏吴江人。早年求学于苏州美术专科学校，后又转入上海新华艺专。

〔9〕 胡久安（庵）（1927—　　），江苏武进人。名鉴元，字恒，笔名白丁。1947年毕业于苏州美专西画系并留校任教。1951年以来，先后在正则艺专、上海同济大学建筑系任教。现任上海同济大学建筑城规学院副教授。擅长中国画，油画。作品有中国画《牡丹》，油画《生机》，水彩画《瀑布》等。1982年曾在同济大学举办个人画展。编著出版有《花鸟画技法》。

需要用的时候再来学习就晚了,所以在入门时就应花大力气、下苦工夫,认真的学好素描,这对以后进行深入的学习是有百利而无一害的。并且"优秀的绘画作品应包括以下几点:1. 恰当的构图,2. 正确的透视,3. 协调的比例(包括轮廓和浓淡的比例),4. 调和的色彩,5. 坚实的素描,6. 优美的意境与高尚的情操。作画须将这几点彼此有机地统一在一起。"[1]也就是说,如欲进行色彩画、油画等创作,是离不开坚实的素描基础的,因为素描可以培养进行恰当构图、正确透视和协调比例的能力,是一切创作的根源。作为动画科的学生,虽然对素描的要求不及西画学生的要求,但是作为苏州美专校长的颜文樑及动画科主任的钱家骏都将动画科学生第一学年的主要课程设置为素描,可见苏州美专对素描的重视程度。

当时素描课的教室就安排在希腊式教学大楼里,大楼分三层,辟教室、办公室、陈列室、实习室,共五十间。底层为半地下室,作为理论课教室。中层为石膏素描室、美术陈列室、校长办公室及校董办公室。上层为中国画实习室、西画人体教室,高中艺术师范科的中国画教室。学生学习都是在一楼的大教室,教室都是朝南,边上没有窗户,主要开辅助光,靠日光灯来画,不受阳光直接照射。一开始,学生都是从最基本的几何石膏体开始临摹,随着学习的加深,慢慢的开始接触比较大而复杂的石膏像,比如大卫、维纳斯等等。

与素描课息息相关的另一门课程是造型基础课和线描课。造型基础课主要是在学生有了一定的素描基础之后,通过大量的素描写生练习,掌握一定的素描基础造型能力。而作为动画课程里的基础造型,主要就是以人物、动物等造型为主。由于这门课与素描密不可分,而且也是由素描深入而来,所以教授基础造型课的老师也基本是素描教师,包括钱家骏、毕颐生等。线描也是与素描和线描紧要联系的,线描也是素描的一种,即用单色线对物体进行勾画。在中国绘画中,线描既是具有独立艺术价值的画法,又是造型基本功的锻炼手段,还是工笔画设色之前的工序过程。它既可以表现静态的轮廓,还可以表现动态的韵律,所以这一基本功对于学动画的人来说是非常重要的,它的要求看似简单,但实际上却要有很好的素描功底才能完成。

在整个动画科的专业课中,素描、造型基础和线描占据了主导地位,每一位来自苏州美专动画科的校友提及到当年在苏州美专学习的时光,都对这三

---

〔1〕林文霞记录整理:《现代美术家、画论、作品、生平——颜文樑》,上海:学林出版社,1996年版,第17页。

图11　钱家骏线描稿
（此图片由毕颐生先生提供）

门课的教学过程记忆犹新。另外一门对于动画科学生来说最为新奇的就是电化教育课，担任此课程教学的老师是当时全国著名的电化教育专家——戴公亮。现今的电化教育是指在教育教学过程中，运用投影、幻灯、录音、广播、电影、电视、计算机等现代教育技术，传递教育信息，并对这一过程进行设计、研究和管理的一种教育形式。它是促进学校教育教学改革、提高教育教学质量的有效途径和方法，是实现教育现代化的重要内容。而当时的电化教育主要是教授学生使用照相机、摄影机、投影仪等设备的使用和操作，与现代的电化教育相比而言，实在显得非常简单。

背景与色彩课是所有操作性较强的课程中讲解的是比较少的，根据校友回忆，色彩课是钱家骏老师负责。由于钱家骏除了要负责教学之外，还身兼数职，同时还要负责电影制片室的相关工作，因而一般都是来上"大课"，即不分年级，不针对个人，将所有动画科学生集中起来，和学生讲解色彩、衣褶结构、造型等。同时，钱家骏还极有可能负责《动画概论》的教学，因为在动画科所有的任课教师中，虽有多位同仁先前也追随钱家骏参与动画片的制作与拍摄，如毕颐生、范敬祥、杭执行等等，但是不论是从从事动画制作时间的长短，抑或是对动画的了解程度来看，钱家骏在当时的动画领域中都是首屈一指的。"1941年8月，励志社、教育部和中央电影摄影场三方合作成立'教育电影画片社'，由钱家骏任组长，专事摄制黑白动画长片《生生不息》，计划排成9—10本。"[1]同时，钱家骏还担当励志社在董家溪开办的"动画培训班"负责教学。1946年12月，钱家骏撰写的《关于动画及其学习方法》一文发表在苏州美术专科学校校刊《艺浪》[2]复刊第4卷第1期，这是我国第一篇谈论动画学习的文章（此文为附件附于文后，供学者参考。）。由此可见，在动画方面，钱家骏是有足够的能力与资质去教授《动画

〔1〕孙玉宝：《中国动画教育的历史回顾》，载于《艺海》，2009年第11期。
〔2〕《艺浪》：原名《沧浪美》，苏州美术专科学校校刊，于1928年刊印第1期，黄觉寺任主编。1930年更名为《艺浪》，此后正式作为苏州美术专科学校校刊并一直采用此名直至停刊。

概论》这门课程的。但是当时除了苏州美专,国内尚未有任何高等学校开办动画科,所以动画理论课的教材也就无从谈起。但钱家骏并没有被当时的窘境所折服,他根据自己多年从事动画制作的经验,自编教材。据当年的校友唐令渊老师回忆:"钱家骏的'动画规律''动画线描'等教材,在以后的动画基础教学中代代沿用,培育了无数动画人材,不少学生在工作中成绩显著,成为我国动画界的中坚力量,知名人士。"[1]可见,当年的老师为了动画科的教学工作,付出了很多的努力。虽然这几本教材现在已无法找到和复原,但它是中国动画教学中非常重要的一份材料,亦是中国动画教学的一笔财富,它凝结了前人无数的汗水与心血。

《电化教育》在上文中有提到,当初这门课程是由当时的电化教育专家戴公亮负责教学。根据笔者对动画科学生的采访,这门课程主要是教学生如何使用照相机。这门如今看起来根本就不需要教的课程在当时确是需要有专门人员来教学的,因为20世纪50年代初期的照相机的功能与使用方式还是非常的简单与落后的,没有如今的高科技做支撑。当时为一个人拍一张照片需要定焦距,而照相机本身没有这种功能,需要拍摄者自己来衡量,这不是普通人都会的。戴公亮就是教学生在拍照时要目测距离,了解自己一步跨出去的尺寸,以及根据拍摄者与对象之间的距离来确定自己与被拍摄者之间需要离多远,以便测算出距离拍摄目标多远能将目标显现在镜头内。这门课也是苏州美专动画科学生印象最深的课程之一。

至于《电影概论》和《电影常识》这两门课程,依据目前对动画科所有教师背景知识的掌握以及教学经历的了解,推测该两门课程可能是由钱家骏或戴公亮负责。因为他们此前都有拍摄动画电影的经历,且戴公亮曾经在上海联华影业公司学习和实习电影制作。但是前文中已提到,钱家骏当时身兼数职,不仅要上色彩课、线描课等,还要负责电影制片室的工作,就连动画概论都是以"大课"的形式来完成教学任务。可想而知,钱家骏应该不再可能有过多精力担任这两门课的教学工作,那么最有可能担任这两门课的教学工作的就只有戴公亮了。回顾戴公亮此前的学习及工作经历也不难看出,他曾毕业于江苏省立教育学院,在校学习期间就曾受到该院研究实验部主任余庆棠先生的重视,毕业后就留在研究实验部开展视听教育工作。

---

〔1〕 唐令渊:《中国动画事业的奠基者——钱家骏》,载于苏州美专《校友通讯》第92期,2010年4月。

1934 年被派往上海联华影业公司学习和实习电影制作，这一段学习和实习的经历对于他来说是非常珍贵的。实习结束回校后，他负责编导、摄制了抗日宣传片《五十六年痛史》等电影短片。1936 年更是与余庆棠、甘豫源[1]等人一起创建电影与播音专修科，以培养电化教育人才。他自己在该专修科中负责教授《电影施教》等课程。另外，1952 年全国院系调整时，他随苏南文教学院电化教育专修科一起调至北京电影学院任教，先后在该院的摄影系、工程系教授《摄影镜头的原理与应用》、《电影技术概论》等课程。所以综上所述，就专业知识的专业性来说，戴公亮似乎比钱家骏更应当胜任《电影概论》和《电影常识》的教学工作。

3. 苏州美专动画科毕业生就业去向考察

根据苏州美专动画科校友的回忆及相关资料的记载，动画科两届毕业生多数都是被分配至当时国内的几大电影制片厂，也有一些有其他就业去向或者工作安排的毕业生没有接受分配。1952 届的 27 名毕业生分别被分配至上海电影制片厂、八一电影制片厂和上海科学教育电影制片厂；1953 届的毕业生被分配至上海电影制片厂美术片组和上海科学教育电影制片厂。

在第一届的毕业生中，大部分分配至八一电影制片厂任军教动画片的制作，现可查找到的有郭洪成、[2]许文莺、[3]郑东坡、[4]严隽孝[5]、王静珠[6]、龚晚

---

〔1〕 甘豫源(1903—1999)，号导伯。上海人。早年就读于上海龙门师范(即江苏省第二师范)，毕业后考入南京东南大学教育系，主修教育，副修国文、心理学。先后在江苏省教育厅第五科、江苏省立教育学院所属民众教育实验区、教育部社会教育司等处任职，从事民众教育课程讲授，是民众教育专家。著作有《中国教育行政》、《乡村民众教育》、《民众教育概论》等。

〔2〕 郭洪成(1930—2006)，江苏宜兴人。笔名共戈。1952 年毕业于苏州美专动画科，后至八一电影制片厂从事电影美术工作，直到离休。他是中国电影家协会、中国科教影视协会、中国动画学会、北京市美术家协会、中国老年书画研究会会员。

〔3〕 许文莺(1934—　)，女，江苏无锡人。1952 年毕业于苏州美专动画科，后为八一电影制片厂动画美术设计师。主要作品有《过江线》、《炮兵打坦克》、《步兵加进攻》等。

〔4〕 郑东坡(1934—　)，浙江湖州人。1952 年毕业于苏州美专动画科，同年分配到八一电影制片厂从事动画美术设计工作。主要作品有《自卫反击》、《天体定位》等。现为中国电影家协会会员、美协北京分会会员、北京水彩画学会理事、副秘书长、中国电影美术学会会员、中国动画学会会员、中国科教影视协会会员。

〔5〕 严隽孝(1936—　)，江苏苏州人。1952 年毕业于苏州美专动画科，同年分配到八一电影制片厂工作。1965 年 12 月转军入伍，历任动画衬景美术师，动画美术片设计师。从事电影动画美术工作 38 年，主要作品有《排除外军地雷》、《军事气象》、《海军知识》等。现为中国第电影家协会会员、中国美术家协会会员、中国电影美术家学会会员、中国动画学会会员。

〔6〕 王静珠(1935—　)，女，江苏苏州人。1952 年毕业于苏州美专动画科。历任八一电影制片厂及珠江电影制片厂动画设计员、制作员，中国作家协会会员。

成[1]等，还有几人留在了上海，如肖镇、[2]庄继光、王隆生、严济忱、浦稼祥、华福珍等。其中，肖镇、庄继光、严济忱是在上海电影制片厂，王隆生和浦稼祥是在上海电影制片厂的美术片组，而高翔、洪德顺、华福珍是在上海科学教育电影制片厂。第二届的毕业生基本上都留在了上海，其中，严定宪、林文肖、戴铁郎、[3]胡进庆、[4]徐景达（阿达）、方彭（澎）连、[5]啸古（陆正心）[6]等佼佼者均随钱家骏一起前往上海电影制片厂美术片组工作（即后来的上海美术电影制片厂）。以上所列均为苏州美专动画科的毕业生，但是实际上在上海美术电影制片厂从事动画工作的除了动画科的毕业生，还有苏州美专其他专业的学生，如唐令渊、张松林、[7]蒋绍基、[8]陆青、施有成、许松坡、邵芝芯等。

---

〔1〕龚晚成(1935—)，上海人。1952年8月毕业于苏州美术专科学校动画科，同年分配至八一电影制片厂从事动画美术设计工作。主要作品有《战略导弹》、《伟大的战士》、《东风三号》等。现为中国电影家协会会员、中国动画学会北京分会理事、中国电影美术学会会员、中国科教影视学会会员。

〔2〕肖镇(1929—)，辽宁沈阳人，先后在东北鲁迅文艺学院、苏州美术专科学校学习。1952年分配至上海美术电影片厂。他担任美术特技的作品主要有《双推磨》、《妇女代表》、《羊城暗哨》、《北国江南》、《年青的一代》、《武松》等30余部。现为中国电影家协会会员、中国电影美术学会会员。

〔3〕戴铁郎(1930—)，原籍广东惠阳，1930年生于新加坡，1940年回国。1951年考入苏州美专动画科，1953年毕业于北京电影学校后进入上海电影制片厂美术片组工作，1957年入上海美术电影制片厂，曾参加担任了《黑猫警长》、《牧笛》、《小蝌蚪找妈妈》、《草原英雄小姐妹》等几十部作品的人物设计、原动画设计导演和总导演等。

〔4〕胡进庆(1936—)，江苏常州人。笔名墨犊。中国美术片导演，擅长剪纸、动画美术。1951年入苏州美术专科学校动画系，1953年毕业于北京电影学校动画专业，后至上海美术电影制片厂工作，参加过35部影片的拍摄。1963年在上海美术电影制片厂任导演兼动作设计，1984年任艺委会副主任，1985年任中国影协理事。他导演的《鹬蚌相争》、《淘气的金丝猴》、《草人》三部影片都荣获了文化部优秀影片奖，另有《渔童》、《人参娃娃》、《金色的海螺》等在国际上获奖。

〔5〕方彭（澎）连(1933—)，江苏常熟人。1951年考入苏州美专动画科，1953年毕业于北京导演学校动画班，后入上海电影制片厂美术片组工作。他参与动画绘制和背景设计的影片主要有《乌鸦为什么是黑的》、《骄傲的将军》、《大闹天宫》（上集）、《牧笛》等二十多部影片。现为中国美术家协会会员、中国电影家协会会员、中国电影家协会上海分会会员、中国绘画学会会员。

〔6〕啸古（陆正心）(1934—)，苏州人。从小爱画画，师从颜文樑、林风眠、陆俨少、吴似兰等人，后入苏州美专动画科学校动画，并于1953年随老师钱家骏、范敬祥进入上海电影制片厂美术片组参加工作。工作四十余年间共参与创作三十余部动画片。

〔7〕张松林(1932—2012)，上海人。国家一级编剧，著名动画艺术家、教育家。早年于苏州美专肄业。历任上海电影制片厂动画设计，上海电影专科学校动画系副主任，上海美术电影制片厂编导、文学组组长、副厂长。《孙悟空》画刊主编，吉林动画学院院长，中国动画学会副会长兼秘书。代表作品有《没头脑和不高兴》、《小燕子》和《蜜蜂与蚯蚓》等。

〔8〕蒋绍基(1917—2011)，女，苏州人。1937年毕业于苏州美专，1951年起在上海电影制片厂工作。

图 12　苏州美专动画科 1953 届毕业生合影

现将所查到的部分苏州美专动画科毕业生的资料及后来从事动画制作的非动画科毕业生名单列入表格，方便读者查看。

附表 4　苏州美专动画科 1952 年、1953 年部分毕业生名单

毕业年份	姓名	工作单位	担任何种工作	代表作品
1952 年	郭洪成	八一电影制片厂	美工	
	许文莺（女）	八一电影制片厂	动画设计、美术设计师	《过江线》、《炮兵打坦克》等
	郑东坡	八一电影制片厂	动画设计、美术设计师	《自卫反击》、《天体定位》等
	龚晚成	八一电影制片厂	美术设计	《战略导弹》《同步卫星》等
	王静珠（女）	八一电影制片厂、广州珠江电影制片厂	动画设计、制作员	
	严隽孝	八一电影制片厂	动画设计、衬景美术师、美术设计师	《军事气象》、《海军知识》等
	肖镇	上海电影制片厂	美术特技	《北国江南》、《妇女代表》等
	庄继光	上海电影制片厂		
	严济忱	上海电影制片厂		
	王隆生	上海电影制片厂美术片组		

毕业年份	姓名	工作单位	担任何种工作	代表作品
1952年	浦稼祥	上海电影制片厂美术片组	原画设计、动画设计、导演	《没牙的老虎》、《老婆婆的枣树》、《看戏》等
	高翔	上海科学教育电影制片厂		
	洪德顺	上海科学教育电影制片厂		
	华福珍（女）	上海科学教育电影制片厂		
1953年	严定宪	上海电影制片厂美术片组	动画设计、导演、厂长	《大闹天宫》、《哪吒闹海》、《人参果》等
	林文肖（女）	上海电影制片厂美术片组	动画设计、导演	《雪孩子》、《夹子救鹿》、《金猴降妖》等
	戴铁郎	上海电影制片厂美术片组	人物设计、原画设计、导演	《黑猫警长》、《草原英雄小姐妹》等
	胡进庆	上海电影制片厂美术片组	动作设计、导演	《鹬蚌相争》、《渔童》、《金色的海螺》等
	徐景达（阿达）	上海电影制片厂美术片组	绘景、动画设计、导演	《三个和尚》、《蝴蝶泉》、《新装的门铃》等
	方彭（澎）年	上海电影制片厂美术片组	动画设计、造型设计	《墙上的画》、《鹿铃》、《小号手》等
	啸古（陆正心）	上海电影制片厂美术片组	特技设计师、制片主任、广告片导演	《孔雀公主》、《好朋友》、《骄傲的将军》等

附表5：苏州美专非动画科毕业生从事动画工作的人员名单

姓名	原专业	毕业时间	工作单位	担任何种工作	代表作品
蒋绍基	国画	1937年	上海电影制片厂美术片组		
施有成	国画		上海电影制片厂美术片组	主任技师	
唐令渊（女）	国画	1950年	上海电影制片厂美术片组	动画剪纸、动画设计	《等明天》、《过猴山》等
许松坡			上海电影制片厂美术片组		
张松林		肄业	上海电影制片厂美术片组	动画设计、编导、文学组组长、副厂长	《没头脑和不高兴》、《小燕子》等

姓名	原专业	毕业时间	工作单位	担任何种工作	代表作品
邵芝芯			上海电影制片厂美术片组		
陆青(女)			上海电影制片厂美术片组	动画设计	《大闹天宫》等

附表6:苏州美专动画科部分毕业生照片

浦稼祥	许文莺	严定宪	林文肖
戴铁郎	胡进庆	阿达(徐景达)	啸古(陆正心)
王静珠			

　　在现已知的这十几位动画科毕业生中,成就及影响较大的当属1953年随钱家骏一起前往上海电影制片厂美术片组的严定宪、林文肖、戴铁郎、胡进庆、阿达、方澎年以及1952年毕业的浦稼祥和早年肄业于苏州美专的张松林等人。其中,严定宪曾是上海美术电影制片厂厂长,浦稼祥曾任北京电影学院动画艺术研究所客座研究员教授,张松林曾担任上海美术电影制片厂

副厂长、吉林动画学院[1]院长等职。并且在上述的这些动画艺术家中,张松林和浦稼祥不仅从事动画创作,还继续在动画院校中担任动画教学与指导工作。

张松林曾是苏州美专的肄业生,虽然不知其当时在苏州美专是何专业又因何种原因肄业,但是不可否认的是,在他肄业后便投身动画电影事业,从事过动画设计、导演、编剧等工作,在动画电影事业上取得了卓越的成绩。1960年,他同钱家骏等人还一起担负起上海电影专科学校[2]动画系的教学工作,1963年由于该校停办,他又回到了上海电影制片厂美术片组。所以说,其实早在1960年他就参与了动画方面的教学工作。在我国第一所独立设置的动画学

图13　张松林(1932—2012)

院——吉林动画学院成立之后,他又担任起该院院长一职,继续从事动画教育事业。

除了以上诸位是从苏州美专动画科直接走出来的之外,上文中还提到了上海电影专科学校。这所学校是当时为了适应上海电影事业的发展,为上海培养电影专业人才而设立的,校长为张骏祥[3]。专业设置有:表演系(3年制)、摄影系(3年制)、动画系(2年制);1960年又曾设了导演系(3年制)、电影文学系(3年制)和电影美术系(4年制)。学校师资均由上海电影制片厂、上海美术电影制片厂和上海科学教育电影制片厂有经验的创作人员担

---

〔1〕吉林动画学院:是全国第一所专业动画高校,创建于2000年,是目前全国唯一一所独立设置的动画学院,同时也是我国目前动画高等教育领域内唯一一所拥有国家动画教学研究基地、国家动画产业基地和吉林省原创动漫游戏产业园的特色鲜明的专业型高等院校,在我国动漫高等教育领域处于领先水平。

〔2〕上海电影专科学校:中国电影艺术教育机构,1959年8月在上海创办,校长张骏祥。它的建立主要是为了适应上海电影事业的发展,为上海培养电影专业人才。专业设置有:表演系、摄影系、动画系;1960年又增设了导演系、电影文学系和电影美术系。学校师资均由上海电影制片厂、上海美术电影制片厂和上海科学教育电影制片厂有经验的创作人员担任。该校于1963年9月停办,共培养学生200多名,许多毕业生已成为各电影制片厂及其他文艺单位的骨干。

〔3〕张骏祥(1910—1996),江苏镇江人。笔名袁俊。1927年入北京师范大学英文系,翌年转入清华大学西洋文学系。1936年公费留学美国,就读于耶鲁大学戏剧研究院,专修导演、编剧、布景灯光等多种科目。建国后。历任上海电影制片厂副厂长、上海电影制片公司副经理、上海市电影局副局长、上海电影专科学校校长等职。代表作品有《鸡毛信》《白求恩大夫》《燎原》等。

任。如赵丹、[1]白杨、[2]沈浮、[3]陈鲤庭、[4]瞿白音、[5]黄绍芬、[6]韩尚义、[7]钱家骏、张松林等各方面的电影专家都在这里授过课。该校于 1963 年 9 月停办,共培养学生 200 多名,许多毕业生已成为各电影制片厂及其他文艺单位的骨干。在动画系中也诞生了几位著名的动画导演,如王柏荣、[8]周克勤、[9]方润南[10]、常光希[11]和范马迪[12]等。

---

〔1〕 赵丹(1915—1980),祖籍山东肥城,出生于江苏扬州。原名赵凤翱。著名电影演员,代表作品有《林则徐》、《马路天使》等。

〔2〕 白杨(1920—1996),女,原名杨成芳,又名杨君莉。电影表演艺术家。抗战期间随上海影人在内地演出话剧,被誉为四大名旦之一。代表作品有《十字街头》、《四千金》等。

〔3〕 沈浮(1905—1994),原名沈吉安,又名沈哀鹃、百宁,天津人。剧作家、导演。编创话剧《重庆二十四小时》、《金玉满堂》、《万家灯火》等。曾任中国影协上海分会主席。

〔4〕 陈鲤庭(1910—),上海人。电影导演、艺术理论家。1930 年毕业于大夏大学高等师范系。曾用名陈思白,笔名麒麟、C.C.T 等。历任中国文学艺术界联合会委员,中国戏剧家协会理事,全国政协第三、四届委员。作品有《人民的巨掌》、《丽人行》、《遥远的爱》等。

〔5〕 瞿白音(生卒年不详),上海人。原名瞿金驹,曾用名颜可风、朱诚、胡幕云等。电影评论家。著有电影剧本《水上人家》、《红日》,论文《关于电影创新问题的独白》,译有(苏)斯坦尼斯拉夫斯基《我的艺术生活》等。

〔6〕 黄绍芬(1911—1997),笔名黄克。著名电影摄影师。其代表作有《女篮五号》、《林则徐》、《聂耳》等。

〔7〕 韩尚义(1917—1998),浙江上虞人。电影美术师,擅长电影美术、漫画。40 年代初进入电影界,长期从事电影美术,为《一江春水向东流》、《聂耳》等几十部影片担任美术设计、总美术师或艺术顾问。为中国美术家协会会员、中国戏剧家协会会员。曾任上海电影制片厂副厂长兼总美术师、中国电影家协会名誉理事、上海电影家协会理事等。

〔8〕 王柏荣(1942—),上海人。1962 年毕业于海电影专科学校动画系,之后进上海电影制片厂美术片组工作,历任原画设计、导演、车间主任、副厂长等职务。现担任吉林动画学院副院长、动漫分院院长。曾执导过剪纸片《小刺猬吃西瓜》、《老鼠嫁女》、《南郭先生》等。

〔9〕 周克勤(生卒年不详),1962 年 7 月毕业于上海电影专科学校动画系,同年进入上海美术电影制片厂工作,历任动画、动画设计、导演。1989 年 3 月任上海美术电影制片厂厂长。1991 年 12 月至 2006 年 7 月任上海美术电影制片厂一级导演和上海亿利美动画有限公司总经理兼艺术总监。2006 年 8 月退休,美影厂返聘工作。现任中国动画协会常务理事。代表作品有《熊猫百货商店》、《猴子捞月》、《小熊猫学木匠》、《葫芦兄弟》等。

〔10〕 方润南(1942—2009),安徽歙县人。1962 年上海电影专科学校动画系毕业,同年进入上海电影制片厂美术片组任动画设计、编导、副厂长和上海亿利美动画有限公司总经理。现任中央电视台火炬动画公司总经理,是中国动画学会常务理事,中国动画协会北京分会常务副会长。编导的美术片主要有《铁花》、《瓷娃娃》、《华佗学医》等。

〔11〕 常光希(生卒年不详),四川万县人。1962 年毕业于上海电影专科学校动画系,同年入上海美术电影制片厂,1986 年参加国际动画协会,1987 年任上嗨美术电影制片厂副厂长。现任吉林动画学院常务副院长,动漫分院院长。代表作品有《哪吒闹海》、《鹿铃》、《自古英雄出少年》、《宝莲灯》等。

〔12〕 范马迪(1942—),广东南海人。毕业于上海电影专科学校动画系。曾任上海美术电影制片厂动画车间副主任、创作办公室副主任。先后担任过《三个和尚》、《哪吒闹海》、《天书奇谭》等影片的主要动作设计。

由此可见,苏州美专动画科不仅培养出了像严定宪、林文肖、浦稼祥、张松林这样的动画导演和动画艺术家,并且他们还继续培养着下一代的动画人才。苏州美专动画科虽然早已不复存在,但她的精神却被她的后人一代一代的传承下来并继续发挥着她在动画教育事业上的余热。

小　　结

通过对苏州美专动画科的创办缘由、招生方式以及它的课程设置、师资来源与构成等内容的梳理与分析,我们可以对苏州美专动画科设立的影响及历史意义进行一些概括与总结。

首先,苏州美专动画科开创了新中国动画教育的先例,首次将动画专业作为一个学科,进行专门的动画教学活动。同时,苏州美专动画科也是新中国最早的动画教育基地,根据本文对相关历史资料的梳理与整理,已是毋庸置疑的。

第二,在苏州美专动画科成立之前,我国尚未有院校或组织将动画专业进行系统的教学安排,而苏州美专动画科打破了这一局面。虽然以今天的视角来看,其课程设置、师资安排以及教学方式还略显简单和粗糙,但是这是我国早期动画教育的最初模式,为后人发展动画教育提供了借鉴与基础。

另外,苏州美专动画科虽只维持了三年的生命,但却为新中国培养了一批动画人才。这些学生中,还有不少仍活跃于当今的动画行业,有一些成为我国著名的动画大师,也有的成为我国现今一些动画教育界的专家与领军人物。

总之,苏州美专动画科不仅是新中国时期在高校中开设的第一个动画专业,同时它也开启了新中国的动画教育事业,不论是从它的课程安排、师资构成,抑或是教学方式,都开创了新中国动画教学的先例。虽然在民国时期有部分院校或私立院校开设过与动画相关的专业或是专门培养动画人才的机构,但是没有一个学校或组织曾像苏州美专这样将动画科作为一个独立的专业,开设公共课与专业课,进行系统的课程安排,在力所能及的情况之下积极组织教学队伍,根据以往前辈们制作动画的经验来设置、安排教学活动。虽然苏州美专动画科仅维持了三年,培养了两届毕业生,可是这些学生在后来的动画行业中都做出了突出的贡献。以上这些都足以说明苏州美专动画科是我国动画教育的摇篮以及它在我国动画教育史上不可撼动的地位。

(本文作者为南京艺术学院研究院艺术学研究所在读硕士研究生)

附件1：

关于动画及其学习方法

钱家骏

动画这名词似乎很少听说。其实它经常和我们接触，并且还给我们愉快的印象，那就是众所周知的电影卡通。电影卡通是习惯的称呼，而动画却从没有人提起过。为什么更换一个不相识的名称？既使人感到莫名的麻烦，又会引起一阵名词争执的动□，我们考虑，是不是值得如此举动？这样，正证明了更用动画这名词的重要性，而绝非为了标新立异。实在，动画本身也需要它确切得当的名词。学术文化名词的重要，相等于人们的姓名一样。文明民族与野蛮民族相差，正代表着他们间差异的文化水准。

美国称动画谓 Animated Cartoon，日本叫它"动绘"。美国是说又生命的谐画，日本也说活动的绘画，二者的称呼可以说极相类似。而我国自来就沿用着电影卡通来叫它，关于这种错误，是过去接受西欧文化生吞活□的徵示，因为那是要大量吸收，不容我们□□，将就借用着，殊不知会形成了习惯的名词，这对于我国传统的国有文化掺入了人家的形式，而忽略了内容的健全。这是说：一种名词的音译没有意译来得更适合国情。因为动画二字的单独意义，是具有更深的认识底必然性。试看一个没有见过动画的人，一定不知道卡通二字是什么意思。若以动画二字示他，则最多起一种怀疑，画如何得动呢？除此之外，他决不会误解到别的，与卡通二字一样的莫名其妙。我主张它需要意译成为，才可以使看不懂的国人，也都明了，更算它是加入中国文化名词的阵容了。

动画虽是二十世纪定型的艺术品，它的胚胎时期还在十九世纪初页。当1826年时，有若盖特 P. M. Roget 者，他发现视觉幻存现象。至1831年的伯莱图 J. A. Plateau，才把这种原理应用，制成圆筒一枚，中间插入十四幅不同动作的图画，在圆筒转动时，从筒旁窥孔内可以看到图画在窥孔后活动。这种实验，在物理学里常常应用，商业上亦有制造，名为窥画盘，作为家庭娱乐用品，窥画盘的这二种用途，至今还流行着。

利用视觉幻存原理而制作为动画的，是1906年的事。当时有维托谷芙 Vitagraph 影片公司的柏莱克顿 J. S. Blackton，才开始用电影摄成动画影片，名《幽默的笑脸》。因为那时所用描绘动作的材料是白纸，必须将每一帧动作的画完成时间延长了数倍，真是一种浪费时间的艺术。

为了动画是值得注意的艺术品，所以不断地有人向它敲门，或给它援助，想出种种简省的办法，免得因为它太浪费时间而给放弃了。终于一种切合实用的省工机械绘法给找到了，这发明者便是赫尔德 Ear Hord，他在 1914 年时，将所画的活动人物，搬至透明的赛璐珞 Celuloid 片上，使衬在底面的一副背景，可以用于多片连续的动作画面。当时的动画，所需画面仅三四千幅，便算一部影片，经赫尔德的改进以后，画幅渐渐的增多起来。

1935 年的时候，动画虽非其全盛时代，然而因为有 Walt Disney（华特·迪斯尼）的几本伊索寓言的彩色短片出现，启示了动画的艺术价值。其好评迭见于报章杂志。直到今天为止，它始终保持着朝气勃勃底新兴现象，也保持着它一贯的美誉。足见动画有其特殊的价值。假使电影这第八艺术史代表着时代的综合而充实的新型艺术品，那么动画该可称作超第八艺术了。

如果我们要学习绘画动画，必须先具备着多方面的认识，尤其要注意的是物性。这种物性，不光指机械的物理性能，还有机械的运动作用也包括在内，所以这种认识是广泛的，变化的一种学识，不是刻板的□条，因此我们在绘制时，任何运动的表现，往往是体味为多。

一般物体的运动，除了动物之外，通常没有特殊的变化。气体液体固体三态的变化，是固定而相当显著的，若使每一种体的形态或环境遇有不同的时候，那么变化就稍见复杂了。这种非动物动作的产生，既由于外界给予的力能为媒介，故称它做"被生运动"。

动物的运动是有机的，自发的，所以称它做"自起运动"。自起运动是随动物本身的生活，习惯，气质，形态的不同而异，因为动物的种类繁多，它们的生理构造也各不相同，加以生活环境的变迁，才使动物的自起运动益形复杂。

对于动物自起运动的初步认识，一

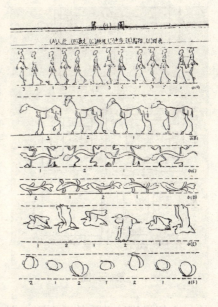

第（一）图

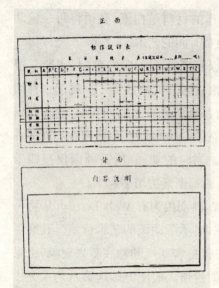

第（二）图

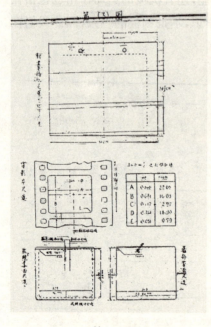

第（三）图

般先研究它们的行走姿态。如第（一）图所示。各种动物的机械作用与行进姿势的比较，在基本上就不难明了它们的梗概了。

我们在认识了这物体的二种运动理论以后，便开始学习历时的视觉观念。所谓历时的视觉观念，即是指观察物体运动的时候，同时产生所经时间的印象。这种学习，与音乐中的听拍极为相似。所以打拍机也可用来帮助观察物体运动时的历时。通常练习视觉历时的方法，是将每秒四分的拍子，熟□成习，那么，在观察物体运动的时候，自然可以测得每一动作的时速了。

关于动画的设计，主要是在如何将动作分段，即动作与动作之间□一固定的界限。这种动作间的固定界限底划分，是根据着方向、距离、时速三点的不同配合与转换而决定的。设能将这三点在动作间清楚识别，那么便可以设计一连串单独的动作，填成一个动作设计表。如第（二）图所示。这些动作设计的时间标准，是根据有声影片每秒二十四格的速度而决定的。再照设计表固定的时速与距离描绘出来，通过摄影手续，使成为一幅有情节的画面。

描绘工作可说是从设计到完成动画的桥梁，所以它是不可少的。在描绘以前，首先得注意尺度的标准，因为影片画面有一定的尺度标准，如第（三）图所示。如果描绘动画的画面不根据这样比例，在摄影时会遇到不尽的麻烦。其次是一个"定位钉"，Registratering Pins。每幅稿纸及赛璐珞片，无论绘画或摄影时,都得要穿在这定位钉上进行,以免画面地位变动。如第四图所示。描绘分四个步骤上,第一是起稿。按照动作设计表上每一动作的变化,一一绘在纸稿上。动作与动作间的所需的时间,用画面幅片数来代表,记在稿纸的右下角,以便在中间加绘画面。第二是夹绘,在二片动作稿纸上中间,加绘预先规定的片数,用等分线或三分线方法,在二幅画稿中间,依照线条程序,加绘到所需要的画幅数量为止。以上二部分工作,均在置有反光设备的印画桌上进行。第三是印线,将所绘就的动

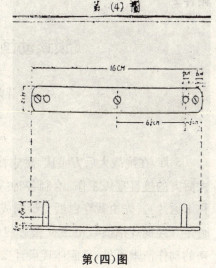

第(四)图

作稿纸,一一印到赛璐珞上。第四是着色,这是完成动作画面的最后一步工作,因为经过着色以后的画面,便可以摄影了。关于色彩的涂着,是在描有动作线条底赛璐珞片的背面,它的功用是显出活动物体的形态,和遮盖背景。

以上四步工作完成以后,便可开始摄影,摄影时将绘有动作物体的赛璐珞片穿在定位钉上,下面伏着一幅固定的背景,依次将赛璐珞片一张张更换,摄为单独的画面,连续起来,则是一条影片,在放映时,银幕上便出现翼翼如生的影像了。

摄影完成后的影片,再依照画面动作的情绪和节奏,配上音乐和声。至此,动画才告完成。至于彩色动画,那并不是绘画上的不同,而是摄影的技术问题了。

(原载于 1946 年 12 月 20 日苏州美专校刊《艺浪》复刊第 4 卷)

附件 2：

《谈谈动画专科的情况》

钱家骏

一九三九年

5月，在抗战大后方重庆，励志社美术股的一些青年美术工作者，为配合大后方的抗日宣传工作，绘制各种宣传画和幻灯画稿，拟作动画影片（那时称卡通片）。先由我在白纸上绘制成 48 张动画，内容是"一个日本兵在蹒跚行走"（经循环拍摄），由该社摄影股拍摄成几秒钟的一段电影底片，放映出来的动作清晰可见，且能体现设计要求。励志社的领导看了，决定由美术股绘制动画片，并指定我主持此事，同时委托中央信托局在香港购买化学明片（那时称赛璐珞片）。

7月，由中央信托局在当时香港市场上收集仅有的七百多张英国制式易燃明片，统统买来运抵重庆。这种大规模明片，平均每张可裁切一尺左右的六到八小张。由于物资供应十分困难，那时赛璐珞靠进口，不能自制，所以，每小张明片平均反复使用三到四次，又由于明片浸水后会起皱，在摄影时的布光更加困难。动画片《农家乐》就是在这样的条件下完成的。

8月，励志社美术股的动画片《农家乐》绘制工作，是在边试验，边绘制进程中工作的。该项动画片由我负责主持，我一边与范敬祥、杨祖述试验各种动画技术问题的同时，还赶写动画片《农家乐》的故事梗概和分镜头剧本，以及分镜头画面设计稿，人物造型工作等。正式绘制和拍摄工作是这年冬季开始的。后来金右昌、袁宪志、万昊等人陆续参加绘制《农家乐》。

一九四〇年

10月，一部长为 780 尺的黑白有声歌唱动画短片《农家乐》在抗战大后方重庆拍摄完成。该片由励志社美术股绘制，中央电影摄制场拍摄并负责后期制作。该动画片的歌词、曲原作者：黄自；改词：钱家骏；歌词内容："农家乐，平地起烽火。收了庄稼，打了禾，杀尽鬼子保家国，合家团圆瓜棚坐，闲对风月笑呵呵，笑呵呵……真快活！"这部《农家乐》的故事是：描写一个恬静的山村，住着祖孙三人的一户农家，一天，一小队流窜的日兵进村，遭到了祖孙三人的痛击，消灭了敌人，恢复了小山村的宁静和安乐。一家三人高唱

《农家乐》之歌凯旋而归。可爱的小狗,也随着歌声欢悦在列队中行进。

12月,漫画家王乐天由重庆回上海接家属时,曾随声携带了《农家乐》片的剧照和故事素材,在上海的《文汇报》上发表了一篇图文并茂的《农家乐》动画片闻世的专题报导,引起了当时成为孤岛的上海文化届的关注。

一九四一年

5月,《农家乐》片与一部由潘子农指导的记叙战地孤儿抚养教育的艺术纪录片同时向国内发行。在抗战大后方与东南亚各地放映,起到了宣传抗日的作用。当时,美国的"生活"杂志也报导了中国动画片《农家乐》的消息。

8月,励志社、教育部和中央电影摄影场三方合作成立"教育电影画片社"。该社以绘制动画片为主,准备摄制的第一部黑白动画长片《生生不息》,由陈果夫授意蒋星德执笔定稿。李清悚任总监制,钱家骏任组长。此事几经磋商,商定中华民国教育部出全片材料制作费,励志社出人,中央电影摄影场出胶片和技术设备。暂时由励志社管辖筹措。

一九四二年

1月,由励志社出面,向社会招收有志动画的十二名初中学生,在重庆董家溪开办动画培训班,边学习边工作,培训一年。参加该班动画专业教学工作的有钱家骏、戴公亮、范敬祥、金右昌、杨祖述等人。

4月,"教育电影画片社"受"中华教育电影制片厂"委托,代制该厂动画片的任务。由范敬祥负责全部动画设计稿及完成片头制作任务。片头的内容是一群小鸟栖息在梅花丛中,唧唧雏鸣。

这时,该社有学生和行政管理人员共26人。

一九四三——一九四五年

10月,"教育电影画片社"绘图组绘制的《生生不息》动画,并拍摄成黑白样片有二百多尺。

11月,教育电影画片社从重庆董家溪迁至北温泉的中华教育电影制片厂内,以节省行政开支。

教育电影画片社绘图组到北温泉后,由于人员少,困难多,在一年多时间内只完成《生生不息》动画片百余尺。到了1945年5月底,教育电影画片社因经费拮据,纪律松懈,管理混乱等原因而解体。我和绘图组部分学生仍回到重庆励志社美术股。

7月,中国第一个动画学会在重庆生生花园成立。发起人有:钱家骏、夏同光、钱寿荃、吕敬棠、吕晋、周泽、魏波伦、梁玉龙等二十余人。学会的宗旨是:(一) 团结动画同仁;(二) 交流动画学术;(三) 发展中国动画事业;(四) 扩大动画艺术影响。会后,还放映了动画片《农家乐》等活动。

一九四六年

8月,励志社由重庆迁回南京。该社除美术股外,另成立卡通股,钱家骏任股长,专绘动画片,仍由中央电影摄影场(这时是上海中电一厂)摄制出片。第一股投入绘制的是《蜜蜂国》,我任导演兼美术设计。范敬祥负责全片动画设计工作。在卡通股工作的还有:吕晋、吕敬棠、缪纲文、周泽、魏波伦等人。励志社卡通股于1947年冬停办,动画片《蜜蜂国》未能完成。

12月20日,苏州美术专科学校校刊《艺浪》复刊第四卷第一期(25 周年校诞纪念特号)出版,发表了由我撰写的题为《关于动画及其学习方法》的文章。

一九四七年

1月,罗以威自筹资金,在广州及香港两地创办"南国动画学院"。我任该院校董。吕敬棠在广州"南国动画学院"除参加教学广州外,协助该院半月刊《南国动画》的编辑出版工作。

7月,上海中华书局编剧所受联合国教科文组织委托,拍摄识字教育动画片,舒新城主持其事,成立动画工作室,由沈子丞负责,聘我为顾问。拍摄8.75毫米识字教育动画片《人与双手》,由陆敏荪、周泽绘制完成。

一九四八年

1月,苏州国立社会教育学院电化教育系受联合国教科文组织之邀摄制8.75毫米识字教育动画片。由该系教授兼主任戴公亮编文,教授钱家骏设计画面。片名《耕田》。内容是:"人耕田,牛耕田,机器耕田"。该片由吕晋、吕敬棠绘制。于同年秋完成。

戴公亮在三十年代无锡教育学院时期,曾和明星电影公司合拍过动画片形式的《五十六年国耻痛史》一本。

一九四九年

11月,我和范敬祥、杨祖述、毕颐生、吕敬棠、吕晋等人在苏州美术专科学校校长颜文樑商谈该校准备设立动画专修科(简称动画科)有关事宜。

一九五〇年

3月,苏州美术专科学校成立"电影制片室",由范敬祥主持,工作人员有毕颐生、李新、杭执行、吕敬棠、吕晋、钱兴华、王吉等人。该"电影制片室"是一个实验性质的小型动画工厂,边从事动画教学,边摄制动画片。曾接受上海市人民政府卫生局委托摄制的"动画卫生教育片"有①《防治白喉》、②《病菌》、③《阿明的好习惯》等三部。

9月,苏州美术专科学校公开招收动画科首届学生三十名,学制为二年。

10月,苏州美术专科学校动画科正式成立,我受聘担任动画科主任。这是我国第一所设立动画专业的高等院校。

<h3 style="text-align:center">一九五二年</h3>

6月,苏州美术专科学校动画科第一届毕业学生二十七人中浦稼祥、肖镇等被分配到上海电影制片厂美术片组工作。大部分学生分配到北京八一电影制片厂动画车间工作。

7月,根据全国大专院校进行调整的要求,苏州美专动画科师生并入北京"中央电影学校"(后改为"北京电影学院"),学制为二年隶属于文化部电影局领导。

(原载于《上海电影史料》第6辑,上海电影志办公室出版、发行,1995年版。)

附件3：

我们和早期动画——解放前及解放初期

范敬祥

　　三十年代，我们苏州美术专科学校 1935 届毕业班，以钱家骏为首的几个年轻人，有志于动画艺术的研究和绘制。在解放前，长及十年时间里，曾为早期中国的动画事业作出过努力，本人也参与这个活动，感受颇多。现记其事，以资留念。

　　我们的动画工作，是在国民党政府所属励志社美术股里进行的。美术股有工作人员三十余人，大部分选拔自美术学校，苏州美专毕业生约占半数，而我们 1935 班同学又多达八人。钱家骏是我们班上成绩突出的一个。钱毕业后经校长颜文樑先生推荐，参加励志社美术股招聘考试，获得录取，以后又因具多方才能而被重用。

　　这位年轻画家，在学生时期对动画电影即发生兴趣，以后又立志要为中国动画事业作出贡献。但是动画电影来自国外。动画怎么会动的？又是如何画出来的？这是个谜。那时，洋人当然不肯把机密泄漏，所以欲扣动画之门，必需先揭"动画之谜"。这在当时是个相当复杂而又艰巨的探索。钱家骏在学校时就喜欢对透视学、色彩学发"异论"，并喜爱数学、物理、化学，孜孜不倦、锲而不舍。后来他就使用这些绘画加技术来对付动画，像科学家解剖麻雀一般，把问题揭开，而逐个予以解决的。按在定位钉上画原动画，能把画动起来的关键问题的解决，是他苦苦思索，运用数学、物理等原理，剖析动作连续规律，科学地把动作起始，采用"夹线"技法，间接正确地完成中间动作搞成功的。化学板背后着色，衬出背景的技术据说是他启发于玻璃框里的画面，而有所悟，为了解决调色配料，他特地专攻化学，为日后的彩色动画涂料打下基础，为了掌握动画拍摄又研究了光学、摄影原理，为此还拆过自购、自制摄影机械数架。当年钱家骏从事美术片的研究，可谓是自学成才。没有人教，无人指点，仅依赖极少图片等资料，利用手工制成的简单器材，整日苦苦探索；夜间躲在宿舍一角，点起一盏自制小灯，几乎每天晚上工作到深夜。花了近三年，经过艰苦卓绝的努力，无数次的试验方才成功。道路并不平坦，他也常遇到失败和苦恼。举个小例子，当时励志社上下都知道美术股的小钱,在搞什么"卡通",认为这是很难实现的幻想。有人一怒之下,把瓶瓶罐罐全予砸碎;也有人称:"小钱! 你如成功,我名字倒了写!"我亦常在熟睡中被各种恶梦、撞击声惊醒,嘲讽,但最后终于为之折服。才华、勤奋、坚毅,是他真正打开"动画奥秘"的钥匙。这都是我所亲眼目睹到的。

经过了不懈努力,1939年夏初,他终于制成了几十尺长、能放映三十秒左右的"电影动画"。这是一段黑纸底、白线勾勒的试验样片,画一个日本鬼子走路等动作。这些动作画得比较精彩,既灵活又夸张。那时候,大家认为道路是铺平了,1935班同学都主动地投入到动画绘制的活动中去,想取得更大的成功。但是我们的想法太简单,太幼稚了,实际情况并非如此。创业是艰巨的。在国民党统治下,要有所作为真难,想搞这样陌生而又复杂的动画电影,更是难上加难。当时我们年轻,事业心炽烈,终于闯过了一个又一个难关,能在1939年9月间开始投入动画电影的制作。

上面虽然同意支持,也只是批准了四百元开办费和给予较多的自由权,即可在美术股这个范围内自行结合干。所以我们苏州美专1935班的同学:杨祖述、毕颐生、金右昌、万昊、孙葆昌、蒋□琳等八人,结成了一个团结的小群体,当钱家骏急需相助时,纷纷掷下手中画笔前来支援。但毕颐生等主要兴趣仍在油画,只有杨祖述和我能全力以赴。因此以钱为首,杨和我为辅的核心组成,再经几度曲折,形成了一个力量很强,却又松散的班底。

其次是器材问题。抗日战争最困难的岁月里,在重庆,要买到一张白色的纸张都是奢望,更何况像化学板这类稀罕物资。经过四方探听奔走,终于觅到了几百张日本产的又厚又黄的化学板。当这到手时,我迄今仍清晰地回忆起钱家骏当时那掩饰不住内心激动的情景。又像上色用的阿拉伯胶也是如此,开始用牛皮胶又厚又臭,每张化学板经过上色后的画面重及几两,遇潮即粘,天旱又裂……诸如此类问题,大至摄影架,小如定位钉,都是经过反复研制,一次又一次,一个接一个试验而成,可说是逢山开路,逢河搭桥地对待一切器材设施。后来有关器材等困难也终于逐渐得到了解决。

最后一道难关是摄制问题。要靠我们自己力量,是无法解决的,又经过疏通求援,才得到"中央电影制片厂"的同意和合作,后来我们得知了这个场内情:那里养了几百人,拍不成片,整天泡在小茶馆里喝茶,不断骂娘,所以对于我们来"投资加股"正是求之不得的。摄制问题出乎意料地获得了解决,并和"中电"达成协议;拍成的动画片将归两个单位共有,由他们负责摄影、洗印和录音,直至发行。"中电"指定摄影师王乐天担任拍摄工作。

现在只剩下我们自己能不能争气了。当时钱家骏的情况犹如一个科学家制出样品，刚从实验室走了出来，对动画只能算是起步，要获得完全成功，仍需继续探索和实践，做大量工作。我们几人对于动画完全一窍不通，须从头学起。我们还不懂得剧本和它的重要性，更不知什么是"分镜头"。家骏似乎胸有成竹，他根据那时流行的歌曲《农家乐》，编出个故事，作为绘制的依据，大家只有听从于他，任其"调遣"。

《农家乐》故事内容是："清晨，在一个农村里，以为小姑娘边喂鸡边逗小鸟取乐。村上呈现一派和平宁静景象。突然日本鬼子到来，烧杀、掠抢。小姑娘和祖父、小弟弟还有一只小狗，一同起来抗敌，最后把敌寇杀死。农村又恢复了平静，一家老小同唱《农家乐》歌曲而归，在欢乐的歌声中剧终。片子没有正式剧本，等到拍摄完成后，要一份说明书，需介绍故事内容，于是依据片中所画整理出一个故事来。原《农家乐》中的这只歌，原词是："快把田租完清库，合家团圆瓜棚坐，笑哈哈，农家乐真快乐……"改为"打败了鬼子出中国，合家团圆，笑哈哈……"这说明书主要出于杨祖述之手。片名定为《农家乐》。

在整个绘制过程中，钱家骏自编自导，一切设计包括造型、画面、背景，以及大部分原画皆集于他一身。他往往以过人的精力画到深更半夜，有时几乎彻夜不眠。可以说在这部短片中钱家骏确是称得上"呕心沥血"。所以《农家乐》完成后，他对动作设计掌握得已很熟练，可以做到得心应手。至于我和其他几个人主要是画中间动作（动画）的，后来也试画一些简单原画以及部分背景。由于纸张的困难，全部原画、动画都直接描线到化学板上。这样做工程大，操作难，但也出于不得已，所以每画一节，常依据化学板供应情况而定。完成一批，即送"中央电影制片厂"拍摄。我们采取的是画一批拍一批，汰一批的办法。"中电"距我们的住处有数十里，我们把画好的化学板，装在一只木箱里，重几十斤，两个人抬着，挤车到江边南岸，冒着重庆酷暑，踏上发烫的长达几里的沙滩，渡过水流湍急的江面，再爬上高坡。到了"中电"时，只能躺倒在茶馆竹榻上，静待夜幕的降临。由于电力不稳，拍摄只能在深夜，我们多次都工作到通宵达旦。这倒感动了散懒成习的"中电"师傅，他们便加快洗印出样片来。当时我们自己没有条件"拉修"（"拉修"应说明为"样片"），所以试映时心惊胆战。银幕是无情的，它能一下子检验出作者的水平。家骏设计的动作灵活正确，博得一片啧啧声；而我自己所绘制的几个动作，则显得很笨拙，时而引起人们阵阵哄笑。但是不管怎样，我们得尽快把木箱抬回去。因为那边正在焦急等着我们呢。同事们见我们回来,第一声总是问:"行吗?"回答:"行!"大家便放心地高高兴兴去睡觉了。第二天赶快把已磨得发毛了的化学板洗掉,准备下一回合绘制。这是一场艰辛的战斗,如此往返何止十多次以上!

绘制成这部短片我们共画了八千多张画面,拍成一千二百余尺样片。由于有些情节与故事游离,被我们剪删掉几百尺(其中有很多画相当好)。经过一番取舍,又补了一些镜头,终于使故事完整起来,最后剪辑成七百八十尺。总计花了一年三个月,至 1940 年全片完成。该片随即与"中电"纪录片《西藏巡礼》同时在影剧院放映。这是我们的处女作(实际仅是一次实验),各方面还很不成熟,可以说十分粗糙。但它仍受到人们的欢迎,曾先后在许多地方放映,甚至远至东南亚地区。由于当时蒋管区所谓"内地电影事业"几乎陷入停顿,在这时竟意外地出现了被视为电影艺术中很神秘的"卡通片",确实引起了较大反响,通讯社和报纸也加以报导,予以赞扬和好评。《农家乐》完成后,想不到竟获得如此成就,大大增强了我们的信心,都认为自己的才能远远没有得到发挥,我们的潜力还很大。因此都利用这个空隙加紧练习、补课,以迎接新的任务。家骏经常外出活动,几乎每次都带回来令人鼓舞的信息。大家充满了希望和期待,准备大干一场。

1942 年 7 月,中华电影画片社正式成立。它是由教育部、中央摄影场和励志社三家合办的,专事摄制动画片《生生不息》。片子的总监制由中华教育电影制片厂厂长李清悚兼任,钱家骏担任主绘,实际上是他包干全部绘制部分的工作。

"画片社"首批正式工作人员是二十六人,他们大部分毕业于美术学校。为了扩大队伍,培养新手,又成立了一个"动画训练班",招收中学生十名。《生生不息》原计划拍成 9—10 本,但始终没有完成,经历了两年多的磨难和折腾,即告夭折,接着钱家骏离开了画片社。

事后,我们也分析过我们从事的动画事业之所以会失败,主要有以下几个原因:

其一,国民党当时腐朽的政治,给我们干扰、破坏和腐蚀。"画片社"属三个单位所有,相互推诿、扯皮,人为地制造困难。例如一个计划、一笔经费往往拖拉几个月才批准,造成"军心涣散",挫伤了大家的积极性;美术股的自由散漫管理不严;国民党旧机关的懒散、苟安的作风,逐渐影响和感染了我们这个队伍,造成工作混乱、进程缓慢,出现了暮气沉沉的局面。

其二，是剧本太难，拍摄中要求太高。画面上人物要写实，不许变形，动作不能夸张。当时我们的技术水平还不很高，画些小猫、小狗，简易的人物动作尚可应付，画真人就感到力所难及。例如：我画过一个生生走路的循环动作，二十张左右整整试了一个月。家骏不主张拍参考片，认为这不是真本事。这对他来说，做到并不难，而对我们这些"笨鸟"来说就很难达到要求，大多数人都感到画不下去。《生生不息》是长片，根据大家的水平，确难逾越这个可怕的"动作关"，因此逐渐丧失来了信心，无法招架下去。

其三，我们领导水平低，习惯于事无巨细都揽在自己手里，一张颜色上错要管，桌子设计、购置普通器材也都得管，而且事必躬亲，大大影响了群众的主动性。因那时国内尚无合作搞动画的先例，所以大家还不善于搞集体创作，家里事都等着钱家骏处理。特别有关绘制方面必需他动手或决定。凡设计、定稿、修改等等没有他我们只好坐等待活，家骏自己也感到疲于奔命、无法安心动笔。没有了头，积极性益发下降，更加深了人们的散漫和怠懒，以致解体。

另外新人来自美术学校，他（她）开始时对动画电影抱有好奇和幻想。但是经过一个时期试验，发现学非所用，而且画起来又是如此麻烦乏味，因此练了一阵，短则半年，长至一年，皆纷纷离去，再加上当时的动乱环境，搞事业的人毕竟少数。

沉寂了两年后，励志社成立了卡通股。钱家骏担任组长，连我和五个昔日"动训练"的学员，总共七个人，准备画一动画短片，后来也未完成。

1948年初国立社会教育学院聘请钱家骏担任教授。该院电化教育科主任戴公亮先生热衷动画事业，曾自制16毫米卡通教育短片《五十六年痛史》一本。戴先生是我国最早动画启蒙者之一，当这位知名的电化教育专家兼任联合国教科文组织在华代表期间（1948年），在学院建立"电化教育制片室"，请钱家骏任顾问，由卡通股吕敬棠、吕晋绘制等具体绘制，用动画及剪纸形式摄成教育识字片。这应是我国最早把动画直接运用到了教育方面的尝试。

解放前我们这批有志于动画事业的年轻人，到处碰壁，犹如离群之鸟，处于黎明前的黑夜，谈不上什么事业和开拓。在漫长的十年中，历经多少风风雨雨！解放了，我和家骏初登汉弥登大楼，见到来自东北的一小队人马。这批年轻人，在党的领导下，把新中国的动画事业推向前进，一浪高过一浪，终于登上世界巅峰。今日思之，春天的降临，何期迟迟！

可是，解放初期我们这几人集结于上海，仍在徘徊、仰望。但是大家对动画事业有深厚的感情，不愿放弃这个职业。有位挚友曾指点过："动画在中国，在美术院校，可望兴起！"这位画家兼教育家的话，促使我们的目光又转向了自己的母校——苏州美专。我们中间有几人是当年"苏美"的高材生，得到颜文樑校长的器重。这里是我们的娘家。于是，我们在颜文樑先生的支持下，创办起了动画科新专业。

（原载于《上海电影史料》第 6 辑，上海电影志办公室出版、发行，1995年版。）

附件 4：

钱家骏在苏州美专动画科
就职时的教职员身份证

（此图片为钱珊朱女士提供）

附件 5：

苏州美术专科学校聘请钱家骏
担任动画科主任兼电影制片室顾问的聘书

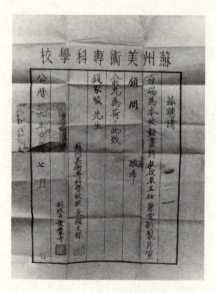

（此图片为钱珊朱女士提供）

苏州美专实用美术科课程设置研究

王祎黎

【内容摘要】 本文通过对苏州美术专科学校的相关文献、档案资料以及对部分亲历者的口述材料进行整理和分析,围绕苏州美专实用美术科在发展过程中的课程设置,分别就苏州美专的实用美术教育思想、实用美术科的课程来源与课程设置及其对实用美术人才的培养等几个方面进行了分析,探寻苏州美专实用美术科课程设置的依据及其课程发展的历史状况,以此探讨苏州美专实用美术科课程设置对苏州美专实用美术教育历史产生的影响。希望通过这种对艺术教育史料的整理和分析,为深入研究和了解我国 20 世纪早期实用美术教育的发展提供有价值的参考依据。

【关键词】 苏州美专 实用美术科 课程设置

引 言

本文研究的关键问题在于弄清苏州美专实用美术科的课程设置状况。这一课题的研究价值在于,目前关于苏州美专实用美术科的研究文献还相对较少,只在部分文章中稍有提及,较为完整的研究文献笔者还尚未查阅到。笔者试图在史料相当有限的情况下复原苏州美专完整课程和教学情况。在整个苏州美专实用美术科的研究过程中,课程研究应处于核心的地位,通过课程的研究可以推测出包括当时实用美术科的教学模式、师资力量等情况,这对于苏州美专的历史研究来说是十分重要的资料。在研究过程中,笔者运用了田野调查法、口述历史法,以及对相关论著及学术成果的研究、推测等手段,试图还原苏州美专实用美术科当时的教育教学情况以及课程的设置情况。本文通过对苏州美专实用美术科的美术教育思想、课程的来源以及拓展性课程设置的探讨,进而从另一角度丰富了关于我国早期实用美术教育的办学宗旨、办学思想、教学方式和课程设置的史料依据。笔者还通过对苏州美专相关史料与文献资料的查阅,尝试复原了苏州美专实用美术科的课程表,但有些内容可能并不全面,有待完善。

研究过程中笔者查阅了大量文献资料,本文的文献查阅主要集中在已有的研究成果、相关专著以及对苏州当地的文献资料、档案资料的查阅以及对亲历者的采访等。除此之外,对有关国内外艺术教育研究的各种重要论著和文章都作为基础性的知识储备进行了阅读。在此先对查找到的与苏州美专实用美术课程研究方面相关的重要文献资料作梳理:

　　首先是颜文樑撰写的《从生产教育推想到实用美术之必要——告本校实用美术科同学辞》,[1]这篇文献直接反映了颜文樑的实用美术教育思想,而颜文樑的美术教育思想实际是苏州美专办学的指导性原则,在这一思想的指导下,苏州美专后期开设了实用美术科,并且开设了丰富的课外拓展性课程。此文也是笔者进行研究主要依据的文献之一。尤玉淇撰写的《春风不改旧时波—苏州美专学习生活回顾》[2]一文是作者对在苏州美专求学期间学习生活的一个回忆性记录,呈现了苏州美专学生当时的学习生活原貌,给笔者提供了直观的参考资料。王建良撰写的《论苏州美专实用美术教育思想的内涵及传承》[3]一文中提及了苏州美专以"工作室制"、"项目制"等为核心的工学结合的人才培养模式,正是当年颜文樑实用美术教育思想在新的历史时期的全新阐释及创造性的传承与发扬,从中可以发现实用美术课程的影子,这对本文探讨的问题有很大的帮助。毕颐生撰写的《忆孙文林教授三十年代的素描教学》[4]一文是对 30 年代苏州美专教授孙文林先生的素描教学实践的还原。从这篇文章中可以了解到 30 年代苏州美专素描课程以及教学的概况,其作为苏州美专实用美术课程研究的参考资料是具有十分重要的参考价值的。李洁璇撰写的《工厂教育制度的引入和颜文樑实用美术教育思想》[5]一文详细地阐述了颜文樑先生的实用美术教育思想,包括形成背景、美术教育思想的实践,文中还提及了苏州美专实用美术科的筹办过

　　〔1〕 颜文樑:《从生产教育推想到实用美术之必要——告本校实用美术科同学辞》,载苏州工艺美术职业技术学院学报,2003 年 02 期。

　　〔2〕 尤玉淇:《春风不改旧时波—苏州美专学习生活回顾》,载《南京艺术学院学报(美术与设计版)》,1992 年 04 期。

　　〔3〕 王建良:《论苏州美专实用美术教育思想的内涵及传承》,载《南京艺术学院学报(美术与设计版)》2009 年 06 期。

　　〔4〕 毕颐生:《忆孙文林教授三十年代的素描教学》,载《南京艺术学院学报(美术与设计版)》,1992 年 01 期。

　　〔5〕 李洁璇:《工厂教育制度的引入和颜文樑实用美术教育思想》,载《南京艺术学院学报(美术与设计版)》,2009 年 04 期。

程以及部分的教学情况,对于笔者研究苏州美专实用美术课程有很大的帮助。郭志刚撰写的《法国巴黎高等美术学院的艺术教育》[1]一文是对巴黎美术学院的包括导师工作室制度、课程设置的完善、学术交流等方面进行的阐述,其中的课程设置方面主要包括了必修课、理论课和技术课程的设置以及课外的延伸四部分内容,对于苏州美专的课程设置方面的研究起到了对比和借鉴的作用。

除上述文献外,还有尚辉撰写的《颜文樑研究》,[2]此著作主要分为颜文樑的生平、颜文樑的绘画和美术教育思想、颜文樑先生年谱等部分。书后有三种附录,分别是颜文樑文选十二篇、颜文樑研究、评论目录与辑要、颜文樑逝世的悼词。附图部分展示了颜文樑相当珍贵的生活照片和各时期代表作品图片。上述研究成果对本文的写作提供了宝贵资料。

艺术教育研究各种重要论著中笔者主要阅读了袁熙旸撰写的《中国艺术设计教育发展历程研究》,[3]这篇文章系统论述了自晚清洋务运动至今的一个半世纪中我国艺术设计教育所走过的坎坷历程,系统地介绍了不同历史时期我国艺术设计教育所经历的不同形态,如手工教育、图案教育、实用美术教育、工艺美术教育、工业设计教育、艺术设计教育等,对我国艺术设计教育的历史作出了概括与总结。书中涉及了民国时期的图案、工艺与手工教育方面的内容,对同期的苏州美专课程以及教学方面的研究具有参考价值。

通过对上述文献的阅读,笔者梳理了苏州美专实用美术科的教育主导思想、课程的开设情况、任课教师以及实践性课程的开设情况等,虽然资料比较分散,但是笔者从这些文献资料中梳理到了具有价值的内容以供课题研究之用。

由于本研究涉及课程设置方面的内容,所以笔者还阅读了课程论的相关著作,包括丛立新编写的《课程论问题》[4]以及施良方编写的《课程理论——课程的基础、原理与问题》。[5]《课程论问题》一书对于课程论、课程

〔1〕 郭志刚:《法国巴黎高等美术学院的艺术教育》,载《三峡大学学报》(人文社会科学版)2002年第4期。

〔2〕 尚辉:《颜文樑研究》,南京:江苏美术出版社,1993年10月版。

〔3〕 袁熙旸:《中国艺术设计教育发展历程研究》,北京:北京理工大学出版社,2003年版。

〔4〕 丛立新:《课程论问题》,教育科学出版社,2000年版。

〔5〕 施良方:《课程理论—课程的基础、原理与问题》,教育科学出版社,1996年版。

理论的发展及其基本结构等内容进行了详细阐述。《课程理论——课程的基础、原理与问题》一书对课程的基本理论,课程与心理学、社会学、哲学的关系,以及课程目标、课程内容、课程实施、课程评价以及课程的价值等方面作了详细论述,对于笔者研究课程设置起到了基础理论的作用。

一、苏州美专的实用美术教育思想

在苏州美专办学的过程中,实用美术思想一直贯穿教学活动以及课程整个过程。从 1911 年辛亥革命之后,美术教育的发展趋势逐渐清晰起来。由于工商业的发展迫在眉睫,各种美术专门学校如雨后春笋般纷纷出现,并且大多开设了与实用美术相关的专业与科系。从第一所公立美术院校国立北京美术学校[1]于 1918 年开办之后,包括国立艺术院、[2]上海美术专科学校等美术专门学校都先后开设了图案或者工艺图案课。1922 年苏州美专成立,作为校长的颜文樑自 1908 年考入上海商务印书馆[3]之后就一直学习印刻、制版和印刷技术,并得到日本画家松冈正识的指导,开始学习西画。商务印书馆的制版技术在当时是最先进的,有珂罗版、石版和铜版等。在法国留学期间颜文樑又学习了印刷制版方面的知识,并且受到欧洲美术教育大趋势的熏陶,清楚地认识了实用美术的重要性。

为了能准确地理解颜文樑的实用美术教育思想,首先要明确什么是实用美术。顾名思义,实用美术就是指具有实用意义、反映生活需要的一种美术类型,比工艺美术范围和含义更为宽泛。新中国成立之前,实用美术和工艺美术的含义大致相同。但是,工艺美术和实用美术的概念还是有一定的区别的。工艺美术不仅具有实用功能还具有欣赏功能,实用美术主要以实

---

〔1〕 国立北京美术学校:1918 年的国立北京美术学校。这所学校由蔡元培先生倡导创立,是中国历史上第一所国立美术学校。此后该校几经易名,1923 年更名为国立北京美术专门学校,1925 年更名为国立北京艺术专门学校。1927 年,北京九所国立高等学校合并为京师大学校,艺专成为其美术专门部。1928 年又更名为国立北平大学艺术学院,1934 年恢复为国立北平艺术专科学校。

〔2〕 国立艺术院:1928 年,时任大学院院长的蔡元培先生择址杭州西子湖畔,创立了第一所综合性的国立高等艺术学府——国立艺术院,设国画、西画、雕塑、图案四个系及预科和研究部,开始了"美育代宗教"的实践,揭开了中国高等美术教育的篇章。

〔3〕 上海商务印书馆:成立于 1897 年,是中国历史最悠久的现代出版机构,与北京大学同时被誉为中国近代文化的双子星。以编印新式中小学教科书为主要业务,现主要编译出版外国哲学、社会科学方面的学术著作,编纂出版中外语文工具书以及研究著作、教材、普及读物等,出版《中国语文》、《方言》、《英语世界》等期刊,在读者中有良好影响和声誉。

用为主要目的。实用美术所涉及的范围甚为广泛,多以社会物质产品的形式出现。人们生活中的衣食住行都离不开实用美术,颜文樑先生在其文章《艺术教育今后之趋势》[1]中提到:"欧洲各国艺术教育除提倡纯粹美的艺术之外,无不亟图实用艺术之发展。使艺术不单专为鉴赏而作,同时也与工艺联络,以期达于实用。"这段文字主要是指欧洲各个国家的艺术教育,除了提倡纯艺术教育之外,都在试图向实用美术方面发展。艺术不仅仅只具有观赏价值,也能具有实用价值,能够与工艺技艺联系起来。在欧洲艺术教育趋势的影响下,颜文樑也同样认同艺术不单单只有鉴赏的用途,他期望能够将艺术与技术结合,使艺术能够为工商业服务。颜文樑的这种艺术教育思想不只表现在《艺术教育今后之趋势》这一篇文章中,其另一篇文章《从生产教育推想到实用美术之必要——告本校实用美术科同学辞》中也提到相关内容:

"艺术之为用至广,于工商界尤甚。我国工商界之各种产品,多因陋就简,甚亟待于艺术界之改善而增加其产量者,尤为急切!不观本年海关之报告,民国二十二年上半期对外贸易总额,凡十万万七千六百万元,内输入之工产品占七万万七千九百三十二万元,其一种外货充溢与土货衰落之现象可知!苏俄五年计划中,最堪注目者,为提倡'生产教育',即实业与教育联合为一。(最近有合并教育与实业二部为一个行政机关之实现)国家才设各种工艺学校,各工艺学校中更分若干单科工艺专校:如建筑专科、电力工程学专科、纺织专科、装饰专科等,每个专科学校,又复与各工厂密切相关,学生得在工厂实习;而工厂职员,亦得在各关系专校研究。故研究与实习,有充分之联络。欧美各国,急起直追,不遗余力。此生产品之得以改善,生产量之因以激增,固意中事也。我国近数年来,已渐知提倡国产品之必要矣!惟提倡之若何入手?与入手之应先注意者何?多忽焉漠视。以故提倡数年,成绩犹依然也。且生产之数量,返呈衰退,大不可情耶!故在今日而言'生产教育'者,舍美术与实业互相合作外不为功。否则,从事实业者,只知不绝产量,国民之爱好与否不问也,社会之需要与否不问也。日夜制造,悉成废物。彼从事美术者,只知描写自然,啸吟林泉,不肯分其一部分之劳力为工艺品服务,及至毕业期近,遑遑焉尽于教育界思出路,拥塞一途,人才过剩,是两失其益者也。欧美无废弃之物品;亦无废弃之人才。而我国适反

〔1〕 颜文樑:《艺术教育今后之趋势》载《艺浪》第二卷第2、3期合刊,1936年。

是,原料过剩;人才拥塞一处,而不思有以善用之,利导之。士夫多畏难苟安,工商业皆因陋就简,此皆病根也。余甚望国人憬然速悟,使美术与实业,两者不可分离,互相提携,改善出品。余尤望本校实用美术科同学,勿畏难中止,勿以其事之繁琐而怠视也!"[1]

在当时,国人对于艺术教育与社会实际需要脱节这个问题甚为忧虑,当时的艺术研究者,都自命清高,不愿意从事与艺术相关的工业产品生产等任务。历年来各艺术院校培养的人才,除了能够胜任教育工作以外,并没有其他的贡献。我国工商界生产的各种产品,大部分因为技术落后,产量以及质量都有待提高。改变艺术教育模式来协助工商业增加产量的任务,在上世纪 30 年代显得尤为紧迫。根据海关的报告显示,1934 年上半年,我国对外贸易总额远远低于进口总额。在上述的大背景下,国家才开始设立各种工艺学校,各个工艺学校中还分了若干单科工艺学校,例如:建筑专科、电力工程专科、纺织专科、装饰专科等。每一种类的专科学校,又与同类型的工厂有着密切的关系,学校的学生可以在各种工厂实习,而工厂的职员又可以在各个关系学校进行学习研究,这样一来实习与学习研究就有了充分的联系。

从上述两篇文章中可以得出一个共同的观点,就是在颜文樑的观念里,实用美术的推广和发展势在必行。特别是结合颜文樑的海外留学经验来看,当时欧洲的艺术教育趋势也是趋向于发展实用美术,加上 20 世纪初国内的各美术院校纷纷开设图案等实用美术专业,颜文樑发展实用美术教育的理想其实正逐步转变为现实。苏州美专不仅开设实用美术科,还设置了具有特色的实践类课程。

二、苏州美专实用美术课程的来源

颜文樑创办苏州美专后,与时俱进,在 1933 年创办实用美术科之后,结合自己的海外留学经验以及同时期美术专科学校的课程设置和教学模式,在美专设置了一系列具有实践意义的实用美术课程。

---

〔1〕 颜文樑:《从生产教育推想到实用美术之必要——告本校实用美术科同学辞》,《艺浪》,第九、十期合刊。

（一）法国留学经历的影响

笔者根据颜文樑的回忆录整理了他在法国留学期间的情况。颜文樑于 1928 年赴法国留学，就读于巴黎美术学堂（今巴黎国立高等美术学院）。颜文樑抵法后将作品拿给了徐悲鸿的老师、当时任教于巴黎美术学堂的达仰，他给了颜文樑很高的评价。由于达仰家里没有石膏像，也没有画室，所以他建议颜文樑最好去巴黎美术学堂学习绘画。颜文樑翌日就去了巴黎美术学堂找皮埃尔·罗朗斯，征得他的同意后，颜文樑进入他的画室学习。颜文樑首先是在加勒莱（当时用于专门画素描的地方）研习素描，待基本功相对扎实后，他进入阿德利亚（ATELIER）画室学习人体模特写生。每周只有周六上午半天画 3 个小时，第二个周六便换模特。后来罗朗斯介绍了一位资深的留学生给颜文樑当翻译。颜文樑在此期间接触到了印刷制版的相关知识。这段留学历史表明颜文樑的绘画功力和基础十分扎实，他作为画家有很大的发展前景，但即便如此，他还是把注意力转向了工艺技术。在法期间他利用业余时间学习印刷制版的相关知识，虽然目前很难有一手资料证实，但当时巴黎作为欧洲工业中心，又是西欧时尚之都，在工艺美术这方面必然有所发展，这也必然影响到当时在法国学习的颜文樑。

巴黎国立高等美术学院是世界著名的艺术院校。世界级的艺术大师，包括大卫、安格尔、德拉克洛瓦等都曾在这所历史悠久艺术殿堂工作和学习过。自 20 世纪初开始，许多中国艺术学子也曾先后在那里学习深造，包括颜文樑、林风眠、吴冠中等。他们的美术教育思想和艺术创作影响着整个 20 世纪中国美术教育和现代中国美术起步、发展与进程。巴黎美院从 19 世纪开始就在当时的西方美术界占有重要的地位，教学宗旨以"理想美"为核心，期望培养学生的造型能力，使学生对人体结构、透视等知识能有详尽的了解。教学内容主要是素描，绘画的内容大致是静物和石膏像写生，最后到人体模特写生，这是一个循序渐进的过程。正是在这种教学模式的培养下，颜文樑对素描的重要性有了全新的认识。

颜文樑在法期间的学习所得，在后来苏州美专实用美术科的素描课程中得到了很好的体现。美专开设的素描课程与颜文樑在法国期间的学习模式相类似，所设置的基础课程中的素描教学，也是从石膏像写生，最后发展到人体模特写生。无论在实用美术科还是其他专业中，苏州美专都十分重视素描的基础作用，都是采用人体和石膏的素描课程练习。在苏州美专的其他技法课程中,素描课程起到基础性的作用。即使在分西画和国画两科之前,素描课程也是必修的基础课程。在法国学习的印刷制版知识也成为了后期美专实用美术课程的主要来源,颜文樑回国创办的美专实用美术科,制版和印刷课程的设置、教学内容都与其在法国期间学习的内容具有一定的沿袭。

（二）同时期美术院校的影响

20 世纪初叶,清政府开始了"废科举、兴学堂"的运动。1912 年 11 月 23 日,上海美术专科学校在这样的大背景下成立。当时西方文化渐渐敲开了中国的大门,越来越多的留学生带回西方美术的教育思想,使得中国现代社会美术教育由传统教育模式向现代教育模式转型。

上海美专由乌始光、张聿光、刘海粟创办,初期只成立了绘画科。同时期还有其他一些学校,例如:1915 年,国立北京高等师范学校设三年之图画手工科;教师有李毅士、陈师曾、郑锦、丁萌(美国)等;1918 年,国立南京高等师范学校开设三年制图画手工科;1918 年 6 月,上海神州女学设立图画专修科。这些美术院校及其图案手工科的设立,反映了当时的美术发展趋势。从现有的资料看来,当时在上海,上海美专的美术教育思想和教育模式很具有代表性,颜文樑在办学当中,或多或少会受到一定的影响,这从后期苏州美专的课程设置中也可以看出来。

1928 年成立国立艺专是民国政府的最高美术学院,下设国画系、西画系、雕塑系、图案系、预科和研究院。主要开设的课程有:西画、国画、油画、雕塑、音乐、图案、琵琶、解剖、中国美术史、西洋美术史、透视、文艺、国文等。在苏州美专的课程设置中可以看到,西画、国画、油画、音乐、图案、解剖、中西美史、透视、国文等课程。从上述资料可以看出,当时的美术专科学校或者艺术专科学校的美术专业的课程设置相互都有一定的借鉴和影响,在这些方面的影响下,苏州美专的课程开设情况也大致有了雏形。

三、苏州美专实用美术科课程设置

（一）实用美术专业的开设

根据 1933 年苏州美专的校刊《艺浪》上刊登的"添设实用美术科"的校闻中可以看出,当时江苏教育厅明确下达了指示:"凡是国立或者已经备案的私立艺术学校或者美术专科学校都必须加设实用艺术课程。"[1]
1932年11月,苏州美专根据江苏省教育厅的指示加设了实用艺术课程
后,遂于1933年5月开始计划开设实用美术专业。苏州美专最初拟在
本校增设实用美术系,在高中部增设实用美术科,但这一提议违背了教
育部的相关规定,所以最终定为于高中部增设实用美术科,于专科中设
立实用美术组。

实用美术作为苏州美术专科学校新增设的专业,得到了足够的重视。
学校聘请了专业的师资力量,并且还花费重金从国外购买相关设备和仪
器,让学生在学习专业知识的同时,能够有动手的机会。该专业于1933年
度开始招生,专门开设了印刷、铸字、制版、摄影工场以供学生进行拓展性
课程的学习。

(二) 实用美术科课程门类

1933年首届实用美术科学员汪庆普在他的《实用美术科点滴回忆》里
写道:"我是美专实用美术科的首届学生,当时,只有一个班级,教室在罗马
式教学楼的地下室。所学课程同其他系、科差不多,但我们以较多的时间,
实习制作美术钢、锌版和印刷,或搞图案设计,有时还到观前街帮助商店布
置橱窗。学校设有一个小小的制版印刷工厂,设在明道堂旁边一座平房
里,我一有空就穿上工人服,钻进照相暗室学浇罗碘,制湿版、拍底片,记得
为了复制钢版,我还曾有过一点点小的创造哩!"[2]从这段描述中可以看
出,当时实用美术科的课程除设置了和其他科系学生大致相同的基础课程
外,还设有拓展性课程。基础课程就是与其他专业相类似的课程,而拓展
性课程是苏州美专实用美术科独具特色的课程类型。因苏州美专历史资
料中缺乏对实用美术科基本课程的详细介绍,所以笔者间接通过对其他专
业基本课程的研究,来大致推测实用美术科基本课程的开设情况。根据相
关史料和文献,笔者尝试恢复了苏州美专(1922年—1933年间)的课
程表:

---

〔1〕《校闻》,《艺浪》,第九、十期合刊。
〔2〕南京艺术学院校史编写组:《南京艺术学院史》,江苏美术出版社,1992年,第301页。

表1 苏州美专各科系课程总表（1922—1933）

基础课程 （专科一二年级）	分科课程	理论课程	基本学程	其他
国画	创作课 临摹课 鉴赏课	考古课 美学课 中西美术史 解剖学 透视学 色彩学	国文 外文 书法 音乐 体育	学术研讨会
西画	石膏写生 人体写生 风景写生			举办画展

笔者结合上述苏州美专课程总表，对实用美术科的基本课程进行了大致推测，并根据历史资料中对于实用美术科实践类课程的描述，大致复原了实用美术科的课程门类体系。该科的课程主要分为基本课程和实践类课程。根据上述资料看来，实用美术科的基本课程设置主要包括技法课程、理论课程及其他课程三类，实践性课程主要包括制版印刷、铸字、摄影等。笔者推测整理出了当时的课程体系表：

表2 苏州美专实用美术科课程门类体系表（推测整理）

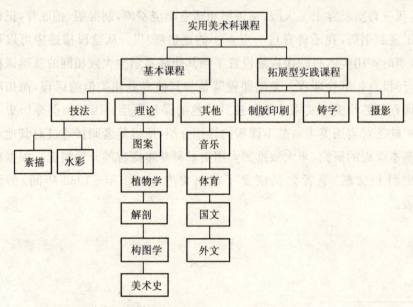

（三）课程教学情况及师资力量

对于苏州美专实用美术科的课程教学情况，笔者大致分为基本课程、理论课程和其他课程三种课程类型分别予以论述,其中着重对素描课程以及实用美术科的拓展型课程的教学情况作详细论述。首先,素描课程是苏州美专各科系的重要技法课程,是作为学生的基本技能加以训练的。其次,对实用美术科的拓展型实践课程也作了详细的阐述,并对实用美术科的师资力量进行了整理和分析,以期对实用美术科的教学情况作一个全面的分析。

1. 基本课程

(1) 素描石膏像写生课

颜文樑在留学期间,除了一心一意深造学习知识技能以外,也无时不刻不为办好美专想办法。颜文樑在巴黎美术学校学习期间所画的都是有名的石膏雕刻作品,这就使他萌发了选购大量图书,定制国内少见的石膏模型,细心选择有名的雕塑的想法。典型的石膏名作为世界各国公认造就艺术人才的必要基本设备,是素描练习的最好对象,是练习基本功、提高教学质量的最有效、最成功的教材。

在苏州调研期间,我们采访了陈士宏教授,从他的回忆中,又进一步了解了当时素描课程的授课情况。陈士宏教授回忆起当时素描课的情景,非常有感触,高一级的学生和低一级的学生同时授课,相互学习,相互指点。完成的绘画作品全部贴在墙上,大家一起进行评论。回忆到进入石膏陈列室画画的情景,陈士宏教授说:"当时因为我画的很好,才能进去画的,不是随便什么人都可以进去的。"从这一点可以看出,当时对于素描这方面的学习是非常严格和重视的。当时的苏州美专素描课程大部分由孙文林教授负责,孙文林教授没有机会留学,但他在中大学习美术期间的指导老师是徐悲鸿和潘玉良,他们都曾经在巴黎学习过。在这样的长期熏陶下,他比较赞同法国素描教学的传统。那时候的课程不像现在那么系统,没有详细的教学大纲和讲义,也不和系统的讲课。孙文林教授的素描教学很强调实践,学生只有学习好了素描和造型,才能进行油画创作和学习。素描课都安排在大教室进行,同时有很多学生一起上课,浮雕和头像都是挂在墙壁上的,虽然许多学生挤在教室里,但是学习热情依然很高涨。当时对于低年级的学生,孙老师主张他们多在夜间练习作画,这样可以画到很多种不同光线。在教学中,他主张精讲多练,要求同学们自己多多动手。

(2) 人体写生课

20世纪初,一些留学欧、美、日的青年学子,把西洋艺术意义上的人体艺术连同其教学程式带回中国,开始在美术院校里开设画人体模特的课程。

图1　苏州美专人体写生课场景照片

1912年，刘海粟在上海创办了上海图画美术院，两年后，在西洋画科开设了人体模特写生课，刘海粟在争议声中开创了中国人体写生的先河。后来苏州美专素描课程中也开设了人体写生的课程，并留下了珍贵的照片。苏州美专只有一个女模特。苏州美专每年招生的时候要开一个展览会，陈士宏教授在第二学期就把女模特的脸画像了，被大家认出来了，颜文樑说他应该向肖像方面发展。在20世纪初期，人体写生还有一定的保守性存在，这和当时中国的大环境有关。当时美专的素描人体写生教学中，人的面部一般是忽略描绘的，主要是对人体结构的描绘。从图1中可以看到当时人体写生课的场景，苏州美专的人体写生课程和今天我们美术院校里的模式大致相同，在当时的教学条件下能有这样的教学水平，实属不易。苏州美专人体写生课的开设突出了写生教学的意义，虽然还略显不成熟，但是体现了画学启蒙的价值。

（3）拓展型实践课程

拓展型课程是苏州美专的学生在课堂专业课学习之外的实践性课程。实用美术科除与其他科系相类似的课程之外，还有开设一些实践性的课程。实用美术科设立的出发点是为了"助工商业发展"，培养相关的实用美术人才，以适应社会生产的需要。

在这一时期，中国的印刷业非常繁荣，特别是上海地区，是当时中国印刷业的中心。印刷工厂最初是承接各类报刊、杂志、包装、书籍等印刷业务。到了1902年，新的印刷技术传入上海以后，才开始涉及彩色印刷。上海著名的印刷厂或者印刷公司都先后开设了彩色印刷业务。这时候的印刷范围也由原来单纯的报刊杂志拓展到日历、广告等领域。作为当时各类学校中实用美术教育最积极的倡导者，苏州美专在校内设立了制版工场以供学生进行课外实践训练。工场内分为三个部分，分别是制版部、印刷部、绘图设计部，由朱士杰教授主持工作，同时承接社会上的一些印刷制版业务，但主要是为了能让学生有更多的实习机会，筹集更多的教学资金，维持印刷制版工场日常的运作，和以盈利为目的的印刷工厂有着本质上的区别。当时校刊《艺浪》的印刷制版工作就是由校工场承担，校刊的出版有力地推动了学校教学和科研工作的开展。校工场技术成熟以后，慢慢发展为对外承接印刷业务，还在《艺浪》上刊登各类广告以获取经济效益，明确刊登了价目表，为美专提供了经济上的支持。

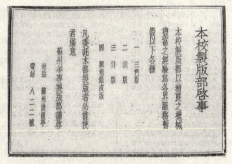

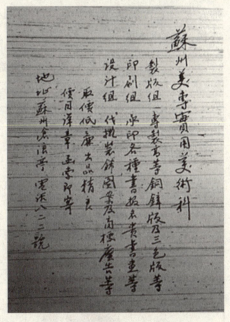

图 3　苏州美专实用美术科制版部启事（2）

2. 理论课程

除了技法课程以外，实用美术科还特别开设了绘画理论方面的课程，包括美术史、解剖学、透视学、构图法等；还设有其他一些课程，例如：国文、外文、书法、音乐、体育等。说到体育课程方面，颜文樑很重视体育锻炼，很多学生下课后继续画画，看到这种情况颜文樑就把学生一个个请出画室，鼓励他们进行体育锻炼。所以在苏州美专的基本课程里就有体育课程的设置，每周保证学生的体育锻炼。

3. 其他课程

除了上述课程之外，苏州美专还定期举办各类美术展览。当时校舍里的"藕花水榭"是美术陈列馆，除了展览校内师生的作品之外，还有当代大师们的名作，校内各专业师生可以在这里欣赏并学习。同时在课外组织各科的学术研讨会,特设学术系列讲座,用自学加上辅导的方式增进学生的学习兴趣和学习热情。

4. 实用美术科的师资力量

苏州美专从 1922 年办校之初,就一直保持着旺盛的生命力,特别是 1933 年实用美术科的成立,使其成长为一所在现代美术教育史上有着重要影响的私立美术学校,这和它的师资力量有着不可分割的关系。学校成立之初教师资源相对缺乏,随着逐步的发展,教师队伍日益壮大,其中不乏名师大家。笔者根据苏州美专学生的回忆、文献的记载和苏州档案馆的档案资料,整理出下表:

表 3 苏州美专实用美术科部分师资力量表

姓名	照片	籍贯	出生年月	特长	所教课目
朱士杰		江苏苏州	1900 年	油画 图案 素描	图案 素描
孙文林		江苏张家港	1906 年	水彩画 素描	素描 水彩
顾西林		上海	1892 年	音乐 昆曲	音乐

姓名	照片	籍贯	出生年月	特长	所教课目
黄觉寺		上海青浦	1910 年	素描 油画	构图法
原上海商务 印书馆技师[1]	无	上海	无	无	制版
顾叔和					国文

　　从上表可以看出,苏州美专实用美术科的师资力量主要由朱士杰、孙文林、顾西林、黄觉寺等人构成。根据对 1935 年苏州美专实用美术科毕业生毕颐生的采访记录,他说过这样一句话:"我印象中有一个图案课,然后就是下午的素描,还有晚上两节素描自修课"。[2] 可见当时素描课占据了学习的大部分时间,这也是苏州美专不同办学时期的最大共同点,就是强调素描的基础作用,朱士杰、孙文林教授共同担任素描课程的教学。当时的苏州美专,不论是学生还是校长颜文樑,对音乐都是十分热爱的。从《艺浪》中刊载的文章可以看出,当时聘请了顾西林教授负责音乐课的教学任务。当时实用美术科的制版课程专门聘请了原上海商务印书馆的技师来授课,非常认真负责,也正是因为这么强大的师资力量,实用美术科才得以壮大和发展。

────────────

　　[1] 原上海商务印书馆技师:在对毕颐生的采访中,他提及当时实用美术科制版课程由原商务印书馆的一名技师负责,他是应颜文樑先生邀请前来授课的,非常认真负责,具体姓名不详。

　　[2] 本段引文出自对毕颐生的采访录音整理。

四、美专实用美术教育的延续——动画科的创办

1937 年抗日战争爆发,苏州美专辗转至上海创办沪校。抗战胜利后,实用美术科的设备损失殆尽,所以不得不停办。虽然这是一个无奈的选择,但是在新中国成立伊始,颜文樑高瞻远瞩,在美专设立的动画科,这可以说是苏州美专实用美术教育的一个延续和新发展。

(一)动画科的创办

动画科的开办是美专校史上值得纪念的大事。新中国成立后,我国动画艺术有所发展。1950 年春,在颜文樑的倡导下,苏州美专创办了动画科,首期招生四十余人,学制两年,聘请钱家骏、范敬祥两人为动画筹建组负责人。毕颐生的《回忆颜文樑校长》一文中有这样一段描述:"颜师对于动画是一位有心人。青年时常与杨左匋先生(美国华脱狄斯尼第一部动画长片《白雪公主》的主要创作人员)共同探索动画的奥秘。1935 年又积极鼓励校友钱家骏从事动画的研究。"[1]从这段文字可以看出,对于创办动画科,颜文樑早就在思考,并最终付诸实践。

(二)动画科的课程设置及师资力量

1. 动画科的课程设置

动画专业的培养目标,是造就一批具有独立完成动画创作、制片的实用型人才。美专动画科选择了具有特色的课程内容。根据苏州地区亲历者的口述资料以及李新的《忆苏州美专动画科》一文中对动画科课程的描述,笔者复原了苏州美专动画科的课程设置表:

表 4 苏州美专动画科课程设置表

动画科课程表及教师名录	
课程设置	授课教师
素描	毕颐生、陆国英、胡久庵、李新
线描	钱家骏、毕颐生
造型基础	钱家骏、毕颐生

---

〔1〕 毕颐生:《回忆颜文樑校长》,《南京艺术学院学报(美术与设计版)》,1993 年 02 期。

动画科课程表及教师名录	
课程设置	授课教师
动画概论	钱家骏
电影常识	戴公亮
电影概论	戴公亮
电化教育	戴公亮

当时的动画科学生文化课随美专班上课,专业课有素描、线描、动画概论、电影概论和电影常识。素描课的教学方式与以往有了很大的不同,毕颐生的《回忆颜文樑校长》一文中有这样的描述:"在教学方面,首先从专业的需要出发,大力改革素描造型课,四分之三的课时为用线造型的作业,四分之一的课时为传统的明暗造型作业,要求尽可能简化明暗并侧重掌握它的变化规律,以适应动画绘制的实际需要。"[1]从这段文字不难看出,美专动画科根据实际,对既有课程进行了灵活的变通,针对动画创作的需要,改变了原有的教学模式,对提高动画科学生的造型能力有很大的帮助。

为了能使动画科学生有具体实践的机会,美专特别设立了动画制片室,并且由范敬祥担任主任。动画制片室不仅为学生提供了实践的场所,也承担为部分单位制片的任务。笔者认为,这种课程模式不仅能让学生在理论学习的同时加强职业技能,也能够在学生与社会之间架起一座沟通的桥梁。在这种课程模式下,学生毕业后分别在各电影厂担任动画制作的工作。

2. 动画科的师资力量

苏州美专动画科从1950年成立以来,虽然经历了短短的两年时间,但是却培养了新中国第一批动画人才。它的成功和它的师资力量有很大的关系,教师中有许多著名的艺术家、艺术教育家、画家等。笔者根据李新的《记苏州美专动画科》一文和钱家骏等人的文章以及与动画科相关的文献资料记载、苏州档案馆的档案资料,整理出下表:

---

[1] 毕颐生:《回忆颜文樑校长》,《南京艺术学院学报(美术与设计版)》,1993年02期。

表 5　动画科师资力量表

姓名	照片	籍贯	出生年月	特长	所教课目
毕颐生		上海	1919 年 6 月	油画	素描 线描 造型基础
陆国英		上海	1925 年 5 月	油画	素描
胡久庵		江苏常州	1927 年	中西绘画	素描
李新		江苏泰兴	1923 年 8 月	油画	素描
陆敏苏		上海青浦	1917 年 12 月	油画	兼任 教学工作

姓名	照片	籍贯	出生年月	特长	所教课目
钱家骏		江苏苏州	1916 年	绘画 动画	线描 造型基础 动画概论 动画基础讲座
戴公亮		江苏吴县	1908 年	电影制作 电化教育	电影常识 电影概论 电化教育

　　动画科虽然只有短短两年的历史,但是凝结了多位著名艺术家的心血。以钱家骏为例,他从小爱好美术,曾有机会接触到一些外国动画片,着迷之余开始对这种艺术表现形式产生了浓厚兴趣。1950 年动画课成立之后,钱家骏讲授的课程为《动画基础讲座》等,并编写动画启蒙教材《动画原理》、《动画线描》等。他自编教材教授学生,呕心沥血地培养苏州美专动画人才。

五、苏州美专实用美术科课程模式下的人才培养

　　作为专业的美术院校,苏州美专的课程设置、学科发展非常规范。学校除了为实用美术科学生开设绘画基础和美术理论等课程之外,还聘请留法的制版学家高士英先生担任制版学教师,王欣益先生担任制版实习教师,使得学生能够接受正规、系统的实用美术教育。学生一方面由此具备了一定的美术素养,另一方面也能够熟练掌握制版印刷工艺,和社会上印刷工厂的学徒相比,他们更加专业,也更具有创造性。毕业之后,他们很快就适应了行业的需要,积极地推动了当时印刷制版业的发展。

　　在当时,一批优秀的美术人才自己从事产品的创作工作,或者开办工作室承接社会上各类实用美术业务。苏州美专作为一所专业的美术院校,顺应大的发展趋势,开办了实用美术科,在传授学生制版印刷技术的同时,也

同样重视培养学生素描、色彩的能力。这样培养的学生既能得到系统的专业理论传授，又能在工厂中进行实际操作，所以明显区别于社会上的一些制版工厂的所谓学徒制教育和工作室教育。苏州美专虽然是一所专门的美术院校，但办学思路很开阔，没有成为一座象牙塔，而是能够很好地和社会互动，既让学生在走出学校之前就提前得到实习的机会，也扩大了学校的影响，促进了当地制版印刷业的发展。

20世纪初，我国大部分学校的实用美术教育尚在摸索阶段，颜文樑就已经敏感地意识到了美术教育的目的最终要落实到学生的实际出路上，这样的思想觉悟的确是其他同时代的美术教育者所不能及的。说到底，艺术教育的目的并不是把每个学生都培养成为艺术家，大多数学生完成学业后需要面临就业问题，所以在苏州美专实用美术科这种课程模式下，学生毕业之后不仅能够拥有良好的艺术修养，而且对印刷方面的工作也具备了相应的经验，走上工作岗位之后能够立即胜任相关工作。20世纪初期正是需要实用美术教育协助工商业发展的重要时期，苏州美专这种理论实践相结合的教育模式正是适应社会发展趋势的教学模式。

结　语

苏州美专是我国近代美术教育领域中具有一定影响力的学校，实用美术科的设立在苏州美专办学历史中也是颇具价值的一件大事。对其课程设置、师资力量、教学模式进行研究，对于挖掘和整理我国近代实用美术教育有很大的帮助。20世纪30年代，在江苏教育部的号召下，凡是国立或者已经备案的私立艺术学校及美术专科学校都必须加设实用艺术课程，这充分反映了当时迫切需要实用美术教育来改善工商业发展状况。自1933年美专在高中部设立实用美术科以来，在各位老师的不懈努力下，不仅培养兼具艺术修养和工艺技艺的实用型人才，也为本校增添了经济效益。颜文樑创办的苏州美术专科学校在20世纪美术教育发展中有着重要的历史意义。颜文樑主张推行职业教育，因为他认为实用美术专业对解决学生就业的问题有很大的帮助。所以在苏州美专的办学过程中，他大胆采用工厂教育模式，以培养实用型人才。

笔者在研究过程中遇到的最大问题是资料的缺乏，因为亲历者大多年纪较长，对于当时的课程情况记忆比较模糊，所以对于口述资料的整理需要参阅相关历史文献进行比对。虽然写作过程中遇到了较多的困难,但是经过长时间的文献查阅,已较好地解决了一部分困难。笔者认为,这一课题对于研究我国 20 世纪初实用美术教育发展具有一定的意义。

(本文作者为南京艺术学院设计学院在读硕士研究生)

【参考文献】

一、档案

[1] C71—002—0067—113,《回忆苏州美专》,定一,苏州市档案馆资料。

[2] B02—002—0085—532,《苏州美专 30 年校史》,蒋吟秋,苏州市档案馆资料。

[3] I05—001—0367—001,《苏州美术专科学校 1935 级校刊》,吴县教育局,苏州档案馆资料。

二、专著

[1] 陈志华:《颜文樑与苏州美专》陈志华艺术论集,苏州:苏州大学出版社,1999 年版。

[2] 陈瑞林:《中国近代教育大事记》,上海:上海教育出版社,1981 年版。

[3] 陈景磐:《中国近代教育史》,北京:人民教育出版社,2003 版。

[4] 蔡振生:《张之洞教育思想研究》,辽宁:辽宁教育出版社,1994 年版。

[5] 陈学恂:《中国近代教育史教学参考资料》(全三册),北京:人民教育出版社,1986 版。

[6] 吕达:《中国近代课程史论》,北京:人民教育出版社,1994 年版。

三、论文

[1] 颜文樑:《艺术教育今后之趋向》,《艺浪》第二卷第二、三期合刊,1936 年 6 月刊。

[2] 赵思有:《论颜文梁的美术教育思想及其作品特点》,《苏州市职业大学学报》,2005 年第 4 期。

[3] 李莹:《民国时期苏州工艺美术教育之特色》,《苏州教育学院学报》,第 28 卷第 2 期,2011 年 4 月。

[4] 李征:《颜文樑美术教育思想略论》,《大众文艺》,2010 年第 1 期。

[5] 陆宇澄、刘丹:《颜文樑与苏州美专》,《苏州大学学报(工科版)》,2004 年第 6 期。

[6] 李镇整理:《钱家骏年谱》,《当代电影》,2011 年第 11 期。

[7] 毕颐生:《忆孙文林教授三十年代的素描教学》,《艺苑》,1992 年第 1 期。

[8] 郭志刚:《法国高等美术学院的艺术教育》,《三峡大学学报(人文社会科学版)》,

2002 年 7 月,第 24 卷第 4 期。

[9] 金妹:《巴黎美术学院与当代艺术教育》,《艺术百家》,2007 年第 1 期。

[10] 尤玉淇:《春风不改旧时波—苏州美专学习生活回顾》,《艺苑》,1992 年第 4 期.

[11] 毕颐生:《回忆颜文樑校长》,《艺苑(美术版)》,1993 年第 2 期。

[12] 刘洋:《上海美专的美术教学分析及对当代美术教育的启示》,《美术学刊》,2012 年第 2 期。

[13] 蓝剑:《刘海粟和上海美专"人体写生"课程的个案研究》,《南京艺术学院学报(美术与设计版)》,2009 年第 2 期。

苏州美术画赛会研究

丁林艺

【内容摘要】 苏州美术画赛会由颜文樑等六位画家于 1918 年在苏州发起,并于 1919 年 1 月 1 日宣告成立的一个美术团体。该画会是 20 世纪上半叶在我国持续时间较长、影响较大的画会之一,所举办的美术展览是我国现当代美术史上第一个全国性的美展。本文阐述了这段时期绘画社团的整体情况,着重分析了苏州美术画赛会成立的动因。通过对苏州美术画赛会史料的整理和勘误,重新梳理了苏州美术画赛会的历史发展脉络,呈现这个画会在各个历史阶段的活动状况,阐明该画会与颜文樑发起的相关艺术活动之间的关系。同时分析该画会对苏州美术专科学校的成立所起到的至关重要的作用,以及该画会所举办的美展对社会产生的影响。本文期待通过对苏州美术画赛会的研究,揭示这段鲜为人知的史实,从提高对该社团在我国近现代美术史上的地位及价值的认识。

【关键词】 苏州美术画赛会 颜文樑 绘画社团 美术教育

引 言

从笔者目前掌握的史料来看,对苏州美术画赛会的称谓并不一致。比如,有的直接称其为"画赛会"、"苏州画赛会",如毕业于苏州美术专科学校的画家尤玉淇,[1]他曾写过一篇文章刊登在 1984 年 6 月 22 日《苏州报》上,题为《从〈画赛会〉到〈沧浪之友〉》,文章中写道:"就在这一年,苏州的旧皇宫出现了一个轰动全城的《苏州美术画赛会》……现在,苏地画家与原苏州美专校友,为了纪念《苏州美术画赛会》诞生六十五周年,特地举办了《〈沧浪之友〉书画金石展》。"[2]尤玉淇虽然在文章题目中将之称为"画赛会",但是在文章内容中却将其称为"苏州美术画赛会"。笔者推测尤玉淇在题目中使用

---

〔1〕 尤玉淇(1918—),江苏苏州人,自署霜庐老人,画家、作家。早年毕业于苏州美术专科学校。现为江苏省美术教学学会会员,江苏省美学会会员、黄山书画院院士、苏州市文广局颜文樑纪念馆特聘顾问。

〔2〕 尤玉淇:《从〈画赛会〉到〈沧浪之友〉》,载《苏州报》,1984 年 6 月 22 日,第 4 版。

的"画赛会"的称谓可能是一种简称。也有人称之为"美术画赛会"、"美术赛画会",如毕业于苏州美术专科学校的画家徐京、钱延康[1]所写的《"美术画赛会始末"》,[2]文章这样叙述:"一九一八年冬,苏州画家颜文梁、杨左匋(以后赴美国,为著名动画美术家)等发起'美术画赛会'。"还有的称其为"赛画会"、"苏州赛画会"、"苏州美术赛会"、"美术赛会",如在苏州美术专科学校兼任教务主任与教授的黄觉寺曾写过一篇名为《介绍"苏州美术赛会"》[3]的文章,他这样写道:"苏州美术赛会,为苏州唯一的定期画展。"而 20 世纪 20 年代在苏州出版的《苏州明报》上,有很多报道则称其为"苏州美术赛会"或"美术赛会"。

现在笔者所能找到的最早的文字记录是 1918 年 10 月 16 日《北京大学日刊》上所载的《苏州美术画赛会征集画件启》,[4]在周矩敏主编的《沧浪一页——纪念苏州美术馆建馆八十周年》一书中收录了第一届苏州美术画赛会征集画件启事的照片,[5]因此两份材料可以互为佐证。此外,1920 年第一期《会学杂志》登载了顾颉刚所写的《苏州美术画赛会与赛报告》,[6]这篇文章是顾颉刚参观了该画会举办的第一届美展后所写的文章。《沧浪一页——纪念苏州美术馆建馆八十周年》中还收录了苏州第二次美术画赛会的广告照片,因此文字与图像能互为佐证。除这些最早的文字记录以及最有说服力的照片以外,颜文樑在很多文章中也提到了这个绘画社团,如他在《回顾我的艺术生涯》[7]一文中写道:"后来他介绍我到吴江中学任教,之后我和金松岑、杨左匋、徐咏青、葛莱恩、潘振霄等六人发起组织'苏州美术画赛会',在 1919 年 1 月 1 日起举行我国首次画展,一时轰动艺坛。"颜文樑作为该绘画社团的发起人,对该绘画社团的称谓无疑是最具说服力的。虽然

〔1〕 钱延康(1913—1999),江苏常熟人。1933 年毕业于苏州美术专科学校。历任武汉市艺术师范学院美术系教师,湖北艺术学院(后更名为湖北美术学院)油画教研室主任、副教授,中国美术家协会会员,上海市文史馆研究馆员,上海水彩画研究会顾问,上海粉画学会顾问。

〔2〕 载于中国美术家协会上海分会编《上海美术通讯》,1982 年第 15 期,第 12 页。

〔3〕 菊迟:《介绍"苏州美术赛会"》,载《艺风》1935 年(民国二十四年)第 3 卷第 1 期,第 137 页。黄觉寺(1910—1988),字菊迟,别署今画禅室主,上海青浦人,担任苏州美术专科学校教务主任兼教授十余年。

〔4〕 载于《北京大学日刊》,1918 年(民国七年)10 月 16 日,第 2 版。

〔5〕 这张照片刊登于《沧浪一页——纪念苏州美术馆建馆八十周年》,周矩敏主编,安徽:安徽美术出版社,2006 年版,第 18 页。

〔6〕 载于 1920 年 6 月北京大学《会学杂志·纪实》第一期,北京:北京大学画法研究所出版。

〔7〕 载于中国美术家协会上海分会编《上海美术通讯》,1982 年第 15 期,第 5 页。

他在其他文章中也多次使用"画赛会"之名,但可能是出于行文方便,把它作为一种简称。这一现象在其他人的文章中也有所反映,他们在文章中都提及到了"苏州美术画赛会"和"画赛会"的名称。蒋吟秋从 1922 年开始兼任苏州美专国画、书法教授,参与过多次该绘画社团举办的美展。他所记述的《苏州美专三十年校史》[1]中也提到了这个绘画社团,该文的小标题使用了简称,如第一部分为"发起画赛会",第二部分为"创办美专校",但是蒋吟秋在正文中提到这个绘画社团时就显得正式得多,他这样写道:"'苏州美术画赛会'开始于一九一九年。"基于以上种种,笔者认为"苏州美术画赛会"这一称谓最为合适。

苏州美术画赛会于 1919 年 1 月 1 日成立,这个绘画社团不仅对大众美育的普及产生了推动作用,而且为苏州美术专科学校的成立奠定了基础,同时也对该校的专业美育起了补充作用。苏州美术画赛会是 20 世纪上半叶在我国持续时间较长、影响较大的绘画社团之一,这个绘画社团举办的第一届美术展览会首开全国性美术展览的先河。民国早期的绘画社团纷纷举办美术展览,这一方面是为了艺术家之间相互交流切磋,还有一方面是为了把艺术家和群众联系起来。这种美术展览会形式的出现改变了我国传统的艺术品观看方式,达到了社会美术启蒙和美术教育的目的。早期的绘画社团不仅通过举行绘画展览向民众传播艺术,而且绘画社团本身就具有美术教育的功能,培养专业的美术人才,有的绘画社团还通过开办美术学校来从事美术教育活动。苏州美术画赛会和苏州美术专科学校就有十分密切的关系,该画会举办的四届美术展览会给予了苏州美术专科学校的创办者们创办美术学校的底气和信心。可以说,苏州美术画赛会融入了苏州美术专科学校孕育的过程,这个画会为苏州美术专科学校的建立奠定了坚实的基础。

苏州美术画赛会作为一个重要的绘画社团,长期以来并未得到应有的关注。目前国内没有苏州美术画赛会的详细个案研究成果。如许志浩的《中国美术社团漫录》(上海:上海书画出版社,1994 年 9 月版)一书就遗漏了苏州美术画赛会的内容,只是在提到苏州美术会时一笔带过。

一些研究者的著述涉及了苏州美术画赛会的内容,如朱伯雄、陈瑞林编著的《中国西画五十年(1898—1949)》(北京:人民出版社,1989 年 12 月版)

---

〔1〕 胡粹中、陈惠霖采集,蒋吟秋记述:《苏州美专三十年校史》,见于苏州档案馆,档案号B02-002-0085-532。

第四章关于西画家的团体与活动这部分及苏州美术画赛会,对苏州美术画赛会的记录较为详细,除介绍了该绘画社团成立的时间、地点、宗旨之外,还介绍了苏州美术画赛会的主要负责人;

阮荣春、胡光华所著《中华民国美术史 1911—1949》(成都:四川美术出版社,1992 年 6 月版)第二章第一节中在介绍民初的主要美术社团的部分涉及到苏州美术画赛会;

尚辉《颜文樑研究》(南京:江苏美术出版社,1993 年 10 月版)在叙述颜文樑生平时专门有一节"古城画赛会"的内容;

林树中、王崇人主编的《美术辞林 中国绘画卷》上卷(西安:陕西人民美术出版社,1995 年 6 月版)中关于画会的部分谈到了苏州美术画赛会;

林木的《20 世纪中国画研究 现代部分》(广西:广西美术出版社,2000 年 1 月版)第一章第一节中提及到了苏州美术画赛会;

王伯敏《中国绘画通史》(北京:生活·读书·新知三联书店出版,2000 年 12 月版)第九章第二节中对苏州美术画赛会也有所涉及;

沈福伟《西方文化与中国(1793—2000)》(上海:上海教育出版社,2003 年 8 月版)第十五章第四节"美术界的中西融通"这部分中对绘画社团有所谈及;

朱国荣编著的《中国美术之最》(上海:上海书店出版社,2005 年 8 月版)一书在展览会一节中专门写到了苏州美术画赛会;

陈瑞林的《20 世纪中国美术教育历史研究》(北京:清华大学出版社,2006 年 6 月版)第四章第二节中在写到苏州美专与颜文樑的美术教育活动时也有提到苏州美术画赛会;

刘瑞宽《中国美术的现代化:美术期刊与美展活动的分析 1911—1937》(北京:生活·读书·新知三联书店出版,2008 年 12 月版)第四章第一节中提及到了苏州美术画赛会。

虽然上述研究者的著述都谈到了苏州美术画赛会,但从研究的深度上来看,都只是简单地介绍苏州美术画赛会的成立概况,对于该画会创立所蕴含的深层的社会历史意义则未作研究。

除上述论著有关于苏州美术画赛会的史料辑录或历史叙述,还有不少专题研究论文也涉及这个绘画社团,如蓝庆伟的《颜文樑和苏州美专》、[1]陶鹰的《颜文樑与苏州美专》,[2]王晨的《传道、授业、解惑也——纪念颜文樑及苏州美术专科学校成立 86 周年》、[3]翁晓恩的《开功济高 丹青永存——颜文樑与苏州美术馆》、[4]陆宇澄和刘丹写的《颜文梁与苏州美专》、[5]苏州大学谷燕的硕士学位论文《苏州美专和中国早期现代美术教育》等。

本文还参考了《北京大学日刊》、《会学杂志》、《上海美术通讯》等刊物以及如《苏州明报》、《申报》、《苏州日报》、《羊城晚报》等报纸以及苏州市的地方志、文史资料等。

就现在掌握的文献来看,其中许多仅限于史料的整理和考证,内容多有重复,并没有深入地从宏观的角度把握,而且很多文献存在着谬误,比如关于苏州美术画赛会的存在时间,以及历届举办的美术展览会的地址的记录。至今学术界对于苏州美术画赛会的研究并不深入,虽然一些论著和论文都提及苏州美术画赛会,但只是停留在知识性的介绍上,浅尝辄止,与深入的学术研究还有一定的距离。

笔者将对苏州美术画赛会的创办背景和创办动因作深入的、系统的研究,根据掌握的史料,进行勘误并梳理苏州美术画赛会的发展脉络,恢复这段鲜为人知的历史。这段历史是颜文樑和友人办展的一段历程,这个展览的举办不仅普及了大众美育,提高社会大众的审美观念,而且也吸引了一些爱好美术的社会人士,激发了他们学习美术的愿望,因而为日后开办苏州暑期图画学校提供了生源,也提供了师资。苏州美术专科学校正是伴随这段历史进程的发展而孕育出来的,因此这段历史也是苏州美术专科学校校史的一部分。本文还将对苏州美术画赛会进行价值分析,阐述苏州美术画赛会对我国社会美育及专业美育所起的重大推动作用,阐明该绘画社团在我国文艺界产生的影响。目前,在我国现代绘画史的研究中,绘画社团并没有

---

〔1〕 20 世纪中国艺术史文集编委会编:《艺术的历史与事实 20 世纪中国艺术史的若干课题研究 1900—1949》,成都:四川美术出版社,2006 年版,第 305—312 页。

〔2〕 陈徽编著:《沧浪掇英——苏州美专建校八十六周年纪念专辑》,香港:中国现代美术出版社,2009 年版,第 53—55 页。

〔3〕 同上,第 44—46 页。

〔4〕 翁晓恩:《开功济高丹青永存——颜文樑与苏州美术馆》《中外文化交流》,2006 年第 12 期,第 66—70 页。

〔5〕 陆宇澄、刘丹《颜文樑与苏州美专》《苏州大学学报》(工科版),第 24 卷第 6 期,2004 年 12 月,第 85 页。

受到重视,因此很多绘画社团都鲜为人知,这其中也包括苏州美术画赛会。笔者希望通过本文的撰写以期能够提高这个绘画社团在我国美术史研究上的地位。

一、苏州美术画赛会的创办背景和创办动因

苏州美术画赛会发起的时间是 1918 年,成立的时间是 1919 年 1 月 1 日。因此,苏州美术画赛会所处的时代背景大致是在 20 世纪初期至五四运动这段时期,同时期成立的画会寥寥无几。苏州美术画赛会发起的原因主要有两个方面:一是国内艺术教育极度匮乏,国人审美观念低下,因而国内艺术事业不振;二是苏州当地画家需要一个能够交流艺术的平台,他们希望能够通过这个平台来相互切磋艺术,交流创作心得和理念。

(一)20 世纪初至五四运动时期的画会面貌

从某种意义上来说,我国近代以来的画会是古代的文人雅士结社和书画家之间的雅集的一种延续。在我国历史上,文人雅士结社,"大致以志趣相投为基础,以酌酒品茗、吟诗弄文或书画雅集为主要活动内容,以寄情遣性、愉悦身心为主要目的"。[1] 所谓雅集,就是指"中国传统社会中以士绅为主要参与者的集体性文娱聚会,其中的'雅'字,意指这类聚会从性质到形式都具有一种士大夫式的闲情雅致"。[2] 近代的画会是书画爱好者集聚在一起并借助这种社团组织来交流和切磋艺术或弘扬某种艺术主张的平台。

虽然近代的画会是古代文人雅士结社和书画家雅集的一种延续,但与之前相比还是有不同之处的。古代的文人雅士结社和书画家雅集在组织结构上比较松散,聚会的时间并不固定,也不具有商业性质;而近代的画会则具有社团的性质,因此不仅具有内部成员都认同的宗旨、规章等,而且还有办事机构。在组织结构方面,近代的画会较之古代的文人雅士结社、书画家雅集更具秩序性。近代画会的成立不像古代文人雅士结社和书画家雅集,集会的目的只是为了自赏自娱,而是为了研究和经济商业流通。近代很多画会都主张保存国粹并重振民族艺术。

---

〔1〕 乔志强:《中国近代绘画社团研究》,北京:荣宝斋出版社,2009 年版,第 16 页。

〔2〕 陈正宏:《传统雅集中的诗画合璧及其在十六世纪的新变——以明人合作〈药草山房图卷〉为中心》,载《美术史与观念史》,范景中、曹意强主编,南京:南京师范大学出版社,2008 年版,第 88 页。

　　20 世纪初至五四运动时期的画会正处于画会发展历史的初步发展阶段,和五四新文化运动之后画会如雨后春笋般崛起的发展态势相比,这一时期成立的画会还是寥若晨星。根据《中国西画五十年》、[1]《中国美术社团漫录》、[2]《中国近代绘画社团研究》[3]等相关资料,1900 年至五四运动时期的绘画社团有:海上书画公会、书画观摩会、文明书画雅集、豫园书画善会、宛米山房书画会、竞美美术会、上海书画研究会、青漪馆书画会、上海文美会、中华南画会、贞社、若愚画学研究社、振青社、东方画会、宁社、中华美术协会、宣南画社、洋画研究会、漫画会、上海文美社、广仓学会、江苏省教育会美术研究会、山西美术研究会、北京大学画法研究会、艺术社、美术社、苏州美术画赛会。

　　就以上列举的这些绘画社团分布的地域来看,大多数绘画社团都在经济繁荣、交通便利的城市,如上海、浙江、北京、南京、广州、苏州等地。苏州作为苏州美术画赛会的肇始地,在地理条件上首先有其无比的优越性。江苏一带历来经济发达而且有着深厚的文化底蕴,而且苏州毗邻上海这个社团活动最为活跃的城市,因此不论在地理位置还是经济文化方面,苏州都有其得天独厚的条件。就社团研究的性质分类来看,大多数绘画社团研究的是中国书画,因此传统依然影响着人们的创作和接受取向。这一时期的书画家们发起成立绘画社团都有着共同的意愿和出发点,就是共同挽救国粹之沉沦,重振民族艺术。例如《上海书画研究会简章》[4]这样写道:"中国古今书画,擅绝艺林,久为东西人士所推服。自经兵燹,宋、元名迹,仅有存者;即胜国及本朝法书名画,亦毁失过半。海内收藏家珍秘过甚,后学者未易观摩,间有一二流传,勒索重价,辄为海外人所得。古法日湮,俗习竞效,书画一道,遂至每况愈下,良可慨也……本会所提倡研究,承接收发为宗旨,爰集海上同志,就小花园商余雅集楼上,设立会所,公同推选书画家、收藏家、鉴赏家,随时晤叙,互相考证,以为保存国粹一助。"上海书画研究会的这则简章表明了书画家感慨于中国画的每况愈下,并指出我国的很多著名书画都毁失于战乱,而收藏家收藏的书画又秘不示人,因此想要学习书画的人根本

〔1〕朱伯雄、陈瑞林编著:《中国西画五十年(1898——1949)》,北京:人民美术出版社,1989 年版。

〔2〕许志浩:《中国美术社团漫录》,上海:上海书画出版社,1994 年版。

〔3〕乔志强:《中国近代绘画社团研究》,北京:荣宝斋出版社,2009 年版。

〔4〕许志浩:《中国美术社团漫录》,上海:上海书画出版社,1994 年版,第 18—19 页。

不可能轻易地观摩到书画名迹。书画名迹在流传的过程中,还总是会被外国人用高价买去。中国书画中的精髓渐渐湮没,俗习竟然为人们竞相仿效。上海书画研究会正是针对这种境况而发起集会,以研究艺术和经济流通为宗旨,希望以此形式来保存国粹。除了上海书画研究会,其他的画会也提出"保存国粹",如青漪馆书画会以"讨论书画,保存国粹"为宗旨;又如宁社的发起目的在于提倡保护祖国文化遗产等等。上述列举的绘画社团中只有少数研究西画或中西画,苏州美术画赛会就是其中之一。这些西画社团和综合性绘画社团希望通过引入西洋画来革新传统绘画。

(二)苏州美术画赛会的创办动因

1. 国内艺术教育的匮乏

1918 年冬,颜文樑、杨左匋、徐泳青、潘振霄、葛莱恩、金松岑[1]六人在苏州发起成立苏州美术画赛会,这个画会是中国最早建立的一个组织和举办美术作品展览的机构。

对于苏州美术画赛会发起成立的动因,颜文樑在《十年回顾》[2]中提到:"民国八年,国内艺术事业,尚寂然无闻","苏州之有画赛会,尚在民国八年国人对艺术犹未注意之期,社会审美观念极低",由此可见国内艺术事业不振,社会审美观念极差是苏州美术画赛会发起的主要动因。当时的多数人根本接触不到艺术,因为传统的书画鉴赏历来都是文人雅集式的、私密的,一般人根本无法观瞻。既然一般人连艺术品都没有接触过,自然不会有好的审美观念。归根结底,这是国内缺乏艺术教育当时称为"美术教育"所导致的。蔡元培[3]是力倡美育的教育家,他在任民国教育总长时,将美感教育列为国民教育五项宗旨之一。蔡元培在美育上的主张,在中国美术教育史上具有划时代的意义。他在《文化运动不要忘了美育》中写道:"书画是我们的国粹,却是模仿古人的。古人的书画,是有钱的收藏了,作为奢侈品,不是给人人共见的。建筑雕刻,没有人研究。在嚣杂的剧院中,演那简单的音

---

〔1〕 颜文樑(1893~1988),油画家、美术教育家。杨左匋(1897~?),吴江同里人,为著名动画美术家。徐泳青(1880~1953),水彩画家。潘振霄(1875~1953),苏州劝学所所长。葛莱恩,为当时东吴大学校长,美籍人士。金松岑(1873~1947),原名懋基,又名天翮、天羽,号壮游、鹤望、天放楼主人,吴江同里人,为上海《时报》主笔。

〔2〕 颜文樑:《十年回顾》,载《艺浪》,1932 年第 8 期。

〔3〕 蔡元培(1868~1940),浙江绍兴人,前清翰林,中国近代著名的民主革命家和教育家,曾任中华民国教育总长、北京大学校长、中央研究院院长等职。

乐、卑鄙的戏曲。在市街上散步,止见飞扬的尘土、横冲直撞的马车,商铺门上贴着无聊的春联,地摊上出售那恶俗的花纸。在这种环境中讨生活,怎么能引起活泼高尚的感情呢?"[1]民国八年国内艺术事业的境况,我们可以从这段描述中窥得一二。新文化运动动摇了封建思想的统治地位,使文化得到了普及和繁荣。但是艺术并没有像文化那样繁荣,正如蔡元培所指出的,"科学的教育,在中国可算有萌芽了,美术的教育,除了小学校中机械性的音乐图画以外,简截可说是没有"。[2]

针对国内极度缺乏美育的情况,蔡元培提出了具体实施美育的办法:"文化进步的国民,既然要实施科学教育,尤要普及美术教育。专门练习的,既有美术学校、音乐学校、美术工艺学校、优伶学学校等,大学校又设有文学、美学、美术史、乐理等讲座与研究所。普及社会的有公开的美术馆或博物院,中间陈列品或由私人捐赠,或用公款购置,都是非常珍贵的。有临时的展览会,有音乐会,有国立或公立的剧院……所以不论哪一种人,都时时刻刻有接触美术的机会。"正是在蔡元培的大力倡导之下,很多人走上了致力美术事业、发展美术教育之路,颜文樑就是其中一个。

民国初年,音体美方面的师资寥若晨星。颜文樑曾担任过桂香小学的图画、手工、体操、音乐教员,之后又去钱业小学任美术教员,后来又转至振华女学教画,并同时先后兼任吴江中学、太仓省立第四中学、苏州第二女子师范学校、苏州第一师范学校、南通女子师范学校的美术教员,这些经历让他深感各校美术师资的匮乏及社会对美术教育的需求。他立志把"谋艺术的进步和社会的改善"当作自己美术思想的核心内容和出发点,希望通过自己的努力来"提高社会审美观念",进而改造整个社会。苏州美术画赛会的发起正是对广大人民群众进行美术普及教育的一种形式。让大众能够接触到艺术作品,使他们的审美观念得以提高,正是颜文樑这些发起人所期待的。

2. 苏州当地画家对于艺术交流的需要

作为苏州美术画赛会的发起人之一的颜文樑,从小就热衷于绘画,后来在商务印书馆学习制版印刷期间,受到了日本技师对他的西画启蒙教育,也

〔1〕 蔡元培:《文化运动不要忘了美育》,收录于朱伯雄、陈瑞林编著:《中国西画五十年(1898—1949)》,北京:人民美术出版社,1989年版,第566页。

〔2〕 同上,第565页。

接触到了不少西洋画的印刷品,因此他对西洋画有着浓厚的兴趣,还一度尝试着研制油画颜料。其实在苏州,和颜文樑一样爱好绘画的青年还有很多,他们需要一种媒介或者说是一个可以互相切磋交流的平台。颜文樑的好友胡粹中、朱士杰,也和颜文樑一样热衷于绘画,他们三人志趣相投,都非常喜欢画水彩画,尤其喜欢画江南水乡。这三人之间的交游与后来他们发起成立画会以及在办画会的基础上共同致力于办学都有密不可分的关系。"那时,国内艺术活动尚无所闻,但苏州地方已有很多青年正在自己摸索西洋画,画成了不少作品。为了相互观摩,彼此交流,取长补短,共同提高起见,遂有画赛会的发起。"[1]这是苏州美术画赛会发起创办的直接动因。这个绘画社团就像一条纽带,将这些美术家联系起来,使他们可以彼此交流、互相促进。

在苏州美术画赛会举办美术展览会之前,国内仅有上海图画美术院举办过两次成绩展览会,还没有"美术展览"的名称。[2]从目前收集的史料来看,"苏州美术画赛会"名称的由来有多方面的原因,一个是延用清代将"exhibition"初译为"赛会"、"赛奇会"等名称,[3]另一个是苏州美术画赛会是从国外的"万国博览会"和"巴拿马赛会"之类的名称演化而来的。所谓的"万国博览会"和"巴拿马赛会"等,其实都是举办包括陈列美术作品在内的展览会。颜文樑从中受到启发,因而产生了在中国组织专门展览美术作品的"美术画赛会"的想法,希望以此推进美术事业。[4]再者,借用"巴拿马赛会"等名称是为了引起社会人士的注意,从而提高苏州美术画赛会在社会上的知名度。"所以'赛会'这两个字,实在只是名称上的问题(恰如商务印书馆之于'商务'两字;六国饭店之于'六国''饭店'等字的同样地毫无意义之可言。)"[5]关于"赛会"二字,有两点是值得肯定的、赛会不是本土的,而是舶来品;还有一点就是,"赛会"二字并不寓有比赛的性质,苏州美术画赛会举办美术展览目的是集展。

〔1〕 胡粹中、陈惠霖采集 蒋吟秋记述:《苏州美专三十年校史》,见于苏州档案馆,档案号:B02—002—0085—532。

〔2〕 尚辉:《颜文樑研究》,南京:江苏美术出版社,1993 年版,第 23 页。

〔3〕 刘瑞宽:《中国美术的现代化:美术期刊与美展活动的分析 1911—1937》,北京:生活·读书·新知三联书店,2008 年版,第 186 页。

〔4〕 黄可:《我国最早的画展——美术画赛会》,《羊城晚报》,1982 年 5 月 6 日。

〔5〕 菊迟:《介绍"苏州美术赛会"》,《艺风》,1935 年(民国二十四年)第 3 卷第 1 期,第 137 页。

有了组织"苏州美术画赛会"这一想法之后,颜文樑立刻去东吴大学找到了杨左匋,两人一拍即合。最后,发起人有颜文樑、杨左匋、徐泳青,鼓励赞助的有潘振霄、葛莱恩、金松岑先生。在这六人的发起下,苏州美术画赛会就这样在中国现代美术史上拉开了帷幕。

二、苏州美术画赛会的发展历程与组织机构

苏州美术画赛会开始于 1919 年,结束于 1951 年。这个绘画社团历来坚持举办一年一度的美术展览会,只在抗日战争期间停止了一切活动。因此,笔者按照时间来对其发展历程进行划分。发展历程以抗日战争为分界线,主要分为两个阶段:第一个阶段是创办初期至抗日战争之前,第二个阶段是抗日战争之后至 1951 年。从 1919 年至 1951 年的这段时期,苏州美术画赛会持续了三十三年。这个画会社团的主要活动就是举办美术展览会,除了八年抗日战争时期停止举办之外,其余每年都循例举办,共举办了二十五届美展。苏州美术会是颜文樑发起的艺术运动之一,也是苏州美术画赛会的行政和业务的常设机构,它在苏州美术画赛会的历史上起着至关重要的作用。

(一)苏州美术画赛会的发展历程

1. 苏州美术画赛会创办初期至抗日战争之前(1919—1937)

1918 年冬,颜文樑等人征集苏州与全国各地中西画家的作品,借苏州旧皇宫作为会址,予以陈列观摩。苏州美术画赛会曾函北京大学画法研究会,[1]并对征集画件的各项事宜作了详细的规定。现附载苏州美术画赛会筹备处寄给北京大学画法研究会的征集画件启事:[2]

一、性质:提倡画术,互相策励,仅资浏览,不加评判。二、会址:苏州城内吴县教育会(旧皇宫)。三、会期:民国八年一月一日(阴历十一月三十日)起至一月十四日(阴历十二月十三日)止。四、陈列品范围:国粹画、油色画、水色画、气色画、钢笔画、铅画、炭

---

〔1〕 北京大学画法研究会由蔡元培发起,建于 1918 年 2 月,1920 年起称"北京大学画法研究所",此后亦有两者并称情况,后来又称"北京大学造型研究会"。
〔2〕《苏州美术画赛会征集画件启》,载于《北京大学日刊》,1918 年(民国七年)10 月 16 日,第 2 版。

画、腊画、漆画、焦画、照相着色画、刺绣画等各种画件。五、陈列资格：个人之著作以及学校之成绩，非抄袭或临摹前人之著作者。六、与会手续：民国七年十二月念五日（阴历十一月念四日）前将画件及填就表格送会所，给予收条为凭（如由邮局投递，必须挂号）。七、会后处理：闭会后，凭收条领还，或由邮局寄还。八、保险：各画件在会期内（自发出收条至收还收条止），本会任完全保护责任。

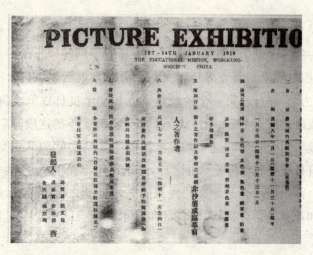

图 1　第一届苏州美术画赛会征集画件启事（图片引自周矩敏主编《沧浪一页——纪念苏州美术馆建馆八十周年》，第 18 页）

北京大学画法研究会积极响应此举，在《北京大学日刊》上登载了征集该会会员与非会员的画件通告："苏州美术画赛会于中华民国八年一月一日开幕，本会应有出品中国画外国画两部，各出一半，计拟送往画件二十幅。纸张大小，由本会规定。望各会员即日前来领取画纸，于本月十五日以前缴到。全校职教员同学中除本会会员外想不乏素工绘事者，如愿出画品附赛，本会亦所欢迎此布。"[1]最后，北京大学画法研究会特请会员顾颉刚[2]就近为苏州美术画赛会北京大学画法研究会代表。征集到的作品也由顾颉刚携

---

〔1〕《画法研究会通告第四十七号》，载于《北京大学日刊》，1918 年（民国七年）12 月 3 日，第 2 版。

〔2〕顾颉刚（1893—1980），原名诵坤，字铭坚，江苏苏州人。著名的中国现代史学家、民间文艺学家，他是现代古史辨学派的创始人，也是中国历史地理学和民俗学的开创者。

往苏州[1],送去展览的中西画各八幅,"皆会员平日所作,导师所绘不与。西洋画关于北京风景者五幅,潘元耿、杜岑、周德昌皆写西山风景,钱辉宸则写景山风景,陈邦济则写北京郊外之雪景,其他如杜岑所绘野景,蔡镇赢所绘狮,来焕文所绘草地及牛,大小凡八幅。中国画均系山水,多系郝桂林、侯简、孙振甲、秦裕、荣盛铎、汪岳雲、李光宇诸君绘,亦八幅。于阴历十一月间,请人带去……现时吾国画界尚在岑寂时代,各种赛会应竭力提倡。"[2]

第一届苏州美术画赛会筹备了两个多月的时间,于 1919 年 1 月 1 日首次在苏州观前街旧皇宫展出,至 1 月 14 日结束。"分陈五个大殿,每天下午二时开,五时闭。头七天,收入门券,第八天后,免费入场。据当时记者采访,纷赴参观者,或个人或团体,每日在八、九百人以上,'入其室琳瑯满壁,美不胜收,为各地未有之盛会,也可见吾国人美术思潮之澎湃云'。"[3]这次的展览展出了北平、南京、上海、苏州等地中西画家的作品约计千余件,[4]一时轰动艺坛。展出的作品数量以水彩画和铅笔画为最多,钢笔画、炭笔画、中国画次之,油画和粉笔画较少。这次展出的规模不大,作品质量、陈列方法都未达到完善。颜文樑对于第一届苏州美术画赛会也作了总结,认为"当时规模草草,一切悉自创,出品陈列,未臻完善"。北京大学画法研究会前往苏州的代表顾颉刚,在苏州美术画赛会结束后,写了《苏州美术画赛会与赛报告》[5]一文,对苏州美术画赛会进行了评论:

　　　　赛会之议,发于颜文樑、杨左陶诸君,借旧皇宫为会址。征集

---

　　〔1〕《北京大学日刊》1918 年(民国七年)12 月 3 日,第 2 版,载有《画法研究会通告第四十八号》:"本会兹特请旧会员顾君颉刚就近为苏州美术画赛会北京大学画法研究会代表画幅陈列及保管并讬顾君担任,敬此布闻。"

　　〔2〕《苏州赛会纪事》载于 1920 年 6 月北京大学《会学杂志·纪实》第一期,北京大学画法研究所出版。

　　〔3〕朱伯雄、陈瑞林编著:《中国西画五十年(1898—1949)》,北京:人民美术出版社,1989 年版,第 191 页。

　　〔4〕对于第一届苏州美术画赛会展出的作品数量,有四种说法。第一种说法说是千余件,如顾颉刚在《苏州美术画赛会与赛报告》一文写道:"征集两月许,得件约千幅"。第二种说法是一百余件,如徐京、钱延康所写《"美术画赛会"始末》一文是这样描述的:"征集到苏州、北京、南京、上海等地美术家的作品一百余件"。第三种说法是一二百件,如颜振康的《我的父亲颜文樑》中这么写道:"画件从起初的一二百件,增至二、三千之多"。第四种说法是二百余件,如尤玉淇在《西洋油画传入苏州》中提到第一届苏州美术画赛会"展出作品达二百余件"。笔者认为顾颉刚的说法是正确的。

　　〔5〕参阅顾颉刚于 1919 年 2 月 10 日撰《苏州美术画赛会与赛报告》一文,载于 1920 年 6 月北京大学《会学杂志》第一期,北京大学画法研究所出版。

两月许,得件约千幅,然都为苏州附近学校出品,以个人名义与赛者不多。江苏以外,惟本校一处耳。

旧皇宫在苏州城胡书记桥王废基之东,境界幽旷。画件陈列殿上,凡五楹,每日下午二时开,五时闭,凡陈列二十日,一月一号至七号入门用券,八号至二十号不用券。闻议定以后每年年初,悉依此次法则开会云。

此会宗旨,在互相策励画术、但资浏览、不加评判。其陈列之资格,则无论个人与学校,皆以非抄袭或临摹前人之著作者为限。然此次征集既多为学校出品,则临摹之作,殆不能免,深恨个人以画家资格与赛者不多,为逊色也。

陈列各件,以漆画为最出色,则以此非中等学校学生资历所及,而提倡此会之诸画家多擅此也。颜君画大幅风景,均极寄丽,有夕阳图一,山黯波殷,心境陡静。

杨君左陶擅炭画、漆画,所作皆就苏州街市写生。所指之处,不言而喻。其天赐庄一帧。礼拜堂侧。有四五景海女学生。比肩接足而行,其神情、其服装逼肖之至,不可移于他处也。

陶君善镛善水彩画,尤善参合中西法作山水,陈列巨幅二,高七八尺。其一为秋夜,月光如照,澄静之甚,盖将中画山水所不能至之境界,以西法补之。而气息雄厚。峰壑幽深。又不失中画之美。所以能在艺苑中别开新境界也。

中国画一部。有顾思彤之花卉人物、樊少云之山水、陈伽仙之花卉等。陈君为吴仓硕弟子,所作水仙横幅一,简劲不苟,下笔如铁,尤为吴氏高足,吴氏题诗其上,亦道整胜常。女学校所作甚多,大抵清新妙丽,是其所长。至于骨力,柔逊多矣。此亦女子之通性也。刺绣画不多,亦不见善。

美术照相以瑞记照相馆所出为最多,虎丘一帧,逼似铅画;邓尉古柏四株亦雅致;至著色时装女子,则无谓矣。

铅画有裸体小儿一帧,神情活泼未知谁作。

图画案、广告画亦有数帧。钢笔画则无见。吾校出品,虽该会无正式批评,闻之游观者谓中国画以燕山秦裕荣君山水为最,峰头作卷云式,足见风力。盛铎君松山观瀑一帧,清雅绝俗,似明代人手笔。李光宇、侯简、郝桂林诸君所作,并由门庭。汪岳云君一帧,气势不凡,惟峰头过为突兀。水彩画以陈邦济君北京郊外雪景一幅为最。其余风景数幅,伤于窄狭,未足表见其专地之美,翻似普通境界耳。

水彩风景画所以不受人注意之故,盖油漆风景画专家在前,自然夺目。且水彩画虽系画法之一种,而画器简单。与油漆画相形之下,自形幼稚。观者心目中以为不过是中小学校之课艺耳。现在吾校既有油画教师,深望同学于此加意,明年开第二次赛会时以之决胜也。

作者的这番言论可谓是一针见血,刚开始就指出了苏州美术画赛会的不足之处。之后作者对参展作品一一进行了批评,褒贬不一而且态度鲜明,这部分都是作者自己的所见所感。对于北京大学画法研究会的参展作品,作者也没有失去公正的立场,他是通过其他观者对于自己学校的作品的评论来进行叙述分析,同样是有褒有贬。从字里行间,我们能够看得出,作者在直接地批评了苏州美术画赛会的不足的同时,也肯定了苏州美术画赛会的一些方面,如油漆风景画,从文章的最后我们不难看出这一点,"现在吾校既有油画教师,深望同学于此加意,明年开第二次赛会时以之决胜也"。

顾颉刚是苏州人,当时还在北京大学读书,而且又是北京大学画法研究会的会员,因此受到北京大学画法研究会的委托,代表该画会参加苏州美术画赛会并保管作品。顾颉刚作为第一届苏州美术画赛会的参与者,站在客观的立场上写下了这篇言辞颇为犀利的评论,为我们能全面地了解苏州美术画赛会提供了一个视角。他在这篇评论中直接地指出了苏州美术画赛会存在的一些问题:此次展出的作品多数都是苏州附近的学校出品的,以个人的名义参与展览的并不多;江苏以外,只有北京大学画法研究会参加了展览;征集的作品之中,还是不免有临摹之作。除此之外,他还叙述了这届苏州美术画赛会展出的各种作品并一一对这些作品进行评论。透过这篇评论的文字,我们还可以了解到当时观众在参观时的态度。他们重视油漆风景画而不太重视水彩风景画,因为他们认为水彩风景画较之油漆风景画显得幼稚,不过是中小学校课上学习的艺术罢了。苏州美术画赛会的宗旨之一就是"不加评判",因此顾颉刚的这篇评论之作在今天看来,显得尤为珍贵。

苏州美术画赛会虽然对陈列作品的资格作了明确的规定,但还是免不了有临摹之作。其原因之一是此次画会征集的作品多数是学校出品,从当时的时代背景来看,因袭古典绘画的旧风气弥漫着整个画坛。另外还有一个不容忽视的原因,那就是苏州美术画赛会未设立一个严格的审核制度。在这一点上,苏州美术画赛会与之后天马会举办的美术展览会相比,确实存在不足之处。苏州美术画赛会的美展,虽然借鉴了国外的美展,却有所不同,而且也不同于中国传统文人的雅集,是早期比较模糊的形式。此外,苏州美术画赛会展出的作品种类庞杂,不像现在意义上的美术展览一样注意分门别类。虽然苏州美术画赛会的第一届美术展览会存在着不足之处,但是社会对此异常注意,而且颇受观者的欢迎。所以第一届苏州美术画赛会虽然没有使诸发起人得到满意的结果,然而其提倡艺术的印象,已深入社会人士心目中了。在这样的时代,苏州美术画赛会的发起无疑有着筚路蓝缕之功。第一届苏州美术画赛会结束以后,颜文樑等人商议后决定每年举行一次,陈列时间定为两星期,为每年的元旦至元月十四日。

第二届苏州美术画赛会发起人中加入胡粹中、[1]朱士杰[2]二人,会务进行得更加有效率。苏州美术画赛会在艺术空气沉寂的年代,可谓轰动一时,《申报》连续两年都对此进行报道。关于第二届苏州美术画赛会的详情,《申报》上载有《美术展览会之盛况》[3]一文,其中这样描述道:"苏州美术展览会,择于本月一日起至十四日止开第二次赛会。地址在城内胡书记桥旧皇宫内。会场布置极整齐,内中陈设分国粹画、油色画、气色画、铅画、炭画、钢笔画、焦画、攀斯丹耳画、刺绣画及照相着色画十种,均美丽夺目。现连日观者,肩摩踵接云。"可见观摩美术展览会的观众之多。苏州美术画赛会改变了历来传统观看艺术品的形式,给人耳目一新的感觉,使得更多的民众都有机会来接触和欣赏艺术作品。

---

〔1〕 胡粹中(1900~1975),名其纯,江苏苏州人,水彩画家。早年与颜文樑等创办苏州美术专科学校,曾赴日本考察艺术教育。解放后在苏州美专、苏南工专、华东艺专、西安冶金建筑学院长期任教,为教授、全国美协会员。

〔2〕 朱士杰(1900~1990),江苏苏州人,我国第一代油画家。1922年,朱士杰与颜文樑、胡粹中共同创办苏州美术专科学校。朱士杰在苏州美专长期担任教务长、教授、西画系主任、实用美术系主任等职务。1952年,苏州美专在高等院校院系调整中并入华东艺专,朱士杰任教授。

〔3〕 野鹤:《美术展览会之盛况》,载《申报》1920年(民国九年)1月7日,第14版。关于第二届苏州美术画赛会的地址,说法不一。笔者参阅了《苏州明报》记者所写《苏州美术赛会史略》,这样写道:"历届举行,没有一定的地址,如第一届在旧皇宫,第二届玄妙观",又参阅《画赛会十七年概史》"第二年循例于元旦日举行",所以认为《申报》上所写地址无误。

图 2　第二届苏州美术画赛会广告图（图片引自周矩敏主编《沧浪一页——纪念苏州美术馆建馆八十周年》，第 18 页）·

　　1921 年，第三届苏州美术画赛会仍在旧皇宫内[1]举行。《申报》对该届美术展览会进行了预报："苏州美术画赛会，历届新年由颜文樑等组织，颇为社会赞许，本届第三次，仍定十年一月一日起，至十四日止，在胡书记桥旧皇宫开会，昨已发入场券，邀请各界前往参观。"[2]此外，《申报》上还刊登了第三届苏州美术画赛会的征集画件简则。与第一届征集画件的简则所不同的是，第三届扩大了征集画件的范围，有国粹画、油色画、水色画、气色画、攀斯丹耳画、溶液画、钢笔油画、钢笔画、铅画、炭画、腊画、漆画、焦画、照相着色画、刺绣画等各种画件。

　　1922 年，第四届苏州美术画赛会仍在旧皇宫内举行，情况如前几届。会后，顾公柔倡议将苏州美术会扩充，假顾氏"怡园"为会址。

　　1923 年，苏州美术会的会所落成，苏州美术会搬入铁瓶巷新址办公。因为苏州美术会和苏州美术学校先后成立，故第五届苏州美术画赛会作品增多。会场迁至玄妙观方丈内，参观者每天有千余人。

　　1924 年，第六届苏州美术画赛会在铁瓶巷苏州美术会新址举行，作者包

---

　　〔1〕　关于第三届苏州美术画赛会的地址，说法不一。《苏州明报》记者所写《苏州美术赛会史略》中提道："第三届在青年会。"笔者参阅了载于《苏州明报》上的文章《画赛会十七年概史》，其中提到民国十年的苏州美术画赛会"情况如昨"，民国十一年的苏州美术画赛会"情况如第一二"，直到民国十二年的苏州美术画赛会才提到其地址在玄妙观方丈内。笔者又参阅《申报》，认为《申报》上所记载的地址无误。

　　〔2〕　《美术赛会元旦举行》载于《申报》1920 年（民国九年）12 月 29 日，第七版。

括有顾鹤逸、顾公柔父子等。这一届苏州美术画赛会已有摄影作品展出。

1925年，画会受到齐卢之役的战事影响，几次停顿。因为办事者的努力，第七届苏州美术画赛会没有因军阀混战而终止，得以循例举行。根据钱伯城写的《画家颜文樑先生年谱》所记载："是年奉直军混战，直军大溃，奉军进驻苏州，传闻城外杀人，苏人一日数惊。先生主办之美术画赛会仍于阴历正月按期举行。奉军官兵皆戴皮帽，有进城至沧浪亭参观赛会者。人见皮帽，即知系奉军也。"[1]在战乱动荡的年代，还能够坚持举办美展，对民众传播艺术，可见颜文樑等人的煞费苦心以及心怀天下的胸襟。《学灯》的"教育界"专栏上载有《苏州七届画赛会消息》[2]一文："苏州七届画赛会连日积极筹备，大加刷新，已誌前报。兹悉已由筹备委员颜文樑、朱士杰、胡粹中、黄宗汉、张念珍、黄金韶、周礼恪筹备告竣，明日在铁瓶巷苏州美术会正式开幕，取公开态度，任人展览。此次审查入选画件，计五百余点。团体学校加入者，有苏州美专、东吴、一师、二女师、二中、四中、振华、莘英、桃坞等校。闻该届会场之布置、光线之配合、□□之装饰，都合美学原则，为历届所未有。并闻开会时，尚有会场特刊分送云。"本届苏州美术画赛会加入新进作者黄觉寺、张紫玛等。这一届展出的摄影作品有颜文樑的《瑞光塔》、《盘门》，张念珍的《村屋》、《牡丹》等。

1926年第八届苏州美术画赛会在公园图书馆举行。该届美术展览会开幕前，《苏州明报》上刊登了一则消息《苏州八届画赛会预志》[3]："苏州画家、年有一公开之画会、轰动一时、至今已历八次、十五年阳历元旦、转瞬降至、该会开会之期、亦永久择定于每年元旦之半月中、是以苏人士之知有画赛会者、咸莫不知于每年阳历元旦、乃该会公开展览之期也、兹闻本届加入诸画家、有颜文樑、胡粹中、朱士杰、张紫玛、黄觉寺、颜纯生、陈伽仙、张彦铮等、中西画数二百余点、并有团体如美专、一师、二中、二女师、四中、振华、乐益等各校加入云。"关于这一届苏州美术画赛会的详细情况，《苏州明报》上的《美术画赛会观览记》[4]一文对此进行了评论："其中可分三部，一曰西洋画部，一曰中国画部，一曰玩具部。予等先观西洋画，见有油画、水彩画、及图

〔1〕 颜文樑讲述，林文霞记录整理：《颜文梁 现代美术家画论·作品·生平》，上海：学林出版社，1982年版，第168页。
〔2〕《学灯》，1925年（民国十四年）1月1日，第4版。
〔3〕《苏州明报》，1925年（民国十四年）12月25日，第3版。
〔4〕 劳世子：《美术画赛会观览记》，载《苏州明报》，1926年（民国十五年）1月9日，第3版。

案画等,不下百余帧。似较前两次为少,大半为美专出品。然予于美术一道□无研究,尤妇孺之观洋画张,实此中之门外汉也。故观览一遍,不知所评,惟观颜文樑君之葡萄仙子油画,及柳浪问莺水彩画,堪称杰作。其余如黄觉寺君之仕女,朱士杰君及胡粹中君之写生,均推上乘。继观中国画仅十数幅,予等稍一驻足,既往楼上玩具部,进门一览,如在惠山之麓,四面俱列泥人,中间陈列儿童游戏物品,不下百余种之多。真所谓花色繁多,不及细载,皆为小学生之作品,可称教育界之好成绩矣。"

　　1927年北伐革命成功,国民政府成立。颜文樑应苏州公益局之聘,任沧浪亭保管员,受命筹设苏州美术馆。苏州美术学校也从县立中学附址迁至沧浪亭内,正式定居。第九届苏州美术画赛会在青年会举行。"到会者颇众,而昨日各界士女前往参观者,更为拥挤,真有□为穿,其门如市之慨云。"[1]这则消息从侧面地反映了民众非常喜欢观览苏州美术画赛会。关于这一届美术展览的作品,1927年1月15日《苏州明报》上有一篇《美术小志》这样描述道:"此次陈列者,完全为西洋画,画件亦较常年为少。中觉寺以惺忪及灯月照归舟为最,惺忪娇容尤为禧神。桥□一图,佳即佳矣,惟股部太形耸起,似失自然。不识方家善之否。小妹妹一幅,颇见功大。胡粹中君,均小件,大半于五小纪念中,已见之物,朱士杰君之秋郊牧放,将苍茫秋色尽收管底。眷念图清隽秀丽,悦目可爱。尚有一幅,虽未曾完工,但已能窥得其成功后之精神矣。余如张紫玙君之郊外秋色,此君模仿颜文樑氏之用笔着色,颇有神似处。他若静物数事,亦颇佳。颜氏之品,大半旧作,中有童儿时代一幅,尤推精杰。胡粹中君有效法冷月,新中国画数长幅,惟着色似较陶氏为深。"[2]

　　1928年1月1日,苏州美术馆举行开幕典礼,这标志着我国美术史上第一座政府命名的美术馆的成立。与此同时,苏州美术馆陈列该年美术画赛会作品,历届苏州美术画赛会都没有固定的展览场所的情况终于得以解决,此后每年的苏州美术画赛会常在苏州美术馆举行。

　　这一年适逢苏州美术画赛会的十周纪念,因此第十届苏州美术画赛会扩大范围,征集作品有一千五百余件,之后举行联欢会,苏地画家均有参加与会,盛极一时。这一届参加的作者有吴子深、吴秉彝、吴似兰、顾彦平、刘

---

〔1〕《美术会图画展览志盛》,载《苏州明报》,1927年(民国十六年)1月4日,第3版。
〔2〕不秋:《美术小志》,载《苏州明报》,1927年(民国十六年)1月15日,第3版。

临川、颜纯生、顾墨畦、陈伽仙、樊少云、吴子鼎、蔡震渊、沈寿鹏、朱竹云、张星阶等。刊登在《苏州明报》上的《参观美赛十周纪念会志》[1]一文对这次的美术展览会作了如此报道："今岁元旦举行十周纪念,下午一时开放各陈列室。分国画、洋画、书法、刺绣、摄影等十六室。各室均有精彩作品,尤以颜纯生、蔡震渊、袁培基、陈迦仙、樊少云之国画;颜文樑、胡粹中、朱士杰、黄觉寺之洋画;张一麟、李根源、金松岑、于右任、田桐、余觉、蒋吟秋、张子彝之书法;姚淑贞之刺绣;范烟桥之摄影罗汉十八尊为最杰出云。"这一年的苏州美术画赛会辟有摄影作品专室,展出作品有范烟桥的《罗汉十八尊》,张念珍的《惠荫园》,顾彦平的《怡园一角》等。又有《美术展览第五日》[2]一文这样写道:"沧浪亭美术展览,自元旦开幕后,参观人数异常踊跃,海内艺术家,尚有将作送往陈列,如本埠之顾鹤逸、刘临川、吴子深、朱梁任等、上海之刘海粟、李毅士、郭谷尼、谢公展、赵子云等均有作品参加。较前益加丰富,是以参观者莫不异常满意。再沧浪亭美术馆,自经吴子深君独资修葺后,内部房屋焕然一新。爱好艺术者,浏览艺术之余,又得一睹沧浪新气象,诚一举两得也。"

图3　图片引自周矩敏主编《沧浪一页——纪念苏州美术馆建馆八十周年》,第10页

1929年,第十一届苏州美术画赛会在宫巷[3]举行。《苏州明报》上登有

〔1〕《苏州明报》,1928年(民国十七年)1月4日,第2版。
〔2〕《苏州明报》,1928年(民国十七年)1月7日,第2版。
〔3〕关于举办第十一届苏州美术画赛会的地址说法不一。张念珍所写的《画赛会十七年概史》,该文记载的第十一届苏州美术画赛会"仍在沧浪亭美术馆内举行"。但是1929年1月4日《苏州明报》上登载的《苏州美术赛会》一文和1929年1月14日《苏州明报》上登载的《画赛会会期行将终了》一文所记载的第十一届苏州美术画赛会的地址都是宫巷,因此笔者认为这个地址是正确的。

《苏州美术赛会之盛况》一文,这样描写道:"会场设宫巷乐群社,连日来宾甚多,陈列共四室,分洋画、国画、书法、金石等部,计四百余点,中以胡粹中、朱士杰、徐悲鸿、张紫玙、黄觉寺、严大钧之洋画,顾彦平之国画,于右任、蒋吟秋之书法为最杰出。颜杨二君,则以远涉重洋,未有出品。闻本届陈列各件,多苏州美专出品,该□[1]办理完善,宜有此良好成绩也。"[2]关于这一届美展的作品,《画赛会会期行将终了》[3]一文对此有所记载:"连日各界人士之赴宫巷参观者,已达三千余人。本外埠书画名家,尚有将作品加入,是以较前益加丰富,如本埠画家颜纯生,新加入花卉多幅。海上著称虎痴之□[4]善□[5],亦有猛虎数幅加入。更有张念珍之《佛》、顾彦平之《岱色苍茫》、张紫玙之《□[6]之夜》、黄觉寺之《秋水一桥横》、胡粹中之《□[7]役》、严大钧之《秋来了》、黄金韶之《露□[8]》、陆阖生之《浴□[9]》,均系一时杰作。"这一届,除了以个人名义参加美展外,飞飞画会[10]以团体名义,加入苏州美术画赛会。从1929年至1931年止,飞飞画会都以团体名义参与苏州美术画赛会,这足以说明两点:一、苏州美术画赛会在社会上是有一定知名度和影响力的,而且深受社会各界人士的欢迎。其他画会也希望借助这个平台来交流和切磋艺术;二、体现了画会团体之间的合作,这正如颜文樑在艺术上主张的那样:"我们的集合,以群众为目标,不分人我,也不嫌研究的门类,和艺术上的功夫,只要有同情心的表现,就互相以和平的感情的态度结合起来。谋艺术的进步,和社会的改善。"[11]

〔1〕 此处字迹模糊,只有部分笔画残留。笔者根据前面的内容,推断此处可能是"校"字。

〔2〕《苏州明报》,1929年(民国十八年)1月4日,第3版。

〔3〕《苏州明报》,1929年(民国十八年)1月14日,第3版。

〔4〕 此处字迹模糊,无法辨认。

〔5〕 同上。

〔6〕 同上。

〔7〕 同上。

〔8〕 同上。

〔9〕 同上。

〔10〕 成立于1929年,为东吴大学(校址在今苏州大学校园内)爱好美术的在校学生组织。原名"飞飞西画会",到1930年6月改名为"飞飞画会"至1931年结束。曾在东大林堂、北局青年会举行三次画展,每次出品六十余件,多为油画、木炭画、水彩画等西洋画。同时,从1929年到1931年止,这个画会都有美术作品参加苏州美术画赛会。

〔11〕 颜文樑:《我所希望于艺术界者》,收录于尚辉:《颜文樑研究》,南京:江苏美术出版社,1993年版,第200页。

1930 年,第十二届苏州美术画赛会在观前青年会[1]举行。1930 年《艺浪》第 3 期《苏州第十二年画赛会新讯》对其如此描述:"苏州美术会,循例于国历十九年元旦起至十四日止,假观前青年会举行。第十二年画赛会,并闻创办人颜文樑先生亦有作品加入,特托徐传俊先生,由法带苏,出品陈列,为该会生色不少云。"[2]

1931 年,苏州美专建新校舍,同时重修沧浪亭全部房屋,因此第十三届苏州美术画赛会迁至青年会[3]举行。《苏州明报》上有一文对该届苏州美术展览会的作品进行了评论:"元旦日起,吾苏书画家,假座青年会,开十三次美术画赛会……会所在青年会楼上,共分四室,西画国画,各占半数,西画中以新进归国之颜文樑氏所作之弱克丽纳女士像、及朱士杰之白蔷薇、黄觉寺之仕女、胡粹中之水彩风景画,各极佳妙,堪称上乘,金韶之粉画,亦别有风趣,国画中有颜纯生之寿佛,□□[4]老手,毕竟不凡,蔡震渊之花卉四帧,活色生香,□□[5]能品,顾彦平本擅山水,今作人物,亦有可观,柳君然仿廉夫绢心小屏幅之花卉四事,余甚爱其幽逸有致、气韵生动,即六尺屏幅之花鸟,亦苍老古雅也,吴秉彝之双钩芍药,运笔节洁,沈寿鹏之贵妃出浴,工致绝伦,余如俞亮、王选青、顾荣木辈,均有佳作杰称,深得绘事三昧矣。画家蒋吟秋、张一麐等,均有作品加入,其他如士杰、粹中亦将新刻之石膏模型,陈列其间,生色不少也。惟此次尚有美中不足者,即樊少云、陈迦龠、刘临川等老画家,故无作品参加,实为憾事,征集作品时之疏忽遗漏,抑老前辈不惜出其作品,以供吾侪之瞻仰观摩欤。"[6]

1932 年,苏州美术画赛会又迁回沧浪亭美术馆举行。《苏州明报》对这

<hr>

〔1〕 载于《苏州明报》1935 年(民国二十四年)1 月 9 日,第 8 版,张念珍所写的《画赛会十七年概史》:"……民国十八年,仍在沧浪亭美术馆内举行。民国十九年,同上年。"因此张念珍所指 1930 年第十二届苏州美术画赛会是在美术馆内举行的。笔者认为 1930 年《艺浪》第三期上所记载的会址才是正确的。

〔2〕 转引自王晨:《传道、授业、解惑也——纪念颜文樑及苏州美术专科学校成立 86 周年》,载于陈徵编著《沧浪掇英——苏州美专建校八十六周年纪念专辑》,第 44 页。

〔3〕 第十三届苏州美术画赛会举办的地址说法不一。笔者参阅了尚辉《颜文樑研究》记载的《年谱》,其中记录 1931 年的内容是:"一月,继续在沧浪亭美术馆组织画赛会。"根据 1931 年 1 月 14 日《苏州明报》上登载的《读画记》一文与 1935 年 1 月 9 日《苏州明报》上登载的《画赛会十七年概史》一文,笔者认为第十三届苏州美术画赛会在青年会举办。

〔4〕 此处的两个字字迹模糊,无法辨认。

〔5〕 同上。

〔6〕 拙存:《读画记》,载《苏州明报》,1931 年(民国二十年)1 月 14 日,第 2 版。

届美展的作品、展出门类有所描述:"苏州美术赛会,在国内创办独早,十四年来历负盛誉。本届展览会,已于元旦开幕。陈列作品,数近千件,其中如吴子深、蒋吟秋之书法,颜纯生、顾彦平之国画,朱铸禹之巨幅山水,柳君然之竹,金抱清之佛,颜文樑之自像与风景,黄觉寺之粉绘,胡粹中、孙文林之水彩,与夫朱士杰之雕塑,冯子言之石刻,俱多得意杰作。余若美专学生加入之素描图案等,出品既多,佳作更复不少,该校学生于努力抗日运动外,得有如斯成绩,洵非易易焉。"[1]

1932 年 8 月,苏州美术学校新校舍落成,规模为全国美校校舍之冠。同年 10 月,教育部批准苏州美术学校以大专院校立案,正式定名为"苏州美术专科学校",简称"苏州美专"。关于第十四届苏州美术画赛会之经过,颜文樑在《十年回顾》之"对外美术事业之服务"中这样写道:"当第一届画赛会举行后,议决每年元旦,赓续一次,迄今已十四年,未尝间断,第二届发起人,加入胡粹中、朱士杰两君,会务进行益速。会场历届无定址,今则常在美术馆举行。出品以第一届、第七届、第十届为最多,第六届以战事影响,几遭中止。历届团体之加入者,有北大画法研究会、东大飞飞画会、中大及苏地各中等学校。个人出品之加入者,中国画有黄觉寺、周礼恪、胡粹中、朱士杰、陈涓隐、程少川、余彤甫、徐康民、管一得、张光宇、张德铨、梁鼎铭、徐泳青(清)、王承英、秦丽范、潘履洁、杨左匋、朱询刍、叶费坤、姚永伯、张紫玙、丁光燮、张新械、孙文林诸先生等。书法、金石有余觉、张一、蒋吟秋、陈子彝、朱梁任诸先生等。到会参观人数,每日平均五百人,会期每届为两星期,迄今已历十四年,统计参观者,不下已十万余人矣。此历届画赛会之大概情形也。"[2]

1933 年,第十五届苏州美术画赛会在沧浪亭苏州美专举行。第十五届苏州美术画赛会发起"十五学龄儿童艺术展览",[3]即针对与苏州美术画赛会同龄的并且对于艺术深有爱好的儿童发起的艺术展览,会中特地开设了十五岁儿童艺术成绩展览室,饶有意味。同时,苏州美术画赛会还举行了十五学龄同年会,用茶话会的形式招待这些与该画会同年产生的学生,并向他们赠送了纪念物品。《苏州明报》上登载,题为《十五儿童艺术交谊会——国难日亟勉以努力艺术救国》的一文,[4]记述如下:

---

〔1〕《美术赛会本届盛况》,载《苏州明报》,1932 年(民国二十一年)1 月 7 日,第 2 版。

〔2〕 颜文樑:《十年回顾》,原载《艺浪》第 8 期,1932 年 12 月。

〔3〕 菊迟:《介绍"苏州美术赛会"》,《艺风》1935 年(民国二十四年)第 3 卷第 1 期,第 137 页。

〔4〕《苏州明报》,1933 年(民国二十二年)1 月 16 日,第 3 版。

苏州画赛会发起之十五学龄儿童艺术交谊会，日前在沧浪亭美专举行。三时开会，到苏中实小、平直、平江、干将、善耕、北街、卫道、务初、景范、振华、晏成、树德、昇平、胥江、东吴附中等十余校，计儿童一百数十人，均年为十五岁。济济一堂，首由发起人颜文樑报告开会宗旨，略谓本会第一年开会之期，亦即在座诸一百余小朋友，产生之期，故本会与诸位，是同年产生的兄弟、同年产生的姐妹，其关系至为密切。今年因本会十五岁之期，特约诸位到此地，团聚一起，作一个纪念。将来或另组一同年会，俾谋永久联络，将来本届由十六龄而二十、三十、五十年、亦即诸位由十六岁而二十、三十、五十岁。到那个时候，敝人已年老力衰，后起之美术事业，须赖你们努力进行。所以今日之聚会，你们的责任很大。次黄颂尧讲真善美三字以为勉，蒋吟秋讲努力艺术，正是现在，历举中西画家少年便已成名，如颜先生七岁便好艺术云云。黄觉寺讲现在国难方□，举行艺术，与国事似太漠视，惟艺术可以救国，不观日本小学校之上图画课时，教师画一橘子而谓曰，此中国之□橘也，其味甚甜，你们如果要饱啖此橘，须征服中国，诸如此类，在小学生之头脑中，已留甚深之印象。现在日兵已由海关而窥平津，恐怕将饱啖我们的天津雅梨了，为今之计，惟有注重艺术，以警国人。

文章突出了两点：一是参与十五龄儿童艺术交谊会的儿童是后起之秀，他们将接过艺术事业这一接力棒；二是告诫国人只有艺术可以救国，必须注重艺术。可见，颜文樑极等人一方面希望能引起这些与苏州美术画赛会同龄并爱好艺术的儿童的兴趣，希望他们成为能继续钻研艺术、致力于美术事业的后起之秀，并且成为日后推动本会前进的中坚力量；另一方面，"十五学龄儿童艺术展览"与"十五儿童艺术交谊会"更是承载了颜文樑等人希望通过艺术救国的寄托。

1934年，第十六届苏州美术画赛加入的会员有两百多人，本届展出作品的有张新梂、孙文林、张宗禹、唐亮、吴振声、彭恭甫、陈子清、曹筱园、许幸之、缪宏、李复等。第十六届苏州美术画赛会和上一届一样，发起和苏州美术画赛会同龄的儿童艺术展览。对此，苏州美专校刊《艺浪》上载有《艺术展览会消息一束》[1]:"苏州画赛会为国内最早发起之画会,每年元旦起举行十四日,迄今已有十五年历史,从未间断,二十三年元旦日,举行第十六届展览,本届出品,类多精美。又闻该会发起于该会同年产生之儿童成绩,另辟一'十六学龄儿童艺术成绩室',颇具深意。"第十六届画赛会召集了二百多个年届十六的儿童,举行茶话。创办人颜文樑报告说"你们都是我们画会同年产生的朋友;所以这画会应该是你们的。画会今年开着第十六年。你们可爱的青春,便是我们的象征。"

第十七届苏州美术画赛会在沧浪亭美专举行。消息刊登在 1935 年 1月 9 日《苏州明报》第 8 版上的《苏州美术赛会特刊》,由黄觉寺、缪宏编辑。版面内容极为丰富,不仅有第十七届苏州美术画赛会的广告,还有颜文樑所写的《艺术漫谈》一文。该文是对民众进行中西美术知识的普及,如世界上三大美术馆、世界上价值最贵的画、意大利的三大壁画等。此特刊上还登载了张念珍所写的《画赛会十七年概史》,记述了十七届苏州美术画赛会展出的时间、地点、出品人、参观人数,呈现了历届美展的大致情况。此特刊上除登载文章外,还印有六幅绘画作品,有孙文林所作《蟹》、胡粹中所作《沧浪》、吴秉彝所作《艳草秋花》、吴中英所作《林壑幽美》、张紫玙所作《老人》和钱定一所作《清韵》。第十七届苏州美术画赛会"出品有一千数百件,加入作家有吕斯百、费彝复、钱人平、戴昌奇等。另增实用美术一部,陈列美专制版科,成绩为各届所无"。[2] 如前两年一样,苏州美术画赛会另外开设与该会同龄的儿童美术展览会,《苏州明报》对此进行了报道:"该会于后(十三号)假沧浪亭美专学校,举行第三届十七学龄同年会,同时举行十七学龄美术展览会。现收到参加之作品,计乐益女中、平江小学等诸校,暨爱好艺术年满十七岁者,报名人数已达数百余人,并择成绩特优者,给予名誉奖状,同时备有赠品千件,如美专颜校长之名贵画件;胡粹中之图画纸颜色;黄觉寺、张新榬之精美日历;陆寰生之新颖画片;张紫玙、孙文林之上等铅笔;朱士杰、胡秉彝之别致书笺;顾友鹤、冯仁宽、胡君余、张念珍、缪宏等实用艺术用品;及美专同学之中西画、□[3]球、写生簿等、外界有婆罗花馆之名贵赠品。届时车

---

〔1〕《艺浪》,第 9、10 期合刊,1933 年。
〔2〕张念珍:《画赛会十七年概史》,载《苏州明报》,1935 年(民国二十四年)1 月 9 日,第 8 版。
〔3〕此处字迹模糊,无法辨认。

水马龙,定有一番盛况也。"〔1〕

1936年第十八届苏州美术画赛会继续在苏州美术馆举办。

1937年元旦第十九届苏州美术画赛会继续在苏州美术馆举办。《苏州明报》对此作了预报:"苏州一年一届之画赛会又将定于二六年元旦在沧浪亭开幕,该会自创举以来,所予社会影响及提倡艺术之功劳甚大。昨据该会创举人颜文樑氏□□,为扩大规模起见,此次征集作品将不限苏州一城,而必推广至于全国,目前并已派人四出征收,新年艺坛,突放异彩,当可预期耳。"〔2〕同年7月抗日战争爆发,苏州美专、苏州美术馆被迫关闭和转移。直至1945年抗战胜利,苏州美专才得以重返沧浪亭。

2、抗日战争之后的苏州美术画赛会(1946—1951)

1947年,苏州美术画赛会举办了第二十一届美术展览会。"现在已有十九年的历史了。惟中经抗战八年,停止举行八次,故今年是第二十一届举行……统计参观者,不下已二十万余人矣。"〔3〕

1951年,苏州美术画赛会举办了最后一次美术展览会。至此,苏州美术画赛会、苏州美术会最终无形解散。

1952年,在校庆三十周年之后不久,恰逢全国大专院系调整,苏州美专与上海美专、山东大学艺术系合并为华东艺专,校址设在无锡。后华东艺专又迁往南京,即今天的南京艺术学院。苏州美术画赛会几乎伴随了苏州美专全部的历史进程。

目前很多资料对于苏州美术画赛会举办的时间说法各异。第一种说法是苏州美术画赛会持续了不到十年,如陆宇澄、刘丹所写论文《颜文梁与苏州美专》,〔4〕其中这样写道:"颜文梁组织的苏州美术画赛会持续了近十年……"这种说法显然存在错误,因为颜文樑在《十年回顾》中写道:"历届画赛会之经过事实……迄今已历十四年。"可见从1919年至1932年,苏州美术画赛会已连续举办了十四届美术展览会。

第二种说法是苏州美术画赛会延续了十四年,如陶鹰所写《颜文樑与苏

〔1〕《美术界盛举——美专举行十七龄同学会》,载《苏州明报》,1935年(民国二十四年)1月12日。

〔2〕《第十九届苏州美术赛会将依例举行》,载《苏州明报》,1936年(民国二十五年)12月24日,第4版。

〔3〕《苏州美术赛会史略》,载《苏州明报》,1947年(民国三十五年)1月6日,第5版。

〔4〕载于《苏州大学学报》(工科版),第24卷第6期,2004年12月,第85页。

州美专》[1]中提到苏州美术画赛会举办美展的时间:"这个画赛会一直延续了十四年⋯⋯"还有王晨在《传道、授业、解惑也——纪念颜文樑及苏州美术专科学校成立86周年》[2]一文中写道:"画赛会从1919直至1933年,共举办了十四届展览。"又如苏州大学硕士谷燕的学位论文《苏州美专和中国早期现代美术教育》写道:"'苏州画赛会'以举办画展为特色,从1916年至1933年相继举办了14届画赛会。"这种结论多半是来自于《十年回顾》中所提到的时间,并没有进行考证。《十年回顾》只是颜文樑对苏州美专自1922年建校十年来所作的阶段性总结,从1919年开始至1937年抗日战争爆发,苏州美术画赛会从未停止举办一年一度的美术展览会。

第三种说法是苏州美术画赛会举办过十七届美展,即该会止于抗日战争爆发的那一年。如杜少虎的文章《合蒙开群——民国早期"新派画"的引入与传播》[3]中提到"画赛会共举办过十七届展览";又如尤玉淇在《从〈画赛会〉到〈沧浪之友〉》[4]这样写道:"它从1919年到1937年止,年年举行,持续达十七年之久,后因抗日战争爆发而被迫停止。"

第四种说法是苏州美术画赛会持续了二十年。如颜振康在《我的父亲颜文樑》[5]一文中提到苏州美术画赛会"从每年的阳历元旦到一月十四日为止,历二十年从未间断";徐京、钱延康在《"美术画赛会始末"》[6]中提到:"从此每年元旦举行全国性美术展览,连续二十年,直到抗日战争苏州沦陷为止。"又如朱国荣编著的《中国美术之最》中提到苏州美术画赛会"从1919年起,直至抗日战争时为止,连续20年,从未间断"。[7]《解放前平江辖区画社画会情况表》[8]中记载苏州美术画赛会的时间为"1911.1—1946",可见也是20年。而张仲和、樊宁所写《苏州顾氏过云楼往事记略》[9]中也提到苏州美术画赛会举办了二十届美展:"1937年,因日军进犯苏城,苏州美术会停止

〔1〕《沧浪掇英——苏州美专建校八十六周年纪念专辑》,香港:中国现代美术出版社,2009年版,第53页。

〔2〕同上,第44页。

〔3〕《美术馆》,2009年第1期,第186页。

〔4〕载于《苏州报》,1984年6月22日,第4版。

〔5〕《南京艺术学院学报》(美术与设计版),1993年第2期,第4页。

〔6〕载于中国美术家协会上海分会编:《上海美术通讯》,1982年10月15日版,第12页。

〔7〕朱国荣:《中国美术之最》,上海:上海书店出版社,2005年版,第163页。

〔8〕苏州市平江区地方志编纂委员会编:《平江区志》上册,上海社会科学院出版社,2006年版,第324页。

〔9〕《中国文化》,2008年第8期,第48页。

活动,抗战胜利后,曾计议复会,并于 1946 年元旦再次举行画赛会,但终因时局动荡,自此以后不曾再有活动而无形解散了。"

第五种说法是苏州美术画赛会举办了二十一届,这也是较为普遍的说法。如江洛一的《苏州的画社与画会》[1]这么写道:"据统计,自 1919 年至 1947 年,除抗战八年停止展览外,共举办二十一届画赛会。"《苏州市地方志》"文化艺术卷"中所载《书画会组织情况一览表》[2]也表明苏州美术画赛会"先后持续达二十一年之久"。又如姚苏《艺为人生画为媒——记国画大师颜文樑》中提到"此后画赛会每年元旦在苏州举行,连续达二十一届"。[3]

第六种说法是苏州美术画赛会持续了 30 多年,如翁晓恩在《开功济高丹青永存——颜文樑与苏州美术馆》中指出"前后延续了 30 多年",这种说法也是比较含糊的,并没有说清楚举办了多少届。

第七种说法明确指定了苏州美术画赛会的起止时间,是从 1919 年至 1951 年。如《苏州美专三十年校史》中提到具体的起止时间:"第一届画赛会结束后⋯⋯直至抗日战争那年,连续举行,未尝间断。抗战胜利后,曾恢复举行,到一九五一年最后一次为止,历时三十一年,举行二十三届。"[4]笔者认为,这份资料比较真实可信,因为《苏州美专三十年校史》的内容绝大部分是根据胡粹中、陈惠霖提供的资料,由蒋吟秋整理记述。胡粹中为苏州美专创办人之一,也是第二届苏州美术画赛会的发起人之一,1924 年起被苏州美术会公举为苏州美术会主任,主持会务,因此对苏州美术画赛会的整段历史是很清楚的。而陈惠霖是早期的苏州美专毕业生,对母校情况比较熟悉。蒋吟秋从 1919 年起就参加了历届苏州美术画赛会举办的美展,1922 年加入苏州美术会,1922 年兼任苏州美专国画、书法教授。

《苏州美专三十年校史》[5]中所提到的苏州美术画赛会的起止时间是准确的。然而按照"抗战胜利后,曾恢复举行,到一九五一年最后一次为止"的

〔1〕 苏州市地方志编纂委员会办公室,苏州市档案局编:《苏州史志资料选辑》(1988—3),第104 页。

〔2〕 苏州市文化局编史修志办公室编印:《苏州市地方志》"文化艺术卷"(之一)《美术》(讨论稿),苏州文化局出版,1987 年 12 月,第 21 页。

〔3〕 载于《苏州近现代人物》第 2 辑,苏州市政协文史委员会编,古吴轩出版社,2008 年版,第304 页。

〔4〕 胡粹中、陈惠霖采集,蒋吟秋记述:《苏州美专三十年校史》,见于苏州档案馆,档案号:B02—002—0085—532。

〔5〕 同上,见于苏州档案馆,档案号 B02—002—0085——532。

说法,苏州美术画赛会应该是持续了三十三年时间,而不是"历时三十一年",[1]除抗战八年期间画会活动因遭受影响而停办,一共举办二十五届美术展览会,而不是"举行二十三届"。[2]出现这样问题的原因有两个:一是从1948年至1950年这三年中有两年苏州美术画赛会停止举办活动,还有一个就是蒋吟秋推算时间有误故而写错了。但是文章中除了提到抗战八年苏州美术画赛会是停止活动之外,并未明确指出1948年至1950年这三年中有哪两年是停止画会活动的。因此笔者认为是蒋吟秋所推断的时间有误。持苏州美术画赛会的起止时间是1919年至1951年这个观点的还有黄可,他在《我国最早的画展——美术画赛会》[3]一文中写道:"苏州的'美术画赛会'定期于每年元旦举行全国性的美术作品展览,从一九一九年起至一九五一年,三十多来年,除抗战期间外,从未间断。"又如沈福伟所著《西方文化与中国(1793—2000)》第十五章第四节"美术界的中西融通"中有关于苏州美术画赛会的内容,是这样写苏州美术画赛会的时间的:"自苏州美术专科学校成立后,美术画赛会已成为苏州美专的一个常设机构,在它组织下,每年元旦举行全国性美术作品展览,从1919年到1951年,除了抗战八年展览会停办,美术画赛会犹如苏州观前街玄妙观中春节的年画展一样,每年必办。展览的作品,也从最初的百余件逐渐增多至千余件。直到1951年苏州美专与上海美专、山东大学艺术系合并为华东艺专为止,美术画赛会才不再举行。"[4]黄可和沈福伟的观点是具有一致性的,一是苏州美术画赛会的起止时间是1919年至1951年,二是除抗战八年展览会停办,其余时间从未间断。

笔者认为第七种说法是正确的,即苏州美术画赛会举办的美展是从1919年至1951年,该绘画社团持续了33年,除八年抗战停止活动之外,共举办了25届美术展览会。

苏州美术画赛会举办美展的作品以第五届、第十届、第十五届、第十六届为最多,都达到了千幅以上。参观人数平均每天500人次,累计近20万人次。展览的地点前后有七处,即旧皇宫(吴县教育会)、青年会、铁瓶巷(苏州

---

〔1〕 胡粹中、陈惠霖采集,蒋吟秋记述:《苏州美专三十年校史》,见于苏州档案馆,档案号:B02—002—0085—532。

〔2〕 同上。

〔3〕《羊城晚报》,1982年5月6日。

〔4〕 沈福伟:《西方文化与中国(1793—2000)》,上海:上海教育出版社,2003年版,第1099页。关于苏州美专合并到华东艺专的时间有误,是1952年9月,而不是1951年。

美术会会址)、公园图书馆、玄妙观方丈内、沧浪亭美术馆、宫巷乐群社。作品陈列范围有:国粹画、油色画、水彩画、水粉画、钢笔画、铅笔画、木炭画、刺绣画、照相着色画、图案画、蜡画、漆画等。

(二) 苏州美术画赛会的组织机构

在苏州美术画赛会的历史上,苏州美术会起着至关重要的作用。实际上,"苏州美术会"就是苏州美术画赛会的行政和业务的常设机构。1920 年颜文樑和杨左匋发起组织"苏州美术会",中西画家均可入会,刚设立之时并没有具体的规划,仅属于研究的性质。苏州美术会既缺乏常年的经费,又没有固定的会址,具体的工作由胡粹中、朱士杰、顾公柔兼管。

1922 年,第四届苏州美术画赛会闭幕后,胡粹中等人根据四届苏州美术画赛会情况,认为参加展览的人数日多,会务工作较为繁忙,故决定将美术会组织加以扩展。顾公柔也倡议将苏州美术会扩充,并把顾氏"怡园"作为会址。于是苏州美术会吸收会员 70 多人,建立了小组,并选出常委,每月举行常会一次。与此同时,苏州美术会还刊印《美术半月刊》,[1] 登载苏州美术画赛会中优秀作品和理论文章,以此交流艺术,加强与会员间的联系。《美术半月刊》的编辑工作由顾公柔、蒋吟秋负责,印刷则由张念珍承办。为了推进苏州美术会的会务发展,由顾鹤逸出资,顾公柔设计,在铁瓶巷顾宅对门建造会所。

1923 年,苏州美术会的会所落成,苏州美术会搬入铁瓶巷新址办公。会所内设施齐全,有展厅、会议室、教室、办公室等。这一年苏州美术会又重征会员,书画界人士纷纷加入,共计有三百人。苏州美术会内部组织共分为六部,分别是:绘画、雕刻、音乐、诗歌、刺绣、演讲。"美术"在当时是新概念,并非专指绘画和雕刻,而是相当于现在的"艺术"。"作为地区组织,苏州美术会是相当活跃的。"[2] 苏州美术会的成员中,中国画家有吴昌硕、吴子深、顾鹤逸、顾公柔、张星阶等;西洋画家有胡粹中、朱士杰、黄觉寺、陈涓隐、余彤甫、管一得等;篆刻书法家有余觉、张一、蒋吟秋、朱梁任等。以后在苏州成

---

〔1〕 根据许志浩著《中国美术期刊过眼录》第 23 页所记载,《艺术半月刊》于 1923 年 9 月创刊,于 1923 年 12 月停刊,由苏州美术学会编辑出版。刊物内容以发表会员的绘画、书法、篆刻新作和美术理论研究成果为主。笔者认为《艺术半月刊》就是《美术半月刊》。《中国美术期刊过眼录》第 40 页记载《艺术半月刊》的后身是《苏州艺术》,1927 年 8 月创刊,苏州艺社编辑出版,每周一期,其出版宗旨不变,酌量增加了文字内容。

〔2〕 尚辉:《颜文樑研究》,南京:江苏美术出版社,1993 年版,第 24 页。

立的"苏州美术专科学校"以及"苏州美术馆"都是从这里酝酿产生的,而且苏州美术会和苏州美术专科学校的发展有着密切的关系,《苏州美专三十年校史》中就提到:"苏州美专的逐渐发展与美术会方面的种种协助,大有关系。"1922 年至 1925 年的一段时期内,因为学生逐步增多,原有的校舍实在不够用,曾一度在苏州美术会中另外开辟宿舍。

1924 年起苏州美术会公举苏州美术专科学校教授胡粹中为美术会主任并主持会务。1937 年因日寇侵华,苏州美术会停止活动。至 1945 年抗战胜利,流散会员陆续返苏,共得会员 200 余人。在苏州美术会工作人员的努力之下,苏州美术画赛会终于得以恢复举行。

三、苏州美术画赛会的历史定位与价值意义

苏州美术画赛会首开全国性美术展览会的先河,持续时间较长,一直推动着普及大众的社会美育。此外,苏州美术画赛会还和苏州美专的成立有着莫大的关系,对专业的美育也起着至关重要的影响。苏州美术画赛会的影响并不局限于苏州一地,在全国的文艺界引起了轰动,使美术展览会成为在我国盛行的一种新的文化艺术活动形式。

(一)苏州美术画赛会的历史定位

苏州美术画赛会的主要活动就是举办一年一度的美术展览会。这个绘画社团会所举办的第一届美术展览会是第一个全国性的美术展览会。关于早期的美术展览会,笔者检索到了一份"十年来中国美术展览会一览表",此表列出的是 1921 年至 1930 年间的美术展览会。

附表:十年来中国美术展览会一览表[1]

名称	第一回开会期	已举行回数	每年举行回数	地点	备注
全国美展	1929 年 4 月	一回	不定期	上海	
西湖博览会	1929 年 6 月	一回	不定期	杭州	有艺术馆一部
中央美展	1930 年 1 月	未详	未详	南京	

---

〔1〕 这份表格内容来源于黄觉寺所写的一文,题为《最近三十年内我国之艺术教育与未来的展望》,刊登在《艺浪》第 8 期(1932 年 12 月),第 36—37 页。

名称	第一回开会期	已举行回数	每年举行回数	地点	备注
苏州画赛会	1919 年 1 月	十四回	每年元旦一回	苏州	
天马画会	1921 年	未详	每年二回	上海	
首都美展	1927 年	一回	不定期	南京	
美术联展	1927 年 9 月	一回	不定期	上海	
晨光美展	1923 年	未详	不定期	上海	
中日美展		未详	不定期	上海	
万国美展		未详	不定期	上海	
冷红画会		未详	不定期	苏州	
西湖一八艺社展览会		未详	未详	杭州	二十年一月在广州举行
中大区中等学校艺展	1929 年 6 月	一回	不定期	南京	
天津美术馆展览会	1930 年 11 月	未详	每季举行一回	天津	常年开放分类定期展览
苏州美术馆展览会	1927 年 5 月	二回	不定期	苏州	常年开放临时举行古书画展览
艺术大会	1927 年 5 月	未详	未详	北平	分绘画展览音乐演奏喜剧表演
中画展览	1923 年 7 月	未详	未详	北平	第三四两回中日会赛第四回地点在日本举行

　　附注:各学校举行之习作展览会及个人展览会概不列入未有出版物之展览会无从考据故亦未列入 上表所列系根据各报至二十一年止。

　　从上表中能够看出苏州美术画赛会所举办的美展是有记录的最早开办的美术展览会,比后来官方所举办的"全国美展"足足早了 10 年,这一点是毋庸置疑的。

　　苏州美术画赛会是 20 世纪上半叶持续时间最长的绘画社团,从 1919 年开始至 1951 年为止,持续了 33 年。民国早期的其他绘画社团持续了数月到数年不等,最终因各种原因解散停止。在这一点上,其他绘画社团都无法与之相比。苏州美术画赛会每年都举办美展,据不完全统计,平均每天有 500 人次参观,累计近 20 万人次前往观摩。苏州美术画赛有力地推动着普及大众的社会美育,承载着其发起人"谋艺术的进步和社会的改善"的历史使命。颜文樑等人希望以发起苏州美术画赛会来提高社会审美观念,进而改造社会,这也正是他们那一辈艺术家的人格魅力所在。

(二)苏州美术画赛会的价值意义

1. 苏州美术画赛会对苏州美专成立的影响

(1)苏州美术画赛会为苏州美专成立奠定了基础

苏州美术画赛会和苏州美专有着密切的关系,苏州暑期图画学校是苏州美专的开端,而苏州暑期图画学校的开办又离不开苏州美术画赛会这个基础,"故暑期图画学校一方面可以说是画赛会的产物,而在另一方面,也可以说是苏州美专的嚆矢"。[1]

"正是由于苏州美术画赛会的发起,在广大观众中,启发了很多有志学习艺术的人,提出了愿望和要求。"[2]因此,就在一九二二年的五月中,颜文樑邀集了胡粹中、朱士杰、顾仲华、顾公柔、秦丽范、丁光燮、陈韶虞等人,进行商谈。鉴于国内艺术教育的需要,几人一致同意先试办一所"苏州暑期图画学校",借海红坊前法政学堂旧址为校舍。暑校开学,共有一百八十六个学生,其中女生有二十七人。苏州暑期图画学校开办为期两月,取得了一定的成绩。由此可见,正是苏州美术画赛会在社会上有了一定的知名度,使得一些热衷于艺术的青年深受启发,想要进入专门的美术学校学习艺术,这就为苏州暑期图画学校的开办解决了生源问题。

1922 年 7 月,颜文樑与胡粹中、朱士杰、顾仲华、程少川于海红坊苏州律师公会会所创办苏州暑期图画学校,是为颜文樑创办美术学校之肇始。无论是最初的苏州暑期图画学校还是在此基础之上发展成立的苏州美专,都离不开苏州美术画赛会的成功举办。颜文樑在 1932 年《十年回顾》中这样写道:"敝人爰与杨左匋先生发起第一届画赛会于苏州旧皇宫……自此会结束后,议决每年必继续举行一次,迄今已十四年未间断。其后与办苏州暑期图画学校与苏州美术会,先后成绩,俱颇足观,而我苏州美术学校,实即于此处

---

〔1〕 胡粹中、陈惠霖采集 蒋吟秋记述:《苏州美专三十年校史》,见于苏州档案馆,档案号 B02—002—0085——532。

〔2〕 同上。

进状态中,早具胚胎,至民国十一年,始于沧浪亭产生成立。"正是苏州美术画赛会举办的四次美术展览,成就了苏州美专成立的十足底气,也正是苏州美术画赛会的经验,拓宽了颜文樑等人的眼界,并且给予了他们创办苏州美专的十足信心。

根据钱伯城所记《画家颜文樑先生年谱》的记载,颜文樑在发起苏州美术画赛会之后就为开办美术学校四处奔走,谋求合作。"先生早已有意于创办专门美术学校,从事美术教育,培育艺术人才。一九一九年发起美术画赛会之后,即拟约同学王承英、陶善铺筹办一美术学校,因承英等不感兴趣而罢。继于太仓中学中认识留学东京美专之叶费坤,亦以此意告之,谋其合作,费坤亦无意于此。至是得粹中等四人为同志,又商得苏州律师公会同意,允暂借会所,供作校舍,遂先行试办暑期学校。招生广告甫出,报名者纷至沓来,共有学生一百余人,且以苏州大中学校学生居多数,殊出先生等意外。此次暑校,由粹中、士杰与先生任教西画,仲华、少川任教国画。至两月结业,学生意犹不足,要求续办长期学校。先生得此鼓舞,乃谋长远之计,四处筹借校舍。然或以房主不允,或以租金过高,成而复失者数次。几经奔走,最后得苏州县立中学校长龚赓禹赞助,允以县中余屋九间借作校舍。先生得此基地,数年来之办学志愿,终告实现。苏州人因此主办者系先生、粹中、士杰三人,乃以'眼乌珠'(颜胡朱)称此初生学校。粹中住铁瓶巷,自少即与先生友,日相过从,共研画法,至此与先生悉心共力,矢志办学。九月,苏州美术学校成立。"[1]苏州美术画赛会不仅为苏州暑期图画学校解决了生源的问题,而且还提供了师资。如参加过第一届苏州美术画赛会的胡粹中等人,就成为苏州暑期图画学校的教师。后来参加过苏州美术画赛会的很多画家也先后成为了苏州美专的教师。

(2)苏州美专主要赞助人与苏州美术画赛会

如果说苏州美专的成立少不了颜文樑等人的努力,当然也少不了苏州美专主席校董——吴子深[2]的鼎力相助。正是有了颜文樑和吴子深的合作,才为苏州美专的发展奠定了坚实稳固的基础。而这二人的相识、交往又

<hr>

〔1〕 颜文樑讲述,林文霞记录整理:《颜文梁 现代美术家画论·作品·生平》,上海:学林出版社,1982年版,第166页。

〔2〕 吴子深(1893~1972),名原,字华源,一字子深,号渔村,别署桃坞居士,江苏苏州人,曾赴日本考察美术。家为吴中望族。是苏州美术专科学校经费主要赞助之一,曾以巨资创建苏州美术专科学校于沧浪亭畔,自任校董及教授。

和苏州美术画赛会有着莫大的关系。

当时第一届苏州美术画赛会正在征集名作,将举行展览,与吴子深素有交往的一些书画界名流如顾鹤逸、顾彦平、刘临川、李醉石、周乔年等,正在积极赶制书画,预备参展。而自感"道行尚浅"的吴子深仅在一九一九年元旦日以观众的身份前去旧皇宫观赏了第一届美术画赛会。这届画赛会是中国美术史上的第一个画展,树立了国内美术展览会的先声,轰动社会,影响极大。南京、上海、北平都有书画家前来参观,评价极高。这使吴子深有感触,启发很大,并终于在第二年成功地画了一幅《竹石图》,参加了第二届美术画赛会。在展览会上,他进一步熟识了比他年长一岁的颜文樑先生。尽管他与颜文樑早在一九一四年就认识,但那时吴子深还在精研医学,可以说在第二届苏州美术画赛会之前,两人只是有过短暂的接触,并无深交。〔1〕颜文樑的谦和诚恳和对艺术事业上的诲心不倦,以及创作作品之精致,使吴子深由衷地钦佩而终获知音。苏州美术画赛会就像一条纽带,使颜吴二人志趣相投,交谊日笃。

从此吴子深走上了国画艺术的道路,而且对苏州美专的创办、巩固、发展起到了推波助澜的决定性作用。值得一提的是,吴子深对于沧浪亭的修葺和美专校舍的建立曾再三解囊、慨然相助。"一九二八年九月蒋吟秋编著的《沧浪亭新志》中刊有颜文樑所撰《重修沧浪亭记》一文内记载了子深的义举。文章说'文樑于去岁五月担任沧浪亭保管员之职,提议捐修事,不果行。子深吴君□焉伤之。既立美术专门学校于其中,以主其事,复独力输银四千疋材鸠工。阅一载之久,于是看山楼、翠玲珑、面水轩、明道堂、闻妙香室、见心书屋、清香馆、藕花小榭,向之凡百废驰者,今得而一新之。'为了表彰此举,在苏州美专校刊《艺浪》(行销全国)杂志上有这样一段记载:'我校同仁暨地方人士,以子深先生修葺沧浪,其功不可没。乃发起植碑于沧浪亭,以

〔1〕 尚辉在《颜文樑研究》中提到:"苏州有个商团组织……这个商团的事务主任何筱农先生与苏州首富吴氏家族素有旧谊,因赏识文樑的天赋而介绍他与年纪相当的吴子深结识,子深时年二十一岁,风华正茂,在大舅父曹沧州身边已学了四年的中医,此际正欲去上海的表弟曹庸甫处继续精研医学。他对文樑早有耳闻,短暂的接触,使他们一见如故,从此结为至交。"笔者参考了《苏周刊》刊登的一文《尤玉淇——一个中国读书人的世纪人生》,该文记述了《苏周刊》对尤玉淇的访问,其中《苏周刊》提出的问题为"据说当时办学的经费以及建造希腊的经费主要是由主席校董吴子深提供的?"尤玉淇对此的回答是"吴子深是吴中富绅名画家,又是个医生,他和颜相识也是个巧合,就在画赛会上,从此就成为志同道合的好友。"

图4 苏州美术专科学校奠基石（中华民国二十年十月一日苏州美术专科学校舍奠基纪念 吴子深 颜文樑）

留纪念。金松岑先生撰文记其事。'"[1]

（3）苏州美专部分师资来源于苏州美术画赛会

钱定一所写《苏州美专大事记》列举了 1937 年抗战前夕苏州美专的教师、员工名录："在抗战前先后聘请的教职员有胡粹中、黄觉寺、朱士杰、张宜生、陆寰生、张紫玙、严大均、黄乃振、顾彦平、颜纯生、王选青、蔡震渊、朱竹云、朱梁任、蒋吟秋、黄颂尧、戴逸青、张念珍、王心涵、戴濂、章钦亮、叶仲亮、吴秉彝、马增桂、余觉、顾松林、张卓、胡奇如、冯仁宽、洪驾时、章守成、顾寅、高元宰、沈寿鹏、张星阶、范承炽、顾西林、张新械、孙文林、于中和、陈碧筠、陶又点、许祖翼、戴国樑、杨履中、傅朝俊、黄金韶、许道传、孙福保、陈伯虞、陈韶虞、秦立凡、徐则安、徐念祖、陆序伦、段励深、吴孝培、王品臣、平福道、汪家光、尤沄、徐康民、刘静源、王佩周、陈摩、王元禄、李宜瑢、夏佩萱、戴雅贞、袁鸣秋、王山泉、周鼎和、徐慧珍、高奎章、严振东、周礼恪、吴桐、夏云奇、李曼莲、邓志良、刘照、江怡之、潘剑秋、郑午昌、吕斯伯、顾仲华、顾则坚、金东雷、丁光燮、沈维钧、黄先立、骆振声、张宗禹、周玉田、王葭龄、徐嘉湘、王

---

〔1〕 江洛一:《名画家吴子深先生的一生》,载于政协苏州市暨太仓县、吴县、吴江县、昆山县、常熟市、张家港市委员会文史资料研究委员会合编:《吴中情思》(苏州文史总第十七辑)第43页。

士敏、邱子澄、金仲眉、周圭、陆传纹、卫露华、陈子彝、方坤寿、顾友鹤、张炳枢、秦重民、李日曼、汪宗华、钱定一、陈傅恩、郁为葆、丁玉玠、孙宗翰、吴得一、蒋有孚、朱文熊、汪蕴琛、叶书凤、顾钦伯、缪宏、董可谨、王碧梧、耿泰根、吕霞光、商家堃等。"[1]在这份名录中,有一部分是苏州美专毕业的学生,他们先后被聘为苏州美专教师,如黄觉寺、张紫玙、张念珍、张新械、孙文林、黄金韶、徐慧珍、陆传纹、钱定一等。除此之外,有很多苏州美术画赛会的成员也成为了苏州美专的教师,如颜文樑、胡粹中、朱士杰、顾仲华、程少川、蒋吟秋、顾公柔、樊少云、朱铸禹、颜纯生、刘临川、吴子深、余觉、蔡震渊、顾彦平、吴秉彝、张星阶、孙文林、陈子彝、陈伽仙、丁光燮、朱梁任、徐康民、周礼恪、陈绍虞、沈寿鹏、于中和,这里提到的就有 27 位。

胡粹中(1900—1975),江苏苏州人。早年留学日本,曾在日本大学艺术学院从事美术研究,回国后从事美术活动和美术教育。他是苏州美术画赛会第二届美展的发起人之一,于 1924 年任苏州美术会主任。建国后,历任苏州美术专科学校教授、代理校长、总务主任。

朱士杰(1900—1990),江苏苏州人。他是苏州美术画赛会第二届美展的发起人之一。1922 年,朱士杰与颜文樑、胡粹中共同创办苏州美术专科学校。朱士杰在苏州美专长期担任教务长、教授、西画系主任、实用美术系主任等职务。1952 年,苏州美专在高等院校院系调整中并入华东艺专,朱士杰任教授。

朱铸禹(1898—1952),江苏苏州人。原名鼎,字铸禹,号竹云。16 岁从师刘临川,并临摹宋元诸大家名画,研究清王石谷画的气息、布局、设色,终得石谷山水神韵。曾参加历届苏州美术画赛会美展。1925 年任苏州美专国画科教授。1936 年 2 月与张星阶合办"中国画研究社",开设山水、花卉两科。1941 年 2 月与吴似兰、张星阶举办个人作品展览。1945 年抗日战争胜利后返回苏州美专继续任教。

张星阶(1909—1991),江苏苏州人。原名国枢,字星阶,1973 年后改字辛稼,以字行,1959 后署霜屋老人。20 岁师从陈摩,致力于花鸟画,能融吴昌硕、任伯年、青藤、雪箇画法于一炉。1930 年参加吴子深发起组织的"桃坞画社"。1932 年参加花卉画家吴似兰发起组织的"娑罗画社"。年年创作花

〔1〕 陈徵编著:《沧浪掇英——苏州美专建校八十六周年纪念专辑》,香港:中国现代美术出版社,2009 年版,第 18 页。

鸟画作品参加苏州美术画赛会的展览。1933年,被聘为苏州美专国画系花鸟组教授。历任苏州国画院院长、名誉院长,民进苏州市委常委,江苏省政协委员,美协江苏分会理事,全国美术家协会会员。

这些参与过苏州美术画赛会的人当中,多数都是苏地知名的画家,后来都在苏州美专教授素描、水彩、国画、文学、书法等。因此,苏州美术画赛会为苏州美专提供了部分师资,这也是苏州美术画赛会成为苏州美专基础的一个重要方面。

2. 苏州美术画赛会对文艺界的影响

在苏州美术画赛会首创全国性的美展之后,一时轰动艺坛,影响范围极大。苏州美术画赛会不仅使苏州人耳目一新,甚至连其他各地都纷纷开始仿效并发起举办美术展览。苏州美术画赛会举办美展后,上海的画家孙雪泥等,也在新落成的"大世界"举办美术展览会;上海的天马会于1919年12月也举办了画展;北京大学以及无锡、南京等地也相继开始举办美术展览。

苏州美术画赛会不局限于苏州,而是向全国各地征集美术作品。中国现代美术史上不少有影响力的画家,如中国画方面的吴昌硕、齐白石、张大千、朱屺瞻,西画方面的丁悚、徐悲鸿、刘海粟、吕斯百、张光宇、吴作人等,都经常有作品参加苏州美术画赛会举办的美术展览。苏州美术画赛会征集美术作品的范围也很广,并不局限于某一种类,有国粹画、油色画、水彩画、水粉画、钢笔画、铅笔画、木炭画、刺绣画、照相着色画、图案画、蜡画、漆画等等。苏州美术画赛会征集作品的人群也涵盖了老中青几代人,比如第八届美展展出了小学生的作品,第十五届到第十七届美展,还另设了与苏州美术画赛会同龄的儿童艺术展览。苏州美术画赛会的宗旨是"提倡画术,互相策励,仅资浏览,不加评判",最后八个字突出的就是目的只是在于集展。从以上诸方面都能看出,苏州美术画赛会颇具海纳百川的意味。

1934年的新春,苏州美专的同学刘昆岗、李复、朱有济、张俊侠、胡俊成、胡建寅、薛熊周、金法、徐京等人,仿效苏州美术画赛会发起成立了"常州美术会",征集各地中西画家的作品。常州美术会于1月18日至1月23日举行,该会主办人李复等人邀请颜文樑、胡粹中参观第一届美术展览会,并请他们予以指导。常州美术会举办的第一届美术展览会在常州引起了轰动。可以说,常州美术会的成功举办是苏州美术画赛会对苏州美专教育成果的检验,也是苏州美术画赛会与苏州美专的教育相互促进、培育的成果。

不管是在民国早期还是在解放之后,很多美术展览会的发起都是受到苏州美术画赛会的影响。解放后,苏州美专校友会[1]多次举行的"沧浪画展",其实也是苏州美术画赛会美展之继续。[2] 苏州美术画赛会使美术展览成为在我国盛行的一种新的文化艺术活动形式,不管是对普及美术教育还是发展美术创作,都起着积极的推动作用。

小　结

苏州美术画赛会从 1919 年一直延续到了 1951 年,是我国 20 世纪上半叶持续时间较长的画会。苏州美术画赛会的发起人在举办了第一届美展后继而发起成立了苏州美术会,这是苏州美术画赛会的行政组织机构。苏州美术画赛会的发起与苏州美专有着莫大的关系,为苏州美专的孕育奠定了基础,解决了苏州美专生源和师资的问题,因此是苏州美专校史的前期史。苏州美术馆解决了苏州美术画赛会"会场历届无定址"的问题,是后来苏州美术画赛会常常举办美展的会址。苏州美术画赛会与颜文樑发起的相关艺术活动都有连带关系。正如颜文樑在《十年回顾》中写到的那样:"发起画赛会以竞进步,组织美术会以资磋磨,创办美术馆以提倡社会文化,设立美术校以造后起英秀,俱有连带关系。"苏州美术画赛会作为颜文樑发起的艺术运动之一,承载着颜文樑等人通过艺术来提高社会审美观念的希望。

这个画会的主要活动就是举办美术展览,这是它的特色所在。苏州美术画赛会给予了各地画家一个交流和研究艺术的平台。这个画会举办的美展既不同于国外的美展,也不同于传统的文人雅集。苏州美术画赛会改变了传统观看艺术品的方式,让民众也能参与,并获得艺术启蒙。苏州美术画赛会除了对社会民众进行社会美育以外,还对苏州美专的专业美育起着补充的作用,与苏州美专的教育相互促进。苏州美术画赛会的很多成员后来都成为苏州美专的教师,这个绘画社团为苏州美专招贤纳士,使苏州美专的师资得到了保证。苏州美术画赛会举办的美展首开全国性美展的先河,对

---

〔1〕 苏州美专校友会,1979 年成立于上海。

〔2〕 1984 年 6 月 21 日《苏州报》第 3 版上载张念珍所写《〈沧浪之友〉书画金石展览明起展出》:"这个画展是为了迎接建国三十五周年与纪念《苏州美术画赛会》诞生六十五周年而举办的";1984 年 6 月 22 日《苏州报》第 4 版载尤玉淇所写《从〈画赛会〉到〈沧浪之友〉》:"现在,苏地画家与苏州美专校友会,为了纪念《苏州美术画赛会》诞生六十五周年,特地举办了《〈沧浪之友〉书画金石展》"。

于全国的文艺界都产生了一定的影响,各地纷纷仿效并发起举办美术展览。

苏州美术画赛会开始于艺术空气沉寂的民国八年,直至苏州美专与上海美专、山东大学艺术系合并为华东艺专的前一年,才结束了其历史使命,几乎伴随了苏州美专全部的历史进程。它在我国近现代美术史上都是浓墨重彩的一笔,对于中国美术教育的发展,具有极其重要的历史价值和意义。

（本文作者为南京艺术学院研究院艺术学研究所在读硕士研究生）

苏州美专印刷制版与教学工场考察

孙 鉴

【内容摘要】 苏州美术专科学校于 1933 年建立了实用美术科印刷制版专业,于 1937 年抗战爆发停办。该专业的建立开创了艺术院校开办印刷专业之先河,为培养印刷制版人才作出了很大的贡献。本文通过对苏州美专实用美术教育综合史料的挖掘与整理,探寻苏州美专建立印刷制版科教学的历史状况,以期探析我国近代印刷制版教育和教学的形成背景、教学宗旨、教学方式及课程设置等问题。同时,希望通过挖掘和整理苏州美专印刷制版专业的相关历史资料,探讨苏州美专印刷制版科教学与我国近代印刷业兴起的历史渊源,进而提供更多的关于我国早期实用美术教育的办学宗旨、教学思想、教学方式和课程结构的史料依据。

【关键词】 苏州美专 印刷制版 实用美术

引 言

苏州美专实用美术科印刷制版专业建立于 1933 年,该专业的建立为培养具有艺术修养的印刷制版人才作出了很大的贡献。苏州美专实用美术科印刷制版专业的创办以及所取得的相应办学成绩,离不开苏州美专在办学思想和教学方式两方面的革新。校长颜文樑作为早期美术教育家,凭借其之前在上海商务印书馆做学徒期间的学习经历和技术掌握,在创办苏州美专的初期就把印刷制版科作为实用美术教育放在了教学的重要位置,并提出了相应的教育思想。根据颜文樑的实用美术思想的指导,苏州美专在建立初期便对教学内容和教学模式进行了改革和创新,在教学内容上先后制定了多项教学大纲,突出实践性教育,开设实习工厂并积极购买当时较为先进的印刷设备,使教学内容与行业发展紧密结合。在教学模式上,工场教育模式的引入也为印刷制版科教育开创了新的模式,使学生在学习的过程中能够更好地熟悉以后工作的环境和工作流程,以适应毕业后在行业内的发展。苏州美专通过在教学内容和教学模式上的创新,在印刷制版教学方面建立了自己的教学特点。

一、我国近代印刷工业与苏州美专印刷科的形成背景

苏州美专印刷制版科的创办，是得益于 20 世纪二三十年代我国印刷业的兴盛而启动的。对这一历史背景的考察将有助于我们更进一步认识和全面了解苏州美专印刷制版科形成的历史渊源。从历史记载来看，19 世纪初，西方近代印刷技术已从欧洲传入我国。上海作为当时我国东西方文化的交汇点，自然成为我国近代印刷技术的发源地。1843 年外国传教士麦都思创办建立墨海书馆，标志着西方先进印刷技术第一次被引入上海。而在我国近代新式印刷出版业的早期发展中，设立于 1867 年的土山湾印书馆则起到了重要作用。

土山湾印书馆是我国较早开始进行培养印刷制版人才的场所。当时土山湾印书馆属于教会机构，它的主要任务是印刷教会的刊物。它在不断引进新的印刷技术来加大推广教会的同时，也为我国近代印刷业的发展作出了很大的贡献。特别是在人才培养方面，如照相铜锌版技术[1]在贺圣鼐的《三十五年来我国之印刷术》中对土山湾印书馆引进这一技术有详细的记载：

> 吾国之有照相制版术，当推上海徐家汇土山湾印刷所为最先。光绪二十六年（1900），该所夏相公首先试制，始得成效，并将这一技术传授给华人顾掌全、许康德（进才）。之后采用照相铜锌版的书局多少都与土山湾有着千丝万缕的联系，如顾掌全后来进入上海我国图书公司摄制铜锌版，而许康德则于光绪三十四年（1908）进入商务印书馆摄制教科书照相锌版。而许康德的设置照相锌版技术直接来自土山湾的安相公。由于一版之成，需要经过六七日之久，对于制造颇为迟缓，于是商务印书馆一方面引进日本技师，一方面将许氏摄制锌版之法加以改良，并进一步聘用美国技师，使照相铜锌版技术日臻完善。[2]

---

〔1〕 照相铜锌版是照相术应用于印刷制版之产物。主要包括照相铜版和照相锌版，习惯上合称铜锌版。由法国人 M. Cillot 发明于 1855 年，19 世纪末传入我国。

〔2〕 贺圣鼐：《三十五年来我国之印刷术》，载张静庐辑注《我国近代出版史料初编》，上海：群联出版社，1953 年，第 267～268 页。文中的夏相公即夏维爱（Arvier Henricus，1858—1911），法国修士。1896 来华，1897～1904 年间曾主持印书馆，1900 年首先试用照相铜锌版印刷技术，成功后传授给华人顾掌全、许康德。

另据曾经在土山湾工作过的老人沈金法回忆：

> 他于 47 年上半年进入土山湾时，土山湾规模已经达到 2000 多人，分为小班、中班、大班。而从土山湾毕业出来的学生，会画侧面图、立体图、几面图、解剖有的学生一从土山湾出来就开始做老师。[1]

通过以上对土山湾印书馆史料的梳理可以看出，西方宗教对西方印刷技术在我国的早期发展有着很深远的影响，主要从两个方面来体现：一是由于西方宗教的影响使得西方印刷技术进入我国。为了更好地推行西方宗教，传教士们不断地引入西方各种先进的印刷技术，推动了印刷技术在上海的发展。二是在西方印刷技术的推广中，传教士们积极地把印刷技术传授给我国印刷工人，并培养出了一大批优秀的技术人才，为我国民族印刷业的兴起提供了必要条件。土山湾印书馆虽然不属于学校层面上的教育，它沿袭的还是"工徒制"培养制度，但其工场化的培养模式开启了我国工场教育的先河。这对苏州美专印刷制版科在艺术院校里首先采用工场教育模式起到了重要启示作用。

19 世纪末 20 世纪初是上海出版业的鼎盛时期，有很多中国人自己开设的印书馆相继成立，如商务印书馆、中华书局、文明书局[2]等。众多书局的成立使西方印刷技术得以飞速发展与推广。这种环境既有利于我国传统文化的继承与发展，也有利于西方先进知识的传播。印刷技术的不断发展也为社会提供了很多的就业机会，对印刷制版人才的培养成为了上海印刷制版业发展的关键。这里根据有关史料，列出 20 世纪 30 年代印刷从业人员数量作的粗略统计："商务印书馆：1931 年上海各机关职员约 1000 余人，男女工友 3500 余人，共 4500 余人，各省分支局职员工友约 1000 余人。[3] 中华

---

〔1〕 霍詠菁：《土山湾印书馆与西方科技在中国的传播》，东华大学硕士论文，2011 年。

〔2〕 文明书局创办于光绪二十八年（1902 年），初设在上海南京路，后迁至河南路，与商务印书馆邻近。创办人俞复（仲还）、廉惠卿（即廉泉，号南湖居士）与丁宝书。书局以出版新式教科书而闻名学界，后制作铜版，印刷了许多精美的画册碑帖，十分行销，远及日本和南洋群岛等地。

〔3〕 庄俞：《三十五年来之商务印书馆》，《最近三十五年来之我国教育》，1931 年版。

30 年代上海印刷工厂的制版车间

书局：1936 年在上海一地有职员 660 人，印刷人员 1000 余人。[1] 1937 年春，中华书局资本扩充至 400 万元，规模进一步扩大，仅港沪两厂职工就达 3000 余人。[2] 1937 年，中华书局的印刷业号称远东第一，上海的中华书局总从业人员应有 2000 人左右。"

从这些数据可以看出，上海印刷出版业对人员的需求在不断增长，虽然对印刷出版业的人员需求量很大，但由于出版业的特殊需要，从事出版业的人员普遍文化水平远高于上海其他行业。而上海早期印刷出版业大多是通过工厂招收学徒的传统方式来培养印刷人才，这种方式对学徒的文化要求并不高，很难适应行业发展对管理人才的需要。如何引进、培养满足社会需要的印刷制版人才，成为进一步发展印刷制版业的关键。

当时地处上海附近的江浙地区也受到了上海印刷行业发展的影响。苏州美专也正是抓住了上海民族印刷资本行业大发展的时机，在 1933 年建立起我国艺术院校中第一个印刷制版专业，并且聘请在行业内知名的印刷制版专家担任学校教师，为学生教授专业课。可见，苏州美专的印刷制版专业教学是与社会需求紧密相连的。在苏州美专成立印刷制版专业后，1935 年上海建立了我国历史上第一个印刷社团——"中国印刷学会"。该会设有理事会，下设总务、教育、研究 3 个系，总务系主要由会计、书记、庶务、交际组成，教育系主要由演讲组、学校组、出版组组成，研究系主要由凹版组、平版

---

〔1〕 宋原放等：《上海出版志》，第 233 页。

〔2〕 熊尚厚：《陆费逵先生》，《回忆中华书局 1912—1987》，中华书局，1987 年版，第 4 页。

组、凸版组组成。该学会的组织结构明确,职能清晰,它的成立标志着我国的印刷事业进入了一个在印刷科研、印刷教育、印刷专业书刊出版和技术交流等诸多方面有组织、有计划地开展工作并取得丰硕成果的历史新时期。这一时期上海在印刷教育方面也创办了一些学校,如:上海斯高学校、[1]中国美术制版印刷函授学校、[2]上海图书学校[3]等多所含有印刷专业技术教育的学校。各个学校与组织的建立,为苏州美专印刷制版专业今后的发展创造了良好的社会环境与学术气氛。

二、颜文樑的印刷制版学习经历及
苏州美专印刷制版专业建立过程

如上所述当时的社会环境与行业发展状况为苏州美专建立印刷制版专业创造了良好的外部环境。在拥有良好的外部环境的同时,苏州美专自身发展的需要,以及颜文樑的实用美术教育思想与早年的学习经历,对苏州美专建立印刷制版专业也起到了促进作用。

1909 年当时年仅 16 岁的少年颜文樑便在父亲的安排下,去上海报考了商务印书馆。他以优异的成绩从四百人中脱颖而出,被录取为技术学生,开始了在商务印书馆的艺徒生涯。商务印书馆的制版技术在当时是国内最先进的,有珂罗版、[4]石版[5]和铜版[6]等,对制版技师的要求也十分严格,除了要求熟练掌握操作技术,还要具备一定的绘画能力。颜文樑在接受了半年的基础训练后就被分到铜版室当实习生,虽然是第一次接触制版技术,好

---

〔1〕 民国 22 年(1933 年),由教徒陆伯鸿、朱志尧等捐资,并得法租界公董局贷款 2 万元,再建校舍于杨树浦杭州路 762 号(原南市国货路校址改设一心初级技术学校)。斯高工艺学校分中、小学两部,小学为六年制,学成后可进中学,中学为工艺学校。招收高小毕业生,对象主要为天主教徒子女与部分社会孤儿,教外子弟报考者需有教徒介绍才能应试入学。学制为五年一贯制。培养中等技术人才(工厂技师或领班)。初设木工(模铸)、印刷两科,民国 25 年(1936 年)设电机科,次年又添设机械科,并习排字、装订与木雕等技艺。
〔2〕 1934 年,高元宰在上海创办了设有锌版、铜版、玻璃版、照相凹版等四个学科。
〔3〕 1934 年,李石曾在上海创办了类似于半工半读的技工学校。
〔4〕 印刷上用的照相版的一种,把要复制的字、画的底片,晒制在涂过感光胶层的玻璃片上做成,多用于印制美术品。
〔5〕 石版印刷是以石板为版材,将图文直接用脂肪性物质书写、描绘在石板之上,或通过照相、转写纸、转写墨等方法,将图文间接转印于石版之上,进行印刷的工艺技术。
〔6〕 铜版印刷是把图稿照相分色后做成阳片,经晒版、腐蚀后做成铜质印版。铜质印版与凹版正好相反,是图纹着墨部分凸起,而空白部分凹下,所以铜版印刷也称凸版印刷。

学上进的颜文樑整日伏案雕作,很快掌握了雕刻铜版和机械铜版制版的技术。当时颜文樑所学的铜版制版技术又称"网目铜版",是一种照相凸版印版,专用于复制照片和印制带有浓淡色调的图画。这种技术在拍摄底片时,在感光片前加网屏,使底片形成网点,借以表现出原稿的浓淡层次,材料多数用紫铜,主要用于印刷摄影图片和精致印刷物的铜制印刷板。它的制版工艺流程为:底片的准备、版材的准备、晒版、腐蚀、整版、打样。在铜版室工作了一年多后,由于父亲担心他终日伏案雕作铜版会损伤视力,所以颜文樑转到了绘图室。1912年,因为时局动荡,颜文樑在父亲的要求下辞去了商务印书馆的工作,回到了苏州。

20世纪初,颜文樑在上海工作期间,正是上海商业美术环境经形成的时期。那里汇聚了大量的艺术、设计人才,而正是这些人才将上海的美术与设计发展又推向了一个高峰。以印刷出版为例,19世纪末,吴友如、[1]周慕桥[2]为《点石斋画报》、[3]《飞影阁画报》[4]提供画稿绘制月份牌。20世纪初,以英美烟公司的广告部、商务印书馆的图画部为首的机构,吸纳与培养了一批活跃于商业美术各界的人才,如郑曼陀、[5]胡伯翔、[6]张光宇[7]等一批闻名遐迩的美术高手。这一时期,由上海印刷出版的各种报纸、刊物、月份牌年画和精美的产品包装流行至全国各地。南京国民政府统治期间相对稳定的社会环境,使上海的商业美术在20世纪20年代至30年代中期迎来繁荣发展的高潮。颜文樑正是凭借着对印刷行业的了解,看到了实用美术人才市场的巨大。为了适应社会的需要,他在苏州美专创办之时便开办实

---

〔1〕 吴友如(? —约1893)清末画家。名嘉猷,字友如,别署猷。江苏元和(今吴县)人。幼年贫困,喜绘画,自学勤练,并吸取钱杜、改琦、任熊等人画法,遂工人物、肖像,以卖画为生。曾应徵至北京,为宫廷作画。

〔2〕 周慕桥(1868—1922)近代画家。一署慕乔、慕侨,又名权。江苏苏州人,定居上海。

〔3〕《点石斋画报》是近代中国最早的一份新闻画报,也是影响最大的画报。《点石斋画报》由《申报》馆编印,创刊于1884年5月,终刊于1898年9月。

〔4〕 光绪十六年(1890年)吴友如独资创办《飞影阁画报》,该刊形式与《点石斋画报》类似,但内容着意于仕女人物,新闻则偏于闾巷传闻。光绪十九年(1893年)春月,《飞影阁画报》出至百期后易主。同年秋改出《飞影阁画册》,每逢朔望出版,出至第十期时,因病去世。他主持的这两种画报,均为新闻性画刊,是研究风俗民情的重要参考资料。

〔5〕 郑曼陀(1888—1961),中国近代广告擦笔绘画技法的创始人,民国时最杰出的广告画革新者。

〔6〕 胡伯翔(1896—1989)现代画家、摄影家、实业家。名鹤翼,别署石城翁。

〔7〕 张光宇(1900—1965)中央工艺美术学院教授、现代中国装饰艺术的奠基者之一,江苏无锡人。

用美术科,并且提出了自己的实用美术思想,作为办学的指导思想之一。

1932 年 10 月,经国民政府教育部批准,苏州美专终于顺利以大专院校立案,正式定名为苏州美术专科学校。同年,在颜文樑的关心和促成下,苏州美专开始筹办实用美术专业。1933 年学校开设实用美术科,并在校内设立印刷制版工场,朱士杰教授全面主持教学工作。9 月,学校实用美术科开始招收第一期学生。以下为苏州美专 1933 年 8 月 13 日呈送江苏省教育厅的公函,其中明确提到了开办实用美术科的原因和筹备情况:

> 案奉江苏省教育厅公函第七五九号、教育部训令第九六七六号、行政院第三六八〇号训令、国民政府训令,以准中央政治会议函,准陈委员果夫拟定改革教育初步方案,经教育组审查决议照审查意见通过,令仰遵办等原因,并附抄件,奉此查原方案第二项,审查意见,为由教育部令饬艺术院校,加设实用艺术课程,以助工商业之发展,奉令前因,凡国立及各省市,已立案之私立艺术或美术专科学校,应即加设实用艺术课程,除呈复并分行外,合行令仰转饬,私立苏州美术专科学校遵照办理,具报此令,等因,奉此,相应函达,即遵照部令办理,等因,奉此,遵于本年五月拟具计划规程,呈准主席校董,自二十二年度起,添办实用美术系制版组,并经另行筹垫银一万五千元为开办费,以后每月增筹银六百元为经费。[1]

从呈送的公函中我们可以明显看出,当时的政府部门和教育主管部门对实用美术教育还是相当重视的,他们意识到实用美术对民族工商业发展的作用,积极鼓励美术学校开办实用美术专业。苏州美专顺应了政府和教育部门对实用美术发展要求,自筹经费并制定了相关的计划书,并在一些细节方面也作了精心的安排。江苏省教育厅在以下给苏州美专的复函中所提到的内容,更加能够说明教育主管部门对苏州美专的办学态度。江苏省教育厅于 1933 年 8 月 21 日批复道:

> 为加设实用美术制版组一案应俟转奉部令再行转知由接准。
> 来牍,为遵令加设实用美术系制版组各节,拟具计划书并概算书各

---

〔1〕《往来重要公文》,《艺浪》第九、十合期(1933 出版)。

一份送厅,除将来件存查外,仍俟转奉,教育部核令到厅,再予转行遵照。"教育部1933年9月2日下发指令第八八九六号:"为该校新设课程应改正名称并将概算表等件重订呈核由,呈件均悉。查该校遵令加设实用艺术课程,应予照准;惟按照专科学校规程第七条,规定专科学校课程遇必要时得分若干组,该校新设课程,定名为实用美术系。核与该规程不符,应改称"实用美术组"。制版不过其中一门,不得称组。至高中部实用美术系,应仿造原有艺术师范科,改称为"实用艺术科"作为高中一部分。"并要求苏州美专:"仰迅将概算表,组织大纲,招生简则及学程表等件,呈部审核。[1]

从以上教育部门的批复中我们能够体会到,民国时期教育主管部门对于各级别艺术学校的课程名称及专业设置都有非常严格的规定。各类艺术学校须按规定设定课程名称及设置专业。

苏州美专的实用美术科为教育部所批准。八月中旬,颜文樑便赶到上海,委托上海谦信洋行向德国订购制版设备。由于颜文樑在商务印书馆所学的是铜版制版技术,所以订购的设备主要以制作网目铜版的设备为主,例如Carl zeiss tessa F9.45制版镜头,Dallmeycr Process附三色镜镜头,Roderstock1:7.7F=40 cm镜头,Efhe screen 166 line网版等,还有一些如制三色版旋转四十六寸大镜箱附放大器,制铜锌版镜箱空气笔及空气压缩机,钻床,锯床,三色版刨边机等,都是托名厂制造,然后运到苏州。后来又陆续向德国鲁麟洋行和英国公司定购三色版机、石印机等设备。

印刷设备的完善是开办印刷制版专业的硬性条件,此外还需要有好的教学模式来与之相适应。苏州美专除了首开艺术学校开办印刷制版教育之先河外,还把工场教育模式引入学校实用美术科,为实用美术教育开拓了新的教育模式。20世纪30年代,我国的印刷和制版技术还相当薄弱,国内许多美术作品和商业用途的图片往往是到国外制版、印刷,这显然不利于我国工商美术的成长。在当时的美术院校中,还没有专设实用美术科及建立工场的先例,故苏州美专实用美术科及印刷制版工场的创建具有历史意义。苏州美专把工场教育模式引入实用美术科,是为学科建设服务,而不是以盈利为目的。苏州美专实用美术科办学的出发点是为了"助工商业发展",培

---

〔1〕《往来重要公文》,《艺浪》第九、十合期(1933出版)。

养相关的实用美术人才,以适应社会生产的需要。在这一时期,我国的印刷业非常繁荣,大大小小的印刷工厂和印书馆数不胜数。特别是上海及其周边地区,更是我国印刷业的中心。印刷工厂最初印制报纸、杂志、产品包装、书籍文字插图等,主要有铅印和石印两种。同文书局、商务印书馆等都曾采用石印技术印制美术图册,"所印图画,均以黑色为主,间有手工着色者"。[1] 1902年,铜锌板印刷技术传入后,上海一些印刷厂商开始印制彩色石印图片,上海文明书局、徐盛记印刷厂、英商云锦公司等都先后开设了彩色印刷业务,照相制版"珂罗版"技术也被广泛应用。这时候的印刷范围也扩大到月份牌、产品包装、广告等商业用途。

为了使自己学校培养的学生能够适应印刷制版行业的发展,苏州美专印刷制版工场设立了三个部门,分别为制版部、印刷部和绘图设计部,基本与印刷制版行业的设置一样,由朱士杰教授主持工作,也承接社会上的一些印刷制版业务,但主要是为了能让学生有更多的实习机会,以筹集更多的教学资金,维持印刷制版工场日常的运作,和盈利为目的的印刷工厂有着本质上的区别。正是由于苏州美专在建立印刷制版专业与设置教学模式上与行业的发展要求保持了一致,才培养了一批具有艺术素养和实际操作能力的实用美术人才,既可以适应市场的需要,促进民族工商业的发展,又可以解决美术专业学生的就业问题。

三、颜文樑的实用美术教育思想在
印刷制版科教学中的体现

19世纪后的欧洲对艺术教育的发展趋于实用性、综合性和创造性。在法国、英国、德国和奥地利等国纷纷建立设有实用美术专业的学校或纯实用美术学校,如法国的装饰学校、英国的皇家画院等学校。19世纪后,欧洲的艺术教育已经摆脱了传统的纯艺术绘画观念,认识到实用美术为社会和经济发展服务所作出的贡献。

我国实用美术思想的发展稍晚于欧洲,20世纪初我国的学校美术教育的各方面尚在摸索阶段,颜文樑通过1929年至1931年在欧洲求学的所见所闻,已经敏感地意识到了美术教育的目的最终要落实到学生的实际出路上,

---

〔1〕 陈瑞林:《我国现代艺术设计史》,长沙:湖南科学技术出版社,2002年版,第61页。

这样的思想觉悟的确是其他同时代的中国美术教育者所不能及的。颜文樑的这种思想在当今社会仍然适用。很多人都通过接受专业的艺术教育而成为艺术家，但不可否认的是，艺术教育的目的并不是把每个学生都培养成为艺术家，大多数学生完成学业后需要面临就业问题。艺术教育最根本的目的就是通过具有艺术素养的学生参与社会生产，促进整个社会艺术水平的提高。

"五四"前后，实业救国、美育救国的思想广泛传播。而颜文樑选择了把美术和实用相结合的道路，希望通过实用美术促进社会的变革和发展。通过艺术的力量促进社会的变革和发展不是一蹴而就的，颜文樑把这样的愿望落实到苏州美专的日常教学当中，想要通过对青年学生的培养来达到影响整个社会的目的。

在颜文樑看来，一方面，"我国工商业之各种出品，多陋因就简，其亟待于艺术界之改善而增加其产量者，至为急切！"[1]另一方面，"年来国人恒以艺术教育不切实用为虑；而研究艺术者，亦好自鸣高，不屑从事与艺术至有关联如工产品等任务，历年各艺术专校所造就，除服务教育外，无他事；而一般学子，亦莫不一至毕业，遑遑以出路为急务，此皆舍本求末之道也！"[2]颜文樑花了大量的精力和财力在苏州美专开办实用美术科，正体现了他以实用的美术促进社会变革和发展的教育思想。

20世纪初，我国社会经历了战争和改革，经济稍有起色，人们对艺术的需要也逐渐恢复。在颜文樑看来，艺术不应当只是"阳春白雪"，和普通人的互动既可以让艺术具有活力，体现自身的价值，也可以达到提高人们素质和觉悟的目的。实用美术就可以作为一种很好的媒介，颜文樑在发表的《艺术教育今后之趋向》一文中，陈述了实用美术的八条优点。其中几条明确的提到了实用美术可以陶冶人的性情：

> 一、辅助工艺品之美观。二、艺术因实用之故而得易普遍。五、实用美术因与社会接触较多，社会易受美的感化。六、实用品上有美的装饰，则无形中人人能得艺术之陶冶。"艺术通过工艺品等渗透到人们的日常生活中，可以潜移默化的对人产生积极的影

---

[1] 颜文樑：《从生产教育推想到实用美术之必要》，原载《艺浪》第九、十合期(1933年出版)。
[2] 同上。

响。颜文樑横向比较了国外艺术教育的发展趋势,"十八世纪以前的艺术,其所教育趋向于美的装饰的,而也是再现的。十九世纪后的艺术教育,则趋于实用的、综合的,而也是创造的。前者是'摹拟自然'以装饰社会美化人生。后者是'创造自然'以为用社会达人生于善。"[1]艺术教育的趋势由装饰的、再现的过渡到实用的、综合的,是因为实用的艺术有利于对人和社会产生"真、善、美"的影响。颜文樑还认为:"吾国今后艺术教育之趋向,当以经济为其标,道德为其本。易言之即以实用艺术为普遍之研究,而寻求生产上之发展。进而研究纯粹的,美的,鉴赏的艺术。以真为目的,以善为标准,而达于美之极致。前者属于经济,后者属于道德,二者兼取,供今日艺术教育。

从颜文樑对于实用美术教育的态度我们可以看出,颜文樑虽然只是一个美术教育工作者,但并没有局限于自己的工作本身,而是希望在动荡的年代通过实用美术这一更实际的艺术形式,为社会的变革和发展尽一份力量,也为学生走上社会打下了坚实的基础。颜文樑在苏州美专学科设置上始终都坚持实用美术与纯美术相结合的艺术教育思想,这种思想充分反映出了他对于艺术教育的积极态度。正因如此,苏州美专在全国艺术院校里首开实用美术科印书制版专业之先河并非偶然,而是必然。

20世纪20至30年代是上海的画报出版发行的黄金时期。这一时期由于印刷技术的进步和摄影技术的发展,印刷行业走进了铜版印刷时期。铜版印刷的特点是"虽细如毫发之纹,亦异常清楚,其免燥湿伸之虞也,胜似木刻;其无印刷模糊之病也,超乎石印"。苏州美专作为专业的美术院校,在印刷制版科的课程设置、学科发展上紧紧把握行业发展和社会的需要,除了为实用美术科学生开设绘画基础和美术理论等课程之外,还开设了图案、印刷、制版、摄影等实用美术课程。在课程教学内容方面,由于在资料的整理中只收集到了印刷制版专业开设的实用美术课程的名称,具体的授课内容不详,我们只能从苏州美专所购买的印刷设备和所承接的社会项目中推断当时苏州美专授课的内容。在印刷与制版课程方面所授内容里,应会涉及铜版制版技术、石印制版技术、三色版制版技术等技术手段;图案课程方面

---

〔1〕 颜文樑:《艺术教育今后之趋势》,原载于《艺浪》第二卷二、三合期(1936年出版)。

所授内容应会涉及基本图案、商业图案、装饰图案、工艺图案等图案类型;摄影课程方面所授内容应会涉及商业摄影、照相制版等内容。在师资力量方面,苏州美专聘请了留法的制版学家高士英先生担任制版学教师,王欣益先生担任制版实习,使得学生能够接受正规、系统的实用美术教育。这样,学生一方面具备了一定的美术素养,另一方面也能够熟练掌握制版印刷工艺,和社会上印刷工厂的学徒相比,更加专业,也更具有创造性,毕业之后,很快就适应行业的需要,积极推动了当时印刷制版业的发展。

以下是实用美术科学生在美专学习的回忆。根据 1933 年首届实用美术科学员汪普庆[1]的《实用美术科点滴回忆》[2]的内容我们可以看到实用美术科学生在美专学习情况。

> "我是美专实用美术科的首届学生,当时,只有一个班级,教室在罗马式教学楼的地下室。所学课程同其他系、科差不多,但我们以较多的时间,实习制作美术钢、锌版和印刷,或搞图安设计,有时还到观前街帮助商店布置橱窗。学校设有一个小小的制版印刷工厂,设在明道堂旁边一座平房里,我一有空就穿上工人服,钻进照相暗室学浇罗碘,制湿版、拍底片,记得为了复制钢版,我还曾有过一点点小的创造哩!"[3]

从汪普庆的回忆中我们可以了解到,苏州美专在建立实用美术科之初就秉承了颜文樑纯美术与实用美术统一的教育思想,学生不但需要学习和其他系、科相同的课程,还需要学习其他的工艺课程。而从苏州美专的教学理念来看,苏州美专实用美术科注重培养实际操作能力,便于学生离开校门后可以顺利就业,更好地为社会服务。在苏州美专实用美术科的学风建设方面,我们可以从汪普庆的回忆中看到,学校为学生提供了充分的自由学习

---

〔1〕 汪普庆,江苏泰兴人,中共党员,1936 年毕业于苏州美术专科学校。1940 年后历任苏中三地委青委委员、青州州委书记,华中一地委文协副理事长,苏中三分区前线报及江海导报副社长、总编辑,苏北文联副主任,江苏省文联秘书长、文化局副局长。我国驻芬兰大使馆文化专员、对外文委三司副司长,我国驻古巴大使馆文化参赞,外交部亚洲司副司长,我国驻叙利亚大使馆政务参赞,中华诗词学会副会长。1936 年开始发表作品。1949 年加入我国作家协会。

〔2〕 南京艺术学院校史编写组:《南京艺术学院史》,南京 (1992 年出版),第 301 页。

〔3〕 同上。

时间和空间,并鼓励学生积极参加社会实践活动,鼓励积极创新。由于苏州美专提供了良好的学习环境和氛围,在实用美术科开办不长的的时间里,为社会培养了一大批实用美术人才,为社会与行业的发展作出了贡献。

四、苏州美专印刷制版科的教学成果

苏州美专印刷制版科的教学成果主要体现在校刊《艺浪》的印刷出版方面。苏州美专为了加强实用美术系的教学,密切配合社会需要,使教学与生产实际相联系,于1928年创办了校刊《沧浪美》,发表本校学生的作品,介绍古今中外名作。每期十多页,黄觉寺任主编,1929年改名《艺浪》,增加篇幅,定为月刊,由苏州文新印刷公司承印。1933年,《艺浪》改由苏州美专制版印刷组承制,扩充篇幅为十六开本,铅字精印,图文并茂,每期有论文、随笔、文艺小品与美专校讯,并精印铜版画及三色版彩印,选刊教师学生作品及中外名画,由黄觉寺主编,张念珍负责制版印刷。从以上的文字中我们不难看出,《艺浪》这本杂志在印刷技术上所使用的是铜版印刷技术。该技术在当时上海出版的杂志刊物中被广泛使用,它的使用使文字、图片的印制质量得到很大提高。此后,由于战争的影响,《艺浪》杂志停刊了几年,直至1946年底才恢复出版。主编及印刷仍由黄觉寺、张念珍分别负责。此时的校刊已经行销全国,并因图文并茂、精美印刷获得好评。《艺浪》杂志的出版一方面反映了苏州美专在教学上与印刷行业的发展紧密联系,另一方面也反映了苏州美专印刷制版工场的技术水平有力地推动了苏州美专的教学,成为美专实用美术教学的一个重要场所。

颜文樑在《艺浪》发表了《艺术教育今后之趋向》、《从生产教育推想到实用美术》等论述实用美术教育重要性的论文。每期的校闻则介绍学校各项工作开展的情况,《艺浪》第九、十合期、第二卷第一期、第二卷第二、三合期的校闻都有较大篇幅关于实用美术科教学动态的报道。《艺浪》第二卷第一期的校闻就介绍了实用美术科制版工场建立的初衷,文章中写道:"制版事业,在我国尚在萌芽时代。稍精细之插画,地图,丝织图按及名贵之图画、文字金石、考古、摄片等,其色彩繁复,绘制细腻之品,均仰之于日本,在国内仅三数家可以印影,且纯为营业性质,故出品草率,以致成绩远逊东瀛。本校有鉴于此,并遵教育部训令提倡实用美术,特于上学期起,增设实用美术一科,……业于本年四月后开始实习,共计设备费达两万于金,同时特建工场,

并聘请专家指导,期以最精良之艺术出品以贡献于国内学术界也。"〔1〕

通过这段文字我们可以看出,苏州美专开设实用美术科不仅是为了人才的培养,还希望通过制版工场和美术教学的结合提高整个行业的技术水平,推动我国制版事业的发展。苏州美专印刷制版工场并不局限于为实用美术科的同学提供日常教学实习的需要,还拓宽思路,面向社会承接印刷制版业务,这样一来,既可以让实用美术科的同学学以致用,又扩大了苏州美专的影响,还可以筹集更多的教学资金,维持印刷制版工场日常的运作,一举多得。在《艺浪》第二卷第一期上,就有《艺浪》杂志社的广告:"本刊本期铜版、锌版、三色版,均为苏州美专实用美术科制版部制。不仅因机械精良,出品清晰细腻;更以该部人才济济,并素具绘画上之学识,故于摄制上,经验尤富,与普通不同,特为介绍。"〔2〕广告中强调了制版部设备的精良,人员也具备较高的美术专业修养,区别于一般的营业性质的印刷制版工场。《艺浪》第二卷第一期上刊登的苏州美专制版部广告更为详细,还标明了承接的业务范围:"承印画报、画集、贺年片、纪念明信片、文凭证书、日历、月份牌、礼券、招贴广告、信封信笺并一切名人书联挂屏等力求精美。代客设计各种广告、商标、封面图案、机织图案及印刷上装饰上之一切图画等。"〔3〕

从这两则短小的广告中,我们不难看出,苏州美专虽然作为一所专业的美术院校,但办学思路很开阔,没有使学校成为一座象牙塔,而是能够很好地和社会互动,既让学生在走出学校之前就提前得到实习的机会,也扩大了学校的影响,促进了当地制版印刷业的发展。

结　语

20世纪初在蔡元培"美育救国"主张的影响下,中国新式的美术教育刚刚开始发展,在发展的初期主要是模仿和借鉴西方和日本的美术教育模式,而颜文樑和苏州美专无疑是我国近代美术史上重要的一页,对奠定现代美术教育作出了很大的贡献。颜文樑在创办和不断完善苏州美专的过程中积极主张推行职业教育,他意识到实用美术专业对于解决艺术学生就业问题

---

〔1〕《艺浪》,第二卷第一期(1934年出版)。
〔2〕《艺浪》,第二卷第一期(1934年出版)。
〔3〕陈瑞林:《中国现代艺术设计史》,长沙:湖南科学技术出版社,2002年版,第61页。

将起到重要作用。所以美专在的教学过程中单独设立了实用美术教育,并建立印刷制版工场,设立印刷制版专业,以造就印刷制版人才,辅助工商业发展国民经济。在课程设置方面更是兼顾专业与综合素质的培养,形成美专印刷制版工场教育的特色。其特色一方面体现在苏州美专的印刷制版工场不同于当时社会上开办的印刷制版工厂,它主要是为了供实用美术科的同学实习之用,而不是以盈利为目的;另一方面印刷制版工场设备齐全,培养出的学生不仅掌握铜板印刷技术和三色版彩印技术的理论知识,也具备很强实际操作能力,符合当时社会对实用型人才的需求。《艺浪》杂志的广受好评已经证明了苏州美专所培养的学生的能力。印刷制版工场的建立体现了颜文樑实用美术教育思想的创新,使实用美术专业教学延伸到面向社会的制版业务,开启了学校教育走出校门,开办实业,直接服务于社会的先河。本文通过对苏州美专实用美术教学史料的研究,着重于考察该校印刷制版教学的实际情况,以期探析我国早期印刷制版教育的形成背景和课程设置问题。同时通过挖掘和整理苏州美专印刷制版教学的相关文献资料,探讨苏州美专印刷制版教学与我国近代印刷制版行业的兴起的历史渊源,进而提供了更多关于我国早期实用美术教育的办学宗旨、教学思想、教学方式和课程结构的史料依据。

(作者单位:南京艺术学院工业设计学院)

附录：

一、《艺浪》（第九、十合刊，1933）颜文樑：《从生产教育推想到实用美术之必要》

從生產教育推想到實用美術之必要

告本校實用美術科國學術

顏文樑

年來國人恆以藝術教育不切實用為慮，而研究藝術者，亦好自鳴高，不屑從事與藝術至有關聯如工產品等任務。歷年各藝術專校所造就，除服務教育外，無他事；而一般學子，亦莫不一至畢業，遑遑以出路為急務，此皆舍本求末之道也！

藝術之為用至廣，于工商界尤甚。我國工商界之各種出品，多因陋就簡，其亟待于藝術家之改善而增加其產量者，至為急切！不觀本年海關之報告，民國二二年上半期對外貿易總額，凡十萬萬七千六百萬元，內輸入之工產品占七萬萬七千九百三十二萬元，其一種外貨充溢與土貨衰落之現象可知！蘇俄五年計劃中，最堪注目者，為提倡「生產教育」，卽實業與教育聯合為一。（最近有合併教育與實業二部為一個行政機關之實現）國家專設各種工藝學校，各工藝學校中更分若干單科工藝專校：如建築專科，電力工程專科，紡織專科，裝飾專科等，每個單科專校，又復與各工廠密切相關，學生得在工廠實習；而工廠職員，亦得在各關係專校研究。故研究與實習，有充分之聯絡。歐美各國，急趨直追，不遺餘力。此生產品之得以改善，生產量之因以激增，固意中事也。

我國近數年來，已漸知提倡國產品之必要矣！惟提倡之若何入手？與入手之應先注意者何？多鮮為漢視。以故提倡數年，成績猶依然也。且生產之數量，返呈衰退，不大可懼耶！

故在今日而言「生產教育」者，舍美術與實業互相合作不為功。否則，從事實業者，祇知不絕產是。國民之愛好與否不問也；社會之需要與否不問也；日夜製造，悉成廢物。彼從事美術者，祇知搭摹自然，嘯吟林泉，不肯分其一部分之勢力為國工藝品服務，及至畢業期返，遑遑為靈于教育界思出路，擁塞一途，人才過剩，是兩失其益者也。

歐美無廢棄之物品；亦無廢棄之人才。而我國適反是，原料過剩；人才摭需一處，而不思有以善用之，利導之。士大多長顧躭安，工商業皆因陋就簡，此皆錮根也！

余甚望國人憬然速悟，使美術與實業，兩者不可分離，互相提攜，改善出品。余尤望本校實用美術科同舉，勿期難中止，勿以其事之繁瑣而生感根也！

二、《艺浪》（第二卷第一期，1934）校闻：添设实用美术科

三、《艺浪》（第二卷第二、三期合刊，1936）校闻：制版部成立

學校部

（添設實用美術科）本校自去年十一月奉江蘇省教育廳函內開；轉奉教育部命伤，加設用藝術課程後，卽於本年五月擬具計劃程度，呈准主席校棻自二十二年度起，添辦實用藝術一組，並另行籌墊一萬五千元為開辦費，以後每月增籌六百元充經常費，當由顏校長擬自赴滬，訂購德國名廠所製之各種儀器，逃擇社廷，於八月中，始與上海謙信洋行將購置儀器合同訂妥，一方囑請各教育廳，隨呈圖案，並請教育用品免稅運照等手續，故茲報招考已於九月下旬，報名來考者，據不足預定名額，然限於常課進益，並擬於最短期間，收買附近地產西趙女生宿舍，而以藝浪亭內郎充作試驗實習之用云。

校 聞

（製版部成立）製版事業，在我國曾在萌芽時代，精細之插畫、地圖、絲織圖按及名貴之圖畫、文字金石、考古、攝片等其他彩色被繪製細膩之品，均仰之于日本，在國內僅三數家可以印影，且純仰藝業性質，故出品草率，以致成績遠遜東瀛。本校有鑒於此，並遵教部訓令提倡實用美術，特于上學期起，增設實用美術一斦，先設製版組，內分三色版部，銅鋅版部，銅版部，儀器如 Carl Zeiss toson F9.45cm 製版鏡頭，Dallmeyer Process 附三色鏡頭 Koderstock 1:7,7 F=40cm 鏡頭 Efbe screen 100 Lines,133 Lines,100 Lines 網版等均委托德信洋行向德國定購，其餘如製三色版範圍四十六寸大殼箱照相放大器，製銅鋅版曬鋅空氣桿及空氣壓造機、鑽床、銑床、刨床，桿版機，旋轉機，三色版創曬機等均分託名廠製造運寄，業於本年四月後開始實習，其計設圖費達二萬餘金，同時特聘工學，並聘請專家指導，期以展精鳥之藝術出品以貢獻於國內學術界也。（永詮）

《艺浪》（第二卷第二、三期合刊，1936）颜文樑：《艺术教育今后之趋向》；校闻：制版印刷部之新建设

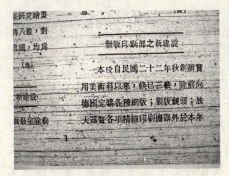
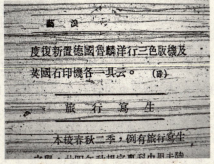

颜文樑实用美术教育思想探析

[马来西亚] 梅德顺

【内容摘要】 中国美术教育先驱者颜文樑在苏州美专提倡与创办实用美术教育,这是中国近代美术教育史上一个重要的主张。近年来,对颜文樑与苏州美专课题的研究逐渐为学界关注,许多学者从艺术、教育、经济与社会发展等角度来进行研究,并发表了不少有价值的相关著作和论文。本文以颜文樑多次撰写文章强调实用美术教育的主张为研究对象,集中论述其提倡实用美术教育的办学过程,及其思想所带来的一系列影响。

【关键词】 颜文樑 苏州美专 实用美术教育

中国著名油画家、美术教育先驱者——颜文樑在苏州美专主张、提倡及创办实用美术教育,是中国近代美术教育史上的一个重要创举。他青年时受到的艺术熏陶,为他的为学奠定了基础颜文樑16岁考入上海商务印书馆当艺徒,学习刻印、制版和印刷技术同时也得到日本画家松岗正识的指导,开始学习西画,打下了实用美术和艺术创作的扎实基础。他后来以《厨房》粉彩画一作获得了法国春季沙龙的荣誉奖。1919年他与同道一起发起的画赛会,之后又于1922年与各界同仁经过多方筹措,创办了苏州美术学校,为当时的中国美术教育带来了非凡的影响。他多年来一直不断地倡导实用美术教育,为培养出许多具有专业水平的学生作出了应有的贡献。

一、颜文樑创办苏州美专的缘起

1. 颜文樑与苏州美专初建的渊源

在辛亥革命前夕的1912年,中国最早开办图画手工科的学校是南京两江优级师范学堂。[1]此时期正处在20世纪初期,正值以“废科举、兴新学”为标志的“新文化”运动,逐渐带动了新式的美术教育的发展与萌芽成长。

---

〔1〕 朱伯雄、陈瑞林:《中国西画50年(1898—1949)》,北京:人民美术出版社,1989年,第19页。

比如，1912年，刘海粟创办了上海图画美术院；1918年，国立北京美术专科学校成立；而接下来的1922年7月，颜文樑在各类专门的美术教育学校纷之兴办风潮的影响下，抱着极大的热忱与胡粹中、朱士杰、顾仲华、程少川及海虹坊苏州律师公会会所创办了苏州美术暑假学校（简称为苏州美专），分中、西画两组专业，招收学生百余人，从此踏上了一生从事美术教育之路。

苏州美专是继上海美术专科学校之后又一所具有影响力的私立美术学校。从1928年至1931年，苏州美专学校规模扩大，学生人数逐年增加，为当时的美术教育逐渐走上正轨。1930年，苏州美专本科增设艺术教育系和研究科，并且开设了选科。1928年，颜文樑赴法国留学，学校行政事务由胡粹中主持。1929年颜文樑入巴黎高等美术学校学习，留学期间还先后到布鲁塞尔、伦敦、罗马、佛罗伦萨、威尼斯、米兰等地游览考察，观摩西欧各国历代名画和美术教育。1931年年底，颜文樑回国。他将留学期间节省出来的生活费用，为学校购置欧洲名作石膏像近五百件、艺术图书万余册，分批运回祖国。其质量精美，数量众多，堪称全国美术学校之冠，极大地推动了学校的美术教学。[1] 苏州美专当时的校刊名称《艺浪》,[2]在第九、十合期的校闻中讲述了苏州美专添设实用美术科的情况，据该文献记载苏州美专第一届实用美术科在九月下旬才登报招考，提到"报名来考者，虽不足预定名额，然仍照常开班，并拟于最短期间，收买附近地产添建女生宿舍，而以沧浪亭内部充作该组实习之用云。"

从1922年到1949年，苏州美专在社会动荡与战争时期，经历了近三十年的艰难岁月，但是颜文樑还是坚持努力地实现现代艺术教育的转型计划，主张落实实用美术教育。

2. 中国抗战期胜利前后苏州美专复校的情况

早期中国抗战是中华民族生死存亡的大事，它惊起了全国各阶层人民，几乎改变了每个人的思想情感和生活方式，文艺界对于抗战的反响极为强烈，在后方大城市的文学艺术工作者纷纷投入了抗日救亡的活动。上海文

---

〔1〕 李超：《颜文樑与中国洋画运动》，http://www.scfa.net.cn/news_list.asp? id=267,2011年5月11日。

〔2〕《艺浪》，是苏州美术学校注重学术研究的一部校刊杂志，从1928年编印校刊《沧浪美》，发表本校师生作品，介绍中外古今艺术名作，黄觉寺(1901—1988)任主编。1933年，校刊改名《艺浪》，仍由黄觉寺编辑，增加篇幅，定为月刊。每期有专论、随笔、文艺小品与美专校讯，铜版精印加三色彩印，印刷制版由该校工场承担。当时《艺浪》的出版有力地推动了该校的教学和科研工作。

艺界于是在 1937 年 7 月 28 日成立了救亡协会,团结所有文学、戏剧、电影、音乐、美术、教育界的进步人士,组成抗日文艺统一战线。[1] 而在当时的美术界各种组织矛盾重重,对其坚持艺术必须为抗战服务这一原则成了对这些组织的试金石。[2]

1937 年抗日战争全面爆发,苏州沦陷,苏州美专损失惨重,被迫迁移。[3] 抗战期间,颠沛流离辗转来到上海的该校仅剩人员,在上海租得教室一间,开办了苏州美专沪校。当时上海沦陷,敌伪当局多次来找颜文樑校长,以所谓日本政府支助经费为诱饵,劝其回苏州复校,被颜文樑校长以无学生、无教师、无设备而拒绝。美专沪校于 1938 年新租的企业大楼房金月月加租,颜文樑校长尽力以售画所得,也不够支付每月开支。1941 年,太平洋战争爆发,日军占领上海租界。美专沪校为避免日军注意,只得取消校名,改称画室,不登报招生,学生知者自来。学生毕业,也不发文凭,因文凭必须送伪教育部核准盖章。如此艰难挨至 1942 年,校内学生仅剩二三名,教师纷纷各谋生路,颜校长仍卖画度日,不媚求敌伪政府。1944 年,苏州美专教师储元淘来沪征得校长同意,在宜兴设立美专临时分校,教师有孙文林、刘昆岗、王佩南等。一年后,抗战胜利,这所临时分校教师与学生即迁回苏州与总校合并。

日寇投降后,苏州美专与 1945 年 10 月 20 日成立了复校委员会,以胡粹中、朱士杰、黄觉寺、吴似兰、王士敏、杜学礼为委员,颜文樑为主任委员。首议工作,就是接收沧浪亭校舍,几经交涉才得收回。复校委员会负责修葺校舍,积极准备恢复教学。1946 年 1 月,颜校长率领在沪的全部学生至苏州本校复课,沪校原址,暂改为研究室。同年秋,抗战胜利后首届毕业生三人离校。接着创办初中部,并首次招生。回苏州后,颜校长本以为短时期内即可恢复旧时规模,岂知战争创伤过重,人力不资,仅能初整几间校舍,至于图书、教具石膏等设备,都未能立现旧观。一直整顿到 1948 年,教学准备才算大致就序。该校办了多年的校刊《艺浪》,也在黄觉寺的努力下,于 1947 年复刊。

苏州美专迁回原址复校后,改学制为五年新学制,仍分中西画两组。原

〔1〕 朱伯雄、陈瑞林:《中国西画 50 年(1898—1949)》,北京:人民美术出版社,1989 年,第 115 页。

〔2〕 同上,第 116 页。

〔3〕 陈瑞林:《20 世纪中国美术教育历史研究》,北京:清华大学出版社,2006 年,第 103 页。

有的实用美术因设备尽被毁弃,只得暂时停办,后设立动画科,三年学制。[1]

3. 颜文樑在苏州美专抗战前后所扮演的角色与贡献

颜文樑先生是苏州美专创办人之一,是这个学校的负责人、教授。有深刻的艺术修养,知名于国际艺术界。他创办苏州美专时,即以培养艺术人才,为社会服务为旨。1922 年苏州美专在苏州名胜及风景秀丽的沧浪亭建校。1927 年,沧浪亭全部房屋及园林,由苏州地方机关公益局拨借于苏州美专保管。记得当时,颜文樑校长于一次盛大的开学典上说:"我们是这个园林的园丁,不是这个园林的主人。"他语重心长地把自己创办这个学校的意志和希望,以园丁自比,共勉同仁。就在这时期起,他一面担负了这个学校的重任,一方面又带头补支薪给,甚至把自己在别校所得的薪给,用于苏州美专办学。因之感动了其余教师,也只愿接收薪给之半,增加学校收入。校董会吴子深感先生办学之苦心,自愿出资,兴建沧浪亭,把沧浪亭房屋,修茸一新。也就在这时不久,为了增加学生,原有校舍不敷应用,吴校董又慨助巨金,在沧浪亭西偏,兴建罗马式建筑一座,充陈列馆及教室之用。

1928 年,颜校长自费出国考察艺术教育及留学。颜校长在欧期间,先后至法、比、意三国,选购大量巨型石膏模型,运归中国,充实教学设备。黄觉寺在《颜文樑和苏州美专》一文中提及苏州美专初建时期,当时作为学生练习素描基础的石膏模型设备寥寥无几。有的只是人体各局部的手、足,或眼、耳、口、鼻等及男、女、老、幼等的头部。要有一个完整的头像或胸像,那是非常困难的。这些模型,在当时的上海古旧货铺,有时可以碰到一些,如但丁、贝多芬、米开朗基罗等的头像,或纳维斯、决斗士等的全身像,那是非常难得的事,而且只是小型或是中型,要大型的,专门为美术上所应用的阿加特米型等类似的绝对不可能有的。当时颜文樑校长对这一问题感到非常为难。即使困难尽管摆在面前,但是颜文樑校长仍然不灰心,他就下定了决心要到国外购置模型。不出两年,大批的大型木箱,一批批运到了苏州美专,直到颜校长回国的那年,还陆续地运到。全部统计,大小模型不下四百余件,多数为名家雕刻家的复本,比如:"掷铁饼""阿普罗""大卫头像""奴隶""拔刺""小孩抱鹅""米罗维纳斯""梅地昔斯""蹲着的维纳斯"等等。另外,还有专供教学用的人体解剖模型及马体和各种马体的动作及

---

〔1〕 朱伯雄、陈瑞林:《中国西画 50 年(1898—1949)》,北京:人民美术出版社,1989 年,第121—122 页。

颜文樑当时从国外购置回来的石膏模型教学设备——石膏模型陈列室

解剖模型,专供装饰用的古希腊瓶,及各种浮雕。颜文樑所选购的模型,各方面都具备。当时有人说颜文樑把西方的艺术精品移植到中国,所耗的精力是大的,意义更是不小,可以说是颜文樑苦心孤诣和坚强意志的结晶。[1] 1931 年后,学生增多,校务日益繁重,形势的发展也促使苏州美专必须扩大规模,增聘师资,增建校舍,添置设备。颜文樑不单只从法国运回来欧洲著名雕塑石膏像十三大箱四百余件,后来还从比利时运回二至四米高的大型石膏像十一座,甚至他还购回美术图书画集上万册,充实教学资料和供学生阅读使用。[2]

1932 年,苏州美专以大专院校立案,正式定名为苏州美术专科学校。1937 年芦沟桥事变抗日战争时期,学校作内迁计。颜校长携带石膏模型一部分,并率领教师及其家属避难,辗转至浙江余杭,拟由此入徽。至舟大,不能过闸门,折返至宁波,又由宁波至上海,后在上海开学,称苏州美专沪校。[3] 当时抗战时期,苏州美专经费困难,很多学生付不起学费,颜文樑将自己卖画所得资金大部分用于办学,与师生在艰难的困境中同甘共苦,一直坚持到抗战胜利。[4]

尽管当时苏州美专经过抗日战争中被敌伪破坏,教学设备损失殆尽,困难很大。但是颜文樑坚持艰苦创业自强不息把苏州美专的教学恢复起来,建国后他的这种办学精神更发扬光大。带领全体教职工同心同德,在经费

〔1〕 黄觉寺:《颜文樑与苏州美专》,载于《南京艺术学院史 1912—1992》,江苏美术出版社,1992 年,第 299 页。

〔2〕 钱家骏、钱延康:《颜文樑的教育思想和教育事业》,载于《上海美术通讯》第 15 期,1982 年 10 月版,第 18 页。

〔3〕 黄觉寺:《颜文樑与苏州美专》,载于《南京艺术学院史 1912—1992》,江苏美术出版社,1992 年,第 298 页。

〔4〕 陈瑞林:《20 世纪中国美术教育历史研究》,北京:清华大学出版社,2006 年,第 103 页。

少、待遇低、设备不足的条件下,克服种种困难,不计个人名利,团结向前,为苏州美专做出了巨大贡献。[1]

二、颜文樑与苏州美专共创实用美术教育的过程

1. 颜文樑奠基苏州美专的办学目标与展望

颜文樑对实用美术教育理念的启蒙可以从他在 16 岁开始青年时期于上海商务印书馆当艺徒,学习刻印、制版和印刷技术后被日本人松岗正识指导开始学习西画谈起。这段经历无形中让颜文樑在接受西方思想及以后的油画艺术的发展方面都有着积极的意义。

1919 年 1 月,颜文樑与葛赉思、潘振霄、徐咏清、金天翮及杨左陶等共同发起美术画赛会,以"提倡画术、互相策励、仅资浏览、不加评判"十六字为宗旨,征集苏州与全国各地中西画家的作品。而这届美术画赛会,也成为了中国现代美术史上第一个全国性的美术展览会。自此之后,美术画赛会按年举行,初期展出作品一二百件,后逐年增至二三千件,蔚为大观,且持续二十年没有间断。

对于 1912 年创办专门的苏州美术暑假学校,颜文樑任校长,教师以胡粹中、朱士杰、顾仲华、程少川四人为首,分中、西画两组,颜文樑、胡粹中、朱士杰、教授西画里的素描和色彩,顾仲华、程少川教授国画里的山水和花鸟外,当时学校还传授中外绘画理论,两个月的课程学习结束之后,学生意犹未尽,纷纷要求长期办学。颜文樑受此鼓励几经奔走,借得苏州县立中学余屋九间,其办学之愿才终于实现。同年 9 月,苏州美术学校成立,第一期招生十三人,学生两年毕业,每月交费一元。苏州人因主办者为颜文樑、胡粹中、朱士杰三人,曾以"眼乌珠"(颜胡朱)戏称此初生学校。次年,学校第二期招生,改学制为四年毕业。由于学生增加,颜文樑又借得三贤祠河南会馆房舍三间,成立西校,原县立中学校舍称为东校。

当时,学校经费十分紧张,颜文樑只得用在他其他学校兼课的工资来弥补,所有教员也全部义务教学,不拿薪水。而 1925 年毕业的第一期学生大都

---

〔1〕 李新:《颜文樑与中国动画教育》,载于《南京艺术学院史 1912—1992》,江苏美术出版社,1992 年,第 303—304 页。

留校任职,与颜文樑同甘共苦,为苏州美专日后的发展贡献了巨大的力量。[1]

2. 颜文樑对苏州美专的课程改革——提倡实用美术科

苏州美专一直推行欧洲先进的古典主义教学模式,为美专学员们打下了坚实的绘画基础。更为重要的是,苏州美专极为重视学生品德的培养,"韧、仁、诚、自强不息"这七字校训贯穿了教学的始终,将做人与写实绘画教育融为了一体,形成了一直为人所称道的"沧浪精神"。此外,与徐悲鸿、刘海粟、林风眠不同,颜文樑和苏州美专更为重视实用美术(艺术设计)的教育,是最早将纯绘画与实用美术相结合的美术院校,他这实用美术的思想集中反映在他的两篇论文《艺术教育今后之趋向》和《从生产教育推想到实用美术之必要》文章中。[2]

当时在掌校的颜文樑校长在苏州美专《艺浪》第二卷第二、三期合刊中发表了《艺术教育今后的趋向》一文中提及:

十八世纪以前的艺术趋向于美的装饰,也是再现的一种体现。此外,他也认为在十九世纪后的艺术教育,则趋于实用的、综合的,同时也是创造的。前者是"摹拟自然"以装饰社会美化人生。后者是"创造自然"以为用社会达人生于善。明乎此理则艺术教育今后之趋向于趋向之若何途径,他已可了然胸中。

此外,颜文樑也从他的研究中提起了西方各国美术教育中注重实用的趋向,例如法国最早的艺术教育机关为巴黎的美术学校,兴起法西兰文化,鼓动为世界艺术之中心,其后法政府又设一装饰学校,此校目的不在于发展少数人专门技艺,而在于增高一般人普遍之艺术知识。1907 年法政府继续创设一国立美术学校协会承认艺术教育之于道德经济的价值在于增进吾人活的趣味。英吉利以南垦新敦为全国艺术之中心,皇家画院(Rokyal Academy)即设立与是处。此校内容分图画雕刻与图案诸科。而图案科中更分建筑图案,纺织图案,装饰图案等科。效以纺织图案办理完善,世界各国具仰给于是,英人认此为国富之源。德奥二国为工业国,艺术教

---

〔1〕 王晓孟. 沧浪拾英[J/OL]. 龙源期刊网. 2011/7/10。
〔2〕 博宝艺术家:《颜文樑沧浪拾英—苏州美专往事》,. http://www.dashuhua.com/zixun/40263681.html,2011 年 6 月 5 日。

育趋向于实用。如十八世纪维也纳设有国立装饰术学校。其目的在欲操纵全国之工业艺术。又有所谓 The Museum of the Art and Industry（美术工艺博物馆）The School of Arts and Crafts（美术艺术学校）。德国近五十年来工业学校林立。"工业图案"已成为各校课程中一主要的功课。

纵观上述情形，欧洲各国艺术教育，除提倡纯粹美的艺术外，无不亟图实用艺术之发展。使艺术不单专为鉴赏而作，同时也与工艺联络，以期达于实用。颜文樑也阐述了实用及鉴赏艺术二者的长处兼取并用、斟酌实行的八个优点：（一）辅助工艺品之美观、（二）艺术因实用之故而得易普遍、（三）因利用人类爱好艺术之天性，而生产品得易推销、（四）发展研究者之个性、（五）实用美术因与社会接触较多，社会易受美的感化、（六）实用品上有美的装饰，则无形中人人能得艺术之陶冶、（七）艺术家出品因与实用品合作，则艺术需用之处更繁，可使多数艺术家易寻职业，以及（八）学生能将鉴赏艺术在实用上研究，必能多得同趣。"〔1〕

颜文樑清楚地分析出艺术关乎于实用的性质，西方国家加以重视和发展的实例情况，甚至他对实用及鉴赏艺术兼取并用长处的优点来逐一说明。虽然颜文樑认为艺术教育亦视各人所持的艺术之概念与目的而异。概念不同，目的有异，于是艺术教育所采的方法也随之而变。但是当时的颜文樑却提倡艺术教育当以经济为其标，道德为其本的办学目标。从颜文樑归纳与总结他个人对实用艺术的观点时提到：

> "易言之即以实用艺术为普遍之研究，而寻求生产上之发展。进而研究纯粹的，美的，鉴赏的艺术。以真为目的，以善为标准，而达于美之极致。前者属于经济，后者属于道德，二者兼取，供今日艺术教育上之应用，间接上必有利益，可断言也。"〔2〕

但是颜文樑这经济及道德的观念希望通过教育改革，实现强国的教育

---

〔1〕 颜文樑：《艺术教育今后之趋向》，转引于《艺浪》（第二卷·第2、3期合刊），1936年。
〔2〕 同上。

理想也恰是符合了蔡元培[1]强调美育在人生和社会的改良中所具有工具作用。[2] 比如,1912 年蔡元培就任中华民国临时政府教育总长时,在《对于教育方针之意见》中明确提出,新的教育方针应将满清的忠君、尊孔、尚公、尚武、尚实五项改造为军国民教育、实利教育、公民道德教育、世界观教育和美育。[3]

按照蔡元培的美学思想体系,他把审美功能产生的价值提到相当高的程度来认识。例如,在《美学原理序》一文中蔡元培说:"爱美之心,人皆有之。如其能够将这种爱美之心因势利导之,小之可以怡性悦情,进德养身,大之可以治国平天下……"[4]

蔡元培的美育思想对于 20 世纪初中国新式美术教育的发展产生了重大影响,他利用自己的社会影响和担任的职务竭力推动美术教育工作。他为了改变中国积弱积贫的落后状态,社会精英积极接受西方影响,以提倡科学、开办实业提升国力,或致力于政治体制的变革以确保国力的提升。[5]

在 20 世纪初期中国教育界掀起了实用主义教育思潮,而这思潮的内涵十分丰富而复杂,职业教育思潮、平民教育思潮、教育独立思潮、乡村教育思潮、民众教育思潮、生活教育思潮、生产教育思潮、普及教育思潮、实验教育思潮等,都或多或少、或深或浅与之相涉。所有的这些教育思潮尽管相去甚远,但几乎都贯穿了反传统、求进步的基本精神,要求教育从生活实际出发,适应社会变化,从目的宗旨、组织形式、课程内容、教学方法等众多方面予以体现。[6]

颜文樑也将他的实用主义教育观念积极的融入美术教育里,他在苏州

---

〔1〕 蔡元培(1868—1940),近代民主革命家、教育家、科学家,字鹤卿,号孑民,诞生于浙江绍兴府山阴县。17 岁考取秀才,18 岁设馆教书。青年时期,连续中举人、取进士、点翰林、授编修。武昌起义后回国,1912 年 1 月就任南京临时政府教育总长。蔡元培是 20 世纪初中国资本主义教育制度的创者。他明确提出废止忠君、尊孔、尚公、尚武、尚实的封建教育宗旨。倡导以军国民教育、实利主义教育为急务,以道德教育为中心,以世界观教育为终极目的,以美育为桥梁的资产阶级民主主义的教育方针,初步建立了资产阶级的新教育体制,教育的实践多在高等教育方面。提出"以美育代宗教"的主张。同时也提倡学术自由,科学民主新思想。他的"思想自由,兼容并包"的主张以致有人称他为自由主义教育家。

〔2〕 彭锋:《引进与变异》,北京:首都师范大学出版社,2006 年,第 67 页。

〔3〕 同上,第 80 页。

〔4〕 隗瀛涛:《教育之梦——蔡元培传》,四川人民出版社,1995 年,第 280 页。

〔5〕 陈瑞林:《20 世纪中国美术教育历史研究》,北京:清华大学出版社,2006 年,第 119 页。

〔6〕 杜成宪、崔运武、王伦信:《中国教育史学九十年》,上海:华东师范大学出版社,1998 年,第 38—39 页。

美专校刊《艺浪》第九、十期合刊中,《从生产教育推想到实用美术之必要》一文中强调:

> "年来国人恒以艺术教育不切实用为虑;而研究艺术者,亦好自鸣高,不屑从事与艺术至有关联如工产品等任务。历年各艺术专校所造就,除服务教育外,无他事;而一般学子,亦莫不一至毕业,遑遑以出路为急务,此皆舍本求末之道也!"[1]

当时中国的社会背景体现了工商业发展对美术的需求,所以颜文樑主张极力地培养中国实用美术人才,以助生产与实用发展。颜文樑这"实用主义"的观念也在黄炎培于1913年在《教育杂志》上发表的《学校教育采用实用主义之商榷》一文中得以体现。黄炎培对当代的中国教育提出了学校教育采用实用主义的主张时提到学校教育与现实社会、现实生活严重脱节的看法,他说:"今之学子,往往受学校教育之岁月愈深,其厌苦家庭鄙薄社会之思想愈烈,杆格之情状亦愈著……所得与学校教育堪以实地运用处,亦殊碌碌无以自见"。[2] 黄炎培提出的学校教育采用实用主义的问题,例如以往单纯靠"多设实业学校"、"于普通学校加设实业科"、"提倡实业补习教育"等是不能根治学校脱离社会及脱离生活之现象的。反之他认为,必须从根本上明确教育的社会功能,强调"教育应以实用为归"的原则。[3]同时黄炎培也主张教育应当与社会生产、个人生活相联系,打破平面的教育,渐改文字的教育而为实物的教育[4]等实用主义教育。

虽然黄炎培是以改革小学各科教学为例来论述如何贯彻实施实用主义教育,[5]但是在颜文樑《从生产教育推想到实用美术之必要—告本校实用美术科同学辞》一文提及他对完成实用美术教育的毕业学生就业问题及看法时,这就可论证了黄炎培的实用主义教育是价值及实用美术教育的功能所在,因颜文樑很清楚地阐述了他对实用美术教育与社会生产相联系的重要

〔1〕 颜文樑:《从生产教育推想到实用美术之必要——告本校实用美术科同学辞》,载于《艺浪》(第9、10期合刊),1933年,第1页。

〔2〕 田正平、周志毅:《黄炎培教育思想研究》,沈阳:辽宁教育出版社,1997年,第193页。

〔3〕 同上,第194—195页。

〔4〕 吴玉伦:《清末实业教育制度变迁》,北京:教育科学出版社,2009年,第317页。

〔5〕 田正平、周志毅:《黄炎培教育思想研究》,沈阳:辽宁教育出版社,1997,第197页。

性,他说:

> "艺术之为用至广,于工商界尤甚。我国工商界之各种出品,多因陋就简,其亟待于艺术界之改善而增加其产量者,至为急切!在民国二十二年上半期对外贸总额,凡十万万七千六百万元,内输入之工产品占七万万七千九百三十二万元,其一种外贸充溢与土货衰落之现象可知! 苏俄五年计划中,最堪注目者,为提倡"生产教育",即实业与教育联合为一。(最近有合并教育与实业二部为一个行政机关之实现)国家专设各种工艺学校,各工艺学校中更分若干单科工艺专校:如建筑专科,电力工程学专科,纺织专科,装饰专科等,每个单科专校,又复与各工厂密切相关,学生得在工厂实习;而工厂职员,亦得在各关系专校研究。故研究与实习,有充分之联络,欧美各国,急起直追,不遗余力。此生产品之得以改善,生产量之因以激增,固意中事也。[1]

颜文樑认为"生产教育"者对美术与实业互相合作外不为功。否则,从事实业者,只知不绝产量;国民之爱好与否不问也;社会之需要与否不问也;日夜制造,悉成废物。彼从事美术者,只知描写自然,啸吟林泉,不肯分其一部分之劳力为工艺品服务,及至毕业近期,遑遑焉尽于教育界思出路,拥塞一途,人才过剩,是两失其益也。最后,颜文樑形容欧美无废弃之物品;亦无废弃之人才。而中国则是相反,原料过剩;人才拥塞一处,而不思有以善用之,利导之。士夫多畏难苟安,工商业皆因陋就简,此皆病根也! 所以他希望苏州美专实用美术科的同学,勿畏难中止,勿以其事之繁琐而生怠视也!

颜文樑当时无疑提出了美术教育在社会上面对的各种问题,例如社会不重视美术的重要性、学校的美术教育不能满足社会需求、美术实用价值等的看法。颜文樑就这些存在的问题发表了具有启蒙意义的重要信息给美术科的同学,让学生了解到通过实用美术教育不但可以掌握基本的谋生技能,而且还能够为艺术的生活独立生存,走向社会,在市场的需求中寻求发展的事业空间。除此,颜文樑不断地在当时动荡的时局中一直为实用美术课程

---

〔1〕 颜文樑:《从生产教育推想到实用美术之必要——告本校实用美术科同学辞》,载于《艺浪》(第9、10期合刊),1933年,第1—2页。

改革而努力，为学生打下一个改革性的科系及坚实的实用美术基础课程，以造就适用于社会的艺术人才。

回顾当时苏州美专的各科系开办及变迁的状况，颜文樑在 1932 年第 8 期《艺浪》的《十年回顾》文章里清楚地提到苏州美专的各科系变迁过程。他说：

> "十年来我苏州美专以适应社会及遵部定规划，科目遂有种种变迁。起初，苏州美专开办时，只设速成科一班，定二年毕业，期于最短期间，造就适用人才。十三年夏，该科结束。同年秋季，改设本科，分国画、西画两系，定三年毕业。另设预科一班，以为入本科之预备，定二年毕业，均兼收女生。十九年秋季，本科增添艺术教育一系。而又以培植本校毕业及同等学校之毕业生之有志研究高深学业计，及设研究科，以造就人才。另设选科，以造就有天才而缺乏入学资格之学生。同年秋季，遵教育部规定，改专门学校为专科学校，并改预科为高中艺术师范科，定三年毕业，改科为专科，定二年毕业。二十一年八月，专科得教部批准立案。同时，指令改艺术教育系为实用艺术科，本科增加修业年限，定三年毕业。该届秋季，艺术教育系即停止招生，实用艺术科，刻正在积极筹划中也。"[1]

颜文樑对苏州美专的课程加以改革以造就适合社会的人才，他不断地提倡实用美术科的重要性，这都因他意识到中国民族资本主义经济不断在发展，产生了对人才及教育的迫切需求。实业界对实用美术人才的强烈需求，直接对当时学校教育提出了呼唤。[2] 尤其在高等教育方面，更为需要各方面的人才来建设和发展国家的未来。

颜文樑的实用美术教育思想与新中国近代实用主义教育思想在当时负起了实业救国的使命，我们可以从庄俞[3]提倡实用主义教育上看出这一点。

---

〔1〕 颜文樑：《十年回顾》，《艺浪》（第 8 期），1932 年，第 3 页。

〔2〕 刘桂林：《中国近代职业教育思想研究》，北京：高等教育出版社，1997 年，第 130 页。

〔3〕 庄俞（1876—1938），中国近代出版家、教育家。名亦望，字百俞，又字我一，别号梦枚楼主。江苏武进人。早年与人创设体育会、演说会、天足会、私塾改良会、藏书阅报社等，开展社会教育活动。24 岁时受聘为武阳公学教习，旋入商务印书馆为编译员，先后参加编写《最新教科书》、《简明教科书》、《共和国新教科书》、《单级教科书》、《实用教科书》、《新法教科书》、《新学制教科书》等多种课本。1913年后与黄炎培等提倡实用主义教育，发表《采用实用主义》等论文，在教育界引起较大反响。

庄俞认为实用主义有万益而无一损,他在《采用实用主义》一文中谈及中国的教育必须采用实用主义,才能补救其时之严重弊病。中国教育虽日有进步,但是"按之实用,相去不啻霄壤",其弊病表现为"虚伪、剿袭、矜夸、敷衍",实质是所学非所用,所用非所学,"于国家鲜有实利"。庄俞要求教育贯彻实用精神,办学以"合于实用为目的",使学校成为实用学校,学生成为实用学生。[1] 颜文樑的实用美术教育思想,无论是与黄炎培提出改革小学各科教学,贯彻实施实用主义教育,近是与庄俞所提倡的实用主义教育如何注意从教育行政上考虑,借助于行政的力量推行全国[2]的观念都十分契合,即强调教育同社会实际生活、生产的结合,教育目的、培养目标、教育内容、教育方法都以能应用于实际为本。[3]

3. 苏州美专实用美术科的教学过程与成果

20 世纪前期,苏州美术专科学校是中国具有影响力的私立美术学校,在办学的过程中,颜文樑校长非常重视实用美术科的美术教育。他希望通过实用美术教育来促进中国的工商业发展,增强国家的实力。[4]

在 1932 年,苏州美专以正式的大专院校在当时的教育部立案后,除了有国画、西画、艺术教育系及艺术师范科四个科系、十六个班级,后来又成立实用美术科三个班级,动画科二个班级,以及附属美术中学三个班。苏州美专成为当时学科最多,班级最全的美术学府。[5] 当时实用美术的课程设置有印刷美术教育。此课程的设置是因为当时中国的印刷和制版技术比较落后,许多美术作品和商业图片需要送到国外制版、印刷。学校为了满足社会对于实用美术人才的需求,便加强实用美术教学,使美术教学与生产实际相结合。1933 年,苏州美专开办了实用美术科,并设印刷制版工场,由朱士杰教授主持。颜文樑曾亲赴上海订购各种仪器及印刷机器,聘请印刷技师。同年实用美术科招收第一期学生,颜文樑校长也在校刊发表《从生产教育推想到实用美术》一文,可见学校之重视实用美术和生产教育。

苏州美专实用美术科及印刷制版工场的创建,开中国美术院校设置实

---

〔1〕 刘桂林:《中国近代职业教育思想研究》,北京:高等教育出版社,1997 年,第 131 页。

〔2〕 田正平、周志毅:《黄炎培教育思想研究》,沈阳:辽宁教育出版社,1997,第 197 页。

〔3〕 刘桂林:《中国近代职业教育思想研究》,北京:高等教育出版社,1997 年,第 132 页。

〔4〕 李征:《颜文樑美术教育思想略论》,大众文艺,2010 年,第 62 页。

〔5〕 钱家骏、钱延康:《颜文樑的教育思想和教育事业》,《上海美术通讯》(第 15 期),1982 年 10 月版,第 19 页。

用美术科、建立生产工场的先河。实用美术科印刷制版条件是比较完备的,摄影、落样、修版(分凸版和平板,凸版方面有锌板、铜版、无网铜版、彩色铜版、三色铜版;平版方面有单色版、彩色版两种),各套工序机械齐全,印刷、铸字、制版和摄影设备均可供学生生产实习之用。当时的苏州美专校刊是在工场印刷出版,同时还出版了其他多种书籍、画册及单幅画片。苏州美专实用美术科的教学成为中国美术学校培养印刷制版人才的发端。[1]

苏州美专的另一个实用美术科的成果是在中国较早开展动画美术教学。20世纪30年代,动画艺术在国外刚刚兴起,颜文樑看到动画产业有着广阔的发展前景。随着新中国电影事业的蓬勃发展,对动画人才的需求必将随之增大。动画人才需要有扎实的美术基础,电影学院不具备培养动画人才的条件,而美术学校在培养动画人才方面却有着得天独厚的优势。[2]颜文樑认定这是一种有发展前途的新兴艺术,所以有意培养、引导一批青年人认真钻研动画艺术,为学校创办动画科作了师资力量方面的准备。[3]

1950年,在颜文樑直接指导和黄觉寺、孙文林等人协助下,以钱家骏、范敬祥为主要教师的苏州美专动画科成立。招生前先筹建了制片室,范敬祥主持工作。制片室曾受上海人民政府卫生局的委托绘制两部卫生教育动画片。通过这次实践,培养了教学师资和技术骨干力量,解决了动画科的部分教学经费和实验设备问题。漫画家、上海美术电影制片厂厂长特伟对动画科给予了热情的支持,来到苏州美专讲学。1952年夏,动画科第一届学生毕业,他们大多数被分配到北京"八一"电影制片厂、上海电影制片厂和上海科学教育电影制片厂工作。1952年秋,全国高校院系调整时,动画科师生并入北京中央电影学校(现北京电影学院)。[4]据浦家祥介绍,解放初期上海电影制片厂中动画片任动作设计的主要首创者就是毕业于苏州美专的学生。他们在20世纪50年代为中国动画片赢得世界声誉作出了重要贡献。由此可见,颜校长前瞻性的目光和注重美术教育于社会实用性的指导思想,使美

〔1〕 陈瑞林:《20世纪中国美术教育历史研究》,北京:清华大学出版社,2006年,第101页。

〔2〕 李征:《颜文樑美术教育思想略论》,大众文艺,2010年,第62页。

〔3〕 南京艺术学院校史编写组:《南京艺术学院史1912~1992》,江苏美术出版社,1992年,第53页。

〔4〕 陈瑞林:《20世纪中国美术教育历史研究》,北京:清华大学出版社,2006年,第222页。

专声誉卓著,享誉全国。[1]

值得一提的是,当时的动画科是个白手起家的新专业,它的开办经费是靠自力更生得来的,它附设的制片室担负了教学实验和制片筹措经费的任务。苏州美专当时动画科的教学设备相当简陋,当时制片用的摄影、浇印、放映等设备,都是从旧货商店里购买或是自行仿制的。虽然说起来不免"寒酸",但它发挥的历史作用却是不小的。

在艺术教育中,颜文樑一贯强调基础教学要严格,对动画科的教学他也一直叮嘱要在这发面下工夫。当时作为造型基础的素描课,强调以线造型,抓紧形体结构,以适合动画造型的需要。教主课素描的是毕颐生副教授。在基础课与创作课的配合方面,制片室可供实验,所以这种方式在教学上发挥了很好的作用,使理论与实践有所结合。概括而言,虽限于主客观条件,动画科的教学仍有一些不足之处,但是它在重视结合专业实际和社会需要上取得了一定成果。[2]苏州美专一开始就将教育聚焦于社会实际需要上,在专业设置与教学中不只是培养绘画人才,更善于补社会之所需,尽自己之所能。因此,实用美术科方能更好地为社会日益发展的工商美术服务,特别是新中国建立初期首创的动画科,更是为中国现代电影事业的动画片艺术填补了空白。[3]苏州美专动画科的开办和实行的基础教育,是学生们日后在专业上成长发展的起点。美专同时也成为为新中国培养和输送动画人才的最早基地。80年代中国国内一些电影制片厂的动画片、科教片、军教片或电影美工、摄影等部门,都有苏州美专当年动画科的学生,特别是从事动画专业的同学中,很多人已经是名闻中外的动画艺术家,在国内外多次取得荣誉。[4]

---

〔1〕 戴云亮:《试论颜文樑的美术教育和绘画创作思想》,苏州教育学院学报(第28卷),2011年,第50页。

〔2〕 李新:《颜文樑与中国动画教育》,载于《南京艺术学院院史1912—1992》,江苏美术出版社,1992年,第304页。

〔3〕 南京艺术学院校史编写组:《南京艺术学院史1912—1992》,江苏美术出版社,1992年,第55页。

〔4〕 李新:《颜文樑与中国动画教育》,载于《南京艺术学院史1912—1992》,江苏美术出版社,1992年,第303页。

三、颜文樑开拓与建构中国实用美术教育思想

1. 颜文樑带动了中国现代的创新美术教育思想与精神

中国现代美术教育的兴起，是在西方美术的刺激下产生的。它作为现代教育的组成部分，把传授知识技能视为一种社会事业，从根本上动摇了中国传统美术教育富有宗法意味的师徒传授方式。新式美术学校，成为引进西方美术的中心。颜文樑认为，美术可以感化人和丰富人民的精神生活。在当时的维新风气中，他认为应该积极引进西画，使中国美术界注入西方美术因素，从理论到技法都吸收新的养料，使中华民族美术事业既有继承传统的精神，又有时代新意，可以成为唤发人们建设现代物质文明的一种精神动力。[1]

作为现代美术教育家的颜文樑，在他将近一个世纪的生命旅程中，把自己毕生的精力倾注到中国现代美术教育的开拓之中，其影响较于他的绘画本身，对中国现代美术发展的贡献可能还要大些。他的美术教育思想既是他个人终身不渝的审美追求的体现，又是新文化启蒙运动的大潮中"教育救国"、"美育救国"的一个组成部分；他的美术教育思想的建构，是在他开拓性的办学实践中不断形成、发展、完善起来的。其美术教育思想概括而论，有如下四点：（一）艺术进步与社会改善的统一，（二）真、善、美与写实主义的统一，（三）科学与艺术的统一，（四）纯美术与实用美术的统一。

颜文樑在他首要的美术教育思想中提出艺术进步与社会改善的统一。"谋艺术的进步、社会的改善"不仅是构成他的美术教育思想最重要的一块基石，而且本身就是他矢志不移地从事艺术实践和艺术教育的出发点。颜文樑并非一开始就认识到这一点。在十六岁那年他参观南京陆军学堂史，曾萌发投笔从戎的心愿，以为"强国必先强兵，文事无意于国"，后因应父命考至上海商务印书馆而改变了人生航线。自二十一岁至创立苏州美术暑假学校的三十岁，他先后在苏州任教于桂香小学、钱业小学、振华女学，并同时兼任吴江中学、太仓第四中学、苏州女子第二师范、苏州第一师范五所学校的图画教员。在奔波于吴江、太仓和苏州的往返路途中，在各校授课期间，

---

〔1〕 钱家骏、钱延康：《颜文樑的教育思想和教育事业》，载于《上海美术通讯》（第15期），1982年10月版，第17页。

他目睹美术师资的缺乏及社会对美感教育的需要,而意识到普及美术教育和培养新型美术人才的重要,遂与杨左匋等同仁在国内率先发起美术画赛会,以期用"活泼的、民众的、十字街头的艺术代替死的、贵族的、独享的、被压迫的艺术"。[1] 关于美术画赛会发起的动机,颜文樑曾于 1928 年的《十年来我苏美术事业之报告》一文中提及:

> "在画会发起之先,鄙人与左先生互相切磋,情投意合,遂相约将所绘之画联合外界作品发起美术画赛会,籍以提高社会审美观念。"[2]

由此可见,颜文樑是透过与各志同道合的艺术家们主办种种美术活动来提高社会审美观念的。颜文樑"提高社会审美观念"的主张,标志着他对美术教育思想质的跃进,从此他在日常的生活中"由此益加努力从事研究及提倡。引起之事为美术会、美术校、美术馆"。[3]

1918 年冬,颜文樑与正在苏州的美术家杨左匋先生共同发起组织"美术画赛会",积极向全国各地征集当代中西画家的作品,共汇集画件一百余幅,于 1919 年元旦在苏州公开陈列展出。这是中国美术作品公开展的创举,也是中国现代美术史上第一个全国性的美术展览会。从此,"美术画赛会"每年都向全国美术家征集作品,在元旦举行展览,每次展出为期两周,直到 1937 年因抗日战争而被迫停止活动。颜文樑把举办美术作品展览既作为美术家彼此交流,互相促进的一种方法,也作为对广大人民群众进行美术普及教育的一种形式。[4]

颜文樑以画赛会、美术会、美术学校和美术馆四位一体的形态构成的艺术运动,有力地推动了苏州地区乃至全国艺术形式的发展,同时也孕育出他美术教育理想的雏形,并从逐步落实他的艺术工作目标,他认为发起画赛,

---

〔1〕 黄觉寺:《最近中国艺术界的新倾向》,转引于《沧浪美》(第 2 期),苏州美术画赛会出版,1928 年。

〔2〕 颜文樑:《十年来我苏艺术事业之报告》,转引于《沧浪美》——画赛会十周年纪念特刊,1928 年。

〔3〕 同上。

〔4〕 钱家骏、钱延康:《颜文樑的教育思想和教育事业》,载于《上海美术通讯》(第 15 期),1982 年 10 月版,第 18 页。

可以互相竞赛及进步；组织美术会，可以互相磋磨交流；设立美术校，可以造就后起英秀；开办美术馆，可以提倡社会文化。他也谦虚地说道：

> "今日之些微成绩，虽不能与欧美相颉颃，然在草创时代未始非表示我苏艺术界之合作精神，此则尤为鄙人等私心欣慰者也。鄙人等希望我山明水秀之苏州成为世界美术之中心，而光华灿烂之美术世界更从我美会微光中发现，此鄙人等所馨香祷祝者也[1]。"

艺术对社会的贡献还不仅仅限于能够"提高社会审美观念"，在"百端待举的新社会，我们有领导、改革之责"。显然，颜文樑是将美术教育思想与改造社会现实的良好愿望结合在一起，进而发出"谋艺术的进步，和社会的改善"[2]的呐喊。艺术进步与社会改善是否拥有统一性？爱美之心，人皆有之，既有高低之分，又有文野之分。高尚进步的艺术，可以培养一定的审美能力和高尚的审美趣味，起到怡性悦情、进德养身、美化精神世界的作用。个人精神世界和国家、社会精神面貌密切相关，个人精神世界的美化必将焕发、振兴整个民族与社会的精神面貌。在某种意义上讲，"艺术进步"确实能够推进"社会改善"。这是当时许多艺术家共同抱有的一个宏大的"艺术救国"的理想。颜文樑也正是抱着这个理想而从事美术教育的。关于"美"与"爱"对社会文明的影响作用，颜文樑在撰写的《谈文与野》一文中有更加具体地阐述。他说：

> "在社会已经到了进化的地方，无论其文化水准若何低，到底对于'我防你吃，你卸我吃'那种伎俩用不到，也不像野蛮时代为人子的要尽那种惨无人道的义务。人与人之间，有着一个'爱'字，同时也有一个'美'字。因为有着一个爱，人类遂有了父子、兄弟、夫妇，因为有着一个美，人类也有了文化。"在作出这样一番比较之后，他揭示出美术运动的现实意义——"二次世界大战的结果，人谓

---

〔1〕 颜文樑：《十年来我苏艺术事业之报告》，转引于《沧浪美》——画赛会十周年纪念特刊，1928年。

〔2〕 颜文樑：《我所希望于艺术界者》，转引于《沧浪美》第2期，1928年。

倒退了一个世纪,岂非过言。在有些人认为大时代的现在,谈艺术不是太迂远,不过世界上多留一点'爱',多留一点'美'来谈谈美术运动,使残酷野蛮,或者也能消泯于未然吗。"〔1〕

由此可见,在"多留一点爱,多留一点美"的背后,颜文樑多多少少已经流露出他艺术教育主旨中的人本主义思想。这也使得颜文樑的艺术教育思想因此与众不同。

颜文樑除了提倡实用美术,在对美术对提高人们道德情操、审美境界作用的认识上有其独到的见解。他说:

> "美术在文化各部门中,常常是最前进的,而且它与社会关系也往往比其它各部门来得密切而易于深入,这是因为美术具备着几种优越的条件:其一,它不必藉文字或语言之助,可以使人一览即了,打破了知识上的隔阂,因为它根本本身就是文字或语言。其二,它不受时间上的限制。其三,因为它是属于空间的,所以上下古今,中外各地,都可以不受限制而罗列在同一时间,同一地域中。"〔2〕

正是基于美术知识能够普及化,以及美术本身不受时间约束的认识以颜文樑才强调美术馆在社会审美教育中的作用,"因为它最能代表一国的文化"。颜文樑在《期望筹设全国性之美术馆议》提到,一个民族"没有代表民族文化的美术陈列馆,这个民族,多少是落后而表现其衰退"。〔3〕而对中国当时的社会现实,颜文樑更是痛心疾首地呼喊:

> "四五百万市民,处于同一都市(上海),没有精神上的慰藉的美术馆以调剂身心,至芸芸众生,日在世俗的氛围中讨生活,不要说外国人士,一踏进来有大戈壁之感,即数百万市民也窒息在那种单调、沉浊,无灵感的空气中而透不过气来了。我于是期望国内热

---

〔1〕 颜文樑:《谈文与野》,转引于《美术年鉴》,上海市文化运动委员会,1948年。
〔2〕 颜文樑:《期望筹设全国性之美术馆议》,转引于《艺浪》(第4卷第2期),1947年。
〔3〕 同上。

心美术,热心社会文化,热心民族艺术的人士,亟起而图之。"[1]

颜文樑不仅意识到美术不但在提高人们道德情操、审美境界进而推动社会改善方面有着特殊作用,而且为怎样才能贯彻社会审美教育提出了具体的方案。这是他自 1919 年发起美术画赛会之时起便一以贯之的思想,这条思想的脉络后期越来越清晰明了了。

从艺术能够"提高社会审美观念"而至"谋艺术的进步,和社会的改善",颜文樑美术教育思想在与现实生活的关系上迈进了更高的一步。虽然这种以美术教育来提高中华民族文化素质的"乌托邦"理想未免过于脱离当时的社会现实,这种改造社会的宏愿未免过于幼稚和单纯,但它的确代表了颜文樑那一代人创榛辟莽从事现代美术教育所发自肺腑的心声。他们站立在国家民族的高度,顺应时代的潮流,发出了向能够反映现代生活观念的艺术进军的号令。

颜文樑作为一个新思想、新艺术的倡导者,用自己所拥有的艺术理解与愿望当作创办苏州美专进行美术教育的指导原则,循循善诱地教导他的学生:艺术要帮助人们认识社会,认识自然,从而促使社会进步。[2] 颜文樑认为社会是一个花园的象征,艺人更是这花园中的播种者。颜文樑也经常说:"栽苗必须栽好根。"他把美术上的植根培苗工作,比作园丁在播种期的选择种籽一样重要。[3]

除此之外,颜文樑也把"忍、仁、诚"三字定为苏州美专的"校训",作为指导全校师生的行为准则,并且在每年新生入学时均阐说一次,平素则加以督导,以使全校师生达到"真、善、美"的高尚境界。他还为该校的招生简章编选"修养格言",诸如:

"美术是能拯救生活,扶植生活的。"——尼采

"美与善是神秘地统一的。"——柏拉图

"包含着善的,才是美的。"——苏尔传

"美术有培养道德的能力。"——蔡元培

〔1〕 颜文樑:《期望筹设全国性之美术馆议》,转引于《艺浪》(第 4 卷第 2 期),1947 年
〔2〕 颜文樑:《颜文樑》,学林出版社,1982 年,第 12 页
〔3〕 黄觉寺:《颜文樑与苏州美专》,载于《南京艺术学院史 1912—1992》,江苏美术出版社,1992 年,第 299 页。

"美术是以表现至高的精神本体为目的的。"——狄尔梅

"美是善的特征，艺术家是道德家的特征。"——罗司京

"良心者，美术家之垂直线也。"——罗丹[1]

　　颜文樑不仅用他个人的美学教育、引导师生们，还引用以上各大教育家、哲学家的格言，无非是要激励在籍的师生，以及向家长们表达苏州美专是一所非常注重个人修养、道德、文化的美术专科学校。

　　颜文樑把"忍、仁、诚"作为校训，表明他的教育目的首先在于陶融德性，培养健全的人格。这种主张显然与中国传统教育的精髓融为一体，以儒学的教育思想为办学主旨及做人的道德规范。关于"忍"字，颜文樑曾说："忍耐，是从事艺术事业所必需的精神。忍，就是忍受，对于困难、艰苦、曲折，要忍之受之；耐，就是耐心，耐劳，就是经得起长久的考验。事业成功的先决条件是因忍耐而能坚持。贵在坚持。"[2]关于"诚"字，"就是作画要坚持写实作风和画家对艺术的热诚的意思。艺术首先是一个热诚的感情，所以这个字他认为在作画中是很重要的"。[3]"诚"不仅指对艺术的热诚，而且指诚于物的再现写实作风，这是颜文樑关于"诚"字由对艺术的态度而转化为一种艺术表现形式的新诠释。他常常把再现的艺术形式与"真、善、美"的内涵联结在一起，[4]他的美学观主张"艺术应神形兼备，以形写神，要使人民看得懂，有看头，有情趣"。[5]

　　颜文樑在苏州美专倡导的美术教育思想除与"真"和"诚"有着密切的关系外，还将再现的写实主义作为审美理想和创作原则。他曾说，个人为艺向宗写实，以须表现自然与社会中之真实和美，要能使人民看了获得快乐并有益于身心，而促使人类社会进步。[6]

2. 颜文樑另类的美术教学课堂——科学理性的研究态度

　　颜文樑在回忆录《回顾我的艺术生涯》[7]一文中提到自己从小就受到父

〔1〕 苏州美专招生简章，1933 年。

〔2〕 颜文樑：《颜文樑》，学林出版社，1982 年，第 7 页。

〔3〕 颜文樑：《怎样批评绘画》，转引于《沧浪美》—画赛会十周年纪念特刊，1928 年。

〔4〕 尚辉：《颜文樑研究》，江苏美术出版社，1993 年，第 127—132 页。

〔5〕 杨建滨、范凯熹：《美术教育简明辞典》，武汉：湖北教育出版社，1996 年，第 22 页。

〔6〕 颜文樑：《自序. 颜文樑》，学林出版社，1982 年。

〔7〕 颜文樑：《回顾我的艺术生涯》，转引于《上海美术通讯》(第 15 期)，1982 年。

亲的熏陶,种下了艺术的种子。他父亲是个国画家,也是任伯年的学生。每当他的父亲画画时,他会在父亲旁边临《芥子园画谱》。他在读书时代时就喜欢音乐、图画、体育。后来,他在上海中日合办的商务印书馆招考艺徒四百人报名应考中被录取了。颜文樑在该馆下班后学习铅笔画,半年之后,被分派在刻铜版车间。期间,他因图画画得好,又调往图画车间,在那里得到日本画家松岗正识的指导,开始学习水彩画,为他从艺奠定了扎实的基础。

有一次,颜文樑在四马路上看见一家店里的镜框中有一幅印刷品,画的是葡萄和桃子,形象很逼真。他看了十分喜爱,所以就以他身上仅有的钱向老板要求只买画,不买镜框,回去临摹。颜文樑的父亲告诉他那是油画,不是水彩画。这无形中引起了他对于油画产生极大的兴趣,但也带给他困惑和苦恼,因为他不知油画是怎样和用什么材料画的。颜文樑就以探索研究的态度,在他的水彩画上涂胶水,但实验的效果只能使表面发出光亮,没有油画的效果,表面光亮的时间亦不长。后来,他到日本人说要在画上涂蛋白,不让它粘着,颜文樑就照此作法,在画上涂蛋白。

在颜文樑研究和学习制作、调自己颜料的过程中,除了自己摸索以外,还去请教漆匠。他从漆匠那里得知要在白粉里拼些熟桐油,以及鱼油调以粉沫。他的第一张油画《石湖穿月》,就是用鱼油调以色粉画成的。在以鱼油作画的过程中,他几经摸索,经历了无数的失败,因为鱼油干得快,甚至粘笔。他第二张油画《飞艇》,则是用麻仁油调以色粉画成的。当时他把画好的画陈列在苏州观前街的镜框里,迎来了不少的观看者。

吴品先女士撰文记述,颜文樑在教学中为了激发学生们的科学兴趣,以及使学生对调和颜料用到的油有所认识,曾在一次课堂上拿出六只瓶子,里面装有亚麻仁油、火油、松节油、酒精、麻油、水六种不同的液体,让学生一一嗅别。[1]颜文樑这这样做是让学生从化学角度去感受绘画颜料。做油画颜料所需用的材料有的四种性质:干得快、颜色纯、薄、有粘着力。火油没有粘性,虽然薄,但不可用;花生油有颜色;桐油太黏了;蓖麻子油永远不会干。油画用的油油性各有不同:亚麻仁油既有光彩又易干燥;罂粟油纯白,在画上最白处用之最为适宜,其缺点是无光彩。油画变色,因油的关系最多。通常以为画得厚,可以少变色,殊不知厚色调油亦多,油轻颜料重,在颜料沉淀

---

〔1〕 吴品先:《记青年时代的颜老师》,载于《上海美术通讯》第 15 期,1982(10)。

之后,油则浮于颜料之上,日久油色变黄,乃是油变,不是颜色变。[1]

关于油画用油的特性,颜文樑研究得深入细致,这是他同时代的许多西画家中绝无仅有的。他让学生去嗅别各种不同的油,似乎在启发、诱导学生去摸清、掌握绘具材料的特性。虽然摸清、掌握绘画材料的特性并不是科学考验,但这种理性精神昭示了颜文樑美术教育思想中科学与艺术相统一的特征。

与此同时,颜文樑还孜孜不倦地参与美术教育的学术活动,在油画教学中,他继承欧洲传统油画教学的理论和技法,结合西方历代油画大师的经验论著,通过自己的学习心得,总结出具有实效的《油画八法》。[2] 这是他钻研油画艺术,深得其法窍,用之于油画教学中所创造出来的技法要诀。[3] 无论在教学、艺术创作或学习过程中,他在油画色彩与技法上都有独到的见解。他还吸收了古典主义的造型与印象派主义的色彩,将其融为一体并独创一格。

颜文樑的钻研精神也使他在透视学、色彩学、解剖学等技法理论的研究中卓有建树。他是中国早期屈指可数的几位研究并传播透视学的画家之一,而且是将透视理论运用到绘画实践中最突出的一位。他在 1928 年《透视浅说》的文章中指出:"透视学是绘画起稿上必经的途径,不是包括绘画全部完成的功夫。他的效力是用在一个画家除了感情之外助成其作品的一种方法,进言之,就是我们明白了透视学,绘画未必即好。若然不明透视学,绘画一定是错。"这段文字阐明了绘画与透视的辩证关系。对于再现性的写实画风来说,优秀的作品确实需要借助科学的透视理论,所以作者得出"不明透视学,绘画一定是错"的结论。

1928 年出版的《现代美术家画论·作品生平——颜文樑》中提到感性与

---

〔1〕 林文霞记录整理:《颜文樑》,学林出版社,1996 年,第 130 页。

〔2〕《油画八法》是颜文樑所提出著名的油画技法要诀,它们是"薄涂、薄贴、厚贴、揉腻、揩摩、扫掠、埋没、拍点"这八种。薄涂,是最初动笔画时,先把颜料用调色油调得稀薄,用稀薄的颜料来画;薄贴;厚贴,就是用颜料(较薄或较厚)轻贴到画布上;揉腻,是直接以几种颜料揉腻在画布上,不在调色板上调配成混色;揩摩,这和粘贴不一样,是把颜料轻轻地揩在画布上;扫掠,是用笔尖把颜料轻轻扫掠上去;埋没,是把一种颜料覆盖在另一种颜料上面,属于不透明色的重置;拍贴,是为了表现的需要,把应画的颜料拍打在画布上。无论是使用厚贴或拍打方法的结果,都会使表面的色层,形成凹凸不平。

〔3〕 钱家骏、钱延康:《颜文樑的教育思想和教育事业》,《上海美术通讯》(第 15 期),1982 年 10 月版,第 18 页。

理性的统一、经验与理论并用,这是颜文樑美术教育思想中科学与艺术相统一的连接点。颜文樑常常告诫学生:"一方面凭实际见到的颜色去写生取得经验,另一方面则要研究空气的透视原理,知道它所以然的道理,一个是经验,一个是理论,客观与主观二者结合起来就有把握了。"

在透视学与写生色彩学上的理论主张,都源于这位新艺术倡导者的审美理想;或者说,透视学和色彩学是达到"真"与"诚"的具体步骤。用他自己的话说,就是"科学不是美,但艺术利用科学能产生美。科学与美术是有联系的,透视学、解剖学、色彩学都是科学,画家不能不利用科学"。[1]

当然,颜文樑所倡导的科学与艺术相统一的观点,也反映出他否认了艺术教育就是天才教育的思想。颜文樑从法国运回四百六十尊写生石膏,供学生从科学角度学习绘画,表现出他对素描基础教育和科学同等重视。他总结的"油画用笔八法",乃至整个《色彩琐谈》的研究,无不是通过科学的训练方法揭去艺术创作神秘的外衣,让初学者渐进地步入艺术的殿堂,[2]成为喜欢学艺术、求知识及求真的人。

3. 颜文樑传承服务于社会的实用美术教育思想

身为一代画家以及美术教育家的颜文樑生平常说:"我画画快乐,把快乐给了别人,别人感到快乐,我自己更快乐。"这就是颜文樑的艺术思想与观念。[3]其孙颜清诚在《忆祖父—颜文樑》的文章中提到,祖父抒情造境的风景画,无论所取的题材有多少变化,表现手法有多么的不同,有一点几乎是抱定初衷而不轻易更改的,那就是创造宁静、舒坦、幽雅的美,感染观者与他一起领略,品赏这既是造物主赐予自然界的美,又是他为之创造的美。有人认为,祖父的画细致、真实,应是"写实派"。又有人认为他的画光色交融,应是"印象派"。但他的祖父颜文樑自己却不认为自己冠以何家,又属何派。他说他祖父颜文樑非常尊重人民的欣赏习惯,常常说:"我为快乐而画画,这不是脱离人民的自得其乐,而是为大家的快乐而画画。"为使大家快乐,起码要使大家能理解,能欣赏。"他就是抱着立足于人民而为人民的宗旨而作画、创作的。[4]

颜文樑除了在绘画作品中强调他"美"的艺术思想与观念以外,也非常

---

〔1〕 林文霞记录整理:《颜文樑》,学林出版社,1996年,第18页。
〔2〕 尚辉:《颜文樑研究》,江苏美术出版社,1993年,第134～136页。
〔3〕 黄觉寺:《画家的生平与艺术》,《颜文樑》序言,上海人民美术出版社,1985年。
〔4〕 颜清诚:《忆祖父—颜文樑》,原载《上海美术通讯》(第34期),1989年。

重视艺术专业实际和社会需要的结合,目的就是让其"服务于社会的实用美术"的教育思想服务于社会。例如,他在早期中国社会倡导"教育救国"、"科学救国"、"美育救国"等思潮的影响下,邀集葛赉思、潘振霄、徐咏清、金天翮及杨左陶等共同发起美术画赛会,每年定期举办,进而发展为一项常规的美术展览会,一度推动了当时社会对美术素养的认识,以及提高了社会文化的素质,以此服务社会。

社会主义建设时期,颜文樑自然延续了苏州美专"服务于社会的实用美术教育思想"于其他院校如苏州工艺美专。从一份刚发现的起草并发布于1958年7月的《苏州工艺美术专科学校招生简章》中,我们可以窥见学校办学伊始所确立的指导思想和专业构想,如在招生"宗旨"中表述:"为了适应苏州地区工艺美术的发展和人民文化生活增长的需要,贯彻勤俭办学,理论和实际相结合,学习和生产相结合,多快好省地培养又红又专的工艺美术人才,以适应苏州地区工艺美术事业的发展。"可见,"密切结合生产实际,积极为生产服务",是苏州工艺美专办学理念的核心。颜文樑的服务于社会的实用美术教育思想不单只继承与发扬了苏州美专的实用美术教育,而且造就了苏州地区甚至全中国美术教育的发展。[1]

结　语

苏州美专在颜文樑多年不懈地努力下,实用美术教育可说是突破了中国传统艺术教育的界限。颜文樑一生在苏州美专办实用美术教育的过程中,不仅为民族、为社会、为中国美术教育带来了非凡的影响,而且还传承了实用美术主义。他的许多事迹都记录在苏州美专校刊的《艺浪》中,成为历史的见证。

颜文樑先生画了七十三年画,教了六十八年书,诲人不倦地办学,把毕生精力献给了中国的艺术创作和艺术教育事业,他的一生是艰苦的,也是奋斗的一生。在颜文樑校长写于1936年的《艺术教育今后之趋势》一文中,清楚鲜明地阐述了他在苏州美专所倡导的实用美术教育"以经济为其标,道德为其本"的实用美术发展,还有着"以真为目的,以善为标准,而达于美之极

〔1〕 王建良:《论苏州美专实用美术教育思想的内涵及传承》,载于《南京艺术学院报》《美术与设计版》,2009年,第143页。

致"的美学追求。由此可见,颜文樑不仅是位追求真善美的艺术家,而且还是位极有内涵、有远见的美术教育家。

为了实现"实用美术教育"思想,他以不屈不饶的贡献精神,以他个人的意识、远见、努力和坚持,不断努力地为苏州美专课程进行改革,主张实用美术科的落实中得以体现。在苏州美专创办之初,不但中西科系并举,教学中时刻以弘扬真、善、美人格的培养,作为主导创作及教育的基础,而且办学思想也围绕着"艺术与科学相统一"的写实主义,纯美术与实用美术结合主义等创新思想。颜文樑还在战争刚结束、国民文化精神残萎退化的时期,以"自强不息"来勉励大家要强健,要聪明,不要气馁,而要继续为中国社会努力作出贡献!他的所有作

苏州美专旧址为颜文樑校长树立的一座肖像。

品,将永远成为中国人民的精神财富,中华民族的艺术珍宝。他那份坚韧真诚、求真求善的办学精神,更是传至现今的南京艺术学院。[1] 颜文樑先生的办学思想和理念,作为薪火相传,将绵绵延展于中国美术的教育事业!

(作者为南京艺术学院国际教育学院艺术教育专业在读硕士研究生)

---

〔1〕 南京艺术学院为 1952 年全国高等院校系调整,苏州美专与上海美专及山东大学艺术系合并成为华东艺术专科学校,先落址无锡社桥,1958 年迁至南京丁家桥,同年改名为南京艺术专科学校,这苏州美专便是今日"南京艺术学院"的前身。

文献与回忆

study of art 开元

颜文樑于 20 世纪 70 年代与
友人来往信函选刊

华　年[*]

本刊记者于 2012 年 6 月采访苏州美专校友陈士宏先生,当时陈先生拿出了自己珍藏十几年的与老师颜文樑在 20 世纪 70 年代的来往信函十余封。陈士宏先生把这十余封信函全都交予本刊记者,编辑部在接到这批珍贵信函后,随即翻拍整理,并将原件交还给先生保存。在征得陈士宏先生的同意后,本刊特将这批信函内容完整刊发,并配发部分信函图片,以向读者全面展现这组珍贵的历史文献。颜文樑先生的这十余封信函颇为珍贵,较为完整地记载了这一时期颜文樑先生对艺术问题的思考。信函中除了对绘画色彩、空间透视、颜料使用等诸多绘画表现问题进行细致探讨外,也反映了深厚的师生情谊,可见出颜文樑先生与学生间的情谊非同一般。由此也让我们从一个侧面知道了一些也许是鲜为人知的史料。

① 70.7.14(共五页)
颜师接士宏关于油画《颜料变色试验小结》后写的复信。
同日另一信为颜师阅后的意见,共十九条,其中谈到多年来对颜料变色现象亲历的宝贵经验。

---

*　说明:每封信胶的数字为年月日,例如,70.7.14,即 1970 年 7 月 14 日,下同。

士宏同学先鉴:

接得六月廿九号手书,翌日又收到挂号案的油画。

《颜料变色试验小结》一册,仔细观看,我很钦佩你认真研究的精神,我随意写了一些意见(十九条),但这都是理想的,未作过试验,仅供参考而已。

我近日身体如旧,老年衰退,日甚一日,自从你去安徽后,臀部又生一小瘤,本已在延安医院登记开刀,近因该院支内,加以高血压,不得不暂缓手术。现将在瘤已变软,尚无大碍,不过坐时不方便而已。

我近日写生了两幅油画,一为花园一为队室,盖自文化大革命以来,从未动笔,不过试试目光有否退化罢了。我因常在家中,不大出门。

惟馨同学是否仍在上海,令嫒有无信来,均以为念,专复即祝
康健

颜文樑

1970.7.14

看了你的《油画颜料变色试验小结》一些意见

1. 你说"通过这些试验,使我知道变色主要是光的影响,在室内做试验不易看出结果",这是你多年的经验,是很对的,光的影响,确是重要,画家对颜色处理的目的,就是要希望不变。颜色在日光中,竟可完全褪去。我幼时画一大幅水彩画(是照相馆托我画的)虽则装在玻璃镜框中,但他仍把这画挂在门外墙壁上,每天有日光曝晒,后来晒得极淡,几乎一无痕迹。又如晒绸缎淡色的衣服,也应放在阴凉之处,不要晒在烈日中,以致变色,这都可证明你试验是不错。

2. 你说"各种颜色还必须调淡,才容易发现变化",我以为调谈的颜色,容易变化,是油画颜料白粉的关系。油画要画得淡,必须加白粉,而白色(锌白,锌钛白)自己会变的,如中国古画,以墨打地,是历久不会变的。

3. 1970年1月4日,距上色二年,试了五个月,把33种颜色列表试验,其中说明以遮的比露的不大会变,换句话说,就是颜色在室内与室外变化不同。室内好像遮光,室外好像露光,可见光分色确是主要原因。我想像干片上摄影,也是因露光起了作用,在暗室内淡片不会漏光的,因此想象颜料中也许有感光作用。红玻璃的灯下洗片可以不漏光的,红色不大会感光,你说大红不会变,想来就是这个道理,虽然调以白色,那个红色调成粉红,好像暗室洗片,用了粉红玻璃作灯泡,那就要感光变色。这是我的理想,只能作为

问题,不能作为定论。

4. 至于依光带而论(红橙黄绿青蓝紫)红色光波最大,紫色光波最小(有颜色都是从太阳光来,曝在日光也许从太阳光去,但这是我的理想,不作定论)。红色之前红外线,紫色之后有紫外线,红外线,只有热的感觉,你说试验把颜色混合后,分涂二块,其一涂在墙上曝晒,其二涂在纸上,放铝质饭盒内,饭盒虽晒得烫手、盒内的颜色不变,涂在墙上晒的,所含红色褪去。依我想来,也是光的影响,是物理作用,不是化学作用。在日光中撑了红色阳伞,皮肤不会晒黑,可见红色是不怕热的,何况红外线即是热的感觉。理想如此,不能作定论,也许还有别的理论去解释。但是你的试验总是不错的,因为试验是帮助成就的结果,为什么有这样的结果,总要寻出一个定理来。科学者,有发明家和说明家,发明家发明许多发明物,说明家是因发明而为什么如此。例如马可尼发明电,后来的学者把无线电的传播,说是有"以太"的波动所致。波动论现在还是成立,相对论能否成立尚须时间,直射论好像已经过去了。种种学说都是预先设一理想,然后加以决定,我现在所说的,不过一时的想象而已。科学实验而得到结果,结果生出定论,在定论的前面,不妨设一假想,但假想不能就算成立,必须要几次三番地不断试验,不断想象,所以你的试验是很有益的。

5. 紫萝兰干枯变黑,想来也是光波短的关系,或者因颜料中的成分,前者属于物理,后者属于化学。我对这一色,向来不用,即使要用,是把红、蓝、白调出来的,坊间所买现成的紫萝兰极少使用。为什么要变,不敢断定。

6. 看你的表上锌白,锌钛白,遮光时稍变,微黄,露光时反不变,我画油画时,亦有此现象。从前画的白色绣球花,现在亦不最白了。即如最近画的白色花架,过了一星期,亦不及初画时的白了,昨天吴亦生到我家里,看到你的试验小结,他也认为对的,他说无论什么白色,如果变灰,只要放太阳光里曝晒,就可复原变白。我廿余岁时所画的水彩画,放在箱中,因为经火不露光,画上有白粉的部分,都变黑,敦煌壁画上人物面相,都变黑脸,此种种,或者是铅粉关系,或者是暗的关系,都可以证明你的试验。

7. 照你的试验结果,和吴亦生所说的亦相符合。我记得从前苏州美专挂在沧浪亭沿河美术陈列室里的一些中国画,后来因为附近工专染织工场里的漂白粉污水流在河内,致将画上的铝粉花朵变成粉红,后来灌换了清水在河里,那粉红色的花朵回复原状变白。我想这是硫化作用,因为漂白粉中也有硫气,铝粉遇了硫气,容易变色,日久之后,氧化使它复原,是否合理,也是理想。

8. 如果白色颜料画成之画，把它露在日光中，白色或者可不变，但其他颜色恐要变了。我想晒是要晒的，但晒的时间不要太久，那双方可以兼顾了。

9. "失油"我以为不要紧，顶多在画面上铺上光油，使其滋润滋润。但上光也有缺点，要把颜色的高低弄平，其中尤其是白色的粗糙作用。粗糙可以表现白中更白，何使把白色的粗糙填平，那在表现上要不及未上光时来得好看。

10. 紫萝兰遮则黑灰，露则严重干枯，这样看来，紫萝兰，不管遮、露，总要变色，此色最好不用，或者以拼出来的紫色代替，因为与其为了一色妨碍全体调子，是不相宜的。

11. 遮比不遮好，这是很有利于作画的人，也是你表上的说明，因为画件总是放在室内的居多，放在露天的较少。国外美术馆陈列室，光线不最明亮，也许含有这个原理。

12. 你说大红为最好，朱微暗，影响很小，我在油书理论上看过"有的画家以大红代替深红"，想来也是这个道理。但大红调出来的颜色，总不及深红调得称心准确，如果可以能大红调得出的其他颜色，总以尽可能使用大红来调，为在深红亦变得不厉害。

13. 我本来以为红色中银砵不变，但你的试验结果，银砵是褪淡变深，变暗，可见凡事总要试验而决定，不能从理想决定。理想是要的，但必须试验方可断定，你的试验于画家是有益的。

14. 玫瑰红严重变淡变灰，我对此色虽不大用着，但有时花卉之淡红不得不用玫瑰红调出来，可以准确。玫瑰红不是原色，深红（Gvimaon）是原色，深红可以调出玫瑰红，玫瑰红不能调出深红。现在坊间买到的深红是带着大红一些，Reves 出品之深红（Gvimaon）好像玫瑰红，我因画月季花要用玫瑰红，曾去买了一瓶，依你的试验，我不敢用了。有人对我说玫瑰红加一些大红，可以变成深红，不知根据什么标准，顶要紧的 色都要有一定的标准。

15. 银砵严重变深，呈紫灰色，其程度使色彩及素描关系受到显著影响。这还不要紧，我的意见，仍使颜料统统一律变色，还不致妨碍全体，好像衣服穿了日久，总是要变色的，所顾虑为画图上那一块变淡，那一块变深，或那一块不变，以致画面上之浓淡不能掌握了。

16. 你说室内作油画环境和朝什么方向，与变色有密切关系，周围有建筑物或树林的地方保持较久,朝北变得最慢,朝西变得最快,因为北室常处阴面,北窗阳光少进,所以画室常采用北窗,西窗则无论作画、读书、饮食、睡眠,都很不适意,这也是光线的关系。

17. 你说"画时不宜蘸油太多,要有一定厚度,如果没有色粉末,等到颜料中的油被晒去后,就要露底,再上光也不能恢复",这是很对,我从前画的油画,也有如此的失败。因为颜料变色与油的关系很大,画得原色多油少,可以常常操持准确的浓淡,油少的画,究竟不大会变。试观粉画,往往经五六十年不变(例如我画的灶间肉店)。装在盒子中的粉末更不会变,可见变色的原因,油点多数,油画画得厚,不但不变,更可增强精神。

18. 我意与其浓淡搞乱,或颜色褪去,宁可采用不变色的颜料,这是在二等不可兼得时无办法中的较好办法。

19. 你试验了好几年得的结论,这是很认真、刻苦的研究,并且帮助别人的免去失败。我亦不能以暂时的理想来武断一切,最好还是要研究和试验。

颜文樑

1970. 7. 14

士宏复颜师，对油画颜料变色试验的补充说明。（留底）

（颜师字栋臣）

复颜师对《油画颜料变色试验》的意见，并补充，留底

栋臣老师：

接读七月十四日末收，知道您臀部生一小瘤，不知现已好些否？暂时不能动手术，是否可以采取其他办法使它消去？甚念。

读附下对于我所作《油画颜料变色试验》的指导，非常高兴。我师研究绘画数十年如一日的精神，实深钦敬，学生应很好学习。在这十九条意见中，提出了许多宝贵的意见和设想，还提出了您从幼时起所遇到的种种颜料变化现象等宝贵经验，仔细研读，得到很多启发，当于暇时再作进一步试验。

下列几点，作一些补充说明：

1. 记得有这样一种说法："物质的颜色，是指该物质被光照射后，吸收了其它颜色，只反射某种颜色。例如吸收其它所有的颜色而只反射红色，我们就叫这种物质是红色的"（大意如此）。照这样讲法，颜料的变色，就是颜料由于某种原因改变了它的吸收和反射的特性。究竟是由于光的照射，与某种气体接触、与某种物质混合或其他种种原因，那种原因影响最大？以及具体是怎样起改变的作用的？值得很好探索。我所作试验是用板条压住一部分，露出一部分，原来只想到遮住光，现在想到，压着的地方，同时也阻碍空气流通；室内和室外除了光量不同，同时也有空气畅通与否的关系；上了光不易变，除了保持滋润，也有隔绝空气的作用，或者，上光油结成的　膜还可能有阻挡光线中某种使颜料变色的东西通过的作用。现在觉得，我在小结中认为主要是光的关系，这样说法，还待斟酌。前几天听到看我在画的人说，他在杭州看到在画上喷一种东西，可保十五年不变，但不知喷的是什么材料。如果喷上一层东西可保15年不变（是指室外），那么变色就不能说主要是光的关系，因为喷在画上的材料肯定是透光的。究竟是因为那种材料本身坚固耐久（凡立水在室外就不能十五年不坏）而又有与空气严密隔绝的缘故呢，还是因为这种材料既能透光，又能阻挡光线中使颜色变色的东西通过的缘故呢？我很希望知道是何种材料。请我师便中问问杭州美院，他们可能有人知道。据讲的人说是杭州建万岁馆时看到的。

2. 关于白色不见光要变的问题，我又想起以前我家有门漆成白色，共二

扇,不在一处,都有如下情况:热天门常开,门背后的白色显著发黄,冷天门常关,门背后照到了光,白色又逐渐恢复到如其他地方相同。我们现在用的油画颜料白色,是锌或锌钛,油漆中的白色,我猜想可能是铝粉,因为价比锌养粉便宜,所以这几种材料制成的白色,大致可以肯定有不见光要变,见光又能恢复的特性了。吴亦生说"无论什么白色,如果变灰,只要放太阳光里曝晒,就可复原变白",可能只适用于部分白颜料。我曾遇到如下情况:约在1960年夏天,曾发现用一种广告画白颜料写在墙报上的字,在室外晒后变成淡灰,取回放室内后,又恢复白色。阴天挂在外面,并不变灰。可惜忘了是何处出品,无从查改。约再迟一、二年,还发现用一种白漆(好像是"牡丹牌",记不清楚了,也不记得何处出品)写在红砖墙上的标语字,晒后变淡灰色,也是夏天,天阴或早晨看时,仍是白色。估计这两种白色可能是同一原料制成,它们变灰的程度相似,条件也相似,都是变成相当显著的淡的中性灰色。它们恰恰和锌白等相反,是光强了才变灰,弱了才复原。我发现的时候,都是夏季,亦即阳光强烈时,夏季的阴天,也能保持白色,说明要阳光很强才起作用。还有一个不同,锌白可变深变淡,是逐渐的,不知不觉地变的。这二种白色是在几小时内就能变灰或还原的。

3. 大红原装不变,调淡要变,除了在样板上试了用大红调白色要褪之外,曾用大红、群青、中铝绿、锌白调在一起,晒后其中红色褪去(这试验做过好几次,有的在墙上,有的在纸上,可惜没有保存的)。现在上海美术颜料厂出品中管装大红及紫红的包装纸上注有"供原色绘画,切勿冲淡使用,否则会严重褪色",所以我现在室外作画大红只用在不调或只和少量普通等深色调,尽可能保持它"不冲淡作用"。画含有红色的颜色时,为灰色衣服中的红色就加桔黄赭石、土红之类不易褪的颜色。面部则用深红、桔黄,砚硃,但砚硃没有大红浓,有加了白粉的感觉。

4. 紫萝兰变色问题,得知您一向未用此色作画,很高兴。我打算试一下还是做紫色的原料的关系,还是"紫"这个颜色的关系,即紫色光被短的关系。前一时期发现用小太阳(不知该种灯的学名,只听人家叫这个名称)照明的画,除了不能正确反射颜色之外,颜色似乎变得特别快,红色减少,有较强的桔色感,红色油漆也比一般环境中变得快,因此怀疑是否由于该种灯光含紫色,或者是另外还有看不见的紫外光的关系,和紫外线是否本身是看不见的光而能影响可见光,均待试验。

关于紫的变色问题,回想过去所见印刷品,古典画中似少见紫色,是古代不喜欢用此色，还是日久变掉了？还是我见得少没有看到？我师在欧洲看到许多原作，不知紫色常见否？

5．"室内作画，环境和朝什么方向与变色有密切关系"，可能我抄错了，原来的意思是"室外"。

惟馨现在五七干校，地址在奉贤，每月回访休假数日。陈健现在业余时间学画，很能钻研，很有进步。洵美常有信来，她在那边很好，但因劳动回家烧烧饭，搞搞生活上的事，暂时没有时间画了，但她表示以后有条件时，她一定要继续画的。她们身体都很好，承为关注，谢谢您。

知道您最近又写生了二幅画，非常渴望能看到，只能等以后回沪来看了。

敬祝
身体健康

生士宏敬上

1970．7．26

颜师母前请代问安

③ 70.12.8（一页）

颜师寄未《空间透视》讲义。

 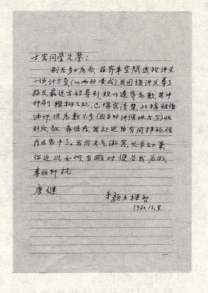

士宏同学史鉴：

别后多日为念，兹寄奉《空间透视讲义》一份，计 5 页（以两份凑成）。我因该讲义，寻了好久，最近方始寻到，致以遵寄为歉，其中印刷模糊之处，已填写清楚。此稿虽系油印，但为数不多（因当时讲课地方少），收到后，敬希保存，我处还留有同样的，保存在家中了。我因天气渐寒，久未动笔，你近况如何，有假时便告我为盼。

专此即祝

康健

弟颜文樑书

1970.12.8

④ 71.2.16（一页）

颜师收到士宏邮寄刻印《空间透视讲义》的复信，并告想编《空间透视琐谈》。

士宏同学史惠鉴：

一月七日手书并挂号寄来《空间透视讲义》十份，都已收到，非常谢谢。你说你处有几位从事美术工作和爱好美术的同事，对空间透视感有兴趣，这是很好，但惜乎我写的理论不多，不能充分说明。这空间透视并不是我所创造，是画家伯英德（Edwaid Johm Poyntev）之油画理论中的一段说法，至于专论空间透视之书籍，还不大看见，这不过是附属光学色彩的物理关系应用于油画方面而已。承李方同志为我刻印十份，使我留存较多，藉以送人，请为代谢。我现在想编《空间透视琐谈》（为像《色彩琐谈》一样），凭自己的经验，分别说明，聊作绘画上之一种理论。这不过帮助画油画者需要，并不是微妙理论也。

专复即祝

康健

颜文樑 1971.2.16

⑤ 71.3.14（一页）

士宏复颜师71.2.16.手书（留底）。

对于"空气透视"改称"空间透视"问题。

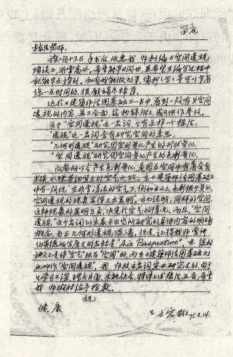

栋臣老师：

　　读二月十六日手书后，欣悉我师拟编《空间透视琐谈》，非常高兴。希望能早日问世，并希望在编写过程中就能早点读到。如有我能做的事，像抄抄写写等，可以节省您一点时间的，很愿竭尽棉薄。

　　近于《建筑师绘图基础》一书中，看到一段有关空间透视的内容，并不全面，抄录附上，或又供作参改。

　　关于"空间透视"这一名词，生有这样一个想法：

　　"透视"这一名词含有研究空间的意思，

　　"几何形透视"研究因空间变化产生的形状变化，

　　"空间透视"研究因空间变化产生的色彩变化，

　　后者所以会产生色彩变化，是因为空间中有着含有尘埃、水珠等细质点的空气之故。在《建筑师绘图基础》中有一段说"在非常清洁的空气下，例如在山上，色彩很少变化，空间透视的现象显得不太显明"。这也说明：同样的空间,这种现象的显明与否,决定于空气的情况。而且,"空间透视"这个名词似未表示出它所研究的具体内容的明确概念,易与几何形透视混淆。但是,记得我师曾讲伯英德所写原文的名称是"Ais Restpeetuie",在您的讲义上是将"空气"改为"空间"的,而在《建筑师绘图基础》上也叫作"空间透视"。我师改这名词定必研究过的,由于生学习不深,理介片面,未能领会,特将上述想法函告,希望我师暇时给予指教。

　　祝

健康

生　士宏敬上　71.3.14

⑥ 72.1.13（一页）

颜师函谢士宏寄赠赫胥黎著《人类在自然界的位置》一书。告"阅之颇有兴味"。并提到目力远不如前。

对士宏作色彩试验予以鼓励。

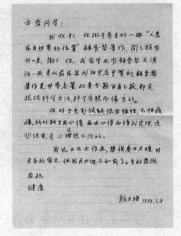

士宏同学：

我收到　你挂号寄来的一册《人类在自然界的位置》赫胥黎著作，阅之颇有兴味，谢谢你。我家里也有赫胥黎《天演论》一册，是从前在苏州旧书店里买的。赫胥黎著作是世界名著，此类书籍百看不厌，都是根据科学方法、科学实验而得来的。

你对于色彩试验，很有恒性，不怕疲倦，所以能生出心得，再由心得而得到定理，这些结果，是与空想不同的。

我近日不大作画，想俟春日天暖时至各处写生。但我目力远不如前了。

专此感谢

并祝

健康

颜文樑 1972.1.3

⑦ 72.4.1(二页)

颜师复士宏二月廿九日信，赞许士宏想用图解形式证明应用于油画的技法效果。并又对"并列法"、"边沿法"、"厚薄"再次讲解。其中提到"'边沿法'是我的主张，'并列法'并不是我的发明"等。

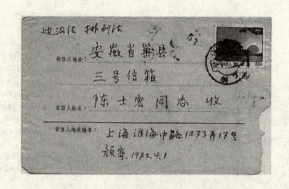

士宏同学：

　　接得二月廿九号手书并《进化伦与论理学》一书，非常感谢。我因内子前患寒热，家中佣人阿文回家，春节中来的朋友同学甚多，以致搁笔迟复为歉。

　　你信中所述对于我常讲的"并列法"、"边沿法"、"厚薄"等种种，想用图解的形式表示它，并应用于油画方法作试验，以便初学之人易懂，这是很好的事，关于这些，我虽于《色彩琐谈》上写过一些，但零零碎碎不能由浅入深，作系统之研究。至于附图证明，又付缺如。有了图解，则学者明白而省时间，赞成之至。

　　"并列法"有大小块面三不同。大的块面并列，就是色相的对比，小的块面并列，可以使颜色鲜明，换言之就是色光在网膜上的拼出颜色，点彩派、印象派，都属此理。溶淡三色并置，则浓者更浓，读者更淡，共在临近边沿之处，则更显突出。但色相对比，则非但浓者更深，淡者更淡，而在沿边之处则要变更其颜色，总之我人作画，总要使颜色鲜明，避免厌暗，但鲜明的颜色，朱　不要厌暗的颜色以衬出，若然鲜明与鲜明二色相并列，或厌暗与厌暗的二色并列，则厌暗仍是厌暗，鲜明亦无法衬出得更鲜明。所以二种颜色并开的得当，可以相得益彰，何况颜色并列，还有余色补色的理在内。

　　"边沿法"是我所主张，"并列法"并不是我的发明，颜色的淡浓即是光的明暗，淡即是明，暗即是浓，所谓画得明亮，就是用浓的颜色以衬出淡的颜色,若然光与色不能兼顾之时,只好用"边沿法"去解决。例如红色太阳,论其颜色则红,论其光亮则淡,若然全部画红,则红而不亮,若然全部画淡,则亮而不红,为兼顾起见,则在边沿之处画得红些,内中画得淡些,那就既红而带明。所以画不要过分光滑,画得毛毛糙糙,倒反好看。

"厚薄"是油画技法之说明。淡而亮的要画得厚,深暗要画得薄,则精神显著,但要画得不过分,不要太过火。

总之,你对此研究,确可帮助别人难以讲得出的问题,存在 你是明白其中道理,做起来一定好的,祝你成功。

我久未作画,去年落日时画了三小时日景,后来已落去,画不完工了。专此复谢,并祝

康健

颜文樑 1972. 4. 1

⑧ 75.3.20(一页)

颜师收到士宏寄赠油画颜料,因"红眼睛"全愈有兴趣去郊外作画。(彼时颜师82岁)

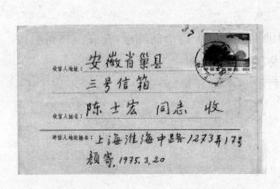
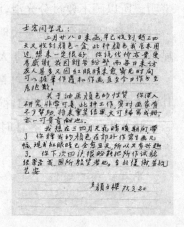

士宏同学兄:

二月廿八日来函,早已收到,越三四天又收到颜色一盒。此种颜色,我虽未用过,想来一定很好,你说代价亦贵,更为感谢。我因杂务纷繁而每日来访友人甚多,又因红眼睛未愈,几无时间可以握笔作复和作画,直至今日作书,至为抱歉。

关于油画颜色的性质,你深入研究,非常可喜,此种工作,实对画家有不少帮助。将来汇集结果,大可编写成册,亦一可贵贡献也。

我想在三四月天气晴暖期间,带了你赠我的颜色,在郊外作写生画几幅。现我红眼睛已全愈五天,所以又有兴趣了。你下次回沪,很盼能把所作试验结果告我,固所殷望者也。专此复谢,并祝

艺安

弟:颜文樑　75.3.20

⑨ 76.6.2(二页)

颜师复士宏五月廿日信,关于黄色的变色与空气的关系和配玻璃、上光等问题。因在病中,由陆寰生先生代笔记录。

士宏同学我兄:

接五月廿日惠函,敬爱。关于褪色研究,我兄所述甚对,但颜色的转变原因确甚复杂。惟谈铬黄的变化,使我听后将谨慎使用,或尽量少用,以期避免整幅画面的妨碍。上次承寄来天津颜料,曾试用过,甚好,惟褪色须日久方可知道。四月下旬李宗津同学自北京来,为我写生一本身像,用色即系天津出品,与勒法郎油画色夹杂使用,甚好。李亦说天津出品的颜色比上海出的好,我对他说可惜淡铬黄要变黑,李说不用淡铬黄用柠檬黄也可以。这次画像我拣法国货给他使用,将来变不变也不知道,一定说出好也不见得。我现在所用中铬黄并不多用,如果要用即用淡铬黄,而且用淡铬黄调翠绿时多调,比中铬绿时少。我所顾虑的,平时用淡铬黄比较多,因此使我忧虑不放心。最近你试验说淡铬黄不见得变色,而因煤烟变色,这也使我放心。淡铬黄不能不用,假使用天津出品则价贵,不得不用大量厚涂,因对于经济未免过费。假使不顾及经济,当然用最好的颜色,但用颜色厚涂亦为重要,过薄则精神不够。如果使用价贵色而厚涂,与价廉颜色厚涂二者相比,宁用劣色而加厚。现在你说淡铬黄不变,也使我放心的原因,总之颜色褪色,原因决不止一个,有因空气不洁或潮湿,或阳光直射,以及其他原因等等。

最近我看过加拿大油画展览,据说美术馆窗闭并有吸收潮气设备。此项设备(究竟是否有我亦未亲见),潮气确能使画变色无疑。但燉煌壁画数千年颜色不变,假令易江南,未当不会变色。因燉煌在高原地带,空气自较干燥。至于说吸收潮气装置则为周末必都有此设备,恐怕此系近代新产,古代则从未听说有过。罗佛尔美术馆亦无此设备,惟达文西画确有些变色。

伦敦多雾，空气潮湿比其他多国为甚，因为美术馆中巨幅油画，均配以原玻璃保护，藉以隔绝潮湿空气。我的油画，一般都配玻璃画框，如百果写生一幅，迄今颜色未见大变，但亦不能说不变，不过变得轻微些而已。颜色上了光，等后配上一块玻璃，亦可保持颜色不变。但上光本身亦有颜色，所以总不及不上光的颜色为优。因此在万不得已时，才上光，因上光亦有缺点。虽然上色之后，也许亦要变色。倒为燉煌壁画的铅粉所画人的面像变成黑色面孔了，这是颜色本身起了化学作用所致，不关空气。你说用锌太白是好的，不用铅白，你很有研究。我最近出外为中山公园，有的颜色鲜明，有的不鲜明，这是技巧问题。承关心我的体力、健康，然尔感谢。我上月底忽患尿道感染及高烧，两天未退，而五月廿一日晚又因臀部之瘤不慎擦破流血甚多，经诊治后虽已热退，惟伤口尚未结合。一俟全愈，还拟往船厂写生。该厂联系手续大致已办理妥善，该厂工会亦有人到舍面谈，只待我完全康复而可进行作画，此函因在病中以致复为歉，现虽稍愈，故口述由襄生记录寄奉。
专复并祝
　　大安

颜文樑六月二日
（可能是 1976 年）

⑩ 82.8.24.（一页）

颜师嘱士宏再临一张《厨房》。

士宏同学

日前惟馨到我家里，想她已有信给你。

兹再另写一函。你能否在十月之前来上海一次，将从前未完工的《厨房》使其完工，因为粉画已能寄回我家，我将利用此空余时间，稍加修改，并请你落幕完毕后送别处展览。如果能同时再陪一张（用细的淡灰色粉画纸），那就更好了。

至于在时间上之损失代价，我将补足你的酬报，因为我曾向惟馨同学说过，这粉画是你熟手，别人不能会画，而粉画纸及粉笔，都是1914年前所产，即使现在巴黎亦买不到。这事在技术上，材料上，只有你我二人可干，可以将再写信附上此。奉祝

健康

颜文樑.82.8.24.

吾师颜文樑教授

俞成辉

我最初从颜先生学画是在太仓中学,颜先生每隔一周来太仓中学兼任图画教师的时期。他教我们静物写生或到野外作风景写生,因而受其薰染,决心待中学毕业后投考美术学校学习绘画。

1928年秋我与同学张新械、李福炳三人连袂考入苏州美术专科学校西画科,开始正式从事美术学习。

当时颜老受苏州公益局之聘,主管沧浪亭并筹建苏州美术馆,因此,将原来苏州美术学校自羊王庙旧址迁入沧浪亭新址,并得到当地富绅吴子深先生的资助,将整个园林内的楼台亭阁,假山回廊修茸一新。以明道堂为西画科主要教室,上午画素描,下午画水彩,以五百名贤祠为国画科主要教室,以面水轩为文化课兼理论教室,为学校创造了优美的学习环境。将沿河三间平房改作美术陈列馆,经常陈列当代名家作品和教师范作,供学生观摩学习和游人参观欣赏。

当时主要教师有校长颜文梁先生兼任油画课教授,校务主任胡粹中先生兼任水彩画和透视学教授,事务主任朱士杰先生兼任图案和乐理教授,黄觉寺先生任教务主任兼美学教授,张紫玛先生任训育主任兼素描教授。这一年在校学生人数已发展至150余人,整个学校呈现出一派兴旺景象。为了进一步巩固和健全组织机构,聘请当地著名人士吴子深、叶楚伧、张一麐、朱文鑫、金大翮、汪懋祖、王謇等为校董并推选吴子深为主席校董。以后学校一切修建校舍和添置设备等所需经费,大多出自吴子深先生资助。学校一切工作安置妥协之后,颜先生接受徐悲鸿先生的相劝,于是年九月赴法国留学。有人猜测颜先生出国留学的费用是吴子深给的,吴先生闻此传闻后,立即声明:"颜文梁私人葱从未向我借过一文钱"。实际上颜先生是用的自己多年来在各处兼课所积累起来的八千余元。由此可见,他为了创办苏州美专培育艺术人才,是不惜个人一切牺牲,尽心竭力,当做终生事业而奋斗到底。这与他生平严于律己,待人宽厚,一贯艰苦朴素,洁身自好的生活作风,是完全一致的。也是全校师生深为敬佩和十分爱戴的。

颜先生抵达巴黎后,即拜访著名画家打仰,布委尔特并经达仰的介绍进入巴黎国立高等美术学校，从罗朗斯教授为导师，认真刻苦学习，从素描到油画整整三年，于1931年学成归国。

在留学的第二年即1929年3月他的名作粉画《厨房》、《画室》及油画《苏州瑞光塔》均被入选春季沙龙画展。其中《厨房》获得荣誉感并授予了奖金。

1931年颜先生回国后积极为学校向教育部办理立案手续而到处奔走，按规定必须有较完善的·校舍和设备方能批准，如不备案将被称为"野鸡"学校。因此，颜先生与吴子深先生及校董会经多次商议，最后决定请主席校董吴子深先生拨款五万四千元，兴建希腊式新校舍。于1932年春奠基兴工。当时我也有幸参与了奠基曲礼，至同年八月落成。是一座希腊式列柱拱廊建筑，甚为宏伟宽敞，十二根列柱顶上都有装饰雕刻，精致美观。整个建筑包括石膏陈列室（内固定陈列石膏模型五百余件）、办公室（每室墙壁饰色不同），国画教室、理论教室、玻璃天光实习室，地下室等共计五十余间，一至三楼走廊上都镶嵌有壁画，我当时也参加画了一幅《天使下凡》图，十分富丽堂皇，规模陈设亦为当时全国美校之冠。全校师生员工，无不欢欣鼓舞，引以自豪。

是年十月教育部批准苏州美专以大专院校立案，正式定名为苏州美术专科学校，简称苏州美专。

我是1931年毕业于苏州美专西画科，后又留在母校继续进修油画人体，欣喜能迎接颜先生留法归来，亲聆教授油画课，他对每一位学生都很亲切热情，授课兢兢业业，对学生作业无不仔细观察，严格要求，传授技法精密周到，循循善诱，从不厌倦。虽然时间不长，得益匪浅。当时我与张紫玙、孙文林、颜友崔等先生及留校任教的张新械同学同住羊王庙前面一间楼房里，晚间常与他们一起往观前街蓬瀛茶楼参加茶叙，聆听颜校长及诸位老师等商谈校务，交流教学经验，有时由颜师介绍在法留学期间的一些情况以及他个人的感受；亦谈为人处世之道，人生哲理，感人心腑。往往在推心置腹、潜移默化中，达到互相理解，使大家齐心协力，共同办好学校的鼓动作用。使全体教职员都能把学校作为自己的终身事业，成为任何艰难都拆不散、打不破的坚强教学团体。

颜师认为："要做一个艺术家，首先要热爱自己的专业，只有热爱了，才会不断地努力，不断进步。其次要能苦思力索，尽力去钻研，这样才能在艺术创作上出成果。"又说"虚心学习有前程"。"主观骄傲的人，学习一定不好。看到年轻人，觉得肤浅无知，见了老年人又觉得陈旧背时，遇人先怀成见。这种不虚心的态度，对自己艺术上的提高是很有害的"。他说："我喜欢年轻人，青年人有朝气、有希望，他们会胜过老一辈。看到青年人比我好，我感到高兴，应该是青出于蓝而胜于蓝。"还有许多箴言警语，都使我深受教育，永久难忘。值兹恩师百岁诞辰纪念的时刻，缅怀颜文梁先生的生前业绩，及办学和艺术创作的精神，我们将作为楷模永远认真学习。

（作者为南京艺术学术学院教授，本文原载于《艺苑》美术版 1993 年第 2 期）

记苏州美专动画科

李 新

苏州美专创建于 1922 年，是我国近代较早的美术学校之一。1952年全国高校院系调整时并入华东艺术专科学校。岁月如流，并校时三校师生团结，欢乐、齐心协力的情景仍历历在目。

苏州美专的创办人、校长颜文樑教授是一位老一辈的著名油画家和杰出的艺术教育家。他是中国近代美术教育事业的奠基人之一。苏州美专在并校前的三十年中培养过

颜文樑肖像（李新作）

众多的美术人材，在中国美术教育史上，留下了灿烂的一页。

颜老师不但在绘画艺术上有深厚的造诣，而且非常热爱科学、热爱新事物。他在色彩学、解剖学、透视学等方面结合自己艺术实践的丰富经验，都有独到的见解和著述。他在献身艺术教育事业中，富于创新求索的精神，有预见性，善于发现和扶植新事物。即以苏州美专设置系科专业而论，除了绘画本科外，五十年前，颜先生即已高瞻远瞩，预见到工艺美术事业的广阔前景，创办过"实用美术科"。而在新中国成立之初的 1950 年又创办了"动画科"，这是在中国美术教育事业中的创举，也是颜先生长期培养扶植成长起来的艺术教育的新花。

远在上世纪 30 年代，动画艺术刚在国外兴起，颜先生即发现这朵艺术新花的生命力和发展前程，并且培养和引导对动画艺术颇具才华的钱家骏从事这项工作。经过多年的刻苦钻研和艺术实践，钱家骏终于成为我国早期动画艺术事业中卓有成就的动画专家之一。同时，在颜先生献身于艺术教育的精神影响下，有一批校友对动画艺术也颇有志趣，这就为苏州美专创办动画科作了资师力量的准备。但是在旧社会，一个私立美术专科学校要创设一个新兴的系科是十分艰难的。解放前的苏州美专经受抗日战争敌伪

的破坏、糟塌，一些良好的教学设备遭受损失，办学经费拮据，学校奄奄一息。解放后，在新中国的阳光照耀下，由于党对文教事业的领导，人民政府的关怀，颜先生创办动画科的美好愿望得以付诸实现。

苏州美专动画科创办于1950年春，到全国高校院系调整时仅仅两年多时间，毕业和肄业学生总计40余人，它是新中国培养和输送动画人才的最早的基地。当年我应母校之邀，参加动画科的创办工作，亲身经历，感受颇多，值兹校庆之际，记叙其事，以资纪念。

1950年春，在颜先生的直接指导和黄觉寺、孙文林等教授的协助下，由钱家骏教授和范敬祥副教授具体负责动画科的创建工作，学制定为两年。1950年暑假正式招生。为作好动画科的开学师资和教学设施的准备，首先成立了制片室，它的性质好似我们今天的校办工厂。制片室曾经受上海市人民政府卫生局的委托，绘制过两部卫生教育动画片，培养了教学师资和技术骨干力量，解决了动画科的部分教学经费和实验设备问题，为动画科的发展创造了有利条件。

制片室由范敬祥副教授负责主持，先后在制片室工作的有吕敬棠、吕晋、杭执行、钱兴华、王吉、刘剑菁、施有成等十余位同志。

动画科由钱家骏教授负责领导，造型基础课由毕颐生副教授负责教学，部分制片室成员也兼任教学工作，电化教育专家戴公亮教授、画家陆敏荪等也兼任过教学工作。

特别是著名漫画家，上海美术电影制片厂厂长特伟同志当时对动画科热情的支持和信任，为学生毕业后的出路提供了保证，他并且亲自到苏州讲学，使动画科的师生增强了对动画事业的信心。

颜先生看到了动画科这个新兴的专业解放后在党的阳光雨露下创办起来，心情十分高兴。他经常鼓励我们克服困难，努力教学，并向大家叙说当年创建苏州美专时艰苦奋斗的经历：20年代他留法时，为了提高苏州美专在基础课教学上的质量，亲自选购和托运了石膏教具四百六十余件回国，抗日战争期间颜先生靠自己在各校兼课和卖画的收入，坚持在上海租界继续办学……颜先生这种忠诚于艺术教育事业的精神，不断给我们以鞭策和鼓舞。

那时，动画科的教学和制片室的工作都是十分繁重和紧张的。但是大家怀有理想，精神愉快，情绪高昂，工作上也配合得很好。范敬祥当时是带病工作的。制片室的同志往往每天都要工作十几小时，夜深了，沧浪之水还倒映着制片室落地大窗的明亮灯火。

新中国成立之初的 50 年代,在我们的回忆中是亲切难忘的。我们对社会主义祖国的美好前景充满了理想,经过党的教育,我们这些知识分子都在不同程度上认识到要重视自己的思想改造,要学习老解放区人民的革命传统。

那时,制片室的物质条件相当简陋,一架摄影机是从旧货店里购来的,摄影架是土造的,居然完成了两部卫生教育动画片的摄制任务。

初创时,我们是半工半教,以工补教。工资待遇相当低,除了集体的伙食外,每人只有几元零用钱,犹如老区的供给制。

1952 年夏,动画科第一届学生毕业了,他们被分配到了北京八一电影制片厂、上海电影制片厂和上海科学教育电影制片厂,成了当时一些制片厂的动画骨干和制片的技术骨干。1952 年秋,全国高校院系调整时,动画科师生调整到了北京中央电影学校——现北京电影学院。

苏州美专动画科虽然为时不长,但它对新中国的动画事业培养和输送了人才,作出了贡献。当年在沧浪之滨学习动画的莘莘学子,现在都已成了国内一些电影制片厂的动画片、科教片、军教片或其他美术片、电影美工、摄影等部门的骨干力量了,如在上海美术电影制片厂工作的严定宪、林文肖、阿达、胡进庆、蒲家祥、方澎等导演,参加创作的动画片均在国内或国际上获得了奖励和荣誉;在北京八一电影制片厂工作的龚晚成、许文莺等在军教片中作出了成绩;在上海科学教育电影制片厂工作的高翔、洪德顺等在科教片和电影摄影上作出了出色成绩;在广州珠江电影制片厂工作的王静珠除了动画工作还从事电影剧本创作,取得了出色的成果;有许多动画科毕业或肄业的校友长期埋头工作,勤勤恳恳,在动画事业或电影工作中成了不可缺少的骨干力量。这是十分令人高兴和值得学习的。当然这些同志们的成长发展,首先是党的教育和培养,是他们在事业上长期刻苦钻研、辛勤劳动的成果。而苏州美专动画科的创办和对他们的启蒙教育也是他们成长发展的起点。

从现在的要求和水平来回顾当年,动画科的教学处于启蒙教育的阶段,在教学上经验不多,物质设备相当简陋,为时又不长,因此,不论教学内容或教学方法上都存在一些问题。但其中有两点体会,直到今天,给我留下的印象是颇为深刻的:其一,它的教学目的和要求,是和当时社会发展的需要相适应的,这是颜先生对艺术教育事业的高瞻远瞩;其二,在教学上能够理论联系实际,造型基础与专业相结合,课堂教学与制片室实习相结合,提高了当时的教学质量。

由于工作的需要，1952年院系调整时，我来本院任教，至今已30年了。每当我在银幕上看到一些优秀的国产动画片，看到一些熟悉的作者名字的时候，都会使我记忆起解放初苏州美专的动画科，想起终日一块儿埋头工作的同志们，尤其想念我们敬爱的颜文樑老师。

每次去上海参观画展，我都去拜望颜老，这也是我们这些学生的老规矩了。九十高龄的颜老，仍然精神矍铄，作画、接待来访、传经授艺，每天很少空闲，他的记忆力很好，很健谈，每次见面，他都要问起他的老同事和众多的老学生，关心他长期从事的艺术教育事业，并且高兴地谈到当年动画科的创办，谈到最近几部优秀的国产动画片。有一次他意味深长地对我说："我们好像是交响乐队的一员，我们首先要听从指挥. 要按照曲谱，我拉琴，我一定把琴拉好，我吹号，我一定把号吹好，我们一定要听指挥的。"

颜老简短的话语，生动的比喻，深刻的含意，使我听后久久不能平静。这是一位老一辈艺术教育家的心声，是多么珍贵的、光辉的心声，这也代表了许多老一辈知识分子对党、对祖国、对人民的赤胆忠心。

颜老忠于祖国艺术教育事业的艰苦创业精神和远大理想，对于我们当前的艺术教育以及年轻的美术工作者都是很有教益的。

（作者为南京艺术学院教授，苏州美专校友，本文原载《艺苑》1982年第4期）

回忆祖父——颜文樑

颜清诚

　　祖父离开我们已经多年,但他的音容笑貌常在我脑海中浮现,特别是他那日常的风趣幽默而富于哲理的对我的谆谆教诲,几乎每天都在提醒和教导着我。他性格开朗、健谈、博学,在他长达近一个世纪的漫长人生中,除了从事艺术创作和美术教育事业外,还经常写诗填词、作曲唱歌和演奏乐曲。他诚恳、质朴、正直,从来不炫耀自己,更能尊重别人。正如他常常对我说的那样:"我们应该推崇地球,地球无声无息地绕着太阳公转的同时还要自转,转了几亿年从不停止,而且它能转动得那么精确无误,一分一秒也不出差错。因此,我们人类也应该学习地球:努力、勤奋地工作,不必宣扬、炫耀自己。与此同时,还要像地球那样遵守时刻而不失仪。"

　　我祖父既是一个脚踏实地、刻苦勤奋、重视实践的人,又是一个天资聪颖而多才多艺的人。在他耕耘画坛八十多年历程中,常常将绘画与音乐融为一体,使得画面的情趣更高,从而达到出神入化的艺术境界,就拿他的油画《长风公园之冬》来说:那一轮满月,两棵仁立的柳树、平静如镜的湖面,都是一首首独立的抒情诗,也是一篇篇独立的乐章,然而,这却又都是组诗中的一个个局部,一部交响乐中不可或缺的音符。虽然它们都具有各自的美丽风格,却犹有不足,唯有将它们融汇到一起组成一个画面,它们才能将画面整个的美推到至高点。这幅画面上所呈现的是,一个冬天的夜晚,圆月初上,洒下淡淡的银色白光,环境极其幽静、美丽,漫步徘徊在这样的月夜湖畔,即使是感觉迟钝者也不能无动

颜文樑全家合影(1982 年)

于衷。无怪乎祖父为之倾情而作诗吟颂:"柳丝仁舞碧罗静,止躁寒鸦已归林,万籁寂水欲倦思,一轮明月照清心。"

祖父抒情造境的风景画,无论所取的题材有多少变化,表现手法有多么不同,有一点几乎是抱定初衷而不轻易更改的,那就是创造宁静、舒坦、幽静的美,感染观者与他一起领略品赏。这既是造物主赐予自然界的美,又是他为之再创作的美。他常常说:"我为快乐而画画,这不是脱离人民的自得其乐,而是为大家的快乐而画画。""为使大家快乐,起码要使大家能理解,能欣赏。"他就是抱着立足于人民而为人民的宗旨而创作的。

祖父还常常对我说:"艺术充满乐趣,一幅好的画,能使人看了之后充满乐观的、积极的、向上的感情。"是啊!每当我重温起他老人家对我的教诲,总感觉到:我当不辜负他对我的期望,继承他的事业。

(作者为颜文樑先生孙女)

盈盈沧浪水　巍巍艺苑情

尤玉淇

我行年九三，因此不少新闻媒体的朋友们，喜欢常来寒舍采访我这个所谓的"世纪老人"。特别对最好的文化、艺术方面的往事，更感兴趣。我也只得像唐代的白头宫娥，诉说天宝遗事那样，在喟唤中述说一些人往风微的轶事，以满足听者的要求。但也有人要求我谈一些自

尤玉淇（居中者）与老伴合影

己的故事，特别是一些大悲、大喜，很难忘却的、刻骨铭心的回忆。于是我就告诉他们：大悲者，当然是十年"文革"，身心两瘁，我像是待宰的羔牛，随时有被虐杀的可能，但我始终不想自杀，因为我想过，即使是最浓、最厚、最黑的乌云，也遮不住永恒的太阳。所以我竟然活了下来。我的命运是和祖国的命运同步的，这三十年活得很舒畅，很潇洒。这也是我所以把我的陋居，定名为"爱晚楼"的原因吧。

接着，我就谈我的大喜了，那就是就读沧浪，在苏州美专的那一段的学生生活了。这是毕生难忘，最最美好的岁月了。

其实，我未进"苏美"时，对沧浪亭的景物早就神往已久了。因为《浮生六记》的作者沈三白，早已作过我的"异脖"了。他当年就住在沧浪亭畔，他的一段记载，真是充满着幽情雅颜的。如"居住沧浪亭畔，天之厚我，可谓至矣。""檐前老树一枝，浓荫覆窗，人面俱缘，隔岸游人往来不绝……""叠石成山，树木葱翠，亭在土山之巅，周望极目可数里，炊烟四起，晚霞灿然。少焉，一轮明月已上林梢，月到波心……"真美极了。现在想来我比他还要幸运，因为我曾看到过天降瑞雪、银装素裹的沧浪亭。当然，这是园林的静趣之美，今天尚可看到，但当年学生时代的生活环境之美，只有我这老学生，今天

来略说端详了。那时,真是我们苏州美专的巅峰时期。

西面的沧浪亭,与东面希腊式的艺术之宫由一门相通,便浑然一体了。男同学年少英俊,女同学玉凯绮年,青春是美的,景色是美的,师生相处更是美的,在这美好的岁月里,我度过了一生最难忘、最好的年华。

在看山楼上,可以透目远眺南园的青青田野,谛听隔墙南禅寺的梵呗。山顶上的沧浪亭内,同学们常在这里谈古论今,笑傲风月。谈美与丑,谈人生与理想,谈为艺术而艺术,还是为人生而艺术……

尤玉淇先生与采访的师生合影

沿河的那座希腊式的艺术之宫里,却又是一番天地,内部壁上都画着富丽堂皇、色彩艳丽的壁画。展厅内有颜校长在罗浮宫内揣摩的巨幅油画《罗拉》。画中的裸露的少女罗拉,玉体横陈于床,玫瑰成色的高跟鞋散落在地,睡眼惺忪,好像是宿酒未醒的样子,为欣赏者带来了一个绯色的梦。在陈列室的对面,是法国式的素描,大教室,一尊尊大型的石膏制的希腊神像,栩栩如生,而每一个神像却又能告诉你一个动人的荒唐的传奇。灰绿色墙壁,金色的画镜线,真够气派。我就在这个大教室,手执木炭条,刻划着石膏像的轮廓,明暗……楼上还有不少教室如大型圆画教室,大型人体写生教室、理论教室,音乐教室,钢琴室……在底屋内也有不少教室,还有不少是高班同学单间的油画室,我曾看到后来成为大师级的画家李宗津,在里面全神贯注地画着油画的神态……

在走廊里,你或许会闻到带着调色板上油味的同学走过你的身边,如果是女生的话,可能还有谈谈的香水味混合在内。校里还有两艘船,供我们荡漾。我特别喜欢那只小的红划子,课余之暇,独个儿划到沿河的钓鱼台下,或是看书,或是仰望天空的蓝天白云,此时,往往会听到钢琴室里的钢琴声,从河底隐隐地泛起。

这里除了对艺术执着的追求,当然也有爱与痴,但这里却没有贪与欲。圣洁的情感,使这里染成高纯度的美的境界。

每逢寒暑两假的前夕,总有难忘的"同乐会"。记得有一次寒假前的晚会,主事者别出心裁,要求每一个同学必须化装出席;否则不准入场。我记得那个晚上,有不少人都戴着假面具进场的,是男是女也弄不清楚了。还有些人是化装进场的,什么东方剑使,西方骑士,阿比西尼亚国王,印度皇后,白雪公主,南极仙翁,九天玄女,都翩翩而来。特别是一位同学,头戴毗罗帽,身披红袈裟,手提锡杖,活像《西游记》里的唐僧,引得满场哈哈大笑。不知他从那个寺院里借来这套衣服和道具。那夜我也与一个山东同学合作,登台表演。他是古彩戏法,我是西洋魔术,在木笼里变出七只活鸭,满场乱跑。大家鼓掌不止,得到了一个满堂彩。

还有一次是1937年的暑假,放假前晚,举行了一次别开生面的话别会。男同学列着队伍,高擎火炬,出校门,环绕沧浪亭河,往南禅寺(即今工人文化宫)再经三元坊折返校内。雄纠纠的步伐,黑夜里的闪闪火炬,飞腾的浓烟,真是美极了。而全体女同学则集中在希腊大厦的草坪上,凭着铁栏,唱着颜校长作词的《好友你莫忘》的歌曲,这是借用电影《魂断蓝桥》里的曲谱编成的,唱得真是凄婉动人,催人流下。不想此曲竟成谶语,不久,"八·一三"的抗战骤起,从此风火神出,老同学天涯海角,风流云散。从此一别,有好多同学老无见期。

尤玉淇夫妇采访的学生合影

回顾这段沧浪生活,仅仅像拿起木炭条,画了一幅简略的轮廓线罢了。没有画出它的明暗与阴影,也更没有刻划出细部结构,只是一张很草率的素描而已。

从此，这些人不得不从"象牙之塔"里，走向"十字街头"了。而且更不幸的是这些人还得在这烽火神州内，经历八年离乱的悲欢。

后来，我追随颜师，到了当年号称"孤岛"的上海，羁居在七层高楼上的"苏美沪校"。每晚，遥望窗外，霓红灯下，半天通红的闪烁的景色，"真是别有一般滋味在心头"。这是我当年自称的"七重天"生活。

太平洋战争爆发以后。"孤岛"不孤，我才离开了这个大上海。"苏州美专"也历经了十年多的变化，也延伸到今天的"南艺"去了。但对母校，我仍是怀着一种"剪不断，理还乱"的感情——我爱苏美。

幸运的是，1979年的12月，苏州美专校友会在沪成立了。那天我特地从苏州赶到上海的"美影厂"的大礼堂，出席了这个成立大会。有幸结识了刘中铭、陈徽等学长，他们都是校友会的骨干。我看看台上，颜校长坐在正中，旁座的是我熟悉的陈从周教授等人，大会主持人，是我同班同学蒋天流，那时她已是话剧、电影双栖的熠熠红星了。

因此，我很感谢校友会，有了校友会，就像失群的孩子，有了个祥和、温暖的家。三十年来，校友会使我们继往开来，永远团结在一起。在杨总加盟的《沧浪掇英》出版的前夕，我衷心祝愿我们的校友会，像沧浪之水那样——永流无穷。

（作者为苏州美专校友会全国总会名誉理事长）

颜文樑绘画记事三篇

陈士宏

颜文樑与陈士宏

我国现代美术奠基人颜文樑大师生长于画家家庭,自幼酷爱艺术,喜欢写实的、逼真的西洋画。他于 1920 年所画的粉笔画《厨房》入选 1929 年巴黎春季沙龙并获荣誉奖,为中国画家在国际上首次获奖。1922 年,他在极其困难的条件下创办了苏州美术专科学校,培养了许多艺术人才。他非常勤劳,在校务教学占了他很多时间的情况下,一生从事创作,画了很多形神兼备、引人入胜的传世佳作。他也不断地进行油画技法的科学研究。他的油画构思精巧,色彩明快,形成他自己的创作风格。

因为他作品的色彩总是非常绚丽,非常美,在艺坛中,有人认为颜师是印象派。颜师对此常回应说:"我就是我,没有派。"他说,他对画派不反对,他同徐悲鸿都主张写实,如果要说派,就是写实派。"但是,选择也不同。徐悲鸿的素描画人物是很好的,自己喜欢画风景。"

我从颜师学画,常随左右,遵循恩师对于艺术创作和色彩技法的谆谆教导而学习和工作。在这里,想就这个问题谈谈我的看法。

印象派著名大师有马奈、莫奈、雷诺阿、德加等等,其后,新印象主义和后印象主义又有修拉、梵高、高更等多位杰出的画家。实际上,印象派各位著名大师的作品和主张也是各有自己的特点的。如果概括地说印象派的主张,大约可以认为:一是走出画室,改变黑色和棕色构成的色彩。尽情描写大自然光和色的美以及到后印象主义利用光学原理,原色并置的点彩派。印象主义的作用,色彩鲜艳明快是一致公认的。其二,就是不拘于素描的严谨性,不要按绘画原理过分地刻画。不强调形,而侧重于对彩的表现。

我认为,世界上只要出现一件好事,总会立即被接受而抛弃沿用多年的有缺点的传统,这是非常自然的。例如,火柴发明以后,谁还坚持火刀火石呢?

牛顿于 1666 年发现了色散现象,使人们对光和色有了新的认识。百年之后谢弗勒尔(Michel Eugens Chevrgal 1786—1889)的视觉混色学说是在色散现象的基础上的发展。印象派采用光学原理使色彩从此鲜明起来。所有学画的人，不可避免地都会自然而然受到影响。

但是，作为一种派，一种主张，即使在当时，雷诺阿也认为他自己要回头重新追求文艺复兴雕塑的坚定性和安格尔线条的明晰性。塞尚在接触到一些纯印象派理论之后也感到局限性太大。毕萨罗于1888年已经开始感到点彩派技法对他束缚太大了。所以，也各有自己本身的认识和发展。

印象派始于19世纪下叶，颜师去法留学已是1929年。当时，在印象派之后，已经有野兽派、立体派、表现主义、达达派、抽象派等很多派别，印象派已经不是风行一时的流派。颜师去法之后，他敬仰达仰·蒲埃脱，师从比埃尔·罗朗士。他喜欢文西、格莱兹、梅沙尼亚。他说他当时对印象派不大喜欢。

颜师幼时见到外国的油画图片表现逼真就极感兴趣。他一直主张要"真善美"。他说："我主张真实。没有真就没有美，真是美与善的基础。有了花才有花的美和香。"他主张艺术要有意境，在有限的画面中追求无限的境界，给欣赏者以遐想的余地。他在夜景中画有夜里归家的人，在风景画中画两只小白兔，画两只小猫。在静物画中画上几只昆虫，几滴水珠，使作品生机盎然。即使纯粹是树或草的风景画，对构图和光影的处理也同样产生一种身临其境的感情，引起遐想，发人深思，绝不是单纯着重在色彩美丽。

我记得他曾多次讲：一般情况，一提到画就立即想到色彩。其实，一幅画最重要的，第一是构图，第二是轮廓，第三是明暗，第四才是色彩。如果构图不好，你无从表达主题，挂在展览会里，观众走过也不停留，它不会引起注意。轮廓和明暗不准确、造型不准确当然不可能有生动的表现。如果这三者都好，虽无颜色，素描和速写也都是艺术品。第四才是色彩。当然，大家都喜欢看有颜色的画，感染力更强。色彩虽排在最后，但是非常值得重视。颜师年轻时画的画，颜色已经用得很好。他的许多作品陈列起来，我们首先会注意到，一幅画一个面貌。不论构图还是色调，即使是同类题材创作过很多幅的，如雪景，如月夜水边有房子灯光倒影等画，也是一幅一个感觉。这同他强调意境，主张诗中有画、画中有诗和学识渊博、多才多艺都有关系。绝不仅仅是一个色彩美丽的问题。

在上世纪70年代，"文革"后期，很多单位邀请他讲课。其中，也有讲色彩学。他对色彩学、光学有很深的研究。那时，他经常系统地讲并列法、边沿法、厚薄和空间透视。深入浅出，使学习者易于掌握。我在当时曾按照颜师的理念做过一些技法图解，非常清楚地证明采用或不采用这种技法的不同结果,曾得颜师嘉许。

颜师认为,没有不美的颜色,只要用得恰当就美。又如印象派有不用黑色之说。颜师的调色板上有黑色。他有需要时,也用黑和黄调绿,用黑和红调紫。这类复色用黑色一调就得,如一定不用黑色,调起来复杂得多。

再有关于素描和精心刻画的问题。颜师十分重视素描。他对透视学有极为精深的研究。他强调轮廓准确,刻画细致。他提出"直的横画,横的直画",意即不可忽视形体中易于忽略的表现。我记得在《百果丰收》完成后,有一位同学把画上画的透明水滴当作是水,用手绢去擦。当时大家都非常惊讶,怎么如此逼真呀!我向颜师请教,怎样才能画得如此逼真呢。颜师说:"只要素描准。"我想想真是一点不错。水是透明的,不画水的地方,就表现水最透明。是光的描写。

可以这么说,你想在颜师的任何一幅作品上找一点素描不准的地方,恐怕没有可能。只有重视素描,才能表现真实。对素描的放松、忽视,绝不可能得到颜师的允许。

但是,这并不是说一幅画到处都一样地细致刻画,主次不分。颜师说:"我喜欢工细,但不喜欢琐碎。"我们从颜师早期去欧洲写生的多幅速写和后来高龄时的室外写生中,都能明显地找到一幅画的描写主次。有的地方甚至都没有画上颜色。这也是产生美感的重要安排。颜师的作品有的非常粗犷,如欧洲写生,《祖国颂》、《毛家塘》等等。他曾对我说,他"画得快的只画 40 分钟,能从画上看出运笔的速度"。但是工细的如《人民大道》的窗户内有居民日常生活的描写。《国庆十周年》是白天到南京路,回到家里画成夜景的。窗子里的光,有日光灯,有白炽灯。灯光各有不同的位置和颜色。许多精致入微、结合生活的描写,使他的画非常耐看。所以不能一概地说颜师的画是细致的或粗犷的。

颜师还曾多次以音乐来比绘画。他说,"颜色要显(绚丽),就像敲锣,要响亮,不能哑"。他还说,中国的乐器如笛和箫,仅仅是一根竹管挖几个洞,胡琴只有二根弦,奏起来很好听。西方的小提琴独奏也很好听。但是,西方的乐器和黑管、钢琴等有许多键,结构复杂。尤其是管弦乐队演奏交响乐,更为丰富、好听。其中,有的乐器如 Baso 或者小铃,有的仅仅过了好久才响一下。单独听起来也不好听,但它是不可缺少的组成部分。交响乐包括各种各样非常复杂的乐器所发出的声音。他所以喜欢油画,就是因为油画在绘画中就像交响乐,它很复杂,很丰富,表现力也最强。

综上所述,我们可以想到,颜师的画,色彩绚丽、明快,仅仅是其中的一个内容。只要好,只要我用得着,没拍贴。方法特别多,可以尽情发挥,不拘一格。

所以,我认为,对于色彩,正如颜师所说"关于印象派,当时我不大喜欢,但自己不知不觉也受了印象派的影响"。但仅仅是影响色彩。至于创作,颜师的主张是真善美。是坚持写实,形神兼备,以高超的、不拘一格的表现技法创造给人以美学享受的艺术。这也正如他常说的,"我为快乐而画画,我画画快乐,把快乐给了别人,别人感到快乐,我自己更快乐"。颜师治学严谨,桃李满天下,他所画的油画,无论是取材、构思、色彩和技法都具有他自己的独特风格,浓郁而富于感情色彩,我觉得没有必要冠以一个什么派。还是他自己说得好:"我就是我,没有派。"

读《重泊枫桥》后记

颜师的作品,给人极为深刻的印象是:色彩鲜亮和美丽。但是其中有两幅画总体是灰色的,一幅是西郊公园《天鹅湖》,还有一幅就是《重泊枫桥》。这是非常特殊的。这两幅画虽属灰色,却都没有色调灰浊、寒冷和单调的感觉。

在这里我想记录学习《重泊枫桥》的心得。《重泊枫桥》除了灰色,还有在构图和色调上的两个不同寻常的特点。

先说色调。这幅画的颜色大部分看来似乎都是中间明度的灰色。此外,月亮和它的倒影是两点仅有的白色。房屋和船是一撮黑色。这白和黑在画幅上所占的面积都极少。而占画面绝大部分面积的是灰色。可是实际上却没有一笔是真正意义上的灰色,或者称非彩色。整幅画上所有的颜色,都是不同成分的彩色组成。不同的区域有不同的颜色倾向,但是因为它的转换过渡非常柔和,不知不觉,所以毫无突兀之感,好像颜色没有变化。而真要拿这一局部与另一局部比较时,它又有明显的区别,明度也不同,颜色也不同,到处都不相同。并且还有一个难处,它的明暗和色彩饱和度等,都在极为接近的范围内,差别很少,所以组织极为困难。尤其是对比影响,对于整幅画的平衡有着极为重要的关系,稍有不慎便遭破坏。

再说构图,这是一幅扁而宽的画幅,月亮及其倒影是全幅仅有的最亮的两个白点,它位于画幅的左边,极易造成轻重不稳。而船和房屋及特别诱人的橙色灯火及倒影也偏于画面的左侧,而我们竟会没有左重右轻之感。那是因为右半有一个体积庞大的、具有石质重量感的石桥,和靠右边的深色建筑物和它的倒影,所以看起来,非但没有丝毫轻重不平衡,反而觉得整幅画有舒畅、开阔和秀丽、精致之感。灯火集中于中部,在大片灰色的中部散布这些发出暖亮的灯火,虽然颜色似乎相同,却明显地表现出从近到远,层次分明的纵深感,激发出对近处船上、远处房屋中有人存在的情感。画面的最左边和右面石桥洞内看到的远处,也点缀一点火光及其倒影,这就避免了火光过于集中在中部,使它拉开来,使整幅画面的色感趋于平衡。

天空中布满淡淡的云层,使月亮周边得以借着云层的反光形成一个淡淡的光团,稍稍亮于周围,从而让人容易向月光集中处产生静悄悄的月夜的感觉。有了薄云,也使人联想似乎这些层层叠叠的云气在月亮前慢慢移动,再加上水中月光和灯火的倒影和水面波动的描写,避免了冷清而静止的感觉。

这些色调和明暗的安排,看似随意,实则严谨。试想,如果把船和房屋这一撮黑色再往中间移一点,或者石桥再大一点或小一点、深一点或淡一点,或者假使没有靠右边的一个深色建筑物,假使这个月亮再往中间一点或再靠左边一点,都没有现在这样好。

尤其难的是对比影响。因为颜色的色相、明度和彩度都是那么接近,那么微妙,那么相差不得。画的时候,如果注视某处停留稍久,因为余色、补色、对比所产生的残像影响,会造成支离破碎、各自为政的结果而破坏平衡。因为这幅画的色相饱和度甚低,要是彩度稍强一点,这块颜色就跳。彩度稍弱一点,就灰浊。明暗也是如此,比如,如果把桥画深一点或淡一点,它就会破坏画面左右的轻重。水面也是如此,波纹不能太大,也不能平静无波。如果以数字来作比喻,假定一幅画的明暗,如果差别是以 1—10 计标,那么 2 和 3 的差别是 1/10。如果总共就在 3—4 之间,那么,如 3.1—3.9 的差别就是 1/100 了。可见其困难的程度。

大家从小就能背诵"月落乌啼霜满天……"对《枫桥夜泊》所描绘的姑苏一景存有深厚的情怀。如今再见颜师《重泊枫桥》,猛一看来似乎非常简洁利落,寥寥数笔,然而细细寻味起来,这幅画所表现出的舒缓平衡,流畅柔顺和协调的视觉感受所产生的秀丽之感,自然而然就会让观赏者赞叹"上有天堂,下有苏杭",只有江南才有如此美景,洵非虚构。

读颜师《雪景》笔记

颜师画过很多月夜雪景,然而如果并列起来,却每幅都有不同的感觉。一幅画一个情调,没有雷同。

要说起来,描写的对象都仅仅是雪、树、水、天空、房屋、月光、灯光而已。要说颜色,也仅雪是白色、灯光是橙色。至于冬季的树,没有树叶,也没有什么鲜明的颜色。如此而已,都有一定的局限。那末,何以颜师能够使这些雪景每幅给人的感觉都不相同呢?

我想,这是因为颜师深入生活,观察敏锐,有丰富的写生经验和高超的油画技术,能够在极其接近的范围内分辨鉴别,撷取其特征,加以烘托、渲染的结果。而这种特点必须用感情假托形象色彩,用构图、明暗、色调的组织构建引起观赏者在心理上的共鸣,产生的复杂感觉。感觉越细腻、越丰富,解析、表现的情调也就越多。

颜师在谈风景画的美时说:"第一,要有感情。没有感情的风景画是没有味道的。风景画有了感情,欣赏风景画的人在看画时也就会产生同样感情,即产生共鸣。第二,风景画要美,就要画的引人入胜。什么叫引人入胜呢? 就是说,风景画要吸引人,要使看画的人感到自己和画家一同走到风景里去了。没有感情的风景画是不能引人入胜的。第三,风景画最好是能使人开心(即充满乐观的、积极的、向上的感情),使人开心的风景画是真正的美的。"他还说过:"神似是表现上最重要的阶段。但不能忽视形似。否则,神又寄托在什么地方? 没有形,神就无所寄托。"

我记得有一张欧洲名画,色调阴沉,一位穿着黑色丧服的妇女沉痛地低着头驾驭一匹黑马,黑马也低着头在崎岖的山路上印痕很深的车辙中艰难地拉着载有灵柩的车子缓缓前进。这幅画的色调是冷冰冰的黑和灰。妇女和马头低垂,连着颈脖形成显著的向下弯曲的线条,在观感上的刺激十分强烈,感人至深。这幅画有力地证明色调、线条以及构图的组织对于绘画在情感上的感染力是多么强烈和深刻。这是一个悲伤、沉痛的范例。那么,如果相反呢?

在这幅《雪景》上,观者首先会注意到,近景二株壮实而挺拔的、生气勃勃的树干向上冲出画面。所有的繁密的树枝以各式各样变化着的 V 形向上遒劲伸展,无不充满着积极的、向上的、活跃的力的象征。进一步再仔细看看,这幅画的树枝有着中国工笔画那样的细致,充分表现了江南风景的秀丽和华美。一般以为,西洋油画由于颜料粘滞厚重的性质,只宜表现粗重,颇难表现轻灵和纤细。然而这幅油画的树枝,粗粗细细,在透视空间里穿插伸展,其中有的虽然极细,而不失强劲和挺秀,其精致入微的组织,真是一根都不可随便改动。这使我觉得,不仅是欣赏到这种罕见的线条组织的严密和优美,也使我联想到来春枝繁叶茂,欣欣向荣的景象。这种效果,绝非一笔一笔刻意组织，也非随便一画所能获得。必须是作者怀有这种感情，才能把江南风景描绘得如此秀气、美丽和动人。

在技法上，首先是这些直线、斜线、曲线的组织韵律，是产生美感的基础。而进一步精致入微的描写，更加引人入胜。

这些无数的细枝，它们的相互关系，表现得如此清晰恰当而和谐，毫无琐碎冲突之感。除了枝条的形态，还因为树枝上的月光都有描写。树干上的侧逆光也伴有一笔局部对比的深色衬托，以加强其表现力。而所有这些都是不仅采用中国工笔画的形式，而又注入西洋画透视和光影原理的处理，使画面上增加了许许多多的信息，才获得如此难以想象的丰富而又统一的充实。

画面上较淡的颜色，如月光及其倒影，雪与云和较深的颜色，如天空、水和树的阴影，其面积、形状、比例，相互之间的呼应，在纷繁的布局中，层次分明，各得其所，美不胜收。

画中还有如屋上和船上的炊烟，又如粼粼水波，都增加了动感，使之更有生气。

在大的布局之下，前景、中景、远景向纵深伸展，空间辽阔，云的形状和明暗多变，近树和远树的枝桠繁密，月光、灯光及其倒影，形成不同等级的多层次的对比冲突，我们看到的却是和谐，在构图、明暗、色调的处理上平衡得当而又富于变化，即颜师所说的适宜。尽管不是名山大川，整幅画视野宽广，一样有气势磅礴之感。

颜师主张"诗中有画，画中有诗"，情景交融。面对着这样一幅夜景，好像觉得在明朗的月色下，房屋和小船两处温暖的灯光相互辉映。循着雪地足迹，使人联想到在这美丽的晚上，辛苦了一天的人们已经踏雪归来，一家团聚，即将享用热乎乎的晚餐，何其幸福！予欣赏者以遐想的余地。

从一开始，我就提到这幅画在明暗和色彩上受到的限制，可是，颜师凭着艺术修养和高超的技法，深湛的功力，把此情此境描绘得如此美丽动人。

颜师为人宽容谦和，淡薄名利，处事严谨，待人诚垦。不喜欢争论，喜欢和谐与温馨。站在他所创作的油画前面，自然而然产生一种美感。和谐、秀丽、典雅、温馨，当然感觉舒畅，也即"开心"和"快乐"。

正如他常说的："我为快乐而画画，我画画快乐，把快乐给了别人，别人感到快乐，我自己就更快乐。"

（作者为苏州美专校友）

回忆我在苏州美专

杨斐然

【编者按】 杨斐然先生 1927 年生，江苏扬中人。苏州美专肄业。新中国成立之初人民政府保送他至苏南文化教育学院培养，毕业后分配到扬中中学，筚路蓝缕办学、教学，担任校长职务，直到 80 年代退休。扬中人都亲切地称他"杨校长"，文革期间扬中中学被砸烂，大家仍称他"杨校长"。

杨斐然先生是我国教育家、教育理论家。超负荷的行政和教学工作并没有成为他学术研究的窒碍，他通过对中小学学生学习的考察研究撰写成了专著《论学习实践》（江苏教育出版社 1995 年出版），他认为学习是一种实践，这一发前人所未发，道时人所未道的观点得到了哲学界和业内人士的肯定与赞同。发表了多篇教育改革的论文。2009 年由广西师范大学出版社出版《杨斐然文集》。

他原在苏州美专学习，受过严格专业训练，解放后投入教育工作，对自己的专业无暇顾及。退休以后才"定心画兰草"。兰草又称兰花。杨校长画兰花，追求清、秀、韵、雅，他笔下兰花姿态端庄，不媚不俗，花瓣糯厚，叶片飘逸，用笔刚柔相济，挺秀灵韵。他画的兰是艺术的兰，又是生活中的兰，散发出沁人肺腑的上温淡的幽香。

回忆在苏州美专的日子，应该说无善可陈，但就人生的经历来说，现在回味还很有意义。

我正当少年学习时期，抗日开始了，时局让我只能在私塾和小学转来转去，辍学时间不少，就在家自学古书。胜利后，算有高小毕业，家乡没有中学，就到苏州舅父家上初中补习学校。1947 年春在苏州中山堂初中补习班学习时，看到苏州美专招插班生的广告，前去报了名，入学考试画了一张铅笔画，后来学校通知我插入五年制的一年级下学期跟班学习。别的不要考了，只要跟班成绩考试合格，即由预科生转为正科生。后来学期考试，均及格，便转为正科。第四学期升入三年级在西画组（系）学习。1949 年上半年，因家中经济实在不能维持，打了肄业证明书离开学校。

学习课程分实习主科，理论副科。一二年级我学习实习主科时，不重视

512

花卉、山水这类国画,素描很重视,也有兴趣。到三年级对图案画感兴趣,对水彩画虽有兴趣,但画得少。理论副科有公民、国文、英文、音乐等,三年级以上开法文,副科还有透视学、色彩学、美术史、图案。实习主科,一二年级特别吃重,主要是在石膏室画素描,教师从旁指导,三年级以上西画组(系)画模特儿。野外写生在课外进行,平时皆由个人自己安排。学校班级组织的野外写生极少,有一次我去太湖集体旅行写生,那次时间较长,算是大开了眼界。

我在学校最主要的收获是打下了素描的基础。学校石膏像很多,主要是颜校长从国外带回国的。苏州美专的素描教室很大,是教学楼一层的主要部分。课程安排,每日下午都是素描课,大家都一心一意集中精力上素描课。虽然日复一日,下死功夫,我一点也不感到枯燥,因为对象自身的审美效果吸引人,光影变化很有魅力,它能有力地促进理论副科的学习兴趣。

我在校期间的课外生活,没有其他兴趣爱好,除了最后两学期与同班同学安徽滁县的李心瑾在校外合租一间宿舍同住,还能在一起谈谈说说以外,跟其他同学没有交往。同学除了外省的,就只有上海和苏锡常的,未见苏北的,镇江差不多就只有我一个。虽然我自称是镇江的,但也被苏南人认为江北人,加之。读书费用完全靠借债维持,所以自卑心理较重,埋头学习了两年,表面上不问政治,心里则关心解放。有一次在校门口石板桥上休息,李心瑾问我:你可知道马克思?我说不知道。其实,我抗日时期听参加地下党的亲戚说过,马克思主义和共产主义、新民主主义学说,受到革命的影响。在那个年代不能不谨慎。

回顾在苏州美专读书的情况,就是上面一些流水账。既然唤起了这番回忆,下面再谈谈几点感受。

一、打下了素描的基本功,终身受益。颜校长倡导写实主义,他的代表作早年的《厨房》、《肉店》维妙维肖,这种务求逼真的画风,学校里很浓厚,我受到的影响也非常深刻。其时我对美学不懂,美术史也不大清楚。素描求真与生活中的随俗求像似乎一致,这一直阻碍我进入艺术创作境界。晚年学习国画,特别是受写意画的影响,才有一点感悟。素描练习中,的确也培养了我把握形体和光影的能力,加深了透视构图知识的体会。

二、深受沧浪亭校园的文化艺术感染。与别的园林不同,沧浪亭的外景特别幽美感人。我第一次到沧浪亭就感到它与苏州任何园林都不同,最初的那一点人间仙境的感觉,竟使我看不起此后看到的其他许多景点,这种艺术偏好伴我几十年。可以说在美专学习的最深刻、最强烈、最重要的收获，就是这种"登泰山而小天下"的文化感受，也算是一种艺术自觉。苏州园林基本上是假山水，沧浪亭山不大，总体上是真的，水是活的，清澈见底，水的面积在城里是最大的。我在这方面特有的敏感与家乡的江洲美记忆有关。如果说其他园林是盆景的话，那么沧浪亭的生态价值就可观了。几年前我写的那篇《水土文化扬中不是盆景扬中》，就表现了这种审美价值取向。沧浪亭的园林特色可圈可点的太多。我们从教室到饭堂，从宿舍到教室，都要从起伏的小山路边回廊上经过，有时还要穿假山山洞。处在中心位置的沧浪亭的柱子上有一副对联："清风明月本无价，近水远山皆有情"，它通过校园景观在我的心里镂刻得活灵活现。与这一切相伴，并形成强烈反差的形象是罗马式教学楼。对此有各种议论，但我至今仍然认为是一种中西合璧的艺术创造，这应该也是出自颜校长的手笔。

三、朴实校风影响我为人处世。这一点，当时不知不觉。现在回想起来，园林校园的明净清幽，似乎是天生的，看不到有什么专门管理环境的工作人员，生活于其中的学生，看不到有一个人乱丢杂物、纸屑、果壳，虽有些留过洋的老师，还有城市家庭富有的学生，未见有什么洋里洋气的。上课学习，课外活动，一切活动都非常认真有序，几年中未见有一点嘈杂现象，伙食平淡，宿舍安静，一切都有条有理。要说特色的话，就是艺术学校不多见的简单朴素，实实在在。这与校长颜文樑的人生观、处世态度、艺术风格有深刻的关系，与苏州美专办学的经历和一开始就奠定的文化传统有决定性的关系。这种独特的风格非常可贵。它在师生精神风貌和艺术追求上体现出来，对所有美专学子的潜移默化作用，现在我才有所感悟。作为学校文化环境的校风与沧浪亭古朴的人文气质不谋而合，堪称苏州美专一绝。因为它本身既体现古今传承关系，又体现中西融合关系。我的这一点感悟，植根于苏州美专校园文化的熏陶，所以全面了解我的人，并不认为我就真是一个很守旧的人。

四、办学实事求是，出于教育思想的以人为本。这方面我也是在"不识庐山真面目"的情况下，从切身体验中获得。入学前后好多时，我不知道苏州美专的校史沿革，对它的一路艰辛，特别是颜校长的抱负、经历和办学的良苦用心，都不太了解。饱经风霜磨难的美专，迎来了胜利后的好时光，久经压抑的育人愿望，在恢复沧浪亭美专的时刻，面对众多求学的人苦于学历不足之困，坚持灵活办学，设置预科制，宽招同等学力，如此实事求是，是苏州美专一贯从实际出发灵活办学的表现。这对真正有心向学、有志上进的青年大开方便之门的做法,我一直怀着感激之情。办教育,要为学生着想,这本是天经地义的事。然而,后来我在工作和学习中知道的教育理论,以及工作实践中遇到的许多思想、理论、原则、制度和规章办法,有不少是直接间接不从学生实际需要和方便出发的。教育思想方面的这类矛盾,其实很有力地推动我对哲学感兴趣。所以我退休后研究方向首先集中在学生学习的哲学研究方面,不是偶然的,与此有重要关系。

最后说的一点还是感悟。造化神奇,天地有大美。我有缘在"人间天堂"的古老园林里,接触中西文化艺术的历史渊源和现代性碰撞,以及苏州美专整体的教育文化,对我的成长影响深远。我爱学哲学,最初的基础就与从美术方面领会和体察的真善美有关。1956年中央号召"向科学进军"时,我在当时提倡的十二年发展规划(个人进修)中列了三个方面:教育学、哲学、美学。回顾这么多年,这三方面合在一起的方向,我一点没有动摇偏离过,幸哉,幸哉!美化生活,为求真善,本是生活哲学的根本,这种回忆,让我沉浸在幸福感中。然而,在美术专业上,学业无成,自然是遗憾难消。

(作者为苏州美专校友)

苏州美专校友冯其庸先生散记

郭廉夫

　　江苏美术出版社在八五规划中,出版八开本 22 卷《敦煌石窟艺术》大型画册,把敦煌石窟重要洞窟全部收入其中。当时敦煌并不像现在这样受到世人的重视,所以也出现了一些非议,说什么"有必要出这么多册吗"、"这样出书不合算"等等。这是上级资助的项目,如果万一发生什么变化,岂不要半途而废? 这套画册从 1992 年开始出书,1994 年已经出版十卷。社会反映较好,因此社里决定广泛听取学术界、敦煌学界、美术界权威的意见。听说冯其庸先生很喜欢这套书,我们每出版一本他就买一本,我便冒昧地约请他为已出的《敦煌石窟艺术》写一篇书评。冯先生欣然允诺,并问写多少字,发表有无困难,我一一作了回答。

　　冯其庸先生是无锡前洲人,这么多年乡音未改,我也用无锡口音与他交谈,他很惊奇:"怎么你也是无锡人?""我不是,但我在无锡工作多年。""你讲得很标准呢!"我说:"无锡话南门北门不一样,我在无锡北面,而前洲也在无锡北面,所以你觉得很标准。"

　　他提到无锡的老地名,例如接官亭、崇安寺、学前街等,我也都知道,大家谈这些老地名的来历、境况,怀旧情绪油然而生。总之,通过交谈我们觉得很投缘。

　　他说住在城里地方小,来找的人又多,无法静下心来写东西,城区买房太贵买不起,平时住在通县。他把详细地址和电话号码先告诉我,邀我去那里作客。

　　1995 年 8 月中国敦煌吐鲁番学术讨论会在新疆吐鲁番召开,会议期间我遇见冯其庸先生。会议主办方组织我们与会代表参观了吐鲁番地区的交河与高昌两城遗址、阿斯塔那墓、伯孜克里克千佛洞、克孜尔千佛洞。许多人纷纷拿出相机记录下这难得一见的景色与出土文物。冯先生虽然带了不少摄影器材却没有使用,后来我才明白有的地方冯先生已来过多次了。旅途中有两个人争着为北京大学荣新江教授拿行李,他们的年龄好像都比荣教授大,这是怎么回事? 冯教授告诉我荣新江是北京大学破格提拔的正教授,今年才 35 岁。争着为他拿行李的是他的研究生。从年龄考虑,荣新江不肯让他的研究生拿行李;研究生从尊师角度考虑,要使老师少辛苦些,所以争着一定要拿。"冯先生,你为何不招一两位研究生? 我问。"他说:"我是可以招的,你想我今年已 72 岁,如果招来的研究生比我年龄大,那就要近 80 岁高龄了……"我们都笑了。接着冯先生很认真地对我说:"我多次来新疆,多亏这里部队对我的帮助照顾,他们派战士、用汽车帮我运摄影器材,没有了他们我真的寸步难行……不过我在途中会感到寂寞,你能不能帮我找一位同伴,旅费、吃住由我解决,这样我们互相可以聊聊。"我答应回去后帮他物色。

冯先生学识渊博,洞幽烛微,可惜在我认识的人中能与他对话交流的,实在很难找到。

1995 年年底,冯先生到我社来,将一叠照片交给我,让我看。拍摄的是古代文字锦。织锦嵌入吉祥语,在汉代就已有,如"登高明望四海"、"万年如意"、"延年益寿大宜子孙"等织锦我也曾看过,起初并不感到惊奇。但我看清那些小篆文字,竟是"五星出东方利中国"时,我非常震惊!

这分明是现在国庆节的颂语!这块东汉末至魏晋时期墓葬出土的文字锦由宝蓝、绛红、草绿、明黄、白五种颜色分别起花,织出星、云气、孔雀、仙鹤、辟邪、老虎纹样,给人以诡秘神奇之感。五星相聚有祥瑞之兆,因此有人把"五星出东方利中国"与五星红旗联系起来,说建国前夕梁思成设计的国旗图案得到了毛主席的首肯,这两位都是熟读古书之人,对于《史记·天官书》"五星分天之中,积于东方,中国利"的记述不可能不知晓,大家心知肚明,只是当时不宜说明罢了。如今,"昔人已乘黄鹤去",这一说法也无从证实了。

1998 年冬天,我在北京开会,趁空闲时间去了六环张家湾的冯先生家。他家是一座长条形两层楼的房子,有一个院子,院子里堆放了许多雕刻作品(大部分是石刻)。"没办法,只好委屈它们了。"冯先生笑着说。屋檐下的一尊锈迹斑斑的铁质佛像很吸引人,佛像目光向下,两耳垂肩,一副普度众生的端庄仁慈之态。佛像外层虽然有些斑驳,但这并不损整体造型,反而增加了古朴感和艺术魅力。冯先生见我对此很感兴趣,便向我介绍:

这是以前从北京郊区买来的,是一位农民刨地时发现的。我一看这尊头像就很喜欢,那农民说要 500 元,我没有还价就买下了。可当时拿不动回家啊,那位农民兄弟就把佛像和石头分别装在两个筐里面,挑着送到我家。那人很诧异,他问我:"老先生,你花这么大价钱买这铁疙瘩有什么用?"我对他说:"这佛像好看,我喜欢收藏这类艺术品。"农民兄弟依旧半信半疑。前些日子一位朋友看了说它是宋代的作品。

屋里除了写作间外，架子上放满了各类图书，我送给他的两本《敦煌石窟艺术》，他将它们插进这套书中说："这下好了，你们出的补齐了。"书架上还有《中国美术全集·敦煌石窟艺术》和日本平凡社出版的有关敦煌的画册，还有关于敦煌研究的各种学术论著，可谓洋洋大观。

挂在书库和工作室镜框里的中国画很精彩，这些花鸟、山水画笔恣墨纵，不拘成法，外貌粗疏而内蕴浑厚，用简洁的笔法表现了深邃的意境。我想冯先生绝不会挂印刷品，一定是原作。好奇心驱使我去看看是谁的作品，一看令我惊讶不已，这竟是出于冯先生的手笔。

当时只知道冯先生博学宏通，是红学家，对文史、戏剧、汉代画像石、紫砂、园林都有卓著的研究成就，想不到他也能画出这些高妙的作品。接着冯先生与我讲起他学画的经过。

图1　冯其庸先生书法

他说他很小的时候就爱好画画，买了一本《芥子园画谱》，如获至宝，一有空就照着上面画，越画越有兴趣。在高中一年级时，他遇到无锡著名画家诸健秋，老人家很喜欢他，破例让他到画室中去看作画，他求知若渴，别说有多高兴了。诸先生说："学画靠悟性，看别人怎么用笔用墨用色，久而久之就可以把绘画技艺学到手了。自己埋头瞎画收效不大。看，是学画主要方法，看就是学。"抗战后的1946年，他考取了苏州美专。学校环境优美，有许多从外国买回来的石膏像，特别是老师的许多示范作品令他大开眼界。学绘画比其他专业耗费大，颜料、纸都很贵。我说："听说颜文樑校长外出写生，用单色打好轮廓后，估计好各种颜料的用量，把它们挤到调色板上，一幅画画完，调色板上的颜料正好用完，激情作画还要顾及到节约，这实在是不得已的事啊！""颜校长这件轶事，我听说过，但没有亲眼看过。我因为家境实在太穷，在苏州美专只上了两个月就退学了。当时饭都吃不"连牵"（无锡话），吃了上顿无下顿，特别是农历七八月份度日更加艰难，经常要以瓜代粮。自家的瓜不够吃，邻居们还用瓜来接济我们。"我想为什么冯先生喜欢画南瓜，这大概就是原团吧。他在一幅画上题诗道：

> 老去种瓜只是痴，
> 枝枝叶叶尽相思。
> 瓜红叶老人何在？
> 六十年前乞食时。

为了不忘窘迫惨淡的生活，他为现在住宅起名"瓜饭楼"。冯先生"校罢红楼梦未赊，霜毫一掷走天涯"（范敬宜语）。他曾多次去祖国的大西北，那里一望无际的大漠，连绵千里的山峦使他感受到宇宙之无尽，天地之大美，让其陶醉与激动。他不但用相机记录了动人心魄的壮丽景色，还出版了大型艺术影集《瀚海劫尘》。回家以后他还师法自然，将景色画下来，如此日积月累，画幅数量相当可观。他说："在新疆看到一株有 250 多年树龄的葡萄王，虬枝盘曲，古趣盎然，好看极了。1993 年我在香港看望刘海粟大师，他谈兴很浓，他知道我在苏州美专有两个月的求学经历，苏州美专后并入南艺前身华东艺专，我也算是他的学生。刘老铺开整张六尺宣纸，他要我先画。过去我仅画些小幅的国画，这么大的画还从未画过，老师之命不可违抗，我走到画桌，边脑际立刻浮现出'和田葡萄王'来。我拿起笔欣然挥写起来，蜿蜒苍劲的葡萄树立刻跃然纸上，刘老连连点头表示赞赏。接着他对画作进行收拾。最后他在画上题写道：

> 泼墨葡萄笔法奇，
> 秋风棚架有生机。

我热爱艺术，始终没有放弃对绘画的追求。在学术研究的同时我结识了刘海粟、谢稚柳、朱屺瞻、唐云等大师级画家，对我的帮助影响很大。但我在苏州美专的学习时间太短，这是我终身遗憾的事情。"

我说："如果你在苏州美专完成学业，毕业后成了画家，那中国就少了一位文史专家、红学专家了。"

他好像不大同意我的看法，我进一步阐述自己的观点："在现代社会文史专家后来又成为画家的，你与谢稚柳等都是。但从国内美术专业院校毕业，成了画家又成为文史专家的几乎没有。有了这一特定经历后，可能鱼与

图2 作者与冯其庸先生（图左为作者）

熊掌便不可兼得。"冯先生没有反驳我的看法。

　　值得一说的还有冯先生的书法，一看便知他是学"二王"的。他的字秀雅流畅，功底很深。他铺开纸为我写了一幅字："人到黄龙已是仙……"我还未到过四川黄龙，有了这幅字倒是可以沾点仙气了。

（作者单位：江苏美术出版社）

怀念颜文樑老师

董 蕾

我自小就对西画着迷,从 1949 年入学苏州美专,开始了我梦寐以求的艺术生涯。离开学校以后,仍经常去颜师家求教。在 50 年代末,身处逆境,颜师对我说,一个人的一生不会永远不幸,幸福的人也不会永远不变。颜师给了我自信,使我能在不思茶饭的状态下含着泪水拼命地画,是画笔让我懂得了在生活里,任何事物不是永远不变的,也不是任何事物都是黑白分明的,在黑白之间有一系列的中间色,痛苦、失败、是人生不可或缺的"冶色调"。如今调色板上那一层层刮不去的斑斓色彩,便是 60 年人生的印记。

60 年代中期,周末晚上,我也常去凯司令咖啡店和颜师及几位和颜师亲密接触的弟子聚谈,在休闲时颜师也总是用风趣的身边实例传授技艺,让我们终身受用。

每次散场时,总在晚 11 时左右,朴实的颜师却保持着先进国家的礼节,关照同路人一定要先送女生回家。记得有一个下雨天,颜师亲自乘三轮车把我送回家,然后再返回寓所,时年颜师已年近古稀。这以后的十年动乱,师生彼此少有信息。

80 年代初,工作之余,我用色彩缤纷的纱线编织成画面,是不经调和的彩线的并列的画,工艺美术协会为我举办个人画展。有些画家看不起工艺美术,而颜师却连连点头,"画能否打动人,不在工具材料",颜师欣然为我写画展标题,还坐轮椅前来青年宫参加开幕式,时年 92 岁矣!

1986 年退休后旅居日本,当友人告诉我颜师已去世时,我悲痛交集!那时我在日本独创了丝彩画,鬻画所得使我有能力外出旅行,我首选的是去意大利追寻颜师的足迹,因我最爱的颜师一组意大利的写生。

当我徘徊在波光粼粼的威尼斯运河边,在颇具沧桑感的罗马遗迹中,在罗马斗兽场巨大的古建筑前,在佛罗伦萨桥上,在威尼斯圣保罗教堂前等侯傍晚那教堂顶上的一抹斜阳时,那幅颜师最具震撼力的《威尼斯圣保罗教堂》立刻呈现在我眼前,颜师 50 年前不朽的杰作——斜阳下参差的金色屋脊,不计其数参观的人群蠕动着,嬉戏的鸽群和谐共处,统一在金澡澡的暖色光影下……我想象当时颜师作画时的激动,情景交融达到了最高点,以迅猛笔触一气呵成，创造了永恒的动人画面。而今在我眼前的威尼斯圣保罗教堂，半边搭起了脚手架，正在修复半个世纪留下的创伤。我站在当年颜师风景写生的原点，赞叹颜师笔下的威尼斯圣保罗教堂永远无法在现实中再现，我为颜师对人类的伟大的贡献而感到无比幸福。我告慰颜师在天之灵，人们会永远记住您。

转眼进入 21 世纪，我把重点转移到国内，回到苏州美专校友会与同窗相叙，已年逾古稀，颜师的教诲更清澈展现："须知过去永不复返，未来决不先到，责乎过去，今日为明日之过去，望乎未来，今日为昨日之未来，急起直追，坐言起行，努力于现在之力行，而来安于现在，是则更愿吾同学共勉之。"

时间不会倒走，我是苏州美专最后一届的弟子，已过八旬。师生情结，怀念颜师，贯穿了我艺术生涯的始终。颜师离我们那么近，我们几个弟子经常在一起，切磋技艺，一如当年。

（本文作者为苏州美专 1952 年毕业生）

苏州美专记事四篇

薛企荧

点 滴 记 事

——回忆颜文樑校长[1]

上一个世纪身名鹊起的周瘦鹃,家住苏州王长河头。他家建有爱莲堂,更有精心培育、遐迩闻名的盆景置于园中。素不相识的爱慕者,无需介绍,便可登门拜访参观。师母稍一接应,便离客而去,任其自由参观。

无独有偶,寓居上海淮海中路 1273 弄 17 号颜校长的家门也永远敞开。无论老少贵贱,只要登门,一律来者不拒,都能得到颜校长亲切的接待。这是登门拜访者所尽知的。

记得 1951 年暑假,同窗章耀达连续多日携油画至颜师家中,颜师亲为修改。还记得 80 年代,毕颐生老师于暑假中,日至颜师家中,临摹原作等,则更是颜师对登门请教者"诲人不倦"的事例。

70 年代始,我因公务等原因到了上海,就常去拜访颜师,方知果然如此。当时在苏州丝绸工学院慕名颜师的同事,也曾由我陪同前往。

颜师总是拿出一个本子,一枝蘸水钢笔,请大家签名。然后人各清茶一杯,安顿坐下。其实大家最想的是,能够亲睹慕名已久的作品。那时颜师已是高龄而举步维艰,但仍亲自翻箱倒柜(因怎样放置作品,都有一定的位置与方式),取出他历年的画作,为我们一一讲解,并无倦色,使我们聆听了他老人家多少真知灼见。某次,一位我的同事要用衣袖擦去一幅装在玻璃镜框中横向椭圆形构图水果静物上的水珠,后来才知那是颜师画在水果上乱真的水珠,令大家叹服不已!

到了告别时刻,尽管颜师行路拖沓,已脚不能离地,但总是坚持送至门口,笑容可掬地向大家挥手致意,直到不见踪影方才回屋。因此几位经常在他家中的,如肖家奎等老校友,于心不忍颜师的相送,都相约突然起立,疾步

---

[1] 本文写作时间:2011 年 2 月 10 日

出门而去的办法。

我无法想象，曾经有过多少人去过他的寓所拜访。这看似平淡，但要做到日以继日，付出自己属于生命的时间，永远地诲人不倦，如此宽宏地容纳，其实是非常不容易的。

1951年，某次于校园相见，大家一一尊敬地叫道："颜校长。"颜师非常谦逊地点着头回应，并说："天色已晚，看不见大家。"我知道这句话是"非常抱歉，我没法看清你们，但我会记住你们对我的好意"的意思。这是一句非常展现了他的人格特征的话。

颜师一生奉行写实主义的画风。费彝复曾称："貌似工笔，实是意笔。"唯至老年，色彩愈臻明丽。将写实主义的造型与印象主义的笔法结合起来，实在是一难事，但颜老竟然将其完美地结合。

颜师仅在1982年，由校友促使他开一个展，此外从不举办个人画展。

颜师说过："我画画快乐，把快乐给了别人，别人感到快乐，我更加快乐。"这是他重要的作画宗旨。我永远记得这句经典的话。

眼乌珠张张黄绿
——回忆苏州美专的点滴[1]

读 7 月 29 日[2]《老苏州》版中《"罗马大楼"的"眼乌朱"》(此谐音指颜文樑、胡粹中、朱士杰),感触良多。因为 1952 年我作为一名苏州美专的学生随校调整至无锡华东艺专(今南艺),虽然已是 53 年前的事,但往事犹如昨日。今以我所知稍作补充,以飨读者。

当时苏州人还有一句话为:"眼乌珠张张黄绿",这当然也是谐音。"张张黄绿"是指张紫玙、张宜生、黄觉寺、陆寰生四人。

如果说颜、胡、朱是苏州美专的创始人,加上后四位就是组成美专的骨干了。张紫玙后来定居法国,终老于斯。张宜生在 1952 年全国院系调整后,执教国画于南艺,文革时因所谓的历史问题,自南京回苏,投河而死。黄觉寺是苏州美专副校长,文笔极佳。所著《素描画述要》,已成为学校的理论教材。1952 年后与颜师一起调至浙江美院。陆寰生以秘书身份跟随颜先生,80 年代颜先生已近九十高龄时,陆寰生尚日日相伴颜先生于寓所。

胡粹中先生为监造罗马大楼,甚至推迟了婚期,可说付出了全副精力。先生除精于水彩画,还精于透视学,我在攻读美专时,尚经他教授过透视学。其子胡渊一生从事建筑,卓有成绩,与得力于胡先生亲授之透视不无关系。

当年颜校长辗转自欧洲运回一万余册图书,及 460 余座石膏像,该批石膏像无论数量和质量均为全国之最。其中最负盛名者为直接从米开朗基罗所作之大卫像原作上翻制的大卫头像(据称值一万美金)。抗战时该头像置于上海沪校,1951 年运返苏州,置于明道堂。当时负责教务的孙文林教授,亲自舀水拭洗一遍(该批石膏像最外层系蜡质敷制,不怕水洗)。院系调整后,搬至无锡,后搬至南京。在文革中有人向军宣队反映,此大卫系以色列军国复国主义从前的国王,于是牵动其他石膏像,一起被毁。此远东仅有两具之大卫头像,今仅剩一具在日本东京。此是除毁于抗战(罗马大楼中石膏像系遭侵华日军毁坏)以后的又一次浩劫。

---

[1] 2005 年《苏州日报》中《老苏州》版刊登署名龚平撰写之《"罗马大楼"的"眼乌朱"》我觉得稍有不实,因而撰文,便成了这篇文章。

[2] 作者写作此文的时间为 2005 年 8 月份,这里的"7 月 29 日"即指此前不久。

但流经市场再至各兄弟院校的石膏像，并非经朱士杰翻制。因石膏像一经翻模，受损甚多。其时有一名李文华者，常来向颜校长商借。一经借给，便被翻制而流入市场。李文华是为赢利，但客观上对传播美术事业也起了一定的作用。

朱士杰先生多才多艺，早年我攻读美专时他教授我们图案。其实他在油画、水彩、雕塑上都有很深造诣。现在苏州美术馆馆藏中，即有他家属捐赠朱先生之四十幅油画。他如骑马、跳舞、训练乐队……诸多擅长，不能一一列举。但朱先生最敬服者还是颜校长。

1927 年徐悲鸿与颜文樑晤面于沧浪亭面水轩，对先生之办学、绘画水平给予极高之评价，二人从此结下深厚友谊。如 1933 年徐悲鸿应邀赴法、苏等国举办画展，行期一年，即委颜先生兼任中央大学美术系主任。因而先生每周赴宁三日，并讲授素描及油画。此即二人友谊之例证。

当年国人初识油画，国内少见油画材料，因而颜先生自己研制油画颜料（非朱先生首创）。在法国沙龙获奖之色粉画《厨房》，绘制时仅有十二色，足见先生功力深厚！所著之《色彩琐谈》，二百余则皆对色彩理论研究之心得，语句精辟，字字珠玑，无一赘言。我在华东艺专求学时，曾有幸于学校办公楼，听得先生为教员所作之透视讲座，在两个下午（计 4 小时）讲完全部透视学。时于黑板前深入浅出，口述手绘，画圆画直线，全无规尺，四座惊服！尤其问世之《透视学》，编撰之时，为了对读者负责，曾在操场上钉上木桩，拉上绳索，一一考证学理是否正确，足见治学严谨之程度。晚年定居于上海淮海中路 1273 弄 17 号，其家门敞开，从未谋面者，只要自报家门，颜校长定会接见，或谈画理，或亲自出示历年画作，一一讲解，至客人离去，又必亲自送至门口，从无倦色！

我曾经想过：在旧社会若无百折不挠的毅力和千辛万苦的付出，仅以民间力量办成全国一流的美术学校，谈何容易？而颜校长以一介文弱书生，竟能团结同好，无私奉献于办学事业，实在完全凭他执著的精神，以及个人人格力量的魅力。

苏州美专历届毕业生中可谓名家辈出，如：中央美院之董希文、李宗津、罗尔纯、卢沉，浙美之莫扑、费彝复，广美之杨之光，与万氏三兄弟齐名之动画片元老钱家骏……皆出自苏州美专。他们在各自的岗位上，都有卓越的成就，便是苏州美专办学之硕果。

虽然，随着 1952 年的院系调整，苏州美专已经不复存在，但它必定会在中国美术史上留下浓浓的一笔。它的精神已延续至无锡，至南京，以及经众多的学生延续至国内海外。沧浪亭畔的一泓清水，倒映着罗马大楼的身姿，如今已是苏州美术馆和颜文樑纪念馆的所在。相信这一代人定能承继前辈的精神，繁荣苏州的美术事业。

罗尔纯

——记从沧浪亭畔走出的艺术家光屏[1]

2007 年的 3 月 23 日罗尔纯油画作品展在上海美术馆开幕,我有幸应邀参加了开幕式。

多年没见面的罗尔纯,仍是老样子。从认识他直到现在不改的平头,穿着一件极普通的西服,脸上露出宽厚恬淡的笑容。

挂满了展厅的 126 幅油画,浓烈的色彩、豪放而肯定的笔触、准确却又错位的造型……站在画前,所感受到的冲击力,真是撼人心魂。读他的画使我思绪万千,罗尔纯就是罗尔纯啊,不由使我想起了 57 年前初识罗尔纯的情景:

坐落在苏州沧浪亭畔,有座西洋风格的三层建筑,这就是上个世纪 20 年代至 50 年代在国内享有盛誉的苏州美术专科学校的旧址。这建筑向北面水的一侧,在贯通东西长长的七级台阶之上,有着十四根典雅的爱奥尼亚样式的柱身所构成的廊道,充满了神圣庄肃的艺术气氛。从廊柱间投下的北光,穿过落地的长窗,使教室里获得稳定而柔和的照明,使得它如此地具有适宜作画的理想条件。

大楼西向毗邻着——沧浪亭。这座始建于宋代的苏州古典的园林,系苏子美始建并愤然读书之地。此园借北面一泓清水,巧扩了空间。园水相隔是久负盛名的复廊,廊端的面水轩便是当年徐悲鸿与颜文樑晤面之处。廊畔假山上,沧浪亭巍然于斯。园中的叠井,假山上丛生的细竹,众多式样迥异的窗花……处处流溢着宋代的遗韵。这里是当年苏州美专师生的生活区。此地充盈着钟灵毓秀之气而名家辈出,也是罗尔纯在此度过了五年学习和生活的地方。

1950 年,当我考入苏州美专时,还是个孩子,自有一份孩子的天真,自然而然会探问同学中谁画得最好,于是五年级的罗尔纯就进入了我的眼帘。很快我就明白了,罗尔纯的第一,是绝对的第一。

已是五年级的罗尔纯早就修过了素描课程。由于苏州美专宽松的教育环境,课后他还常常在我们低年级的素描教室画素描。我第一次见到他,是

---

〔1〕 2007 年 5 月写于苏州。

在动画科的素描教室里画一个挂在墙上的半面头像。平头短发的他，穿一身藏青色的中山装，静静地站在那里，用木炭画着，另一手拿着作为橡皮的馒头（当时都以一小块白馒头，在水中稍浸一下，然后轻轻揉捏，即如当今的橡皮泥，但更柔软）。他下笔很快，可是观察的时间很长。他的画架离石膏像很近，我瞪着眼睛，惊诧地看着他的用笔、分块的形式。这之前还没有哪一张素描能够如此地吸引着我。

想起刚入学踏进庄严肃穆、布满西洋石膏像的素描教室时，心中曾激起了神圣的情怀。此时见到罗尔纯的素描，又给了我深深的感动和震撼！才知道素描竟可画成如此的形式，达到这样的程度，不由得肃然起敬。画中蕴涵着一种内在的因素，可当时还是孩子的我，实在没法说出那究竟是什么。后来才明白那就是罗尔纯独具的艺术性！现在我已把它改称为大师风格。世上有许多好的画法和画风，只要下工夫，是可经模仿而学成的。可罗尔纯独具的艺术形式和风格，他人却无法学就！

罗尔纯画完了素描，总是把它用图钉往墙上一摁了事（当时民风淳朴，或者是学风淳朴，竟从无人窃取）。他离开后，就是这张刚挂上墙的素描，竟被一位走进教室的同学误认为石膏像搬了家。

这个故事很可能被人误认为当时罗的画，具有那种如实地再现了客观的形式。其实在我的印象中，他从来不是客观世界的奴隶，从来没有追求过惟妙惟肖。他总是用他的主观意识从客观物像中提取有用的部分，用自己的方式把它表现出来，成为有别于客观世界的艺术品。恍惚记得有人说过："罗尔纯的画是类型化的。"我知道他的意思是指并没有如实地描写对象。但恰恰是这个"类型化"，才是罗尔纯升华了物像外貌的艺术特色啊！

在我的记忆中，这个学期像这样的素描，罗尔纯以课外的时间约画了十幅左右。如：掷铁饼者、荷矛者、卡拉卡拉、米开朗基罗……可惜他就学时，美专的大卫头像还在沪校，否则定能见到他画大卫头的素描了。但他用的是纸质优良坚韧的法国产木炭画纸，常常把画完的素描擦去再画第二张，第三张……现在想来世上由此而失去了好些艺术品，多么令人扼腕！

我比起同班同学普遍小了两岁，因为我画得稍有成绩，再加上年龄小，当然容易起眼。罗尔纯又常在素描教室画素描，所以有幸认识了他，并和他渐渐熟悉起来。作为低班学生的我，能与罗尔纯说上话，当时真可算是我的荣幸！

记得罗总是沿着路边靠着墙行走，这犹如他的人生，默默地在世上向前行走，毫不起眼。如在尘世偶尔相逢，会因他平凡的外表而错失。若初次相识，也许会觉得他有些木讷和不擅言辞。其实罗仅是言辞不多罢了。在他沉静的外表下，几乎疏于世间的一切琐事和杂务，内心只燃烧涌动着对绘画的钟情和渴求。

因为其他同学的水平和他相去甚远，罗尔纯是当之无愧遥遥领先的第一。谁个不佩服得五体投地？谁不倾倒在他的画前呢？可他总是那么谦慎，从无半点傲色。常见他不满足画就的画，对自己画就的画又不经心。当时大家常在夜自习时画头像，记得有位何姓的同学，就讨去若干罗尔纯画的素描头像。罗随手相赠，并无吝色！

那时校内一度流行用自制的鹅毛笔蘸了墨汁来画画。我有幸得到一张罗尔纯在宿舍里用鹅毛笔信手画下，被他题为"心的警觉"的小画。还有些小画，珍藏至今（见附图——《心的警觉》、素描石膏头像）。

我入学的那一年，罗已经不住在沿河临水的宿舍，而住在有着大槐树的靠近食堂的宿舍。如此一位矢志绘画的人，他的床位不会太整洁，是情理中事。甚至会找到遗忘于上的图钉之类的杂物。可是他凭着杰出的绘画水平，在同学中享有极高的威信，赢得一致的尊敬！

1951年作石膏头像铅笔速写　　　　　1951年作《心的警觉》　鹅毛笔作

1951年春学生会改选，大家心知肚明他的优势在绘画，要他做行政事务工作，实在是难为了他，浪费了他本应用于绘画上的时间。可是凭着对他由衷的尊敬，还是异口同声地提名他为候选人，这简直是一种一边倒的态势。如是别人得此殊遇，很可能会春风得意踌躇满志起来。可是，罗尔纯反而局促不安，口中嗫嚅着："这——"一脸的无奈。要知道他是天生的艺术家，哪里是做行政工作的人?

最后还是使他当选为学生会副主席,真是勉为其难了。不过他还是负起责任,做分管给他的工作。

有人以为罗只是在教室里画画素描,其实不然。解放初王朝闻的《新艺术创作论》对各美术院校影响很大,学生们开始走出教室面向生活。1950年时,苏州南门有个以工代赈的拆城墙工程。于是大家往往在下午去工地上画速写。记得罗也带上画夹,用炭精棒去画速写。我不知他怎能用方形的炭精棒在小小的速写本上画速写的,也不知他怎样飞快地捕捉转瞬即逝的动态,现在回想起来,都是极其生动富有艺术价值的作品。只是罗随手画来,却疏于保存,真不知这些画都流落在何人之手了呢?

正因为他有着坚实的素描基础,他的油画也极为出色。有位同学小提琴拉得很好,罗尔纯仅用了四个小时,就为他画成了一幅油画半身像。当时一般的单位流行在礼堂等处挂大幅的领袖像,学生会办起这个画领袖像的业务。罗尔纯成了画这种两米左右高度毛主席像的首选人物。他在面水轩轻而易举地画这样的领袖像。他又用水彩画他的毕业创作。我感觉,只要是绘画工具,到了他手上,他都能掌握其性能,得心应手地运用,创造成出色的作品。

1951年夏,罗尔纯以首屈一指的成绩,修完了苏州美专的课程毕业。我们在校的低班学生私下都希望:要是他能留下做学校的老师有多好!不过这已不可能,罗尔纯的前途在北京,何况那时已经由国家来统一分配各院校的毕业生。我们只隐隐约约听说罗被分往北京。那年夏天我上街,走到乐桥,正遇到带着行李坐在黄包车上的罗尔纯,因为仓促,只来得及招呼一声:"去北京"?黄包车已远离北去,就此别过了罗尔纯。此时此刻,谁会知道苏州美专已为中国的美术界培养了一名杰出的艺术家了呢?

1952年全国性的高校院系调整,苏州美专和上海美专、山东大学艺术系合并成华东艺术专科学校,就是现在南京艺术学院的前身。直到我1955年毕业,在此期间,攻读过苏州美专的同学,一直无法忘怀这位不善言词、成绩卓然的大师兄,经常会回忆起他在校时的种种轶事。又不知怎样传言罗尔纯被分配至公安局的消息,于是大家愤愤不平!后又听说在出版社,大家情绪稍平。

1955年初,我在毕业前夕的最后一个寒假,去了北京,和正在攻读中央美院的原苏州美专同班同学卢沉,一起去看望了在人民美术出版社的罗尔纯。相见欢甚！我知这已不是朝夕相见的在校时光，离京后，不知何年何月才能见到他，遂向他要些作品，罗拿过一只大信封，说："里面的画随你挑。"我大约选了五、六张 16K 大小的素描和水彩（见附图——素描头像、水彩海军战士像、水彩女青年像）。

1954 年作素描人物头像

1953 年作水彩女青年像

1953 年作水彩海军战士像

1984 年作薛企荧油画肖像

毕业以后我在哈尔滨艺术学院工作，1959 年冬我到北京，仍然是和卢沉同去北京艺术师范学院看望他。60 年代我转至苏州工作，直到文革以后才有机会在出差至北京时见到他。

1984 年他来到苏州，苏州美协接待了他，在此期间我陪同他访问了在苏州的苏州美专老一代的校友。罗在我家中，仅以两个多小时，为我画成了一幅油画胸像（见附图——薛企荧油画肖像）。从画面上可以看出：他以肯定而快速的用笔，捕捉了我的神态。

1991 年，他又一次来到苏州，我为他联系了宿和行。那次，罗访问了苏州美协，及美协主席贺野，并在美协挥毫半日，作国画若干幅。这次我给罗尔纯看他在出版社期间送我的画。他说："正好，这个时期的画我找不到了，你还我几张吧。"索回三张。不过他又为我画了几幅国画。我保存至今（见附图——国画傣族女青年像）。

那次还在苏州工艺美校为我作油画肖像。这是一幅变法成熟后的画作，完全不顾细微末节，饱蘸油彩，以粗犷肯定而略带变形的笔触，在众人的惊讶声中瞬时间画成（见附图——薛企荧油画头像）。画后又应工艺美校耿玉英副校长之邀请，为全校学生作了讲座。当现场展示了刚为我新绘之油画肖像后，气氛达到高潮。记得有一学生藏有罗尔纯的画册，带至现场，罗当即为其签字，使画册的身价陡增，学生感激不已！

1986 年作薛企荧油画头像

后来我数次去北京，或者和他同去看望曾经当过驻外大使的苏美校友汪普庆，或者在中央美院他的屋内看他的画作。

2003 年、2005 年，我两次在苏州美专旧址开画展，他都为我写了前言。

光阴荏苒，岁月流逝，今年又迎来了他的画展。参加了在上海美术馆的开幕式后，我流连在一幅幅色彩瑰丽的大幅油画前，深深折服。看着身单力薄的罗尔纯，不知在他体内怎能蕴藏如此巨大的创造力？循着画上的笔触，我似乎能窥见他在画面上挥毫油彩时的奋力。

自 80 年代在坚实的写实基础上变法以来，罗尔纯业已成熟，其画作散发出黄金般的耀人光芒而熠熠生辉！无论你是写实的，抑或是前卫的后现代……都无法不被他的画打动而慑服。

1983 年作傣族女青年像

参观以后，我久久不能平静，百感交集。回苏后在给他的信中写道：

……这次看了你的画展，使我觉得枉自在世间画画了！如此众多的大幅油画展出，居然是出自一人之手，且全部是以生命的投入，给了我极大的震撼！我甚至不知道今后该如何作画了呢？另外见到你仍是如此精神矍铄。心中倍感欣慰，忠心地祝愿你不断地创造出新的作品，（可是苏州美专的人大多是谦谦君子，不事宣扬，不会炒作）丰富人类宝贵的精神财富！……

是的，他的画必定能经受历史的考验，时久而弥坚。我坚信因他的贡献，他的名字定将在我国美术史上的留下浓重的一笔。

丹青生平

——悼卢沉[1]

我们知道苏州具有数万人的庞大美术队伍。不过说起来,还有不少从苏州走出去,在外地成名的画家。即以北京一地而言,如吴作人,原和苏州国画家张辛稼是苏高中的同窗,定慧寺巷就有他的纪念馆。董希文、李宗津、罗尔纯、王克庆等,他们虽不是苏州人,但都是念过苏州美专,和苏州沾了边的。而惟独自幼从仓街成长的卢沉,是地道的苏州人,是从苏州美专走出,并在北京成名,有着卓越的成就,并享誉海内外的画家。

上世纪 50 年代初,卢沉和我同在沧浪亭畔的苏州美专求学。虽然我们是本地人,但为了能获得更多的学习时间,都在校住读。记得他每于破晓之前即已起床,上那有着十四根廊柱的罗马大楼素描教室钻研素描,或携带水彩画的工具,循三元坊南下(当时尚是茅屋农田之地区),乘黎明之际,写生风景。当其他同学尚在梦乡之中,他已完成了自定的晨课。加之速写本常不离身,这就比别的同学挤出更多的学习时间。当时正逢解放初期,王朝闻的《新艺术创作论》以其全新的艺术观点,开启了好多美术学子的心扉。入学不久的卢沉,又以课余的时间自选题材,练习创作。卢沉即以这样孜孜不倦的精神,步入了学习艺术的殿堂。不久就在班上脱颖而出,有着名列前茅的成绩。

1952 年,当全国院系调整之际,他毅然选定去北京投考中央美术学院的道路,但因家境贫寒,无力支持上学的费用。于是以两年的时间在出版社工作,来积攒学资,终于在 1954 年考入中央美术学院国画系。卢沉的勤奋,使他在班上仍然有着斐然的学习成绩。但不幸,他的兄长遽然离世,留下父、母、妻、儿。卢沉每于深夜作画,以稿费的收入,与孀嫂共同支撑家庭的重担,以挽颓势!即便如此,仍每每保持课内的习作在学校优秀成绩的画廊里展出的殊荣。期间,因永乐宫迁址,又参加了壁画的复制工作……凡此种种,卢沉都以无比的毅力,承受着学习和支撑家庭的双重压力,他的付出实在是非常沉重的。那时的系主任叶浅予慧眼识英雄,知他是个人才,见他的艰难,慨然按月借给(名借实助)五十元钱,助其度过难关。卢沉就是在这样

---

〔1〕 2004 年年初第一稿,2006 年 1 月 14 日修改稿

的困境中,支撑了家庭,并以优异的成绩完成了学业,直至毕业。

其后留校任教,并与他的学生周思聪结为伉俪,住在北塔寺一间北向而四面透风的陋室。记得卢沉曾以充满歉意的语气向我诉说,他们第一个孩子降生后,周思聪就在这样的屋子里做月子。这陋屋加上生活的艰辛,给他夫妇二人日后的健康留下了隐患。果然,日后卢沉得了肝炎。周思聪日日相扶,陪卢沉去公园做气功,配以药物治疗,与疾病抗争,终获痊愈。

至文革后,举家迁至建国门外一处公寓。我去作客,见到他们夫妇二人,加上子、女、九十余岁的老母,还有一个来自无为县的保姆,挤在每间十平方米左右的四间小屋加上一个小客厅里。我满腹狐疑地问周思聪,平时在何处作画呢?周指客厅之墙说,用图钉把纸摁在墙上画画。具有如此水平的大师,竟然仅以此条件作画,使我敬佩之余,不禁感叹万分!其后他在美院分得一套居室,环境稍有改善。但1983年始周思聪又患上类风湿病,至步履艰难,转由卢沉以轮椅推周外出。后虽治愈,但一次数十名同窗结伴南下,访恩师叶浅予于桐庐,她途中感了风寒,返京后健康日下。1996年1月,时任全国美协副主席的周思聪,忽因胰腺炎不幸谢世。翌年一月,我收到卢沉寄来由荣宝斋出版之《周思聪画集》、《周思聪纪念文集》两书,乃知卢沉悲痛之余,以一年光阴为周结集至出版。文集中收有卢沉《不堪回首》一文,文中流露对周思聪无限之哀思与深情,读之催人泪下!

卢沉画薛企荧(图1)　　　卢沉画薛企荧(图2)　　　卢沉画薛企荧(图3)

卢沉毕业之初,曾独出心意,沿大运河一路写生南下。写生之余,访地方画家,访文化馆美术工作者。或废寝,或忘食,至遗失车票茫无所知,一心绘事而并无旁顾。60年代程十发创作《胆剑篇》之时,卢沉曾由同窗方瑶民陪同,以晚辈礼造访。卢粗衣布鞋,悉不经意。程见其画,深以为然。

卢沉生性忠厚耿直，待人诚恳，毕业后，尚按月归还叶浅予之助资，便可见其一斑。为人处世，言辞不谙虚饰。名盛后，至外地，人或诔言，卢沉直言其误，坦诚相处。

居建国门外时，某次卢沉正与我交谈，敲门进入一位素昧平生来自大连之青年，稍申景仰，便索讨作品。卢沉当即为书杜甫七言绝句一帧，落款押印相赠，毫无难色。

苏州美术馆顾曾平与卢沉相遇，曾求其专著《卢沉论水墨画》。卢慨然允诺，但世事辗转，记忆模糊，后又遇顾，确知此事未果。返京后，虽仅剩一本，乃书己名邮寄与我，郑重交代，务必亲自送至顾曾平处，以践诺言。足见卢"言必信"之风格。

卢沉不忘师恩，至苏，必邀我共望求学苏美专时之贺野老师（今苏州美协名誉主席），更至探望小学时之数学老师，使我肃然起敬。卢沉关爱故土，常对我言：为何历年少有苏州青年学子投考中央美院？对苏州美术馆之建设，亦颇多关注。与苏州国画院院长（苏州美协主席）孙君良、马伯乐等亦善。往来苏城，必去国画院，或孙君良私宅，畅论古今绘事而欢甚。1997年和中国美术学院苏州籍刘国辉教授共于苏州举办双人画展。1998年又受聘于苏州大学艺术学院，任客座教授。凡此，皆寄托了他对故乡人民的深情厚谊。

观其一生，足迹遍及各地。画作丰硕，画格凝沉高朗。国外多处邀请进行访问，举办画展。如1987年九月因中法文化交流中交换教授之项目，去巴黎高等美术学院任客座教授讲学达三月之久。他如去大洋洲、加拿大、新加坡……多方推动中外文化交流，贡献昭彰。画余，又耽于画理之研究。观其问世之著述，辩析缜密，语多精辟。于国画理论甚多建树，而今已为存世之遗产。

卢沉系新中国培养的一代国画家。在叶浅予、李可染等大师的引领下，以其深厚的素描功底和对传统的颖悟，并融入现代意识，和周思聪一起，开蹊辟径，将人物画推至一个全新的阶段，以自己的生命将国画注入新的生命，是当之无愧的奠基人，是开启了下一个时代新风的先驱者。其功不可没！

卢沉晚年为摆脱城市的喧嚣，结屋于昌平县，潜心作画，抒发胸怀。校方为招博士生，卢沉允复出任教。招生启事已见于《美术》杂志，然终因身患不治，未能再次执教，诚为憾事！

当时,噩耗转来,苏州大学艺术学院廖军院长曾委我拟稿,为学院发去唁电,以表沉痛！我亦发去唁电,一尽哀悼！

卢沉于 2003 年十二月获得文化部代表国家颁发的第二届"造型艺术成就奖"(相当于国家级艺术终身成就奖)的殊荣。于2004 年 1 月 23 日于北京谢世。卢沉是苏州的骄傲,是苏州艺术

卢沉、薛企荧、李仁卿

星座中一颗璀璨的星。他的业绩已经载入新中国的美术史册。卢沉已去,遥想当年,同窗友谊,犹如昨日,我心每每茫然若失！失落之余,谨以此文缅怀这位出生于苏州的北方同窗老友。愿苏州人能记得这位属于苏州的画家,慰他于泉下！

(作者单位:苏州大学艺术学院)

颜文樑创办苏州美专校史二则

胡久庵

颜文樑欧洲购买珍贵石膏像

上海市文史研究馆已故馆员周方白和夫人陆传纹曾在 20 世纪 30 年代受颜文樑委托,由他俩在国外为苏州美专购买石膏像。本文即是经办人讲述的这段鲜为人知的故事。

早年陆传纹师从苏州美专校长、大画家颜文樑(生前为上海市文史研究馆馆员),后毕业于苏州美专,毅然冲破封建家庭的牢笼,千里迢迢只身奔赴南洋寻找工作,在那里觅得知音周方白先生,两人志趣相投,一见倾心。他俩业余共同学习绘画,节衣缩食,积累资金,萌生出国留学的心愿。陆传纹将自己想法告诉先在巴黎留学的老师,很快就得到颜文樑的回信,鼓励她"有志者事竟成",到法国来学习。于是,她和周方白计划着出国前的一切事务。

颜文樑在出国留学前于苏州沧浪亭创办苏州美专学校,已有一定成就,他的代表作粉画《厨房》和《老三珍肉店》已广为人知。他在遇到徐悲鸿后,两人十分投机。徐极力劝说他去法国深造,扩大眼界,吸收先进文化知识。颜文樑领悟徐悲鸿的高见,积极准备出国,1928 年便去巴黎国立高等美术学校,在罗朗斯教授的指导下专心学习绘画。美专校长再去深造,成绩自然突飞猛进。同时颜文樑把自己带去的粉画《厨房》请罗朗斯教授指教,得到较高的评价,并建议送法国春季沙龙参加展览,果然获得荣誉金奖。授奖仪式非常隆重,法国教育部长亲自颁奖。此时周方白、陆传纹还在南洋工作,得悉后十分快慰,从中得到更大的激励。他俩出国的意志就此更加坚定。

不久陆传纹约同周方白于 1930 年 6 月从新加坡启程前往法国,颜文樑特地从巴黎赶到马赛港迎接他们,并为他们安排生活、学习诸多事宜,这使周方白、陆传纹方便不少,非常感激。是年冬天,颜文樑学习期满,决定回国,临别相约周方白、陆传纹毕业回国,一定要去沧浪亭美专任教,他将申报教育部聘用,周、陆当然非常高兴。颜文樑又委托周、陆购买大型石膏像 13

件,货款请设法垫付。周、陆两人欣然允诺。

周方白、陆传纹在巴黎留学相当艰苦,还遇到一些波折。首先是经费问题。一般情况下,私人出国留学,资金有限,所以一定要精打细算生活开支,让必要的费用支付有保证,才能逗留巴黎进行学习。两年之后,他们从吴作人的来信得知比利时布鲁塞尔皇家美术学院学习条件不差,而且那里的生活费比巴黎低,在认真考虑之后决定转往比利时求学。到比京后,果然符合理想,周方白还改学了雕塑,由于成绩优秀,曾得到比王金牌奖。晚年他将金牌捐赠给了上海博物馆。

周方白、陆传纹在比利时学习一帆风顺,忽然有一天周方白头昏脑胀,感染上流行性感冒并发肺炎,万分危急。陆传纹到处求医,彻夜不睡,在她的精心护理下,周方白病情逐渐减退,二月后才慢慢康复。以此两人情谊日笃,结为终身伴侣。

周方白病刚好不久,颜文樑又从苏州来信催促购买石膏像事。此事因转学比京和周方白生病略有延搁。不过,由于周方白到比利时后学习雕塑,对购置石膏像更为便利,他和陆传纹商请的雕塑老师隆菩(Rombaux)从比京五十周年纪念馆借得原模,并亲自指导他的助手翻制。在翻制期间,周、陆几乎天天都去现场探视。为了不耽误自己的学习时间,两人便轮流前去,回到住所再相互沟通。翻制师傅喜欢中国绿茶,陆传纹特地请国内亲友寄去碧螺春茶送给师傅,搞好关系,因此翻制工作进行得十分顺利,最后在石膏像上又加了一层透明的高级涂料,看起来十分近似大理石原作,而且费用特别低廉。

根据颜文樑的意见,他们选购的 13 件石膏像主要有:希腊雕刻家米隆的代表作《掷铁饼的运动员》,石膏像与真人一样大,掷者弯腰扭身,右腿弯曲,左脚拖后点地,右手持铁饼撤在后面,左手轻靠右膝,作将投掷状,充满着活力,非常生动。希腊雕刻家坡利克利特的《持枪的运动员》(或称《荷戈的战士》)也非常美。如果说《掷铁饼运动员》是"动美",那么,《荷戈的战士》就是"静美",其姿势是左手持枪曲臂置腰间,右腿略有右倾,身长与头的比例大约是 8:1,非常匀称合度,呈现出均衡、强壮、有力的状态,学生们戏称为"标准人体"。还有意大利文艺复兴三杰之一的米开朗基罗的《大卫》头像等。这 13 件雕刻精品翻制成的石膏像,花了周方白、陆传纹两人不少时间,几经周折,终于 1934 年冬从欧洲运到苏州沧浪亭的苏州美专,全校师生欣喜若狂。颜文樑把这些光辉夺目的石膏像陈列在新落成的罗马式教学大楼底层最大的教室和沧浪亭"明道堂"大厅里,供学生们写生。

其时苏州美专共有石膏像 460 余件,不论数量和质量均居全国之冠,闻名遐迩。颜文樑规定这 13 件大型石膏像不许翻制外传、不许随意搬动,学生只能写生不许触摸。这条禁令在抗日战争日寇侵略苏州期间被打破,石膏像被搬出苏州"逃难"去了,直至 1945 年日军投降才重返沧浪亭。1952 年院系调整,这些石膏像统统由人民政府接管。

石膏像是雕塑的翻制品,有它独立的艺术价值,苏州美专是作为教具供学生素描的,在写生的过程中自然也具有审美情趣的培养。石膏像质量的优劣有关学生的教学质量,难怪颜文樑会花巨款委托周方白、陆传纹从欧洲买回来。

解放前的苏州美专注重素描训练。我曾经接触过几位著名的画家,交谈过这条教学路子。一位是画《开国大典》的董希文,还有两位是上海的著名画家俞云阶和杨祖述。这三位画家都曾在苏州美专学习过,后来又出去深造,都有一定成就。他们对苏州美专重视石膏像写生,培养学生的基本功一致赞同,也证明颜文樑、周方白、陆传纹等前辈们昔日辛劳所获得的社会成果,人民永记不忘。

颜文樑扶持苏州美专分校

1944 年,抗日战争第七个年头,家乡沦陷,日寇横行。学校上课,时断时续,读书非常困难。当时我读高中,要徒步几十里,穿越敌人"封锁线"去宜兴县西锄村县立第六临时中学上学。有些爱好美术、音乐的同学则找不到学习的地方。

我和美术老师储元询先生比较接近,时常相叙在一起,闲谈中萌生了创办美术学校的念头。经过较长时间的酝酿,并参观了宜兴县夏坊镇的"江南美专",得到了启发。储先生平时和几位苏州美专同学有交往,据说都是书画的高手,现在都没有正式工作,如果串联在一起办个学校,发挥他们的作用,是一举两得的好事!大家觉得这个主意不差,于是决定发信联系,得到凌暂型、吴汝连、刘昆冈、王佩南的赞同。讨论校名时,大家认为"苏州美专分校"最适合。立即写信去上海请示颜文樑校长,颜校长一口答应,同意以苏州美专分校名义,挂牌招生。

苏州美专原址苏州沧浪亭,创建于 1922 年,中外闻名。1928 年颜文樑校长留学法国,回国后由苏州富绅吴子深先生出资 5.4 万银元,建造一座罗马式教学大楼,享誉海内。日寇侵略我国,苏州美专被迫关闭。1938 年颜校长辗转沪上,又设法在四川路企业大楼继续开办苏州美专沪校。太平洋战争爆发后,学校经费困难,沪校规模又缩小了。正在这时,宜兴校友愿意高举苏州美专牌子自办分校,颜校长十分乐意。

得到颜校长同意,宜兴分校立刻筹备,校址先选择在宜兴县和桥中学内,不久发现和桥中学虽有空余房屋,但很不安静,敌伪势力常来干扰,无法进行教学,决定重找校址。有人介绍,宜兴分水墩山上有一座古庙,内有空余房屋。往现场一看,果然不差。该地处常州、无锡、宜兴的交会处,太湖之滨,背山面水,为新四军游击队经常出入之地,日寇不敢侵犯。古庙有座大殿,后面有楼房、平房数间,旁边还有场地可作操场。不日,我们便进驻分水墩,办公招生。

1944 年 9 月 1 日,苏州美专宜兴分水墩分校开学,教师有凌暂型、吴汝连、刘昆冈、潘鸿年、储元洵、王佩南(第二学期到校),还有几位特约教师。学生有 30 余人,以文化程度高低不同分专科与高中艺术科两班进行教学。课程有素描、图案、中国画(分人物、山水、花鸟画)、语文、诗词、音乐等。语文、诗词、音乐作为普通文化课,不分班级,全体同学必修。专业理论如透视、色彩、解剖等都结合实习讲解,不另开课。

语文一课特地请潘汉年的堂弟潘鸿年先生来校讲授。学生努力学习,成绩斐然。第一学期顺利结束,举办了绘画展览会和文艺演出,与当地人民进行联欢,得到一致好评。

第二学期开学,情况发生突变!部分教师借故不能前来上课,学校似有难以维持之状。颜校长得悉情况后,立即修书请孙文林先生出山。孙先生是原苏州美专教授,德高望重,是学校的主要教学力量。其时他为避战乱,隐居老家务农躬耕,得信后欣然亲往。

颜校长又将沪校多余的石膏像拨出十余件充实分水墩分校教学设备。并叮嘱:“低年级学生素描教学,写生希腊、罗马石膏像是我校一贯的、有效的传统教学。孙先生的观点完全和我相同,请孙先生执教我放心!”随之又将他的代表作《厨房》(曾得法国巴黎秋季沙龙金奖的粉画)也送往宜兴分水墩,供学生观摩。山乡古庙大殿内陈列了十余件“洋和尚”(石膏像)和精美的粉画《厨房》,同学们非常兴奋。一传十,十传百,轰动一时,方圆几十里,都有人徒步前来参观、欣赏,一时传为美谈。学校面貌焕然一新。

自孙文林先生来分水墩执教后,学校加强素描基本训练,强调学生学习正规化,教学成绩显著得到提高。

1945年8月15日,日寇无条件投降,全国人民一片欢腾。宜兴分水墩分校全体师生员工在欢庆声中着手搬迁到苏州沧浪亭复校,同时函呈颜校长行动计划。得回信,同意按计划执行,并祝一路顺风。

8月下旬雇用木船数只,装载分校全部人员、设备,撤离分水墩,经无锡到苏州。船队行至无锡,早有校友接应。忽然得悉苏州沧浪亭原来校舍接收手续尚未办妥,暂时不能回去,不得已便在无锡暂作停留。消息传出,无锡校友立刻想法,借得学前街无锡县立中学数间教室,作为临时校舍,开学上课。在校友们的建议下,又在无锡招收新生十余名。

10月底,全体学生、工友,愉快地回到阔别8年的沧浪亭。昔日辉煌的罗马式教学大楼,如今面目全非,空无一人。原来幽美的沧浪亭,眼前是断垣残壁,满目疮痍。但是,回到沧浪亭的全体师生群情激奋,不怕苦累,协力同心,重建校园。

失散多年的老教师如胡粹中、朱士杰、黄觉寺、钱定一、蔡震渊、张星阶、顾友鹤、张寰生等也陆续回到学校。流光如矢,转瞬已到1946年元旦,颜校长战后第一次回到苏州,召开全体师生大会,热情洋溢地作了发言,应师生们的请求,他老人家又一次唱了一曲《马赛曲》,博得了全场热烈的掌声。

在分水墩分校学习过的同学回到沧浪亭,非常珍惜学习机会,十分努力,毕业后不少人成为全国各地美术院校、画院、美术制片厂等单位的专业创作人员和教学骨干。

(作者为上海市文史研究馆馆员,本文原载《世纪》2012年第3期)

口述历史

Study of art 开元记

【编者按】 苏州美专是我国近代美术教育史上重要院校之一。自 1922 年 7 月成立,在走过了三十年的风雨历程之后,于 1952 年 4 月在全国高校院系调整中,其大部分专业与上海美专、山东大学艺术系合并组建为华东艺专,后改为南京艺术学院。2012 年,是南京艺术学院建校百年,同时也是苏州美专创建九十周年。百年回眸之际,我们在查阅文献档案时却发现,苏州美专三十年的校史资料十分有限,在北京、上海、南京和苏州、无锡等地的图书馆和档案馆里几乎很少能找到关于苏州美专历史记载的一手资料,尤其是涉及当年办学的教学文件或办学资料更是缺乏,似乎苏州美专的这段历史已被时间尘封。我们深知,苏州美专的校史,不仅仅是对苏州美专三十年建校历史的记载,更重要的也是对我国早期美术教育发展历程的记载。为此,本刊编辑部征得苏州美专校友会陈士宏先生的同意,重新整理由上海人民美术出版社编辑叶文西于 1982 年 5 月采访颜文樑先生的录音。与此同时,我们又组织了南京艺术学院艺术学研究所和设计学院多位专门从事艺术教育研究的研究生导师和他们的研究生一起前往上海、苏州、无锡和南京对目前仍然健在的部分苏州美专老教师、老校友进行采访,以口述史的方式为苏州美专重新立传,记述前辈教育家们为我国近代美术教育的发展所作出的卓越贡献。如今,口述历史已成为搜集历史文献的一项重要途径。从相关资料介绍来看,口述史最初是由美国人乔·古尔德于 1942 年提出来的,英文名为 Oral History,或 History by Word of mouth。之后,被美国哥伦比亚大学教授阿兰·内文斯加以运用并推广。阿兰·内文斯也因此被称为是当今口述史的奠基人。所谓口述史,就是通过笔录、录音或录影等采访手段,记录历史事件当事人或目击者的回忆,保存下口述凭证,可以说是由记录者与亲历者共同完成的历史见证。当然,原始的口述史并不是成熟和完整的史料,它需要研究者对记录进行考证和判别,然后与相关文献档案逐一核实。经过这样多种技术手段整理出来的口述史,才有可能成为有参考价值的历史文献。在这里,我们发表的苏州美专校友访谈录共计有七篇,即包括叶文西于 1982 年 5 月采访九十岁高龄的颜文樑先生的口述录音整理文本;2011 年 5 月至 2012 年 3 月间,由本刊编辑部组织的研究生导师和研究生集体采访毕颐生、陈士宏、陈徵、浦稼祥、唐令渊、严定宪、陆国英和徐近慧等诸位苏州美专校友的笔记文本。在采访中,苏州美专的老校友们特别投入和认真,他们相互沟通核对既往的史料,积极提供新的线索,整个采访过程中他们的热情和敬业精神深深打动了所有的采访师生。这七篇口述史涉及内容广泛,既有苏州美专的创办历程、教育教学思想形成,又有专业与课程设置,尤其是为当今影视界关注的我国第一个动画专业的创办经过等。本刊编辑部随后又约请参与采访的师生对口述原稿进行加工整理和补充,又经过多方求证与核对,形成现在这个发表文本,基本做到了对这些口述史的还原均有依有据,为已经失去的历史增添了一份宝贵的记忆素材,为再现苏州美专历史提供了一份佐证。我们深信通过亲历者的述说,可以向世人还原出一个更加丰富、更加鲜活的苏州美专历史,让苏州美专的历史得到更加全面的补充,使之更加接近历史的真实。最后,我们要对在此次采访中给予密切配合、年届耄耋之年的苏州美专老校友们表示深深的敬意与谢意!向参与采访的各位师生表示谢意!我们一同努力,将我国艺术教育事业向前推进!

苏州美专校友访谈录

颜文樑先生访谈录

采访者：叶文西

1982 年 5 月间，上海人民美术出版社编辑叶文西[1]先生采访了九十岁高龄的颜文樑先生，采访的原声录音带一直由苏州美专校友会陈士宏先生珍藏至今。2011 年春，又经过苏州美专多位校友回忆整理，真实再现了颜文樑先生生前对相关艺术问题的真知灼见。整个采访，可以说颜文樑先生的音容笑貌始终跃然眼前，特别是颜先生对绘画艺术的探索与实践经验的畅谈、对美术教育的认识和看法，无疑将成为后人了解这位艺术大师最真实而又最宝贵的文献资料。

一、颜先生谈法国留学

问：我查阅了相关资料，当时颜先生到法国去，大概是 1932 年去的，是吧？当时考哪个学校呢？考试要不要拿作品去？

答：要的，我拿去一张画去，就是那张《厨房》。这张《厨房》我是先拿给徐悲鸿老师看的，徐悲鸿的老师名叫达让·布凡尔脱，也是很有名气的，也是巴黎美术学堂的。徐悲鸿老师说画得不错，你画得很好，但是人画得不好，你要好好地画人，你要到巴黎美术学堂，到那里面去画。我说学堂以外哪一个先生最好？他说好的很少，不多，他说只有一个老师叫罗朗斯算是好的，不晓得他能不能收你。我说请徐老师写个介绍信，我去找罗朗斯老师，他的全名叫皮埃尔·罗朗斯，后来我就到他家去了，我拿出《厨房》给他看，我说我能不能跟你学画，他说可以的，你来好了。但是你先要画素描，素描画好了，可以到教室里来画人体。于是，我先到加勒莱（专门画素描的画室）。就这样先去画素描，每一个礼拜六给他看画，后来他说可以进来了。

---

[1] 叶文西(1926—)，男，汉族，原名叶文熹，河北保定人。画家、美术评论家、编辑家。1942 年考入国立艺术专科学校，1947 年毕业于国立艺术专科学校油画系。新中国之后，曾任上海人民美术出版社编辑、美术著作编辑室主任。

答应我进去，就进了阿德利亚（Atelier—他的画室画模特儿）。每个礼拜六上午半天画三个钟点，第二个礼拜六换模特儿。当时和一些同学一道上课，大家在一起有许多文娱活动，所以会唱歌，就是画画的同学大家会在一起唱歌，我听听也就学会了。

问：严老师，您到巴黎以后法文是哪里学的？

答：起初，我在国内学习过半年，一无用场。到法国去了，讲起来心慌了。有时候也讲了，但是我来巴黎之后，过了半年又去请老师，到老师处去读法文。讲话是可以的，在巴黎我是同一个有学位的留学生一道的，他推举一位老的留学生（现在故世了），他是法文秘书，绝对好的。我要研究三色版（印刷制版的三色版）的要领，我一个人去记不了，我让他陪我去，他说可以的，他陪我去。老师讲，他记录，所以对三色版的原理我知道了。回来后学校办了制版课，就是研究三色铜版的。

二、颜先生谈"专门家"

在法国，有个姓潘的，他时常和我一道，他都知道，他陪我到各个地方去。有时去淘旧货，我同他两个人，我要去买旧货，买镜框。吃饭生活讲法文是可以的，但不是很好，苏州美专教法文，都不是我教的。就是文学，我亦不懂的，也没有教。什么国文啊，就是文学，有的是写新文学，有的是旧文学，有的行政上的应用文，有的是小品文学，各有不同的。我做校长么，不能全面教，但我会支配的。我对三色版原理懂的，但是一定要请人制作，所以苏州美专从前请的先生请得是很好的。有的新的，有的旧的，有的老式的，各人不同，他们都比我好。我也要做做诗的，但不是做诗的专家，譬如说唱歌，我亦懂的，自己还会作歌曲，但是毕竟不是音乐家。提琴我亦会拉的，提琴还是小时候拉的，现在丢掉了。我还会吹喇叭，吹 Conet（短号）、Trumpet（小号）。布号吹得很多，还教过别人，布号的拍子很多，但我不是专家。自己就是一直画画，我画是画的很多的，譬如国画，我就不会的，国画是父亲在时画的，总不及他们画国画的人好。他们画国画的人啊，第一条，他们题诗写字都好的，我题诗写字不好，我就是画油画。

三、颜先生谈"画派"

我同徐悲鸿不同的，徐悲鸿素描比我好，我们两人方法不同。但是两个人的画风都是写实派，都是主张写实的。他问我："你主张哪一种派别？你的主张对于画派怎样?"我说我对于画派不论的,不反对的。譬如说林风眠,他的画与我不同的,但是我不反对他,他也不反对我。就是同刘海粟也不同的,画派是犹如人的面相,没有相同的,我同你的面相,同他的面相不同的。假使相同之后就不得了了,世界上各人的面相幸亏不同,所以画派一定要有不同。就是我同徐悲鸿,大家都是主张写实的,但是做法不同,我喜欢画风景画的,徐悲鸿素描人物画是很好的,所以我对画派的主张,不能修改。譬如,法国安格尔和德拉克洛瓦,两个人不同的,两个人互相反对,但是卢浮宫里面两个造像,一个安格尔,一个德拉克洛瓦。米开朗基罗同达芬奇也是主张不同的,米开朗基罗这个人性情很刚强,达芬奇这个人性情和善的,性情不同,画出来的画也不同的。所以要它不同,越是不同越好,所以说风格越多越好。我不反对的,我主张各有特长。还好我没有听见这一个人反对那一个人,都很融洽要好的,所以我对于画派没有什么(偏见),统统一样的。我自己喜欢怎样作画,一定照自己的画,这个不会变的,我是喜欢画风景画的,喜欢画室内的,这是不改变的。自己从小到现在从来勿改变的,不会一会儿画中国画,一会儿画西画了,不会的。我一直画油画,因为这是我喜欢的画。譬如,徐悲鸿说:你画的像"梅沙尼埃",这不能比的!我自己晓得差得远了,梅沙尼埃好得不得了,他过分称赞我了。徐悲鸿的老师好得很,叫达仰·布凡尔脱,达仰我是很佩服的。我的老师是比埃尔·罗朗士,老师都是自己选择的,你要哪位老师,你就考到那位老师的教室去,这个作风是从法国传下来的。所以到沙龙里去拿画加入进去,填表时,你是什么人的学生?哪一位老师的学生?一定要填出来。譬如说,我是比埃尔·罗朗士的学生,一定要写出来,不会变的。你问我画派,我是不管人家的画派。我总是主张不要,但是人家总是要问起国画。国画么,我自己不画国画了,但是捐给我学校里建房子的吴先生(指吴子深)是画国画的,他同我很要好,他是做生意的,钱多。画家穷得很,外国人画家都穷的,尤其是法国,画家穷得不得了。还有一个留学生也在巴黎,他不做画家了,他是做行政工作,是一个美术工场的一个主任。我说:"你为什么不做画家?"他说:"做画家要饿死的。"所以大家都要到美国去,美国有钱。法国没有钱,法国穷,但是法国的艺术好,法国艺术多得不得了,很有名气的,但是生活很苦。

四、颜先生谈留法临摹

问:颜先生,毕加索您认识吗?

答:没有看见过,我只晓得自己的老师。

问:你们是巴黎高等美术学校吧?

答:是高等美术学院,学校是一个资格,进学校就有了资格,不进学校就没有什么资格。

问:当时颜先生在巴黎读书的时候,去博物馆临过画吗? 临哪些人的画?

答:我临的就是什梵(根据音注),达芬奇的我也临摹。我临的就是什梵(根据音注),达芬奇的我也临摹。

问:临达芬奇的哪一张?

答:有一张一只手指着天的。安格尔(Dominique Ingres)的我也临的,鲍达(Bouda)的我也临。我就临了四张,每一张就要画两个月、三个月。

问:您四张画都在吗?

答:都遗失了。

问:您临的裸体是哪一个人画的?

答:一张裸体是给学堂里的,是什梵的。我为什么临什梵的呢? 他是一个画家,他画的很好。还有一个达芬奇,达芬奇画《蒙娜丽莎》画了四年没有画完。他后来到米兰去了,米兰是意大利南面的一个城市,他画了《最后的晚餐》,英文叫 Last Supper,是画基督十二个信徒,一起吃饭。他画了好几年,主要是找模特儿,他要寻找最善的善人基督,要寻找最恶的恶人尤大的模特儿,图画的房间就是修道院修士的吃饭间。但是他一歇歇高兴来画,一歇歇不来画了。修士认为饭间里不能吃饭,达芬奇他又不完工。问为什么你不能完呢? 他到许多地方去寻,到牢监里去寻,去寻最恶的恶人尤大的模特儿。有了模特儿才好画,就这样画了好多年。但是我看看实在画得蛮好的。

问:颜先生,你对风景画家,喜欢哪一些? 譬如,法国一些画家,柯罗(Jean—Baptiste Camill Corot),还有印象派的马奈(Edouard Manet)、莫奈(Claude Monet)这些画家你都喜欢吗?

答:印象派我也喜欢,以前不喜欢,以前喜欢格莱兹、梅索·尼埃。后来看看印象派,感觉倒是挺好的。所以一个人喜欢不是一直这样的,有时会改变的。

五、颜先生谈色彩

印象派的颜色是拼合起来的,容易鲜艳。古典派颜色没有这么显,所以是 Colour 的 Colour(色彩中的色彩)。我从前的画不显颜色的,都是画的灰的,我早年的油画还要灰。印象派的特点就是颜色,就是色彩,就是在网膜上的一种印象。法文叫 Impretiio Nijel,就是印象派。没有太阳就没有颜色,所以我说太阳光是七色,看了红的,其余的颜色会追上来的。红橙黄绿青蓝紫,七种颜色。譬如说,看太阳是红的,但是回转头来看旁边,就生出"余色"来了,多余下来的绿色自己会跑出来。印象派就是利用这种自己会生出来的颜色,所以叫印象。譬如,看到黄色的,一定会生出紫颜色;看到橘黄色,一定会生出蓝的颜色。就是制三色版,制铜版,彩色照相,都是这样的原理。譬如说看到黄色的,一定要抓准紫的颜色;看见蓝的,一定要抓准桔黄色。看颜色要看得很快,看得慢了,颜色不准确。慢慢地看,颜色要逃走的,所以看颜色是一刹那的,看色彩要看得快。画色彩要画得快,越快越好。所以我说画色彩就要像猫捉老鼠一样,一捉就捉牢,若是慢慢地走过去,老鼠要跑掉的。普通人认为色彩要慢慢辨别,我说不对,看色彩慢了会褪脱的,越辨越不好,一定要拿油画板上的颜色画到油画布上,色彩才可以确定,假使用油画板上拼好的颜色画上去,是不对的。看见红的,一定要抓准绿色,看见绿的颜色,一定要抓准红的,这是原则。一定的颜色一看,其余颜色再追上去,擦脱又复原了,所以颜色很奇怪。

我们常常说看颜色,一种颜色不能算颜色,一定要两种。譬如画油画,一个是浓淡的比例,一个是轮廓的比例,一个是色彩的比例,一个是笔触的比例。印象派就是色彩,你画到红的,红的不显,一定要画绿的,绿的一出来红的就显出来了。所以"红花绿叶",没有绿的叶,红花是不显的。一定要对画面比,可以用点不干净的颜色,要灰托托的颜色,里面带灰。所以我们看见一朵红的蔷薇花,或者月季花,看叶子都不是最鲜艳的,如果是做的假的花,叶子是碧绿的,红越鲜艳,绿越是不干净。譬如一朵花堆在垃圾堆里,花是很鲜艳的。假使一朵花放在花的衣服上或者花的被单上,反而不鲜艳了。所以一定要有两个比较,一个不干净的颜色,灰托托的颜色去比鲜艳的颜色。譬如说从动物上来看,雄的雌的两种颜色不同的,所以一定要有相互对比。印象派就是利用色彩的余色、补色,说穿了也是蛮省力的。我们要画红的,多画点绿的,就是印象。要处处看得快,印象派就是印象摆在那边。假使你要画黄的菊花,你一定要在旁边配蓝的花,蓝同黄因为也是余色补色。你画桔黄色的,旁边一定要画深蓝色的。太阳落山的辰光,夕阳是橘黄色的。你回转头来看看,旁边的颜色都是蓝的,你不能拿心里边的颜色去看,心里边的颜色是错误的,要看一刹那,这就是印象。心里想象的颜色不是画面上的颜色,你看太阳落山,下午,最最光明的亮的太阳是橘黄的,再看看旁边的东西,都是蓝的。旁边越蓝,太阳越橘黄色。你看晚上红绿灯,交通指挥,红灯开的时候,旁边的东西、地上都是带绿的,这些都是印象。

问:颜先生,您的画是否受印象派的影响?

答:现在有点变了,自己不知道。也是人家提出来的,我自己不要晓得的。譬如说像印象派,是人家定的,不是自己定的。从前我到苏州去画留园的一张油画,画得很不开心,天又冷,画得马马虎虎就完结了。本来想丢掉,后来俞云阶来了,他说这张画得很好嘛,我说不好,因为天冷没有耐心画。他说这个完全是印象派,我说这是什么印象派? 这一张我不喜欢,他后来又拿来一本印象派的书来说,和这个到底是否一样? 我看看倒是有点对的。所以,自己是不晓得的。本来是反对印象派,现在我不反对,现在我喜欢印象派了,所以说一个人呀,要这样,否则是没有进步的。

问:颜先生,您对自己的画有没有总结过,哪些优点? 哪些缺点? 将来怎么办?

答:我自己不晓得将来是不是会属于抽象派,现在不晓得,作兴将来就画成抽象派,自己也不知道。将来总是要发展的。毕加索也是写实派,为什么他后来会画得这样? 他第一本书里画得很规规矩矩的,为什么后来会变成这样的派别? 所以一个人的变是跟着环境变的,自己不晓得的。

六、颜先生谈教育

问:现在青年人画画很活跃,每次开画展您老先生都要去吧? 您对年轻人有什么要求?

答:年轻人一定要写实,青年一定要教他们规规矩矩。一个人不能不规矩的,有了规矩以后,不规矩不要紧。没有规矩的人,当做本来就是如此,就是毕加索本来也是写实的,所以我主张年轻的人一定要严格。巴黎美术学堂一个大教室里,一点声音都没有,只听见画模特儿的木炭条的声音,从环境来说就非常之严格。但是另外一边画模特儿的教室就不同了,非但勿严格,而且放松得一塌糊涂,学生一面画,一面唱歌。唱唱歌又到外边小咖啡店里去吃咖啡,学校对过有一片咖啡店,吃了咖啡回来要叫我请客的,小咖啡店里请客,一杯咖啡二角,请了八元洋钿,请全部的人,还要唱一支歌。我是同大家一道去的,这些青年落落乱。我皮夹子又没有带,黄佑玉叫我Yang(小辈)的。他说:"Yang! 你唱一支歌。"我说唱啥歌? 他说唱中国歌。于是我唱了一支《老渔翁之山歌》,一唱之后,说好的! 后来两人要好得很,重新到教室里去画,大家越画越好,类似这样情况是很浪漫的。素描教室是很严格的,一个人一定要先经过严格,严格之后才好放松。

问:为什么一定要经过严格呢?

答:一个人严格之后才能自珍自爱,否则放任得不堪设想,什么事情都可以了,青年可以这个样,小学里就严格得很,都是嬷嬷管教的,那是严格。女学生读书辰光两只脚一定要并拢,是这样的,不能搁起来,在中学里面一定要严格,到大学里以后就放任了。像军队,一定要严格,立正之后,一动都不动。尤其是英国,英国的军队,不像真人,像个石膏像。我看见皇家军队,门口站岗两个兵简直像个石雕像,后来换岗走出来走正步,走到转角上九十度再转身,立正,又不动了,法国人听见了好笑。

问:你的意思是不是军队如果不经过严格训练的话,不能打仗是不是?

答:同军队一样的,譬如说,开步走到河边上,要跨到河里去,不能向后转,这支军队才可以打仗,所以我主张青年要重视基础练习,要一遍又一遍地练习,同军队一样的,这是我的主张。

(本采访文字整理为本刊编辑史洋,南京艺术学院艺术学研究所研究生王丽娜)

从艺八十载　点滴忆美专
——毕颐生教授访谈
采访者：夏燕靖　袁熙旸

已过鲐背之年的毕颐生教授是苏州美专20世纪30年代中期的毕业生，他在新中国建立初期又回到苏州美专任教，之后随苏州美专一起加入华东艺专、南京艺术学院的大家庭。毕颐生教授对于苏州美专有两重身份：他不仅是苏州美专的学生，见证了苏州美专早期办学的状况，同时也是苏州美专的老师，参与了动画科的筹办。毕老可谓经历了大半部"苏州美专史"，是当下研究苏州美专校史不可逾过的"活化石"。但由于毕老年事已高，更加之物事遥遄，难免有忆所不及之处，故此，编者基于校史的大背景与不改变述者原意的情况下，对口述资料作了适当的补充与整合，在保证真实性的基础上力求口述文本更具可读性。

毕颐生作品

夏燕靖：非常感谢毕老师能够接受我们的邀请，在校庆即将来临之际接受我们的采访，帮助我们打开尘封久远的苏州美专历史，让我们有机会了解和记录下一段珍贵的校史史料。

毕颐生：我也非常高兴，南艺百年要对苏州美专校史进行整理，这是好事。苏州美专校史是南艺百年的重要一部分，颜文樑先生创办这所学校在我国近代美术教育史上是有地位的，应当好好总结，告诉后代。我现在已经九十岁了，记忆力不行了，但大的事件还记得，你们有什么问题就说吧，我想到什么就说什么，有些历史事实、人名和时间还需要你们去查资料核对和补充。

一、回忆当年，话说美专筚路蓝缕的发展历程

袁熙旸：毕老师，您是什么时候进的苏州美专？当时您为什么会想到去苏州美专学习呢？

毕颐生：我应该是1930年左右进的苏州美专，我记得不太清楚，反正是苏州美专最兴旺的那一年。那时的气氛我至今都记忆犹新，校舍很气派，学生也很努力，大家和睦相处像一家人，所以我估计是在1930年。按地理位置来说，我家的位置离杭州比较近，而且我中学的美术老师就是杭州国立艺专国画系毕业的，我当时学画基本功很好，我的老师也推荐我去杭州读书，按理讲我应该去杭州国立艺专学习的，但我还是去了苏州美专。什么原因呢？主要是因为我父亲跟颜文樑先生是要好的朋友。我印象中，记得我父亲带我去颜文樑家见过面，颜文樑先生当时和我说了很多学画的事，并邀请我到苏州美专学习。和他见过面之后，对我影响挺大的，我后来就认为跟颜先生学习是最好的，况且又是我父亲的熟人，这样夏天一过我就去苏州上学了。那个时候颜文樑先生才从法国回来，新校舍好像也刚落成不久，因为新校舍是罗马式建筑，我们都叫它"罗马柱"，这个罗马柱，后来日本人来后(抗战爆发后日本侵略中国占下了苏州)，还在里面养马。[1]我印象中这是苏州美专最为凄怆的时候，校园没有了，颜文樑先生只好带领师生搬家，到外地去。

夏燕靖：毕老师，按您说的，颜文樑先生回国和新校舍落成应该都是在1932年。我先前在准备采访资料时查过，或许是您入学后才搬到这里的。

毕颐生：哦，可能是，也差不多，1930年这一年很热闹，(国民政府)教育部批准了苏州美校以大专学校立案，正式更名为"苏州美术专科学校"，正式对外招收专科生，我应该是这年到学校的。1932年，是苏州美专建校十周年，记得苏州美专举行了十周年校庆纪念会，同时还举行了美术作品展览会，也正是此时校舍有了落实，想想那年可能是苏州美专是最兴旺发达的时候。当时学生也比较多，有将近三百人，在那时三百多学生是了不起的规模，老师也有五十余位。

夏燕靖：新校舍建成之前，苏州美专是在什么地方办学，您能回忆起

---

〔1〕 1937年"八一三"事变后，日机轰炸苏州，颜文樑在当年10月间同朱士杰、胡粹中、张念珍、颜振康及家属等30余人，携带苏州美专部分石膏像、书籍资料，辗转浙皖，后又折回上海，所携珍贵资料，损失殆尽。此时，苏州已沦陷，美专校舍为日军霸占。1938年春，于上海王家沙一小学内租赁教室，开办上海美专沪校，颜文樑任校长，李咏森任副校长。招收学生30余人。是年秋季，苏州美专沪校迁至上海四川路企业大楼7楼，学生达40余人。颜文樑多次拒绝日军要其回苏复校的威胁利诱，表现出应有的民族气节。

来吗？

毕颐生：我去的时候美专就在沧浪亭内，沧浪亭是苏州的名胜，只是因为年久失修，有些荒废。当时颜文樑先生正好担任沧浪亭的保管员，又在沧浪亭筹建苏州美术馆，然后校舍也迁了进来，这些都是当时苏州公益局的产业，他们同意也就可以了。后来颜文樑先生找到了苏州的富绅吴子深，他捐了一些钱把校舍装修起来，这样就气派了许多，当时在苏州城里还是蛮有名的地方。再后来学校还成立了董事会。当时私立学校成立董事会是很普遍的，上海美专就有，这是为教育寻求经济来源。苏州美专的董事会是由吴子深担任校董会的主席。新校舍也是董事会筹钱盖的，我们当时是学生，只是听说吴子深拿出了好多钱，真是令人羡慕啊！不过，这间校舍在当年苏州也很气魄。

袁熙旸：毕老师，我从苏州美专校友回忆中读到，新校舍是用来存放颜文樑先生从欧洲带回的那批石膏像，是吗？

毕颐生：不全是，有十二个两米以上的大石膏像就摆放在明道堂里，这十二个石膏像是颜文樑先生从欧洲带回来的精品，非常珍贵，只有他亲自批准的学生才能进去画，我也有幸也被他批准，好像一共就三四个人吧。这十二个石膏像是哪里来的，很多人不知道的，我好像听周方白[1]跟我说过，是颜文樑先生托周方白去办理购买事宜的，周就买了茶叶、丝绸什么的，送给比利时皇家学院雕塑学院的一个名叫罗伯的雕塑家。因为周方白1930年在法国巴黎国立高等美术学院学习过，1933年又到了比利时布鲁塞尔皇家美术学院学习，认识罗伯。这些石膏像是从意大利雕塑原作上翻下来的模子直接翻模的，看上去跟原作一样，所以说非常宝贵，这是很不容易的。颜文樑先生就是靠罗伯的关系，翻得一套。其他的是在法国的一些地方购买的，颜文樑先生对雕塑的把关很严，最先选择的是古希腊雕塑，其次才选择古罗马和以后的文艺复兴时期名作，抗战时被日本人毁掉了一些，再后来到文革时期，几乎全部毁掉了。

毕颐生：关于苏州美专石膏像的历史记载，我在苏州美专校友罗尔纯的

---

[1] 周方白（1906—2001）又名周圭。出生于上海南汇三灶镇。1930年于法国巴黎国立高等美术学院学习，1933年又于比利时布鲁塞尔皇家美术学院学习，同年去意大利。1935年回国后历任苏州美专、武昌艺专、中央大学、圣约翰大学、国立艺专教授，同济大学教授。著有《绘画基本理论》、《素描实践讲话》等。出版有《周圭素描集》等。

一篇《怀念颜文樑先生》的文章里读到,1937年日本军队侵入苏州,苏州美专被征为日军司令部,日本兵把那些石膏像当枪靶打……后来,到1966年红卫兵横扫四旧,将当时南艺石膏像陈列室悉数砸烂。从此,颜文梁先生从法国带回的石膏雕像原件全部荡然无存了……

夏燕靖:关于苏州美专的石膏像事件确实可以说许多,现在历史已经翻过去了,就是颜文梁先生在回忆录中也是一笔带过,我理解先生的心思,他在晚年的《谈艺录》里说,为了人,为了画,一切当放下,只是说为人要快乐。当然,还有老先生的修养,他尤其对经历文革的石膏像事件从没说得太多,一是他当年不在南艺,二是特殊年代发生的事,我理解先生是不想多纠缠历史问题了。这些我记得在罗尔纯的文章里都有记载,你们可以补上(罗尔纯文章是这样记述的,十年浩劫,颜先生像所有经过这种遭遇的人一样备受各种凌辱。大约稍后一些时候,听说他回到了上海家里,我决定去看望他。一天下午我去到他在淮海中路的寓所,他独自一个人坐在客厅的椅子上冥想,眼神茫然,陷在深深的思索中,甚至没有发觉我来到他的面前。也许他还在继续受到骚扰,客厅里杂乱堆放着一些书物,比往常乱,加上心情关系,显得暗了些。我不知道从哪里说起,勉强找话题来说,说着,他忽然几乎以央求的口气说道"石膏像如果要砸掉,就拿来给我吧"。我一时怔住了,不知道怎样回答他,觉得时间好像凝聚在那里不动,令人感到痛苦难熬……。其实听说石膏像已经砸掉,他对石膏像被砸或许还不知道,或许听到一些情况,预感到石膏像的厄运,或者明知无济于事,减轻一些积压在心里的痛苦……

夏燕靖:的确是,苏州美专这些石膏像成为苏州美专历史上的一笔巨大财富。这批石膏像,无论是数量或质量,在当时国内都是首屈一指的,是颜文樑先生对我国艺术教育事业的一大贡献。我们做校史不应当回避,记录下来既是历史资料,也是历史的忠告。

毕颐生:其实,苏州美专不光只有石膏像,颜文樑先生还从巴黎带回了许多图书资料,大概有上万册。我记得有不少画册,这在三四十年代是极为珍贵的。

夏燕靖:我据此多种回忆说法,曾想查阅苏州美专当年的图书资料下落,很可惜基本没有什么线索。南艺图书馆在文革开始时遭遇重大损失,老版本校史的记载说,"1966年夏天,伴随着石膏像被毁的同时,两千多张中外音乐唱片,被砸得粉碎;数千种名贵画册,顷刻间付之一炬"。文革时南艺图书馆图书编目的原始资料现在已无从查起,这只能是断线的考察。我去过苏州图书馆,想了解苏州美专图书资料在搬迁时有无留下记录,翻阅早年档案,竟然没提及苏州美专的资料,也是没有线索。到杭州国美(中国美术学院)图书馆,也没有查阅到当时接受苏州美专图书资料的记录,看来大部分图书资料应该是随并校搬迁到华东艺专后转入南艺。这段不清楚的史料留有太多的历史遗憾。

毕颐生:苏州美专图书资料应该是搬迁到南艺的,我虽没有亲历亲为,但记得搬迁时是打包运往无锡后又运往南京的。经历文革被烧毁的大批图书确有其事,如果这些图书能留到现在,百年校史可以证明许多历史啊!

夏燕靖:毕老师,我们从沉重的话题出来,再说说苏州美专办学的历史。当时有了新校舍后,办学条件应该改观了许多吧?

毕颐生:从道理上说,应该是这样的,但实际并不是很好。因为苏州美专是私立学校,私立学校在当时是非常穷的,穷到什么程度呢? 我告诉你们,就是老师的工资发不出,这也就算了,老师有些社会兼职,可以有其他收入贴补。校工的工资总得发吧,但是就连校工的工资都付不起。都是靠把一些纸箱啊什么破烂的东西当月卖掉,来发校工的工资。当时苏州美专的创办人颜文樑先生、胡粹中先生、[1]朱士杰先生,[2]他们三个人都是不拿工

---

〔1〕 胡粹中(1900—1975),江苏苏州人。1942 年毕业于苏州美术学校。早年与颜文樑等创办苏州美术学校,曾赴日考察艺术教育。新中国之后在苏州美专、苏南工专、华东艺专、西安冶金建筑学院长期任教,擅长水彩画。

〔2〕 朱士杰(1900—1990),江苏苏州人。擅油画。我国第一代油画家。1912 年跟随画家颜纯生、樊少云学习国画兼攻花鸟与山水。1918 年作自制的油画颜料试作油画。1922 年,与颜文樑、胡粹中共同创办苏州美术专科学校,任教授、西画系主任等职。1952 年后,先为华东艺术专科学校教授,后随校迁宁,出任南京艺术学院教授。朱士杰在苏州美专长期担任教务长。朱士杰曾发誓为教育奋斗终身,并将他们的誓言存放在铁盒之中,埋在新建校舍(苏州美专)地基石下。将自已留学经费100 两黄金捐为办学经费。朱士杰与颜文樑、胡粹中并称"沧浪三杰",昵称"眼乌珠"(颜、胡、朱的吴语谐音)。1927 年,朱士杰在苏州美专创建实用美术系,任系主任。他早在 1924 年提出美术不仅仅是绘画艺术,同时具有实用性的一面,而且会愈来愈扩大发展。这一专业后来发展成为关乎人们衣食住行的"工艺美术",发展成为现代工业的平面、立体、空间设计的"艺术设计"以及今天的"大美术",这使美术学院发生结构性变化,使美术专业学生就业量增加几十倍。1947 年,朱士杰在苏州美专创立我国第一个动画系专业,为我国动画事业奠基人,动画专业成为新中国建立后美术电影的摇篮,为我国动画片创作做出了突出的贡献,像《小蝌蚪找妈妈》、《大闹天宫》等优秀动画片的创作者就是苏州美专毕业的学生。

资的,这一点实在是想不到的。不仅如此,还在外面做事情来贴补这个学校。可以说这三位学校创办人爱校如家。当然,其他教授,比如吕霞光、[1]周方白、戴秉心、[2]陆传文、吕斯百,[3]他们几个人也都是不拿工资的。不过,他们是正式教授,由国民政府教育部发薪水。教授是每月300银元,他们还每月捐200银元给学校。还有就是学生,学生的学费在当时的几个学校里,也是学费最低的,比上海美专要低。

夏燕靖:当时您在苏州美专的学费大概是多少啊?

毕颐生:我记不太清了,不过是很少的。印象中,比别的地方便宜啊。还有吴子深经常借钱给学校。这个人还是个很好的中医,对中医非常有研究。他的水平到什么程度呢,我讲一个例子,解放初期的香港总督,生了一种不知道叫什么病,很多医生看不好,吴子深去香港就把他的病治好了,说明他的医术还是很好的。

夏燕靖:这么说来,当时苏州美专在解决办学经费和减轻学生负担方面做了不少工作。

袁熙旸:毕老师,我从您的履历上看,当时您学的是实用美术专业吧?因为我在一本上世纪30年代的刊物上看到您的名字,而且后面署名是苏州美专实用美术专业。

毕颐生:我们那时候叫制版科,这个制版科,对学校经济收入方面起到很大的作用。我是一个很卖力的学生,所以颜文樑先生对我特别好,也可以说我们师生关系特别好。你提的这件事大概是三年级毕业的时候,一大批学生的作品送到教育部,好像是参加教学评估,是有一个展览,当时获得教育界的好评,学校就得了每年一万块银元的补贴。那简直是一笔很大的收入啊!我想苏州美专开办制版科,是适应社会的需要,当时私立学校主要都

---

〔1〕 吕霞光,1906年出生,临泉县吕寨人,旅居法国的著名画家,古董鉴赏家,爱国人士。先后考入巴黎国立美术学院、比利时首都布鲁塞尔皇家美术学院。抗战期间,他先后担任了苏州美术专科学校教授和上海美术大学及其重庆分校美术教授。

〔2〕 戴秉心(1905—1980),浙江金华人。1930年获得公费赴比利时留学,考入昂维斯(安特卫普的旧译)皇家美术学院学习,1934年升入比利时皇家艺术研究院深造。1936年回国,被苏州美术专科学校聘为西画教授。1942年任重庆国立艺术专科学校教授。1948年任杭州专科学校教授兼教务长。1951任中央美术学院华东分院教授;同年调任山东师范学校艺术系教授兼主任。

〔3〕 吕斯百(1905—1973),江苏江阴人,初入东南大学艺术系,得徐悲鸿赏识,并于1928年被推荐赴法国留学,1934年回国,即任中大艺术科讲师,并应颜文樑之邀,在苏州美专兼职一年。

是职业教育,这样取得了成果,受到了表彰。颜文樑先生认为要普及美术,一定要通过印刷,而印刷呢,德国最好,那个时候,我们技术没那么好。当时印刷主要靠人工修版,我当年学得就是这个修版。现在都是靠数码了,我也不太懂了。但是那个时候,完全是靠手工调色,可惜这个专业夭折了,原因就是抗日战争就爆发了。

袁熙旸:毕老师,当时制版科开有什么课程,您还记得吗?比如除了素描这样的基础课以外,当时有哪些专业课或实习课?

毕颐生:当时制版科的专业课主要是聘请校外有经验的技师来上的,我们也到印刷厂实习。在学校里有图案课,是朱士杰上的,教图案的基本构成。当时图案参考书多为日本出的,尤其是印刷工艺,日本比较发达。另外,还有植物学、音乐课是顾西林上的,其他的记不得了。音乐课大家很喜欢。老师也是多面手,像朱士杰自己画油画,但他也教图案,也设计许多书籍装帧,很有意思。

袁熙旸:想问一个具体的问题,当时的制版课是由谁人来教的?

毕颐生:刚才说了,好像是跟一个技师学的,他原来是上海商务印书馆的技师,颜文樑先生早年在商务印书馆做过工作,不知道通过什么关系,特别将他请他来的,年纪蛮大的,教学过程非常认真负责。只要一个学生弄不懂他就陪着,一遍又一遍教会你。我后来从教,也非常认真,正是受到他的影响。

袁熙旸:那么是多长时间请他来讲一次课?

毕颐生:他是每月都定时来几次,上海到苏州比较方便,大约工作了有三四年吧。一直到抗日后,学校复校回苏州,老师还来,学生就是跟他学的。制版课都是在上午上的,是专业主课,绘画课主要在下午上。色彩课好像没有,但是水彩画安排在课余有老师教,颜文樑先生也教。我那时的水彩画就喜欢画美国的电影明星,也是追星族。

袁熙旸:毕老师那时画的水彩画作还有保留下来吗?

毕颐生:没有,没有了,就徐悲鸿买过我两张水彩画,我很荣幸啊,我的第一个收藏家是徐悲鸿先生。那是 1943 年,我已经到重庆国立艺专再次入学学习,我们开毕业展览会,吕斯百先生来看,他很喜欢我画的水彩画。我们当时太穷了,穷得很可怜,连基本的绘画材料也买不起,他就介绍徐悲鸿先生来买我的画,算是对穷学生的资助。那个时候画油画,更没有条件,我们都是自制颜料,当时用还可以,应付作画。在重庆国立艺专我的水彩课是李剑晨来教的,就是后来南京工学院建筑系的知名教授,他那时候(1942年)刚从英国回来。我这张徐悲鸿买去的水彩画,就是在他指导下画出来的,非常细。

夏燕靖:毕老师能和我们说说苏州美专的其他教学情况吗?那时候,苏州美专有没有理论课的开设,比如艺术史或是艺术理论的课程?

毕颐生:苏州美专对西画教学比较全面,当时西画已经深得人心,从各种渠道不断传播进国内,再加上社会的方方面面对西画的热衷,使西画在我国有了生长的土壤。苏州美专在留洋学画汹涌成潮的时候,不仅有学生和老师留洋,还有学成归国的,主要是留法和留日的。当时西画科比较热门,颜文樑先生就是留法,是以写实画派著称,我后来转学油画也多少受他的影响。当时叫绘画系西画组,就是专业,素描课很多,再就是写生,画静物和风景。当时人物写生不是太普及,但学校里面还是教的。记得还有色彩学的理论课,是颜先生自己亲自教的,他写了很详细的教案,后来出版的色彩学书是他的谈话录,可能时间久远,资料散失了。好像黄觉寺教过"构图法"课程,后来他到杭州国立艺专去了。理论课没有现在这么成体系,只是颜文樑先生自己讲讲,有时有上海或杭州路过的老师请他们讲一些美术史或一些理论。早先的美术学校就是技能教学为主。

夏燕靖:当时西画组有哪些老师?

毕颐生:美专的西画教师阵容,主要以颜、胡、朱(颜文樑、胡粹中、朱士杰)为主,第一届毕业生好象是黄觉寺那一辈。西画科当时主要是美术教育和绘画创作,名声还是蛮大的。1980年3月,年逾八十高龄的颜老亲自主持的"沧浪美展"(即原苏州美专师生的画展),就有苏州美专历年培养的西画家参展。到庆贺颜老九十大寿,我去探望他时,还见满室画幅,几无插足之地,可见颜老创作的勤奋。胡粹中早年曾到东京艺大学习过西洋绘画技法,后任美专校务主任。1929年,颜文樑先生赴法国留学期间,就是由胡粹中先生代理美专校长的,我进校时他是校长,罗马式大楼建筑就是由他负责规划基建的。1952年全国高校院系调整时,胡先生随苏工专校迁去西安。朱士杰先生擅油画、雕塑和实用美术。据说,1924年美校增设的实用美术科,就是他协助颜先生策划的。他授课的科目比较广泛,1952年调至南京艺术学院任教,我们同事很长久时间。三位前辈德高望众,为苏州美专的发展可谓呕心沥血，必将名垂青史。

夏燕靖：毕老师，我从苏州美专校史记载上还看到绘画系中国画组的设置，您能给我们介绍一些历史情况吗？

毕颐生：苏州美专的中国画组，相当于现在学校的专业，当时是比较大的一个专业，有许多有名的画师，先后有颜仲华、程少川、刘临川、顾公柔、黄幻吾、元梁父、蔡铣、樊少云等等，我记不太清楚，名字怎么写你们查查资料。其实，颜文樑之父颜纯生先生就是画国画的，据说他是任伯年的学生，人物、花鸟、山水皆精。以前都是私塾，他带学生深得学生拥戴。苏州美专有不少老师皆是他的爱徒。师生中学有所成者很多，像漫画家陶谋基，后转上海美专教学，还有宋文治，好像后来到中央美院任教的董希文先生、罗尔纯先生等也向他学习过。我不搞中国画，具体情况不太清楚。1952年，全国高校院系调整，合并上海美专和苏州美专，还有山大艺术系为华东艺专时，苏州美专西画和中国画合并进来，实用美术科停办了，动画科迁到北京。

二、忆美专岁月，颜校长尽职尽责、学校逐步壮大

袁熙旸：您对当时颜文樑先生的印象现在还能回忆起多少？颜文樑先生给您上过课吗？他上课有什么特点？当时的课程如何安排的？

毕颐生：校长他对学生是特别好的，像对待自己的子女一样，非常关心。我到校时不久颜先生就从国外回来了，我是受到他亲自培养的。颜文樑先生对待教学特别认真，我举个例子，比如说，颜文樑先生特别重视素描，他一再强调如果学不好素描基础，今后进入社会就无法补救，所以在校的时候，一定要把素描基础打好。你们知道吗，当时的私立学校是非常穷的，也请不起模特儿，主要就是画石膏，所以颜文樑先生两次从法国带回来460多个石膏像，就是为素描课准备的，他是想让学生多画各种各样的石膏像。记得开始时我们教室是在地下室，满墙上钉着各个年级学生的素描作业，颜文樑先生每个礼拜都要来看，而且看得非常仔细，询问老师和学生，这个星期画了多少时间，深入程度如何，从这点上说就可以看出他很细致啊。他这个校长很辛苦的，我们每天都能见到他，谈话聊天。细致到什么程度呢？我再举一个例子。有一次我到校工那里，当时全校只有一个校工啊，学校很穷的，我进去以后，发现墙上贴着一张表，用正楷写的，安排他几点几点以后做什么事，如果今天刮风，你要先关哪几个窗户，后关哪几个窗。这是谁搞的呢？就是颜文樑先生。现在的校长哪个还管这些鸡毛蒜皮的小事啊！而且我们

天天见面，为什么呢，就是学生特别用功，颜文樑先生又特别提倡画好素描，我们下午三节课都是素描课，上午是其他课。到下课要体育活动啊，都赖在教室里不肯出去，所以每天下午课间，颜先生都要来把我们赶出去，赶到操场上去活动，晚上还有两节自修课，同学都很自觉还是去画画，很少有独自出去玩的。

夏燕靖：毕老师，您说苏州美专很艰苦，那么当时学生的住宿问题是怎么解决的？是住在学校里吗？

毕颐生：我们男生住在一个庙里，住宿条件一般，那个时候大家差不多。宿舍离沧浪亭大概半里路，我们每天吃了晚饭，就匆匆忙忙往学校赶，继续画画。我们每天大概有五个小时都在教室画画。我们这一届学生在一年级期末时就有许多同学超过三年级的水平，我们这一班特别用功，所以颜文樑先生特别喜欢我们，我们也很喜欢他。我们以前每年都要去看他，他每次都要把我们送到门口，虽然他自己走路都很不容易了。想想这些都是师生情谊，很重啊！

夏燕靖：当时您的任课老师有哪几位先生呢？

毕颐生：教素描的就是两位：一位是孙文林，[1]另一位是张新地。就两位老师，怎么教得过来呢？苏州美专还有一个窍门，就是让高年级学生带低年级学生。我当时就坐在董希文[2]的后面，所以我跟董希文他们关系比较好，高班和低班混在一起坐，这样低年级学生就自然而然会像高年级学生学习看齐，这个问题就解决了。在素描方面啊，颜文樑先生主要就是采取两种教学方法，一个就是画石膏，他从欧洲买这么多石膏像就是为了解决这个问题，每人一个位置，他亲自指导，形准、比例舒服，再就是深入，石膏像什么时候都可以接着画。这给我的印象很深。

袁熙旸：我从苏州美专校友回忆和查阅资料里获悉，当时美专还办有美术馆、博物馆，有关这方面的情况毕老师能给我们介绍一下吗？

---

〔1〕孙文林，1906年生于江苏张家港。擅长水彩画。1928年毕业于私立无锡美术专科学校。历任苏州美术专科学校素描教授、训务主任、教务主任，南京艺术学院美术系教授。

〔2〕董希文（1914—1973），浙江绍兴人。早年入苏州美术专科学校、杭州美术专科学校西画系、上海美术专科学校学习。1939年去法国留学，后回国。1946年后在北平艺术专科学校任教，后任中央美术学院教授。

毕颐生：苏州美专校美术馆在我进学校之前就有了，好象是在 1922 年学校创办时颜文樑先生就筹办了，听老学长说是于 1928 年在校内正式成立的，名字就叫"苏州美术馆"，专门展览陈列由颜文樑先生发起的"美术画赛会"的参赛作品和收藏其他名家名作。所以，今天苏州美术馆在写历史的时候，称为是它的前身，这是有道理的。现在苏州美术馆的馆址仍在苏州沧浪亭，就是原来苏州美专的旧址，西连古典名园沧浪亭，南接苏州市工人文化宫，地处苏州古城区中心地带。要说这间美术馆，在我国近现代美术教育史上是占有重要的地位，当时有许多名家名作在这里展出，还藏有清末民初以来吴门名家如陆润庠、冯超然、王同愈、陈摩、吴待秋、颜元等人的作品，也有美专多位教授、校友的作品，我们读书的时候是临摹学习的好地方。现在有文章称之为开创了我国现代美术史上"美术展览"之先河，并说苏州美术馆是我国美术史上第一座由政府命名的正式美术馆，这一点我没有考据，应该是我国最早的美术馆之一，没有问题。至于说到博物馆，我印象中应该是和美术馆连在一起的。颜文樑先生有些收藏，当时陈列出来也是为学校教学服务的。从这一点上说，颜文樑先生办学是有多方面准备的。

夏燕靖：毕老师，前面我们说到苏州美专印刷制版科的教学，我还想就苏州美专实用美术科的开办和教学情况作一些了解。您曾经是学这个专业，可以给我们说说当时的教学情况吗？

毕颐生：苏州美专实用美术科大约是在 1933 年开办的，我当时还在学校，美专是根据国民政府教育部和江苏省教育厅的指令开设实用美术科的。因为美术学校的学生出路有问题，要解决出路问题，就需要扩大专业面，要和社会需要结合起来，有点像现在的形势。记得在开学典礼上颜老颇为感慨地说过，我们多年的艺术教育有不切实用之虑，而研究艺术者亦好自鸣高，不屑从事实用美术，实为"舍本取末"，足不可取。当时颜老说这样的话实在是超前，我们当时都想要当艺术家，那是理想啊！颜文樑先生还写过几篇专门论述实用美术教育的文章（《从生产教育推想到实用美术之必要》，载《艺浪》第 9—10 合刊，1933 年 12 月版；《艺术教育今后之趋向》，载《艺浪》第 2 卷，第 2—3 合刊，1936 年 6 月版），系统地阐述了他的实用美术教育思想。实用美术科应在 1933 年秋季招生的，还专辟印刷、铸字、制版、摄影工场以备实习之用。为此，颜老还亲自赴沪订购了一批德国生产的各种制版印刷设备。可以说，颜文樑先生为培养人才殚精竭虑。

夏燕靖：从这一时期实用美术科的设置来看，也是整个苏州美专发展的重要时期，是这样的吗？

毕颐生：确实是这样，从 1932 年到 1936 年是苏州美专发展最快的时期，不仅专业设置比较齐全，而且学生人数也多了起来。记得当时美专系科设置有：高中科的艺术（绘画）、实用美术两个科；专科设绘画系（分中国画组、西洋画组）、实用美术系，还有研究科与选科。颜老对于各科的教学，特别强调严格，就是抓基本功训练，坚持严格的素描写生训练，他还亲自上素描、油画、透视、色彩学等专业课程。学校还组织学生赴镇江、杭州等地写生。我记得我们当时还在南京、镇江（当时是江苏省府）、无锡、上海等地举办过写生展览。

袁熙旸：毕老师，苏州美专学报《艺浪》杂志您有印象吗？这本杂志有些什么特点？

毕颐生：《艺浪》杂志好像前后办了十多年，主编是黄觉寺，是不是一直是他，我不清楚。他是美专的教务主任，也教我们理论课。我喜欢画画，对《艺浪》杂志看得不多，只记得学校成立实用美术科有了自己的印刷车间，就开始由学校印这本杂志，那好像是 1934 年左右。《艺浪》是 16 开本，当时属于大开本杂志了，铅字精印，图文并茂，除文章外还有不少美术作品，当时学校的印刷条件主要是印文字部分，彩色作品是交由苏州文新印刷公司承印的。后来还印刷了《苏州美专 1935 届毕业纪念刊》，有单色、彩色画幅多页。

三、抗战结束，回校任教，参与创办国内第一个动画科

袁熙旸：抗战期间，苏州美专是停办，还是搬迁到别的地方继续办学？

毕颐生：1937 年 7 月以后，抗战爆发，我还在学校。随着战事吃紧，学校搬到浙江湖州，叫袁家汇的地方。后来又到安徽广德，再到宣城……总之是十分艰难。这样流动的日子不长，到了 1938 年春，颜文樑先生就在上海先租借王家沙小学一间校舍作苏州美专沪校，招收了三十余位学生，至秋，迁至法租界的四川路企业大楼 7 楼继续办学。我那时已经离开了苏州美专沪校，转道去重庆国立艺专求学了。这一时期的校史你们可以去问陆国英老师，她是这时期的学生。

袁熙旸：后来抗战结束，苏州美专复校情况是怎样的？

毕颐生：这段时间我不在美专，不是很清楚了，你们还要再问别的校友。

我是 1950 年解放后再回到苏州美专的,因为那个时候颜文樑先生要办动画科,我回来教素描基础课。

夏燕靖:毕老师,请将苏州美专动画科介绍一下,当时创办动画科又是什么样的目的?你在当时主要是负责哪一块教学工作?

毕颐生:这个动画科,有一点讲头。颜文樑先生有个学生叫钱家骏,[1]他跟我是同届同学,但不同专业。钱家骏他自己钻研动画,在这方面,他很有成就。在抗日战争期间的重庆,就拍过两部片子,一个是《生生不息》,一个是《农家乐》,两部都是当时国民党元老陈立夫出任编辑,由我、范敬祥、杨祖述和他四个人在重庆南安拍摄的,技师叫裘逸为。这两部动画的稿子都是手工绘制的,大多数画稿都是钱家骏画的,我们就是构构线,上色什么的。我在音乐方面还有点天赋,所以还做了音乐编配。后来抗日战争结束后回到苏州,颜文樑先生就找了钱家骏,说要办这个动画科。一是出于当时形势的需要,新中国刚刚建立需要普及教育,动画片是最好的品种,老少兼宜。二是苏州美专当时仍然是私立学校,招生和发展都需要有自己的特色专业。所以说,颜文樑先生是办学的行家,有远见。动画科办起来了,1950 年就招生四十余人,学制为二年,由钱家骏和范敬祥负责整个教学工作,我当时教基础课。动画科一起步就建立了制片室,还面向社会开展动画片制作和摄影业务,这是有社会发展的眼光。先后在制片室工作的有吕敬棠、吕晋、杭执行、高步青、钱兴华、李新、王吉、刘剑莆、施有成等十余人,电化教育课由戴公亮负责。对了,当时和我一起教素描课的还有胡久安。动画科的创办应该是 1949 年底到 1950 年间,我回到苏州美专的时候已经建立完成,前面的工作我不太清楚,后面很快就迁到北京。这一段历史我记忆不一定完整,你们再查查资料吧。

---

〔1〕 钱家骏(1916—2011),原名云林,江苏吴江人,1935 年毕业于苏州美术专科学校,同年出任南京国民党励志社美术股干事。1940 年在重庆编写并主绘中国早期抗战题材的有声动画片《农家乐》。1941 年后在国立社会教育学院电化教育系任动画课讲师、副教授、教授。1946 年出任励志社卡通股主任。1948 年出任中国电影制片厂编导兼美工室主任。新中国之后,历任苏州美术专科学校教授兼动画科主任、北京中央电影学校动画专修科教授兼主任、上海电影制片厂美术片组副总技师兼导演。1957 年起任上海美术电影制片厂总技师、导演,并一度担任上海电影专科学校动画系主任、教授。是上海影协理事、名誉理事,中国动画学会顾问。可说是我国动画事业的创始人,美术电影第一代导演。代表作有:《乌鸦为什么是黑的》、《一幅僮锦》、《牧笛》和《九色鹿》。他虽从未被正式命名过中国动画片创始人,但他确实是我国动画电影“黄金一代”的共同老师。

夏燕靖:动画科当时有教学实习吗?

毕颐生:那时候我们主要是给上海卫生局制作卫生宣传片,因为卫生宣传上有许多细节拍电影是做不到的,只好采用动画方式来弥补完成,所以需要许多方面的动画设计,我们的实习就是从事这样的工作,既达到锻炼,又补贴了教育经济的来源。为什么苏州美专能和上海市卫生局合作呢?因为范敬祥有个姐姐是上海市卫生局的党委书记,好像叫范英。范敬祥就担任这个制片室主任,他就兼管教学实习和经费的工作,钱家骏管教育,我就教素描。

夏燕靖:当时动画科还有什么拍摄设备啊?

毕颐生:都是很简单的,动画主要靠手工画出来的,没有现在这种条件,也没有纯粹的商业动画制作。主要是拍摄宣传教育片,像刚才说的卫生教育片就是一种。

袁熙旸:那时上海美影厂成立了吗? 苏州美专与上海美影厂有业务联系吗?

毕颐生:上海美影厂是在 1957 年成立的,当时是上海电影制片厂动画室,有一个班底,是个日本人,大家叫他方明,是日本的动画家,他带了不少徒弟。钱家骏那时是总绘师。颜文樑先生说"你一定要结合你的专业来教"。我们那个时候就结合专业来教素描了。当时李新老师也在动画科,他教动画制作。

袁熙旸:这么说来苏州美专动画科的教学工作只是刚刚起步,尝试推进。

毕颐生:的确是这样,但时间不长就结束了。到 1952 年,苏州美专动画科去了北京和其他学校合并后,我没到北京,去了华东艺专。1952 年 7 月,动画科第一届学生毕业,分别被安排在上海电影制片厂、北京八一电影制片厂、上海科学教育电影制片厂工作。比较著名的学生有徐景达(阿达)、严定宪等。原苏州美专教授如朱士杰、孙文林、徐近慧、陆国英等大部分都到了华东艺专,颜文樑先生调任浙江美术学院(当时叫中央美术学院华东分院)任副院长。

(两位采访者系南京艺术学院教授,记录整理:朱远如、陈瑞)

陈徵访谈录

采访者：徐乐　朱远如

陈徵（1925—　），苏州人，1950 年苏州美专西画系毕业，1952 年出任上海市虹口区中教组美术教研组长，1981 年任上海人民广播电台音像公司美术编辑，上海人民广播电台印刷分厂厂长，上海音像公司装潢印刷厂厂长，《中国音像大百科》美术编辑，上海金三元设计公司高级顾问等职。

图1　本刊采访记者与陈徵

如今仍然负责苏州美专校友会事务的陈徵先生，每年总要忙碌包括组织校友会聚会、举办展览等大小活动，所以陈徵先生保留着许多苏州美专校友会的信息，以及苏州美专早期的许多资料，并且在采访结束后又陆续为我们寄来许多材料，给予我们很大的帮助，在此我们要特别感谢陈徵先生对我们工作的大力支持。

徐乐：非常感谢陈先生能够在繁忙中抽出时间接受我们今天的采访，我们正在为南艺校庆做一个关于苏州美专研究的专辑。您是苏州美专校友会的负责人，那么您这边一定有收藏关于苏州美专的许多资料，想请您为我们介绍下。

陈徵：资料我有很多，昨天晚上特地整理了一下，这个资料给你们一本。你们之前可能看到过，现在我再送你一本，如果你们需要就写信给我，我给你们寄去，这里面内容基本上都有，细节的东西我等会儿给你们看，不然一会儿讲起来，好像都是鸡毛蒜皮的事情，没有系统。

徐乐：没有关系，我们这次采访就是想多了解苏州美专办学的细节。您是1950 年从苏州美专毕业的，是苏州美专的老校友了，相信您身边的资料和经历一定是很丰富的。

陈徽：其实这么说起来我也是南京艺术学院校友，南艺的前身是1952年成立的华东艺专，当时是苏州美专、上海美专和山东大学艺术系合并成立的一所学校。这三个学校都是南京艺术学院前身，这是讲得通的，我是1950年

图2　陈徽油画作品

从苏州美专西画系毕业的，但凡是这三所学校毕业的都可算是校友。像上海另外几位老校友，他们中有些人是搞电影的，而我是单纯的美术生。我这边资料是有很多，基本上所有的都在我这里，这些资料你们可以带回去仔细看看，你们要对苏州美专进行研究，这是大好事，我尽量提供这方面的资料。

朱远如：作为苏州美专的老校友，您可以说是一位苏州美专校史的亲历者，您能回忆起当时在苏州美专上课的一些情形吗？

陈徽：要说苏州美专，我的回忆真是太多太多了，记录颜老（颜文樑）上课的笔记我就有一大堆。颜老上课内容很有趣，都是很随意地讲课，想到什么讲什么，不是很教条的。

朱远如：您能具体给我们描述一下吗？

陈徽：比如有一节课，是讲透视的相关内容的，那是关于透视在绘画中的应用讲得很仔细的一节课。当讲到一个关于帆船能否穿过桥洞问题的时候，利用人与桥的关系，公路上的旗杆电杆作参照，颜老巧妙地运用了平行透视原理，借鉴参照物，启发我们同学对透视在绘画中的应用的理解，讲得生动容易理解。还有一节课，颜老讲的是色彩表现，他问我们灰色怎么画，我们回答说黑色加白色。他说，黑白都不是颜色，你们知道黑颜色怎么调配吗？你们现在穿的裤子颜色很多都是灰的，但完全都是灰的是没有的，你们把每个同学裤子的颜色都画出来，你们怎么调色，应当是用三原色，即红黄蓝来调出灰色，其中比例你们自己试试看。我后来自己试验得出许多经验，比如红是大红，黄是比较浓的，纯的不带青的，蓝呢是青，青里面有一点湖蓝，这三个颜色加起来，就可以调出裤子上的灰颜色了。颜文樑先生说过色彩是门学问，他讲过的色彩原理，对我来说，一生都受用。我们把老师教的

东西,加上自己的实践、自己的想象,这就是对自我的提高。

　　徐乐:在五四新文化运动的影响下,西方的科学文化思想开始涌入国内,20 世纪初新型的美术展览形式在国内出现,最具代表性的就是苏州的画赛会。您能跟我们谈谈当时画赛会的情景吗?

　　陈徵:赛画会就是画赛会吧? 是颜文樑先生和友人发起成立的。那很早了,大约是 1918 年前后的事情,那时候我还没有进苏州美专。据我了解,画赛会是一种不同于传统书画雅集的新型美术展览形式,它的宗旨是"提倡画术,互相策励,仅资浏览,不加评判"。每年举办一次,从 1919 年创立,一直持续到 1933 年,苏州画赛会共举办了十四届展览,是很了不起的美术展览活动。

图3　陈徵油画作品

　　徐乐:画赛会体现了颜文樑先生的早期美术创作的理想,即"发起画赛会以竞进步,组织美术会以资磋磨,创办美术馆以提倡社会文化"。

　　陈徵:对,这个过程是艺术的社会化宣传,颜先生并非以精英艺术的样式将画公开于世,而且不将作品硬性划分为既定的中西古今各类画种。所以画赛会展出作品名目十分多样,有叫"国粹画"、"油色画"、"水色画"、"钢笔画"、"铅笔画"、"炭画"、"蜡画",还有"漆画"、[1]"焦画"、[2]"照相着色画"、"刺绣画"等等,每次画赛会活动参展作品数量甚为可观。按照组织者的构想,苏州赛画会具有美术教育计划的一部分,主要是让学生有机会多观摩、多学习,这是一个有效的教学环节。所谓"组织美术会以资磋磨,创办美术馆以提倡社会文化,设立美术校以造就后起英秀,具有连带关系",说的就是这个道理。

　　徐乐:我现在理解了,是的,事实上,参与到画赛会团体组织活动中的主要成员,以后也大多成为了苏州美专的教师。我们知道苏州美专创办过一本杂志,名叫《艺浪》,应该是当时苏州美专的校刊。对于这个校刊,陈老您

　　〔1〕 漆画是以天然大漆为主要材料的绘画,除漆之外,还有金、银、铅、锡以及蛋壳、贝壳、石片、木片等。它既是艺术品,又是实用装饰品,成为壁饰、屏风和壁画等的表现形式。漆画越来越走进人们日常生活中了,它增添了艺术感。
　　〔2〕 焦画,又可称为彩绘贴画、烤画、胶画等。

有什么印象？或是有什么看法？

陈徵：你问到的这个问题很重要，当时办学校出校刊好像是一种风气，新式教育嘛。苏州美专的《艺浪》我这里没有保留。当时我看这个校刊，这本册子是专门讲艺术的。好像出版了十来期，内容很丰富。我们校友会曾经想搜集过，但年代太久远，很难。你们这次编专辑研究，希望能将《艺浪》杂志搜集起来，这可是重要的贡献。

朱远如：最后想请您给我们介绍下现在苏州的美专校友会的情况，好吗？

陈徵：我年纪大了，我希望这个校友会由你们来主持。因为有些名不正言不

图4　陈徵设计作品

顺，苏州美专根本不存在了，上海美专也没有了，而且校长都不在了，继承的人也没有了，既没有继承的学校，又没有继承的人。当然校友会是可以长期存在的。我建议过好几次，假如说要有一个苏州美专校友会的话，应该建立在苏州，因为苏州有个颜文樑纪念馆，而且是我们的母校，但现在是把校友会建在了上海，当然这也有原因——颜文樑先生住在上海，许多学生住在上海。我个人的想法，首先一点，校友会应建在苏州，但他们都不同意，因为他们都住在上海，如果要开会的话不方便。颜文樑先生近九十岁的时候开画展，是在上海美术馆开的，当时大大小小的事情都是我在做，从校友会成立，三十多年间都是我在管理。做事情是应该的，这也是我的个性。我代表我个人希望你们回去后向南艺领导汇报，把校友会搞下去，上海美专的校友会已经不存在了。我可以把苏州美专校友会的印章交给你们，毕竟我年纪大了。现在也不应该叫苏州美专了，因为已经没有苏州美专这个学校了，应该叫南艺校友会，由学校出面来主持，南艺在苏州的毕业生很多，我来做你们的后盾。

在采访尾声，陈徵先生还一直不忘交代校友会的工作，也特别希望我们能帮忙做校友会的工作，关于这点我们也会尽量与学校相关部门汇报和沟通，希望能完成老人家的心愿。

（采访者为南京艺术学院研究院艺术学研究所在读研究生）

唐令渊访谈录

采访者:梅德顺、朱远如

唐令渊(1929——　),女,1948年进入苏州美术专科学校国画系学习,1950年毕业。毕业后即进入上海美术电影制片厂,长期从事剪纸动画等影片的工作。虽然唐令渊在苏州美专并不是学动画出身,但她后来的工作却与动画息息相关,并且跟随我国的动画大师钱家骏先生学习了许多动画创作和拍摄的知识,早年曾经参与制作的动画影片有《过猴山》和《等明天》等。唐先生在这篇采访中回忆了当年在苏州美专学习时的情景,以及后来在上海美术电影制片厂工作的情况,为苏州美专研究提供了珍贵的资料。

唐令渊先生今年已是83岁高龄了(指2011年),但在接受我们这次采访的过程中,唐先生一直显得特别的神采奕奕,在为我们讲到当时跟随苏州美专钱定一老师学习国画时的情景还特别激动,专门为我们展示了钱定一老师的作品以及她自己多年来创作的作品。我们的采访再次钩起她的回忆,唐先生说起往事,总是难掩留念之情,仿佛又回到了那个年代,止不住地要跟我们多聊聊当年苏州美专的情形。

朱远如:请问唐先生是什么时候进入苏州美专学习的? 当时在苏州美专学的是什么专业?

唐令渊:我是1948年入苏州美术专科学校学习,1950年从苏州美专毕业的,当时是学国画。

梅德顺:当时您在苏州美专学习的时候,大概是怎样的一种情形呢? 除了国画专业,当时苏州美专还开办有哪些科系呢?

唐令渊:好像就是中西画两科吧,早期可能还有实用美术和师范两科,不过到我们上学的时候好像就是中西画两个科了,没有其他的系科了,我毕业那年又办了动画科。动画科是钱家骏先生[1]创办的,当时还有范敬祥先生,[2]是以他们两位先生为主创办起来的,他们也都是颜文樑先生的学生,

---

〔1〕 钱家骏(1916—2011),曾用名云麟,字中川,笔名田丁,男,1916年生,吴江同里镇人。1935年苏州美术专科学校毕业,1949年后曾任苏州美术专科学校教授、科主任、上海电影学院动画系教授、系主任。
〔2〕 范敬祥(生卒年不详),1935年毕业于苏州美专,后主要从事动画片拍摄。

最初是办的"电影制片室"，[1]开始是试着拍摄一些动画片的片段，算是摸索。

　　唐令渊：我们当时的国画主要是钱定一先生[2]教的，钱先生是 1935 年毕业于苏州美专的，毕业后就留校任教，是我们国画系的教授。钱老师擅长国画、装潢美术，还有诗词，并从事美术史研究。他对我们的影响很深，不论是在做人方面，还是绘画方面，甚至艺术理论学习方面。虽然钱定一先生早在 2000 年就离开了我们，但他坚强的个性和深厚的艺术底蕴，我们始终铭记。另外，还有一个老师就是吴似兰，[3]也就是吴子深[4]的妹妹，也是教我们国画的。吴子深你们应当知道的，他是苏州美专校董之一，他对学校创办帮助非常大，出钱出力。吴家当时是苏州的名门望族，家里

图 1　唐令渊国画作品

很富有，我们学校后来那栋希腊式的教学大楼就是他出资修建的，他偶尔也在学校教课，同时他还是个中医，好像曾经还给一个香港的总督治过病。吴似兰就是吴子深的亲妹妹，兄妹二人自小就学画的，她也是苏州美专的教授兼校董。

　　朱远如：我们知道您毕业后去了上海美术电影制片厂，从事剪纸动画片的创作和拍摄工作，也参与制作了我国很多早期的动画影片，为我国的动画事业发展作出了很大的贡献。但您当时在学校学的专业是国画，怎么会想到转行从事动画这个行业的呢？

　　唐令渊：其实主要是因为当年（1950 年）毕业的时候也没有什么好的工

---

　　〔1〕电影制片室，是苏州美专于 1950 年 3 月在钱家骏和范敬祥两先生主持下设立的。所谓"电影制片室"，当时主要由范敬祥负责，在这个制片室里工作的有十余人，如吕敬堂、吕晋、杭执行、高步青、钱兴华、李新、王吉、刘建青、施有成等。他们主要利用这个"电影制片室"来研究动画创作，同时为卫生部门拍摄一些动画宣传短片，解决办学经费不足的问题。

　　〔2〕钱定一（1915—2000），江苏省常熟市人。擅长国画、装潢美术、诗词、美术史研究。1935 年毕业于苏州美术专科学校。毕业后留校任教，历任至国画系教授、苏州美协执行委员。

　　〔3〕吴似兰（生卒年不详），字绿野，又字庆生。江苏吴县人。受业于颜元（颜文樑之父），工画兼善摄影，组织娑罗花馆画社，任苏州美专教授兼校董，其兄为吴子深。

　　〔4〕吴子深（1893—1972），原名华源，初字渔邨，后字子琛，号桃坞居士，江苏苏州人，曾赴日本考察美术。家为吴中望族，收藏宋元古画甚富。曾以巨资资助苏州美术专科学校于沧浪亭畔，自任校董及教授。

图2　唐令渊作品《过猴山》剧照

作可以选择，那个时候听说上海美影厂招员工，就去应聘。应聘的时候也是要考试的，需要画画什么的，不过这个难不倒我，因为本身就是学绘画出身，也因为我画得好，所以当时就被留下来了。那个时候美影厂就已经有拍摄动画片的业务，我就被分配去绘色，慢慢地开始接触动画的制作，当时钱家骏先生就给过我们很多的指导。

朱远如：当时钱家骏先生在上海美影厂是做什么工作的？

唐令渊：钱先生当时好像是动画技术指导，事实上很多片子都是他拍摄的。钱先生这一路走来非常不容易，他是个很认真勤奋的人，很多拍摄动画的技术问题都是他克服的，所有的事情都亲力亲为。钱先生忙事业直至40多岁才结的婚，这个年纪在那个年代绝对是大龄了。他先前一直没有结婚就是因为动画，当然他也谈过对象，但是都因为他把太多的时间投入到动画事业上，没有时间去想别的事情，所以耽误了结婚。由于钱先生年轻时曾在励志社[1]工作的经历，导致他在讲阶级斗争的年代里受到很大的排挤，只能默默地做些幕后工作，在背后付出。文化大革命的时候，钱先生又受到批判，这是一段非常艰难的时期。

梅德顺：唐先生最初是学习国画专业的，那么动画创作以及拍摄这方面的知识与经验是怎样获得的呢？

唐令渊：可以这么说，在上海美影厂的时候，单位会经常组织业务学习，就是再给我们补习补习相关知识，好在我们原来都是学绘画的，所以理解和学习起来还不算太费劲。我最初在美影厂主要是负责绘色的，就是别人把底稿画好，我们来给它上色。我原本就是学绘画的，所以从挑选颜色、配色到上色，对于我来说还是很简单的一个工作。

朱远如：这个工作持续了多久？

唐令渊：有相当长的时间，后来熟悉了动画的创作，开始了创作和拍摄

---

〔1〕励志社于1929年1月成立于南京，社长为蒋介石，实际负责人为总干事黄仁霖。该社以黄埔军人为对象，当时提出以振奋"革命精神"，培养"笃信三民主义最忠实之党员，勇敢之信徒"为目的的军事组织。励志社作为"内廷供奉"机构，下面又分为三组九科，美术科的人大多为苏州美术专科学校的毕业生，如许九麟、钱家骏、费彝复、李宗津、钱延康等。

图3　唐令渊作品《等明天》剧照

的工作。

朱远如：唐先生现在和苏州美专的老校友联系也比较频繁，好像每年都有苏州美专的校友聚会吧！能给我们讲讲具体校友聚会的情形吗？

唐令渊：有是有的，不过参与的人也一年一年的少了，毕竟大家年纪都大了，走动不方便了，但只要能去的还是都会去。我们基本上就是在上海和苏州两地走动，老同学聚一聚，回忆回忆当年的事情，有时候也举办展览。但是有个问题还是蛮担心的，现在我们年纪都大了，以后校友会怎么办！现在校友会的组织工作多数是陈徵[1]在做，但是我们毕竟都八九十岁的人了，很多事情真的顾不过来了，真希望有年轻人能帮我们。我们在网络上还有一个网站，里面主要有苏州美专校友会的简介及其校友人物志，包括校友们的作品介绍，公布校友会的活动和一些新闻动态等相关信息。你们也可以时常关注一下，也许有你们需要的信息。

梅德顺：我们也了解到了，这是苏州美专校友会与外界联系的一个宣传途径，我们一定会时常关注。

以上采访都是我们根据唐令渊先生的讲话整理而来，在我们这次采访结束准备离开之时，唐先生坚持要将我们送到楼下，直到看着我们离开。回望老人的身影，让我们感动不已，谢谢这些老一辈学长，我们相信她（他）们对苏州美专的美好记忆终会伴其一生。

（采访者为南京艺术学院研究院艺术学研究所研究生）

---

〔1〕　陈徵（1925—　　），苏州人。1950年苏州美专西画系毕业，1952年任上海市虹口区中教组美术教研组长，1981年任上海人民广播电台音像公司美术编辑，上海人民广播电台印刷分厂厂长，上海音像公司装潢印刷厂厂长，中国音像大百科美术编辑，上海金三元设计公司高级顾问。

浦稼祥访谈录

采访者：朱远如、徐乐、陈瑞

浦稼祥为苏州美专1952年动画科毕业生，曾任上海美术电影厂导演，拍摄过美术片《老婆婆的枣树》、《没牙的老虎》、《看戏》等。其中，水墨动画片《看戏》获得了1993全国影视动画节目荣誉奖，古典音乐片《月儿高》获得了2002年中国视协动画短片学术奖、"动画音乐电视奖"优秀奖和导演奖，2006年获得中国动画学会奖"优秀动画短片奖"。

本刊采访记者与蒲家祥合影

对浦稼祥先生的采访是2011年的5月，于他苏州的家里。浦稼祥对苏州美专的回忆十分清晰，帮助我们恢复了一段久远的历史史实，让这段珍藏在他心里的苏州美专史料终于可以发表，记录在我们这本《苏州美专研究》专辑之中。在这次近三个小时的采访里，浦稼祥先生回忆起当初在苏州美专学习的美好时光和当年在上海美术电影制片厂工作的经历。他在回忆这段历史的时候，嘴角上一直挂着笑容，仿佛那是他人生中最难得也是最美好的一段记忆。下面就让我们跟随着浦稼祥先生一起去回忆那段尘封久远的历史。

朱远如：我们知道浦先生曾任上海美术电影制片厂导演，现在还拥有北京电影学院、北京动画学院动画艺术研究所客座研究员教授、中国电影家协会会员、上海电影家协会会员等很多头衔，是我国动画业界德高望重的老前辈了。请问您对当年的苏州美专动画科是一个什么样的印象？又是如何进入动画科学的呢？

浦稼祥：在1950年动画科还没成立前，苏州美专就已经有了一个"电影制片室"。[1]我是苏州美专动画科的第一届毕业生,刚开始就读的时候大概有二十多个学生,我们都是通过考试进入动画科的。那时候,只有我一个人是从苏州美专的国画系转过去的,其他的同学都是从外校考进来的。我进动画科学习就是因为喜欢动画,对动画感兴趣。

朱远如:浦先生怎么会对动画感兴趣的?

浦稼祥:这主要是和苏州及上海当时的电影院里放映许多动画片有关系,我比较喜欢看,看多了就自然而然地喜欢上了,所以学国画的时候,我也总是画些动画电影里的山水背景和人物造型。

朱远如:当时动画科入学考试主要是考哪几门科目呢?

浦稼祥:当时考试很简单,就是考素描,画一幅石膏像。那个时候,学美术的学生非常少,因此要求也不高,有点美术基础就行,绘画能力提高主要靠后来在学校学的。由于我原本就是苏州美专的学生,所以考这个专业的技能对我来说还是比较容易的。我们那一届学生中,也有几个中途转到别的系学习,有到国画系的,也有参军退学的。

朱远如:当时动画科开设了哪些课程,有哪些老师呢?

浦稼祥:我们当时的动画科是两年制,开设的课程有素描、色彩、线描、造型基础、动画概论、电化教育,还有学习动画制作,有点像演皮影戏那样,已经记不太清了。教师主要有钱家骏、[2]范敬祥、[3]杭执行、[4]李新、[5]毕

---

〔1〕电影制片室:苏州美专于1950年3月在钱家骏和范敬祥两先生的主持下设立的"电影制片室",当时由范敬祥负责,在这个制片室里工作的有近十余人,如吕敬堂、吕晋、杭执行、高步青、钱兴华、李新、王吉、刘建青、施有成等,他们主要利用这个"电影制片室"来研究动画,同时拍摄一些简短的动画宣传片。
〔2〕钱家骏(1916—2011),曾用名云麟,字中川,笔名田丁,男,1916年生,吴江同里镇人。1935年苏州美术专科学校毕业,1949年后曾任苏州美术专科学校教授、科主任、上海电影学院动画系教授、系主任。详见张澄国、朱栋霖主编《苏州与中国电影》,北京:中国电影出版社,2007年版,第215页。
〔3〕范敬祥(生卒年不详),1935年毕业于苏州美专。
〔4〕杭执行,1948年7月毕业于苏州美专西画系,1949年9月在苏州美专西画系任教,1952年由于全国院系调整,至北京中央电影学校动画系任教,1953年7月至上海美术电影制片厂工作,随后在该厂电影学校任教,1963年12月在上海科学教育电影制片厂任动画设计。
〔5〕李新(1923—2000),江苏省泰兴市人。油画家、美术教育家。曾任南京艺术学院教授、中国美术家协会会员,江苏省文史研究馆馆员,江海书画会名誉理事。1946年入苏州美专西画系,师从颜文樑教授,专攻油画。1950年毕业后留校,先后任教于苏州美专、华东艺专和南京艺术学院,从事油画教育和油画创作。

颐生、[1]陆国英、[2]胡久安[3]等。还有当时的电化教育专家戴公亮[4]先生,他主要是教我们如何使用照相机。那时拍照需要目测距离,要知道自己一步的跨度大概是多少,这样以便测算出要距离拍摄目标多远才能将目标显现在镜头内。后来在1952年全国高校调整的时候,戴公亮先生调至北京,北京电影学校成立,以后就一直在北京电影学院教这门课。李新先生教我们画背景,毕颐生、陆国英、胡久安是教我们素描基础课的。钱家骏先生不常来,他上课主要是上大课,讲解色彩、衣褶结构、造型,也讲授一些动画原理的课,按照现在的说法就是专题讲座。

陈瑞:在动画科学习应该比较特殊吧,除了要学会使用照相机之外,还要借助一些特别的绘画工具和材料来表现么?

浦稼祥:当时我们的绘画工具也是很简单的,就是这么一个小的画台(向我们展示)。[5] 当时,这个画台下面是没有灯泡的,不像现在的,都比较高级了,玻璃板下面有灯光,看得比较清楚,作画也比较方便。我们当时就只有在上端安放一面小镜子,利用镜子来反射太阳光,然后根据自己的需要来调节角度,让光线刚好反射到自己需要的地方。这套工具(见图1)是我后来去北京电影学院的时候在一间教室里看到还有保存的,于是我向他们要了一个带回来珍藏,这对我是非常有纪念意义的。课后我们同学之间还互相画速写,有时也用小照相机试着摄影,了解曝光和速度之间的关系。在学校的第一年主要是打绘画基础,第二年才开始接触一些动画的基本知识。

---

〔1〕 毕颐生(1919—),出生于上海金山。1936年毕业于苏州美专实用美术科,1943年毕业于国立艺专。历任国立清华大学、苏州美专、华东艺专、南京艺术学院教授,广州美术学院、曲阜师范大学等客座教授,中国美术家协会会员,中国美术家协会江苏分会理事。1950年至1952年在苏州美专动画科任教素描画。

〔2〕 陆国英(1925—),女,上海人。擅长油画。1949年毕业于苏州美术专科学校,1957年毕业于中央美术学院油画训练班。历任苏州美专、华东艺术专科学校美术系、南京艺术学院美术系助教、讲师、副教授。作品有《刺绣女工》、《画家颜文梁》、《阿勒惠支》等。

〔3〕 胡久安(庵)(1927—),江苏武进人。名鉴元,字恒,笔名白丁。1947年毕业于苏州美专西画系,并留校任教。1951年以来,先后在正则共专、上海同济大学建筑系任教,现任上海同济大学建筑城规学院副教授。

〔4〕 戴公亮(生卒年不详),1933年毕业于无锡江苏省立教育学院,毕业后留校在研究实验部开展视听教育工作。1934年,被派去上海联华等电影公司学习和实习电影制作。

〔5〕 此处浦稼祥先生所说的"画台"即我们今天学动画所用的"拷贝台",拷贝台又叫透写台,是制作漫画、动画时的专业工具,主要就是由一个灯箱上面覆盖一块毛玻璃或亚克力板所组成。使用的时候将多张画稿重叠在一起,可以很清楚的看到底层画稿上的图,并拷贝或者修改画到第一张纸上。动画家可以用来画动作的分解动作(中间画),漫画家可以用来将草稿描绘成正稿,并可以方便网点纸的使用。

那时候的先生对动画了解的也不多，不是他们没有才能，而是整个社会环境比较封闭，与外界接触少，所以对动画的了解都不是很彻底的。教的时候也就是教画动画的过程，这个主要是为了我们以后能适应动画创作。原画也没怎么教，就是给一头一尾，然后画中间的连贯过程动作。

图1　拷贝台

陈瑞：您对当时的作品，还有什么比较深刻记忆的？

浦稼祥：我的毕业创作描绘的是一只公鸡看到玉米上的虫子后，飞上去把虫子吃掉，再飞下来的一个过程，内容很简单，但动作画得好，有味道。

朱远如：浦先生刚才提到了那个"电影制片室"，您能给我们介绍些有关"电影制片室"的情况吗？

浦稼祥：要说"电影制片室"，它其实就是一个小型的动画制作工厂，边从事动画教学边进行动画片的拍摄。我学习的时候也曾经到里面参加过一些简单的实习工作，比如上色等。当时制片室主要由范敬祥先生负责，其他还有杨祖述、[1]吕敬棠、吕晋、钱兴华（摄影）、王吉、刘建青、施有成等人。当时办制片室是为了做动画，觉得动画是一个很有前景的行业。但是那个时候拍摄动画片的条件是非常简陋的，制片室里的工具和设备也是非常的简单，只有几把椅子、灯，还有一部镜头只有16毫米的简易摄影机。苏州美专是于1950年春先成立的这个电影制片室，接着当年9月才创办的动画科。

陈瑞：那当时在学校除了专业课还有什么其他课程和开展实习活动吗？

浦稼祥：当时在学校，除了这些专业课之外，我们还有音乐课、体育课等等，对了，还有钢琴课和声乐课。学这些课程主要是为了提高审美观念和整体的艺术修养，同学们都是喜欢什么就学什么。在抗美援朝的时候，我们还做了一些宣传、演出的活动，但不是放映动画片，因为那个时候由于条件的

---

〔1〕杨祖述（1913—　　），江苏太仓人。早年就读于苏州美术专科学校，后毕业于中央大学艺术系。现为中国美术协会会员、上海美术家协会会员、上海戏剧学院舞台美术系教授、太仓书画研究会顾问。曾任上海美术家协会理事、评委、油画组组长、上海行知艺术师范学校美术系主任、绘画教研室主任、上海戏剧学院舞台美术系教研室主任、绘画组组长。

图3 浦稼祥国画作品

限制,只有先生们在制片室拍过几部卫生宣传片,我们的宣传活动主要是演话剧。周日的时候,我们还去当时苏州最大的开明大剧院和别的学校演出。表演话剧是苏州美专特有的,我们不仅有话剧团,还有剧团会徽。我们一般都是利用晚上的时间排演,准备好之后,在外面张贴海报,欢迎所有人来看演出,并且是免费的。可以说我们那时候的业余活动还是非常丰富的,这对于我们也很有益,学会了表演和音乐。因为动画和表演、音乐都有很大的关系。我们的表演是自己组织、学习、评价。到了工作岗位上之后,这些都是非常有用的,于我而言,也是很珍贵的回忆。

徐乐:那您当时会去看一些动画片吗?

浦稼祥:在学校的时候,我们每周日会去苏州大光明电影院看片子,早上他们会放映苏联的动画片,我们主要看这些动画片,觉得非常好看。因为当时是解放初期,批判美国迪斯尼的卡通片,提倡苏联的片子,所以苏联的动画片我们看的比较多。到上海以后,上海美影厂的仓库里有美国片子,我也有看过,如《白雪公主》等。所以我们不光学苏联的,也学美国的。

朱远如:钱家骏先生当时是怎么研究动画的呢?

浦稼祥:钱家骏先生当年在资料匮乏的情况下研究动画,是非常不容易的。那个时候,有很多人到美国去学习,其中有三位比万氏兄弟[1]还早的,他们都是从国外回来的,并且他们中还有个别人参与过迪斯尼动画片的制

---

〔1〕 万氏兄弟是合称,万氏兄弟共四人,即万嘉综、万嘉琪、万嘉结、万嘉绅。从事动画事业后他们均使用自己的号,即籁鸣、古蟾、超尘、涤寰(其中老大万籁鸣和老二万古蟾是孪生兄弟),真名反而很少为人所知。四兄弟中以万籁鸣的成就最高,是创造的核心人物。

作,但是名字我已经记不清了(后笔者查证出此人是杨左匋[1])。动画表现的东西都是物理现象,所有动作都是物理现象的体现,因此钱家骏先生抓住这一点,就从人和动物身上发现规律。他还编写了我国最早的动画教材《动画规律》和《动画线描》,所以他对创办动画专业的功德是非常大的。当时研究和创作的条件是非常艰苦的,没有像现在这么好的条件,但好在钱先生的化学功底非常好,他都是自己研究颜料,通过一遍遍的实验,最后成功地研制出了一种易干且不会粘附在一起的颜料,这样画完的每张画叠放在一起也不用担心会粘在一起。因为动画稿的连续性非常强,有时一上午要画五六张,这样叠在一起我们也不用担心。

朱远如:从我们现有的资料上看,苏州美专的动画科只办了两届,浦先生知道这两届学生的毕业去向吗?

浦稼祥:1952年毕业的时候,大部分同学分配到了上海美术电影制片厂(当时叫上海电影制片厂美术片组)和八一电影制片厂。八一电影制片厂是拍摄军教片,需要用动画做模拟。第一届学生大部分是分配到八一电影制片厂,留下的几个人到了上海,有华福珍(女)、肖镇、庄继光、王隆生、严济忱和我。我和王隆生是在美术片组,其他的在上影(上海电影制片厂),华福珍是科影厂(上海科学教育电影制片厂)。后来的第二届毕业生是分配到了上海美影厂和上海科学教育电影制片厂工作,上海科学教育电影制片厂是拍摄科教片的。第二届的毕业生中有六个人到了美影厂,有严定宪、林文肖、胡进庆、戴铁郎、阿达(徐景达)和方澎年。我是1952年毕业的,1954年进的美影厂,那个时候叫上海电影制片厂美术片组,下设木偶片组和美术片组。我们后来到单位也是边学边工作,因为在学校只了解到了制片的基本常识,那个时候全凭自己学习、摸索,毕竟当时教的没有现在这么详细和系统。

徐乐:后来在美影厂您都参与过哪些美术片的创作工作呢?

浦稼祥:在美影厂,原本《骄傲的将军》是我第一部片子,因为这部片子在1954年就已经着手准备了,开始也画了动画镜头,但是后来由于导演生病,暂停了拍摄,于是我就和钱家骏先生合作拍摄了《乌鸦为什么是黑的》,

---

[1] 杨左匋(1897—?),著名美术家,兼通音乐。早在1919年,他与颜文樑等人在苏州组织了"美术画赛会",并与北大画法研究会联合举办了最早的美术展览会之先声,在美术方面具有极深的造诣。早年受聘于英美中国公司为图画设计师,受公司赞助留学美国。后被聘门美国华特·迪斯尼工作室特技动画部首席动画师,参加迪斯尼动画片《白雪公主》的制作,后来又制作《小飞象》、《幻想曲》等多部动画片。

所以《乌鸦为什么是黑的》成了我的第一部片子。这里需要说明的是，彩色片也是钱先生的一大贡献。《乌鸦为什么是黑的》就是钱先生执导创作的，它也是我国的第一部彩色动画片，同时也在国际上获得了好几个大奖。这部片子获奖后，很多人说是抄袭了苏联和日本的东西，这种说法真的是非常荒谬的。

图3　浦稼祥参与创作作品《乌鸦为什么是黑的》剧照

图4　浦稼祥作品《老婆婆的枣树》剧照

首先，我就参与了这部片子的创作，我是亲历者，每个造型、动作都是我们自己冥思苦想的，而且那个时候，我们国家还没有和日本建交，根本就没机会去看日本的动画片，又何来借鉴他们的东西呢？像美丽鸟一开始身上的那个肚兜就是中国非常传统的服饰，还有美丽鸟本身的造型也是来自于中国传统的吉祥物——凤凰的形象。另外，美丽鸟围着火堆跳舞时的动作也都来自于少数名族——傣族的舞蹈动作，所有这些设计都来自于中国传统的元素。当然，我们也不能说不受苏联片子的影响，我们也从他们那里学来一些东西，比如如何通过表情和动作来表现人物的性格和内心活动。这种手法的学习是必然的，可是我们是在学习的基础上创新，发挥自己的想象力去完成这部片子的，所以说我们这个片子抄袭日本的和苏联的，这是非常不公正的评价。

其次，我们的水墨动画，在国际上的影响也很大。《小蝌蚪找妈妈》这部片子一开始是由摄影师段孝萱，还有阿达（徐景达）同志研究的，后来由于技术上的困难，于是钱先生也参与了，并且最后由钱先生解决了技术上的难题,使得这部片子得以成功地拍摄出来。还有钱老师的《九色鹿》,曾经因为政治运动的原因,一度停拍,后来又恢复。钱先生其实是将自己所有心情投入其中,可以说九色鹿的形象就是钱先生自己生活经历的写照。

另外,钱先生的《骄傲的将军》这部片子,色彩非常浓重,仕女跳舞时,色彩十分丰富,但整体上感觉不到颜色跳的厉害,从这里可以看出钱家骏先生的美术功底是很了得的。

陈瑞:所以说动画的创作其实是和生活中很多事物息息相关的,都要联系自己的生活体验加以创作。

浦稼祥:是这个道理。我在画《骄傲的将军》的时候,就看了很多的京剧,尤其是京剧里的小丑,因为京剧里的小丑比较生活化。所以我在创作拍马屁的小丑一角时,把评弹里的弹指等动作都拿来,按我的要求融化进去。我现在再看我当初设计的这个人物时,我仍有许多感想,虽然这个人物的

图 5　浦稼祥作品《没牙的老虎》剧照

动作我刻画得还可以,但是还有许多可以改进的地地方。比如在他拍马屁时的表情和动作上还可以再深入一些,将他刻画得更加奸佞些。但毕竟当时创作地时候,我只有 24 岁,拍马屁的体会并不深,如果是在今天,我可能就会体会更深,经验也更丰富了。此后,我都常刻画一些反面人物。再后来,我还参与创作了《木头姑娘》、木偶片《王爷》等。王爷是一个反面人物,他很幽默,动作设计包括人物性格刻画的也很有趣、生动。去年,我又看了一遍,觉得画得还可以。最后,我还画了《大闹天宫》,画了哪吒、土地、二郎神、孙悟空等角色。孙悟空是每个人都画的,因为它和很多角色要配戏,一配戏就要画。在创作这部片子的时候,给我印象很深的是陆青老师(陆国英老师的妹妹),她是画玉皇大帝的。一般人会觉得这个玉皇大帝是最好画的,因为他基本上是坐在那儿没有什么大幅度的动作的,但其实这个人物是非常难刻画的,他的人物性格及内心活动都要靠面部表情和极少的动作来表现。玉皇大帝在这部戏里最大的动作就是孙悟空打到凌霄宝殿,他站起来出逃。所以在刻画他时,要很仔细、细腻。其实玉皇大帝是非常奸诈的,他一次一

次地欺骗孙悟空,最后孙悟空觉悟了,打破了凌霄宝殿,一开始面慈心善的玉皇大帝也表现出了他内心阴暗的一面。她(陆青)把这些都表现出来了,从一开始的不显露,到后来的一点点刻画,是非常了不得的。

我在上海美影厂第一次负责集体导演的片子是《老婆婆的枣树》,因为我爱好幼儿题材,还合导了《小燕子》、《没牙的老虎》、《黑公鸡》、《小松鼠理发师》、《盲女和狐狸》等片子。私人制片有水墨动画片《看戏》,并且获得了1993全国影视动画节目荣誉奖,古典音乐片《月儿高》获得2002中国视协动画短片学术奖、"动画音乐电视奖"优秀奖和导演奖,2006获得中国动画学会奖"优秀动画短片奖"。

(采访者为南京艺术学院研究院艺术学研究所和南京艺术学院国际教育学院在读研究生)

陈士宏访谈

采访者:徐乐、朱远如、丁林艺、王祎黎、[马来西亚]梅德顺

　　陈士宏先生是我国早期著名的科教片动画设计师,他设计与导演的影片获得过国内外诸多重要奖项。陈士宏先生于抗战期间进入苏州美专上海沪校学习,深得颜文樑先生器重,1941年毕业后留校任教。1950年始历任东北卫生部电话教育所、上海科学教育电影制片厂、北京科学教育电影制片厂的动画设计和导演工作,在工作中克服了设计简陋、科教动画制作难度大等诸多困难,成绩斐然,于1996才以近八十高龄正式退休,为我国科教动画事业作出了杰出贡献。我们研究生一行五人于2011年5月月24日在上海陈先生的寓所对其进行了采访。陈先生虽然已是九十五岁高龄,但依然身体硬朗、思维敏捷、风度翩翩,我们都被他的儒雅之气所感染。在采访过程中我们得知陈先生的妻子汪惟馨女士也是苏州美专的老校友,可惜汪女士已于2009年以八十八岁的高龄安然辞世,故未能得见。在这里我们特向陈士宏先生、汪惟馨女士两位为我国科教电影动画作出过杰出贡献的老校友表示深深的敬意。

抗战期间,苏州美专转到上海坚持办学

　　朱远如:非常感谢陈先生能够抽出时间接受我们今天的访谈,今年是南京艺术学院百年校庆,我们受学校《艺术学研究》编辑部委托,正在做一个关于苏州美专研究的专辑,您老是苏州美专的老校友,作为一名历史亲历者,我们想请您谈谈当年苏州美专的教育状况,尤其是一些课程和教学情况。您老是何时到苏州美专的?

　　陈士宏:当时苏州美专创办时我没参加,我是抗战的时候到苏州美专的,那时候学校已经搬迁到上海。我是在上海读书和毕业的,那个时候已经到了抗战中期,大概30年代末到40年代初的时候。[1]

----

　　〔1〕 根据文献记载,1937年底日寇进犯苏州,苏州美专开始西迁,先迁至苏州郊区的吴江同里,再迁浙江菱湖,最后雇船载运设备。再度西迁,共有大小船各一只,小船由胡粹中率领直至四川,历尽艰辛。大船载运部分石膏像,由颜文樑率领,由于船大过不了闸门而折返宁波,再乘轮返回上海。1938年,颜文樑在沪先租借王家沙小学一间校舍作分校,学生30余人,至当年秋,迁至四川路企业大楼7楼。1946年1月,颜文樑校长率领沪校专科学生回苏州上课,这样苏州美专便在沧浪亭复校。沪校改为研究科。有研究生53人,李咏森等继任教授。

朱远如：您当时为什么选择报考苏州美专呢？

陈士宏：当时有两种学制，高中毕业后可以去读三年制的专科学校，像体专、音专、美专等，或者是读四年制的大学。再后来又有一种叫做新制专科，就是初中三年毕业后再读两年，一共五年，高中也是在学校里读的，这个叫做新制。我原来已经工作了，工作之后我到重庆做广告，做了一年回到上海，父亲给我三个选择，一个是不要学画，转去学会计；第二个若是学画，索性去学月份牌画；第三个索性进美术学校，把基础打好。弃画学会计我是不愿意的，加上我比较想去学校学习，所以我挑选了第三个，这样我就以同等学力考进了苏州美专。

王祎黎：您在上学期间学校开设的课程有哪些？

陈士宏：上海那时候正处于抗战时期，当时也有好几位老师同时授课，主要课程有透视学、色彩学、素描、油画，但并不专门分专业设置课程。我们那时候是按照巴黎美术学校的办法，这大概是颜先生留学的经验，也是他的主张。他认为一个画家可以很容易进入很多领域，这样比较开阔。所以，学校就有一间很大的教室，一进这个学校，是正式学生也好，旁听生也罢，对画画的学生来说都是无所谓的。不论年级和专业，大家都在一个教室里面画画，后来的国立艺专也是采取这个方法，效果很好。分专业选择是后来的事情了。上课评画，就是所有教授都来，好的作品放前面，差的放后面，最好的是95分，一般没有不及格。从第二学期开始我每次基本都是95分，我的成绩一直不错。那时候的课程主要是素描，重点是画石膏和人体写生。

丁林艺：请问陈先生，您在苏州美专沪校上课使用的石膏像都是颜文樑先生从从欧洲带来的那批吗？

陈士宏：我们那时候的石膏像都是从国外带回来的，都是一些很好的石膏像，形准，轮廓清晰。1930年12月，颜文樑先生自欧洲返校。颜先生在欧洲期间节衣缩食，并把举办画展所得一起用于办学，先后购置并陆续装船运回大小石膏像460余座，图书一万余册。石膏像的质量与数量，在当时全国美术学校是很受瞩目的。还有一批石膏像，是俄国还没有革命的时候，在比利时定制的一批石膏像，但是后来因为苏联发生革命了，交通不便，所以没有去买。

丁林艺：您能跟我们讲讲您在校时印象比较深的石膏像有哪些？

陈士宏：我还记得有个大的维纳斯，我画过好几遍，我们那个是第三个模子。那时候颜文樑先生是非常节俭的,对石膏像也相当爱惜。那么大的石膏像都是自己抱回去的,连计程车都舍不得乘。颜先生的个性非常强,对待事情总是仔细,所以他画得那么好,其实是有这样的习惯的。我本来从我画的第二张素描开始都是保留的,但可惜在文化大革命的时候都遗失了。那时候我在我的床头,加上一个镜框,画完了就把画挂在床头,对着看的时间长了就发现了毛病。我一直坚持画画的习惯,直到现在,我还在画画。你们看,这是我读颜先生的画册,读完之后作的记录。还有我做了好多实验,关于色彩和光的实验。现在我年纪大了,手上的这些资料没有用了,我就交托给有用的人。我儿子女儿都是学画画的,我也在考虑我的一些东西的去留。我有一个美国朋友,寄给我二十几本关于动画的书,我正打算交给我朋友的一个女儿,将来对她还能有些用处。

梅德顺:陈先生,您的坚持不懈的作画精神值得我们学习,您不遗余力提携后辈的精神也值得我们钦佩。我们都知道您1941年于苏州美专毕业后就留校执教了,请陈先生再给我们讲讲您执教的经历吧!

陈士宏:苏州美专毕业以后我就留校了,留了两年,随着后来抗日战争形势越来越紧张,我就写了一张假的证明,转到当时国内最负盛名的艺术高等学府——重庆国立艺专,以前是叫国立杭州艺专,就是1928年林风眠奉蔡元培之命,在西子湖畔创办的国立艺术院。艺专兼容了各种艺术观念,风气自由活跃,可以说是英才荟萃。当时美术家与教育家蒋仁教授是国立艺术专科学校教授、教务长,由他证明我是新制专科未毕业的学生,我得以继续学习了。

徐乐:也就是说您当时的教学工作暂时告一段落,又转为继续学习了?

陈士宏:不完全是,当时我还是希望在苏州美专工作,希望颜先生能给我工作。颜先生当时非常信任我,但是我自觉辜负了他。我没有听他的话,现在非常后悔。后来苏州要复校,苏沪两地合作,于是我回来苏州,但我每周都去沪校教课。抗战时期,苏州美专被迫辗转,重庆国立艺专的蒋仁教授也不畏艰苦环境,坚持往返于苏沪,义务为学生授课。

忆颜文樑先生的点滴艺事

朱远如:从您的谈话中,我们感受到了您与颜文樑先生的接触比较多,彼此之间感情也很深厚,能为我们回忆一些有关颜先生的点滴细节吗?

陈士宏:是的。我特别记得的是临摹颜先生的《厨房》,就是颜先生那幅

图1　采访同学与陈士宏先生合影

在巴黎春季沙龙获得了荣誉奖的粉画，获奖时那是很隆重的啊，授奖仪式都是由法国教育部长亲自主持的。《厨房》这张画对我来讲非常有纪念意义，我记得画好以后，颜先生还送我一本画册作为奖励。当时我在学校里透视学得很好，这个画册里就有很多室内装潢的画。当时透视画得好的人也少，而画油画的都是不受束缚的，但可惜这本书在文化大革命时期被抄家抄了。还有一本书是捷克出版的，英文版的，专门讲笔触的，也都在文革时被我自愿上交了，现在找不到了。

朱远如：那真的是很可惜。如果这些书能完整地保留下来，对我们今天的研究都是极有用的。我们现在进行的资料整理，很注重这些一手资料和当事者的口述内容，这些资料获得后都是较为翔实与可靠的。

陈士宏：对了，关于苏州美专的书我这里有一本书，不知道你们有没有，因为南艺是从苏州美专合并成立的，应该也会有。这本书里有一篇颜先生的传记，我认为最可靠翔实。颜先生本身是个非常低调的人，不喜欢宣传自己，也不讲究派别。当时觉得画画自己的最好，文章自己的最好，就很满足了。颜先生不太愿意别人为他做传，这一点从颜先生对衣着的严整就可以看出。他反对奇装异服，头发、衣服都是普普通通的，我们同学中间都是没有那样的。别说现在了，现在都讲究包装宣传。就因为他不宣传，那时上海开了一个中国近现代美术家的展览，里面竟然没有颜先生的作品！当时我看到报纸上的这个消息，是很气愤的。颜先生培养了很多学生，日后许多人也成为有名的画家和老师，比如我有个同学，现在也是很有地位的，他原来也是学抽象画的,到了解放以后都被批判,多亏了颜先生的鼎力相助才坚持下来。颜先生对于中国的美术教育贡献是很大的,而这样的一个展览会里居然没有颜先生的作品。在前几年,我们出了一本书,我也参加了编排,不过在其中做的事情很少,但这本书里记

载了中国美术教育的代表人

图2　陈士宏摄于 2010 世博园 时年 93 岁

物,有颜先生。出版这本书和在上海办展览会花了一共四十多万,去年又在北京办了一个叫中国美术奠基人的展览,有徐悲鸿、刘海粟、颜文樑、林风眠等大师。从那时开始,社会上有"四大美术奠基人"这个提法了。但颜先生的成就啊,我感觉现在还没有被大家完全认识。有几封颜先生的书信我还保存着,并且都整理了摘要。这是他自己写的书信(本刊征得陈士宏先生同意,将信件往来发表于"文献与回忆"栏目),很宝贵,里面有他亲手写的十六条,多数是绘画方面的经验,包括素描色彩等。大概 70 年代的时候,文化大革命后期,我对颜先生关于色彩方面的理论做了个图解。这些书信我有两份,这一份就送给你们。还有一篇我写的关于颜先生不是属于印象派的文章,给你们看看。这些东西啊,也许对你们有些帮助。

忆苏州美专动画专业的创办与发展

徐乐:我们知道您擅长油画、动画等专业。从事动画教学和电脑动画工作多年,历任卫生部电化教育所美工车间副主任、动画设计、导演;上海科学教育电影制片厂动画设计师;北京科学教育电影制片厂动画设计、导演等等,有一系列头衔,可以说是为我国的动画事业发展作出了巨大贡献。那您是什么时候涉足动画这个领域的呢?

陈士宏:后来我就没有画画了,主要是搞电影,就是动画。八十岁以后回到上海。我这里有盘《电影人物》送给你们,是去年中央电视台来采访我的录像,负责网站的人很热心,给我复制了几个,在那个光盘后面有苏州美专校友会的网址。这本大的画册不知道你们看过吗?里面有个后记。这个编者不是苏州美专的,是国立艺专的,但他正好是我在国立艺专的同学。

朱远如：苏州美专的动画科是中国动画电影史上一个不可磨灭的痕迹，并对中国的动画教育事业有着深远的影响。由于整个动画科只开办了3年，招收了两届学生，所以留下的文字资料非常的少。陈先生对当时苏州美专动画科的创办还有什么印象吗？

　　陈士宏：说到动画专业的发展，颜先生真是功不可没。大概1930年的时候，动画艺术在国外刚刚兴起，那时颜先生便很有先见之明地认定，动画美术是一项非常有发展前途的新兴美术种类，便积极鼓励、培养和引导了一批年轻人——就像他当年自行研制油画颜色、摸索油画技法一样，带领年轻人认真努力钻研新兴的动画艺术，为学校创办动画科作了师资力量的准备，比较突出的学生有钱家骏和范敬祥等多人。苏州美专动画科成立，是在1950年春，美专在招生前是由范敬祥主持工作并积极筹建创办"电影制片室"，随后于同年的9月正式创办动画科，学制两年，这就是我国第一个高等院校中的动画专业。1952年，由于全国高校原系调整，动画科所有师生与南京金陵大学影音部，还有苏南文化教育学院的电化教育专修科合并，搬迁到北京，成立了大专学制的中央电影局电影学校，即后来的北京电影学院。

　　王祎黎：苏州美专在动画科创办伊始，师资力量是如何解决的呢？

　　陈士宏：最初的教师就是钱家骏和范敬祥他们几个人，还有当时毕业后都参加了励志社的一些同学。解放前南京励志社有个美术科，成员不少是苏州美专的毕业生，其中包括杨祖述、毕颐生、金右昌、吴昊、孙葆昌、蒋懋琳他们。他们都没有接受过系统的动画教学，只是在绘画的基础之上，自己加以揣摩，从而得出动画的制作原理。这样的动画人才的培养和形成方式一直持续到新中国成立初期，直至1950年9月苏州美专动画科的成立。我进了学校后也听颜先生说了，学校好的学生都进了励志社了，我后来是留校的。大家都毕业后，钱家骏一个在东北的朋友到上海来招聘，我们就去了。当时全国分五个大区，部长一句话一个机构就成立了，我们叫美工社，后来又被疏散到哈尔滨。我就是因为钱家骏的关系做了动画，但那时候样样都跟苏联学。记得当时有个提倡无痛分娩的内容，要做个宣传片，他当时告诉了我简单的基本原理后，我们就自己摸索。钱家骏在动画方面特别有成就，但他是个非常低调的人，同学聚会都很少参加。我对于苏州美专初期动画科创办阶段的历史不是很了解，但是在上海这个阶段我很了解——在上海的这段时间仍然是很艰苦的。

　　梅德顺：那么当时苏州美专动画科的学生毕业后的去向您了解吗？

陈士宏：动画科的第一届学生在 1952 年夏天毕业，他们中的大多数人被分配到北京的八一电影制片厂、上海电影制片厂和上海科学教育电影制片厂工作。

徐乐：苏州美专复校后，陈老师还记得校刊《艺浪》吗？

陈士宏：《艺浪》是苏州美专校刊啊，第一期出版是在 1930 年吧。在此之前，曾出版过《沧浪美》，共有三期，是由苏州文新印刷公司承印的。1934 年 9 月，美专增设实用美术科，并自辟印刷、铸字、制版、摄影工场，《艺浪》就由我们由自己排印、制版。16 开本的大小，铅字精印，图文并茂，有论文、随笔、文艺小品、校训、三色版画幅、选刊学生作品及中外名画。每期由黄觉寺主编，张念珍负责制版印刷。黄老师水平很高啊，是美专中难得的画与文均拿得出的老师，他还编写过一些教材，对学画的人实际有帮助的，比如《素描画述要》，还有《欧洲名画采访录》，都是一九三几年出版的书。经历抗战后，1947 年 1 月 20 日校刊《艺浪》出版，是为复刊第二号，以后即行停刊。苏州美专复校后当时有一期提到了我，是提到我被聘请为教授，我这里的书倒是没有保留。

丁林艺：陈老师能为我们谈谈苏州美专复校后，您印象比较深刻的一些创作活动吗？

陈士宏：创作上我还记着肖像。那时上海美专在美术教育有三个创举，一是改革学校教育体制，学校兼收女生，开创男女同校，为许多有才华的女子创造了发展的机会；二是提倡"功夫在诗外"，首创大规模旅行写生，以大自然为素材，培养学生观察和捕捉生活中美的能力；三是大胆提倡人体美，引进西方美术教育理念，开设男女人体写生课程。第三条最为惊世骇俗，影响深远，就是从 1925 年起始的"模特儿事件"。裸体模特儿引入上海美专的课堂，并作为一门美术必修课程固定下来，经历了极为艰难曲折的过程。刘海粟也因此被戴上了"艺术叛徒"的帽子。但颜先生始终据理力争，终于获胜，人体模特儿并在其他艺术院校得以推广使用。在苏州美专只有一个女模特。那时苏州美专每年招生的时候要开一个展览会，我记得第二学期，我画的人体就是要把女模特的脸画像了，被人家认出来了，颜先生就说我应该向肖像方面发展。他干脆帮我们联系了扬子鑫，说他肯定跟黄觉寺老先生一家有联系，叫我问扬子鑫要黄觉寺先生的地址，看能不能找到一些资料，这很有意义。黄老先生当时是苏州美专的校务主任和副校长，他编写过很好的素描画教材，前面提到的一九三几年出版的那本《欧洲名画采访录》，是把欧洲的名画都按国别编成了目录，为国内欲留学欧洲习画者指点了学习观摩的门径，还罗列了欧洲名画藏馆和著名博物馆的名称地点，且专门复制了欧洲历代大画家的签名，可以让后来者辨识，真是功莫大焉啊！

　　（采访者为南京艺术学院研究院艺术学研究所和南京艺术学院国际教育学院在读研究生）

陆国英访谈

采访者：夏燕靖、史洋、陈瑞

　　陆国英教授和她的先生徐近慧[1]教授居住在南京江宁一处环境优雅的小区内，她说虽然这里比较偏远，但他们喜欢这里安静的环境。陆老师的慈祥、和蔼让我们印象深刻，更出乎我们意料的是这位容光焕发的老人竟然也已近九十高龄。陆老师是在1942年进入苏州美专沪校学习，时值抗战期间，环境异常艰苦，后以优异成绩留校任教，历任苏州美专、华东艺专、南京艺术学院教师。更难能可贵的是陆老师于1955年考入北京中央美术学院马克西莫夫油画训练班，是当时班上屈指可数的女学员。我们一行访了陆国英教授和徐近慧教授，陆老师回忆了在苏州美专沪校学习的经历和颜文樑先生的点点滴滴。现整理出来以飨读者。

亦师亦友，记忆中的颜文樑先生

　　夏燕靖：陆老师您好，我们今天来拜访您，是想向您了解关于苏州美专的校史，我们正在编辑苏州美专的研究专辑，希望有更多的历史资料能向广大读者介绍，尤其是您和您这一代人的回忆，更是校史研究过程中的重要的一手文献资料。特别感谢您能接受我们的采访。

陆国英

　　陆国英：时间过得真快，转眼间过去有八十年了，但关于苏州美专的记忆我是难以忘怀的。毕竟时间久远，加之我年纪大了，可能一些细节、片段稍微模糊，但要说到苏州美专，就应当从我们的老师颜文樑先生说起。颜先

----

　　〔1〕　徐近慧，1922年生于浙江湖州，抗战时进入苏州美术沪校学习，1945年留校工作，先后在苏州美专、华东艺专、南京艺术学院担任素描、油画课程四十余载。

生是老一辈的油画家、艺术家,我认为他的主要功绩是在于美术教育,他和我们的老前辈徐悲鸿先生、刘海粟先生一样,投身美术教育,创办了当时著名的美术学校——苏州美专。他们对我们中国的艺术教育作出了巨大的贡献。

夏燕靖:的确,正如陆老师所说,颜文樑先生不仅是一名画家、艺术家、苏州美专的校长,更是近现代中国美术教育的先驱和奠基人之一。

陆国英:颜先生的学生,在全中国甚至在世界范围内都是有影响的。举个例子,有好几个老先生都在法国留学并造成一定影响。在国内那就更多了,全国各地都有,他们涉及的艺术领域也不一样,像国画、油画、雕塑、动画等等。他们各自发展,在各自领域也取得了很大的成就和影响,举几个例子:在我们国家各大美术院校,像在中央美院的董希文先生就是他的学生,还有冯法祀,当然他们这些先生不只是就颜先生一位老师,但他们很多的绘画技法和艺术理念都受到颜先生的影响。像董希文的学生,詹建俊、靳尚谊等,他们打的什么基础我们都可以看得到,可以说都受到了颜先生的影响。还有像罗尔纯、周思聪也是中央美院的教授,他们都在苏州美专学习过。这些说的是绘画专业。在新中国成立以后,在颜先生的组织下我们学校还办了个动画科,当时可是全国为数极少的专业,大概东北电影制片厂有一个培训点外,其他都没有。苏州美专的动画专业培养出了一大批人才,也创作出一大批好的美术片作品,新中国的动画事业和他们有着密切的联系。比如钱家骏,他的作品有《小蝌蚪找妈妈》《骄傲的将军》等等,还有浦稼祥、林文肖,[1]我们在一起工作的时候常常开玩笑称他们是"得奖专业户"。在那个年代他们经常获得国际国内各种动画奖项。当然还有大量在各个工作领域取得成绩的优秀人才。

史洋:颜先生作为您的任课老师,对您可谓言传身教。您能给我们讲讲颜先生的主要教学思想和艺术主张吗?

陆国英:颜先生坚持的艺术主张是现实主义,坚持走写实的绘画道路。他青年时候,在法国留学之前,就是非常写实的绘画风格,画作中描写得非

---

[1] 林文肖,我国美术片早期女设计师、导演。生于江苏丹阳,1951年入苏州美专动画科学习,毕业于北京中央电影学校动画科,后任上海美术电影制片厂动画设计,1977年任导演。名作《萝卜回来》获1960年捷克卡罗维发利第12届国际电影动画木偶片荣誉奖;《夹子救鹿》获1987年印度第五届国际儿童电影节最佳短片金像奖;《金猴降妖》获1989年美国第6届芝加哥国际儿童电影节动画故事片一等奖;《雪孩子》获1980年、文化部优秀影片奖。

常精致,就是非常写实,而且符合透视学、解剖学、色彩学的标准。也就是说颜先生在去法国之前,就有了很深厚的写实主义的基础,他去了法国之后,跟他的老师也是学习写实主义的,他在法国学习的是西欧的一种传统的绘画教学。颜先生坚持写实,坚持把生活中真实的事件还原,他回来后教学的思想也走的是这条路。教学中他时常提醒我们要注意对物象的真实把握,要求极为严格,甚至细致,哪怕是细节的透视或光色变化。

陈瑞:在您的记忆里的颜先生是什么样的?能和我们描述一下吗?

陆国英:颜先生是一位非常谦虚友善、和蔼低调的先生,我们看颜先生都跟父亲一样。他对我们非常好,来了教室,除了上课就是跟我们谈天说地,他看我们都是像孩子一样,有时我们画画,他就在旁边一面指导我们画,一面谈天。不像现在的艺术学校上课,那么多学生,老师只是工作,一下课就走人。那时颜先生以校为家,对待学生无论是学业还是生活,都非常仔细。我们有什么都愿意和颜先生说说。

夏燕靖:不错,我从许多校友回忆录中都读到这一点,颜先生教过的学生都有一致的评价,是说他对待学生亦师亦友,这正是我们所想知道的。那颜先生上课有什么特点呢?

陆国英:他上课非常重视基本功的要求,总是强调循序渐进。就是先画石膏像,要画得非常真实,要培养观察能力,要看得准,画得准,要注意比例、动态、表情、姿势各个方面。从细微之处到整体结构,再从整体结构到细微之处。这看似简单的几句话,不是三心二意随便就能办到的,需要很多年的刻苦钻研和投入,在练习的时候要非常专心,要观察,要思考,要不断来回比较,要踏踏实实的下苦功才会有收获。

夏燕靖:陆老师,您有没有当时求学期间关于颜先生更加细节的回忆或是自己学习过程中的特别有记忆的片段?

陆国英:颜先生本人喜欢画风景,走得动的时候必定出去写生,走不动的时候就在家里凭自己的记忆和想象画。颜先生原来在苏州,抗战爆发以后,他就搬到了上海,之后就定居在上海。我们在苏州美专那会儿,条件比较艰苦,有时要配齐颜料都不可能。颜先生总是拿出他的绘画材料给学生,记得他还亲自动手做过颜料,这在条件极为艰苦的时候,给了我们莫大的关心和帮助。颜先生特别喜欢画风景,那时上海的公园里总有他的足迹,他有时间还去杭州或苏州一些公园,采风画画。

坚韧不屈，抗战期间坚持学艺

陈瑞：陆老师，请问您是什么时候进入苏州美专学习的？

陆国英：我是 1942 年，就是抗战的时候到设在上海的苏州美专沪校学习的，是颜先生亲自授课，同时还有好几位老先生。那时抗日打仗，苏州当时因为战争缘故，颜先生他们也是逃到了上海，苏州的学校也就搬到了上海，我去的时候就已经在企业大楼上课了。

陈瑞：是四川路的企业大楼么？

陆国英：对，在企业大楼的 7 楼。

陈瑞：苏州美专沪校时期的教学情况怎样？您能给我们讲讲当时的教学情况么？

陆国英：当时老师的教学和同学的学习和现在的艺术院校教学状况很不一样，当时没有分班，有的学生已经画得很好了，有的学生才刚刚开始学习。老师不在的时候可以说画得好的同学就是老师，大家互相学习，不像现在的艺术院校分班分年级，很系统，同学入学的水平也都差不多。当时学生入学没有什么严格的手续或者考试之类的，入学也就是画一张画，老师觉得你可以就入学学习了。当时一间画室里有 30 个人左右。有的同学有工作，有的还在中学读书，有的同学白天上班那就晚上来画画，有的晚上上班，那就白天来画画。当时是在战争年代，教学系统并不是十分规整。[1]

史洋：当年的教学，是画完之后老师进行点评？还对画进行修改吗？课程结束的形式是什么样的？

陆国英：这两点都有，讲评是苏州美专的一贯传统，颜先生每次讲评课都要来的，而且他很细致，我们当时听课主要就是听颜先生的讲评课。学绘画当然要老师改画，这样才能有体会，学习才能有进步。改画也是学生学习模仿的过程，有了模仿的方法，再结合自己的体会就能进步得更快。那时画得好的同学就会留校来从事教学，当然对当老师的毕业生，颜先生要求十分严格，不仅要求天天习画，还要求读各种各样的书籍，增加艺术修养。记得

---

〔1〕 苏州美专沪校在抗战期间生活极其艰辛，教授授课，多为义务，不取工资。而在企业大楼的租金，则月月加租，颜文樑等售画所得，亦不敷支出。还有原日本派驻苏州领事，时任上海兴亚会会长的日本人松村雄藏，以关心办学名义，予以诱胁，颜文樑校长不得已缩小影响，取消学校名义改为画室，学生毕业，仅学校开一证明，不发毕业文凭，因文凭必须经过伪教育局盖章。在种种情况下，沪校勉强度过了几年。

我留校以后，颜先生就帮助过我制定进修计划，颜先生说，老师为人师表，样样都要成为学生的榜样。

陈瑞：那当时除了画素描、写生还有没开设其他什么课程呢？

陆国英：当时有很多课程，比如国画。当时画人物的模特，在苏州的时候是可以请来的，上海就没有模特，没这个条件。在上海期间主要都是画石膏。因为抗战迁校的原因，我们当时在上海条件不足，一个房间里全是石膏像，我的记忆里有维纳斯女人体和各种的人体雕塑，这些雕塑都是颜先生陆陆续续从法国运回来的，大概有 500 件，都是他亲自包装的。一个画家在国外留学，既要自己读书学习，又要留心自己回国后的艺术教育，为学校搜集教学器材，可想而知有多么不易。这些石膏像那时在我们国家是首创的，第一的，因为别的地方都没有，没有人像颜先生到国外这么辛苦的去做这件事。之后全国很多美术学校的石膏都到这里来翻，包括徐悲鸿先生回来后，也很多都是在此翻的。颜先生在国外留学，还为学校买了不少资料，比如画册之类的的，就是为了办这个学校。他一心就是致力于为我们国家办好的

1957 年中央美术学院马克西莫夫油画训练班结业时与朱德合影（图中第二排女学员为陆国英）

艺术学校,培养我们国家新一代的画家。他一心扑在艺术教育上,事业心非常强。颜先生真的是一位大公无私的老先生!他办学,学校的校舍,都是他很要好的朋友和一些老先生一起募捐出来的资金,盖的校舍,给他办学,大家都十分支持他办学!不然他哪里来的资金能够帮助他完成办学?他自己的父亲也是画家,光凭颜先生一己之力怎么可能完成苏州美专的创办?当时真的是很不容易,苏州美专当时还是一座私立学校。至于说其他课程,有国文、历史,还请了上海文化界人士讲中外艺术史,当然开课不像现在学校那么有计划,当时在上海没有这个条件,只能是有什么老师就开什么课了。

陈瑞:我一直想问一个问题,就是颜先生从国外带来的那批石膏最后到哪里去了?

陆国英:这批石膏后来的去向是非常可惜的,现在回想起来都非常的令人惋惜,在文革的时候,所有的石膏一夜之间化为碎屑。我们同学、老师都非常的心痛,颜先生知道后更是痛心疾首,当时有人去颜先生家中拜访,看其倚墙低头久而不语,最后才喃喃自语道:"这么好的东西你们为什么不要,你们不要可以还给我啊,为什么要毁掉它?"现在想想都非常的可惜!这是南艺校史上的一笔,因为那时是文革动乱时期,三校合并也有十年了,事件是在南京发生的。

夏燕靖:的确如陆老师所说的,文革动乱时期学校遭遇到极大的破坏,我们这次专门约了文章谈这一事件,我们希望校史留下真实。关于苏州美专的史料,陆老师尽其回忆给我们说了许多,我们回去一定认真整理。今天感谢陆老师能跟同学们回忆这么多的往事,提供这么多的口述资料,实在是太宝贵了。最后我和同学们还是要再次感谢您,您是南艺的老一辈教师,请您多多保重身体,祝福您健康长寿。

(夏燕靖、史洋为本刊责任编辑,其他均为艺术学研究所的在读硕士研究生)

严定宪访谈

采访者:史洋、丁维佳、陈婕、丁林艺、朱远如、梅德顺

严定宪先生于 1951 年考入苏州美专动画科学习,1952 年全国高校院系调整后转入北京电影学校继续学习,成为我国第一代动画专业的毕业生。毕业后分配至上海电影制片厂工作,是新中国动画事业的重要奠基人,曾参与导演、制作《大闹天宫》、《哪吒闹海》等大量广为人知的动画片,为我国动画电影的发展作出了卓越贡献。2011 年 5 月 23 日,本刊编辑小组一行五人赴严先生上海寓所进行了采访,获知了许多苏州美专动画专业的沿革史料以及新中国建立之初动画电影发展的相关史实。现整理出来,以飨读者。

苏州美专的印象和动画科的创办

朱远如:我们知道严先生曾是上海美术电影制片厂厂长,[1]拥有国家一级导演、中国动画学会副会长、上海电影家协会理事、国际动画协会会员等很多头衔,您所参与设计和指导的动画影片也屡次获奖,可以说是中国动画界的老前辈了。您从考学伊始,好像就选择了动画专业。您是在那时就打下了日后从事动画事业的基础吗? 您对当时的苏州美专还有什么印象吗?

严定宪:实际上我在苏州美专呆的时间比较短,只有一年左右,但却给我留下了很深刻的记忆。记得我是 1951 年考进苏州美专的,那还是解放初期。苏州美专本来就是属于私立学校,颜文樑先生是油画家,办了这个美专,同时在上海还有分校,也就是苏州美专沪校。苏州美专和上海美专在解放前后国内美术教育界都还算是有名的学校,因为都是美术界的名家创办,又有许多著名画家在这两所学校里任教。我当年报考的是动画专业,可以说从那时起就立下了做动画的决心。

丁维佳:严先生您觉得苏州美专最大的特色是什么呢?

---

〔1〕 上海美术电影制片厂是新中国建立后规模最大的美术电影制片(动画、木偶、剪纸、折纸)基地。其前身是东北电影制片厂的卡通股,1949 年底卡通股更名成立美术片组,1950 年迁到上海,隶属上海电影制片厂。1957 年 4 月正式建厂,设动画、木偶和剪纸 3 个制片部门。第一任厂长为特伟,严定宪为第二任厂长。

严定宪：当年只是学生，我在苏州美专学习时接触的面并不多，但石膏像恐怕是给我印象最深的。那是颜文樑先生从法国带回来的，也是最全的、最好的一套。你们知道的，颜文樑先生本身就是一个画家，他在法国留学的时候，参加过法国沙龙的美术作品比赛，还得奖了，他用奖金在法国，还有其他欧洲国家把好多石膏像都买了回来。石膏像是每个学美术的学生打基础的描绘对象，那批石膏像真是原汁原味的，看上去就像大理石一样，非常漂亮，不是全白，而是带了一种类似淡黄、米黄的颜色。我们这一届学生正好赶上苏州美专三十周年校庆前夕进校的，那时候，苏州美专有一座罗马建筑形式的大楼。1952年庆祝三十周年校庆的时候把那些大的石膏像，像是掷铁饼者、维纳斯、大卫头像等等的石膏像，都放在了大楼柱子的中间，真的是漂亮，也很气派。庆祝建校三十周年之后接着就是全国高校院系调整了，全国私立学校统统变成了公立学校。苏州美专有三个科系：西洋绘画、师范（主要是音乐）和动画科。动画专业的老师主要是苏州美专早期的毕业生，如钱家骏、范敬祥他们。后来动画科与金陵大学、苏南文化教育学院的相关科系一起合并迁至电影学校，我也是在那时转到北京读完动画专业的。

全国高校院系调整时的苏州美专

严定宪

梅德顺：严先生那届录取了多少位学生，就是1952年的那一届？

严定宪：一个班级二十个同学左右，最后是十八个人，还有流动的，开始的时候是二十个人多一点，但因为后来有些人没有来，有些是院系调整到北京后他们也没有去，所以最后到北京去的是十八个人。当然也包括后来新加入进来的，也有走了没有去的，中途退学的等等。院系调整的那年暑假，学生说学校有很大的变化，希望我早点来学校，于是我就到了苏州。学生全部离开苏州，到无锡合并至华东艺专待命。这是院系调整的过程，集中起来说，有一段时间牵涉到怎么分校的问题。[1]

史洋：您能再具体给我们说说当时苏州美专院系调整的事情么吗？

严定宪：这段经历
其实蛮有意思的，因为
比起上课，挺热闹的。
什么学校里的工厂、无
锡南门外面华新市场、
结茧的丝绵市场啊，全
都搬走了。全部苏州
美专的人还有山东大
学艺术系的人都集中
在那里，大概有一两个
月的时间吧，大家都在
等待重新组合。当时

本刊采访记者与严定宪、林文肖夫妇

私立学校大概全部要集中一段时间调整编制，可能还有一些是考虑人员的
去向，愿意到哪里去，不愿意到哪里去。这是一个大的变革时代，私立学校
变成公立学校，那段时间的经历包括学习、开会、谈心、等待分配，这也是那
段时间的一些学生所经历过的变化。后来想起来这是一件大事。私立学校
怎么将编制转到公立学校去，这是教育改革的一个初期阶段，可以说从此以
后基本上就没有私立学校了。到1955年，是全国的整个工业改革，教育要早
一点，可能算是社会主义改造的第一步了。这也是我人生阶段的一大变化，
因为原来在私立学校要交学费，到了公立学校不要交学费。后来到了北京
中央电影局电影学校，这个学校经过了好几次改名，从最早的1950年文化部
电影局表演艺术研究所到1951年的电影学校再到1953年的北京电影学校，
也就是后来的北京电影学院，那是供给制的单位。总之各个地方不同的学
生年龄都相差很大，有的是工作了，有的在单位里表现出有艺术细胞的就出
去学习了。那时候北京中央电影局电影学校是一个干部学校，还有一些做

---

〔1〕 1952年秋，全国高等院系调整，苏州美专、上海美专、山东大学艺术系合并，组成华东艺术
专科学校，合并工作于同年12月8日完成，校址设于无锡社桥。校长刘海粟，原苏州美专教授如朱
士杰、孙文林、徐近慧、陆国英等大部分教师分配于此；颜文樑调任浙江美术学院任副院长；以钱家
骏、范敬祥教授为首的苏州美专动画专修科的师生连同学校的教学设备与南京金陵大学电影播音专
修科、苏南文化教育学院电化教育专修科合并至中央文化部电影局电影学校（北京电影学院前身）。

演员、做导演的,所以也需要这方面的人才。

细说中国首个动画专业

朱远如:当时苏州美专的动画专业是怎样创办的呢?

严定宪:实际我是第二年进去的,第一年进去的可能了解得更清楚一些,他们没有经过院系调整,他们毕业后,学校也没有了。[1]而我们调整到北京继续学习,也就是中央电影局电影学校。钱家骏和范敬祥他们大概是同班同学吧,都是苏州美专毕业的,他们早期都是搞动画的。钱老师擅长绘画,对动画充满兴趣,1935年从苏州美专毕业后,钱老师在重庆那里的励志社,搞了好多抗日的动画片。到解放以后呢,钱老师又回到苏州美术专科学校教动画课。不久,苏州美专并入北京中央文化部电影局电影学校后,他担任动画系主任。这些其实我们也是后来听说的,因为我们没有经历过这个阶段。

陈婕:您是怎么想到选择去报考动画专业而不是绘画专业呢?

严定宪:苏州美专的的招生是公开登在报纸上的,我就是看到报纸才去报名的,当然了,加上我自己在中学时就非常喜欢画画。我们那个中学正好有个副校长曾在苏州美专学习过的,他对我说:“你有这么好的天赋,画得那么好,应该去搞这个。”我是无锡人,无锡也没有这种美术专业,加上离苏州很近,所以我毕业就去报考,这和老师的提醒有关。说到我自己为什么不去学五年的绘画专业,去学动画,而且就是考这个? 我有一段经历,那是在40年代中期,抗战胜利以后,我在上海读书,那时候南京西路叫静安寺路,我在那个地方读书,也住在那里,附近有美琪电影、大华电影院(就是后来的新华电影院),还有平安电影院,我住的地方十分钟不到就能走到这三个电影院。基本是美国电影充斥上海市场,特别是动画片,那个时候叫卡通片。那时候不像现在儿童专场,就是专放动画片,放短片《米老鼠和唐老鸭》、《大力水手》等等,40年代的中期我就看了,非常喜欢动画。所以这个动画片给我的印象很深,尽管我不知道动画片是怎么创作、怎么画成的。既然这个在美术院校里有,我当然报考这个。但是在苏州只待了一年,后来就院系调

---

〔1〕 苏州美专于1950年创办动画科,招生40余人,学制为二年,由教授钱家骏、副教授范敬祥负责创建工作,并建立制片室开展动画制版摄影业务。1952年7月,动画科第一届学生毕业,分别被安排在上海电影制片厂,北京八一电影制片厂,上海科学教育电影制片厂工作。随后动画科调并中央文化部电影局电影学校,苏州美专也并至华东艺专。

整了。

梅德顺:您当时报考动画这个专业时,是通过考试进行招生吗?严老师对招生考试还有印象吗?

严定宪:我记得当时考试是在苏州考的。其他文化课都是一样的,但有趣的是其实我还是第一次接触到画石膏像。考生专门有一个半天是画素描,拿那个木炭条画,因为那时候还没有木炭笔。听说有些考生提前几天到,高二两班的同学呢,画过素描,已经在苏州住了几天了,在这里练习。画形象、打轮廓我会,但是用木炭条还是第一次。我感觉还可以,至少我基本上把那个形象画出来了,我画完大概用了两个小时。还考其他的科目,像政治课,就是当时政治经济学什么的。但还有面试,具体内容现在是想不起来讲了什么,只记得副校长面试时问我为什么要学动画,我说:"看过好多动画片,非常喜欢,既学美术又学动画不是很有意思吗?"

丁林艺:那您后来就是在苏州美专沧浪亭老校区上课吗?

严定宪:是,就在苏州美专上课。素描教室是在罗马大楼底下,师范科的素描课没有教室,但我们专门有个教室,二年级是有另外的教室。那个地方的素描教室是比较讲究的,都是朝南的,墙边上都没有窗,不会受阳光直接照射,主要开辅助光,靠日光灯来画的,我们画素描都很认真。有时候我们可以在自己的教室画,也可以到别的教室画,都是画一些比较大的石膏像,像维纳斯、大卫头像啊这些。当然了,刚开始学的时候是不去画复杂的石膏的,是从画比较简单的几何图形开始的。

梅德顺:并校后您到了北京还画素描吗?

严定宪:也画的。搬家的事我也说一说,就是搬到无锡,我们都参与过石膏像的运输,开始还不是在无锡的华新市场,是江南大学的校址,在太湖中间一个小山上。我们先去的一批同学负责搬运石膏像,通过水路把它们运到那个小山上,后来才搬到华新市场。

陈婕:严先生对苏州美专西洋画科和师范科开设了哪些课程,有哪些先生任教,还能回忆起来吗?

严定宪:我在苏州待的时间不是很长,而且主要也是刚刚入学,只是教我的老师有印象,其他老师接触得很少。走上绘画之路,想尽办法把石膏像画好,美术基础打好,这点是坚信无疑的。苏州美专很注重素描,这是它的校风。罗马柱后面整个一排都是素描教室。

史洋:当时大部分学生全都去学绘画了,您学动画,是考虑毕业的需要,还是您个人的爱好？

严定宪：没有，一个年轻人没有进入到专业之前，他对专业的认识和理解是很单一的。对于没有踏入到美术领域的人，它什么东西给你印象最深，你就越可能喜欢它。而电影中的卡通形象给我印象是比较深的，比如《米老鼠和唐老鸭》这部动画片，我想肯定不是一个老鼠来演戏，肯定是画出来的，怎么画不知道，但那么有趣的动物形象居然动起来了，知道是画出来的，那个就是美术吧，动画也是美术中的一种。

丁维佳：我们在前次采访中，拜访了学校的毕颐生[1]先生，他说起当年在苏州美专动画科教过素描，那当时是毕颐生先生教你的吗？那还有其他先生吗？

严定宪：毕颐生老师是教我们线描。毕老师有一套理论"精确描写不等于现实主义"，他有些观点给学生在画的时候有一种很好的启示，就是用自己的眼光去判断对象。我还记得李新老师，也是教过我素描的。

史洋："电化教育"是苏州美专动画科重要的课程和方向，据说戴公亮老师是专门负责电化教育的。请问戴老师的事情您清楚么？

严定宪：我听说过他，知道他在电化教育方面很厉害，有很大的贡献。他是在中国首先引进"电化教育"一词的学者。抗战胜利后他又在江苏省立教育学院兼课。1950 年成立苏南文化教育学院，任教于电化专科。1952 年全国院系调整后，电化专科并入北京电影学院，他在该院电影工程系和摄影系任教。但他没有教过我们课，我对他印象不深。还有教图案的吴仲英等等，这些都知道。学动画主要是打个基础吧。

陈婕：听说苏州美专课程十分多样化，并不是只是专业课，您在上学期间的课程设置大概是什么样的？

严定宪：那是有的，到北京后还是有，常规的科目主要是政治课，当时称为文艺理论，还有理科、工科的课程，还有美术课、音乐课之类的。苏州美专专业课是重视解剖、透视，到了北京之后开始重视电影知识，电影创作、电影编剧、电影表演、电影摄影等等，这些都要学。两个阶段，从一个侧重转到另外一个侧重。

史洋：严老师，据您所知，那个时候全国除了苏州美专还有其他学校有类似动画课程的专业吗？

---

〔1〕 毕颐生（19 ）

严定宪：苏州美专动画专业实际上在当时来说是全国唯一的一个在美术院校中间办起的专门从事动画教学的专业，而且那个阶段也就只是在苏州美专有动画专业，其他地方我是没听说过。万籁鸣兄弟他们要拍片子，招一批人来，让他们边学边画，画了以后帮着工作，那又是另外的事情。比如，在做某一个公益片或艺术片的时候，常招一些学徒或学生来，当劳动力使用，同时也会教授一些动画的基础知识，但那个跟学校教学是两回事。

而专业的学校恐怕就是苏州美专，1950年开始招生，是得到了校长颜文樑先生同意的，因为钱家骏、范敬祥他们两个都是他教出来的学生，而且他们有这么一个机构，同时又有这么一个实习的基地，所以可以招揽一部分人才进行培养。动画片一旦离开了片子，光是学，而不进行一个实际的锻炼和训练，包括制片、剪辑什么的，学生的能力就不可能巩固，也不可能得到提高。那么是在这样的情况之下办了一个动画专业，所以科系就变成了三个：绘画、师范、动画。就50年代初期来说，苏州美专是第一个有动画专业这么个科系的正规院校。

朱远如：1950年开始招生，颜文樑校长把纯美术转变成实用美术，动画专业就是实用美术的一个开始。这种情况，是因为社会的一些需求还是另有别的原因呢？

严定宪：动画实际上是一门学科，这门学科需要的知识体系的范围是比较广的，这和一般的美术还不一样，和单幅画的创作也不一样。它是电影，是用美术形式来表现的电影，当时来说它是特种片。科学片、纪录片都是比较明确的一个概念，真人来演的就是故事片，比较典型化地表现人物的生活场景。科教片来解释科学知识，用电影的手法来表现科学原理。纪录片是把社会现象真实地记录下来。而特种片包含的东西很多，到现在为止还没有人去研究它的定义。

比如美国卡通是从漫画开始，生活工作之余带点娱乐性的东西，设计两个角色，表现一些有趣的情节，作为生活上的调节，或者在趣味性中给你一些知识教育。后来发展到东欧，就跟政治联系起来，南斯拉夫、保加利亚、波兰搞政治漫画，通过动画片的手段来表现，给人一种诙谐的感觉，借以体会它所讲述的含义。这和美国卡通不一样，而是扩大了新的含义。其实中国的东西也在变，不必要完全模仿国外的。我们应该有自己的东西，也不是说一定要模仿以前的东西，特伟讲过"不要重复别人的，也不要重复自己的"。

丁维佳：那时候开动画科的经费来源主要是什么？靠卫生局给的经费

来维持么?

严定宪:不全是。我们是交学费的,私立学校的学费不是很便宜。新中国建立初期,私立学校也有一些历史,要保持信任度。国家很少投资钱的,主要靠社会贤达捐一些钱,地方上一些有钱人资助一些,再加上学生教学费。我也听说"电影制片室"帮上海市卫生局拍宣传片赚取一些费用,但具体情况我不太清楚。

回忆中国早期动画制作

朱远如:您能给我们讲讲我国早期动画制作的情况吗?

严定宪:好。范敬祥有一个制片室,专门用动画来表现小孩,他们早年对动画片就兴趣很大。当时搞动画的,主要有上海的万籁鸣,他从事美术编辑、中西画研究和卡通画设计绘制工作,探索以中国画形式制作动画片,是我国早期美术片开拓者之一。他的动画作品很多,包括那部完全凭手工制作出来的鸿篇巨制《大闹天宫》,你们也应该听说过。还有包括万籁鸣在内的万氏兄弟,就是万古蟾、万籁鸣、万超尘、万涤寰他们四个人。万氏兄弟早年研制动画片,最后他们摄制成功,搞了一些短片,也搞了一部长片叫《铁扇公主》,当然还有一些人在别的地方研究摸索。当时能看到美国一些的动画短片,当然早期首先是在上海,无声片的时候就有动画了。但那个时候的动画,我们也没看过,一些内容也是和万籁鸣先生一起工作的时候听他谈到的。

丁林艺:那您现在还能回想起当时听过的和看到的有关无声动画片的内容吗?

严定宪:比如说上海有个徐园,是专门放映国外进口动画片的,都是无声片。只是那些动画都是很简单、很粗糙的。就是一些漫画的人物、动物形象,在没有音乐、没有声音的情况底下表现一些趣味性啊,我觉得这些东西简直就是胡闹。如果卡通人物要说话呢,就吹气球,这种手法最初是18世纪被一个英国画家使用过,就是吹出一个泡泡来,像是连环画一样,用对话气泡和连续画面的方法进行创作。具体讲就是从人物嘴边引出的气球状线框,中间的文字即表示为这个人物所说的话。"你到哪里去","你干什么",就写几个字,那是很简单、很粗糙的。所以我们都没有看见过,现在这些东西都没有留下来。

史洋:您和刚刚提到的像万氏兄弟、范敬祥、钱家骏他们在一起工作过吗？苏州美专动画系毕业的和上海那边的风格有什么不同？

严定宪：我接触动画，主要是搞《大闹天宫》的时候，我和万籁鸣一起工作了好几年。你们也知道《大闹天宫》到现在为止，在中国仍然还是很有名的动画片。他是很低调的一个人，过去的事情他也不是谈得很多，但有时候也会问到他一些。几个兄弟志同道合，通过研制最后研制成功。虽然搞得很简单，但在当时也作为一种时尚，很时髦的。

而钱家骏老师和范敬祥老师，他们是颜文樑的学生，都是学美术的，而且在班里都是成绩非常好的学生，后来他们主要是学了一些国外的东西搞动画。他们的绘画基础，实际上从我自己来看，那比万氏兄弟的美术基础要好得多。毕竟他们在苏州美专绘画专业学了五年，都是高材生。钱家骏、范敬祥绘画基础功底很深，所以他们不仅绘画能力强，而且在搞动画的时候，他们设计动作的形象比那些绘画基础不是很扎实的人要考究得多，而且画的东西形象比较生动、精彩。解放初期，我去读书的时候，他们的一个制片室还在做一些简单的黑白卫生的教育片，预防感冒或者是身体健康这些。我这也是听前一班的同学说的。范敬祥先生因为身体不好，拖了半年，到我们班级来。开始钱家骏先生还不在苏州，听说在东北的一个制片厂，是后来专门请来的。他们设想建议搞一个动画专业。因为那时候的制片室实际上是根据地，需要一些人才，尤其是需要一些年轻人来补充这方面的力量。卫生教育片也得到了上海卫生部门经济上的资助，要不然它也不可能想到去培养学生。

朱远如：那个时候的绘画主要是以什么形式来表现的呢？

严定宪：通过各种的政治运动，那时候漫画是很流行的，墙壁上要画大的漫画，要配合"三反五反"、抗美援朝这些运动。

丁维佳：当时制片室的条件和设备怎么样啊？

严定宪：我们去的时候，一个卫生教育片基本上已经做完了，那也是我们第一次接触到、观看到赛璐珞的片子。赛璐珞你们听过吗？那是一种合成树脂，也叫假象牙。当时的动画片是用赛璐珞画的，先调制颜色，然后在赛璐珞上面描线、涂颜色。有的时候也带我们少数几个学生去看一看，但那时制片室里的工作人员也不多了，基本上做完。这个等于是卫生局方面定制的一个短片，这个短片拍好做完有一个间隙时间，再有任务再来，里面人也不是很多，主要是后期、拍摄，虽然老师也跟我们讲过一些这方面的课，但这些事情主要还是都由老师去完成。我们刚进动画科的重点还是打基础,有的工作还没有接触到。我记得为了这件事情,我们还曾经跟老师提过意见,"既然我们是学动画的,为什么这半年来就让我们一天到晚画素描,而动画的内容不给我们讲一讲",老师说,"你们还太早,到了二年级再开始学",这是当时学生的心态吧(急于学习动画的制作)。真正踏入到动画还没开始,当时没有复印机,就是做一些练习的讲义,油印的。老师画了一张鳄鱼,头抬起、嘴巴张开的,是两张动作。具体没有接触到太多,讲了一些课程也是比较简单的,规律性的东西。

陈婕:也就是说学习动画就跟学绘画一样,第一年就是素描色彩等基础课,到后来才有创作课程,是吗?

严定宪:对的。第一个正式学年还是打基础,安安心心把基本功练好,我现在觉得这个方法是对的。自己搞了几十年的动画就感觉到绘画基础是动画很重要的基石。后来到工作中就发现为什么有些人掌握形象总不够准确,那跟他的美术基础是有关的。但要注意,动画的东西是动态的,不是静态的。为什么有些专科学美术的人,画人的肖像、形象、衬光影都非常好,但动起来就不行了?因为动态画和静态画重点不一样,要求也不一样。动画是运动中间的画,所以需要通过平时的锻炼,提高观察和掌握动态形象的能力,而不是画石膏像那样比较呆板的,这个打基础是可以的,但是对于形象的掌握是一个多方面的、立体的过程。我们那时早上去菜场画各种各样的速写,中午画水粉、水彩,因为在学校里不可能学那么多。尽管教我们水粉水彩的是北京电影制片厂很有名的一个设计权威,但我们课程毕竟很少。

苏州美专这个学校的校风应该说是蛮好的,出了很多很有名的画家。钱家骏先生也是高材生,后来到了上海美影厂做了美术设计。他虽学的是西画,但很擅长从传统的中国画中去吸收好的东西。比如《骄傲的将军》的背景是用绢画的,比较写实,先是用墨色打底,然后画柱子、栏杆等,他是用水粉的颜色来画国画,有立体感,再用细的勾线笔把图案画上去,这样比较有看头。还有《一幅幢憬》,也是用墨色打底,最后在上面铺颜色,用细笔勾图案,那么一个背景放到荧幕上那么大,看起来还是很有看头,要不然就是很粗了,没有立体感,也没有那种很仔细的东西。1954年、1955年以前都是黑白片,后来《乌鸦为什么是黑的》是钱家骏先生执导的第一部彩色片,这也是中国第一部彩色动画片。国内外获了不少奖,先是1956年获第八届威尼斯国际儿童电影节奖状,后来1957年又获了文化部"1949—1955年优秀影片"三等奖。

赛璐珞片上的颜料没有进口的,都是自己研制的颜料,说白了就美影厂一家,也没有颜料厂来帮你做。广告颜料不能用,水粉颜料不能用,国画颜料更不能用。这个颜料的要求是非常严格的,要上在那个透明的、很光滑的赛璐珞上面,它的要求是不裂、不霉、不散开。那时导演什么都要考虑,需要解决上颜色的问题、背景的风格问题,黑白片和彩色片又不一样。钱家骏先生的化学很好,上好一张颜色后放在炉子上烤,很快就干了。那个时候动画又没有教材,全靠自己摸索。当时太闭塞了,国外的东西进不来的,除了些老片子。

全国院系调整,北上深造动画

1952 年,全国高等学校实行较大规模的院系调整,苏州美专、上海美专、山东大学艺术系三个院系合并,组成了华东艺术专科学校。但苏州美专动画系并入中央文化部电影局电影学校(北京电影学院前身),一批中国动画电影的开拓者如钱家骏、特伟[1]、范敬祥、李克弱[2]等北上继续开拓发展中国早期动画。苏州美专动画科学生北上完成学业,后分别被安排在上海电影制片厂、北京八一电影制片厂、上海科学教育电影制片厂工作。这批学生中后来走出许多著名的动画人才,包括阿达、严定宪、戴铁郎、林文肖、胡进庆等。

丁维佳:后来您到北影以后再去具体学动画?课程有什么不同吗?

严定宪:线描还是要画的。还有绘画就是水粉画、水彩画、素描很少画,图案方面那些北京古建筑的图案很多,美术包括水彩、水粉,这些学的没有很长时间。增加了电影理论课,包括编剧、导演、设计,因为电影理论、电影分析要看好多片子并反复看,反复看了再讨论,这是蛮重要的。

后来还做了实习,镜头实习。毕业创作一部短片,文化课基本没有了。北京完全跟苏州不一样,苏州是学美术,看到的周围的学生都是拿了速写

---

〔1〕 特伟(1915—2010),原名盛松。上海人。肄业于上海尚贤中学。1935 年后专门从事漫画工作,1949 年在长春电影制片厂负责组建美术片组。1950 年该组迁至上海,并于 1957 年建成上海美术电影制片厂,任第一任厂长。他的代表作有《好朋友》、《小蝌蚪找妈妈》、《金猴降妖》等。

〔2〕 李克弱(1916—2001),别名刘圻。河南淮阳人。擅长年画、动画。1936 年毕业于国立杭州艺术专科学校,1938 年学习于延安抗日军政大学、延安鲁迅艺术学院,从事解放部队美术工作。历任《战士画报》社、上海美术电影制片厂编辑、导演、编剧等职。作品有《司马光砸缸救幼童》、《人参果》等。

本，没事情就画画，看到素描教室里，除了中午都在那里画。到了北京又是另外一个环境，就是学电影，所以一有什么好的片子各个班级就集中到大礼堂看电影，就是动画和电影的结合。

实际上我们很幸运，虽然绘画学的时间不是很长，但一个礼拜上学六天，五个半天都在画素描，所以基础打得很扎实，从开始的不会画到能够掌握轮廓、衬光影。我们那个时候还学了线描，那是由毕颐生还有钱家骏先生教的，他们都主张动画一定要着重掌握轮廓，就是线条的功底，光影要衬，这是质感、体感的关系。所以我们那个时候对线描要求很高，主要是画石膏线描，就是用石膏像来画线描。开始时不习惯，因为光影线也画上，脸上都是花的。要挑轮廓线画，光影线不许画，那就是要你去研究哪个地方是轮廓线，然后受光照的线条要省略。我觉得搞动画的，掌握形象的线条是很重要的，要去除那些光影的线条，是面不是线，所以不画。毕颐生老师是很认真地在教我们画线描。在苏州美专实际上就是这么一个学绘画的过程。其他课程我都记不得了，总之别的课程都不是主要的，其他课程也不像现在这么多。

毕业后投身动画建设事业

朱远如：那后来在美影厂的时候，工作上一些具体的事是谁来教的呢？

严定宪：有制片任务你就工作，拍完了就去做后期了，叫一些演员配音啊等等，那是少数人的事情了。导演、配音演员、作曲家、乐队演奏啊，那些人空下来，第二个任务导演还在准备。这一月或者一个半月的时间，叫做业务学习。

到了美影厂把一些动画片调出来看，那些《米老鼠和唐老鸭》，外面是没有放映的，就我们学这个专业的看，这些外面都没看过的，学美国的东西。我们到了北京电影学校，学苏联的东西，美国的东西基本不看，讲座都是苏联专家来讲的，导演也是从苏联留学回来的。那时看的叫过路片，苏联有些什么动画片来了，电影来了，中国电影发行公司还没有考虑买下来，片子就先给我们电影学校的学生和老师看。

一有片子来，就停了课去看，那时有好多动画片，我们算是得益了。一般看完新片回来后进行讨论和分析。当时可以给我们借鉴的影片当然是动画片，比较有名的有《爷爷与孙子》、《森林旅行记》、《春天的故事》等等，这些动画片都是不错的。我们的学习过程中，一方面是学美国卡通的那种夸张的、变形的、趣味性的滑稽笑料的东西。另一方面是学苏联,他们文学性很强,很懂得动作的处理、人物性格的表现等。所以两方面的东西都看了,都吸收了,但唯独没有讲到中国的民族化问题,当时我们是觉得哪个好就学哪个。

后来到了美影厂,特伟厂长发现动画片想要得到国外观众的承认,一定要有我们民族的东西。这个是到美影厂以后才学到的,比如之前提到过的1955年至1956年的那部《骄傲的将军》,就是用绢裱在卡纸上,先用墨色打底再涂颜色,那还是很有民族特色的,和国外的动画片就不一样了。我们参加工作早,我和林老师(林文肖,严定宪妻子)在50年代中期参加了《骄傲的将军》的前期准备工作。参加这个筹备真是得益匪浅,从去模仿美国、模仿苏联,跨出一步要搞民族,要把传统的文化艺术吸收到动画片里来,就是要从中国传统的国画中去吸收东西。

我们当时很年轻,脑子印下了一个观念:苏联、美国那些技巧我们要学,创作的东西、技巧要与中国的风格相结合,要表现中国故事,表现中国人的文化。你不去看这些东西,不去学这些东西,就无法找到一些需要运用到片子里的根据,所以这个蛮重要的。那时去看了梅兰芳的一些京剧,盖叫天的一些舞台动作、舞台戏,对我们都是很有帮助的。所以这个给我们这一代的创作人员留下比较深的印象。从而以后这些人再搞片子,再自己做导演,选择题材也好,选定艺术风格也好,都是老一辈人的带领下搞出来的作品给你的印象,在自己的创作中怎么去吸收它是很重要的。有人说"你们是在做研究生的工作"。实际上确实是这样,美影厂是像是一个有社会工作的学校,绘画和动画相结合还要有一个过程,当时都在搞业务学习,新的片子还没上,画素描的画素描,画速写的画速写,就像一个学校一样。

陈婕:这个工作是毕业以后就分配过去吗?

严定宪:那个时候是毕业分配,你的上班通知是从单位来的,至于老师跟这个单位是怎么联系的就不知道了。上海美影、上海科影,搞线画用动画来表现,带一些解说性的;还有一个八一厂,有军事教育片,大概就这么几个单位。我们当年毕业的是十八个学生,八个到了美影厂,十个到了上海科影,后来又到北京科影,统一进行分配。那时候需要人才,我们这个班毕业后把老师都拉到了上海,但这个专业在北京电影厂的时候停了一段时间。

陈婕:后来是什么原因停办了动画科的呢?

严定宪:当时是根据需求来的,美影厂发展只能是这样,八个学生过去了,在社会上再招一些有绘画能力的人做设计,或者其他都是辅助工作的,像描线、上色什么的,还有美术院校也要分配一些,那么想进来搞动画的,已经饱和了。

　　朱远如:1959 年的时候,美影厂是不是又办了一个动画系,就是上海电影专科学校?

　　严定宪:上海电影专科学校是 60 年代初期吧,办过两届,因为美影厂也需要发展。另外上海电影专科学校除了表演班、导演班、编剧、摄影外,三分之一被分配到美影厂。比如常光希,[1]他 1962 年从上海电影专科学校动画系毕业后,同年进入上海美术电影制片厂,后来任上美厂副厂长。这些原画导演,也带出了一些人,他们当中少数人被分配到别的单位,当然中间跳槽的也有。

　　(采访者史洋为本刊责任编辑,其他均为南京艺术学院研究院艺术学研究所在读研究生)

---

　　〔1〕 常光希,我国早期美术片设计师、导演。生于四川万县。1962 年毕业于上海电影专科学校动画系,同年入上海美术电影制片厂,1986 年参加国际动画协会,1987 年任上美厂副厂长。所参与制作多部影片,《哪吒闹海》获 1979 年文化部优秀影片奖、1981 年马尼拉国际电影节动画片奖;《鹿铃》获 1982 年金鸡奖、百花奖,1983 年莫斯科国际电影节优秀动画奖;《夹子救鹿》获 1987 年印度国际儿童电影节最佳短片金象奖。

史料辑录

艺术开史

Study of art

【编者按】 南京艺术学院建校百年,其中包含苏州美专的一段校史。由此,挖掘和整理苏州美专校史是一项重要的校史研究工作。

这里专门发表尚辉先生早年撰写的《颜文樑年谱》,透视出颜文樑与苏州美专办学过程中的大量史料,是校史的重要补充。蔡淑娟在翻阅和查证大量校史文献基础上撰写的《苏州美专校史沿革纪程》,较为完整的记录了苏州美专长达半个世纪的风雨历程,是难得的史料重现。而作为当年苏州美专发展见证人的回忆更是弥足珍贵,江洛一、钱定一先生亲历了苏州美专的创办、建设发展与成就,为我们了解苏州美专校史沿革提供了宝贵的一手资料。尤其是两位先生对于"师友"的记述,摆脱一般的校史叙述,以温润质朴的文笔"追忆似水年华",怀念曾经提携或启迪自己的师友,为我们校史的编撰提供了更加真切的史料。基于研究历史的需要,呈现多元观点和视角,以不同眼光交错来跟踪考察。故编者将后人整理与前人记忆同时发表,兼及史学价值与文章趣味。根据研究现状,三份校史资料可能有时间、史料记载方面的出入,但都可为进一步完善苏州美专校史研究提供帮助。

史洋、梅德顺前后花费一年时间前往上海、苏州等地图书馆和档案馆整出的《苏州美专校史研究资料汇编述要》,是研究苏州美专非常重要的参考文献,发表于此,为各位研究者继续深入探讨校史问题提供方便。

春江的《苏州美专校友王端与近代中国第一部〈术年鉴〉》是作者在编辑工作中的资料积累、完整清晰的勾勒出20世纪前半叶的中国美术发展轨迹,是珍贵的史料集成。

颜文樑年谱

尚　辉

一八九三年（清光绪十九年）癸巳　一岁

　　七月二十日（夏历六月初八日）生于苏州干将坊。名文梁，字栋臣，乳名二官。按"梁"字通作"樑"，因父信阴阳五行学说，谓子命中缺木，特命作樑。

　　曾祖碧泉，曾祖母邱氏。

　　祖知恬，业医，二十八岁时死于伤寒症。祖母程氏，怀孕在腹，产后悲伤过度，不治身亡，时年二十九岁。遗二子，长子即文樑父亲纯生，次子为秋泉。

　　父纯生，名元，号半聋居士，生于一八六零年（清咸丰十年）。为著名画家任伯年入室弟子，工花鸟人物画，与当时安吉吴昌硕，松陵陆廉夫，同县顾西津等并驾齐驱，负有盛名。母张氏，生于一八六五年（清同治四年），二十二岁时嫁纯生，生有二子一女。长子文焘，次即文樑，兄弟相差三岁。女姗，小文樑九岁。

一八九四年（光绪二十年）　甲午　二岁

　　八月一日中日两国正式宣战，甲午战争开始。

一八九五年（光绪二十一年）乙未　三岁

　　四月十七日中日签订《马关条约》，苏州辟为通商口岸。

一八九六年（光绪二十二年）丙申　四岁

一八九七年（光绪二十三年）丁酉　五岁

一八九八年（光绪二十四年）戊戌　六岁

　　入塾读书。私塾设在居宅斜对门，启蒙先生周姓，初授方块字，教认"独占鳌头，状元及第"八字。继授《三字经》、《千字文》等书。

　　六月十一日至九月二十一日光绪颁布新政，改革科举制度，废八股，设立学校，开办京师大学堂。

一八九九年（光绪二十五年）己亥　七岁

　　继续在周先生私塾读书。

一九零零年（光绪二十六年）庚子　八岁

　　从周先生私塾转入郭先生私塾，始读《大学》、《中庸》、《论语》等书。

一九零一年(光绪二十七年)辛丑　九岁

　　继续在郭先生私塾读书。六月,妹珊生。

一九零二年(光绪二十八年)壬寅　十岁

　　从郭先生私塾转入张先生私塾。

一九零三年(光绪二十九年)癸卯　十一岁

　　继续在张先生私塾读书。

　　夏季某日,随父纯生拜访怡园画社社友金心兰。中途遇雨避于况公祠,听父演讲《十五贯》故事。父应友人俞觉请求,绘无量寿佛八帧。后由俞觉夫人沈氏刺绣织锦,献给慈禧太后。

一九零四年(光绪三十年)甲辰　十二岁

　　入诚正学堂读书。该学堂系书院性质,受维新运动影响,设有算学、历史、地理等新式课程。

　　在父亲指导下,开始临摹《芥子园画谱》。

一九零五年(光绪三十一年)乙巳　十三岁

　　继续在诚正学堂读书。

　　临摹胡三桥《钟馗》一幅,吴昌硕见了甚为嘉许,题字曰:"画稿出三桥胡君手,栋臣世兄仿之,益见高深独到。昔人云唐抚晋帖,非同工,仿佛似之。"

一九零六年(光绪三十二年)丙午　十四岁

　　入长元吴公立高等小学读书。长者长洲,元者元和,吴者吴县,都为当时苏州府的辖域。该年科举考试正式废除,苏州地方士绅集议,移科举经费办高等小学四所,长洲、元和、吴县各一所,再一所则以长元吴合名,桥址设苏州夏侯桥,供膳宿,学制三年,开设历史、地理、博物等课程,注重体育,教师有留日学生章伯寅、朱遂颜、龚赓禹等。

　　同时入学并同班者,有吴万(字湖帆)、顾颂坤(字颉刚)、郑际云(字逸梅)、潘锡厚、章元善、俞人龙等。

一九零七年(光绪三十三年)丁未　十五岁

　　继续在长元吴公立高等小学读书,图画成绩名列前茅。在图画教师罗时敏的指导下学习铅笔画。曾作《浒墅关车站》一幅,画成后于夜间煤油灯下着色,次日发现画面呈一片深黄,顿悟灯光下不宜赋色。自此常留意作画之光线色调及强弱浓淡的变化。

　　八月至无锡旅行,作铅笔画《惠山》一幅。画中配以两人对坐石上,深受图画老师赞许,配以镜框,置于学校陈列。

一九零八年（光绪三十四年）戊申　十六岁

继续在长元吴公立高等小学读书。

秋，铅笔着色画《苏州火车站》被校方推荐作为学生佳作入选南京南洋劝业会，并赴宁参加开幕典礼。在南京游览期间，曾参观南京陆军学堂，目睹学生戎装操练，气概雄壮，立下投笔从军之志，以为强国必先强兵，文事无益于国。返校后，积极上体操课，锻炼身体，唱军歌，吹军号，作从军准备。

一九零九年（宣统元年）已酉　十七岁

毕业于长元吴公立高等小学，并申请送考陆军学堂。按当时规定，本校必须征得家长同意，始允送考。父纯生意有不愿，在回复学校征求家长意见信上仅云"本人愿去"，故不允保送。

七月，随父抵达上海并报考商务印书馆。商务以所聘日本画家松冈正识主考，国文题《积财千万不如薄技在身论》，图画题为用铅笔画一猫。在报考四百人中荣登榜首。

商务规定：技术学生须学习半年，月发银元一枚，供膳宿。教材以日本美术学校所编《洋画讲义录》与江苏两级师范学堂（校址苏州）教习日人村井雄之助所编画帖为主。学生宿舍在北福建路，上课则在宝山路，相距五里之远。为节约计，逐日步行往返。月用不足，则由叔父秋泉资助。秋泉其时设怡盛洋贷店于南京路，陈晋甫为店员。

当时同学有廖恩寿、唐仲礼等人。恩寿后为中国从事拍摄电影及制三色铜版的第一人，仲礼后为中国首创石印凹版，曾任上海印制局局长。

一九一零年（宣统二年）庚戌　十八岁

以商务印书馆技术生卒业，分配至铜版室为练习生，除刻蚀铜版外，兼习机器铜版制版术，指导技师为日人渡边金之助。业余，辄以铜版室景物为写生对象，诸如茶壶、皮鞋、雨伞等。

一九一一年（宣统三年）辛亥　十九岁

在铜版室学艺，整日伏案，精雕细作，父纯生惟恐过损视力，委请商务编译所长蒋维乔将其调至画图室。在室主任日本画家松冈正识的指导下，开始学习西洋水彩画。

在福州路一家镜框店购回一幅油画印刷品，画内葡萄、桃子精美如真，果汁喷溅欲出，心益羡之，自此立志学习油画。先于水彩画上涂以胶水，求其发亮，后从松冈教，于水彩上施以蛋清，虽发亮然终非油画。

一九一二年（中华民国元年）壬子　二十岁

一月一日,孙中山在南京就任临时大总统,宣告中华民国临时政府成立。

三月,从父命辞别商务印书馆,回苏州潜心学画。并在苏州开明新剧社绘制布景的同时,自习油画。先于玄妙观书摊购回西洋油画杂志多册,又从父之友人俞觉处借得自日本购回作刺绣范本用的油画多幅。因缺油画材料,遂自行试制。

先以熟菜油和以中国画颜料试之,不能干燥;又以蓖麻籽油和以色粉试之,成效不大;再试以瓷漆,则色粉不易溶解。请教漆匠后,用熟桐油调以色粉,似可溶解,但粘性过强,滞涩殊甚,难于启笔。后再求教于老漆工,教以用鱼油加松香水,调入色粉,易溶速干,可以作画。

第一幅油画《石湖串月》,即用鱼油加松香水调以色粉画成,陈列于观前街裕昌祥镜框店,后经友人朱士杰介绍,由赵鞏以八元钱购去。

一九一三年(民国二年)癸丑 二十一岁

任苏州桂香小学教员,教授图画、手工、体操,并组织乐队,时常上街游行。

继续自行试制油画颜料。采用鱼油加松香水调以色粉作画,虽效果尚佳,却不能堆塑。后闻以亚麻仁油调入色粉,性能优良,故特地赶往上海,在棋盘街科学仪器馆购回一瓶。返苏后,即将亚麻仁油调入色粉试涂于门框,随时观察。至第七天,果然干燥起来,见之欣喜若狂。

携带画具,乘火车再赴上海。以亚麻仁油作媒介绘制第二幅油画《飞艇》,并陈列于苏州裕昌祥镜框店。后被县署警察科长王钟元赏购,并赠商务印书馆出版由沈良能编译的《透视学》一书。自此有志于透视学研究。

一九一四年(民国三年)甲寅 二十二岁

改任钱业小学教员,并应苏州商团事务主任何筱农聘请,教习吹号;又经筱农介绍,结识苏州首富吴子深,一见如故,交谊日笃。

画《婴戏图》赠顾鹤逸,并被悬挂在其子公柔的新房内。此画仿郎世宁工笔画法。

一九一五年(民国四年)乙卯 二十三岁

正月初二,与东吴大学话剧团的杨左、杨锡裘及朱士杰至同里演出,于幕间插演电光魔术,博得喝彩。

春,至振华女学任教。

江苏省第二届运动会在苏州举行,当场写生数幅,陈列于观前街镜框店,并为以文学重名的金松岑所赏识。经辗转介绍,相与订交。后据松岑诗意作《胜游图》十幅、《太湖东山图景》四幅。

十月,与陈蓉珍结婚,蓉珍为陈晋甫长女,姐妹五人。由叔父秋泉作媒。

十二月,母逝,享年五十一岁。母亲安贫节俭,治家有条,也擅丹青。父画人物,辄佐以背景;父画花卉翎毛,则为主研朱调粉。

一九一六年(民国五年)丙辰　二十四岁

兼任吴江中学图画教员,并授音乐。应吴子深之请,作油画春夏秋冬四幅,每幅各有题跋。春题"浅江嫩绿远山春"、夏题"绿树荫浓村绕水"、秋题"赤霞光烂火烧天"、冬题"月黑灯昏残雪夜"。子深命四弟秉彝从学。

继续试制油画颜料。获读日人矢野道也著《绘具制造法》一书,颇有所悟。尝试用重铬酸钾和以醋酸铅,将沉淀物晾干即成铬黄。

一九一七年(民国六年)丁巳　二十五岁

兼任太仓省立第四中学图画教员。结识四中学生陆寰生。

应上海来青阁主人杨寿祺约稿,作无锡、杭州、苏州水彩画风景十六幅。画分四次交稿,由商务印书馆三色铜版彩印,四幅一组,售价一元。发售后,销行之广,出乎意外。第一组四幅,寿祺每幅原致酬二十五元,后以销行日增,又每幅补送二十五元。第二组四幅,每幅提高致酬一百元。至第三、四组,则每幅致酬二百五十元。现仅存其中十一幅印刷品(47×31 cm),分别为《柳浪闻莺》、《平湖秋月》、《湖亭冬雪》、《六和挂帆》、《冷泉晶茗》、《兰溪返棹》、《敌楼夜月》、《虎丘早春》、《邓尉探梅》、《沧浪溪栅》和《天平初夏》。后又为来青阁画月份牌两幅;分别为《春园独立》和《梦还》,皆为时装少女。

为《滑稽杂志》设计封面,画一人捏鼻作滑稽状。

一九一八年(民国七年)戊午　二十六岁

兼任苏州第二女子师范学校图画教员。

为顾鹤逸画四季水彩风景。

应苏州张多记扇庄约绘制扇面五幅,彩印发行,深受群众喜爱,其中有一幅《博古图》,顾鹤逸特为题词曰:"唐宋时画尚写真,绳尺唯谨,南宋以降,渐入化境,真意遂疏。迨雍乾间,海西人郎世宁供奉内廷,所画与我国古法合,乃知唐宋流风久传海外矣。近时西法画盛行,得毋昔之沦入异域者,今将返之祖国乎? 循环之理,岂独画然? 因观颜君文樑新制,雅有古意,远胜俦辈,爱舒肌见。"其他四幅为风景,分别题词:"春草碧色,春山绿波"、"冬郊犹出牧,不畏雪霜寒"、"清泉石上流"、"月映江心"。

一九一九年(民国八年)乙未　二十七岁

一月一日至十四日,与葛贲恩、潘振霄、徐泳清、金天翮及杨左匋共同发起美术画赛会,征集北平、南京、上海、苏州等地中西画家一百多件作品在旧皇宫陈列。画会宗旨为:"提倡画术,互相策励,仅资浏览,不加评判。"陈列画种有:国粹画、油色画、水色画、气色画、钢笔画、铅画、炭画、蜡画、漆画、焦画、照相着色画、刺绣画等。

曾撰文曰:"苏州之有画赛会,尚在民国八年国人对艺术犹未注意之期,社会审美观念极低。其时潘振霄、葛贲恩、金松岑先生赞助促成。乃草订简章,广征名作,遂于八年元旦开幕。当第一届画赛会举行后,议决于每年元旦,赓续一次,迄今已十四年,未尝间断。第二届发起人,加入胡粹中、朱士杰两君,会务进行益速。会场历届无定址,今则常在美术馆举行。出品以第一届、第七届、第十届为多,第六届以战事影响,几遭中止……"(《十年回顾》载《艺浪》第八期,1932年12月1日出版)。

兼任苏州第一师范学校图画教员。至此,已同时兼任苏州五所中学教职,薪金所入每月最多达一百二十五元。

六月至上海,画大世界游艺场夜景。此画布系用肥皂、铅粉、胶水混合涂于竹布试之,画至一半,油彩剥落,乃知此法不可用。于是改用熟桐油、火油、石粉调和作底,涂于布面,使油彩得以粘附。又试于白布直接着色,不用它物打底,以观其效。

在上海购得粉画材料,并试绘一幅写生《岳父坐像》,返回苏州,又作《画室》一幅。

一九二零年(民国九年)庚申　二十八岁

继续组织画赛会,画会闭幕后,由画会发起人组织苏州美术会。美术会初无具体规划,仅属研究性质,既乏经费,又无会址。

继续兼任苏州五所中学教职。

春夏之交,偶然看到邻家的大厨房,为其古旧的氛围吸引,遂数日临景写生,作粉画《厨房》一幅,自谓画风素尚朴实,学无专师,至此画成,稍具型式。

夏日,以高师巷居室对题,作水彩写生《卧室》一幅。

一九二一年(民国十年)辛酉　二十九岁

继续组织画赛会并兼任苏州五所中学教职。

夏日,作粉画《肉店》一幅。开始以苏州陆稿荐肉铺为对象,借对街一家钟表店作写生之地。次日,陆稿荐老板忽暴病而亡,店门紧闭。开业后,其后人迷信不允继续作画,于是另觅对象,得学生张德铨介绍,以其叔父所开设之"老三珍"肉铺代替,写生位置设于其对门之"朝天禄"糖果店内。当时画家写生,尚属罕见,因此,作画时观者如堵,"朝天禄"糖果店为之门庭若市,生意骤增。

一九二二年(民国十一年)壬戌　三十岁

继续组织画赛会。会后,议将美术会扩充,藉怡园为会址,征求会员七十余名,月开常会一次,并刊印《美术》半月刊以扩大影响和会员间联络。

继续兼任苏州五所中学教职。

七月,与胡粹中、朱士杰、顾仲华、程少川创办苏州暑期美术学校于海红坊苏州律师公会会所。早在一九一九年发起美术会赛会后,即拟约同学王承英、陶善镛筹办一所美术学校,因其两人不感兴趣未果。继于太仓四中结识曾留学东京美专的叶费坤,以此意相告,费坤也无意于此。至此得粹中等四人为同道,又商得苏州律师公会同意,愿暂借会所,于是先行试办暑期学校。招生广告刚出,报名学生纷至沓来,共一百余名,且以苏州大中学校学生居多。暑期学校如期开课,由粹中、士杰任教西画,仲华、少川任教国画。至两月结业,学生意犹未尽,要求续办长期学校。

关于筹借校舍情形曾这样撰述:"我校开办时,校舍遂成问题。始,暑期学校之校址,系暂假海红坊法政学校旧址。后,暑期结束,乃就前苏常道道尹,商假植园一部为校舍,以是处适办农事试验场,未蒙允准。乃与前中华体育学校商借一部分为教室,亦未同意。同人等金以学校环境,须择文化自然之中心,沧浪亭一带,于办学最适,乃就吴县县立师范得龚耕禹先生之介绍,向吴县劝学所商假前府中学校旧一部为校舍,即我校最初之校舍也。其后学生渐增,原有校舍,已不敷用,乃另开寄宿舍,于苏州美术会。……"
(《十年回顾》载《艺浪》第八期,1932 年 12 月 1 日出版)

九月,苏州美术学校成立,第一期招生十四名,为张紫玓、张念珍、龚启锐、钱永禄、诸长珍、张杰、黄觉寺、程慈、曹克崇、徐晋韶、徐传扬、姚企鹏、吴怀高、沈飞。同时,聘请顾公柔、金东雷分别授教国画和文学课,雇工友一人,名竹溪,后被徐悲鸿画入《田横五百士》。学制二年,学生每月交费一元,草创伊始,凡事简陋。一切费用均由在数校兼课所得薪金支付,教员全尽义务。

美术学校开办未久,上海《时事新报》副刊《青年》刊出一篇署名王一夫的《旅行写生日记》,连载三日,略云至苏州见一所谓"美术学校",有一面骷髅式校牌,十三副水车式画架,学生学画打格子,无一石膏像等等。因恐引起社会误会,致使初生学校横遭夭折,于是特访苏州劝学所所长潘振霄,请其致函报馆证明办学宗旨,并非敛财。振霄说:"办好就好,何需证明?"

当时苏人常以"眼乌珠"(颜胡朱)称此初生学校。

一九二三年(民国十二年)癸亥 三十一岁

继续组织画赛会。美术会迁入铁瓶巷新址,重征会员三百余人,内部组织分绘画、雕刻、音乐、诗歌、刺绣、演讲六部。

继续兼任苏州五所中学教职。

美术学校第二期招生,改三年毕业,录取学生十余人,其中首次招收女生(徐近慧)一名,为苏州学校男女同学之始。男学生中有严振东、蔡鸿斌、高奎章、陆传纹、花农、胡佩先等。

一九二四年(民国十三年)甲子 三十二岁

继续组织画赛会。美术会不再重征会员,公举胡粹中为主任主持一切事务。

继续兼任苏州五所中学教职。

为美术学校发起基金募捐会,集合师生作品近千件举行展览会七天。

七月,首期速成科毕业,毕业生大都志愿留校任职:黄觉寺、张紫玙任西画教师,张念珍、徐晋韶分任事务、校务工作。

九月,美术学校改设本科,分国画、西画两系,定三年毕业。另设预科一班,作为入本科的预备,定二年毕业。共录取四十人,其中女生十余人,特辟校舍三间为女生宿舍。

九月三日,江浙战争爆发。苏军与浙军战于安亭,苏州震动。避难至上海,随身仅带一卷粉画纸和一把小提琴,同学郑逸梅见此惶遽之状,撰文载于《晶报》,曰《颜文樑逃难》。十月十二日,江浙战争结束,自沪返苏。

一九二五年(民国十四年)乙丑 三十三岁

一月,奉、直军阀混战,直军大溃,奉军进驻苏州,画赛会如期举行。

继续兼任苏州五所中学教职。

秋,美术学校学生渐增,又租赁沧浪亭附近中州三贤祠为西校舍,原附设县中校舍为东校。陆寰生来校任研究生,兼管教务,嗣后专任校长室秘书,主管学校文牍往来。

一九二六年(民国十五年)丙寅 三十四岁

继续组织画赛会。

继续兼任苏州五所中学教职。

七月,美术学校第二届十三名学生毕业。

一九二七年(民国十六年)丁卯　三十五岁

继续组织画赛会。

继续兼任苏州五所中学教职。

春,吴县公益局发下了"以沧浪亭为古迹名胜,亟宜保管修葺,令颜文樑负责保管"的指令。美术学校业经公益局和教育局批准,由县中迁移至沧浪亭内。其时,沧浪内部房屋年久失修,墙垣倾倒,满目荒芜。于是发起修葺,吴子深拨给学校经费,划借垫用,历时年余,费银万余元,始得焕然一新。

关于沧浪整修情形曾撰文记述:"沧浪亭自民国十六年经行政会议议决为设立美术馆之用,我校同人,即着手组织筹备会。推我校教授黄觉寺行生为筹办主任,进行一切,旋以内部房层,年久失修,欲加修葺,非有巨金不行。乃由美术馆在沧浪亭发起美术展览会并音乐会各一次,以冀社会人士之注目。又复举行艺术家联欢大会,藉以讨论美术馆之进行。于是即将吴子深先生慨助我校之经费,拨给垫用。凡亭内山石林木、墙壁窗户、颓者起之、芜者艾之、破坏者整理之,阅时百二十日,始得楚楚就绪。"(《十年回顾》载《艺浪》第八期,1932年12月1日)

一九二八年(民国十七年)戊辰　三十六岁

一月一日,沧浪亭美术馆举行开幕典礼,同时陈列该年画赛会作品。

撰文《十年来我苏美术事业之报告》、《怎样批评绘画》和素描《园丁》刊载《沧浪美》创刊上,该刊为苏州美术画赛会十周年纪念专号,由画赛会出版股出版。

二月,被校董会推举为校长。校董会改组正式成立,张仲仁、许博明、叶楚伧、朱贡三、金松岑、汪典存、龚耕禹、徐镇之、王佩净、赵眠云、章君畴、朱樑任、陶小泚、吴子深为校董,吴子深为主席校董。为表彰吴子深出巨资修葺沧浪,美术学校及地方人士遂发起植碑于沧浪亭内,以留纪念,由金松岑撰文记其事。

五月,徐悲鸿偕夫人应邀来美术学校演讲并以"中国的梅索尼埃"赞之,力促其去法国深造。梅索尼埃(Jean—Louis—Ern est Meissonier),为十九世纪后半叶法国美术界占有特殊地位的画家,具有坚实的造型能力,擅于画小型油画。曾当选世界博览会评审员和荣膺法国第一级荣誉勋位勋章。

撰文《我所希望于艺术界者》和《透视浅说》刊载《沧浪美》第二期。该期还刊登了徐悲鸿在苏州美术学校的演讲报告,题为《美术演讲》。

始从震旦大学毕业生吴孝培学习法文。其时因北伐易帜,苏州中学校长全部撤换,原有教员大都解聘,故仅有一校留聘,形同失业,遂决意赴法国巴黎学习,校长职务暂由胡粹中代理。出国护照等事均请第四中学同事郑惠祥代办,并与震旦大学法律系学生孙彭年结伴同行。

九月,自上海乘法国二万吨邮轮帕朵斯号启程,途经香港、西贡、新加坡,越印度洋,历科仑坡、吉布提,渡红海,经苏伊士运河,过塞得港,即入地中海,于马赛登陆,途中共三十五天,作油画《越南西贡》、《鸟瞰香港》、《印度洋之中秋》、《印度洋之锡兰》和《吉布蒂之晨》五幅。

十月,自马赛登陆,换乘火车抵达巴黎,暂住萌日旅馆,于此结识庞薰琹。次日,与高元宰参观卢森堡美术馆,名作如林,眼界为之一阔。

特持徐悲鸿介绍信和粉画《厨房》拜访达仰·布凡尔脱于寓所,受其指教并被推荐师从巴黎高等美术学校教授皮埃尔·罗朗斯。翌晨,即去巴黎高等美术学校求教于罗朗斯教授。罗朗斯欣然许诺,愿自任导师。

即日持罗朗斯同意入学的签字到校方办理入学手续,每年交费一百法郎。

十一月,迁居于巴黎郊区圣西尔,与徐公肃夫妇、周述、高元宰共僦一套公寓。公肃学政治,并治法律,元宰读地理兼习雕塑。

一九二九年(民国十八年)己巳 三十七岁

继续在巴黎高等美术学校学习。上午在石膏室补习素描,下午,则凭学校发给的长期出入证,至各大博物馆、美术馆临摹名画原作。半年后,经罗朗斯教授的审查,因成绩合格而被批准进入他的工作室进一步学习。

进入工作室后,主要画人体和着衣模特儿。罗朗斯教授每星斯三、六来教室指导两次,一般注重构图和人体结构。除给予学生指点外,也经常帮助修改,修改时往往用铅笔,而不用木炭。

春,自巴黎乘火车约四小时抵达比利时布鲁塞尔。游滑铁卢,凭吊威灵吞败拿破仑战场遗迹。此后又至刚市,特往刚市教堂观摹油画发明者凡·爱克油画。

三月,以粉画《厨房》、《画室》和油画《苏州瑞光塔》送巴黎春季沙龙评选,均蒙入选,此届送选者六千件,入选三分之二。入选作品展览期为五、六两月。

此间,曾撰书寄回苏州刊载本年《艺浪》刊号及第二期上,题为《法国通讯》。云:"弟暑假内拟至英国一游,一观彼邦文明。此间(巴黎)沙龙画会开幕已近一月,弟出品之粉画二帧、油画一帧,已有多种美术杂志为弟鼓吹介绍,并有索取个人照片及小史,预备刊登各杂志,苏州美专之名彼邦已习闻而竞载报章矣……至于绘画,彼邦尤为重视,非若我国人之视为玩赏而消遣者也。负画囊、夹画册之画人,随处皆有,不以为奇。一画敷成,墨迹未干,沿途售与欣赏家者,亦不以为卑;设我国内有之,恐将目为江湖一流之人矣。美术馆都会均有设立。弟曾至卢森堡美术馆参观名人油画。此馆系巴黎美术馆之最小者,多近作品,已令人目迷心弦,弟以二全日之力,观其大概。其它美术馆十倍于此。总之,彼邦艺术已入高超之域,诚非吾国艺术界默守旧法,或徒尚派别而不切实上进者所可及,观其百看不厌之美术馆已可想见矣!……"

六月,《厨房》被评为荣誉奖,图上标以金签,由法国教育部长和文化部长亲自主持授奖仪式。

暑假,游览伦敦两星期,写生《英国议院》和《海德公园》两幅。

此年先后在巴黎写生油画《巴黎特洛加特罗》、《巴黎圣母院》、《巴黎凯旋门》、《巴黎先贤祠》、《埃菲尔铁塔之一》、《埃菲尔铁塔之二》等。

一九三零年(民国十九年)庚午 三十八岁

继续在巴黎高等美术学校学习。

五月三十日,与刘海粟、吴恒勤、杨秀涛、孙福熙由里昂乘快车往意大利。

六月一日晨,抵达罗马。上午,去罗马新美术馆参观西班牙名作展览会,陈列有西班牙大师格列柯、委拉斯贵兹、牟利罗等精品。下午,到罗马市展览会会场参观日本美术展览会。

六月二日,参观罗马古斗兽场、君士坦丁大帝凯旋门。乘马车出罗马城,观拉加拉共同浴场。经古罗马旧道,达地下陵寝,参观圣撒白司地下教堂。

六月三日,参观梵蒂冈圣彼得大教堂、梵蒂冈教皇宫、梵蒂冈美术馆及西斯廷教堂。在西斯廷教堂,观赏米开朗琪罗所作天顶画及大壁画《最后的审判》和拉斐尔的壁画《雅典学院》。

六月四日,参观罗马新美术院近代作品、玛利亚马其亚教堂和意大利国家博物院(又名特而美博物院)。

此后继去佛罗伦萨、威尼斯,最后至米兰。同游五人,未始终偕行,中途各因费用不足,先后分散。留米兰数日,饱览名画、建筑并亲赴格拉契修道院观赏达·芬奇《最后的晚餐》,辗转踱步,后乘火车直返巴黎。此行共三个星期,先后写生油画《罗马古迹》、《罗马遗迹》、《罗马海特里安皇陵》、《罗马斗兽场》、《佛罗伦萨之一》、《佛罗伦萨之二》、《威尼斯圣马克教堂》、《威尼斯运河》、《威尼斯伯爵宫》、《威尼斯水巷》、《米兰大寺》等十四幅。

在巴黎习画之余,常游逛旧书店。曾以二十法郎购得《美术地理》一册,书中竟有关于中国苏州画赛会的记载。又收集到法国历届沙龙画展目录。其他新旧书籍不下四千余册,谁置室内,几无空隙。并为苏州美术学校购置雕刻石膏复制品,计四百六十余件,堆满了圣西尔寓所的客厅、饭厅和走廊,每购储一批,即随时交轮船公司托运回国。

为感谢房东,曾为房东女儿莎克丽娜绘制肖像一幅,后来刊登在一九三二年出版的《艺浪》第七期上。除课堂上完成油画人体习作外,还临摹了日范的《罗拉》、蓬那的《善勃》及安奈的《泉水》等巨幅油画。

十一月,学习期满。按巴黎高等美术学校规定,学生在学年龄,本国籍限为十六岁至二十八岁《含服兵役一年),外籍限为十六岁至二十七岁,过此即须退学。故出国前经友人指导,在申报办理护照时少填十岁。至此年满,巴黎高等美术学校发与学习期满证书,遂与攻读文学专业的严大椿偕行返国。此行自巴黎乘火车,经德国柏林住二天,作《柏林旧皇宫》油画写生一幅,再乘火车至波兰、苏联,换乘西伯利亚铁路火车,至满洲里,入国境,再经哈尔滨、长春,至大连乘轮船,经青岛直抵上海。途中共十八日。经莫斯科时,因换车曾小作逗留,参观美术馆、博物馆,并游红场,瞻仰列宁墓。

十二月八日,《苏州明报》分以"美专欢迎颜校长"为题予以报道:"留法画家苏州美专校长颜文樑,业已由西伯利亚铁路,绕道德、俄各国考察竣事,三日乘大连丸抵沪。备受各界欢迎。闻刻已定本日抵苏。本埠美专全体校友,均往车站迎候。下午在沧浪亭开会欢迎,并举行话剧等,以助余兴云。"

欢迎会后,尚未正式至校接任,岁末因关于学生节余膳费的发还与否,师生意见分歧而导致风波,便闻讯赶至学校,善为劝导,事告解决。

一九三一年(民国二十年)辛未 三十九岁

一月,继续在沧浪亭美术馆组织画赛会。

六月,因提倡美术、苦心办学而受国府主席蒋中正氏勖勉,并赠大银杯一具,文曰:"不思不勉"四字。校董会呈教育部立案。按照当时新制,立表详告,校名报称私立苏州美术专科学校,并以高中艺术师范科附属之。同月,罗马式教学大楼开始破土动工。

七月,苏州美专举行专科第六届、高中艺术师范科第一届毕业典礼,同时举办学校第十六届成绩展览会。

九月二日,教育厅消息,谓"已经教部查核,表册内容尚无不合,校董会准予设立,同时并准立案。惟学校立案部以基金不能活期存入银行,核与学校基金须有固定及永久性质不符,应令更正。兹先准予设立云云"。

九月十八日,日本关东军炸毁沈阳北郊南满的一段铁路,中国人民的局部抗日战争开始。

九月二十五日,率领美专全体师生参加苏州市民众大会。翌日,走上街头为灾民募捐。

十月一日,举行新校舍奠基典礼。校刊《艺浪》第七期作如下报道:"惟适值外侮日逼,国家多难之秋,不忍过事铺张。故仅本校校萤、教职员学生三百余出席。是日除颜校长报告建筑经过外,有校董朱梁任先生,教员蒋吟秋、顾彦平、张紫珏先生等之演说,对本校将来之发展进步均抱无穷希望。末由吴秉彝、吴似兰二先生摄影而散。"

十月十日,率领美专全体师生携带六幅大宣传画出发至公共体育场参加"双十"庆祝活动。

十月二十五日,苏州美专学生义勇军正式成立。

十月,颜元的第一册画集《陈崔真际》再版行世。该画册由顾鹤逸题名、王德森撰《半聋居士生传》,于民国十八年十月初版,珂罗版精印二十四幅。

十一月十九日,美专学生为援助马占山将军出发募捐。

十二月,与张紫珏、黄觉寺、张念珍、马兆桢、俞成辉、黄金韶、高奎章、李酉生、孙信良、张仲复、李宜溶发起校友会,以庆祝美专建校十周年。

一九三二年(民国二十一年)壬申 四十岁

一月,继续在苏州美术馆组织画赛会。

五月,邀请徐悲鸿至苏州美专参观和演讲。

八月,苏州美专新校舍落成,为爱奥尼亚式廊柱建筑,宏伟宽敞,辟有石膏室、陈列室、实习室、办公室和教室五十余间。由上海工部局建筑师吴希猛设计,投标承造,得标者为苏州张桂记营造厂,共耗费五万四千银元,所用费用均由主席校董吴子深资助。

十月,教育部批准苏州美校以大专院校立案,正式定名为"苏州美术专科学校",简称"苏州美专"。立案后,政府每年拨给补助经费,第一年得六千元,第二年一万六千元。

十二月九日至十二日,学校举行新校舍落成和建校十周年纪念庆祝活动,盛况空前。《苏州明报》于十一日以"美专新舍落成"为题作了如下报道:"昨日至机关团体代表、京沪各艺术名家来宾及校友、同学等约八百人,由校主吴子深报告新屋建筑经过,次张云博演讲;上海新华艺专教务长汪亚尘演说,是时,适中大艺术系主任徐悲鸿偕夫人蒋碧薇女士莅场参加典礼,颜校长即请登台演说,对于文艺复兴运动颇多发挥,并勉励该校同学:要刻苦磨励,痛下切实功夫,将来负起真正复兴之费任……"同时在校内又陈列了中西绘画作品达二千余件,公开展览。教育部代表徐悲鸿、吴县县长邹敬公、吴县教育局代表潘皆雷、苏中校长胡焕庸、振华校长王季玉及学生家属对美专的建设,对师生的作品都予较高的评价。

一九三三年(民国二十二年)癸酉　四十一岁

一月,继续在苏州美术馆组织画赛会。

一月二十八日,徐悲鸿偕夫人及滑田友等由沪赴法举行中国画展,至翌年八月十七日返回上海。受徐悲鸿委托这段时期兼任中大艺术科教职,每周由苏州去南京三天,为中大学生讲授素描、油画课。

三月九日起每星期为费彝复发起的三三画会讲授装饰艺术。

三月二十九日下午,在美术馆出席美专科学研究会成立大会。

四月十七日下午,出席科学研究会关于"原色和补色"专题的讨论会。

四月二十四日下午,为科学研究会全体成虽演讲"科学的解释"。

五月一日,为美专科学研究会全体成员专题指导"人体解剖"。

五月,率领美专高中科全体学生旅行镇江写生,并为时任省府秘书长的罗时实绘制油画肖像。得罗时实助力,苏州美专得补助教育经费一千元,遂以此款与苏州中学交换五亩空地,作扩充美专之用。

五月,拟开办实用美术科招生计划,并呈准主席校董,另行筹垫一万五千元为开办费,以后每月增筹六百元为经常费。

八月,亲自赴沪订购德国名厂所制各种制版仪器,迭经往返,始与上海谦信洋行将购置仪器合同订妥,并呈请省教育厅办理教育用品免税护照等手续。

九月,实用美术科第一期登报招生,并撰文《从生产教育推想到实用美术的必要》,刊载《艺浪》第九、十期合刊。

九月,聘毕业于法国巴黎美专的张宗禹教授艺术解剖学,聘毕业于美国亨廷顿大学(位于美国印弟安纳州的亨廷顿镇)的黄友葵教授音乐,聘留法制版学家高土英教授制版学,聘王欣益教授制版实习。

十月十二日,招待德国画家勒格奈(FrA,leekney),并陪同参观沧浪亭。

十月二十五日,接待上海邵洵美先生、林语堂夫妇及墨西哥漫画家珂佛罗皮斯(Coxarre,Bials)夫妇等十余人。下午赴南京授课。

十一月二十二日,率领本校高中科及专科西画系学生一百二十余人赴无锡梅园、惠山、鼋头渚及太湖边境写生七日,并应锡师擎空画社的邀请演讲艺术。

十一月二十八日,与朱士杰、黄觉寺、陆寰生、李复乘车至常州,游览天宁寺等名胜,并参观女艺中、常中等校,应女艺中之请,在该校礼堂演讲"艺术与人生的关系"。下午五时返苏。

十二月,校刊《艺浪》第九、十期合刊出版。

一九三四年(民国二十三年)甲戌　四十二岁

一月,继续在苏州美术馆组织画赛会,新辟"十六学龄儿童艺术成绩室"。

一月二十二日,同胡粹中莅常州参观常州美术会第一届展览会。本会为苏州美专同学刘昆岗、李复、朱有济、张俊侠、胡俊成、胡建寅、薛熊周、金法、徐京等发起。

三月五日,颜元在桃花坞寓所无疾寿终,享年七十五岁,绝笔之作《洗桐图》。

五月十一日,假沧浪亭明道堂举行追悼会。像赞有蒋中正、汪兆铭、班禅额尔德尼、朱培德、王世杰、叶楚伧、褚民谊等,致赠哀词,如杨永清之"画史播芳声,彩华如飞老更健;文郎绍家学,春风广被泽无边。"陈树人之"孝弟仰传家,与文郎友订同心,道义相交,得问诗礼;丹青可名世,看吾公自题画像,音容如在,倍切瞻依。"顾岩挽诗中有句"洗桐一幅图成后,掷笔西归不肯留。"语极沉痛。

五月十二日起,美术馆举行遗作展览会,共分二室,自早期至最后遗作,共百余件。生平事迹略见于王德森撰《半聋居士生传》:"半聋居士者,吴门老画师也,年七十矣,而兴益豪。余隐于医,居士隐于画,不与世相闻,日惟于茶亭客座间听居士从容谈画理,娓娓不倦。居士左耳失聪,右耳亦重听,春冬甚,而夏秋少差,故以半聋自号也。尝自言,粤事甫平,即少怙恃;抚育于外王母。年十余,习商业于沪上,屡从业不成,而天性嗜绘画,喜涂抹,稍稍积资,始从师学。时山阴任伯年,方以画名张歇浦,见而才之,录为弟子,得其指授,而艺益精。返苏,又与肖山任阜长游,得交长子立凡辈诸名画家,手追心摹,而神乎其技矣。既而佐友转漕燕北,乘兴点染,人争取之。越两载,倦而归,遂以画为业,其时安吉吴昌硕,松陵陆廉夫,同县顾西津,皆以书画负重名,不轻许可人,而独于居士无贬辞焉。然自恨早年失学,欲补读书,并习篆隶,娴吟咏,以润色画事,其耄而好学又如此。(载画册《陈崔真际》,略有删节)。

同月,陪同高等教育司司长黄建中及郭有守专员视察检阅美专各项表格、历年成绩、经济状况、最近毕业暨入学试卷、各级教室及各实习室、两院男女生宿舍、自修室等。后奉教育厅转教部训令云:"该校完成新校舍后,又能于艰苦中筹款万元,增加实用美术科之设备,校董会暨学校当局之努力,殊堪嘉尚。"

六月,被聘为常州尚美女子职业中学校董,尚美女子职业中学为苏州美专毕业生李复等创办,校址在常州拙园。

六月,撰写《法兰西近代之艺术》一文,刊载《艺浪》第二卷第一期。

一九三五年(民国二十四年)乙亥 四十三岁

一月,继续在苏州美术馆组织画赛会。

五月,率美专专科全体学生赴浙江普陀旅行写生,作油画《前祠大殿》、《普陀乐土》、《普陀市街》、《普陀前祠》、《普陀山门》、《远眺佛顶山》、《潮音洞》、《千步沙》八幅。

七月,美专高中艺术科一九三五级毕业,特撰《级史》一文,载于级刊特辑。

八月,聘毕业于巴黎美专、布鲁塞尔皇家美术院的周圭、陆传纹夫妇任苏州美专西画科教授,并辟明道堂陈列周、陆运回的十三尊巨大的石膏像。

八月,特许前来报考高中艺术科的俞云阶参加入学考试。

九月,为本校西画科教授黄觉寺、张紫玙赴法学习送别。

是年,梅兰芳至苏州开明剧院演出,并游沧浪亭,遂与之在面水轩合影留念。梅兰芳离苏后,又特寄赠其剧照一帧。

一九三六年(民国二十五年)丙子 四十四岁

一月,继续在苏州美术馆组织画赛会。

四月十一日,陪同教育部参事陈泮藻、郭子杰视察检阅美专各项表格、成绩、毕业暨入校试卷、各教室、实习室及实用美术科制版印刷部。

四月二十一日,至苏州火车站欢迎由徐悲鸿、汪辟疆等十五人组成的"首教中国文艺社春季旅行团"。当日晚六时,由苏州各文艺团体在沧浪亭明道堂设席公宴,次日游览苏地名胜,二十三日离苏。

五月,与孙文林、胡君余率领美专专科全体学生至杭州写生。

六月,撰写《艺术教育今后之趋向》一文,载《艺浪》第二卷第二、三期合刊。

一九三七年(民国二十六年)丁丑　四十五岁

一月,继续在苏州美术馆组织画赛会。

七月七日,芦沟桥事变,抗日战争开始。

八月十三日,日军对上海发动进攻,淞沪抗战开始。

九月,美专拟正常开学,学生频频至校报到。

十月二十五日,上海大场失陷,中国军队撤到苏州河南岸。遂率学校师生仓遽迁校。先至离苏州十里之远的北庄基,再至离苏三十里的同里,最后至袁家汇,蜗居锺志轩家。志轩以祠堂相借,遂拟久住,并发通知,定期开学。

十一月九日,日军攻陷松江,上海沦陷。

十一月中旬,日军进逼平望,袁家汇首当其冲。幸雇得大船一只,小船二只,遂弃去学校设备,仅载师生三十余人,乘夜而逃。胡粹中等乘小船先行,相约至安徽屯溪相会。船至余杭西下陡门,须过水闸,因所乘大船体硕不能通过,舍舟登陆,滞留余杭西下陡门农家。进退失据,便宜示同行师生:愿意离去的,每人发遣散费五十元,工友三十元,约定抗战结束再聚合复校。

十一月底,与张念珍、黄觉寺、陆寰生、张新梂,并家属十余人,自余杭赴杭州,乘火车至宁波,再乘德国商轮德平号,抵达上海,于十六铺码头上岸,暂住浙江北路老垃圾桥附近的妹夫吕鉴熙家。

十二月,来青阁主人杨寿祺相访,并赠皮裘一件及红木桌椅等生活用品。闻苏州沦陷后,美专校舍被日军占据作司令部。

一九三八年(民国二十七年)戊寅　四十六岁

春,应苏州美专在沪学生的请求,在王家沙某小学租得教室一间,开办苏州美专沪校,有学生三十余人,除自任素描、油画课外,尚有教师吴秉彝;黄觉寺、朱士杰、张新梂,陆寰生任秘书。

秋,沪校迁至四川路企业大楼七楼。学期结束,在大新公司举办师生画展。因孤岛物价日涨，沪校经费不足，始为富商贵人绘制肖像，以所得补贴学校开支。

原任日本政府派驻苏州领事松村雄藏，正在上海任兴亚会会长，派人至老垃圾桥寓所相访，劝说回苏州复校，许发还校舍，并由日本政府资助经费。遂以无学生、无教室、无设备为由婉言谢绝。

特聘李咏森为美专沪校副主任。李咏森擅长水彩画，时任上海中国化学工业社广告主任，谙熟上海各界情况。

一九三九年(民国二十八年)己卯　四十七岁

继续在企业大楼七楼开办美专沪校。

松村雄藏又指使一名日本画家田代博前来专访，以关心办学为名，愿出资合办，改用民间商家名义，被坚词以绝。

秋，拟返苏州一行，以料理家务，省视亲友。晨起，偕夫人蓉珍去火车站。因上下旅客势如潮涌，直至下午四时，鞋子挤落，仍无法上车，遂决意取消计划。无奈站门为人群所堵，只得自站旁篱笆空隙钻行而出。

一九四零年(民国二十九年)庚辰　四十八岁

继续在企业大楼七楼开办美专沪校。房金月月加租，以售画所得，仍不敷支付。生活日艰，白天忙于教学，夜间作画，常须稍备饼干点饥。至此无力购买，只能每日晨起预购数块大饼，置之筒中，以为代替。

是年，以多幅作品参加上海美术界为赈济难民而在大陆商场开办的救灾画展。每幅售价一百元，所得款项悉数捐赈。

一九四一年(民国三十年)辛巳　四十九岁

继续在企业大楼七楼开办美专沪校。

十二月，太平洋战争爆发，日军进占租界。在日军胁迫下，上海文化界成立所谓中日文化协会，指定文化界、教育界知名人士参加，表示中日亲善，遂被罗致此列。但一切活动由黄觉寺代表出席，不发一言。

美专沪校为避日军注目，改沪校名称为画室，不登报招生；学生卒业，由学校开一证明书，不颁发毕业文凭，因文凭须呈送伪教育部核准盖章方能生效。

一九四二年(民国三十一年)壬午　五十岁

继续在企业大楼七楼开办美专沪校。

上海在敌伪统治下，物价飞涨，伪币日贬，美专沪校虽改称画室，仍无法维持。学生最少时仅余二三人，教师也各谋生路。因沪校雇用的一名工友也被辞退,故自兼一切杂务。曾亲自为《中华日报》工作的美专一位女生,送去校方文凭证明,使这位女生极为感动。

十二月,拟回苏州省亲度岁,妻儿先行,因沪校所在企业大楼均须交付巡捕、电梯、杂工等常例费及沪校平日所用老虎灶水费等也需清付,筹款尚无着落,只得孤身滞留。所幸数月前经友人介绍,曾为上海纸业巨头徐大统绘制订件《百鸟图》一幅,至小年夜送来酬金一万元,得以清偿欠债,平安回苏。

一九四三年(民国三十二年)癸未　五十一岁

继续在企业大楼七楼开办美专沪校。

以售画度日。赖友人范能力、陈植介绍出售。日后订画益增,然画笔甚慢,每月仅能以一二幅应命。

应之江大学沪校聘请,教授水彩画。之江自杭州迁沪,设于大陆商场内,陈植、王华彬此期同任之江教授之职。

一九四四年(民国三十三年)甲申　五十二岁

继续在企业大楼七楼开办美专沪校。

五月,批准原苏州美专教师储元洵等人请求,在宜兴分水墩设立苏州美专宜兴分校,教师有刘昆岗、王佩南、凌暂型、吴汝连等。

八月,聘留日画家宋征殷任沪校西画教授。

一九四五年(民国三十四年)乙酉　五十三岁

继续在企业大楼七楼开办美专沪校。

为宜兴分校推举家居江阴的孙文林教授去担任教学,并从上海拨去十余件希腊、罗马石膏像充实教学设备,及《厨房》等三件作品被送到分水墩美术室陈列,供学生观摩。

八月十五日,日本正式宣布无条件投降。

十月二十日,苏州美专成立复校委员会,被推举为主任委员,委员有胡粹中、朱士杰、黄觉寺、吴似兰、王士敏、杜学礼。首议接收沧浪亭校舍,从事修葺;并计划招生开学事宜。

十一月五日,苏州美专正式收回,宜兴分校师生由无锡先行迁苏。不日,即于流离八年后,第一次返苏州美专本校授课。

十二月二十日,吴子深校董胜利后首次莅校视察。

一九四六年(民国三十五年)丙戌　五十四岁

一月,率领全部沪校专科学生回苏上课,沪校则改为研究科。

三月二十五日，上海美术协会成立，与刘海粟、郑午昌、汪亚尘、马公愚、郎静山、张充仁、唐云、朱屺瞻、王福庵等被选为理事。

七月，举行胜利后首届毕业典礼，毕业生为徐则达、黄祖荣、朱丹三人。

七月六日下午，出席在上海威海卫路新生活俱乐部成立的苏州美专校友会，被推举为会长；出席者尚有李咏森、丁光燮、陆寰生、张念珍、承名世等老师及叶蓓芬、陆敏荪、陈士宏、萧家奎、郑定裕、江载曦、汪泰嵩、李宗津、汪敬之等同学。

九月，为宋征殷教授出具服务证明书。

秋，苏州美专创办初中部，并首次招生。

十二月，撰写《二十五周年校庆献辞》，刊载同月出版的《艺浪》第四卷第一期。本期得校友钱家骏捐助纸张；得以如期出刊。

一九四七年（民国三十六年）丁亥　五十五岁

继续往来于苏沪二校。

一月，撰写《期望筹设全国性之美术馆议》一文，刊载同月出版的《艺浪》第四卷第二期。

苏州美专改五年新制，分中西画二组，原有实用美术科因设备在沦陷时被劫，暂未开班。全校学生二百四十余人、教职员四十二人。其人事、教授及课程安排概况如下：校长颜文樑，总务主任胡粹中，教务主任黄觉寺（后任副校长），训务主任商家望，事务主任朱士杰，秘书陆寰生，校董代表吴似兰，舍务主任储元洵，文书主任顾友鹤，会计钱定一，出纳李霞诚，书记陆昂千。教授及课程，西画并理论：颜文樑、胡粹中、朱士杰、黄觉寺、孙文林、徐近慧、陆国英；国画并理论：吴似兰、张星阶、钱夷斋、朱竹云、张宜生、凌立如，英文：黄恭誉、黄恭仪；法文：袁刚中；国文：顾叔和、沈勤庐；艺术解剖：金石、包希坚；色彩：杜学礼；图案：商启迪；音乐：王之玑；体育：程鸣盛；公民：陆宣景。

沪校除中西画组外，并设研究科，校务由颜文樑及秘书陆寰生兼理，主任李咏森，教授有丁光燮、承名世、江载曦、张念珍等，研究生五十三人。

三月二十四日，参加在上海南京路国货公司二楼中国艺苑举行的"美术节观摩展览"。此展览陈列作品一千余件，出品者四百余人，至本月三十日结束。

三月二十五日，与胡粹中、蒋吟秋、蒋仁、朱士杰、孙文林、沈维钧、商启迪、徐近慧、杜学礼、黄觉寺等在沧浪亭举行联谊会，响应回都首届美术节；

并提议:"1. 拟提请全国美术会举办各地旅行及考察团,2. 扩充苏州美术馆,3. 拟请组织苏州美术分会等。"

四月,上海市美术馆筹备处成立,与刘海粟、李石曾、徐朗西、吴湖帆等被推为指导委员。

五月十八日,与汪声远、张中原、沈雁、施狲鹏等召集第四次"上海美术茶会"。

十一月十一日,率沪校全体师生赴苏参加二十六年校庆盛会。

十二月二十一日,率本校全体师生在明道堂欢迎由虞文、马公愚、许士骐、王庶昌、王柳影、王微君、孙雪泥等五十余人的上海美术家旅行团。后陪同至虎丘、留园、狮子林等名胜游览。

一九四八年(民国三十七年)戊子　五十六岁

继续往来于苏沪二校。

一月二十八日,参加在乍浦路文化会堂召开的上海美术协会年会,并再一次被推为该会理事。

七月,举行抗战后第一届专科生毕业典礼。毕业生有杨大年、陈雪庵、朱清逸、高逊、车溯一五人。

十月十日,由上海市文化运动委员会出版的《中华民国三十六年中国美术年鉴》一书出版发行,除为该书撰写序文外,尚收录《谈文与野》一文及《雪夜》油画作品一幅。

十二月,主持举行校舍修葺峻工典礼。修整碑记:"我母校自对日抗战后,全校损失不可估计。校舍部分虽尚完整,唯新旧舍内部百孔千痍、满目萧然、尤以新厦屋顶为甚,若不急加修葺,前途恐有倾倒之虞。爰于三十七年十月,由校友商启迪、钱定一、张念珍、杨宏才、俞成辉、钱家骏、萧家奎及觉寺等发起募捐作紧急之呼吁。历时二月鸠工庀材,将旧日之玻璃屋顶部分改为斜坡式瓦顶,俾天雨出水较畅,不使淤积致成罅漏。共收到捐款计金圆肆仟伍佰壹拾叁圆整,支出金圆陆仟捌佰玖拾叁圆壹角伍分,收支相抵,不足金圆计贰仟叁佰捌拾圆零壹角伍分,除校董吴子深先生补助义卖画款金圆壹仟捌佰肆拾圆外,尚不足金圆伍佰肆拾圆零壹角伍分。业经呈请颜校长特准在母校经费项下拨垫。兹将捐款校友台衔勒石于后,永志纪念(以下略)。"

一九四九年(民国三十八年)己丑　五十七岁

继续往来于苏沪二校。

二月，偕家人自上海至苏州省墓。归途中无锡已解放，去沪火车中断，便自吴江步行至同里，乘小船至上海朱家角，几经周折，始达沪寓。

四月，苏州解放，美专师生敲锣打鼓至火车站迎接解放军入城。

五月二十五日，解放军进入上海市区。

六月，率领沪校研究室师生二十余人，手擎苏州美专校旗列队参加于跑马厅广场举行的庆祝上海解放大会。

十月一日，中华人民共和国成立。

一九五零年　庚寅　五十八岁

继续往来于苏沪二校，并在本校组织"沧浪业余剧团"，演出歌颂新中国的节目。美专校务，由副校长黄觉寺主持。

春，倡导并创办动画科，由钱家骏、范敬祥具体筹划，集资建立"制片室"，首届招生四十余人，学制二年。先后开设的课程及教师：戴公亮教授《电影概论》，钱家骏教授《动画基础讲座》，毕颐生教授《电影造型基础》，吴钟英教授《电影技术常识》。

是年，作油画《浦江夜航》一幅，后被上海历史博物馆收藏。一九五一年辛卯　五十九岁

继续往来于苏沪二校。除每周自沪去苏州授课一二小时外，并参加上海美术工作者协会学习会，始读马列著作，努力改造思想，树立全心全意为人民服务的立场、观点。

是年，作油画《船厂之一》、《船厂之二》和《护卫舰2号》三幅。

一九五二年　壬辰　六十岁

继续往来于苏沪二校。

五月。参加华东文艺界整风运动，至六月底结束。

七月，参加华东高教界的思想改造运动，至九月二十日结束。

九月，全国高等学校进行院系调整，苏州美专与上海美专、山东大学艺术系合并，成立华东艺术专科学校，校址设于无锡，以原上海美专校长刘海粟任校长；动画科则与北京电影学院合并。

十一月四日，被任命为中央美术学院华东分院副院长。因感年老力薄，不堪胜任，遂写辞职书面呈华东文化部部长彭柏山。彭柏山以国家需要极力鼓励，刘海粟、唐弢也同劝驾。终感厚望，欣然承命。

十一月下旬，由时任华东文化部科长朱维基陪同至杭州。彭柏山先行至杭，主持召开师生大会，欢迎莅任。在会上与任华东分院院长的刘开渠及

教务长庞薰琹重逢,并在会上致答谢词。

一九五三年　癸巳　六十一岁

开始在华东分院任职并教授透视学和色彩学,约两星期往返一次沪杭。

为学生写生示范作《卖鱼桥》一幅。

夏,作油画《虹口公园人造山》一幅,并作题画诗曰:"万人成河山,遗惠后一代,盈艇载朝气,乐观新社会。"

九月中旬,赴北京参加第二次全国文学艺术工作者代表大会,住东四旅馆。

九月二十一日,徐悲鸿偕廖静文到东四旅馆来访,并邀第二日晚餐。

九月二十二日晚,中秋佳节,与徐悲鸿等人在全聚德饭庄吃烤鸭,旧雨新知,济济一堂。

九月二十三日,文代会正式开幕,徐悲鸿任执行主席,当日晚,脑溢血复发。

九月二十六日,参加全国美术工作者协会大会,惊闻悲鸿逝世的消息,尤为悲恸。

十月六日,文代会闭幕,并回沪。在北京先后油画写生《天坛》、《玉带桥》、《北海公园》、《中山公园》四幅。

一九五四年　甲午　六十二岁

继续在华东分院任职并教授透视学和色彩学,往返于沪杭间。

根据自己绘画实践及教学经验,总结出"油画用笔八法":一、薄涂,即以颜料用调色油调稀作画;二、薄贴;三、厚贴,即以较薄或较厚颜料轻贴于画布上;四、揉腻,即直接以数种颜料揉腻于画布上,不经调色板之调配;五、揩摩,即以颜料轻揩于画布之上;六、扫掠,即用笔尖将颜料轻轻扫掠于画布上;七、埋没,即以一种颜料复盖于另一种颜料之上,属于不透明之颜料重叠;八、拍贴,即据画面表现需要,将所需颜料拍打于画布上。自云:"此八法乃融西方画法与本人绘画经验,多有西人所未道者,今为教学需要,整理而成,兼备科学实践与艺术手段,适合初学油画之实习。"

在上海戏剧学院兼职授课,并经常为学校、工厂、报馆及青年会美术训练班义务讲授,印发《美术琐谈》和《色彩琐谈》等讲义。

冬,创作油画《深夜之市郊》,并作如下手记:"一九五四年冬某夜晚作者去杨树浦讲课归来,乘车途中见此景,深为夜间灯火辉煌的劳动场面所感动。次日,又到此观实景并作草图,回家后凭印象作此夜景,前后共花了七个白天和夜晚,同时作题画诗一首:讲课归来午夜前,人稀月冷下霜天,间间工人忙夜工,处处烟囱吐轻烟。四面厂房建林立,三艘渔舟泊溪边;驰骋深夜之市街,路灯站岗伴不眠。"

一九五五年　乙未　六十三岁

继续在华东分院任职并教授透视学和色彩学,往返于沪杭间。

二月十二日,华东美术家协会改组为中国美术家协会上海分会。

五月至七月,在杭州屏风山疗养院休养,开始编写《美术用透视学》。休养期间,先后作油画写生《屏风山疗养院》、《西泠远景》、《远眺葛岭》、《西泠桥》四幅。

一九五六年　丙申　六十四岁

继续在华东分院任职并教授透视学和色彩学,往返于沪杭间。

继续编写《美术用透视学》一书。初稿承南京师范学院陈之佛和蒋苏生提出修改意见,并得吴亦生、胡庚生、陈宝荪、陈烟帆、秦若愚、张禹声、张树汶、顾伟中协助整理、抄写及绘制部分图稿。

十一月,由上海美术家协会分配新居,从老垃圾桥旧宅乔迁至淮海中路新康花园。同月,子振康与施亚荣结婚。

一九五七年　丁酉　六十五岁

继续在华东分院任职并教授透视学和色彩学,往返于沪杭间。

五月,参加上海美协召开的整风会议。

九月,《美术用透视学》由上海人民美术出版社出版。全书分"透视原理"和"透视应用"两大部,二十四个章节,五百四十七幅插图,共十六万字,为当时国内同类出版物中最为完备的一种。

十月,孙女清诚出生。

十一月十三日,参加在上海美术展览馆举行的苏联造型艺术座谈会,并发言说:他于1930年自欧洲回国时,曾经过苏联,参观了苏联的艺术作品,苏联经济及文化建设成就展览会时,他又参加了"列宁宣布苏维埃政权成立"、"科学院主席团会议"等三幅油画的修补工作,因此,使他能更深入地研究和学习苏联油画家的各种表现方法。他举出苏联画家 B. 谢罗夫的《列宁宣布苏维埃政权成立》一画,上面的人物大都是没有多大动作的,但是画家从人物的各个部分来表现,如画中的海军通过他的眼睛表达他的感情,还有一个红军,背面向观众,画家却通过拿着枪的手来表现。这只手画得很大、很坚实,可以想象到那种坚决拥护的心情。他又说苏联画家在表现方法上也是富有独创性的(载《美术》一九五七年十二月号)。

一九五八年　戊戌　六十六岁

继续在华东分院任职并教授透视学和色彩学,往返于沪杭间。

二月二十七日,参加"周扬在上海与美术家谈创新问题的座谈会"。

十一月,中国美协召集各分会负责人编写现代美术史,拟被编入个人传记系列。

是年,作油画《上海外滩》和《浦江黎明》二幅。

一九五九年　己亥　六十七岁

中央美术学院华东分院改称浙江美术学院,潘天寿任院长。

继续在浙江美术学院任副院长职务并教授透视学和色彩学,主返于沪杭间。

九月,《颜文樑画集》由上海人民美术出版社出版。画集共收油画二十幅,一部分系解放前后在国内所作,一部分则为欧游时期的写生。出版者在画集《前言》中这样写道:"从这些作品中,可以看出画家风格的转变,在国外的作品,色彩沉着而含蓄,用笔也较大胆。……从解放后在国内所画的作品来看,虽然画风趋向谨慎细腻,但在调子上显然又有很大区别,色彩新鲜明朗,画面上充满欣欣向荣的生气,可以看出画家新的感受和心情。"

十月,开始创作油画《国庆十周年》,并分别于夜间、日间实地写生,数易其稿,至次年五一节方完成最后一笔。

十一月,开始创作油画《雪霁》。此作非实地写生,乃集各种雪景印象熔裁而成。

一九六零年,庚子　六十八岁

继续在浙江美术学院任职并教授透视学和色彩学,往返于沪杭间。

三月,与浙江美术学院教师潘思同、费彝复、关良、曹思明等十人,同游绍兴,并作油画写生《大禹陵》一幅。

四月,创作油画《轧钢厂》一幅。同年在上海美术馆展出。

五月,开始创作《人民大道》,费时达半年之久,并作题画诗曰:"居高远望地齐平,围树苍葱蔚绿林,大道思量循正直,人民旗帜色鲜明。"

七月二十二日,赴北京参加第三次全国文学艺术工作者代表大会,在京作油画写生《颐和园》、《九龙壁》、《太和殿》、《北海雨景》、《景山》、《十三陵水库》六幅。

十一月,开始创作油画《寒山月落阴沉沉》。

是年，与林风眠同时被推选为上海美术家协会副主席;《颜元临摹任伯年画集》由浙江人民出版社出版。

一九六一年　辛丑　六十九岁

　　继续在浙江美术学院任职并教授透视学和色彩学,往来于沪杭间。

　　五月,为浙江美院所办罗马尼亚画家博巴的油画培训班学员授课,并作油画写生示范《里西湖》和《三潭印月》两幅。学员有周和正、王国伟、金一德、关维兴、毛凤德、夏培耀、张世范、陈天龙、刘历、王天德、边秉贵、彭述林。

一九六二年　壬寅　七十岁

　　继续在浙江美术学院任职并教授透视学和色彩学,往来于沪杭间。

　　四月,《色彩琐谈·1—44则》在《美术》第四月号上刊登,同期并发表油画作品《浦江夜航》一幅。

　　六月,《色彩琐谈·45—78则》在《美术》第六月号上刊登。

　　七月,七十寿辰,上海美术家协会在文艺会堂集会举行庆祝活动。

　　十月十一日,撰文《淘旧货之乐》在《新民晚报》上发表。

　　是年,作油画写生《七宝塘桥》一幅。

一九六三年　癸卯　七十一岁

　　继续在浙江美术学院任职并教授透视学和色彩学,往来于沪杭间。

　　春节,以《深夜之市郊》参加上海春节油画展览会。

　　十一月,香港中艺公司主办的上海名家油画展览会在香港开幕,与刘海粟、林风眠领衔共展出三十人的作品,以《厨房》、《巴黎凯旋门》等十六幅作品入展。

　　是年,作油画《西郊公园初春》、《城隍庙》、《复兴公园林荫》、《傍晚灯光雪景》、《孙女七岁时》。《孙女七岁时》一幅题画诗为:"家园静发好枝,互嬉幼狸逗爱慈。欢叙和睦天伦乐,清诚孙女七岁时。息息影家岁月移,十年往事记依稀。勤勉不辍理旧业,孙女前来作画题。"

一九六四年　甲辰　七十二岁

　　继续在浙江美术学院任职并教授透视学和色彩学,往来于沪杭间。

　　春,偕费彝复去苏州旅行写生,约一星期,会晤原吴江中学同事杨耕青,油画写生《双塔》、《拙政园》、《苏州留园》、《西园湖心亭》、《虎丘》五幅。

　　六月,在新康花园寓所作油画《家园一角》。

　　秋,至嘉兴南湖写生三日,成油画《南湖旭日》一幅;至上海襄阳公园写生,成油画《一串红》一幅。

一九六五年　乙巳　七十三岁

　　继续在浙江美术学院任职并教授透视学和色彩学，往来于沪杭间。

　　春，油画写生《中山公园梨花》一幅。

　　夏，在寓所完成《百果丰收》一幅，历时三月，并作题画诗曰："满幅百果庆丰收，前人辛劳后人受；花红柿红瓜瓤红，越红越美越好透。蜂勤桃蜜荣群有，米似珍珠谢牵牛；螳居黄篮休挡车，要有虚心如莲藕。团结百合集体榴，狐厌葡萄自遮羞；嫩甜梨荔苹蕉暂，老淡北瓜能持久。瓢虫仗义护扁豆，水滴含仁助鲜茂；明缸闪耀千年红，再祝明年更丰收。"

　　秋，在寓所写生《韶光》和《卧室》二幅。

　　冬，油画写生《长风公园之冬》，并作题画诗曰："柳丝停舞碧罗静，止噪寒鸦已归林，万籁寂水浴倦思，一轮明月照清心。"

　　始作油画《百花争艳》，时断时续，至一九七六年方告完成。

　　是年，《颜文樑油画小辑》由上海人民美术出版社出版发行，收录解放后油画作品八幅，出版说明中写道："这里选印的八幅作品，其中大部分是画家表达新事物的较好作品。"

一九六六年　丙午　七十四岁

　　继续在浙江美术学院任职并教授透视学和色彩学，往来于沪杭间。

　　五月十六日，以《中国共产党中央委员会通知》为标志的"无产阶级文化大革命"开始。

　　浙江美术学院红卫兵来寓所"破四旧"。被迫交出留法时临摹的日凡《罗拉》、蓬那《善勃》、安奈《泉水》等巨幅涉嫌裸女的油画。

　　旋即被勒令去杭州受审，头挂"吸血鬼"的牌子，与院长潘天寿同台挨斗。两周后，从宽放回上海，规定每周交思想汇报一次。

一九六七年　丁未　七十五岁

　　一月，因行动不便，陆寰生始住进寓所照料。

　　每周三次参加上海美术家协会组织的"斗私批修"学习，频频与时任上海画院院长的丰子恺"搭档"挨斗。

一九六八年　戊申　七十六岁

　　二月，第二次被勒令去杭州专案审查，特准夫人偕往。被隔离在一间空教室内，交代解放前后经历。

一九六九年　己酉　七十七岁

　　继续被隔离审查。

五月,被宣布"解放"返沪。此次在杭受审计一年零三月。

夏,陆寰生搬离寓所。

一九七零年　庚戌　七十八岁

在淮海中路新康花园寓所。

一九七一年　辛亥　七十九岁

在淮海中路新康花园寓所。

九月五日,惊悉浙江美术学院院长潘天寿含冤去世,怆然良久。

一九七二年　壬子　八十岁

七月,在淮海中路新康花园寓所度过八十寿辰。

秋,至长风公园写生,作油画《长风公园之秋》,并作题画诗曰:"连日秋晴气爽高,碧萝黄叶正萧萧,暖阳又是照残菊,风光犹欲胜春朝。"

一九七三年　癸丑　八十一岁

春,油画写生《十姐妹》、《菜花黄更鲜》。

夏,油画写生《熟季花》、《中山公园池塘》、《襄阳公园之夏》及《雁来红》。

秋,作油画《毛家塘》、《龙华之秋》。

八月,回苏州小住五日并去无锡游览,归途作油画《途中》。

冬,根据月夜印象作油画《静安公园》。

一九七四年　甲寅　八十二岁

春,至中山公园写生,作油画《中山公园之春》。

是年,作油画《蜀葵花》、《玉兰花》、《漕溪公园》、《晨曦》、《浮图迷朦月光寒》。

一九七五年　乙卯　八十三岁

在淮海中路新康花园寓所。

是年,作油画《炼油厂》一幅。

一九七六年　丙辰　八十四岁

九月九日,惊闻毛泽东主席逝世。

十月,"四人帮"被粉碎,"十年浩劫"结束。

秋,完成始作于一九六五年的油画《百花争艳》,并先后于一九八零年在上海、一九八一年在苏州展出。

一九七七年　丁巳　八十五岁.

在淮海中路新康花园寓所开始创作《报晴》和风景组画《春光好》、《夕照明》、《载月归》、《朝气新》,画中点景人物为一画家,系以孙女作模特儿。

一九七八年　戊午　八十六岁

夏，完成风景组画，并每幅配以题画诗。分别为：

《春光好》——春光好，春花一开，灿烂如堆锦。桃李盛，争把芳华，笑颜迎良辰。融融兮，霭霭和风瑞气兮，如春。让我们，快哉乐哉画出好风景。

《夕照明》——夕照明，波光发镜，红日映湖心。黄昏近，喜看晚霞，怡性和悦情。静静兮，阵阵花香草芳兮，袭人。让我们，快哉乐哉画出好风景。

《载月归》——载月归，月随舟行，伴照回家庭。岸堤登，携幼抱婴。进屋有灯明。寂寂兮，层层浮云将散兮，天仍。让我们，快哉乐哉画出好风景。

《朝气新》——朝气新，山高湖平，晴空无片云。天时正，浪静不浊，风休水自清。欣欣兮，洋洋自得宽怀兮，胸襟，让我们，快哉乐哉画出好风景。

七月，撰写《回忆悲鸿》一文，并刊载于《南艺学报》本年第二期。

十月，《色彩琐谈》正式由上海人民美术出版社出版，共收录有关光色理论及色彩运用琐谈二百零九则。作者在本书"写在前面"中说："色彩琐谈两百余则，原是我平日教学和作画的心得，其中也有一部分是参考了共他美术和科学书籍的笔记，东鳞西爪，不民系统。其中可能还有一些不妥之处或将来因科学的发而需要改正的地方。总之，是拉杂写成的。"

一九七九年　已未　八十七岁

一月，以《厨房》、《肉店》参加在江苏省美术馆举办的粉画展览。同时展出李超士、徐悲鸿、潘玉良、李咏森、陈秋草等人的作品。

四月，以《韶光》、《卧室》参加苏州美专沪校校友在上海工人文化宫主办的《沧浪画展》。

初夏，为《周碧初画集》作序。该画集于一九八一年由上海人民美术出版社出版。

十月二十二日，论文《简谈色彩》在《华侨日报》上发表。

十月三十日，当选为第四次文学艺术工作者代表大会代表。因年迈未赴京出席。

一九八零年　庚申　八十八岁

二月三日，苏州美专校友总会在沪成立，出席并被选为理事长。

二月十四日，以《百花争艳》、《卧室》、《韶光》等八幅作品参加苏州美专苏州校友会在苏州市文化馆举办的《沧浪画展》。

二月，与吴亦生撰写《似是而非，似非而是看绒绣》一文，发表于《艺术世界》杂志本年第一期。

三月七日,应苏州市美协及苏州校友会的邀请赴苏并下榻在乐乡饭店。

三月八日下午一时,在市文化馆会见苏州艺术界朋友及苏州美专校友,并摄影留念;晚宴于松鹤楼。

三月九日上午,由尤玉淇等校友陪同游览寒山寺,撞钟并题字。下午重返沧浪。苏沪校友聚集于藕花水榭,品茗座谈,并被搀扶环游沧浪校园,摄影留念。

三月,粉画《肉店》刊登于《美术》本年第三期。

四月,全国粉画展览巡回至北京中国美术馆展出。在中国美协主席江丰为展览所作的序中说:"北京的这次展出,是中国自有新美术运动以来的第一次粉画展览会。作者包括老、中、青几辈人。应该指出,这次展出是有不少精晶的,象徐悲鸿、李超士、颜文樑、陈秋草等老一辈的粉画作品,无疑是向青年作者提供了范本。"

六月,粉画《肉店》刊登于《美术与摄影》本年第六期。

九月十二日,色粉画联展"前前后后》在《解放日报》发表。

是年,创作油画《枫桥夜泊》。

一九八一年　辛酉　八十九岁

论文《色彩学上的空间透视》在本年《新美术》第一期上发表。

被增选为中国美术家协会理事。

七月,参加由苏州美专在沪校友于东风饭店举行的预祝九十寿辰聚宴。

冬,上海文史馆聚会,一百零二岁的苏局仙老人以七绝一首相赠。诗曰:"油画当今负重名,得来工力信非轻。一腔热血老仍在,有意多工教后生。形衰志壮敛精神,渔巷家风自有春,笑煞当年绛县老,未多甲子傲时人。"

十二月,为学林出版社即将出版的《颜文樑》一书撰写自序。

是年,油画三幅刊载《富春江画报》和三十四期。

一九八二年　壬戌　九十岁

一月,被聘任为浙江美术学院顾问。油画两幅刊载本年《艺术世界》第一期,同期,由陈烟帆撰写《颜师画高品亦高》一文。

四月,以油画《晨曦》参加上海美协在中国美术馆主办的《上海油画展》,并刊载本年《艺术世界》第四期。

春,创作巨幅油画《祖国颂》,并配题画诗曰:"祖国江山归一统,巍然屹立地球东,人民欢乐国家建设进步中。大海波涛涌涌,涌涌涌。太阳升起东方,红红红!

志士肝胆照乾坤,朝霞灿烂色鲜明,工人、农人、军人、商人、一切人,高高兴兴来尽人民的职分。大家团结起来,一致心!"

五月,浙江美术学院肖峰和上海美协负责人来访,商议为九十寿辰联合主办"颜文樑画展"一事。

六月,开始追忆创作一九一二年完成的第一幅油画《石湖串月》。

七月,《颜文樑画集》由上海人民美术出版社丁国兴拍摄图片。

七月九日,出席在上海美术馆举行的"颜文樑画展"预展,画展从十日至三十一日。因崇尚节俭,故在请柬上印着"谢绝花篮"四个字。

七月十日,沈柔坚为画展撰写《画艺常青》,刊载该日的《解放日报》,文章说:"他的画风向以细致凝炼和色彩响亮著称,工中有写,笔色间见深度,厚实而有韵味,形成颜文樑绘画艺术的独特风格。"

七月十二日,江奉撰写《艺术之树长青》,刊载该日的《文汇报》,文章说:"颜文樑老先生是年垂九十高龄、享有盛誉的著名美术教育家和油画家。无论其人或其艺,数十年来脚踏实地,其人不苟,其艺亦不苟,从来厌恶哗众取宠,赢得了我国美术界普遍的尊敬。……创作上,他坚持走写实的道路。作品多缘于生活,并努力追求人民生活中对光明和美好事物的憧憬。高超的表现技巧和健康的思想内容相结合,使其作品在给人以美学享受的同时,起着潜化人们灵魂的作用。"

同日,出席由浙江美院和上海美协在上海文联大厅举行的"颜文樑从事创作八十周年纪念活动"。来自全国的美术工作者共二百余人出席会议,全国美协华君武、彦涵专程莅会致贺,浙江省委宣传部副部长张烈、上海市委宣传部副部长江岚、上海市文联负责人冯岗等出席了大会。大会由美协上海分会副主席沈柔坚主持,到会的各级领导与著名画家先后致词。

七月二十八日,出席由美协上海分会举办的"颜文樑九十寿辰茶会"。到会者有刘海粟、沈柔坚、张充仁和特地从香港赶来的学生郑定裕等二百余人。对此次庆祝活动,全国美协第三届理事会第二次全体会议、中央美术学院、美协浙江分会、江苏分会、江苏省美术馆、南京艺术学院、苏州工艺美术学校及苏州美专校友会的苏州、常州、南京、安徽、北京分会等都分别致贺电或贺信。

八月八日,为陈宁儿去美国 Art Student's League of New York 读书出具介绍信。

八月十七日至三十一日,"颜文樑画展"在北京中国美术馆展出。因年迈未能亲自赴京参加展览会。

九月二十八日,为康叶奎去美国加州大学美术系读书出具介绍信。

十月十一日至二十四日,"颜文樑画展"在杭州浙江美院陈列室展出。由颜振康陪同亲赴杭州浙江美院。

十月十五日,《上海美术通讯——颜文樑先生九十寿辰及其艺术生活近八十年专辑》出版,收录《回顾我的艺术生涯》一文。

十月十六日,出席由美协浙江分会和浙江美院主办的"颜文樑先生艺术座谈会"。黎冰鸿副院长主持会议,莫朴、王流秋、赵延年、丁正献、林文霞、周和正、卢坤峰、肖峰在会上作了专题发言。

十月十八日,出席浙江美院全体师生举行的祝寿大会,全院师生献赠一束鲜花,束带上题写着"画坛楷模"四个大字。画展期间先后至灵隐、玉泉和美院在外西湖的旧址参观、作画。

十月三十日,为王亚平去美国波士顿麻城大学美术科读书出具介绍信。

十一月,为吴扔艺去美国 Department of Art, Florida State University 读书出具介绍信。

十二月,《颜文樑》一书由学林出版社出版发行。该书分画论、生平、作品三个部分,约十九万字、一百余幅作品,并且由莫朴、卢鸿基作序,发行一万册。

同月,完成油画《山居水榭》。

一九八三年癸亥　九十一岁

一月七日,夫人蓉珍因病逝世,享年九十一岁,合家悲悼。此后由子颜振康同居卧室。

二月,为轻工业专科学校美术系教师张英洪、陈培荣画展题字;为浙江省安吉县溪龙中学教师洪亮题写书名:"洪亮篆刻集",并题词:"业精于勤,书勉洪亮。"为"商守箴水彩画展"题字。

二月二十四日,北京电影学院摄影系邓伟和北京《农业工程》杂志社的金宏来访并拍摄生活照。该照片选载于一九八六年由香港三联书店出版的《中国文化人影录》一书和一九八七年三月一日的《劳动报》上。

二月二十六日,为杭州富阳工艺美术厂的朱瑚题写"朱瑚画展"。

三月三日,苏州工艺美术学院教师周迅、陈志华和蒋寅皋来访。

三月二十七日,撰写《我的绘画道路》一文,在《苏州日报》上发表。

四月，为苏州太仓文化馆朱寒汀题写"朱寒汀油画风景展览"；为学生杨祖述题写"杨祖述画展"。

五月，开始创作油画《祖国的脉搏》，并撰写《遨游于艺术之都》一文刊载本年《旅游天地》杂志第五期。

六月，由上海丝织地毯厂设计室的叶兆微陪同德国设计师 Karl H. Stanneck 来访并拍照。同济大学教授周方白、陆传纹来访。为摄影师朱仁葆题写《朱仁葆影集》；中央美术学院文金杨教授来访并为其编写的著作题字。

六月十日，浙江美术学院教授金冶来访。

六月十六日，南京艺术学院教师李新来访。

六月中旬，为苏州新苏师范七十周年校庆题字。

七月九日，为"蔡江白、石瀛湖画展"题字。

七月下旬，上海油画雕塑室魏景山来访。

七月，给北疆某巡逻艇的战士姜显军回信并寄赠《色彩琐谈》一本。八月二十一日的《中国青年报》以"老画家与小战士"为题作了报道。

九月八日，为上海戏剧学院陈景和题写"景和先生画展"，并为其赴美留学出具推荐信。

十月，完成油画《农家乐》。

十二月四日，幼年同窗顾翼東（现为中科院化学学部委员）由其女儿顾其华陪同来访叙旧。

十二月七日，为苏州美专学生凌再型题写"凌再型画展"。

本月，完成油画《月夜泛舟》。

一九八四年　甲子　九十二岁

一月十五日，《文汇报》记者徐敏子来寓所采访；给在加拿大工作的学生陈慕川回信。

二月十一日，为申请赴美的上海油画雕塑室工作的魏景山出具推荐信。油画《枫桥夜泊》送第六届全国美展筹委会。

二月十九日，上海工人文化宫油画培训班杨富华等来访。

二月，学生莫利亚及其女儿龚岚来访，为龚岗临写的黄庭《坚经伏波神祠》手卷题写："青年青年，你们是春天；年青年青，春天的主人。你前程光明灿烂无限进。"并题赠两本自己的著作。

三月，完成油画《祖国的脉博》。

四月十四日，浙江美院院长肖峰介绍杨芳菲来寓所采访。由杨芳菲撰写的《颜文樑唱歌》一文发表在本年《浙江经济生活报》十一月十七日上。

同月，《艺术世界》编辑唐宗良来寓所采访。

五月二十日，南京艺术学院教授俞成辉、孙文林来访。

五月二十三日，象牙雕刻家薛佛影及其女儿薛锦心来访。

六月四日，为苏州"沧浪之友画会"题词："沧浪之水清兮——流无穷。"

七月二日，《解放日报》编辑洪广文借作品正片二张，以出月历。

七月十八日，上海电视台梁小侠等来访。

八月二十四日，为上海工艺美术公司科研创作科陈介璞书写"工艺青年书画展览"。

十月，《绘画应该把快乐带给人们》一文在《美术》杂志上发表。

十月八日，浙江美术学院、上海戏剧学院和上海美术学院的透视学教师殷光宇、陆仰豪、黄俊基等十人来访并合影留念。

十月中旬、完成油画《扦农》。

一九八五年　乙丑　九十三岁

一月，油画《枫桥夜泊》获第六届全国美展荣誉奖。

一月五日，为周铭赴美国阳伯翰大学攻读硕士学位出具推荐信。

一月十六日，上海电视台对外部张其斌、伍亚东、杨福云、朱剑峰等来寓所拍摄电视。

一月十八日，为太仓师范题词："昔日今日人如旧，国家兴旺喜心留。"

四月十五日，为军医大学张大华题词："壮志凌云，真善热情。"

四月二十三日，浙江美院肖峰、赵宗藻、全山石、马玉如、张奠宇等来访。

四月下旬，因患高位房室传导阻滞住进华东医院，一周后自动出院。

五月，《颜文樑》画集由上海人民美术出版社出版，发行 1520 册。该画集由黄觉寺作序，共收录画家各个时期代表作品一百余幅。

五月二十九日，苏州市园林局修志办公室胡玲凤、程远等四人来寓所，询问有关苏州园林史事宜。

六月十九日，为《沈寿纪念册》题词。

六月下旬，为浙江人民广播电台记者梁亦火题词："持正忍让，外柔内刚。"

七月二十二日，为张建民赴美国 Monphis College of Art 读书出具推荐信。

八月二日,庐山管理局文教卫生处王炳如和庐山书画院杨豹来访。

八月二十九日,上海粉画学会主席速逸卿来访,并应邀为粉画学会题字。

八月三十日,推荐上海业余美术学校花鸟画画师曹铭进上海文史馆。

九月上旬,因怀念前苏州美专的校景,开始创作油画《沧浪美》和《沧浪夏夜》。

十月,《我对美术教育的看法》一文在《美术教育》杂志第四期发表。

同月,为刘建勋题词:"横眉冷对千夫指,俯首甘为儒子牛。"为李春宏题词:"青山到处埋忠骨,何必马革裹尸还。"为高鸿明题词:"心旷神怡,宠辱皆忘。"

十一月,《我对艺术教育之探讨》一文在《艺术教育》杂志发表。

十一月十六日,为顾灿虎题写"顾灿虎画展"。

十一月中旬,广西省文联涂克来访。

十一月十九日,为苏州虎丘园林题写"望苏台"。

十一月下旬,完成绝笔之作《沧浪美》和《沧浪夏夜》。

一九八六年　丙寅　九十四岁

一月二十七日,为朱屺瞻的儿子朱人和赴美 The City College of The City University of New York 读书出具推荐信。

一月二十九日,为华东工学院袁惠德赴美 The City College of The City University of New York 读书出具推荐信。

二月五日,上海美协秘书长蔡振华来拜早年。

二月十六日,为陈樊镇题写"万真画室"。

二月二十六日,《我在苏州》一文在《新华日报》发表。

二月,《厨房》、《城隍山》、《枫桥夜泊》等作品在《福建画报》刊出,并由黄觉寺撰写《颜文樑先生的艺术成就》一文。

四月七日至十日,上海美术馆方增先、韩国栋、吴伟民、陈衍宗、邵申、蔡铭等来寓所摄制录像。

十月五日,由吴亦生陪同中国出版对外贸易公司上海分公司经理周善德等三人来寓所洽谈出版《颜文樑先生作品挂历》事宜。

十月,为朱伯雄、陈瑞林编著的《中国西画五十年》一书作序。该书于一九八九年由人民美术出版社出版。

十一月十七日,法国第八大学教授菲利浦·阿尔布来访,他声称将撰写中国当代画坛四大奠基人——徐悲鸿、林风眠、刘海粟和颜文樑的论文。

一九八七年　丁卯　九十五岁

一月七日，上海文联朱良仪、李振家等来寓所拜早年。

一月八日，上海美协主席沈柔坚来寓所拜早年。

二月一日，为苏州草桥中学八十周年校庆赠送《颜文樑》画集一册。

二月六日，上海美术馆张云聘、蒋振亚、韩国栋、张林宝等来访。

二月二十二日，苏州市业余美术专科学校薛企荚、尤益人来访。

三月九日，苏州刺绣研究所孙佩兰来访。

五月三日，河北美术出版社编辑林日雄为出版《当代中国油画》约稿。

六月上旬，中央电视台专题部颜振东、熊文平等五人来寓所摄制录像。

九月，上海美术馆张健君、韩国栋及市文化局孙学铭等来第二次摄制录像。

同月，天津人民美术出版社编辑车永仁为出版《中国油画》约稿。

十月，《颜文樑作品一九八八年挂历》由中国出版对外贸易公司上海分公司现代出版社出版。

同月，上海电视台编辑李锐奇等五人来寓所摄制录像。

十一月，由学生陶敏荣陪同苏州市委副书记周治华及业余苏州美专校长谢孝思来寓所商谈筹建苏州市美术馆和颜文樑陈列室等事宜。

十二月，上海美协主席沈柔坚和秘书长徐昌酩来寓所拜早年。

一九八八年　戊辰　九十六岁

二月二十日，《南京艺术学院学报》编辑钱桂兰来访。

三月，蚌埠大学美术系教师李士廷在沪举办画展并来访。

四月二十九日，中央工艺美术学院教授曹思明来访。

四月三十日，至友张承麟的儿子张伟华来访。

五月一日晨，心脏病复发，在救护车送往华东医院的路上不幸逝世，享年九十六岁。

五月十四日，在上海龙华殡仪馆大厅由浙江美术学院和美协上海分会联合举行追悼大会，前往吊唁的来宾约六百余人。中国美术家协会上海分会书送的挽联为："辛劳耕耘画坛盛誉布四方，培养一代人才桃李满天下。"中国粉画学会的挽联为："乐艺越重洋，二十年代厨房荣膺金奖；学画涉中西，七秩春秋肉店屡展沙龙。"刘海粟书送的挽联为："九州艺苑称前导，百岁遐龄独后凋。"王个簃的是："人近晚年，半身不遂；同歌盛世，一语永怀。"肖峰的是:"冲和见德性,好老夫子桃李并秀;耄耋犹童心,真艺术家福寿全归。"

骨灰安葬于苏州凤凰公墓。

（此年谱根据钱伯城及颜振康所记并略加修订和补充）

（作者为《美术》杂志执行主编）

苏州美专校史沿革纪程

蔡淑娟

本文重新整理撰写的"苏州美专校史沿革纪程",基本是结合江洛一、钱定一两位先生的记述,并从其它零星的苏州美专校史文献入手,更多考证苏州美专重要事件发展的前后关系。特别是从颜文樑先生筹创苏州美专的背景,到苏州美专选址沧浪亭,修建直至现在还引以为自豪的罗马校舍,及至战后苏州美专的发展,再次重新梳理和记述,可谓是在前辈先生记述的校史基础上的一种推进。

颜文樑先生和他创办的苏州美专可以说是我国近现代美术史发展历程中的重要组成部分,其创办和建设经过更是我国近代美术教育史的辉煌篇章。

20世纪20年代,苏州美专在苏州沧浪亭创办。苏州美专的创办,成为当时苏州一桩重大的艺术盛事。

百年风雨过去了,那些在"五四新文化运动"中创立的首批美术学校大多湮灭于风云变幻之中,而苏州美专的美丽校舍还岿然不动,并在中国近代美术史的发展中留下三个之最:

全国最漂亮的校舍;

最齐全的石膏像;

最多的美术图书。

一、应势而生:颜文樑筹创苏州美术学校背景

小桥流水,粉墙黛瓦,太湖之滨,文化流觞。这为苏州古城的文化气息提供了滋养。加之苏州曾是长江下游三角洲的经济核心,晚清江苏省巡抚衙门设立之处,所留下的悠久文化,得到艺术家们的钦佩、青睐,也使得一些洋教士有感于此地的灵气,最早在此创办教会学校,把西方的文明带到了苏州,为苏州近代美术教育的发展提供参照和借鉴;也将科学民主的种子遍撒吴越之地,加速了苏州近代新式教育体系的形成。私立学校的勃兴,在苏州

表现明显,其存在填补了公立学校发展的不足。[1]

1902年,三江师范传习所(后改称两江优级师范学院)创立于南京,之后开设教授书法、国画和西画,标志着我国近代新式艺术教育的起步。直至"五四新文化运动"开启序幕,学习西方科学、文化和艺术的热潮在全国勃勃兴起,形成了东西方文化艺术交流前所未有的新局面。1912年,在上海探索新美术之路的刘海粟先生创立上海图画美术院。1918年,国立北京美术专科学校成立,成为中国第一所国立美术学校。

图1　两江师范学堂

而在苏州,早期美术教育始自1919年"五四新文化运动"前后,各公办私立中小学均开设图画课,而且以西洋画为主,一些青年画家也都参加了各校的美术教学工作。在此时期颜文樑先生最忙,承担有六所学校的课程,而积累下来的教育经验,为创办"苏州美专"奠定了良好的基础。

颜文樑先生出生丹青之家,17岁考入上海商务印书馆为练习生,感受到上

图2　颜文梁在苏州(1920年)

海画坛的一派新气象,画家们的风云际会,新锐思想的萌生,加之机缘巧合,日本西画家松岗正识潜心培养,确定了颜文樑先生的西画之路。[2]

加之,回到苏州创作的第一幅油画《石湖串月》享誉姑苏,无形中将西方艺术植入苏州,带来新的艺术气息。

在此背景下,1919年颜文樑先生与潘振霄、杨左匋等人共同发起美术画

〔1〕《江苏地方志》2007年第四期:私立学校的兴办与苏州教育近代化,杨丽霞
〔2〕陈微主编《沧浪缀英—苏州美专建校八十六周年纪念专辑》(1922—2008),香港:中国现代美术馆出版社,2009:24页

图3 颜文樑先生作品《石湖串月》

赛会,体现了自由展览,是中国美术史上的第一个具有实际意义的全国性的美术展览。画种之多,体现为十六字方针"提倡画画,互相策励,仅资浏览,不加评判"。[1]

颜文樑先生借着此次画赛会的成功经验与发展契机,以及自身在苏州早期美术教育方面的影响,在苏州厚重的传统文化氛围下,创办苏州美术专科学校,将自己的办学思想成功落实于实践,从而推动了苏州近代美术教育的全面提升,并进而被公认为现代美术教育的源头之一,为中国新兴的美术教育带来了新的机运,对中西艺术的交流和融汇作了早期的艺术探索。

二、建校之迹与办学之志:苏州美术专科学校的初创

颜文樑先生在吴中画坛,算得有识之士,深得同辈推服。1922年7月,颜文樑先生与志趣相同的胡粹中、朱士杰、顾仲华、程少川等人怀着特有的忧患意识和救亡图存的理想创办苏州暑期美术学校,选择校址在海红坊苏州律师公会会所这一区区之地,设置中画、西画两组,招收学生一百余人,开启办学之路。

暑期课程两个月结束,求学者意犹未尽,要求长期学习。颜文樑先生受此鼓舞,于1922年9月与胡粹中、朱士杰等成立苏州美术学校,设速成科一

---

〔1〕 画赛会筹备两月之余,参展作品一千余件。颜文樑举办的此次画赛会,获得当时社会的高度认可和重视。颜文樑在1932年回忆这段创举活动时说:"民国八年,国内艺术事业,尚寂然无闻。敝人与杨左匋先生发起第一届画赛会……,一切悉系自创。出品、陈列、为侦完善,而社会异常注意,颇受观者之欢迎。故是会之结果,虽未满诸发起人之初意,而艺术之印象,已深入社会人士之心目中矣!"《中国西画五十年》1898—1949 朱伯雄、陈瑞林编著. P78页

班,学制二年。[1] 第一期招生学员 14 名,分别为张紫玙、张念珍、龚启锐、钱永禄、诸长珍、张杰、黄觉寺、程慈、曹克崇、徐晋韶、徐传扬、姚启鹏、吴怀高、沈飞。同时聘请顾公柔、金东雷分别教国画和文学,并雇工友一人。至此,颜文樑先生的办学之愿实现,并设"培养艺术人才,为社会服务"的培养宗旨,提倡社会文化,造就后启之秀。

图 4 颜文樑(前排左三)、朱士杰(前排右二)

在 20 世纪初,苏州开办美术学校,绝对是一桩领风气之先的时髦事。其实,开办美术学校,在一些大城市中也是令人侧目的,原因就在于它改变了千年以来的师徒传授的教学模式,大量借鉴当时西方国家美术教育的经验,将艺术与实用主义教育相结合。这种新式的教育模式及思想,中西交混,所具有的新锐光芒一时让普通老百姓无法接受;而在苏州如此保守宁静的古城中,这家美术学校招来很多非议。而且,当时的校舍栖息在租借来的苏州县立中学九间数学楼上,颇有一点儿"寄人篱下"的味道。根据文献史料记载,对于学校最初的创办,当时的上海《时事新报》给出辛辣讽刺的评价:"门前挂了一块骷髅式的校牌,有十三副水车式的画架,没有一个石膏

[1] 暑期课程结束以后,打算扩充校舍,借常道尹商植物园的一部分作为校舍,但以办农业试验场为由,未能批准。后又借中华体育学校,也未能成功,经过吴县县立中学校长龚耕禹的多方帮助,才取得吴县劝学所的认可,借商假前府中学旧址一部分共 9 间校舍,作为苏州美术专科学校最初的校址。

像",足可见草创时期因陋就简的办学情况。

1923年,学校学生人数增加,随又租赁沧浪亭西部中州三贤祠河南会所房屋三间,当时称为西校,原来设立在县立中学的校舍称为东校。第二期招生时学制改为四年,共招生录取学生10余人,并且开始招收女生。这一举措,在当时的姑苏城里可谓壮举,冲破了苏州传统封建保守思想,开创苏州男女同学的先河。男生有严振东、蔡鸿斌、高奎章、花农、邓开明、黄金韶、陈彝林、朱绍阳等,女生有徐慧珍、陆传纹、胡佩先等。从此每届都有招收女生,学校也稍具规模,逐步向正规发展。

1924年第三期招生时录取40人,其中就有女生10人,并将东校舍三间宿舍特批给女生住宿。在当时以"男女授受不亲"封建观念为主导的姑苏城中,保守势力颇有微词。颜文樑先生立志创新、革除旧法,坚定地维护男女合校之立足与发展,培养了不少优秀女性画家。

图5 杨寿祺(1894—1971)

同年,苏州美专迎来了第一届学术才俊毕业,共计14人。根据具体情况,最后受聘留校的有黄觉寺、张紫玙,任西画教师,张念珍、徐晋韶分任事务和校务工作。另外,还聘请了毕业于太仓中学的陆寰生来校任研究生,后专任校长室秘书之职。这些颇有才学的教职人员以不同方式参与了学校的教学和建设。

由于当时学校经费紧张,颜文樑先生只得将别校兼课的工资弥补所缺费用,所有教员也全部义务教学,不拿薪金或只取生活开支部分,与颜文樑先生同甘共苦,为苏州美专日后的发展贡献了极大的力量。另外,根据颜文樑先生的记载:苏州美专开办之初,经济来源,全由开办人维持。好多规划与建设,均因经济跟不上而不得不停止。但也不乏社会开明人士热忱相助。颜文樑先生特别提到向来与其相处友善的上海来青阁书坊主人杨寿祺先生[1]经常慷慨相助,先后捐款及捐赠校具、图书基金,如二十四史等巨部数种,总计千余册之多。

---

〔1〕 杨寿祺先生(1894—1971)来青阁书庄主人,与颜文樑先生为私交好友,在古书业中颇有声望,精通目录学,是鉴别古籍版本的专家;而且,作风正派,为人诚笃,书庄资金比较雄厚,是南方人在上海创设古书业较早的一家。

苏州美专的创办与不断推进，为在校师生提供了一个学习西方艺术、实现艺术理想的平台。美专师生们对艺术的追求伴随着社会的不断发展，愈演愈烈。外地学生的不断增加，使得学校的影响也不断扩大。

三、相地合宜：苏州美专选址沧浪

初具雏形的苏州美专的不断发展，为随后搬迁沧浪亭，扩建校舍提供了先决条件和契机。当时国民政府教育部对学校校舍建设也有一定要求。1927 年春，吴县公益局发下了"以沧浪亭为古迹名胜，丞宜保管修葺，令颜文樑先生负责保管"的指令。苏州美专也经公益局和教育局批准，由原来的县立中心迁移至沧浪亭内。这是一个振奋人心的好消息。

沧浪亭，吴中名胜，占地面积 1.08 公顷。"园内有一泓清水贯穿，波光倒影，景象万千。踱步沧浪亭，未进园门便见一池绿水绕于园外，临水山石嶙峋，复廊蜿蜒如带，廊中的漏窗把园林内外山山水水融为一体。园内以山石为主景，山上古木参天，山下凿有水池，山水之间以一条曲折的复廊相连。沧浪亭外临清池，曲栏回廊，古树苍苍，垒叠湖石。人称'千古沧浪水一涯，沧浪亭者，水之亭园也'"。这是古人对沧浪亭的综合描述。就是这样一座极美的园林，在颜文樑先生及前辈的努力下，成为了苏州美专的校址。

图 6　沧浪亭大门沿河 1933 年

图 7　沧浪亭校门口石桥 1933 年

求学者的热切期望，学人的办学热忱与年久失修，庭院荒废的沧浪亭、以及捉襟见肘的办学经费这些让颜文樑先生倍感为难之时，幸得好友吴子深先生仗义疏财，签得千元支票，用来修缮沧浪新校舍。也正是在此时期,颜文樑先生从学校建设体制考虑,为保证校舍建设及教学的顺利进行,特筹设建立校董会,由张一麐(仲仁)、叶楚伧、朱文鑫(贡三)、金天翮(松岑)、王謇(佩铮)、许厚基(博明)、汪懋祖(典存)、徐嘉湘、龚鼎(耕禹)、朱锡梁(梁任)、章骏(君畴)、赵昌(眠云)、陶小沚、吴华源(子深)14位校董会董事组成,吴子深为校董会主席。1928年2月,颜文樑先生被校董会推荐为校长。事实证明,颜文樑先生的这一决定对苏州美专今后的发展起到非常积极的作用。

沧浪校舍,历时年余,修葺一新。这里随成为一代代苏州美专人实现远大抱负和释放青春激情的地方。

图8 吴子深(1894—1972)

此时,学校威望日增,招生考试的学生激增,校舍不敷应用,又向吴县教育局租赁停办的商业学校校舍作为教师和男生的校外宿舍,地址在苏州乌鹊桥羊王庙附近,近木杏桥,作为苏州美专的第二院。

由于沧浪亭西部有两大间沿河房屋,颜文樑先生将其辟为苏州美术馆,建立了中国第一座美术馆,作为陈列各地画家名画之用。其中,苏州的中西画家作品,是长期陈列的,同时也展出京沪各地艺术家的联合美展,以及邀请在苏州著名书画家举办"吴中书画家联欢画会"。

1928年1月,沧浪亭美术馆举行开幕典礼,同时陈列该年画赛会作品。此时沧浪亭畔艺术气氛极为浓厚,而苏州美专更为社会人士所重视。

四、时代交响乐:苏州美专的全盛时期

随着学校规模的扩大和社会影响的提高,苏州美专逐步进入稳步发展并呈蒸蒸日上的态势。

1928年9月颜文樑先生赴法国留学,美校由胡粹中代理校长之职。在校教职员有张宜生、张紫玙、朱士杰、严大均、黄乃振、黄觉寺、顾彦平、颜纯生、王选青、蔡震渊、朱竹云、朱梁任、蒋吟秋、黄颂尧、戴逸青、陆寰生、张念珍、王心涵、戴濂等。

同年组办了高中艺术师范科,学制为三年。第一期招进学生有钱延康、

王栖霞、汪宗华、徐京、周适、李复、凌琳如、周家鼎等 24 人。高中艺术师范科毕业后,一部分学生至外单位就业,大部分学生升入专科,继续学习深造。

1929 年 9 月,吴子深去日本考察。《苏州明报》于当年 9 月 12 日以《吴子深观光三岛》为题进行专题报道,写道:"沧浪亭美专学校,至开办迄今,力图进展。去年颜校长以考察艺教赴英法各国,今岁吴校主又将赴日本三岛考察文化艺术。将来考察归国,以谋改革……"。吴子深先生日本考察归国后决心改革,在校董会和校务会联席会议上,签票三万元,买下徐姓的四亩地,以扩建新校舍。颜文樑先生对吴子深先生的无私相助一直铭记在心,特意创作油画作品《晨曦》相赠,以喻旭日东升、前途光明之意,作为纪念。

图 9　苏州美术馆,成为中国有史以来第一座以政府命名的美术馆。沧浪亭大门左右各挂一块牌子,一块是苏州美术专科学校,一块是苏州美术馆

另外,苏州画社与画会盛行,成为当时文化生活的一个重要组成部分。苏州美专师生为筹集费用,于民国十三年集合师生作品千件发起基金募捐会。当时的地方人士,赞助者甚多。地方人士对学校美术教育的支持与爱护,使得基金募捐会非常成功。

1930 年 7 月,举行第五届专科生毕业典礼。

1930 年秋季,苏州美专本科增设艺术教育系,同时开设研究科,目的是以培养本校毕业生与同等学校毕业生中有志于研究高深学业者;并开设选科,对象是社会上缺乏入学资格的有志青年。

1930 年 12 月,颜文樑先生结束留学生活由欧洲返回苏州。颜文樑先生在欧洲期间节衣缩食,并把举办画展所得费用,全部用于购置教学的石膏像和图书资料,先后购置并陆续寄回大小石膏像 460 余件,图书 10000 余册。石膏像的质量与数量为当时全国同类美校前列,令各美校所瞩目。这一举动,更是表现出了颜文樑先生热爱艺术教育事业的赤诚之心。当日《苏州明报》以《美专欢迎颜校长》为题予以报道:"留法画家苏州美专校长颜文樑先生,业已由西伯利亚铁路,绕道德、俄等国考察竣事,三日抵沪,备受各界欢迎。闻刻已定本日（八日）抵苏。本埠美专全体校友，均往车站迎候。下午在沧浪亭开会欢迎，并举行话剧等，以助余兴云。"

吴子深先生被颜文樑先生艰苦办学的精神所感动。加之，其对艺术事业的热爱，又慷慨斥巨款，耗资 5.4 万元建设沧浪亭东部罗马式建筑校舍部分。

另外，吴子深先生凭借自身的影响力数度集合京沪线各地艺术家联合举办美术展览，将作品标价出售，又举行"吴中美术界联欢大会"筹措资金，以修缮古迹名胜沧浪亭作为苏州美专校舍。吴子深先生在与苏州与众多艺术界朋友的接触中，使得吴子深先生走上国画艺术的道路，对苏州美专的创办、巩固、发展，起到了推波助澜的决定性作用。

图 10　当年的苏州美术馆

随着颜文樑先生的回国，苏州美专拓宽了教学视野；吴子深先生的倾囊相助，解决了校舍建设的经费紧张问题；美专学科建制的不断完善，教学成果很快产生，美专的发展更是有声有色，一派兴旺景象。

1931 年 7 月，专科第七届毕业生举行毕业典礼。是届毕业生中有国画系于中和与西画系张新械二人留校，分别教国画和西画。第一届高中艺术师范科也于是年毕业，并举行毕业典礼。

10 月，举行新校舍奠基典礼。校刊《艺浪》在题为《新校舍奠基典礼之一瞥》作如下报道："二十年十月一日，本校新校舍举行奠基典礼，是日出席有校董、教职员、学生三百余人。除颜校长报告经过情况外，有吴校董、教员蒋吟秋、顾彦平、张紫珲先生等人演说，对本校将来之发展进步，均抱无穷希望，末由吴秉彝、吴似兰两位先生摄影而散。"

1931 年 12 月，颜文樑先生与张紫屿、黄觉寺、张念珍、马兆桢、俞成辉、黄金韶、高奎章、李酉生、孙信良、张仲夏、李宜溶发起校友会，以庆祝美专建校十周年。

1932 年 5 月，邀请徐悲鸿先生到苏州美术专科学校参观和演讲。

图 11　苏州美专校舍

　　1932 年 7 月,举行第八届专科学生毕业典礼。并由学生编印出版《苏州美专 1932 届毕业纪念刊》精装一册。

　　1932 年 10 月,教育部批准苏州美校以大专院校立案。[1] 正式定名为"苏州美术专科学校"简称"苏州美专"。至此,学校终于结束了草野学堂的时代。立案后,由国家每年拨给补助经费。第一年得六千元,第二年得一万六千元。学制改为三年高中艺术师范科,三年专科,专科又分中国画、西洋画两系。苏州美专愈发走向正规。颜文樑先生也在学校发展正兴的时刻,提出"中西合璧,造就人才"的主张,作为当时苏州美专的教育发展方向。

　　12 月 9 日至 12 日,学校举行新校舍落成及建校十周年纪念庆祝活动,盛况空前。根据钱定一先生回顾:当时校园全部张灯结彩,晚上水面点放水灯,师生高唱歌曲,欢声雷动,当时的盛况,凡参与的人,皆难以忘怀。《苏州明报》于 11 日以《美专新舍落成》为题,作如下报道:"昨日见到机关团体代表,京沪各艺术名家来宾及校友同学等约八百余人,由校主吴子深报告新屋建筑经过,次张云博演讲,上海新华艺专教务长汪亚尘演说。是时,适中大

---

　　〔1〕 按国民党统治时期要求,私人办学如果未经教育部立案,则学生毕业无正式文凭。而要得以立案,其校舍、设备、基金及教职工薪资等必须符合"法令条例",经调查核实、审议并有说情者(注:徐悲鸿对先生办学,素表同情,屡向教育部有关人员推荐、劝说)推荐说明方能成功。同年 10 月,教育部批准苏州美专以大专院校立案,正式定名为苏州美术专科学校,简称苏州美专,这所学校终于结束了草野学堂的时代。

艺术系主任徐悲鸿携夫人蒋碧薇女士莅场参加典礼,颜校长即请登台演说,对于文艺复兴运动颇多发挥,并勉该校同学要刻苦磨砺,痛下切实功夫,将来负起真正之复兴责任……"与此同时,校内又陈列了中西古画及师生书画作品达 2000 余件,公开展览,一时沧浪亭畔,车水马龙,人来人往,竟日不绝。教育部代表徐悲鸿、吴县县长邹敬公、吴县教育局代表潘皆雷、振华校长王季玉,以及学生家属对美专的建设、对师生的作品,都给予较高的评价。《苏州明报》又于 12 日为文祝贺,名为《美专之美》,对美专前途,寄予极大的希望。在《艺浪》杂志发表颜文樑先生《回顾十年》中记载:"校舍之变,由一小部分增至现在之三院;饮水思源,此皆社会人士之爱护,与子深先生热心赞助之力也。"吴子深先生也是看着学校的扩建,规模的扩大,学生人数的增加,感慨万千,心底高兴。这也是苏州美专发展的全盛时期。[1]

1933 年 5 月,颜文樑先生率领美专高中科全体学生旅行镇江写生。

1933 年春,苏州美专打破以往美术学校设置的系科范围,坚持教育与实用相结合的方针,增设实用美术系,开办制版科,设印刷、铸字、制版和摄影工场等供学生实习。这一创举可谓开创了中国美术学校设置实用美术科的先河。颜文樑先生的这种实用美术教育思想集中反映在发表于校刊《艺浪》中的《艺术教育今后之趋势》一文中:"18 世纪以前的艺术,其所教育趋向于美的装饰的,而也是再现的。19 世纪后的艺术教育则趋于实用的、综合的,而也是创造的。"[2]随后又发表《从生产教育推想到实用美术之必要》,进一步阐明实用美术教育的重要作用。

为此,颜文梁先生还专程前往上海谦信洋行订购德国名厂所制各种制版仪器及印刷机器,并亲自聘请印刷技师,为当时实用美术事业的推行起到

---

〔1〕 颜文樑并撰稿发表在《艺浪》,1932 年第 8 期上)简单总结了苏州美专开办之动机,校舍之沿革,各科系的变迁,校董会略史,毕业生统计,历年捐赠本校及其他者,基金募报之经过,对外美术事业之进步等。以上十年的发展经历,奠定了苏州美专在中华艺术节之创始的地位。在其校十年发展过程中,颜文樑校长在创办之初深感实用美术之必要。将艺术之为,扩展至工商界,引进苏俄及欧美对"生产教育"的提倡,将实业与教育联合起来,期望借助艺术界之努力,改善我国当时陋因就简的工商出品。颜文樑院长建校之初就能凭借自身对我国当日之现状详细了解,当下教育之现状之了解,凭借自身热情奔波及国内贤者倾囊帮助,提倡社会文化,高瞻远瞩,与欧美艺术之比较。使美专短暂十年间规模斐然。热烈期望与兴奋。颜文樑先生前十年发展的困难时期,坚强度过,始终坚守着,并把这段时期理解为"那时的一个不景气的惨象,正是一种伟大的潜伏期,也正是说明我国艺术再生的前夜。"虽然身心受着双重的迫害,却没有冷却对于艺术爱好与追求的热力,没有顾虑,没有焦急,只有一腔热情,更坚定了从事艺术建设的意志。

〔2〕《艺术教育今后之趋势》,《艺浪》第二卷二、三合刊,1936。

图12　京沪杭艺术家参加苏州美专新屋落成典礼与苏州美专校同人合影（照片由苏州市地方志办公室提供）

关键性的作用。9月，实用美术系第一期登报招生，以期培养这方面人才。此时，苏州美专已能自行制版印刷各种画刊和书籍，如自行印刷不少古典名画等，且书籍印刷精美，受到社会各界的欢迎，可惜1937年抗战爆发，设备毁于一旦。[1]

　　1933年11月，颜文樑先生率领本校高中科及专科西画系学生120余人赴无锡梅园、惠山、鼋头渚及太湖边境写生七日。

　　1934年9月出版由学校自己排版印刷的美专校刊《艺浪》，该刊为16开本，铅字精印，图文并茂，有论文、随笔、文艺小品、校训、三色版画幅、选刊学生作品及中外名画。每期由黄觉寺主编，张念珍负责制版印刷。在此之前曾出版过《沧浪美》共三期，由苏州文新印刷公司承印。

　　至此，苏州美专的系科设置分为四个系科，即高中科（设艺术、实用美术

〔1〕根据1934年出版的《艺浪》杂志记载，当时的系科设置，分为四科，即高中科、专科、研究科和选科。其中高中科和专科都分设实用美术科。切不惜重金购买进口设备，扩充校舍等，足见校方的重视；加之，由于受当时"实业救国"思想的影响，及颜文樑校长坚持教育与实用相结合的原则，更为实用美术的发展提供发展的空间。这也正体现了颜文樑校长以实用的美术促进社会变革和发展的教育思想。实用美术课的增设，设立的印刷制版校办工厂，开创了先河，创立动画科，成为实用美术教育之新兴产业，为当时培养了一大批具有专业美术素养和实际操作能力的实用美术人才，为提高毕业学生的就业及民族工商业的健康发展，起到关键性作用。颜文樑校长的这些尝试，为我国今后的实用美术教育奠定了基础。

图 13　颜文梁（前排右二）与苏州美专 1933 届毕业生合影

两个分科）；专科（设中国画组、西洋画组、实用美术系）；研究科；[1]选科。[2]

颜文樑先生非常注重作品作者的真实感受和创作热情，在创作和教学中遵循写实主义，提倡将课堂与写生结合。1935 年 5 月，颜文樑先生为培养学生的写实能力，率领苏州美专专科全体学生赴浙江普陀旅行写生，作油画《前祠大殿》、《普陀乐土》、《普陀市街》、《普陀前祠》等。扩大了社会影响。

1935 年 7 月，苏州美专高中艺术科 1935 级，以及第十届专科学生毕业，举行毕业典礼，出版《苏州美专 1935 届毕业纪念刊》，由苏州美专制版科自行印刷，分单色、彩色画幅多页。另外，还刊载有学生进行艺术思考的文章，如戴苍奇的《艺术与人生》、钱人平的《中国壁画之流源及其变迁》等。是年高中艺术师范科毕业生也出版了一册《毕业画刊》，也是自己学校制版印刷的。这些刊物中，有教师的寄语，学生的作品等，其中，颜文樑先生还亲自特撰《级史》一文载于《苏州美专 1935 届毕业纪念刊》，对这一届学生从入校到毕业的学习及成绩情况，以及在教学上所取得的成效等进行了描述，反映了当时苏州美专的教学业绩，以及师生们对追求艺术发展的热情。

8 月，聘请毕业于巴黎美专、而鲁塞尔皇家美术院的周圭、陆传纹夫妇任

---

〔1〕 以培植本校毕业及同等学校之毕业生之有志研究高深学业者，为造就人才而设。
〔2〕 针对有艺术天赋及爱好，但缺乏入学资格的学生。

苏州美专西画科教授,并辟明道堂陈列周、陆运回的十三尊巨大的石膏像。

9月,教授黄觉寺、张紫玙二人,同去法国巴黎留学,学校举行欢送会。梅兰芳先生来苏开明剧院演出,并访问吴子深于桃花坞住宅;期间,由吴子深陪同前往沧浪亭美专校舍参观,与颜文樑先生合影于沧浪亭面水轩。

1936年4月颜文樑先生至苏州火车站欢迎由徐悲鸿、汪辟疆等15人组成的"首教中国文艺社春季旅行团"。

图14 苏州美专1935届毕业纪念刊

1936年5月,颜文樑先生与孙文林、胡军余率领美专专科全体学生至杭州写生。

1937年1月,苏州美专自己编印《苏州美专校友录》,这是学校最后一次校友录的印刷。在此之前有过印刷,如1931年所印一册,这册校友录是截至1937年抗日战争前夕历届校友名录,并有在校肄业同学名录及校董会,教师员工的名录。

五、应对时局:抗战爆发学校迁移

1937年抗日战争爆发,苏州美专也结束了发展的黄金时代,从此开始了颠沛流离、动荡搬迁的发展过程。在这样一个大时代的背景之下,颜文樑先生带领着一批怀抱学术理想的前辈学人们,坚守着独立的精神品格,和继续办学的原则,艰难维持着苏州美专的教学发展。

10月,日寇飞机轰炸苏州,苏州美专校舍被日本军队霸占。苏州美专迁至离城区10里的苏州郊外北庄基,再至30里外的同里镇。随后,再迁至袁家汇,蛰居在钟志轩家祠堂。最后雇船载运设备,再度西迁,共有大小船各一只。小船由胡粹中率领直至四川,历尽艰辛;大船载运部分石膏像,由颜文樑先生率领。由于船大过不了陡门而折返停波,再乘轮返回上海。苏州美专师生犹如林梢惊鸟,各飞天涯,只能相约战争结束后再相聚。

根据史料记载:送走1937届毕业生后,在抗战前,先后聘请的教职员有胡粹中、黄觉寺、朱士杰、张宜生、陆寰生、张紫玙、严大均、黄乃振、顾彦平、颜纯生、王选青、蔡震渊、朱竹云、朱梁任、蒋吟秋、黄颂尧、戴逸青、张念珍、王心涵、戴濂、章钦亮、叶仲亮、吴秉彝、马增桂、余觉、顾松林、张卓、胡奇如、冯仁宽、洪驾时、章守成、顾寅、高元宰、沈寿鹏、张星阶、范承炽、顾西林、张新械、孙文林、於中和、陈碧筠、陶又点、许祖翼、戴国樑、杨履中、傅朝俊、黄金韶、许道传、孙福保、陈伯虞、陈韶虞、秦立凡、徐则安、徐念祖、陆序伦、段励深、吴孝培、王品臣、平福道、汪家光、尤沄、徐康民、刘静源、王佩周、陈摩、王元禄、李宜璐、夏佩萱、戴雅贞、袁鸣秋、王山泉、周鼎和、徐慧珍、高奎章、严振东、周礼恪、吴桐、夏云奇、李曼莲、邓志良、刘照、江怡之、潘剑秋、郑午昌、吕斯伯、顾仲华、顾则坚、金东雷、丁光燮、沈维钧、黄先立、骆振声、张宗禹、周玉田、王葭龄、徐嘉湘、王士敏、邱子澄、金仲眉、周圭、陆传纹、卫露华、陈子彝、方坤寿、顾友鹤、张炳枢、秦重民、李日曼、汪宗华、钱定一、陈傅恩、郁为葆、丁玉玠、孙宗翰、吴得一、蒋有孚、朱文熊、汪蕴琛、叶书凤、顾钦伯、缪宏、董可谨、王碧梧、耿泰根、吕霞光、商家堑等。

1938 年春，颜文樑先生应苏州美专在上海学生的请求，在王家沙某小学租得教室一间，开办苏州美专沪校。颜文樑先生任校长、李咏森任副校长，教师有朱士杰、黄觉寺、吴秉彝等，有学生 30 余人。

1938 年秋，沪校迁至四川路企业大楼 7 楼。学生增至 40 余人，分国画、西画二系，校务由颜文樑先生和陆寰生二人兼理，再聘任李咏森为副主任，教授由朱士杰、黄觉寺、吴秉彝、丁光燮、承名世、江载曦担任。学期结束，借大新公司举办苏州美专沪校师生画展。抗战期间生活极其艰辛，教授在分校授课，多为义务，不取工资。而企业大楼租金，月月加租，颜文樑先生等售画所得，亦不敷支出。

另外，原日本派驻苏州领事，时任上海兴亚会会长的日本人松村雄藏以关心办学为名，予以诱胁，颜校长为保民族气节，不得已缩小影响，取消分校名义改为画室，不登报招生，依靠学生慕名而来。学生毕业，仅学校开一证明，不发毕业文凭，这里的事由是，当时苏州美专沪校若发文凭必与汪伪政府发生关系，因为文凭必须送伪教育部核准盖章。因此，不发文凭也是一种拒绝联系的方法。在这样如此艰难的情形下，苏州美专沪校坚持挨至 1942

年,最后校内学生仅剩两三名。[1]

根据南京艺术学院校史资料对于苏州美专战时情况记载:沪校课程安排,颜文樑和黄觉寺分别担任透视学、色彩学、解剖学等理论课的教授;蒋仁、费成武教油画、素描;陈柳生、范敬祥、胡士桢、吴易生、陈烟帆亦教素描;黄幻吾、吴秉彝教花鸟;江载曦、吴锺英教山水;沈思明教"仕女",蒋吟秋教国文等等。在民族、学校危难之时,全校师生相濡以沫,同甘共苦。

1944 年 5 月,批准原苏州美专教师储元泃等人请求,在宜兴分水墩设立苏州美专宜兴分校。教师有孙文林、刘昆岗、王佩南等。

分校在宜兴成立一年半,于抗战胜利后的 11 月 15 日率师生石膏像全部返回苏州。是年 9 月抗战胜利。

在此期间,苏州美专经历了毁灭性的摧残,就是在面临山穷水尽的情况下,颜文樑先生依然将对艺术教育的坚守视为生命,希望最终的立身站起。

六、战后重建:苏州美专百废待兴

1945 年 10 月 20 日,抗战胜利,美专重新迁至苏州,并成立复校委员会,颜文樑先生任主任委员,委员有胡粹中、朱士杰、黄觉寺、吴似兰、王士敏、杜学礼。接收了设备摧毁殆尽的沧浪亭校舍,从事修葺,并计划招生开学事宜。根据前人回忆:"颜文樑第一次回到阔别八年的沧浪亭,当他迈过石板桥,走进疮痍满目的校园时,触景生情,涕泪纵横。"

1946 年 1 月,颜校长率领沪校专科学生回苏上课,苏州美专在沧浪亭复校。沪校改为研究室,有研究生 53 人,李咏森等继任教授。7 月举行胜利后首届毕业生结业,毕业生为徐则达、黄祖荣、朱丹三人。

1 月 20 日校刊《艺浪》复刊,主编仍为黄觉寺,印刷出版由张念珍负责。

---

[1] 抗战期间,颠沛流离辗转不断的苏州美专靠着颜文樑校长的艰难维持度过,每月开支,颜文樑以售画维持,敌伪当局多次找颜文樑校长谈判,以所谓日本政府资助经费为诱饵,劝其回苏州复校。均遭到颜文樑校长的拒绝。日寇投降后,颜文樑带领师生接收沧浪亭校舍,在短时间内尽力恢复旧时规模。无奈,战争创伤过重,很难立现旧观,直至 1948 年,教学秩序才算大致就绪。此时,颜文樑奔波于苏沪之间。总务主任胡粹中、教务主任黄觉寺、训务主任商家、事务主任朱士杰、秘书陆寰生、校董代表吴似兰、舍务主任储元泃、文书主任顾太鹤等均努力就职,积极复校后事宜。此外还有孙文林、徐近慧、陆国英、张电阶、钱夷斋、朱竹云、张宜生、凌立如、顾叔和等新老教师,也为恢复苏州美专元气全力以赴的工作。沪校的研究室有颜文樑与秘书陆寰生兼理,后由主任李咏森负责,教授有丁光燮、承名世等,直至上海解放、基本未变。

复校后,全校教职员有校长颜文樑先生、总务主任胡粹中、校务主任黄觉寺、训务主任商家堃、事务主任朱士杰、舍务主任储元洵、校董代表吴似兰、秘书陆寰生、文书顾友鹤、会计钱定一、事务李霞城、书记陆昂千;西画及理论教授颜文樑、胡粹中、朱士杰、黄觉寺、孙文林、徐近慧、陆国英;国画及理论教授张星阶、吴似兰、朱竹云、钱定一、张宜生、凌立如;英文黄恭誉、黄恭仪;法文袁刚中;国文顾叔和;金石沈勤庐;艺术解剖包希堃;色彩杜学礼;工笔陆宣景;图案商家堃;音乐王之玑;体育程鸣盛。

1946 年 7 月,由上海校友丁光燮、李咏森等发起组织校友会,并在上海威海卫路新生俱乐部召开成立大会,出席校友 130 多人,临时主席为刘崐冈、即席选举理监事,当选理事丁光燮、张念珍、陆寰生、陈士宏、叶佩芬、陆敏苏、郑定裕、吴钟英、刘崐冈、徐基良等 11 人,监事孙毓珍、承名世、汪泰嵩、王汝常、刘中民五人。颜文樑先生出席会议,并被推举为会长。

图 15　苏州美专人体画室

1946 年暑假,由吴似兰热心相助,并由商家堃任教务、储元洵任训务,开办了附属初中,以期能够培养求学者的嗜好和启发审美力,扩大艺术教育的范围。当时的吴似兰作为苏州美专校董,受其兄吴子深先生所托,开办附属初中,为苏州美专的教学发展提供了很多经济支持。

1947 年 1 月 20 日苏州美专校刊《艺浪》(一九四六年七级毕业号)出版,并标有"复刊第二号"的字样,刊载有颜文樑先生的文章《期望筹设全国美术馆议》及苏州美专部分教授的照片,并刊印有《苏州美专 1946、1947 届毕业纪念刊》作为附刊。

1947 年 11 月,二十五周年校庆,各地校友纷纷前来参加庆祝,并举办美术展览会和联欢会。

1948 年 7 月,举行抗战后第一届专科生毕业典礼。复校后第一届专科毕业生有杨大年、陈雪盦、朱清远、高逊、车溯一(国画系),仅 5 人,足见抗战后第一年招生办学仍然艰辛。

苏州美专复校后，在校学生 280 余人，分别就学于专科（国画与西画两系）、高中艺术师范科、实用美术科。其中，专科为五年制，高中艺术师范科为三年。

截止此时，历届毕业生有 1300 余人，均服务或继续研究于国内外。教职员 42 人。校长颜文樑先生往来于苏沪两校。

1949 年 4 月，苏州解放，苏州美专得以调整与充实教职员工队伍，颜文樑先生继续任校长。

1950 年 7 月，专科同学举行毕业典礼，并出版《苏州美专 1950 届毕业刊》精装小开本一册。同年 9 月创办动画科，并公开招收动画科首届学生 30 人，学制 2 年，由教授钱家骏、副教授范敬祥负责筹建工作，培养新中国急需的动画人才；并建立制片室开展动画制版摄影业务。先后在制版室工作的有吕敬棠、吕晋、杭执行、高步青、钱兴华、李新、王吉、刘剑莆、施有成等 10 余人。此时，全校学生约 240 余名，教职员工 42 人。

1952 年 7 月，全国高等院校院系调整，苏州美专动画科并入北京"中央文化部电影局电影学校"（现北京电影学院前身），钱家骏任动画专修科教授兼副主任。同月，动画科第一届学生毕业，分别被安排在上海电影制片厂、北京八一电影制片厂、上海科学教育电影制片厂工作。

1953 年，第二批动画科学生毕业时，动画专修科停办。钱家骏带着十几个学生被调派到上海电影制片厂美术片组。

图 16　钱家骏

动画科自成立以来共培养 45 余人，比较著名的有徐景达（阿达）、严定宪等。钱家骏、徐景达创作的水墨动画片《小蝌蚪找妈妈》，校友严定宪、林文肖、浦稼祥、陆青设计的美术片《大闹天空》，分别获得国内外多个大奖，并在国际上引起轰动，也为我国当时的动画电影事业补充了新鲜的血液。

苏州美专各科系的变化，均以适应社会及遵部定规划，科目出现种种变迁，体现了进步思想，提倡了社会文化，还造就了后起之秀。草创时代的这些成就足可见艺术界之合作精神。

1952 年秋，全国高等院系调整，苏州美专与上海美专、山东大学艺术系，三个校系合并，组成华东艺术专科学校，迁至无锡上课，后又迁校至南京，改名南京艺术学院。原苏州美专教授如朱士杰、孙文林、徐近慧、陆国英等大部分分配于此,颜文樑先生调任浙江美术学院任副院长。至此,苏州美专结束了它办学 30 年的历史使命。

七、校史留名:苏州美专任职人员留学史考

20 世纪早期,一批进步的艺术青年在新文化、新思潮的影响下,相继赴欧美及日本留学,学习西洋画法成为当时中国美术界新兴的潮流和引人注意的一种现象。苏州美专的师生们也为拓宽美术教育视野,学习西洋绘画写实性画法,先后赴海外留学。

颜文樑(1893—1988)

颜文樑,1893 年诞生于苏州干将坊本宅。自幼爱涂抹,后尊父命,专心学画,是为终身绘画。创办苏州美专后,经徐悲鸿推荐,1928 年 9 月,赴法国巴黎留学。参观卢森堡美术馆,访问美术大师大耐·布凡,后经达仰教授推荐入巴黎高等美术学校彼埃尔·罗朗斯教授的画室学习,以真人模特进行练习。住在巴黎郊区圣西尔,当时由于条件不允许,只得与他人共租一室,颜文樑先生只能得到一斗室,可以容纳一张床。1929 年,在巴黎高等美术学

图 17　颜文樑《厨房》(粉画)

校先到石膏室练习素描。下午时间,可以凭借着学校的长期出入证,去各大博物馆、美术馆临摹一些名作。

1929年春,去比利时,游滑铁卢,参观威灵吞败拿破仑战场遗迹;又去根特,观看根特教堂内杨·凡·爱克的画作。

是年3月,以粉画《厨房》、《画室》和油画《苏州瑞光塔》送巴黎春季沙龙,均入选。6月,以描绘邻家厨房沧桑感和古旧感的《厨房》获荣誉奖,并授予奖状,授奖仪式极为隆重,由法国教育部长亲自主持,这让颜文樑先生成为我国参赛法国沙龙获奖第一人。6月,游伦敦两周。画油画《英国议会》和《海德公园》二图。

1930年5月,游意大利,同行者有刘海粟、吴恒勤、杨秀涛、孙福熙,游历罗马、佛罗伦萨、威尼斯、米兰等地,饱览世界名画、建筑、雕刻等,并游大教堂写生,三周间画油画14幅。

1931年12月,结业回国,途径德国,小住两天,再至波兰、苏联,乘西伯利亚火车由满洲里入国境。经莫斯科时,小作逗留,参观美术馆、博物馆、红场等。

图18 颜文樑《厨房》(粉画)

颜文樑先生留学期间,如玄奘取经般为苏州美专添购石膏像。从希腊名作到古罗马与文艺复兴诸时代名作。二三年间,共购得460余件。当时他的圣西尔寓所的客厅、饭厅均堆满了颜文樑先生所购石膏像。每购一批,交轮船公司托运回国,苏州美专辟专室安置。至抗战前,共得460余件,超过全国所有美术学校石膏像之总和,质量也称第一。黄觉寺在《颜文樑与苏州美专》的回忆文章里这样写道:"不二年,成批的大型木箱,一批批运到本国,运到学校,直到颜先生回国的那年,还陆续的运到。全部统计,大小模型,不下四百余件。多数为名家雕刻的复本。其中如:《掷铁饼》、《大卫头像》、《奴隶》、《拔刺》、《小孩抱鹅》、《蹲着的维纳斯》等石膏像。还有专供教学用的人体解剖模型。此外,还有专门装饰用的古希腊瓶及各种浮雕。可以说,所选购的模型,各方面都具备。这是颜先生苦心孤诣和坚强意志的结晶。颜文樑先生又将法国学生用的画架、画椅、画箱等设备一一画下图样,标上尺寸,回国后照图纸复制成套画具。可惜,数年的心血现已荡然无存。颜文樑先生以自己的切身实践来表达对进步思想与文化的追求,追求科学的真知灼见。"

吴子深(1894—1972)

吴子深,1894年生,家产豪富,素好绘事。曾拜苏州画家顾鹤逸为师。1932年,吴子深赴日本考察,参观东京美术学校,深为日本美术学校齐备的校舍所感动与鼓舞。归国后,吴子深主张办一所中国式的美术教育,以期挽回日趋颓败的中国美术。9月12日《苏州明报》曾记载如下消息:"美专学校校主吴子深于前月东渡,考察日本美术,游历经月,前日返国。苏州美术馆特于昨日在沧浪亭举行展览,并请吴子深讲述三岛美术情况。"

丁光燮(1902—　　　)

早年出国留学,学习西画。归国后,任教于苏州美术专科学校,多次与颜文樑、朱士杰共同展出作品于苏州、上海、南京等地,绘画风格相近。1924年与李咏林创办《太平洋画报》。1929年作品《绿荫下》参加"中华民国第一届全国美术展览会"。1939年发起成立"青年美术学会",以"提倡研究精神,扩展美术运动"为宗旨,同年在上海举办画展。后长期在上海等地从事美术教学与创作活动。丁光燮是中国早期油画发展史上一位比较重要的风景画家,深受法国巴比松画派和英国风景画派的影响,作品多描绘苏州等江南城镇郊野的景色,强调意境的营造,带有浓厚的理想色彩与牧歌情调,与颜文樑等共同开创了苏州美专画家群的独特风格。

吕斯百(1905—1973)

吕斯百先生是中国现代著名的油画家、美术教育家。1927年被南京中央大学艺术系派送法国里昂美术学校攻研油画。1931年,吕斯百先生以优异的成绩被保送到巴黎美术学院深造,师从劳朗斯,继续追寻现实主义道路。同时在朱里安油画研究院学习。1932 年与常书鸿、刘开渠、王临乙、唐一禾等留法学生发起组织留法艺术学会。

1934 年学成归国的吕先生执教于苏州美术专科学校,将法国油画之优良传统传至苏州。将真正所谓的具有法国风格的具有油画味道的创作技法带入中国,其中,在油画技法中的"反复加工塑造"、油画中的均匀厚涂法等,均是吕斯百先生传授于当年求学学得的。

戴秉心(1905—1980)

1936 年任苏州美专西画教授。1930 年由时任国民政府要职的同乡推荐,公费考入昂维斯的比利时皇家美术学院,后又入比利时皇家艺术研究院深造。注重基本功训练、学到了比利时古典主义艺术传统。戴先生追求艺术家审美趣味的表现,强调内心情感的自然流露。强调其独到之处及个人特色,将欧洲现代画派的技法结合东方绘画传统,努力探求油画民族化的道路。

周方白(1906—2000)

1930 年赴法国,入巴黎高等美术学院学习素描和油画。1933 年入比利时皇家美术学院学习绘画。1931 年,转学雕塑,为比利时皇家美术学会会员。1935 年回国,任教与苏州美专西洋画组。

吕霞光(1906—　)

从 20 世纪 20 年代起便开始了他的艺术生涯,就学徐悲鸿先生。随后,在徐悲鸿先生的推荐下,与著名美术家吴作人一同赴法国留学,考入巴黎国立美术学院,专攻绘画与雕塑,于 30 年代初获该院毕业文凭。30 年代初,他与吴作人一起到比利时首都布鲁塞尔皇家美术学院考取奖学金资格,其优异成绩震惊了比利时整个美术界。在比学成后,又返回巴黎,深造于巴黎国立美术学院。抗战期间,他担任苏州美术学院的教学工作。

黄觉寺(1901—　)

江苏吴江人,1901 年生于该地青浦镇。1924 年首届毕业留校,此后一直是颜文樑先生事业上的得力助手。1934 年,赴法国留学,入巴黎高等美术学校,进油画家谭望培(Devanby)的画室学习。1936 年毕业回国,任苏州美专教务主任兼教授。黄觉寺在艺术教育上兢兢业业于人体解剖的研究与著述,是卓有影响的技法理论家。

胡粹中(1900—1975)

1900 年生,江苏苏州人。1924 年毕业于苏州美专。擅长水彩画,曾东赴日本考察美术教育,在日本大学艺术院从事研究工作,归国后积极投入教育活动,任苏州美专教授、代理校长、总务主任等。他的水彩画多为风景写生,笔调细致工整,色调清雅晶莹,画风质朴谨严,为国内独具之风格。1934年,他与吴中书法家吴进贤联合举办扇面画展,他以水彩画入扇,吴以隶书题扇,中西合璧,新人耳目。

从当时的文化生态来看,以上代表画家的留学经历,以及归国后向中国"献礼"的热情,为我国西画艺术的多元化发展,提供了一条线索。而且,这种热情也没有虚掷,在五四新文化运动发展背景下,被积极的接纳。如黄觉寺在留学期间编著的《素描画述要》,由上海商务印书馆出版,它是国内较早的一部西画技法论著。后来,又整理出版《欧洲名画采访录》,作为青年美术学会的丛书之一,将自己撰写的欧洲游记散文30余篇,汇成一册,出版《欧洲之什》;后又编写《艺用人体解剖学》、《动物解剖》,将西洋画法的写实性特点带来,拓宽了中国美术的视野,也为当时中国的艺术教育输入了新鲜血液,开启了东西方油画艺术的融合创新的道路。先辈们通过努力,试图将西方美术以"科学"为核心的教育方法引入中国,以此彻底改革中国陈陈相因的旧式美术教学,实现中国美术教育现代化的理想,为我国吸收外来文化,进一步理解外来资源,研究西画传统技法,了解近现代西方诸风格流派等方面,开拓中国的西画历史起到决定性的作用。

他们受到西方美术的影响,但却能自运机杼,利用自身居住的优美雅致的田园风光,结合中国传统绘画的构图方式,形成独特面貌。他们既是中国较早一批远渡重洋寻找中国绘画的先驱,同时也是中国早期西方美术领域的启蒙教育家。

八、探微见大:苏州美专校刊与画会

作为一个现代美术教育家,颜文樑先生把自己毕生的精力倾注到中国现代美术教育的开拓之中。他的美术教育思想的建构,还包括了美专校刊的创办以及各类画社组织的建立。

苏州美专的校刊,最早约创办于1928年,刊名为《沧浪美》。由黄觉寺主编,每期约10余页。用以发表本校师生的优秀美术作品,研究美术创作,介绍中外古今艺术名作和国外美术教育状况,讨论美术教育教学问题,还包括徐悲鸿等在内的校外艺术家也发表学术见解,内容涉及广泛。

至 1933 年,校刊改名为《艺浪》,出版第 1 卷第 1 期,仍由黄觉寺编辑,张念珍负责制版印刷,16 开本,增加了大量篇幅,定为月刊。每期有专论、随笔、文艺小品与美专校训,并用铜版精印加上三色版彩印,印刷制版全由本校工厂承担从此校刊《艺浪》成为苏州美专教学展示的舞台。其中美专大型

图 19　校刊《艺浪》

纪念活动,颜文樑先生等艺术名家的教育思想均在校刊中详细记载,如《艺浪》第 8 期(十周年纪念号)发表颜文樑先生的《十年回顾》、徐悲鸿先生的《述学之一》、《陈言》,主张创造、反对因袭;吴子深先生的文章《渔村论画》在当时影响极广;黄觉寺的《最近三十年内我国之艺术教育未来之展望》等是有关艺术教育理论性探讨的文章。《艺浪》(1946 年七级毕业号)封面上标明出版日期是民国 36 年,复刊第二号。第一篇是当时任苏州美专校长颜文梁的文章,题目是:《期望筹设全国美术馆议》,中间刊登苏州美专部分教授的照片;1946 年,苏州美专迎来了她 25 周年的校庆,《艺浪》校刊纪念特号的扉页上刊载由颜文樑先生撰写的《二十五周年校庆献辞》:"艺术运动本来不是因循故步而要日新月异。我们以往的,破坏的也已经破坏了,损失的也已经损失了,我们不能因为那样的小损而馁志气!我们要强健,我们要聪明。惟强健,才配生存;惟聪明,才能才久。当我校立校二十五周年的盛会中,我就以'自强不息'四字来庆祝我们的前程!"

　　抗战前,大约在 1931 年左右,还有学生编印过一册诗词刊物,名《起社》,只出了三期即停刊。复校后的 1946 年也由学生编印过一册文艺刊物《牧野》,出了两期即停刊。此外,1932 届、1935 届、1935 届高中、1948 届、1950 届学生,都编印过毕业纪念刊。其中 1935 届专科及 1935 届高中的毕业纪念刊,是学校自己制版印刷的。

　　1947 年,创办多年的校刊《艺浪》在黄觉寺等的努力下复刊。主编及印刷仍由黄觉寺、张念珍负责。

　　刊物承载着颜文樑先生及历届师生的美术宣言、学术思想、研究动态、真情告白,留下了他们的艺术实践和理论建树,反应当时的艺术教育现状,

图20 颜文樑(后排左三)与苏州美专沧浪画会成员合影(1936年)

也成为苏州美专在教学与科研方面对外宣传的窗口。

"谋艺术的进步、社会的改善"是构成颜文樑先生教育思想最重要的基石。在建校多年时间中,苏州美专同仁,在教学服务的同时,对社会美术事业也非常关心,组织文艺社,交游往还,相互观摩学习,提倡艺术之本质,对当时苏州美术的发展有很好的宣传作用。如早在1919年颜文樑先生与东吴大学杨左匋共同发起组织,葛赉恩(美国人,东吴大学校长)、潘振霄、徐咏青、金松岑等赞助,征集苏州和全国各地中西画家作品陈列,开创了国内美术展览的先声,每年举办一次,每次陈列二星期,每年元旦至十五日为止,历时20余年末间断。这是全国美术展览会最早的举办。当时团体加入者有北大画法研究会,东大飞画会,中大及苏州各中等学校等。胡粹中、朱士杰在第二届画赛会时加入组织工作,使会务更顺利发展,而美专教授如吴子深、颜纯生、顾彦平等30多人均有作品参加,影响较大。

1935年12月,西画系的董希文、费以复、李宗津和许大卫等十余名在校学生组织成立"南园画会",并通过经办《苏州明报》副刊《明晶艺术旬刊》专栏,以文字与绘画形式探讨画理,介绍作品,共介绍文章和作品141件,并组织会员去北京举行书画展览一次,拓宽了视野,扩大了苏州美专的影响。另外,还有"沧浪画会"、"十二画会"、"春风画会"、"南国画会"、"茉莉书画会"、"艺声美术会"、"旭光画会"、"流萤学会"等。其中,颜文樑先生还为"南园画会"、"沧浪画会"、"壮游画会"、"茉莉书画会"四个画会撰写"忆南园"、"沧浪四时"、"艺舰"、"花小香远"四首会歌。以上这些组织多为苏州美专教师加入,各出近作,联合艺术之友,造就后起之秀,募集资金,用于美专建设,得到当地名人的支持,并影响全国。

文化场域变化:苏州美专校舍建设

苏州美专开办时,校舍的选择便是很大的问题。刚开始是暑期学校,选址在海红坊法政学校旧址。颜文樑先生在《创办十年回顾》中记载:"学校环境,须择文化自然之中心,沧浪亭一带,于办学最适,乃就吴县县立师范得龚耕禹先生之介绍,向吴县劝学所租借附中学校旧部一部为校舍,即我校最初之校舍也。"

1924年,学生数量陡然增加,原有的校舍已不够使用。至1925年秋,学生数量又不断增加,而且以外地学生居多,宿舍问题急需解决。在此期间又租借沧浪亭西部、三贤祠一部分余屋为西校舍。原附设县中校舍为东校。

1929年10月,吴子深归国前,因见东京美术学校校舍庄严美奂,设备齐全,深为所动。在返苏后立即召开董事与校务联席会议,决心购买早在颜文樑先生出国前初步商议的沧浪亭东侧徐姓的4亩土地。会上,吴子深当场签票捐资3万元(约合人民币150万元—220万元),以扩建苏州美专新校舍。

1931年10月,举行新校舍奠基典礼。

1932年8月,新校舍建筑就绪,共耗费5.4万银元,所有费用全由吴子深所出。苏州美专建设至1933年左右,各项条件已趋完善,执政当局也时有拨款资助。1936年4月21日,南京中国文艺社[1]春季旅行团徐悲鸿、汪辟疆、徐仲年等50余人专程至美专参观,对美专之办学精神与校舍建筑之规模,极尽褒扬之词。

这时整个校舍面积已达70余亩,一派新式高等美术学府的派头。西部沧浪亭,为古典式园林建筑,有明道堂(当时作为礼堂及大型石膏素描室)、清香馆、沧浪亭、面水轩(会议室并作来宾接待室)、藕花水榭(办公室,复校后作教师宿舍)、翠玲珑(作教室,复校后先作附中教室后作教师宿舍)、五百

---

〔1〕 中国文艺社是当时国民党宣传部为团结文艺界人士而成立的半官方组织,由叶楚伧、张道藩、王平陵等人作为发起人,于1932年在南京成立。

名贤祠(东西两房屋先作办公室,复校后作教师宿舍)、钓鱼台、看山楼、印心石屋等,各处均有回廊相通,回廊均有漏窗、两面可看。外则荷池环绕,宁静优雅,别有一番情趣。东部为新建如罗马式之宫殿般建筑,为美专教学大楼,具体设计者是上海工部局建筑师按希腊式列柱廊设计营造,布局合理,采光科学,规模之大,造型之美,为当时全国美术学校之冠,而闻名遐迩。十四根巨大的列柱拱廊罗马宫殿式校舍,落成在恬静优雅的沧浪亭畔。墙壁上绘着富丽堂皇、彩色绚丽的壁画。西面的展厅内,陈列着颜文樑先生在巴黎诸大美术博物馆临摹的油画作品,东面是法国式的素描大教室,暗红色的墙面衬托着460尊石膏雕像。楼上是天光人体写生教室和油画专业教室;为半地下室,主楼宏伟宽敞,计三屋,底层作为理论课教室;中层为石膏素描室,美术陈列室、校长办公室及校董办公室;上层为中国画实习室,西画人体教室,高中艺术师范科的中国画教室。

1948年12月,校友发起募捐修理款,将原教学大楼平顶改为坡顶,解决了多年以来难以解决漏水问题,较易于泻水,经过二个多月,耗资千多元,修理完毕,举行校舍修葺竣工典礼,并刻碑纪念。

苏州美专校舍的建设倾注了创建者的心血,承载着每一位师生的梦想与不朽的艺术生命;校舍的变迁见证了学校的不断发展与成就。遥想前辈建设校舍之情景,仿佛看到校董会、颜文樑先生、全校师生以及热心艺术教育的社会人士在筹集资金、设计图纸、安置石膏像、悬挂名家名作的热闹景象。

结　语

在20世纪初战火硝烟弥漫的特殊历史年代里,颜文樑先生与前辈们作为中国近代美术的先行者,不畏艰难,创办苏州美专,期望利用美术教育来完成民族救亡的重任。他们理念相同,具有深厚的文化修养,中西兼通;他们对当时的美术教育事业有清醒的认识,以"培养艺术人才,为社会服务"为办学宗旨,对我国艺术教育事业的改革做出种种尝试,将苏州美专的办学规模逐渐扩大,将我国的艺术教育推向了一个崭新的高度。

卓哉我校树中华,广厦庇才众;孕育中西集诸艺,学业务专攻。君看沧浪之水清,流无穷!

壮哉我校树亚东,湖山灵气锺;为学及时须忠勇,前贤是式从。君看沧浪水兮动,涌涌涌!

美哉我校气象新,前途无限进;洁我团体振精神,雄飞畴与伦。君不见沧浪水兮清,进进进!

我爱我校事业宏,文艺遍大众;热血沸腾具一心,荆棘奚堪侵。君看沧浪柏青葱。节劲雄![1]

一首苏州美专校歌,充满激情,为之骄傲,表达了前辈们的办学理想与坚持发展艺术教育的决心和抱负。育人于此,孜孜不倦;求学于此,殷殷切切。

但是,苏州美专不是"世外桃源",三十年的艰苦办学经历几多风雨:"男女同校"、"石膏像事件"、"战争洗礼"。看似文弱的师长前辈,表现出了可贵的坚守和硬汉品格。"人生是短促的,越短就越要赶紧做些事情,人老了就更要抓紧时间著书立说,好让下一代人能得到借鉴参考。一个画家要画到最后一笔死,一个音乐家要作到最后一曲死。如果能够这样,那么,他的艺术生命就是长存的。"颜文樑先生在最后的数年里经常重复的几句话,印证了一位教育家其独特教育情怀和责任感。

南艺百年,记述作为前身校的苏州美专前辈的办学精神和所取得的成果,梳理他们在艺术领域开拓创新的事迹,传承他们的艺术理念,无疑具有特别的意义。

作者附言:

撰写此篇《苏州美专校史纪程》,是受《艺术学研究》编辑部委派,为本期专刊《苏州美专研究》组稿,希望通过文献资料勾勒出苏州美专的创立、发展、变革,以及教育教学情况等一个连贯又真实的概况。苏州美专的创办开风气之先,且为私立学校,所以对其学校资料的整理与保存工作不为当时政府部门所重视,加之历经战争的洗礼等风云变幻,更使得原有的史料记载或遗失或被毁坏,所留甚少。如今整理苏州美专校史得以进行,要感谢亲历苏州美专建校、教学的前辈学长、先师传人和家人,以及多位关注苏州美专沿革的学人所存史料及回忆。如江洛一、钱定一、毕颐生、尤玉淇等老先生为

─────────

〔1〕颜文樑为苏州美专制歌曲多首,每周晨会,教学生演唱。除此首校歌外,前后共作14首,有《艺舰》、《沧浪四时》、《艺术迈进曲》、《青年的苏美》、《沧浪夏夜》、《沧浪秋夜》、《我爱苏美》、《我们的力》、《好友你莫忘》、《留恋曲》、《苏美─艺侠》、《听奏钟声》、《记功柏》、《艺术忧思》等。

后人留下的宝贵史料,为校史的撰写提供了难得的一手资料。百年回眸,精心梳理成文,让每一个"南艺人"对其前身校的历史变迁有一个比较清晰、完整的了解。

【参考书目】

(一)著作类

1. 朱伯雄、陈瑞林编:《中国西画五十年(1898—1949)》,北京:人民美术出版社,1989.12

2. 陈瑞林:《中国现代艺术设计史》,湖南科学技术出版社,2002

3. 南京艺术学院校史编写组编著:《南京艺术学院史 1912—1992》,南京:江苏美术出版社,1992

4. 苏州市文化局编史修志办公室编印:《苏州地方志"文化艺术卷"(之一)美术(讨论稿)》,1987 年

5. 潘耀昌:《中国近现代美术教育史》,杭州:中国美术学院出版社,2002.1

6. 吕澎:《20 世纪中国艺术史》北京大学出版社,2007.2

7. 李涛晋、万春力著:《中国现代绘画史(民国)))》,文江出版社 2003 年 8 月版

8. 中央美术学院美术史系中国美术史教研室编著:《中国美术简史》,中国青年出版社,2002 年

9. 熊明安著:《中华民国教育史》,重庆:重庆出版社,1990 年

10. 陈学恂主编,《中国近代教育大事记》,上海教育出版社,1981

11. 阮荣春、胡光华,《中华民国美术史》,四川美术出版社,1992 年

12. 张秀民:《中国印刷史》,浙江古籍出版社,2006 年

13. 张蔷:《中国大百科全书·美术卷》,中国大百科全书出版社,1990 年 12 月

14. 张蔷:《中国美术十年》,湖南美术出版社 1991 年 12 月

15. 林文霞记录整理:《颜文樑》,学林出版社 1982 年 1 月版

16. 尚辉著:《颜文樑研究》,江苏美术出版社 1993.10

17. 周矩敏主编:《沧浪一页——纪念苏州美术馆建馆 80 周年》,合肥,安徽美术出版社,2006

18. 陈徵主编:《沧浪掇英——苏州美专建校 86 周年纪念专辑 1922—2008》,中国现代美术出版社,2009.2

19. 黄觉寺:《颜文樑和苏州美专》,载于《南京艺术学院史 1912—1992》,江苏:江苏美术出版社.1992

(二)论文类

1. 颜文樑:《色彩琐谈》上海人民美术出版社 1978 年 10 月版

2. 颜文樑:《谈文与野》,《中华民国三十六年中国美术所鉴》,1948 年

3. 颜文樑:《十年回顾》,艺浪第八期.十周年纪念号.1932

4. 颜文樑:《回顾我的艺术生涯》,原载《上海美术通讯》第十五期,1982(10)

5. 颜文樑:《谈文与野》,载《美术年鉴》.上海市文化运动委员会.1948

6. 颜文樑:《艺术教育今后之趋势》,《艺浪》第二卷二、三合刊,1936

7. 颜文樑:《艺术教育今后之趋势》,后转载苏州工艺美术职业技术学院学报,2003,(01)

8. 颜文樑:《从生产教育推想到实用美术之必要——告本校实用美术科同学辞》,载于《艺浪》第九、十合期.1933

9. 颜文樑:《从生产教育推想到实用美术之必要——告本校实用美术科同学辞》,后转载《苏州工艺美术职业技术学院学报》,2003,(02)

10. 颜文樑:《十年来我苏艺术事业之报告》,载于《沧浪美》—画赛会十周年纪念特刊.1928

11. 颜文樑:《我所希望于艺术界者》.载于《沧浪美》第 2 期.1928

12. 颜文樑:《期望筹设全国性之美术馆议》,载于《艺浪》第 4 卷第 2 期.1947

13. 颜文樑:《怎样批评绘画》,载于《沧浪美》—苏州美术画赛会十周年纪念特刊

14. 颜文樑:《重修沧浪亭记》,出自蒋吟秋编著,《沧浪亭新志》,1928 年

15. 颜文樑:《美术年鉴·序》《中华民国三十六年中国美术年鉴》上海市文化运动委员会 1948 年 10 月版

16. 赵思有:《论颜文樑的美术教育思想及其作品特点》,载于《苏州市职业大学学报》,2005 年 16 卷 4 期

17. 李树声:《对〈颜文樑研究〉的研究》,载于《美术之友》,1995 年第 2 期

18. 陈尉南:《刘海粟、徐悲鸿、颜文樑美术教育思想比较研究》,载于《美与时代》,2005 年第 5 期

19. 王建良:《论苏州美专实用美术教育思想的内涵及传承》,载于《南京艺术学院学报(美术与设计版)》,2009 年第 6 期

20. 吴浣薇:《父辈与苏州美专的不解之缘》,载于《苏州杂志》,2004 年第 4 期

21. 胡久庵:《颜文樑扶持苏州美专分校》,载于《世纪》,2006 年第 3 期

22. 吴亦生:《颜文樑的民族气节》,载于《上海市文史研究馆馆员》,《世纪》,2005 - 12 - 15

23. 吴亦生:《纪念颜文樑先生》,载于《世纪》,2002 年第 5 期

24. 金冶:《颜文樑先生的艺术道路——在上海庆祝颜文樑先生学术讨论会上的发

言》,载于《新美术》,1982年第4期

25. 金冶:《颜老夫子——记我国著名画家和美术教育家颜文樑先生》,载于《新美术》,1981年第二期

26. 金强:《颜文樑与动画艺术》,《苏州美专校友通讯》第十期

27. 李新:《缅怀颜文樑老师》,载于《南京艺术学院学报(美术与设计版)》,1993年第2期

28. 李征:《颜文樑美术教育思想略论》,载于《大众文艺》,2010年第1期

29. 颜振康:《我的父亲颜文樑》,载于《艺苑》,1993年第二期

30. 颜清诚:《颜文樑和他的艺术》,载于《中国油画》,1988年第一期

31. 颜清诚:《忆祖父——颜文樑》,载于《上海美术通讯》,第34期1989年4月版

32. 李洁璇:《工场教育模式的引入和颜文樑实用美术教育思想形成的渊源》,载于《南京艺术学院硕士论文》,2008年

33. 贾明玉:《颜文樑:中国现代美术奠基人系列》,载于《艺术界》,2010年第3期

34. 天白:《颜文樑大师艺术活动简表》,载于《南京艺术学院学报(美术与设计版)》,1993年第2期

35. 陈烟帆:《颜文樑与石膏像》,载于《文化娱乐》1983年第三期

36. 邱国隆:《纪念颜文樑老师百岁周年》,载于《南京艺术学院学报(美术与设计版)》,1992年第4期

37. 邱国隆:《画坛良师》,载于《苏州美专校友通讯》第十期

38. 肖峰:《画坛楷模——悼念颜文樑先生》,载于《新美术》,1988,(03)

39. 尤玉淇:《我爱吾师——缅怀颜文樑夫子》,载于《南京艺术学院学报(美术与设计版)》,2008年第6期

40. 尤玉淇:《颜文樑的艺术观》,载于《南京艺术学院学报(美术与设计版)》,1993年第2期

41. 尤玉淇:《颜老的艺术观》,载于《艺苑》1993年第二期

42. 尤玉淇:《颜文樑先生年表》,载于苏州市油画水彩研究会、苏州市业余美术专科学校、苏州美专苏州校友会油印件1988年10月

43. 尤玉淇:《颜文樑与苏州》,载于《苏州日报》1982年6月15日

44. 尤玉淇:《从"画赛会"到"沧浪之友"》,载于《苏州报》1984年6月22日

45. 尤玉淇:《沧浪三杰》,载于《苏州杂志》1992年第三期

46. 尤玉淇:《春风不改旧时波——苏州美专学习生活回顾》,载于《苏州杂志》1990年第四期

47. 翁晓恩:《开济功高丹青永存——颜文樑与苏州美术馆》,载于《中外文化交流》,2006,(12)

48. 俞成辉：《吾师颜文樑教授》，载于《艺苑》1993 年第二期

49. 莫朴：《画坛楷模——祝颜文樑先生艺术生活八十年》，载于《上海美术通讯》第 15 期 1982 年 10 月版

50. 沈建华：《颜文樑绘画艺术研究》，载于南京师范大学论文，2006

51. 冯健亲：《颜老精神》，载于《南京艺术学院学报（美术与设计版）》，1993 年第 2 期

52. 陆国英：《我师颜文樑》，载于《南京艺术学院学报（美术与设计版）》，1988 年第 4 期

53. 陆宇澄、刘丹：《颜文樑与苏州美专》，载于《苏州大学学报》（工科版），2007 年第 1 期

54. 陈志华：《我的老师颜文樑教授》，载于《南京艺术学院学报（音乐与表演版）》，1985 年第 4 期

55. 陈志华：《我的老师颜文樑教授》，载于《艺苑》1985 年第四期

56. 陈志华：《颜文樑与私立苏州美术专科学校》，载于《江苏教育史志资料》1989 年第二期

57. 黄觉寺：《颜文樑和苏州美专》，载于《颜文樑》学林出版社 1982 年 12 月版

58. 钱家骏、钱延康：《颜文樑的教育思想和教育事业》，载于《上海美术通讯》第 15 期 1982 年 10 月版

59. 钱伯城：《为颜文樑先生写年谱》，载于《瞭望》，1993 年(33)

60. 钱伯城：《颜文樑生活年表·后记》，载于《颜文樑》学林出版社 1982 年 12 月版

61. 毕颐生：《回忆颜文樑校长》，载于《艺苑》1993 年第二期

62. 钱定一：《栋臣吾师诞生一百周年感赋》，载于《艺苑》1993 年第二期

63. 王达弗：《〈颜文樑研究〉读后感》，载于《南京艺术学院学报》（美术与设计版），1993 年第 4 期

64. 《我所希望于艺术界者——颜文樑》，载于《苏州工艺美术职业技术学院学报》，2003 年第 3 期

65. 隋岩：《徐悲鸿、刘海粟、林风眠、颜文樑的美术教育思想比较研究》，载于东北师范大学论文，2006

66. 倪大弓：《颜文樑的艺术生涯》，载于《美术史论》1987 年第二期

67. 俞云阶：《我所知道德颜文樑先生》，载于《上海美术通讯》第 15 期 1982 年 10 月版

68. 黄可：《美术画赛会——记颜文樑》，载于《羊城晚报》1982 年 5 月 6 日

69. 叶蓓芳：《吾爱吾师》，载于《上海美术通讯》第 15 期 1982 年 10 月版

70. 吴品先：《记青年时代的颜老师》，载于《上海美术通讯》第 15 期 1982 年 10 月版

71. 周碧初:《颜文樑先生在巴黎》,载于《上海美术通讯》第 15 期 1982 年 10 月版

72. 李咏森:《回忆国难时期的"苏州美专沪校"》,载于《上海美术通讯》第 15 期
1982 年 10 月版

73. 杨祖述:《颜文樑先生的两三事》,载于《上海美术通讯》第 15 期 1982 年 10 月版

74. 朱朴:《颜文樑先生年谱》,载于《上海美术通讯》第 15 期 1982 年 10 月版

75. 肖梵:《我们的老师颜文樑》,载于《苏州日报》10987 年 11 月 29 日

76. 陈逸飞:《一位老人,学者和前辈》,载于《文汇报》1991 年 1 月 4 日

77. 天白:《颜文樑大师艺术活动简表》,载于《艺苑》1993 年第二期

78. 王建良:《论苏州美专实用美术教育思想的内涵及传承》,载于《南京艺术学院学
报(美术与设计版)》,2009 - 12 - 15

79. 陆宇澄、刘丹:《颜文樑与苏州美专》,载于苏州市职业大学,苏州大学学报(工科
版),2004 - 12 - 30

80. 谷燕:《苏州美专和中国早期现代美术教育》,载于苏州大学硕士论文,2008 -
03 - 01

81. 胡久安:《怀念孙文林教授——记苏州美专宜兴分校和抗战胜利后的复校活
动》,载于《南京艺术学院学报(美术与设计版)》,1992 - 03 - 31

82. 刘荣生、唐文茵:《孕育中西集诸艺文艺遍大众——忆苏州美专》,载于《南京艺
术学院学报(美术与设计版)》,1992 - 12 - 26

83. 胡久庵:《颜文樑扶持苏州美专分校》,载于《上海市文史研究馆馆员》,《世纪》,
2006 - 05 - 10

84. 吴浣薇:《父辈与苏州美专的不解之缘》,载于《苏州杂志》,2004 年第 4 期

85. 李镇:《钱家骏年谱》,载于《当代电影》,2011,(11)

86. 黄丽丽:《为什么是董希文》,载于东北师范大学学位论文,2007

87. 邹础泉:《吴子深是我的救命恩人》,载于《纵横》,2005,(12)

88. 王铿:《画家吴子深父女》,载于《纵横》,2005,(05)

89. 王铿:《海上名家吴子深》,载于《荣宝斋》,2008,(04)

90. 王晓君:《李詠森和他的师友们》,载于《世纪》,1998 年第 2 期

91. 李炎鍇:《他走过了一个世纪——记百岁老画家李詠森》,载于《新文化史料》,
1999 年第 2 期

92. 吴承钧:《令人敬佩的艺术教育家——朱士杰教授》,载于《南京艺术学院学报
(美术与设计版)》,1989 年第 3 期

(三)苏州档案馆档案类

C71 - 002 - 0067 - 113 《回忆苏州美专》 钱定一

B02－002－0085－532 《苏州美专三十年校史》 蒋吟秋
I05－001－0065－008 《私立苏州美术专科学校图书清册》 私立苏州美专
I05－001－0367－001 《苏州美术专科学校1935级校刊》 吴县教育局
I05－001－0366－001 《苏州美术专科学校1935级画刊》 吴县教育局
I05－001－0199－031 《苏州美术专科学校张镜英毕业证明书》 吴县教育局
I05－001－0065－002 《私立苏州美术专科学校校产校舍校具清册》 私立苏州
美专

（作者单位:南京艺术学院设计学院）

苏州美术专科学校校史纪程

江洛一

苏州美术专科学校为颜文樑创办于 1922 年 7 月。初办时称苏州美术暑期学校,校址在海红坊苏州律师公会会所。教师有胡粹中、朱士杰、顾仲华、程少华四人。分中、西画两组,招进学生 100 余人,学习二月结束。普遍反映时间太短。遂于 9 月份成立苏州美术学校,学制两年。第一期招生,入学学生 14 人。为张紫玙、张念珍、龚启锐、钱永禄、诸长珍、张杰、黄觉寺、程慈、曹克崇、徐晋韶、徐传扬、姚启鹏、吴怀高、沈飞。同时聘请顾公柔、金东雷分别教授国画和文学课,雇工友一人。时校址已迁至沧浪亭对面县立中学校舍的一部分(9 间平屋)。设中国画和西洋画两科。

1923 年学生人数渐增,又租赁沧浪亭西部,中州三贤祠河南会馆房屋三间为西校,原附设县中校舍为东校。第二期招生,该四年毕业,录取学生 10 余人。其中首次招收女生一名(徐慧珍),为苏州学校男女同学之始。男学生中有严振东、蔡鸿斌、高奎章、陆传纹、花农、胡佩先等。

1924 年,第三期招生,录取 40 人。其中有女生 10 余人。特辟东校校舍三间为女宿舍。

1925 年,第一期毕业同学大多志愿留校任职。根据具体情况,最后受聘的有黄觉寺、张紫瑛任西画教师;张念珍、徐晋韶分任事务校务工作。这时太仓省立中学毕业的陆寰生来校任研究生。陆擅读古书,长于文牍,就请其兼管教务,此后专任校长秘书之职。

1927 年,颜文樑应苏州公益局之聘,任沧浪亭保管员,并受命筹建苏州美术馆,将陈列中西画家作品。美校也业经公益局和教育局批准,由县中迁移至沧浪亭内。从此一直定居其中。

一

沧浪亭为吴中历史名迹,广阔数里,具山水泉石之胜。然年久失修,房舍倾圮,亭园荒废。这时四方求学人数日众,校务相应扩大,苦于经费严重不足,就发起社会人士资助修葺。上海来青阁主人杨寿祺素与颜文樑相处友善,为人豪放,即首创年助美校六十元。苏州名绅首富兼国画家吴子深,早在1914年与颜文樑相识,一见如故,从此交谊日笃,过往甚密,且重义疏财,就慨然对颜氏说:"你办学,我出钱。"即以千元支票相付以修理沧浪亭。在此基础上,就由学校出面,建立校董会,由苏州地方知名人士张仲仁(一麔)、叶楚伧、朱梁任、朱文鑫(贡三)、金天翮(松岑)、汪懋祖(典存)、王誉(佩铮)、许厚基(明)、龚鼎(耕禹)、徐嘉湘、章骏(君畴)、赵昌(眠云)、陶小沚及吴华源(子深)14人为校董会董事,推吴子深为主席校董,委以重任。与此同时,曾集合京沪线各地艺术家联合举办美术展览,以及邀请在苏著名书画家60余人举行"吴中书画家联欢会"。于是沧浪亭畔,艺术空气极为浓厚,而美专学校更为社会人士所重视。

秋天,中央大学美术系主任徐悲鸿偕夫人蒋碧薇来校,竭力赞赏颜文樑的办学精神和高度评价他的绘画作品,称他是"中国梅松尼埃",并力促颜文樑去法国深造。

冬天,因吴子深付出巨资,已把沧浪亭修缮一新,获得社会赞扬。学生读书其中,无不感到心旷神怡。学校威望日高,报名入学人数随之增多,又向吴县教育局租借已停办的商业学校全部校舍为第二院。

1928年9月,颜文樑去法国巴黎留学,曾参观卢森堡美术馆;访问美术大师达仰,又访问罗朗斯教授于巴黎国立高等美术学校。自此始,颜文樑就在罗朗斯亲自指导下专心学习西画。

这时,美校由胡粹中代理校长之职。教职员有张宜生、张紫玙、朱士杰、严大均、黄乃振、黄觉寺、顾延平、颜纯生、王选青、蔡震渊、朱竹云、朱梁任、蒋吟秋、黄颂尧、戴逸青、陆寰生、张念珍、王心涵、戴濂等。

是年,倡办艺术师范科,学制三年。第一期招进学生有钱延康、王栖霞、汪企舜、徐京、周家鼎、李家颐等24人。第二年又招进戴苍奇、管韶九、史群、徐琦、徐恭寅、李江等25人。以后年年有所招生,如钱家骏、陈志华、毕颐生、江戴曦、范敬祥、白岚、杨祖述、凌暂型、华人龙、孙葆昌、杨宏才、金毓秀、许大卫、费彝复、李炎、陶敏荣、杜学李等,都毕业于此科。但其中尚有不少学生在高中艺术科毕业后,又转至本校专科继续学习,如钱人平、王栖霞、徐京、戴苍奇等,为数不少。

1923年3月,在法国的颜文樑以创作粉画《厨房》、《画室》与油画《苏州瑞光塔》送巴黎春季沙龙评选,均获入选。6月《厨房》被评为荣誉奖,图上标以金签,并授予奖状。授奖仪式隆重,由法国教育部长亲自主持。

9 月,吴子深去日本考察,苏州《明报》于十二日以"吴子深观光三岛"为题进行报导。文曰:"沧浪亭美专学校,自开办迄今,力图进展。去年颜校长以考察艺教赴英法各国,今岁吴校主又将赴日本三岛考察文化艺术。将来考察归国,以谋改革……"10 月 28 日吴子深归国前,因见东京美术学校校舍庄严美奂,设备齐全,造福学子,深为所动。在返苏后立即召开董事会于校务联席会议,决心购下早在颜文樑出国前初步商议的沧浪亭东侧徐姓的四亩土地。会上,他当场签票捐资 3 万元,以扩建美校新校舍。胡粹中、朱士杰闻之大为高兴,立即电告颜文樑。之后,工作进展顺利,胡粹中总管基建设施,食宿在校二年多时间,连婚期都推迟了。

二

1930 年 7 月举行第五届专科生毕业典礼。又赴镇江写生,并在赵声公园举行作品展览,颇受好评。12 月,颜文樑由欧返校。《苏州明报》以"美专欢迎颜校长"为题予以报道:"留法画家苏州美专校长颜文樑,业已由西伯利亚铁路,绕道德、俄各国考察峻事三日乘大连丸抵沪,倍受各界欢迎。闻刻已定本日(八日)抵苏。本埠美专全体校友,均往车站迎候。下午在沧浪亭开会欢迎,并举行话剧等,以助余兴云。"颜文樑在欧洲省衣缩食,并把举行画展所得,先后购置并陆续寄回大小石膏像 460 余座,图书一万余册。而石膏像的数量与质量为当时全国美校所瞩目。

1931 年,因颜文樑提倡美术,苦心办学,得政府赠大银杯一只。并具文曰:"不思不勉 "。

7 月举行专科第六届毕业、高中艺术师范科第一届毕业典礼,同时举行学校第 16 届成绩展览会。

10 月举行新校舍奠基典礼,校刊《艺浪》第八期作如下报道。题为"新校舍奠基典礼之一瞥",文曰:"二十年十月一日,本校新校校舍举行奠基典礼。是日出席有校董教职员学生三百余人。除颜校长报告经过情况外,有 校董梁任 ,教员蒋吟秋、顾彦平、张紫璈先生等之演说,对本校将来之发展进步,均抱无穷希望。末由吴秉彝、吴似兰二先生摄影而散。"

1932 年 8 月,新校舍建筑大致就绪,采取罗马式,由上海工部局建筑师吴希孟按照罗马建筑之式样设计图样,投标承选,得标者为苏州张桂记营造厂。建成后共耗资五万四千银元,所有费用都由吴子深包下。为此,常使颜文樑等感叹不已。新校舍列柱拱廊,宏伟宽敞,共五十间房屋,布局合理,采光科学,其规模为全国美术学校之冠。

10月,教育部批准苏州美校以大专院校立案,正式定名为"苏州美术专科学校",简称"苏州美专"。立案后,国家每年拨给补助经费,第一年得六千元,第二年一万六千元。

12月9日至12日,学校举行新校舍落成和建校十周年纪念庆祝活动,一时全校师生人人欢呼,个个忙碌,盛况空前。《苏州日报》于十一日以题为《美专新舍落成》作了如下报道:"昨日到机关团体代表、京沪各艺术名家来宾及校友、同学等约八百人,由校主吴子深报告新屋建筑经过;次张云博演讲;上海新华艺专教务长汪亚尘演说。是时,适中大艺术系主任徐悲鸿携夫人蒋碧薇女士莅场参加典礼,颜校长即请登台演说;对于文艺复兴运动颇多发挥,并勉励该校同学要刻苦磨励,痛下切实功夫,将来负起真正复兴之责任……"同时,又将陈列二千余件在校内中西古画作品达公开展览,一时沧浪亭畔车水马龙,人来人往,竟日不绝。教育部代表徐悲鸿、吴县县长邹敬公、吴县教育局代表潘皆雷、苏中校长胡焕庸、振华校长王季玉以及学生家属对美专的建设、对师生的作品都给予较高的评价。《苏州日报》又于十二日为文祝贺,曰:"美专之美",对美专前途寄于极大的希望。

1933年,因徐悲鸿应邀赴法、苏等国举办画展,行期有一年多时间,就委请颜文樑兼任中央大学美术系主任教职。颜每周去南京三天,并为中大学生讲授素描及油画。

1934年9月,增设实用美术科。并自辟印刷、铸字、制版、摄影工场,为中国实用美术培养人才。同时出版由自己排版印刷的美专校刊《艺浪》。此为十六开本铅字精印,图文并茂。有论文、随笔、文艺小品,校讯。并精印三色版画照,选刊教师学生作品及中外名画。以后年年出版。由黄觉寺主编,张念珍负责制版印刷。在这之前,曾出版《沧浪美》校刊三期,画集一卷。由苏州文新印刷公司承印。

1935年,梅兰芳来苏演出,访问吴子深于桃花坞寓所。并由吴子深陪同去美专参观,与颜文樑合影于面水轩。

三

1936年4月21日,南京中国文艺社春季游行团徐悲鸿、汪辟疆、徐仲年等 50 余人至美专参观,对美专之办学精神与建筑规模,极尽揄扬之词。

这时,整个校舍面积已达 70 余亩。沧浪亭西部房屋为古典式园林建筑,有明道堂(大礼堂)、清香馆、沧浪亭、面水轩(会议室)、藕花小榭、翠玲珑、闻妙香室、见心书屋、瑶华境界、钓鱼台、看山楼、印心石屋等。分为办公、宿舍、读书、休息之地。内部各处均回廊相通,外则荷池环绕。东部为西式建筑,计三层,底层为理论教室;中层为办公室、石膏室、美术馆陈列室;上层为中国画实习室、图案室、西画人体教室。

抗战前先后聘请教职人员除上述外,尚有章钦亮、马曾桂、余觉、顾松林、张卓、胡奇如、冯仁宽、洪驾时、章守成、顾寅、高元宰、叶仲亮、吴秉彝、吴似兰、沈寿鹏、张星阶、范承炽、顾西林、凌立如、张新城、於中和、陈碧筠、陶又点、许祖翼、戴国樑、杨履中、傅朝俊、黄金韶、许道传、孙福保、陈伯虞、陈韶虞、陈长辛、秦立凡、徐则安、徐念祖、陆叙伦、段励深、吴孝培、王品佳、平福道、汪家光、尤澐、徐康民、刘静源、王佩周、陈摩、王源禄、李宜瑢、夏佩萱、戴雅贞、袁鸣秋、王山泉、周鼎和、徐慧珍、高奎章、严振东、周礼洛、吴桐、夏云奇、李曼莲、邓志良、刘熙、汪怡之、潘剑秋、章赋浏、郑午昌、吕斯百等。

1937 年抗战军兴,日寇进侵苏城,美专转辗迁移至上海,租借王家沙小学教室一间作为分校,学生 30 余人。至秋天,迁至四川路企业大楼七楼上,学生增至四十余人,分国画和西画两组,兼设研究科。校务由颜文樑与秘书陆寰生兼理。次年聘任上海中国化学工业社广告主任、水彩画家李咏森为副主任。教授有朱士杰、张念珍、黄觉寺、吴秉彝、张新城、丁广燮、承世名、江禄煜(载曦)。学期终了,借座大新公司举办苏州美专沪校师生画展。

这几年中,生活极其艰辛,教授们多为义务教学,不拿工资,仅得几个车马费;企业大楼房租月月加租,颜文樑等售画所得,亦不敷支出;加上原任日本政府派驻苏州领事,时任上海兴亚会会长的日本人松树雄藏以关心办学为名,予以诱胁。不得已,为缩小影响,取消分校,名为画室。学生毕业,仅学校开一证明,不发毕业文凭,因文凭必须送伪教育局盖章。

1944 年又临时设立宜兴分校,由美专教师储元洵负责,聘请教师孙文林、王佩南等共襄其事。一年后即迁至苏州与总校合并。

1945 年 8 月抗战胜利,分散各地的师生陆续返校。美校成立复校委员会,推选胡粹中、朱士杰、黄觉寺、吴似兰、王士敏、杜学礼为委员,颜文樑为主任委员。接收沧浪亭后,一面从事整修,一面开始招生。吴子深此时已在上海鬻画为生,特地赶来苏州主持召开校董会。

1946年,沪校改为研究科,有研究生五十三人。由原住上海的李咏森继续授教。

秋天,专科、高中艺术师范科、实用美术科招生。专科,高中毕业为三年制;初中毕业为五年制;高中艺术师范科为三年学制;实用美术科为三年学制。

1947年,校刊《艺浪》复刊。主编及印刷仍由黄觉寺、张念珍分别负责。校刊出版,行销全国,以图文并茂、精美印刷获得好评。纵观写稿最多者有颜文樑、黄觉寺、黄颂尧、蒋吟秋、王栖霞、许大卫、徐京、尤玉淇、陈志华、吴似兰、缪宏、金松岑、杜学礼等;刊登画件较多者有颜文樑、吴子深、颜纯生、胡粹中、朱士杰、吴秉彝、黄觉寺、顾彦平等。

四

1948年,据统计,有在校学生280余人。分别就学于专科(国画系与西画系),高中艺术师范科、实用美术科。历届毕业生有1300余人,均服务或继续研究于国内外。教职员42人。校长颜文樑往来于苏沪两校。总务主任胡粹中、教务主任黄觉寺、训务主任商家塑、事务主任朱士杰、舍务主任储元洄、校董代表吴似兰、秘书陆寰生、文书顾友鹤与钱定一。李霞尘、陆昂千分任会计、出纳,书记。教授方面由颜文樑、胡粹中、朱士杰、黄觉寺、孙文林、徐近慧、陆国英担任西画及理论,吴似兰、张星阶、钱夷斋、朱竹云、张宜生、凌立如担任国画及理论,黄恭誉、黄恭仪担任英语,袁刚中任法文,顾叔和、沈勤庐担任国文、金石,包希塑任艺术解剖,杜学礼任色彩学,陆宣景任公民,商启迪任图案、王之机任音乐,程鸣盛任体育等。

此时,复校后第一届毕业生有杨大年、陈雪鋆、朱清逸、高逊、车溯一(国画系),仅五人,足见抗战胜利后第一年招生办学的艰辛情景。

在办校20多年时间中,学校的文艺社组织较多,丰富了业余生活,现列表如下:

名 称	性 质	发起者	编辑或主持人	出版及其他
起 社	研究国粹文学	王栖霞　王企华 庞寿莹　李绣月	黄颂尧	出版《起社》月刊四期

流　星	研究文艺	汪泰嵩　於中和 蔡希宪　袁成美 等	王心涵	出版《流星》月刊三期
牧　野	研究文艺	涂岫云　李笠青		出版《牧野》月刊
沧浪文艺社	研究艺事	周昇　戴昌祈等	周昇	曾附《吴县民报》出版文艺刊物
沧浪美	文艺刊	本校	黄觉寺	曾出三期,画集一卷,并附《州明报》出版
十二画会	级友会	己巳级(一九二九级)刘崑岗等十二人	刘崑岗	在宫巷乐群社,北局青年会举行过二次画展
春风画会	研究绘画艺术	於中和　徐　京 尤伯良　沈冠亚 等	张胜孚	曾在苏州、常州举办画展
南园画会	研究绘画理论	许大卫　钱人平 金毓秀　费彝复 孙葆昌等十人	许大卫	通过《苏州明报》编辑出版《明晶艺术旬刊》共二十四期
茉莉书画会	研究绘画艺术	吴砚士　刘崇义 徐说岩　马景贤 等		曾举办画展于北局救火会
艺声美术会	研究艺事	於中和　房保章 钟伯元等	於中和	系宜兴、溧阳同乡所组织曾举办展览会
旭光画会	研究艺事	高奎章　蔡鸿斌		系常熟同学组织,曾在虞山组织画展多次
流莹画会	研究绘画艺术	张念珍　杜学礼		系浒关同学组织,曾在浒关公园开会研究绘画创作及技法
摄影学会	研究摄影技术	金世荣　刘崑岗 赵学昇	朱士杰	创作大多载在《艺浪》校刊上
西乐队	研究音乐	陈宜慎　孙信良 等	朱士杰	为学校开展文艺活动时演奏
清流国乐会	研究民族音乐	杨大年　彭清鎏 等十余人		为学校开展文艺活动时演奏民乐
沧浪助学会	征集书画作品进行展销	李笠青　杨大年 等		把书画销售所得,以借助经费困难之同学

五

美专同仁在服务学校的同时,对社会美术事业也多加提倡,主要表现有三:

1. 组织与参加历届"苏州美术画赛会"。1919 年颜文樑与东吴大学杨左匋共同发起之组织,尚有葛赉恩(美国人,东吴大学校长)、潘振霄、徐咏青、金松岑等人,均赞助促成。征集当代苏州和全国各地中西画家作品陈列,这是树国内美术展览的先声。每年举办一次,每次陈列二星期,自新历元旦至十五日为止,历二十余年未间断。团体加入者有北大画法研究会、东大飞飞画会、中大及苏州各中等学校等。胡粹中、朱士杰在第二届花赛会时加入组织工作,使会务更顺利发展。而个人中美专教授如吴子深、颜纯生、颜彦平等 30 多人均有作品参加,影响较大。

2. 组织美术会。画赛会闭幕后,由画会发起人组织美术会,以期永久。至 1922 年美专教授顾公柔等假怡园为会址,征得会员 70 余人,刊印美术半月刊以广宣传。1923 年,新建美术馆在铁瓶巷落成,又重征会员得 300 余人。内部组织分绘画、雕刻、音乐、诗歌、刺绣、演讲六部。1924 年公推胡粹中为主任,主持一切。

3. 建立美术馆。1927 年为建美术馆公举黄觉寺为筹办主任。得吴子深资助,历时 120 天,终于在 1928 年建成开幕。学校教师和地方知名人士以子深先生独资修缮沧浪,其功不可没,乃发起植碑于沧浪亭内,以留纪念。金松岑撰文记其事。美术馆开放后,常陈列中外名作,活跃了吴中画坛。

1949 年 4 月,苏州解放,人民欢呼,美专喜获新生。调整和充实教职员工队伍;组织"沧浪业余剧团"。演出歌颂新中国的节目。第二年排演五幕话剧《黄金梦》,颇获好评。

1950 年春,创办动画科,招生 40 余人,学制二年。有教授钱家骏,副教授范敬祥负责创建工作。并建立制片室,开展动画制片摄影业务。先后在制片室工作的有吕敬棠、吕晋、杭执行、高步清、钱兴华、李新、王吉、刘剑青、施有成等十余人。动画科中造型基础课由毕颐生教授,电化教育课由戴公亮负责教学。素描课由胡久安辅导。1952 年夏,动画科第一届学生毕业,分别被安排在上海电影制片厂、北京电影制片厂、上海科学教育电影制片厂工作。比较有名的有徐景达(阿达)、严定宪等。

1952 年秋天,全国高校院系调整。苏州美专并入华东艺术专科学校,即今之南京艺术学院。原苏州美专教授如朱士杰、孙文林、徐近慧、陆国英等大部分分配于此。校长颜文樑调任浙江美术学院副院长。至今(1985 年)已 93 高龄,身体尚健,视力未衰,一直作画不辍。

附录《苏州明报》1929 年 8 月 29 日报道

颜文樑为国争光

颜文樑今岁将杰作三幅入选沙龙画会,得法国政府荣誉奖。

该会三千余作家,得奖仅一百零五人。东亚唯颜君一人。

江洛一写于一九八七年五月

(作者为苏州美专校友)

苏州美专校友的补充材料

据我记忆,动画科系苏州美专所设之专业。制片室设于苏州美专,但当时隶属上海市卫生局,主要为卫生局绘制动画片,故制片室经费来自上海卫生局。制片室人员尚有魏波伦。另造型基础课由李新教授,并非毕颐生教授。其时由毕颐生与胡开诚教授该科素描。两届毕业生在上海主要分配至上海美术电影制片厂。范景祥为动画科及制片室主任,其时为讲师。钱家骏并未参加创建工作。以上恐江洛一记忆有误。1952 年全国院系调整时,五一级动画科学生及部分老师并入北京电影学校。徐景达(阿达,已故)、严定宪、胡进庆、林文肖等学生由北京毕业(系五三届)后,分至上海美术电影制片厂,后严定宪曾任美影长厂长。三年制师范科则转入丹阳正则艺专,苏州第三中学李非[已退休]老师,即系当年师范科学生。

薛企荧 2004 年 7 月

苏州美专史事点滴

钱定一

【按　语】 钱定一教授是苏州美专早期毕业留校的老师,现已九十有一高龄,仍然十分关注和支持校友会的工作,每次聚会都亲临指导。此文撰于 1988 年颜师仙逝当年。今为纪念颜师诞辰 113 周年,发表如下。

苏州美术专科学校的创办人校长颜文樑,生于 1893 年,逝于 1988 年,享年九十五岁。颜校长的一生,致力于美术教育,功绩卓著,他的刻苦办学精神,值得后人学习。现就笔者在美专所处较长的年月里回忆的史事写下来,作为对老校长最好的纪念。

苏州美专创办于 1922 年 9 月,是历史最悠久的美术学校之一,由苏州画家颜文樑、胡粹中、朱士杰三人创办。开始创办时,借用县立中学的余屋作为校舍(在今沧浪亭对面),设备简陋,首届学生仅十三人。当时上海《时事新报》上,就有人写文章讽刺所谓"门前挂了一块骷髅式的校牌,有个三付水车式的画架,没有一个石膏像"等谩骂。当时学校正处在苏州封建思想十分浓重的社会里,要冲破坚守女生这一关,是很要一点胆识的。这一点居然被颜校长冲破,在苏州首创男女同学先例的一所学校,这对尘封已久的苏州社会,起到了革命性的革新作用。在当时 20 年代初,是一件了不起的大事。

1927 年秋,吴县公益局,拨名胜区沧浪亭为美专校舍,邑人吴子深盛赞颜校长的艰苦办学精神,慨斥巨资将园林修葺一新,并将学校迁入沧浪亭上课。同时成立了苏州美术馆,创苏州风气之先。并筹组校董会,敦请张一尘、叶楚伧、金天翮、汪典存、章君畴、王佩铮等为校董,并以吴子深为校董会主席,此后凡学校的校舍修建,设备添置,所需各款,概由吴氏资助。

颜校长于 1928 年 9 月前往法国巴黎高等美术学校留学,校务由胡粹中代理校长。在颜校长留法期间,还为学校选购了著名雕塑家雕塑作品的石膏模型近五百件,大的有三米高,陆续装运回国,所以当时学校拥有的石膏像,超过了全国各美术学校的总和,号称国内独一。可惜这批石膏像损于 1937 年抗战时期,再毁于 1966 年"十年动乱"。迄今除照片上尚能看到一些踪影外,已无一一遗存,令人深为扼腕。

另外在美术馆之南,学校另辟一十分华丽的图书阅览室,颜校长自法国购回的美术图书也在其中,共有中外图书万余册,以供学生浏览参考。该图书阅览室装潢美观,书橱和阅览桌椅均色彩调和悦目,精美雅致,灯光柔和,使学生阅读环境静逸舒适,是一大特色。美专有这样的设备,真是既使人得到了丰富的知识,又使人流连忘返,可惜都毁于抗战中。

　　在颜校长留法期间,校董会主席吴子深亦东渡日本,考察美术教育,以资有所借镜。至1931年颜校长留学结束返国,吴氏建议独力出资五万四千元购地于沧浪亭东侧,新建校舍,采用希腊式列柱拱廊巨厦,于1932年落成,此时设备规模,已达全国美术学校之冠。1932年10月,教育部批准立案,学制改为三年高中艺术师范科,三年专科,专科又分中国画、西洋画两系。1932年11月,举行建校十周年校庆,盛大庆祝。当时任中央大学美术系主任的徐悲鸿先生,专程自南京莅苏祝贺,并作演讲。沧浪亭园林,全部张灯结彩,晚上水面点放水灯,师生高唱歌曲,欢声雷动,一切盛况,凡参加过庆典的人,永难忘怀,这是学校进入全盛期的开始。

　　此后学生逐年增加,全国各省都有学生前来报考求学,呈欣欣向荣之状。至抗战前夕,学生最多时达四百余人。1933年9月,打破美术学校设系范围,又迈出教育与日用相结合的方针,增设了实用美术系,开设制版科,延聘照相、制牌和印刷技术人员,添购照相、铜版、锌版、石印、排版等整套设备,同时培育这方面的人才。这时学校已能自行制版、印刷各种画刊和书籍,出版了不少古典名画和校刊《艺浪》,还印有单张的西洋名画,有彩色单色两种。国画方面印有《王麓台画册》、《王蓬心画册》、《朱竹云山水入门》、《赵氏一门三竹卷》等,都在学校门市部出售。由于都印刷精良,受到社会各界及美术爱好者的欢迎。《1935届毕业纪念刊》和1935届《毕业画刊》,也都是学校自己制版印刷的。

　　苏州美术馆创办于学校内沧浪亭西片沿河一带,陈列室有数百平方米,除常年陈列当代中国画家的中西作品外,为使学生便于观摩起见,另辟专室,陈列中国古代名画。均由主席校董自己收藏品拨交,大约有十余件。其中记得有张宗苍画的山水立轴和陶绍源临王维的《辋川图》长卷等,这也是其他美术学校缺少的,真是得天独厚了。当时沧浪亭大门左右各挂一块牌子,一块是苏州美术专科学校,一块是苏州美术馆,都是白底黑字。

　　1937年抗战开始,学校西迁吴江同里镇,再迁浙江菱湖袁家汇。浙江将沦陷,学校准备大小二船,满载设备和师生,再行西迁。不料大船出不了闸门,其中有颜校长等。折回宁波,再由宁波返沪。小船有胡粹中老师等,直至内地,到胜利后才返苏,非常辛苦,有些人迄今未归。1938年颜校长应在沪师生之请,于四川中路企业大楼七楼开办沪校。1941年太平洋战争爆发,改称画室,不再招生。1945年抗战胜利,十月在沧浪亭复校,重新招生。1946年沪校学生并入苏州本校,校刊《艺浪》复刊。当时校舍经八年抗战,损坏严重,由黄觉寺、商启迪、钱定一发起向各校友募捐,将平顶改为坡顶,便于泻水,以免渗漏。修复后校舍焕然一新。复校后的学制改为五年,分中国画、西洋画两系,自三年级分系。1947年报1月适逢二十五周年校庆,各地校友纷纷前来参加庆祝,并举办美术展览会和联欢会,晚上学生演出《天国春秋》,纪念仪式由颜校长亲自主持。

1949年苏州解放,校务由副校长黄觉寺主持。1950年秋,增设动画科,为国内培养需的动画人才,成为以后输送动画片人才的主要基地,为新中国美术电影事业作出了贡献。1952年院系调整,苏州美专与上海美专、山东大学艺术系合并,成为华东艺专,迁至无锡上课。以后又迁至南京,成立南京艺术学院,以迄于今。

苏州美专历年出版物甚多,最早的有《沧浪美》,是32开本期刊,内容有图片及文字,不定期出版,出过几期后停止,现已很难见到此刊了。校刊《艺浪》是16开本,创刊于1936年3月,封面上部是美术字艺浪二字,下部为四条波浪形图案,编辑黄觉寺,每二学期出一期。1932年1卷8期《艺浪》,是十周年纪念校庆特刊。抗战前最后一期是是学校制版科自己制版印刷的,所以三色版和平色铜版插图较多,用黑色卡纸作封面,上粘贴颜校长的彩色风景画一幅,极为大方雅致。复校后复刊出了两册,于1947年后停刊。

另外在抗战前,大约1931年左右,同学编辑创刊诗文刊物《起社》,是32开本,出了三期即停刊,内容刊载同学及老师所作诗词。还有在复校后于1946年由同学编辑出版的文艺刊物《牧野》,出了两期就停刊,内容是师生的文艺创作。历届毕业纪念刊也有几本,就已知的有1929届毕业纪念刊、1932届毕业纪念刊、1935届毕业纪念刊、1935届高中艺术师范科毕业画册、1946届毕业纪念刊、1948届毕业纪念刊、1950届毕业纪念刊等。

关于研究交流的画会的组织,最早的有茉莉画会,后有难园画会,壮游画会、沧浪画会等组织,这些都是在抗战前的画会组织。

苏州美专目前虽然不存在了,但历年毕业的校友共有数千人。目前在全国各地仍有数百人。有些校友客居国外,都能精诚团结,互相切磋,为了更好交流，1979年冬在上海成立了苏州美专校友会，做了不少联系和组织工作，北京、南京、苏州、常熟、无锡、安徽等地都有分会，并先后两次编印了校友通讯录，以及校友简讯，用以交流各地校友情况，深得各地校友的赞许。并组织画展，先后在上海、安徽、南京、苏州、无锡、杭州、扬州、大连、沈阳、北京、常熟、南安、盛泽等地，举办沧浪画展和个展，用以宣扬校友作品，受到各地美术家的重视和欢迎。而今苏美校友均已步入耄耋之年，大有力不从心之感，幸有校友会组织大家如期聚会，交流心得，共议画事，十分欢愉。希望大家珍惜我们半个多世纪的同学友情，互勉互励，使我们苏美校友永葆青春。

钱定一于 2006 年 5 月
（作者为苏州美专校友）

苏州美专校史研究资料汇编述要

史　洋、梅德顺［马来西亚］

　　苏州美专较之于上海美专的文献档案相比要稀缺不少,分析说来主要有三个原因:一是苏州美专的办学时间多逢战乱,校址迁动频繁,对于办学的档案文献保留极为不利。二是苏州美专与上海美专的地域之别,苏州相对蔽塞,对新式学校的档案管理认识存有不足,往往有做而少记,使文献难有系统积累。三是作为我国早期新式美术学校,苏州美专要稍后于上海美专的创办,研究者往往着力于"第一",加之自身的低调,使外界的关注度明显要弱。由之,我们在编辑这本《苏州美专研究》专辑过程中,能够获得的一手档案文献资料相对缺乏。研究工作主要依据的文献多为前辈学者探寻留下的点滴资料的收集和老校友的口述采访等,文献来源的难度远大于上海美专的文献查考。为逐步积累苏州美专研究文献,我们将本专辑准备过程中接触到的有关苏州美专的种种资料作一整理,主要分为以下几类:一、工具书类。此类型文献主要是提供研究者一个大致史料的参考,研究领域多为涉及苏州美专早期绘画(油画、国画)和艺术教育史的资料,这些资料不仅可供梳理苏州美专既往史料提供线索,更为推进苏州美专研究提供文献支持。二、专著类型。此类型书籍一直较少,这里仅列举我们收集到的部分专著。主要内容有:研究苏州美专校史、苏州美专办学发展过程、师生作品鉴赏、颜文樑研究专题以及建校周年专辑文献等,还有苏州美专的创作作品等。这部分文献对苏州美专研究有重要的补充与深化作用。三、论文类。此类型文章主要从各院校关于苏州美专研究的硕博士论文,以及其他报刊发表的论述苏州美专的文章篇目。内容涵盖了对苏州美专的艺术教育发展、颜文樑年表、颜文樑绘画艺术研究,如油画技法、透视学、实用美术、办学精神等的详细状况的叙述。再有就是与苏州美专有直接或间接关系的校友,以及曾在苏州美专任教或工作过的教职员工的回忆和散论文章。四、其他类型文献。这部分文稿包括有各种涉及苏州美专的通讯,以及在苏州美专校刊《艺浪》上发表的文章,上海、苏州档案馆保存的有关档案资料。最后列有本刊组织的师生采访苏州美专校友的口述名录。我们希望这份文献辑录能为苏州美专研究再增添贡献,能为以后苏州美专研究提供方便。由于

时间仓促，所收资料难免挂一漏万，部分资料原件难以查实，只是网络资料汇编，索引只可大略，希望各位研究者和读者继续提供不在本编目内的文献资料，以便补充完善。

一、工具类型

1. 朱伯雄、陈瑞林编：《中国西画五十年(1898—1949)》，北京：人民美术出版社，1989 年 12 月版。

2. 陈瑞林：《中国现代艺术设计史》，湖南科学技术出版社，2003 年 7 月版。

3. 陈瑞林：《20 世纪中国美术教育历史研究》，北京：清华大学出版社，2006 年 6 月版。

4. 袁熙旸：《中国艺术设计教育发展历程研究》，北京理工大学出版社，2003 年 7 月版。

5. 黄宗贤：《中国美术史纲要》，重庆西南师范大学出版社，1993 年 3 月版。

6. 南京艺术学院校史编写组编著：《南京艺术学院史 1912—1992》，江苏美术出版社，1992 年 11 月版。

7. 苏州市文化局编史修志办公室编印：《苏州地方志"文化艺术卷"(之一)美术(讨论稿)》，1987 年。

8. 潘耀昌：《中国近现代美术史》，上海：百家出版社，2004 年 8 月版。

9. 潘耀昌：《中国近现代美术教育史》，杭州：中国美术学院出版社，2002 年 1 月版。

10. 吕澎：《20 世纪中国艺术史》，北京大学出版社，2007 年 2 月版。

11. 时影：《民国艺术》，北京：团结出版社，2005 年 1 月版。

12. 刘新：《中国油画百年图史》，广西美术出版社，1996 年 12 月版。

13. 李超：《中国早期油画史》，上海书画出版社，2004 年 12 月版。

14. 刘淳：《中国油画史》，北京：中国青年出版社，2005 年 7 月版。

15. 赵力、余丁一著：《中国油画文献》，湖南美术出版社，2002 年 12 月版。

16. 李涛晋、万春力著：《中国现代绘画史(晚清)》，上海：文汇出版社，2003 年 8 月版。

6. 颜文樑:《回顾我的艺术生涯》,原载于《上海美术通讯》,1982 年 10 月第 15 期。

7. 颜文樑:《艺术教育今后之趋势》,原载于《艺浪》第二卷二、三合刊,1936 年。

8. 颜文樑:《艺术教育今后之趋势》,后转载《苏州工艺美术职业技术学院学报》,2003 年第 1 期。

9. 颜文樑:《从生产教育推想到实用美术之必要——告本校实用美术科同学辞》,载于《艺浪》,1933 年第 9、10 合期。

10. 颜文樑:《从生产教育推想到实用美术之必要——告本校实用美术科同学辞》,后转载《苏州工艺美术职业技术学院学报》,2003 年第 2 期。

11. 颜文樑:《十年来我苏艺术事业之报告》,载于《沧浪美》画赛会十周年纪念特刊,1928 年。

12. 颜文樑:《我所希望于艺术界者》,载于《沧浪美》1928 年第 2 期。

13. 颜文樑:《期望筹设全国性之美术馆议》,载于《艺浪》,1947 年第 4 卷第 2 期。

14. 颜文樑:《怎样批评绘画》,载于《沧浪美》苏州美术画赛会十周年纪念特刊,1928 年。

15. 颜文樑:《重修沧浪亭记》,载于《沧浪亭新志》,1928 年。

16. 颜文樑:《美术年鉴·序》,载于《中华民国三十六年中国美术年鉴》,1948 年 10 月。

(颜文樑研究专论)

1.《颜文樑名家精品——颜文樑油画集》,上海画报出版社,2002 年 2 月版。

2.《颜文樑油画小辑》,上海人民美术出版社,1965 年版。

3.《颜文樑画集》,上海人民美术出版社,1959 年版。

4.《颜文樑》,上海人民美术出版社,1985 年版。

5.《颜文樑·序——画家的生平与艺术》,载于《颜文樑》(画集),上海人民美术出版社,1985 年 5 月版。

6. 张蔷:《中国大百科全书美术卷·颜文樑》,北京:中国大百科全书出版社,1990 年 12 月版。

7. 赵思有:《论颜文樑的美术教育思想及其作品特点》,载于《苏州市职业大学学报》,2005 年 16 卷 4 期。

    8. 赵思有:《刘海粟、徐悲鸿、颜文樑美术教育思想与作品的比较研究》,载于《苏州大学学报(工科版)》,2004 年第 6 期。

    9. 朱颖人:《中西绘画的差异与联系——随颜文樑、林风眠、关良、潘天寿、吴茀之老师学习中西绘画的体会》,载于《美术研究》,2009 年第 8 期。

    10. 朱颖人:《随颜文樑、林风眠、关良、潘天寿、吴茀之老师 学习中西绘画的体会(上)》,载于《美术报》,2009 年第 2 期。

    11. 李树声:《对〈颜文樑研究〉的研究》,载于《美术之友》,1995 年第 2 期。

    12. 陈尉南:《刘海粟、徐悲鸿、颜文樑美术教育思想比较研究》,载于《美与时代》,2005 年第 5 期。

    13. 王建良:《论苏州美专实用美术教育思想的内涵及传承》,载于《南京艺术学院学报(美术与设计版)》,2009 年第 6 期。

    14. 吴浣薇:《父辈与苏州美专的不解之缘》,载于《苏州杂志》,2004 年第 4 期。

    15. 胡久庵:《颜文樑扶持苏州美专分校》,载于《世纪》,2006 年第 3 期。

    16. 吴亦生:《颜文樑的两件嗜好》,载于《世纪》,2002 年第 2 期。

    17. 吴亦生:《颜文樑的民族气节》,载于《世纪》,2005 年第 12 期。

    18. 吴亦生:《纪念颜文樑先生》,载于《世纪》,2002 年第 5 期。

    19. 金冶:《颜文樑先生的艺术道路——在上海庆祝颜文樑先生学术讨论会上的发言》,载于《新美术》,1982 年第 4 期。

    20. 金冶:《颜文樑先生的艺术道路》,载于《上海美术通讯》,1982 年 10 月。

    21. 金冶:《颜老夫子——记我国著名画家和美术教育家颜文樑先生》,载于《新美术》,1981 年第 2 期。

    22. 金强:《颜文樑与动画艺术》,载于《苏州美专校友通讯》,第 10 期。

    23. 李新:《缅怀颜文樑老师》,载于《 南京艺术学院学报(美术与设计版)》,1993 年第 2 期。

    24. 李新:《缅怀颜文樑老师》,载于《艺苑》,1993 年第 2 期。

    25. 李征:《颜文樑美术教育思想略论》,载于《大众文艺》,2010 年第 1 期。

    26. 颜振康:《我的父亲颜文樑》,载于《南京艺术学院学报(美术与设计版）》，1993 年第 2 期。

27. 颜振康：《我的父亲颜文樑》，载于《艺苑》，1993 年第 2 期。

28. 颜清诚：《颜文樑和他的艺术》，载于《中国油画》，1988 年第 1 期。

29. 颜清诚：《忆祖父——颜文樑》，载于《上海美术通讯》，1989 年 4 月第 34 期。

30. 李洁璇：《工场教育制度的引入和颜文樑实用美术教育思想》，载于《南京艺术学院学报（美术与设计版）》，2009 年第 4 期。

31. 李洁璇：《工场教育模式的引入和颜文樑实用美术教育思想形成的渊源》，南京艺术学院硕士学位论文，2008 年。

32. 贾明玉：《颜文樑：中国现代美术奠基人系列》，载于《艺术界》，2010 年第 3 期。

33. 邢晋：《颜文樑与印象派》，载于《中国油画》，2009 年第 1 期。

34. 韩鹏：《颜文樑的绘画风格》，载于《文教资料》，2007 年第 15 期。

35. 牛二春：《颜文樑油画艺术研究》，西北师范大学硕士学位论文，2006 年。

36. 天白：《颜文樑大师艺术活动简表》，载于《南京艺术学院学报（美术与设计版）》，1993 年第 2 期。

37. 陈烟帆：《颜文樑先生的人品及艺术风格》，载于《南京艺术学院学报（音乐与表演版）》，1982 年第 1 期。

38. 陈烟帆：《颜文樑先生的人品及艺术风格》，载于《艺苑》，1982 年第 1 期。

39. 陈烟帆：《颜师画高品亦高》，载于《艺术世界》，1981 年第 2 期。

40. 陈烟帆：《颜文樑与石膏像》，载于《文化娱乐》，1983 年第 3 期。

41. 邱国隆：《纪念颜文樑老师百岁周年》，载于《南京艺术学院学报（美术与设计版）》，1992 年第 4 期。

42. 邱国隆：《画坛良师》，载于《苏州美专校友通讯》，第 10 期。

43. 肖峰：《画坛楷模——悼念颜文樑先生》，载于《新美术》，1988 年第 3 期。

44. 九玉淇：《我爱吾师——缅怀颜文樑夫子》，载于《南京艺术学院学报（美术与设计版）》，2008 年第 6 期。

45. 九玉淇：《颜文樑的艺术观》，载于《南京艺术学院学报（美术与设计版）》，1993 年第 2 期。

46. 尤玉淇:《颜老的艺术观》,载于《艺苑》,1993年第2期。

47. 尤玉淇:《颜文樑先生年表》,载于苏州市油画水彩研究会、苏州市业余美术专科学校、苏州美专苏州校友会油印件,1988年10月。

48. 尤玉淇:《颜文樑与苏州》,载于《苏州日报》,1982年6月15日。

49. 尤玉淇:《从"画赛会"到"沧浪之友"》,载于《苏州报》,1984年6月22日。

50. 尤玉淇:《沧浪三杰》,载于《苏州杂志》,1992年第3期。

51. 尤玉淇:《春风不改旧时波——苏州美专学习生活回顾》,载于《苏州杂志》,1990年第4期。

52. 翁晓恩:《开济功高 丹青永存——颜文樑与苏州美术馆》,载于《中外文化交流》,2006年第121期。

53. 王达弗:《颜文樑研究》读后感》,载于《南京艺术学院学报(美术与设计版)》,1993年第4期。

54. 俞成辉:《吾师颜文樑教授》,载于《南京艺术学院学报(美术与设计版)》,1993年第2期。

55. 俞成辉:《吾师颜文樑教授》,载于《艺苑》,1993年第2期。

56. 莫朴:《画坛楷模——祝颜文樑先生艺术生活八十年》,载于《美术》,1982年第9期。

57. 莫朴:《画坛楷模——祝颜文樑先生艺术生活八十年》,载于《上海美术通讯》,1982年10月第15期。

58. 莫朴:《画坛耆宿 青春常在》,载于《浙江画报》,1982年10月5日。

59. 莫朴:《桃李满天下(代序)》,载于《颜文樑》,上海:学林出版社,1982年12月版。

60. 姚苏:《颜文樑与写实主义》,载于《苏州大学学报(工科版)》,2004年第2期。

61. 沈建华:《颜文樑绘画艺术研究》,南京师范大学硕士学位论文,2006年。

62. 费彝复:《颜文樑的油画技法》,载于《新美术》,1981年第2期。

63. 费彝复:《著名油画家颜文樑》,载于《浙江画报》,1982年第4期。

64. 冯健亲:《颜老精神》,载于《南京艺术学院学报(美术与设计版)》,1993年第2期。

65. 冯健亲:《颜老精神》,载于《艺苑》,1993年第2期。

66. 陆国英:《我师颜文樑》,载于《南京艺术学院学报(美术与设计版)》,1988 年第 4 期。

67. 陆宇澄、刘丹:《颜文樑与苏州美专》,载于《苏州大学学报(工科版)》,2007 年第 1 期。

68. 陈志华:《我的老师颜文樑教授》,载于《艺苑》,1985 年第 4 期。

69. 陈志华:《颜文樑提倡实用美术》,载于《上海工艺美术》,1988 年第 4 期。

70. 陈志华:《颜文樑与私立苏州美术专科学校》,载于《江苏教育史志资料》,1989 年第 2 期。

71. 陈志华:《颜文樑老画家的长寿哲理》,载于《中老年保健》,1989 年第 4 期。

72. 陈志华:《颜文樑教授的美学观》,载于《美术史论》,1986 年第 1 期。

73. 陈志华:《颜文樑教授油画教学幻灯片介绍提纲》,载于苏州工艺美术学校油印讲义,1982 年 3 月。

74. 黄觉寺:《颜文樑和苏州美专》,载于《颜文樑》,上海:学林出版社,1982 年 12 月版。

75. 黄觉寺:《颜文樑·序——画家的生平与艺术》,载于《颜文樑》(画集)上海人民美术出版,1985 年 5 月版。

76. 黄觉寺:《颜文樑先生的艺术成就》,载于《福建画报》,1986 年第 2 期。

77. 戴云亮:《试论颜文樑的美术教育和绘画创作思想》,载于《苏州教育学院学报》,2011 年第 2 期。

78. 顾丞峰:《颜文樑艺术创作分期及相关问题研究》,载于《南京艺术学院学报(美术与设计版)》,2009 年第 6 期。

79. 胡华邦:《颜文樑粉画作品〈厨房〉及其文化心理解读》,西南大学硕士学位论文,2010 年。

80. 钱家骏、钱延康:《颜文樑的教育思想和教育事业》,原载于《上海美术通讯》,1982 年 10 月第 15 期。

81. 钱家骏、钱延康:《颜文樑的教育思想和教育事业》,后转载《美术教育》,1984 年第 2 期。

82. 钱伯城:《为颜文樑先生写年谱》,载于《瞭望》,1993 年第 33 期。

83. 钱伯城:《追求形神结合的大师颜文樑》,载于《中国油画》,1997 年第 3 期。

84. 钱伯城:《颜文樑生活年表·后记》,载于《颜文樑》,上海:学林出版社,1982 年 12 月版。

85. 毕颐生:《回忆颜文樑校长》,载于《艺苑》,1993 年第 2 期。

86. 钱定一:《栋臣吾师诞生一百周年感赋》,载于《艺苑》,1993 年第 2 期。

87. 王达弗:《颜文樑研究》读后感》,载于《南京艺术学院学报(美术与设计版)》,1993 年第 4 期。

88. 颜文樑:《我所希望于艺术界者》,转载于《苏州工艺美术职业技术学院学报》,2003 年第 3 期。

89. 《著名画家、教育家 全国美协顾问颜文樑逝世》,载于《美术》,1988 年第 7 期。

90. 沈民复:《山水静物写心灵——忆颜文樑恩师》,载于《苏州杂志》,2002 年第 4 期。

91. 张纵:《写真求美的颜文樑》,载于《江苏政协》,1998 年第 3 期。

92. 李剑南:《从颜文樑到当代苏南油画的发展谈起》,载于《美术界》,2006 年第 11 期。

93. 玲珑:《姿态横生扇面画 颜文樑扇面画赏析》,载于《检察风云》,2006 年第 8 期。

94. 朱颖人:《随颜文樑、林风眠、关良、潘天寿、吴茀之老师学习中西绘画的体会》,载于《中国花鸟画》,2009 年第 3 期。

95. 隋岩:《徐悲鸿、刘海粟、林风眠、颜文樑的美术教育思想比较研究》,东北师范大学硕士学位论文,2006 年。

96. 倪大弓:《颜文樑的艺术生涯》,载于《美术史论》,1987 年第 2 期。

97. 姚苏:《颜文樑与写实主义》,载于《苏州大学学报(工科版)》,2004 年第 2 期。

98. 羊石:《颜文樑与动画专业》,载于《中国美术报》,1987 年 9 月 28 日。

99. 俞云阶:《我所知道德颜文樑先生》,载于《上海美术通讯》,1982 年 10 月第 15 期。

100. 俞云阶:《悼念宗师颜文樑》,载于《文汇报》,1988 年 5 月 18 日。

101. 黄可:《中国的梵·爱克——记颜文樑》,载于《羊城晚报》,1982 年

4 月 17 日。

102. 黄可:《美术画赛会——记颜文樑》,载于《羊城晚报》,1982 年 5 月 6 日。

103. 黄可:《颜文樑的艺术生活》,载于《华侨日报》,1982 年 5 月 25 日。

104. 马翀:《画家颜文樑》,载于《大公报》(香港版),1983 年 4 月 25 日。

105.《庆祝颜文樑九十寿辰活动报导》,载于《新美术》,1983 年第 2 期。

106. 静子:《颜文樑绘新油画》,载于《大公报》(香港版),1979 年 10 月 10 日。

107. 叶文熹:《颜文樑·后记》,《颜文樑》(画集),上海人民美术出版,1985 年 5 月版。

108. 叶文西:《爱国主义的美术教育家、画家颜文樑》,载于《上海美术通讯》,1982 年 10 月第 15 期。

109. 施叔青:《著名油画家颜文樑先生》,载于《华侨日报》,1982 年 2 月 23 日。

110. 胡丹苓:《略谈颜老的镜框》,载于《解放日报》,1982 年 7 月 17 日。

111. 施选青:《九旬老人在歌唱》,载于《文汇报》,1982 年 7 月 31 日。

112. 章小东:《看"颜文樑"画展》,载于《光明日报》,1982 年 9 月 5 日。

113. 艾中信:《读颜文樑画展述感》,载于《人民日报》,1982 年 9 月 12 日。

114. 何振志:《颜文樑小传及作品》,载于《中国画报》(法文版),1982 年 9 月。

115. 冯 岗:《贺辞》,载于《上海美术通讯》,1982 年 10 月第 15 期。

116. 华君武:《贺辞》,载于《上海美术通讯》,1982 年 10 月第 15 期。

117. 沈兆荣:《一个编辑对颜老美学思想的理解》,载于《上海美术通讯》,1982 年 10 月第 15 期。

118. 叶蓓芳:《吾爱吾师》,载于《上海美术通讯》,1982 年 10 月第 15 期。

119. 吴品先:《记青年时代的颜老师》,载于《上海美术通讯》,1982 年 10 月第 15 期。

120. 周碧初:《颜文樑先生在巴黎》,载于《上海美术通讯》,1982 年 10 月第 15 期。

121. 李咏森:《回忆国难时期的"苏州美专沪校"》,载于《上海美术通讯》,1982 年 10 月第 15 期。

122. 陈从周:《深情话颜老》,载于《上海美术通讯》,1982 年 10 月第 15 期。

123. 杨祖述:《颜文樑先生的两三事》,载于《上海美术通讯》,1982 年 10 月第 15 期。

124. 朱朴:《颜文樑先生年谱》,载于《上海美术通讯》,1982 年 10 月第 15 期。

125. 卢鸿基:《瑞龙吟》,载于《颜文樑》,上海:学林出版社,1982 年 12 月版。

126. 张信华、金正扬:《访我国现代著名画家颜文樑》,载于《上海教育》,1983 年第 9 期。

127. 郑逸梅:《老画家颜文樑》,载于《大公报》(香港版),1983 年 9 月 8 日。

128. 郑逸梅:《老画家颜文樑》,载于《郑逸梅选集·第二卷》,黑龙江人民出版社,1991 年 6 月版。

129. 梁亦火:《中国的梵·爱克——颜文樑》,载于《浙江广播电视周报》,1984 年 3 月 30 日。

130. 杨芳菲:《颜文樑唱歌》,载于《浙江经济生活报》,1984 年 11 月 17 日。

131. 刘安华:《画坛耆宿——颜文樑》,载于《美术之友》,1985 年第 2 期。

132. 徐敏子:《丹青不老,童心长存——访著名油画家颜文樑》,载于《文汇报》,1985 年 3 月 24 日。

133. 丁建平:《"我还是喜欢画画"》,载于《解放日报》,1986 年 5 月 10 日。

134. 周三金:《快乐增长寿》,载于《文汇报》,1986 年 5 月 18 日。

135. 莫利亚:《美术教育家油画家颜文樑》,载于《华侨日报》,1986 年 7 月 29 日、7 月 30 日。

136. 肖梵:《我们的老师颜文樑》,载于《苏州日报》,1987 年 11 月 29 日。

137. 柴庆翔:《在记恒的黄昏里》,载于《新民晚报》,1988 年 5 月 23 日。

138. 陈逸飞:《一位老人,学者和前辈》,载于《文汇报》,1991 年 1 月

4 日。

139. 施叔青：《古典抒情油画家——颜文樑》，载于《雄狮美术》，1991 年第 11 期。

140. 江洛一：《情系罗马楼》，载于《苏州日报》，1992 年 5 月 20 日。

141. 阮荣春、胡光华：《中国西画的写实大家颜文樑》，载于《中华民国美术史》，四川美术出版社，1992 年 6 月版。

142. 天白：《颜文樑大师艺术活动简表》，载于《艺苑》，1993 年第 2 期。

（有关苏州美专校友文章）

周海燕：《动画大师王树忱评传》，载于《吉林艺术学院学报》，2009 年第 6 期。

贡建英：《中国动漫"老伯伯"——记当代著名动画艺术家特伟先生》，载于《世界电影之窗》，2008 年第 8 期。

孙慧佳：《动画大师钱家骏评传》，载于《吉林艺术学院学报》，2009 年第 6 期。

孙慧佳：《中国首位动画教授——钱家骏评传》，载于《吉林艺术学院学报》，2006 年第 2 期。

李保传：《漫谈我国早期的动画艺术教育》，载于《苏州工艺美术职业技术学院学报》，2010 年第 3 期。

李镇：《钱家骏年谱》，载于《当代电影》，2011 年第 11 期。

姚钟华：《试论董希文艺术的美学特征》，载于《美术》，1994 年第 12 期。

高飞：《董希文的油画艺术》，载于《文艺研究》，2007 年第 3 期。

董希文：《董希文作品》，载于《中国艺术》，1995 年第 2 期。

詹建俊：《董希文先生的"兼收并蓄"和"顺水推舟"》，载于《艺术探索》，1996 年第 4 期。

霜木：《油画《开国大典》创作者董希文》，载于《今日浙江》，2002 年第 24 期。

京云、人毅：《探索中国特色油画的先行者——纪念董希文先生逝世 30 周年》，载于《美术》，2003 年第 7 期。

邵伟尧：《"顺水推舟" 因材施教——董希文美术教学法的核心》，载于《艺术探索》，1994 年第 2 期。

艾中信：《画家董希文的创作道路和艺术素养》，载于《美术研究》，1979

年第 1 期。

闻立鹏:《纪念"5.23"缅怀两位艺术启蒙导师——王式廓、董希文》,载于《美术观察》,2003 年第 5 期。

刘新:《董希文速写手稿遗珍》,载于《美术研究》,2002 年第 2 期。

金彬:《董希文绘画风格与理论研究》,西北师范大学硕士学位论文,2009 年。

李玉昌:《董希文的艺术特色》,载于《中国艺术》,1995 年第 2 期。

靳之林:《董希文的艺术教育思想》,载于《美术研究》,1980 年第 4 期。

黄丽丽:《为什么是董希文》,东北师范大学硕士学位论文,2007 年。

邹础泉:《吴子深是我的救命恩人》,载于《纵横》,2005 年第 12 期。

王铿:《画家吴子深父女》,载于《纵横》,2005 年第 5 期。

王铿:《海上名家吴子深》,载于《荣宝斋》,2008 年第 4 期。

宫建华:《传统格法演绎现代意境——论陈之佛工笔花鸟画的独创意义》,载于《艺术研究》,2008 年第 4 期。

侯仁静:《陈之佛工笔花鸟画之特色——浓郁的装饰意味》,载于《艺海》,2009 年第 3 期。

赵启斌:《陈之佛及其工笔花鸟画艺术》,载于《荣宝斋》,2008 年第 6 期。

庞鸥:《陈之佛绘画语言构成解析(上)》,载于《荣宝斋》,2007 年第 3 期。

庞鸥:《陈之佛绘画语言构成解析(下)》,载于《荣宝斋》,2007 年第 4 期。

方华:《浅议工笔花鸟画中的写意性——以陈之佛工笔花鸟画为例》,载于《大众文艺(理论)》,2009 年第 8 期。

李娟、陈少锋:《陈之佛工笔花鸟画的审美特征论》,载于《书画世界》,2008 年第 1 期。

赵思有:《论陈之佛工笔花鸟画的艺术特色》,载于《装饰》,2005 年第 9 期。

赵启斌:《陈之佛工笔花鸟画艺术略论》,载于《中国书画》,2006 年第 10 期。

徐勤海:《一腔热血育桃李 丹青妙笔谱春秋——现代艺术大师陈之佛》,载于《书画世界》,2008 年第 1 期。

李欣:《行到水穷处坐看云起时——陈之佛先生与工笔花鸟画》,载于《南京艺术学院学报(美术与设计版)》,2006 年第 2 期。

陈嗣雪:《我的父亲陈之佛——工笔花鸟画大师》,载于《南京艺术学院学报(美术与设计版)》,2006年第2期。

刘菊清、汤凌洁:《作为艺术家的陈之佛先生——刘菊清教授访谈录》,载于《南京艺术学院学报(美术与设计版)》,2006年第2期。

黄可:《怀陈之佛及其装帧艺术》,载于《读书》,1983年第1期。

邓白:《陈之佛先生的工笔花鸟画》,载于《美术》,1979年第6期。

张道一:《陈之佛先生的图案遗产》,载于《南京艺术学院学报(音乐与表演版)》,1982年第1期。

南北:《陈之佛与庞薰琹》,载于《南京艺术学院学报(美术与设计版)》,2006年第2期。

王百玲:《论陈之佛艺术教育思想的现时代意义》,东北师范大学硕士学位论文,2010年。

夏燕靖:《陈之佛创办"尚美图案馆"史料解读》,载于《南京艺术学院学报(美术与设计版)》,2006年第2期。

刘力绪:《论装饰性在陈之佛工笔花鸟画中的应用》,扬州大学硕士学位论文,2009年。

张道一、李立新:《张道一深情忆恩师——访谈录:陈之佛先生的设计艺术思想》,载于《南京艺术学院学报(美术与设计版)》,2006年第2期。

王晓君:《李詠森和他的师友们》,载于《世纪》,1998年第2期。

李炎錩:《他走过了一个世纪——记百岁老画家李詠森》,载于《新文化史料》,1999年第2期。

邱国隆:《李詠森百岁诞辰学术研讨会》,载于《南京艺术学院学报(美术及设计版)》,1996年第3期。

吴承钧:《令人敬佩的艺术教育家——朱士杰教授》,载于《南京艺术学院学报(美术与设计版)》,1989年第3期。

俞成辉:《艺术教育界前辈杰出的油画家——我的老师朱士杰先生》,载于《南京艺术学院学报(美术与设计版)》,1989年第3期。

孙彦:《艺术教育的"乌托邦"——庞薰琹工艺美术教育思想论略》,载于《常熟理工学院学报》,2008年12月。

刘巨德 、王玉良:《庞薰琹装饰艺术论(续篇) 》,载于《装饰》,1994年第3期。

水天中:《回望庞薰琹走过的路》,载于《中国艺术》,2000年第3期。

胡守海:《庞薰琹中西融合的艺术道路》,载于《美术观察》,1998 年第 8 期。

仲伟行:《中国工艺美术事业的奠基者——庞薰琹》,载于《上海工艺美术》,2000 年第 4 期。

李立新:《庞薰琹简谱》,载于《吴中学刊》,1994 年第 2 期。

李立新:《庞薰琹与中西艺术》,载于《文艺研究》,1999 年第 6 期。

庄边:《百年美术与设计进程中的庞薰琹》,载于《装饰》,2000 年第 3 期。

袁韵宜:《且把秋声留住——〈庞薰琹文集〉后记》,载于《装饰》,2002 年第 6 期。

郑磊:《装饰性与表现性的统一——浅析庞薰琹现代主义绘画艺术特征》,载于《科教文汇(上旬刊)》,2007 年第 2 期。

刘守强:《探索的路和精神——怀念庞薰琹先生》,载于《装饰》,1999 年第 3 期。

代琳:《庞薰琹艺术思想历史发展研究》,中央美术学院硕士学位论文,2007 年。

陶烈哉:《艺术贵有志何须"洋面包"——致意钱延康老画家》,载于《世纪》,1996 年第 5 期。

冯法祀:《罗尔纯在绘画上的探索》,载于《美术研究》,1983 年第 1 期。

周积寅:《艺坛不老松——〈毕颐生油画集〉序》,载于《南京艺术学院学报(美术与设计版)》,2009 年第 4 期。

毕颐生:《忆孙文林教授三十年代的素描教学》,载于《南京艺术学院学报(美术与设计版)》,1992 年第 1 期。

蓝为洁:《董蕾的艺术世界》,载于《上海工艺美术》,2004 年第 4 期。

冯健亲:中国现代设计艺术教育漫步,载于《装饰》,2003 年第 10 期。

四、其他类:通讯、《艺浪》杂志、上海和苏州档案馆文献

(通讯)

1. 叶蓓芬:《吾爱吾师》,载于《上海美术通讯》,1982 年 10 月第 15 期。

2. 肖峰《雅俗共赏的艺术》,载于《上海美术通讯》,1982 年 10 月第 15 期。

3. 冯岗《贺辞》,载于《上海美术通讯》,1982 年 10 月第 15 期。

4. 华君武《贺辞》,载于《上海美术通讯》,1982 年 10 月第 15 期。

5. 徐京、钱延康《"美术画赛会"始末》,载于《上海美术通讯》,1982 年 10 月第 15 期。

6. 颜文樑:《答谢词》,载于《上海美术通讯》,1982 年 10 月版第 15 期。

7. 颜文樑:《回顾我的艺术生涯》,载于《上海美术通讯》,1982 年 10 月第 15 期。

(苏州美专校友通讯)

苏州美专校友通讯是苏州美专上海校友会印制,收录关于校友的动态等内容,截止 2011 年 12 月 16 日印制总第 97 期。

(报纸文章)

1.《掏旧货之乐》,载于《新民晚报》,1962 年 10 月 11 日。

2.《美术锁谈》,载于《华侨日报》,1979 年 10 月。

3.《"粉画联展"前前后后》,载于《解放日报》,1980 年 9 月 12 日。

4.《色彩学上的空间透视》,载于《新美术》,1981 年第一期。

5.《我的绘画道路》,载于《苏州报》,1983 年 3 月 27 日。

6.《我在苏州》,载于《新华日报》,1986 年 2 月 26 日。

7.《苏州美术馆:历经八十年风雨,见证了一个时代》,载于《苏州日报》,2007 年 1 月 1 日。

8. 九玉淇:《从"画赛会"到"沧浪之友"》,载于《苏州报》,1984 年 6 月 22 日。

9. 王悟生:《遗惠后一代》,载于《解放日报》,1983 年 7 月 10 日。

10. 徐克仁:《丹青不知老将至》,载于《新民晚报》,1982 年 7 月 9 日。

11. 沈柔坚:《画艺常青》,载于《解放日报》,1982 年 7 月 10 日。

12. 江丰:《艺术之树常青》,载于《文汇报》,1982 年 7 月 12 日。

(苏州档案馆)

C71 - 002 - 0067 - 113《回忆苏州美专》钱定一

B02 - 002 - 0085 - 532《苏州美专三十年校史》蒋吟秋

I05 - 001 - 0065 - 008《私立苏州美术专科学校图书清册》私立苏州美专

I05 - 001 - 0367 - 001《苏州美术专科学校 1935 级校刊》吴县教育局

I05‑001‑0366‑001《苏州美术专科学校 1935 级画刊》吴县教育局

I05‑001‑0199‑031《苏州美术专科学校张镜英毕业证明书》吴县教育局

I05‑001‑0065‑002《私立苏州美术专科学校校产校舍校具清册》私立苏州美专

（上海档案馆）

B1‑1‑2161‑48　私立苏州美术专科学校关于 1949 年上学期概况表的函

B172‑4‑40‑54　苏州美术专科学校沪校填报上海市美术社团调查意见表

Q235‑2‑3936　上海市教育局有关私立立信高级会计职业、中国新闻、纺织工业、民治新闻、中华工商、苏州美术、上海美术等专科学校免费生名册

R48‑1‑846‑24　上海特别市教育局准私立上海、苏州美术专科学校、新中国医学院呈 1942 年学校调查表核存令

口述采访的篇目（包括录音像）

23·5·2011—26·5·2011 上海‑苏州搜集资料与被采访人物有严定宪老师、陈士宏老师、陈微老师（上海苏州美专校友会会长）、浦稼祥老师、尢玉淇老师，以及南京艺术学院毕颐生老师等。

视频录音类

序	相关视频	来源	档案类型	涉及内容说明
1	颜文樑艺术大展视频	网上视频	avi(5min)	介绍颜文樑与苏州美专等
2	苏州美专校友会聚集	网上视频	avi(4min)	校友交流、回顾往事
3	采访毕颐生教授	采访录影像	wav(153min)	苏州美专的一些往事
4	采访严定宪老师	采访录音/录影像	wav(177 min) avi(16min)	关于动画、上海美影厂等
5	采访陈士宏老师	采访录音/录影像	wav(147 min) avi(16min)	关于颜文樑思想、油画心得分享等

序	相关视频	来源	档案类型	涉及内容说明
6	采访唐令渊老师	采访录影像	wav(10 min)	苏州美专、钱定一的一些往事等
7	采访浦家祥老师	采访录音	wav(一min)	整理中…
8	采访陈徵老师	采访录音	wav(127 min)	整理中…
9	采访九玉琪老师	采访录影像	mpg(21 min)	苏州美专的一些往事
10	中国电影人物·科教片动画	赠送品	avi(30 min)	由陈士宏老师赠送
11	过山猴、捉迷藏、谁的本领大、等明天动画片	赠送品	avi(20 min)	由唐令渊老师赠送（内容有中国第一动画引入背景音乐）

（史洋为本刊编辑，梅德顺为南京艺术学院国际教育学院马来西亚留学生）

苏州美专校友王端与
近代中国第一部美术年鉴
——《民国三十七年中国美术年鉴》

春 江

　　中国美术有着几千年的历史,但直到上世纪四十年代末,尚无一本记录美术活动的年鉴。1947年出版的《中国美术年鉴》,是有史以来第一部中国美术学科的年鉴。涵盖了清代中晚期以来的相关美术史料内容,包括著录美术院校和美术社团史111个,当时在世的美术家传(附肖像)4000余人,收录美术论文51篇,以及美术展览活动,美术家师承关系一览等,文字量百万字以上,还附有中国画450幅、书法81幅、篆刻65幅、西洋画85幅、雕塑幅木刻版画38、图案设计90幅图录。

一、《美术年鉴》编纂起因

王端 仙鹤 立轴

　　要说《美术年鉴》的编纂起因,还要从上海美术茶会说起。上海美术茶会于1947年3月28日成立。由虞文、郑午昌、孙雪泥、江寒汀、王宬昌等发起。该会取茶会为会名原因是发起人们认为:过去的上海许多书画家很少与社会联系,社会对画会也有隔膜。为改变这种状态,便成立了这种姿态轻松的美术服务团体。画会以定期举行茶话会形式的聚会。发起人由大家选定,每次活动的内容和时间安排如下:自由谈话或聚首1小时,后由文化运动委员会职员致辞30分钟,学术演讲或召集人致辞10分钟,总干事报告工作经过及今后工作纲领5分钟,集体讨论10分钟,书画欣赏30分钟,余兴及抽取奖品2小时。

　　上海美术茶会是抗战胜利后,上海美术界

各美术社团、院校共同参加活动的美术界联合会性质的一个团体。其宗旨为"连贯纵性美术单位,为横性发展,以此机构的桥梁,致美术运动之推动"。会员最多时有 2000 余人。按专业分为中国画 925 人,商业美术 347 人,工艺美术 280 人,书法 146 人,篆刻 29 人,油画 68 人,版画 22 人,漫画 7 人,雕塑 6 人,美术鉴赏 74 人,美术收藏 13 人,美术评论 8 人,摄影 72 人,音乐 19 人。其中所以吸收摄影和音乐工作者亦参加美术茶会,是因为摄影与绘画有相近之处,而听觉形象的音乐与视觉形象的造型艺术(绘画、雕塑)有异曲同工之美。茶会规定每周进行一次专业活动,大都聚会时,边品茗,边观摩交流作品,边座谈探讨艺术。曾举行美术茶会 18 次,并组织会员赴常熟虞山、松江、畲山、无锡、昆山等地旅行写生,出版有会刊《美》共 9 期,上海美术茶会至 1948 年底基本停止活动。

据年鉴主编王宸昌编后记,我们得知民国三十六(1947)年七月,上海美术茶会秘书们在一次活动中倡议编纂美术年鉴,仅记录 1947 年的美术活动,以资纪念,并推举茶会秘书长王宸昌为主编(主事)。

二、《美术年鉴》主编王宸昌

《年鉴》主编王端(1908—1993),字宸昌,一字之端,又字孝善,别署五士草堂主。浙江绍兴人。擅长国画、书法、篆刻和工商美术。王端家学渊源,祖父王石经、父亲王幼泉皆为晚清著名的篆刻家。王端先后还跟从郑午昌、李健、王潜楼、钱云鹤等书画大家学习。

国画上,王端最善长画竹子,他常说:"竹子是我师,我是竹子友。"王端所画的竹,既师承郑午昌,又宗自宋元人笔法,同时也有他自己独特的风格。在当时上海的画家中,擅长画竹的王端,被称做"江南竹王"。他不仅善写墨竹,兼而有翠竹和朱竹。上海中国画院副院长韩天衡曾说:"王端写竹,直入宋元,为时人所不及。"《美术年鉴》第 315 页刊登了他的作品《竹》。

中国艺术研究院图书馆藏 1948 年十月初版王端主编《中国美术年鉴》所刊王端肖像

书法篆刻上,王端继承了祖父王石经、父亲王幼泉的篆刻艺术精华,篆刻风格在古玺秦汉印基础上又有所发展创新，对制作古铜印艺术有独特的研究。民国十六（1927）年，王端在杭州与西泠诸子创办了中华艺术同盟并被推为执行委员。

王端还是一位工商美术家、热心的社会活动家和出色的美术编辑。

在社会活动方面，王端做的最有影响的事是：民国廿四（1935）年冬，与赵子祥、徐民智等在上海发起组织的中国商业美术作家协会。这个协会是中国第一个实用美术团体。至 1936 年，会员增至 500 人。不少海外华侨工商美术家也纷纷入会。协会在杭州、苏州、南京、武汉、北平、天津等地设立了 19 个分会。实际上，这个协会已是一个全国性乃至带有国际性的工商美术家团体。王端先后连任常务理事、代理理事长之职。该会实行董事会制，创立之初雷圭元、汪亚尘、陈之佛、张辰伯等聘为会董，第二次会员大会时，更名为中国工商业美术家协会，并增选叶鉴修[1]为理事长，王端、杭穉英为常务理事，同时决定王端常驻会办公，又增聘颜文樑、孙雪泥、张聿光、潘玉良、王纲、郑可、丁君匋、谢公展等为会董。该会下设有商业广告图案科、商业广告漫画科、陈列窗装饰科、染织物及刺绣图案科、月份牌画科、家具设计科、室内装饰科、舞台装饰科等工商美术专业科，组织会员与工商客户广泛联系，多方面开展工商美术设计工作。并设有商业美术函授学校，与沪江大学合办商业美术科，公开招生，培育工商美术人才。许多会员投入抗日救亡工作。

抗日战争开始后，王端任《大公报·救亡画刊》（副刊）编辑，曾编印发行《救亡画报刊》13 期，联合上海美术界举办上海市美术界义卖献金展览，上海中华基督教青年会第一届奖金展览书法评选委员，参加上海市文化界救亡协会。抗战胜利后，民国三十四（1945）年 10 月王端又组织上海市画人协会，被选为第一届理事长，兼任卿云出版社总编辑。民国三十六（1947）年，倡议上海美术茶会，任茶会总干事。并接受大家推举主持三十六年美术年鉴编务。在主编《美术年鉴》时，王端还是苏州美术专科学校沪校[2]的教务负责

---

〔1〕叶鉴修(1905～1962)，字慎之，太仓南郊乡人。儿时即喜欢绘画，中学毕业后，即进苏州、上海美专深造，1928 年 9 月上海美专新制第二届西画系毕业，所以叶鉴修既能画西画，也能画国画，后专攻国画，所画人物、花卉、翎毛、走兽，生动逼真。1933 年 10 月小朋友书局、北新书局联合出版的《中国的故事》由胡嘉编词，叶鉴修绘图。叶还兼长实用美术，曾当过上海搪瓷业总技师，设计的图案很受时人欢迎。解放前夕至浦东电气公司工作，积极组织职工护厂，坚持供电，获得护厂二等奖。

〔2〕苏州美专沪校：1938 年，苏州美专西迁未果，折到上海，颜文樑先租借王家沙小学一间校舍作分校，学生 30 余人，至秋，迁至四川路企业大楼 7 楼，1946 年 1 月，颜校长率领沪校专科学生回苏上课，苏州美专在沧浪亭复校。沪校改为研究科。有研究生 53 人，李咏森等继任教授。

人和图案教授,《年鉴》的 531 页刊登有其靠枕图案设计 2 幅。

作为一位资深的美术编辑,除主编过 13 期《救亡画报》外,在主持中国工商业美术家协会时,王端还曾编印出版过《现代中国工商业美术选集》两集,《活页应用艺术参考资料》两辑,《工商美术界》一册。建国初期,王端先后还编绘出版了《中国图案集》(北新书局 1953 年)、《中国图案续集》(四联出版社 1954 年)、《古锦图案集》(四联出版社 1955 年)、《中国各民族民间图案集》(北新书局 1953 年)、《怎样画图案》(北新书局 1953 年)、《怎样画人体》(四联出版社 1954 年)、《怎样学透视》(与颜文樑、李咏森合作四联出版社 1954 年)等等,据不完全统计王端先后编辑美术书籍有 40 多种。

1980 年后,王端进入上海文史研究馆担任馆员,直至 1996 年因病去世。

王端对于中国美术尤其是中国工商美术的发展的贡献是我们不该忘记的。

三、保驾护航的是三大校阅

《美术年鉴》有一支强大的编辑团队。主编:王宸昌前文已介绍。

为《美术年鉴》保驾护航的是三大校阅:姜丹书,陆丹林,俞剑华。所谓校阅,就是审阅校订,年鉴编辑大方向的把握者。所以,王端在"编辑后记"中写道:"指示编辑方针,尤推陆丹林、姜丹书、俞剑华三氏审订最劳。"

校阅之一姜丹书(1885—1962),字敬庐,号赤石道人,斋名丹枫红叶楼,江苏溧阳人,寄籍杭州。姜丹书集画家、美术教育家、美术基础理论家和美术编辑于一身。曾以最优等成绩毕业于南京两江师范学堂图画手工科乙班,并取得师范科举人学位,与吕凤子、李健、汪采白、沈企侨等相齐名,是我国第一批艺术教育人才,因毕业成绩名列第一而留校任教。辛亥革命前夕,应聘到杭州,接替日籍教师,任

1937 年 4 月中国工商业美术家协会出版的王端主编的《现代中国工商业美术选集》(第二集)封面

教于浙江两级师范学堂（民初改为浙江第一师范），与最早留日归国的李叔同分担图画手工和图画音乐课。潘天寿、丰子恺和郑午昌等都是他当时的学生。1924年姜丹书任上海美术专门学校教授兼艺术教育系主任。1925年至1927年，任中华书局艺术科编辑主任；以后又兼新华艺专等校教授。1928年春，国立西湖艺术院成立，他应聘兼职任教，直到抗战，国立杭州艺专西迁与北京艺专合并为止。1956年，华东艺术专科学校庆祝姜先生七十诞辰和教龄五十年纪念并举行其个人国画展览会。姜丹书早年教的是绘画和工艺美术，即所谓图画和手工，后来工艺和农艺合称为劳作。著有这方面教材教科书多种，是我国工艺美术教育的元老。其所编纂的五年制师范学校用《美术史》一书，经教育部审定，1917年由商务印书馆出版。该书分《中国美术史》和《西洋美术史》上下两篇，叙述建筑、雕刻、绘画、工艺美术历史的擅变和各自的艺术特色。上篇附带讲书法印章，下篇附带讲东方印度等国的美术，简明扼要，向学生和广大读者灌输了世界美术知识。1918年，又出版《美术史参考书》作为补充。这是中国出版最早的美术通史的教科书和参考书。姜丹书在上海美专等艺术院校任教，除任艺术教育系的工艺实习和理论外，主要是担任美术技法理论，如艺用解剖学、透视学；有时也兼教用器画。这些基础理论都是美术院校必修课，他出版有《艺用解剖学》、《透视学》等书，都是国内最早且较好的专著。退休前，在华东艺专总结了多年的教学科研经验，写出新著《艺用解剖学三十八讲》，附有六种中外艺用解剖学图书的校勘记，指正其错误，并在其他青年教师的协助下重新绘制了图版。此书由上海人民美术出版社出版，行销国内外。

王端编著的《中国图案续集》

四连锦

王端《古锦图案集》

王端《中国古代图案集》

王端编绘上海北新书局 1953 年出
版《怎样画图案》封面

中国各民族民间图案集王端编全一册 74
页平装本 1953 年 7 月初版

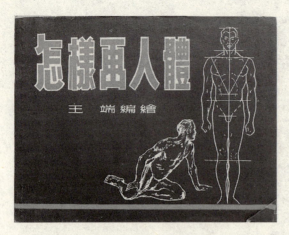

《怎样画人体》王端编四聯出版社 1954 年 12 月出版，开本：32 开 页数：104 页 印数：6 千册

校阅之二陆丹林（1897—1972），别署自在，斋名红树室，广东三水人。广东法政专门学校毕业。擅长美术评论。"黄花岗起义"前就加入了同盟会，曾有过一段短暂的从政经历。后来到上海发展，逐渐远离政治圈子，加入著名诗人团体"南社"，并开始从事报刊编辑，先后曾主编许多报刊杂志。尤其以文史和书画刊物而闻名，历任香港《大光报》主笔，上海《中国晚报》总编辑，上海《和平日报》主笔，《逸经文史》半月刊、《人之初》等杂志主编。历任浙江卷烟统税局驻沪办事处主任，武汉市政委员会、武汉市政府、武汉特别市政府、汉口特别市政府等编纂主任及秘书。抗战期间，在香港任港澳总支部文化设计委员会委员、广东文物展览会常务委员、广东丛书编印委员会常务委员，《大风旬刊》、《文化界》两周刊等主编，堪称是当年国内和港澳两地的第一"名编"。还曾任中国艺术专科学校教授兼总务主任，国立艺术专科学校教授，《蜜蜂画刊》、《国画》月刊等编辑，中国画会创办人，柏林中国画展征集委员，教育部第二次全国美展编辑委员兼征集委员，苏联中国艺展常务委员。1950 年 2 月至 1950 年 7 月任上海美术专科学校国画理论教授。著作有《革命史谈》（独立出版社出版）、《革命史话》（大东书局出版）、《艺术论文集》、《美术史话》、《榆园画友录》等。

校阅之三俞剑华（1895—1979），曾用名德，学名琨，字剑华、玉愚，山东济南人。著名的中国绘画史论家、中国画家、美术教育家。早年就读于山东济南中学，1918 年毕业于北平高等师范图画手工科，师从陈师曾。历任北京美专、东南联大、暨南大学教授，诚明文学院教授兼教务长等。1933 年 2 月至至 1950 年 1 月任上海美专国画史、国文教授。1949 年后，历任东华艺专、南京艺术学院教授，中央美术学院民族美术研究所研究员，华东美协、江苏文联理事等职。1949 年前，出版的著作主要有《中国绘画史》（商务印书馆1937 年出版）、《最新图案法》（1922 年北京美专石印，1925 年商务印书馆出版)、《最新立体图案法》(1929 年商务印书馆出版)、《考古学通论(译本)》(1930 年商务印书馆出版)、《国画研究》(1940 年长沙商务印书馆出版)和《书法指南》(1934 年商务印书馆出版)等。1949 年后出版的著作有《中国画论类编》(上、下册,1957 年中国古典艺术出版社出版)、《中国壁画》(1958 年中国古典艺术出版社出版)、《中国山水画的南北宗论》(1960 年人民美术出版社出版)、《顾恺之研究资料》(与罗尗子、温肇桐合作,1961 年人民美术出版社出版)、《石涛画语录注解》(1959 年人民美术出版社出版,由日本远藤光一译成日文,东京美术新报社出版)、《宣和画谱注解》(1960 年人民美术出版社出版)、《历代名画记注解》(1964 年上海人民美术出版社出版)、《图画见闻志注解》(1964 年上海人民美术出版社出版),以及 280 万字的巨著《中国美术家人名大辞典》(1981 年上海人民美术出版社出版)等。

中国艺术研究院图书馆藏 1948 年十月初版王端主编《中国美术年鉴》深墨绿色 16 开精装本封面

四、《美术年鉴》编写体例及得失

《美术年鉴》包括五大内容:一曰史料,二曰师承纪略,三曰美术家传略,四曰作品,五曰论文。

2008 年上海社会科学院出版社影印本《美术年鉴》封面

1. 各地美术史料:记录了包括九龙、上海、丹阳、天津、北平、西安、成都、吴江、吴兴、杭州、南京、柳州、重庆、香港、桂林、晋江、常熟、汉口、嘉兴、莆田、广州、济南(1947 年)来各地展览记录。受各方面条件限制,这部分编写的得在于:为了清楚各美术团体的发展脉络,打破了年鉴以年为界体例,为我们保存了更多的史料。失在于:从上文列举的地方我们不难发现史料记载详于江浙地区,略于北方及边远地区。反过来,也说明,清代中晚期以来,江浙一带美术活动的活跃程度。

2. 师承纪略：记录了上海地区著名书画家私塾弟子简况。史料非常宝贵，可惜局限于上海地区部分书画家。

3. 美术家传略：收录 1947 年在世的美术家（部分附肖像）4000 余人传略。这部分的史料价值极高，被后人引用也最多。但也是局限于年鉴的编年体例，让后人总觉得"书到用时，方恨少"。所以，校阅之一姜丹书在其日后的《姜丹书艺术教育杂著》中（浙江教育出版社 1991 年 10 月出版）附加了 287 人的晚近美术家小传。校阅俞剑华更是在 1981 年由上海人民美术出版社出版 280 万字的巨著《中国美术家人名大辞典》以补缺憾。除了受编写体例限制外，《美术年鉴》在这部分的编写上的挂漏颇多的。首先是美术家传的内容详略不等，详细的有几百字之多，短的就几个字。二是，即使上海本地区的美术家传上也不乏出现疏漏情况，如图案设计作品录的第一幅及 542 页一幅嵌玻璃窗饰设计的作者王钢，在美术家传略中就不见经传，同样的情况也在 532 郑月波和 551 页方炳潮身上出现——有作品无传略。因为我十分想知道他们的情况，所以才发觉，可能还有更多这样的挂漏。

4. 作品：年鉴共刊登了作品 800 余幅，分书法、国画、篆刻、竹刻、西画、雕塑、木刻、牙刻、图案九类，其中，国画最多 450 幅，摄影最少只有 28 幅。又以国画和图案两大类分科最仔细，国画下又分山水、花卉、人物、花鸟鱼虫、走兽五科；图案类下设染织图案 设计、商业美术设计、工艺美术设计、舞台装置设计、建筑装饰设计五科。

5. 论文：年鉴共载美术论文 51 篇，分通论、专论两大类。

即使年鉴的编纂上，在今天看来，有这样和那样的不足，但是在没有前者可参考，没有政府的资助，完全靠艺术家自由团体的努力，编就了百万图文的美术断代史，实在是太不容易了。从 1947 年的 7 月编纂动议始至 1947 年 10 月止，《美术年鉴》的编辑们在兵荒马乱的 15 个月里，战胜了无法想象的艰难，终于将中国第一部美术年鉴——以 16 开 628 页，分普通、精装、珍藏三种版本，巨献于世！

"物价飞腾，一日数惊"（王宸昌《编后记》）的局势下，这部美术年鉴能够最后付梓，除了马公愚、汪声远、陈巨来、张大壮、吴野洲、陆元鼎、张溪堂、江寒汀、朱积诚、张公威、姜丹书、吴青霞、俞剑华、戚叔玉、商笙伯诸氏，以及郑午昌、丁健行、陆元鼎、沈谦、沈雁、戚叔玉、厉国香、朱沛甘、陈怀卿、唐旭升、姚永年、丁庆龄、陈景烈、姚乃震、汪仰真、蒋趾奇等艺术家的个人捐助外，以颜文樑为校长的苏州美专也列入支援团体的名单中。

如王进珊《美术年鉴》序中所言:"年鉴虽然不同于正史,却是断代史料的宝库,留待将来,也就成了宝贵的史籍。……皇皇巨制的美术年鉴不但弥补了美术界的遗憾,造成了我国近代出版的荣誉,做了学术年鉴,道德年鉴之类的先驱。所以就人类文化史料而言,也更有其不可抹煞的时代意义。"

鉴于第一部《中国美术年鉴》的历史价值和学术价值,初版本已不易见到,香港的出版商于上世纪50年代影印重版了该年鉴,向全世界发行。

2008年12月,上海社会科学院出版社将1948年出版的我国第一部《美术年鉴》影印出版了。此举为研究中国美术史提供了无可替代的一本工具书。

(作者单位:南京艺术学院校报编辑部)

苏州美专旧址沧浪亭掌故

韩 伟

1925年，苏州美术学校（1931年改名为私立苏州美术专科学校，简称苏州美专）租用沧浪亭内的三贤祠屋。1927年，校长颜文樑被苏州公益局聘为沧浪亭的保管员，倡议捐修，校董吴子深先后斥资五万金重修沧浪亭，历时一年，1928年9月竣工。1932年，在沧浪亭东修建了罗马柱廊式建筑，是为苏州美专的新校舍。

沧浪亭最早的历史可以追溯到五代，起初并不是叫沧浪亭，只是吴越王外戚中吴军节度使孙承的池馆。

庆历四年（1044年），苏舜钦因为赞同革新而被罢官，南游苏州时发现此地风景宜人，高爽僻静，以四万钱购得此园。当时的苏舜钦心灰意冷，有感于《楚辞·渔父》中的"沧浪之水清兮，可以濯吾缨；沧浪之水浊兮，可以濯吾足"两句，而命名为"沧浪亭"。另外他在园内北部土山上筑一亭，取名"沧浪"，并自号沧浪翁，作《沧浪亭记》。罢官后的苏舜钦表面上超然独处，过着与世无争的生活，其实内心无比抑郁，在当了沧浪亭四年主人后变驾鹤西去。苏舜钦之后，沧浪亭归章惇、龚明两家所有。

南宋绍兴年间，抗金名将韩世忠得到此园，更名为"韩蕲王府"，又称"韩园"。韩世忠大修营造，在两山之间修筑飞鸿桥，并新建寒光亭、冷风亭、翊运堂、濯缨亭、瑶华境界、脆玲珑、清香馆等。

到了元朝，沧浪亭废为僧舍，先后有妙隐庵、大云庵、结草庵等。

明朝嘉靖十三年（1534年），苏州知府胡缵宗为了纪念韩世忠，改妙隐庵为韩蕲王祠。嘉靖二十五年（1546年），大云庵僧侣释文瑛重修沧浪亭，并请归有光作《沧浪亭记》。至万历后期，沧浪亭又废。

清朝初期，沧浪亭已废，仅存遗址。康熙二十三年（1684年），江西巡抚王新于沧浪亭西南侧建苏公祠；康熙三十四年（1695），江苏巡抚宋荦重修此亭；康熙五十八年（1719年），江苏巡抚吴存礼重修此亭；道光七年（1827年），江苏布政使梁章锯主事重修全园，并在园内建著名的五百明贤祠；咸丰十年（1860年），因为太平天国运动，沧浪亭毁于战火；同治十二年（1873年），江苏巡抚张树声重修，将园门的横幅改为"五百名贤祠"。

【参考文献】

《江南名园指南》,朱宇晖著,上海:上海科学技术出版社,2002.1

《苏州古典园林》,苏州园林和绿化管理局,上海:上海世界图书出版公司,2008.9

《江南名园录》,苏州市园林管理局邵忠编著,北京:中国林业出版社,2004.6

《苏州园林名胜旧影录》,茅晓伟,周苏宁,沈亮撰,上海:上海三联书店,2007.12

《苏州园林历代文钞》,王稼句编注,上海:上海三联书店,2008.1

《细说中国园林:彩图版》,佘志超著,北京:光明日报出版社,2005.12

《优雅的江南古典园林》,苏旅主编,北京:中国旅游出版社,2005.8

（作者为南京艺术学院设计学院本科生）

编辑手记

Study of art

　　这卷苏州美专研究专辑从着手选编到组稿落实，前后仅仅一年多的时间，从编辑程序上说比较仓促。但校庆已经临近，没有再多的时间容许我们再细细整理，专辑中存有的问题希望读者指正，再版时改进。

　　作为迎接南京艺术学院百年校庆系列专刊，第一辑《上海美专研究》面市以来受到了广大读者的好评，销量一再提升，促使《上海美专研究》近期再版发行，这也给我们编辑这本《苏州美专研究》带来了极大的动力。同时，在本专辑编辑过程中还得到学院领导和许多老校友的大力支持，刘伟冬副院长始终参与编撰工作，倾注大量精力。主编黄惇教授，多次召开编务工作会议，密切关注进展情况。执行主编夏燕靖更是亲力亲为，带领编辑部成员和研究生团队，密切配合，外出数次采访和校看文稿，方使这本60万余字的专辑顺利出版，在此对各位给予我们工作大力支持的朋友们表示诚挚的感谢。

　　本卷专刊共分为五个部分，第一部分为特稿，《颜文樑论艺术与艺术教育》一文摘录了颜文樑先生关于艺术与艺术教育具有代表性的言论，给我们从另一侧面认识这位艺术大家的学理思考。第二部分为专题论稿，多为专家学者之力作，以及近年来研究生对此课题撰写的学位论文。冯健亲的《惜缘——我所知道的苏州美专旧事片段》一文，作者结合自己与苏州美专部分教师交往的亲身经历，带领我们一起走进苏州美专已经久远的历史之中。李立新的《论苏州美专》一文，从城市与精神、沧浪之美、成功者在毅力、艺术、教学、披荆斩棘、"经验者，事实之母也"五个部分，领着我们徘徊在沧浪亭前的河水边，寻访苏州美专往日的光辉。邬烈炎的《白色梦幻：作为事件的石膏像》一文，寻觅苏州美专留传下来的石膏像踪迹，真实揭示了历史的曲折和遗憾，是一篇承载丰厚历史问题思考的佳作。夏燕靖的《开拓者的执守与追求——颜文樑艺术教育论稿中的史实求证》一文，以颜文樑早期发表的三篇教育论稿为主线，通过对论稿所涉及的史实求证，力求从中揭示出颜文樑艺术教育思想的形成轨迹，以及探讨他持守的现实主义艺术教育原则和追求艺术教育自立发展的理念。同时，也从一个侧面反映出近代以来我国设计教育的发展历程。第三部分文献与回忆，多为当年苏州美专校友的回忆文章，在这些文章中，对母校、老师的深切之情跃于纸上。如华年的《颜文樑与陈士宏十封书信往来辑录与畅谈》辑录了陈士宏与颜文樑先生的往来信件,是尤为珍贵的历史文献,也是本刊首次披露,是不可多得的历史资料。第四部分为口述历史,《苏州美专校友访谈录》收录了 8 篇苏州美专校友的采访整理,是由本刊编辑部派出多名采访记者与参与采访的师生一起,前往苏州、上海,对苏州美专老校友进行实地的口述采访,老校友们均已 90 高龄,这次全面采访可谓是对苏州美专校史的真正抢救。编辑们对大量采访原稿进行整理和加工,呈现给读者丰富而生动的校史篇章。老校友们的支持与热情让我们难忘!第五部分校史辑录,对苏州美专校史的各种研究资料进行梳理,以期给更多的研究者和读者提供详实而客观的历史面貌。我们还特地选编了江洛一的《苏州美术专科学校校史纪程》;钱定一的《苏州美专史事点滴》和蔡淑娟的《苏州美专校史沿革记述》;三篇校史类文章各有侧重,前两篇文章是老校友以亲历者的回忆为基础写出的校史辑录,后一篇蔡淑娟的文章突出是对各种业已呈现的苏州美专校史的考据与重新整理,有当代学者对史料辨别后的还原,同时发表三篇校史研究文稿,也是我们的一种主张,对待历史应以多元视角给予发现,将认识历史的权利交还给读者。

林林总总,无法一一尽数,在此感谢为了本卷专辑付出辛勤劳动的所有作者、编辑和接受我们采访的老校友,大家的付出才能汇集成这样一本史料丰厚、极具研究价值的专刊。最后特别致谢本专刊照片提供者马海平老师,一幅幅珍贵的老照片,给了我们直观的认识,感受到深厚的历史气息。

执笔编辑:史洋

稿　　约

　　本辑《艺术学研究》专刊——苏州美专研究，经过一年多时间的编撰终于和广大读者见面了。这本专刊是南京艺术学院校史研究的第二部，接下来我们计划从 2012 年 6 月开始着手编辑《艺术学研究》专刊——山东大学艺术系、华东艺专研究专辑。

　　1952 年全国高等院校调整，山东大学艺术系、上海美术专科学校、苏州美术专科学校三校合并为华东艺专。山东大学艺术系的历史可以追溯到 1949 年 5 月华东大学文艺系筹建时期，到 1950 年 5 月华东大学艺术系组建，后于 1951 年更名为山东大学艺术系。虽然办学过程几经变异，时间较短，但作为新中国成立后依靠解放区文艺团体创办的艺术教育事业，无疑具有特殊的历史意义。1952 年 12 月华东艺专组建成立，开创了公立艺术院校与私立艺术院校融为一体的办学体制，为新中国艺术教育新模式的确立进行了有益的探索。为此，我们编辑这本山东大学艺术系、华东艺专研究专辑，是想为这一历史做一部有益的传记和研究。我们期待山东大学艺术系、华东艺专仍然健在的前辈学长、先师传人及家人以及各位关注这段校史研究的大家给予赐稿，先将稿约布告如下：

　　1. 本刊欢迎一切关注山东大学艺术系、华东艺专校史研究的稿件，诸如亲身经历者的回忆或相关研究资料撰写，当年发表与校史有关的文章、手记或可作公开发表的书信等；本辑在内容上加大口述史搜集与采访，亲历者提供口述线索及访谈联系方式，由本刊派出专职编辑和记者前往采访；征集校史相关的照片、年表、同学录、校刊、教学文件、课程笔记等公开或未公开发表的文献。

　　2. 专刊接受 5 万字以内的论文，要求建立三级标题，除文章总标题外，其余二级以"一、二、三……"、"（一）、（二）、（三）……"加以区别。论文要有摘要和关键词并请附上对照的英文，所涉及相关研究成果请务必注明，文责自负。注释采用脚注，要求规范、清晰，请按照以下格式纂写：

　　作者，文章名，图书名（版本，出版地点，出版社，出版时间），卷（或章节），页码；

　　作者，文章名，杂志名，期数（出版时间）。如：

　　［德］马克思：《1844 年经济学哲学手稿》，中央编译局译，北京：人民出版社，2001 年，第 4—5 页。

　　梅兰芳著：《舞台生活四十年》，北京：中国戏剧出版社，1987 年再版，第 24—25 页。

　　宗白华著：《中国艺术意境之诞生》，载《时与潮文艺》，1943 年 3 月创刊号。

　　如需附图版，像素要求达到 300 万像素以上。

　　3. 本刊实行匿名评审制度，收到文章后，编辑部即发给回执，同时约请相关专家审稿。无论文章录用与否，在 3 个月内给予明确回复。

　　4. "山东大学艺术系、华东艺专研究"专刊截稿时间为 2012 年 9 月上旬。

5. 本刊保留对稿件的删改权,如作者有特别要求请在稿件上说明。另外,如作者需添加注释说明(如本论文为国家级或省级课题研究科研成果),请务必在投稿时明确提出。

6. 稿件刊出后,立即支付稿酬,并赠送样书两册。特此布达,敬请赐稿!

联系方式:来稿请寄:南京市北京西路74号/南京艺术学院艺术学研究所(邮政编码:210013)

电子信箱:nyysxyj@163.com　联系人:史洋　编辑部联系电话:025－83498386

南京艺术学院《艺术学研究》编辑部 2012年6月

图书在版编目(CIP)数据

苏州美专研究专辑 / 刘伟冬,黄惇主编. —南京:
南京大学出版社,2012.9
ISBN 978-7-305-10613-2

Ⅰ.①苏…　Ⅱ.①刘…②黄…　Ⅲ.①美术-高等学
校-校史-苏州市　Ⅳ.①G649.285.33

中国版本图书馆 CIP 数据核字(2012)第 221391 号

著作权声明

出版发行　南京大学出版社
社　　址　南京市汉口路 22 号　　　　邮　编　210093
网　　址　http://www.NjupCo.com
出版人　左　健
书　　名　苏州美专研究专辑
主　　编　刘伟冬　黄　惇
责任编辑　赵　秦　　　　编辑热线　025-83596027
照　　排　南京紫藤制版印务中心
印　　刷　江苏凤凰盐城印刷有限公司
开　　本　787×1092　1/16　印张 46.5　字数 760 千
版　　次　2012 年 10 月第 1 版　2012 年 10 月第 1 次印刷
ISBN 978-7-305-10613-2
定　　价　94.00 元

发行热线　025-83594756
电子邮箱　Press@NjupCo.com
　　　　　Sales@NjupCo.com(市场部)